SDNCS

荷兰新加尔文主义丛书
Studies in Dutch Neo-Calvinism Series

陈佐人 曾劭恺 徐西面 ◎主编
蒋亨利 李鹏翔 朱隽皞 ◎编委

改革宗伦理学
（卷一）

被造、堕落和归信的人性

Reformed Ethics, Volume 1:
Created, Fallen, and Converted Humanity

作者 赫尔曼·巴文克（Herman Bavinck）
编辑 徐西面
英译 刘兵，温津，董晓华，赵柳
荷译 徐西面

© Latreia Press, 2021

作者 / 赫尔曼·巴文克（Herman Bavinck）
编辑 / 徐西面
英译 / 刘兵，温津，董晓华，赵柳
荷译 / 徐西面
中文校对 / 甘雨，摩西，若凡

中文书名 / 改革宗伦理学（卷一）：被造、堕落和归信的人性
英文书名 / Reformed Ethics, Volume 1: Created, Fallen, and Converted Humanity
荷文书名 / Gereformeerde Ethiek, Delen I-II
所属丛书 / 荷兰新加尔文主义丛书
丛书主编 / 陈佐人，曾劭恺，徐西面
丛书编委 / 蒋亨利，李鹏翔，朱隽皞

All rights reserved.
English Edition © John Bolt, 2019. Originally published in English under the title *Reformed Ethics* by Baker Academic, a division of Baker Publishing Group, Grand Rapids, Michigan, 49516, U.S.A.

Dutch Edition © Theologische Universiteit Kampen, 2019. Originally published in Dutch under the title *Gereformeerde Ethiek* by Uitgeverij KokBoekencentrum, Herculesplein 96, 3584 AA Utrecht, Netherlands.

This translation is published by arrangement with Baker Academic and Uitgeverij KokBoekencentrum. No Part of this book may be reproduced or transmitted in any form or by any means, electronic or mechanical, including photocopying, recording, or by any information storage or retrieval system, without permission in writing from the publishers. For information, address **Latreia Press, Hudson House, 8 Albany Street, Edinburgh, Scotland, EH1 3QB**.

本书部分经文引自《和合本》和《和合本修订版》，版权属香港圣经公会所有，蒙允准使用。其余经文直接译自英文原文，或根据巴文克采用的荷文版《圣经》所译。

策划 / 李咏祈，徐西面
内页设计 / 冬青
封面设计 / 冬青
出版 / 贤理·璀雅出版社
地址 / 英国苏格兰爱丁堡
网址 / https://latreiapress.org
电邮 / contact@latreiapress.org
中文初版 / 2021年7月

ISBN：978-1-913282-18-9

001　英文缩略表

005　荷兰新加尔文主义丛书序

009　中译本编者序

013　英编者序

021　给读者的话

023　赫尔曼·巴文克的《改革宗伦理学》之简介

047　导论

083　第一章 本质性的人性

127　第二章 在罪权势下的人类

167　第三章 敌对邻舍和上帝的自我

197　第四章 堕落的上帝的形像

217　第五章 人类的良知

263　第六章 罪人和律法

287　第七章 圣灵中的生命

325　第八章 圣灵中的生命：教会史视角

367　第九章 基督徒生命的成形与成熟

411　第十章 基督徒生命中的坚忍

463　第十一章 基督徒属灵生命的病态

511　第十二章 信徒生命的恢复和完满

549　参考书目

594　索引

本书大纲

英文缩略表 1
荷兰新加尔文主义丛书序 5
中译本编者序 9
英编者序 13
给读者的话 21

赫尔曼·巴文克的《改革宗伦理学》之简介 23
德克·范·凯伦 & 约翰·博尔特 23
巴文克教授和他的手稿 23
巴文克的《改革宗伦理学》的结构 26
第一部分概述 29
第二部分概述 32
第三部分概述 35
第四部分概述 36
间奏曲：有关出版的疑问 37
《改革宗伦理学》的德容手稿 38
赫尔曼·巴文克，改革宗伦理学和哲学伦理学 43

导论 47
本章摘要 49
§1. 基督教伦理学的历史概述 51
1. 古代 52
2. 中世纪 54
3. 宗教改革 55
4. 改革宗教会 57
5. 属灵生命：决疑论与苦修神学 61
6. 19 世纪的伦理学 65
§2. 术语 68

§3. 伦理学的内部细分 74
§4. 伦理学的原则与方法 77

第一章 本质性的人性 83
本章摘要 85
§5. 按上帝形像受造的人类 87
§6. 人性的内容 96
§7. 人际关系 102
  1. 我们面向上帝的关系 103
  2. 我们面向他人的关系 113
  3. 我们面向自然的关系 114
  4. 宗教与道德 115

第二章 在罪权势下的人类 127
本章摘要 129
§8. 人性中上帝形像的破坏 131
  1. 第一宗罪及其后果 132
  2. 在罪之下的生命的圣经术语 134
    （1）"老我" 134
    （2）"肉体" 135
    （3）"自然的活人" 137
    （4）关于"自然的"或堕落之人的经文 139
§9. 罪的原则和分类 151
  1. 十诫与不顺服 152
  2. 罪的分类 157
  3. 以自我为中心与感官的罪 162
  4. 以自我为中心与属灵的罪 163

第三章 敌对邻舍和上帝的自我 **167**
本章摘要 169
§10. 狭义上以自我为中心的罪 171
1. 感观的罪 171
（1）涉及食物的罪 171
（2）惰性的罪 174
（3）以形式为乐的罪 176
2. 属灵的罪 178
（1）爱金钱 178
（2）涉及滥用言语（语言）的罪 180
§11. 敌对邻舍 181
1. 邻舍的纯洁（第七诫） 181
2. 邻舍的财产（第八诫和第十诫） 184
3. 邻舍的声誉和好名声（第九诫） 186
4. 邻舍的权威（第五诫） 189
5. 邻舍的生命（第六诫） 190
§12. 敌对上帝 191
1. 更具感官性的罪 191
2. 更具灵性的罪 193

第四章 堕落的上帝的形像 **197**
本章摘要 199
§13. 上帝的形像在堕落的人身上 201
1. 生命和存在 203
2. 灵魂、身体和它们的官能 204
3. 心思中的知识和意志中的圣洁 205
4. 自然的善和道德的善 208
5. 人类对自然的统治 214

第五章 人类的良知 **217**
本章摘要 219
§14. 良知 221

1. 引言：创造和堕落...221
2. 关于良知的教导：历史...223
   （1）希腊和罗马哲学...223
   （2）《圣经》中的良知...225
   （3）教会神父和经院主义神学家.......................................230
   （4）基督新教和改革宗传统...234
   （5）现代理性主义...241
3. 定义...243
   （1）词源...243
   （2）良知和理智...245
   （3）良知的律法：Συντήρησις...247
   （4）对义务和判断的意识...250
   （5）关于判断的三个问题：谁？什么？如何？.................250
   （6）良知的种类...256
   （7）我们的义务和对我们良知的关怀...............................260
   （8）良知的自由...261

第六章 罪人和律法 **263**

本章摘要..265

§15. 律法...267

1. 术语...268

2. 立法者...270

3. 内容...273

4. 客体...274

5. 目的或功能...277

§16. 公民正义...279

第七章 圣灵中的生命 **287**

本章摘要..289

§17. 属灵生命的本性...291

1. 《圣经》中属灵生命状态的术语...291

2. 属灵生命的特征...295

3. 属灵生命的根本原则...297

4. 属灵生命的本质 299
　（1）与父神的团契 299
　（2）与基督的团契 299
　（3）与圣灵和信徒的团契 300
5. 属灵生命的居所 301
6. 属灵生命的本性 303
　（1）真正的生命 303
　（2）永恒的生命 303
　（3）有意识的生命 303
　（4）自由的生命 304
　（5）蒙福的生命 304
§18. 属灵生命的源头 305
1. 客观和主观原因 305
2. 重生之路上的争战 311
§19. 属灵生命的初始和基本活动 315
1. 常称为"归信"的摒弃性活动 316
2. 吸纳的活动 318

第八章 圣灵中的生命：教会史视角 325
本章摘要 327
§20. 神秘主义、敬虔主义和循道主义 329
1. 改革运动 329
2. 神秘主义 332
3. 敬虔主义 341
4. 赫恩胡特的弟兄会 358
5. 批判 361
6. 循道主义 362

第九章 基督徒生命的成形与成熟 367
本章摘要 369
§21. 塑造基督徒生命的途径：效法基督 371
1.《圣经》中的效法 371
2. 教会历史中的效法基督：殉道者、修道士与神秘主义者 379

3. 基督新教信徒对效法基督的看法...386
4. 效法基督，以祂为属灵生命样式...390
§22. 属灵生命的成长...394
1. 灵命的发展...394
2. 在基督里走向属灵的成熟...398
3. 圣灵如何做工...402
4. 属灵成长的差异与程度...408

第十章 基督徒生命中的坚忍...411

本章摘要...413
§23. 保障和印署...415
1. 基督教历史上的坚忍...415
2. 改革宗传统...422
3. 经验的挑战...425
4. 对确据的检视...429
（1）确据和印署...438
（2）对确据的觉知...443
（3）获得确据的渠道...447
5. 属灵生命中的焦虑和信心标志...451

第十一章 基督徒属灵生命的病态...463

本章摘要...465
§24. 属灵生命的疾病及其根源...467
1. 合理的多样性和片面性...469
2. 三种重大的属灵病态...472
（1）在智性方面...472
（2）在内心感受（心灵）方面...478
（3）在意志（行动、实践）方面...482
3. 属灵病态的根源...486
（1）肉体与圣灵相争...486
（2）试探...496
（3）灵性荒漠...507

第十二章 信徒生命的恢复和完满 **511**
本章摘要 513
§25. 修复的方法 515
1. 祷告 520
（1）祷告是一种责任 520
（2）祷告的本质：圣经术语 522
（3）祷告的人类主体 526
（4）上帝是祷告的对象 528
（5）祷告的内容 531
（6）祷告的方式 532
（7）祷告蒙应允 535
2. 属灵默想 536
3. 阅读上帝的圣言 537
4. 唱诗 539
5. 独处 540
6. 禁食 542
7. 守夜祈祷 544
8. 起誓立志 544
§26. 属灵生命的完满，默想死亡 547

参考书目 **549**
书籍 549
文章 583

索　引 **594**
神学名词 594
人名 597

英文缩略表

ACW	Ancient Christian Writers
ANF	*The Ante-Nicene Fathers*. Edited by Alexander Roberts and James Donaldson. 10 vols. New York: Christian Literature Co., 1885–96. Reprint, Grand Rapids: Eerdmans, 1950–51.
art.	article
ASV	American Standard Version
Bavinck Archives	Archive no. 346 of the Historical Documentation Centre, Free University, Amsterdam.
BLGNP	*Biographisch Lexicon voor de Geschiedenis van het Nedelandse Protestantisme*. 6 vols. Kampen: Kok, 1978–2006.
ca.	*circa*, about
CEV	Contemporary English Version
chap(s).	chapter(s)
Christ. Encycl.[1]	*Christelijke Encyclopaedie voor het Nederlands Volk*. Edited by F. W. Grosheide, et al. 6 vols. Kampen: Kok, n.d. [1925?–1931].

*Christ. Encycl.*²	*Christelijke Encyclopedie.* Edited by F. W. Grosheide and G. P. van Itterzon. 2nd rev. ed. 6 vols. Kampen: Kok, 1956–61.
CSEL	Corpus Scriptorum Ecclesiasticorum Latinorum
CTJ	*Calvin Theological Journal*
Denzinger	Denzinger, Henry. *The Sources of Catholic Dogma.* Translated by Roy J. Deferrari. Fitzwilliam, NH: Loreto, 2002.
ESV	English Standard Version
FC	Fathers of the Church
GE-De Jong	de Jong, J. M. "Gereformeerde ethiek van Profess. Dr. H. Bavinck." Bavinck Archives, no. 197.
GE-Lindeboom	Lindeboom, Cornelis [?]. "Gereformeerde ethiek—Dictaat van Prof. Bavinck." Library of the Protestant Theological University at Kampen.
GE-Van der Veen	Gereformeerde ethiek. Acroam. van: Prof. Dr. H. Bavinck," Library of the Protestant Theological University at Kampen.
Institutes	John Calvin, *Institutes of the Christian Religion*
ISV	International Standard Version
KJV	King James Version
LCL	Loeb Classical Library
LSJ	Liddell, Henry George, Robert Scott, Henry Stuart Jones. *A Greek-English Lexicon.* 9th ed. with revised supplement. Oxford: Clarendon, 1996.
NIV	New International Version
NLT	New Living Translation
*NPNF*¹	*A Select Library of Nicene and Post-Nicene Fathers of the Christian Church.* Edited by Philip Schaff. 1st series. 14 vols. New York: Christian Literature Co., 1887–1900. Reprint, Grand Rapids: Eerdmans, 1956.
*NPNF*²	*A Select Library of Nicene and Post-Nicene Fathers of the Christian Church.* Edited by Philip Schaff and Henry Wace. 2nd series. 14 vols. New York: Christian Literature Co., 1890–1900. Reprint,

	Grand Rapids: Eerdmans, 1952.
NRSV	New Revised Standard Version
PG	*Patrologiae cursus completus: Series graeca.* 161 vols. Edited by J.-P. Migne. Paris: Migne, 1857–66.
PL	*Patrologiae cursus completus: Series latina.* Edited by J.-P. Migne. 221 vols. Paris: Migne, 1844–65.
PRE¹	*Realencyklopädie für protestantische Theologie und Kirche.* Edited by J. J. Herzog. 1st ed. 22 vols. Hamburg: R. Besser, 1854–68.
PRE²	*Realencyklopädie für protestantische Theologie und Kirche.* Edited by J. J. Herzog and G. L. Plitt. 2nd rev. ed. 18 vols. Leipzig: J. C. Hinrichs, 1877–88.
PRE³	*Realencyklopädie für protestantische Theologie und Kirche.* Edited by Albert Hauck. 3rd rev. ed. 24 vols. Leipzig: J. C. Hinrichs, 1896–1913.
RD	Bavinck, Herman. *Reformed Dogmatics.* Edited by John Bolt. Translated by John Vriend. 4 vols. Grand Rapids: Baker, 2003–8.
RE	Bavinck, Herman. *Reformed Ethics.* The present translation of "Gereformeerde Ethiek." Bavinck Archives, no. 56. Historical Documentation Centre, Free University, Amsterdam.
RSV	Revised Standard Version
Schaff-Herzog	*The New Schaff-Herzog Encyclopedia of Religious Knowledge.* 13 vols. Edited by Samuel Macauley Jackson. London and New York: Funk and Wagnalls, 1906–14.
ST	Thomas Aquinas, *Summa theologiae*
TBR	*The Bavinck Review*

荷兰新加尔文主义丛书序

荷兰新加尔文主义是在现代荷兰王国的历史中发展出来的重要基督教神学传统，在普世基督教神学中独树一帜。若要认识欧洲低地国历史与现代西方神学的发展，荷兰新加尔文主义是极之重要的文化源流与神学思想传统。

16世纪的欧洲出现了风起云涌的宗教改革运动，当时在鹿特丹的伊拉斯谟提倡温和改革的路线，与德国马丁路德的改教运动分庭抗礼。17世纪被称为宗教战争的时代，当时的低地地区与西班牙爆发80年的战争，史称低地荷兰大反抗(1568-1648)。低地国联合起来成立了荷兰共和国，长期的经济繁荣促成了重商主义的兴起。1648年的明斯特和约结束了对西班牙的战争，成为低地迈向国家化的重要里程碑。这时期产生了著名的多特会议(1618-1619)。内忧外患的时局成为这场神学论争的背景，好像在英国内战时召开的西敏大会(1643-1649)。历史家统称荷兰共和国为荷兰的黄金时代，一百五十万人口的低地国竟然创立了东印度与西印度公司，成功地建立了庞大殖民版图的帝国。这时期是笛卡尔、斯宾诺莎、伦勃朗的黄金时代。

1789年的法国大革命将荷兰再次卷进战火，1795年拿破仑挥兵席卷低地，结束了二百多年的荷兰盛世。1813年尼德兰(即低地)联合王国成立，包括荷兰、比利时与卢森堡，但这个短暂寿命的王国随着比利时与卢森堡的独立而瓦解。1839

年《伦敦条约》承认比利时独立，现代的荷兰王国正式成立。本系列的思想家之一亚伯拉罕·凯波尔出生于 1837 年，即《伦敦条约》之前两年。

本系列的两位神学思想家都出生于现代的荷兰，逝世于二战爆发之前：亚伯拉罕·凯波尔 (1837-1920)，赫尔曼·巴文克 (1854-1921)，他们两位的人生旅途与思想轨迹都满布着荷兰历史的足印。另一位较年轻的是霍志恒 (1862-1949)，因从小就移民美国，他成为荷兰新加尔文主义在美国的主要代表人物之一。

为什么我们需要认识与了解荷兰新加尔文主义？首先荷兰新加尔文主义者均是著作等身的思想家，他们的著作被后世公认为神学的经典。单从神学思想史来看，阅读这些荷兰神学家的原典文本，可以丰富中国学界神学视野。今天许多英美神学的重要问题都可以追源至荷兰的改革宗神学，如果英美改革宗神学像 1620 年的五月花号客船，那整个荷兰加尔文主义的大传统就像是那艘先从鹿特丹出发的史佩德威尔号。

第二，荷兰新加尔文主义与荷兰历史之间错综复杂的关系提供了许多重要的参考，使我们可以反思宗教与文化及社会的关系。荷兰没有产生自己的路德或加尔文，他们在漫长国家化的历史中接受了加尔文主义的神学思想，并且进行了全面荷兰化的改造，这在世界历史中是独特的。因着历史与地理的差异，荷兰与其他主要的新教国家不同。他们的目的似乎不是单纯地将阿姆斯特丹变成日内瓦，而是自觉地要建立一个低地的王国或共和国。这个国家化过程的对手不是君主制，所以他们不需要像英国清教徒一般地去处死查尔斯一世。这些荷兰神学家的著作为我们提供了饶富启发性的历史蓝本，使我们可以进一步透视宗教与现世处境的关系。

神学与世局有千丝万缕的关系，自古已然。从奥古斯丁的《上帝之城》到路德与加尔文的著作，无不具有独特的历史与政治背景，同时他们的文本也成为神学的经典。同样地，笛卡尔、康德与黑格尔的哲学名著也具有特定的历史处境，但他们的作品却是自成一个意义的世界，作为纯粹思想探寻的文本。荷兰新加尔文主义者的著作是神学思想史上的杰作，但同时是与他们的荷兰世界密不可分的。这种可区分但不可分离的关系正是我们阅读文化经典的原因：从思想来反思处境，从处境来透视思想。

第三，荷兰新加尔文主义为我们提供了对基督教教会本质的反省。这是耐人寻味的问题。作为大陆中小岛的荷兰每时每刻都在与大洋搏斗，这种存在的危机根本不容许荷兰有内战，荷兰国家化过程的敌人全是周围虎视眈眈的帝国：西班牙、拿破仑与纳粹德国。但这种同仇敌忾的国族危机并没有产生教会的合一；相反地，荷兰教会的分裂是著名的。许多教会历史课本常调侃荷兰特色的基督教：一个荷兰人是神学家，两个荷兰人组成教会，三个荷兰人便会教会分裂。从17世纪的多特会议到亚伯拉罕·凯波尔在1880年代的教会出走运动，荷兰教会一直在极度激化的纷争中。正如霍志恒在普林斯顿神学院的同僚沃菲尔德定义改教运动说："从内部而言，改教运动是奥古斯丁的恩典论至终胜过了他自己的教会论。"从表面来看，荷兰新加尔文主义者似乎也秉承了此种宁为玉碎、不为瓦全的分离主义。但新加尔文主义的健将凯波尔却定义加尔文主义为整体的世界观与生活体系，并且提倡普遍恩典的概念来整合一套具兼容性的神学与治国理念。研究荷兰新加尔文主义可以帮助我们去思想基督教的教会理论中的两大张力：大公精神与分离主义，就是大一统世界观的传统教会与倾向完美主义观的小教派。如何两者兼并而非各走极端，这是阅读新加尔文主义对我们的启迪。

第四，荷兰文化与中国文化都曾经拥有黄金时代的光辉历史，并且二国至今仍然是世界舞台上欣欣向荣的文化国家。荷兰人缅怀他们的黄金时代，就是法国的笛卡尔、犹太教的斯宾诺莎、加尔文主义艺术家伦勃朗、天主教画家弗美尔、阿民念主义的法学家格劳秀斯，还有一群毅然投奔怒海的史佩德威尔号的漂游客，这群人组成了一幅五彩缤纷的马赛克。中国的黄金时代亦是如一幅连绵不断数千年的光辉灿烂的精致帛画，是如此美不胜收，教人目不暇接。阅读荷兰新加尔文主义的著作可以为广大的中国学者与读者提供一个具有文化亲近性的西方蓝本，借此来激发我们在中国文化的处境中去寻求创新与隽永的信仰与传承。

本系列的出版可以为广大读者提供高水平而流畅的翻译，使大家可以更深入地了解荷兰文化与神学思想的精妙。这是一套承先启后，继往开来的出版企划，希望广大的读者从中获益。

陈佐人
美国西雅图大学神学与宗教研究副教授
2019年10月29日

中译本编者序

现代荷兰改革宗神学大家赫尔曼·巴文克（1854-1921）于 1880 年 6 月 10 日从荷兰莱顿大学（Leiden University）获得神学博士学位，以一篇阐释瑞士改教家慈运理（Ulrich Zwingli，1484-1531）伦理学的博士论文开始了自己的神学研究生涯。[1] 这篇博士论文开篇就论到教理学与伦理学在现代时期的紧密联系："教理学的荣耀在下降，而伦理学的尊荣在上升。伦理学开始愈发占主导地位。这一切似乎都说明，只有在它的伦理价值和力量被人看见、它所隐藏的生命真理再次被人经历时，教理学才会再次对我们这个时代的意识说话。"[2] 巴文克对教理学和伦理学的此种关切，贯穿其之后的几十年神学研究。

巴文克于 1882 年被任命为坎彭神学院（Theological Seminary in Kampen）的神学教授。他所主授的课程如下：教理学、伦理学、神学百科、哲学和三年级拉丁文。[3] 在教学生涯的初始阶段，巴文克就已准备要建立自己的教理学与伦理学体系。他在

---

[1] Herman Bavinck, *De ethiek van Ulrich Zwingli* (Kampen: Zalsman, 1880).
[2] 同上，页2。荷文原文："De Dogmatiek daalde in eere, naarmate de Ethiek in achting rees, en deze laatste begint altijd meer gene te beheerschen. Alles schijnt er op te wijzen, dat het dogme eerst dan weer spreken zal tot het bewustzijn van onzen tijd, als het in zijne ethische waarde en kracht gezien en de levenswaarheid weer ervaren wordt, die daarin verborgen ligt." 本文荷文资料皆由笔者自译。
[3] James Eglinton, *Bavinck: A Critical Biography* (Grand Rapids: Baker Academic, 2020), 130.

1883年2月11日写给挚友赫洛涅（Christiaan Snouck Hurgronje, 1857-1936）的信中如下论述："我仍忙于收集建构自己的教理学和伦理学的资料。这意味着我在当下的讲课中，主要是从历史的视角概括这些内容，并努力让我自己和我的学生专研这些历史资料，当然特别关注改革宗教理学。在思考建立我们自身的思想前，历史根基必须要先立好。"[4] 由此可知，若要对巴文克的思想有整体的了解，对他伦理学思想的研究是不可或缺的。然而，巴文克在1902年离任坎彭神学院、前往阿姆斯特丹自由大学后，就不再教导伦理学课程。而且，巴文克的伦理学资料也未出版面世。个中缘由有诸多猜测。恩雅各提出，这可能是因为巴文克在离开坎彭时，尚未完成《改革宗伦理学》的书稿，同时阿姆斯特丹自由大学已有威廉·贺辛克（Willem Geesink, 1854-1929）主授改革宗伦理学的课程，因而未继续研究改革宗伦理学，留下未写完的书稿。[5]

巴文克所留下的手稿在他于1921年逝世后，一直尘封，未被人发现。荷兰神学家德克·范·凯伦（Dirk van Keulen）在2008年加尔文神学院的巴文克学术会议上，首次提到自己在阿姆斯特丹自由大学的巴文克档案库里发现了巴文克《改革宗伦理学》的手稿。[6] 自此，学者越发重视巴文克的伦理学思想。[7] 2019年9月，巴文克的《改革宗伦理学》全本以荷文出版，并且英译本的第一卷也同时出版。毫无疑问，此著作面世对全球巴文克研究起到了极大的推动。学者借此得以更好地全面了解巴文克的思想。关于此书的结构、特征等，凯伦博士和博尔特教授在下文已有讨论，此处不再赘述。

---

[4] "Bavinck aan Snouck Hurgronje, Kampen, 11 februari 1884," in J. de Bruijn and George Harinck eds., *Een Leidse Vriendschap. De briefwisseling tussen Herman Bavinck en Christiaan Snouck Hurgronje 1875-1921* (Baarn: Ten Have, 1999), 117.
[5] Eglinton, *Bavinck*, 223. 下文德克·范·凯伦和约翰·博尔特对此也有提及。
[6] 对手稿的介绍，可见本书下文由德克·范·凯伦和约翰·博尔特所撰写的<巴文克教授和他的手稿>。另见Dirk van Keulen, "Herman Bavinck's Reformed Ethics: Some Remarks about Unpublished Manuscripts in the Libraries of Amsterdam and Kampen," *The Bavinck Review* 1 (2010): 25-56。
[7] 例如Jessica Joustra, "Following the Way of Jesus: Herman Bavinck and John Howard Yoder in Dialogue on the Imitation of Christ" (PhD dissertation, Fuller Theological Seminary, 2018)。这篇博士论文不同于约翰·博尔特于1982年完成的博士论文对巴文克思想中"效法基督"的研究。那时尚未发现巴文克的《改革宗伦理学》手稿，而且对巴文克的解读仍采用二元论进路。博尔特的博士论文后出版为：John Bolt, *A Theological Analysis of Herman Bavinck's Two Essays on the Imitatio Christi: Between Pietism and Modernism* (Lewiston: Edwin Mellen Press, 2013).

作为中译本编辑，笔者在此主要解释几个与中译本相关的要点。第一，这本中译本由四位译者——刘兵、温津、董晓华、赵柳——先从英译本翻译为中文版。然而，读者需要注意的是，中译本并非完全译自英译本。在这四位译者所提供译文的基础上，笔者根据荷文原版校对译稿，修正了英译本中超过 150 项翻译错误或不准确之处，另外根据荷文版补充了 126 处注解说明。此外，英译本在翻译的过程中，若发现巴文克对某个思想家的引述过于简单，就会直接引述这位思想家著作的大段内容。这有时是好的，令上下文意思通顺，但是有时显得文意臃肿。故此，笔者选择性地删除了一些英译本自行添加的内容。整个中译本虽译自英译本，但是整本乃忠于荷文版，以荷文版为最终标准。读者在阅读过程中，若发现括号【 】，就表明括号里的内容译自荷文版。若是整句翻译自荷文，通常在脚注中会有说明；若是个别字词译自荷文，通常只用【 】标示，或者会再加上荷文单词。所有的荷文翻译，皆由笔者（徐西面）一人完成，若有纰漏，非四位英译者之过。

第二，中译本也发现了荷文版的不足。巴文克在写作过程中引用了许多经文，但是作为讲课时的讲稿，他通常只写下经文出处，并无提供经文内容。英译本在这方面胜过荷文版，加入了经文的内容。中译本全部采纳了英译本所添加的经文内容。笔者相信，这会大大有利于读者阅读此书，避免时不时地翻阅《圣经》，造成阅读中断和障碍。读者从第一和第二要点就可了解，这本中译本并非只是简单的英译文，而是尽量结合荷文版和英译本之优点后的译本。笔者深信，熟读英译本的读者亦能在中译本中发现众多亮点。

第三，笔者在此就中译本对三项译名选择予以解释。首先，中译本不再沿用传统使用的"罗马天主教"和"希腊东正教"译名，取而代之的是"基督公教"和"基督正教"。中文习惯用"基督教"专指宗教改革后的新教，而此中译本用"基督新教"取代。[8] 中译本用"基督教"一词大公性地指向对基督的信仰，包括基督公教、基督正教和基督新教。笔者认为这样的译名符合巴文克提倡的基督教大公性的精意。[9]

其次，中译本采用"气禀"作为拉丁文 habitus 的中文译名。"Habitus"有两种解释。若有与生俱来的含义，habitus 就指一个人内在天生的性情，会令一个人以

---

[8] 笔者感谢查常平教授指出何光沪教授最先使用这些词汇：何光沪，《何光沪自选集》（桂林：广西师范大学出版社，1999），86页。
[9] 有关巴文克论基督教信仰的大公性，见：赫尔曼·巴文克，<基督教与教会的大公性>，载于《赫尔曼·巴文克论荷兰新加尔文主义》，邵大卫译，徐西面编（爱丁堡：贤理·璀雅，2019），10-36页。

特定的方式为人处事，可能会带来美德，也可能会导致恶习。若是有后天形成之意，habitus 则指后天生活行为所带来的习惯，比如衣食住行的习惯等。[10] 巴文克在下文第三章§12章节的第二部分＜更具灵性的罪＞中，特意区分了 habitus 和 actus。拉丁文 actus 可以作为拉丁文 actio 的同义词，指一个行动者会带来果效的行动方式。显然，巴文克在《改革宗伦理学》中所用的"habitus"指的是人与生俱来的性情，因而有别于后天人为的行动。中文"气禀"的一般意义可以指人与生俱来的气质。故此，"气禀"虽在日常用语中不是十分常见，但笔者认为它适合作为"habitus"的中文译名，传递其意。

再者，中译本将"illumination"和"enlightenment"分别译作"光照"和"开悟"。中文许多书籍通常将两个英文词汇都译作"光照"，笔者认为这种译法过于简化。巴文克在此卷中有三处地方将"enlightenment/enlighten"与"心思"（mind）联合在一起。"Mind"的荷文 verstand 作为人心理方面的能力时，也可译作"悟性/理解"（understanding）。因此，笔者用"光照"和"开悟"来区分"illumination"和"enlightenment"，后者更凸显出智性（intellectual）的意涵。

回想这本中译本的翻译和面世，笔者感谢刘兵、温津、董晓华、赵柳四位译者的努力和辛苦付出。此外，甘雨、若凡和摩西三位在对中译本的中文校对工作上，付出了许多汗水，笔者深表感谢！笔者深愿此中译本能给中国的神学人，尤其是喜爱改革宗神学人士，带来诸多神学洞见，能使我们更加了解现代改革宗神学大家巴文克的思想。

徐西面
英国爱丁堡大学哲学博士
2020 年 3 月 31 日序于爱丁堡

---

[10] 详细解释可参考 Richard Muller, *Dictionary of Latin and Greek Theological Terms: Drawn Principally from Protestant Scholastic Theology*, 2nd ed. (Grand Rapids: Baker Academic, 2017), 146-147.

英编者序

你所握此书经历了漫长的旅程才杀青甫就，那是一段不太可能、没有计划、未知的旅程。本卷为所计划三卷集的第一卷。这套卷集让读者有机会接触到赫尔曼·巴文克（Herman Bavinck）1883/1884 年至 1902 年秋季，在坎彭神学院（Theological School in Kampen）为学生们所讲授的改革宗伦理学的课程。尽管这部作品在方法上与巴文克的《改革宗教理学》完全相同，而且有迹象表明巴文克可能打算最终出版这部作品，但他并未如此行，只留下了 1100 页的手稿。1921 年巴文克去世后，这部手稿见弃于人，被置于阿姆斯特丹自由大学（Vrije Universiteit）荷兰基督新教历史文献中心（Historical Documentation Center for Dutch Protestantism；1800 年成立至今）的巴文克档案集（Bavinck Archives），直到 2008 年被德克·范·凯伦（Dirk van Keulen）发现。[1] 因此，自从巴文克的学生们在 19 世纪的最后 20 年里听过这些课程之后，本卷读者就是第一批有幸接触巴文克对神学伦理学系统思考的群体。

历史爱好者喜欢玩"如果呢？"这种假设性游戏。当我们反思这份资料从巴文克自己手中到这份译本的朝圣之旅时，这种诱惑是难以抗拒的。对我来说，脑海中

---

[1] 有关该故事的更多详细信息，请参见本卷的下一部分，德克·范·凯伦和约翰·博尔特（John Bolt）合写的〈赫尔曼·巴文克（Herman Bavinck）《改革宗伦理学》之导论〉。

浮现的这个词是故意带有双语性的双关语，即"奇迹"（wonder）。在荷文（德文Wunder）中，这个词的意思是"奇迹"。我要小心，不要因过度使用而贬低"奇迹"一词。但确切而言，我和从事该项目的编辑团队对上帝所给予的仁慈、护理性的关怀和指引，充满了惊奇和敬畏，因为我们要把这部作品提供给普世教会。我们不仅有慷慨的捐助者为我们提供丰富的资金，为漫长而艰苦的旅程提供充足的给养，而且如此多不相关的事件就在适当之时水到渠成，使项目得以启动，更不用说使本书成功完成。这一切感觉都和众所周知的谚语"千里之堤，毁于蚁穴"相反，就是一系列相关事件积极和建设性地积累起来，帮助出版了这部作品。藉着各种令人关注的方式，今日就是这个项目面世的"良辰吉日"。

如果没有于2008年完成的巴文克四卷本《改革宗教理学》英译本作为预备性项目，那么这个项目就难以想象。为了纪念这一时刻，同时也为纪念巴文克的普林斯顿斯通讲座《启示的哲学》[2]一百周年，加尔文神学院在2008年9月主办了一场主题为《珍珠与酵母：面向21世纪的赫尔曼·巴文克》（A Pearl and a Leaven: Herman Bavinck for the 21st Century）的会议。在筹备这次会议的过程中，德克·范·凯伦博士在为一篇关于效法基督的论文而研究巴文克的资料时，"偶然发现"了巴文克档案集中的《改革宗伦理学》的手稿（以及其他手稿）。在他发表论文并报道他的发现后，一群国际性的巴文克学者提出并同意，手稿需要翻译和出版。他们还指出建立一个有兴趣了解彼此学术研究的学者和学生网络的价值。加尔文神学院的巴文克研究所、巴文克协会和电子版年度学刊《巴文克综述》就是相应的产物。[3]综上所述：《改革宗教理学》项目通过汇合那些有能力完成这本书的人（包括支持的出版商），为《改革宗伦理学》铺平了道路；《改革宗教理学》被人积极地接受也创造了大量的学生、牧师和学者观众，他们渴望看到这部伦理学著作面世。

此外，能够在2008年谈论一个由巴文克学者组成的"群体"，这本身就相当引人注目。当我在1982年，也就是巴文克去世六十年后，完成关于巴文克的博士论文时，我的论文只是第五篇专门研究巴文克神学的博士论文。[4]当时还没有巴文

---

[2] Bavinck, *Philosophy of Revelation*. 中注：中译本请见，赫尔曼·巴文克，《启示的哲学》，赵刚译（成都：四川人民出版社，2014）。
[3] 欲了解更多信息，请访问巴文克研究所网站https://bavinckinstitute.org/。
[4] 按时间顺序，这些博士论文分别是Hoekema, "Bavinck's Doctrine of the Covenant"; Heideman, *Relation of Revelation and Reason*; Bremmer, *Bavinck als Dogmaticus*; Veenhof, *Revelatie en inspiratie*; and Bolt, *Theological Analysis*。然而，在巴文克去世后不久，学者就开始对他的教育哲学和心理学（即他的教育学）给予最高（博士水平）的学术关注。有关详细信息，请参

克学者的"群体"。然而，自那以后，又有九篇博士论文通过了答辩。其中有的完全聚焦于巴文克，有的则通过分析巴文克神学，并与其他人进行比较。这些都对巴文克的学术研究做出了重大贡献。[5] 此外，2004年10月28-30日，荷兰坎彭举行了一次纪念巴文克诞辰150周年的国际神学大会，并以"邂逅巴文克"（Encounters with Bavinck）为主题，出版了汇集20篇演讲稿的论文集。[6] 最后，一本以英文写成的完整的巴文克传记也出现了。[7]

所有这些都说明，当时为翻译和出版巴文克的英译本《改革宗伦理学》而培养兴趣和提供支持的条件已经成熟了。但这并非全部，我们必须回到更早、同样不太可能的项目，即翻译和出版巴文克的《改革宗教理学》。巴文克的《改革宗教理学》在北美广为人知，也很受赞赏，很早就有人尝试将其翻译成英文。[8] 威廉·亨德里森（William Hendrickson）在1930年7月就已经翻译完了第二卷第一部分〈上帝的教义〉（The Doctrine of God），但不得不等到1951年才能看到它出版。[9] 之后没有其他巴文克的书籍被翻译出版；这也许是因为在同一时期，巴文克《改革宗教理学》的基本纲要，已通过于1906年至1944年间在加尔文神学院任教的伯克富教授的著作，介绍给了北美改革宗的神学生。[10] 伯克富在1932年分两卷出版了他自己的《改革宗教理学》，同年又以单卷本出版了《改革宗神学导论》。[11] 然而，在他的《改

阅我们的〈赫尔曼·巴文克的《改革宗伦理学》之导论〉中的注释4。

[5] Hielema, "Bavinck's Eschatological Understanding of Redemption"; Gleason, "Centrality of the unio mystica"; van Keulen, *Bijbel en dogmatiek*; van den Belt, *Authority of Scripture in Reformed Theology*; Burger, *Being in Christ*; de Wit, *On the Way to the Loving God*; Mattson, *Restored to Our Destiny*; Eglinton, *Trinity and Organism*; Huttinga, *Participation and Communicability*.

[6] Harinck and Neven, *Ontmoetingen met Bavinck*.

[7] Gleason, *Herman Bavinck*. 中注：最新的巴文克传记见James Eglinton, *Bavinck: A Critical Biography* (Grand Radpis: Baker Academic, 2020)。

[8] 参见 Bolt, "Bavinck Speaks English," 120-122.

[9] Published in Grand Rapids by; reprint, Grand Rapids: Baker, 1977.

[10] 关于路易·伯克富的更多信息，包括他自己的《系统神学》（Systematic Theology）与巴文克的《改革宗教理学》（Gereformeerde Dogmatiek）的关系，请参见Zwaanstra, "Louis Berkhof"。

[11] Published in Grand Rapids by Eerdmans. 1938年，除了〈神学绪论〉（*Prolegomena*），多卷本被汇编成一卷，重新包装成《系统神学》（*Systematic Theology*）。它多次再版，1996年出版了包含《导论》的新版。它的部分内容或全部内容已被翻译成中文、法文、韩文、日文、葡萄牙文和西班牙文。关于伯克富的《系统神学》（*Systematic Theology*）的历史，特别是其序言〈改革宗神学导论〉（Introduction to Reformed Theology），可参见理查德·穆勒（Richard Muller）为1996年伯克富的《系统神学》（*Systematic Theology*）合订本所写的序言。

革宗神学导论》的序言中,"伯克富承认他的著作的总体规划是以巴文克的《改革宗教理学》第一卷为基础,并在其中几章遵循了巴文克的论证"。[12] 亨利·兹安斯特拉(Henry Zwaanstra)总结道:"伯克富的神学本质上就是赫尔曼·巴文克的神学。"[13] 正是通过伯克富的《系统神学》,我在加尔文神学院学生时代就**间接地**了解了赫尔曼·巴文克。[14]

鉴于伯克富的《系统神学》广受欢迎,谁能想到把巴文克的四卷本《改革宗教理学》翻译成英文呢?为什么一个出版商要承接这个重大项目,将19世纪晚期的荷兰神学付诸印刷,而且还是伯克富的竞争对手?到20世纪90年代,荷兰人移民群体的改革宗人士对赫尔曼·巴文克的记忆几乎消失殆尽,他们大多数局限于一个相对较小的教派——北美基督教改革宗教会(Christian Reformed Church of North America)。这样的风险投资项目有何市场呢?谁会感兴趣?实际上,当我还在博士论文写作阶段的时候,一个加拿大出版商知道我在写关于巴文克的论文,就把其中一部分译稿转交给了我,并向我征求出版建议。出于种种原因,我强烈否定这份译稿。当我于1989年秋季学期开始在加尔文神学院任教时,翻译这部作品是我脑海中最遥远的想法。如果20世纪30年代的努力都失败了(毫无疑问,全球经济大萧条是原因之一),那么现在谁愿意承担所需的成本,更何况现在这个成本已大幅增加?这个项目的前景渺茫,成功的可能性很小。然后……

我开始在加尔文神学院任教后不久,就有一些韩国的研究生找我,他们希望学习巴文克的神学。他们临时安排了约翰·弗赖恩德(John Vriend)翻译《改革宗教理学》的关键章节。随着需求的增长,他提出了一种更系统的方法来翻译整个作品的可能性,并表明他愿意从事此书翻译。时任加尔文神学院院长的詹姆斯·德·容(James de Jong)与贝克出版集团(Baker Publishing group)总裁里奇·贝克(Rich Baker)一同召集了一个来自西密歇根州的牧师和神学院教师的聚会,在午餐时间讨论为此书成立翻译协会的议题。在这次聚会的基础上,1994年1月成立了普世性的荷兰改革宗翻译协会(Dutch Reformed Translation Society)。我们首先用了两

---

[12] Zwaanstra, "Louis Berkhof," 166.
[13] Zwaanstra, "Louis Berkhof," 167.
[14] 此外,我的一位系统神学教授安东尼·霍克马(Anthony Hoekema)尤其受惠于巴文克。他经常在课堂上提到巴文克,甚至把他自己翻译的《改革宗教理学》(*Gereformeerde Dogmatiek*)的几段关键章节传给我们,特别是〈上帝怜悯的宽广〉(the Wideness of God's Mercy);这段内容是巴文克末世论最后的章节之一(*RD*, 4:724-727)。

个段落章节为试译:《改革宗教理学》第四卷(末世论)的后半部分在 1996 年出版,书名为《末后的事:对现世和来世的盼望》(*The Last Things: Hope for This World and the Next*);第二卷(创造论)的后半部分在 1999 年出版,书名为《起初:创造神学的基础》(*In the Beginning: Foundations of Creation Theology*)。由于对这两卷书的积极回应,荷兰改革宗翻译协会董事会在贝克出版社的鼓励下,承诺完成四卷本的翻译。第一卷至第四卷依次于 2003 年、2005 年、2006 年和 2008 年出版。因此,在巴文克完成《改革宗教理学》的第二版、修订版和最终版的工作大约一百年后,我们完成了我们的工作。

在我们开始研究这个项目的同时,加尔文神学院也开设了新的博士课程。在我的同事兼朋友理查德·穆勒(Richard Muller)的领导下,随着时间的发展,加尔文神学院积攒的声誉使其成为学习改革宗神学,尤其是 16 世纪至 18 世纪的基督新教正统神学的地方。巴文克在 19 世纪末对此传统的援用,并与现代神学和哲学对话,这成为了对此传统的完美补充。加尔文神学院的研究生们为《改革宗教理学》的工作提供了急需的信息帮助,现在仍继续为《改革宗伦理学》提供帮助。

作为《改革宗伦理学》的译者和编辑,我们面临着许多《改革宗教理学》项目中没有遇到的新挑战。我们数字化转录的手稿,与其说是为出版而精心编辑和准备的文本,不如说是根据巴文克在给学生讲课时使用的 1100 页手讲稿。在许多地方,这些文本是由一系列希伯来文、希腊文或拉丁文的短语和关键词组成,需要在巴文克的框架上增加大量的叙事内容和组织,以创造出可读、可懂的作品。经过严苛的试验,并将所有编辑完成、插入和转换放在惯用的方括号 [ ] 内后,我们决定对大部分内容放弃这种做法,但是在脚注中将指出实质性的构建和重构实例。我们还希望让文本不至于因出现过多的括号或方括号,和外文原词、短语或标题而杂乱无章。这些词和短语标题从学术角度来说都是有意义的,这些都将出现在脚注中,使用以下缩写:DO= 荷文原文,FO= 法文原文,GO= 德文原文,GrO= 希腊文原文,HO= 希伯来文原文,LO= 拉丁文原文。[15](巴文克偶尔会通过将非荷文词汇与特定荷文词汇结合,创造一个有趣的词汇或短语;例如,*in zichzelf begründen* 是荷文和德文的组合,我们将其标记为 DO/GO)。一种特例就是,巴文克对重要的圣经术语进行了重要的文字研究分析,并且有必要在正文中突出强调这些术语;在这些章

---

[15] 中注:中译本将这些非英文的外文移入正文的括号中。因此,中译本并未出现这些表示语言种类的缩写字母。

节中，读者会发现外文术语放在脚注中。[16] 与《改革宗教理学》相仿的是，每章都提供了编辑编写的摘要。巴文克的章节篇幅冗长，内容复杂，即便对于知识渊博、细心的读者来说也是一个挑战，而摘要是作为叙述提纲的指南。这一切只是为了说明，你所读的是一部经过大幅重构和扩述的作品，以求使其更清晰、更实用。然而，我们没有改变它的信息。你听到的仍是赫尔曼·巴文克的真实声音，包括我们可能不赞同的偏见和可能不同意的主张。此外，那些渴望为学术和历史目的而全面查阅原著的人，可以查阅同时由德克·范·凯伦编写并由荷兰佐特梅尔（Zoetermeer）的 Boekencentrum 出版的荷文评注版。

我们在这本书的出版过程中所经历的"奇迹"，其中一个重要的部分来自于我们对上帝的感恩之心，感谢许多为这个项目做出贡献的人。这是我们的"感激"。二十多年来，我从作为《改革宗教理学》的编辑开始，到现在的《改革宗伦理学》的编辑，贝克学术出版社一直是一个很好的合作伙伴；他们具备了人们对出版商的一切期望。执行副会长吉·金尼（Jim Kinney）在荷兰改革宗翻译协会董事会任职多年，表现出色，一直是《改革宗伦理学》项目的热心支持者。当该项目从最初的单卷本发展到现在的三卷本时，他表现出了灵活性和鼓励性，是一位很好的朋友和睿智的顾问。韦尔斯·特纳（Wells Turner）是贝克的《改革宗教理学》编辑团队的负责人，是《改革宗伦理学》的最初联络人，并在我们为众多涉及翻译和未编文本的编辑决定而挣扎的时候，提供了有益的建议和有能力的服务。蒂姆·韦斯特（Tim West）在编辑本卷和剩余两卷作品的过程中，也一直是一个耐心、善解人意和建设性的合作伙伴。谢谢你们二位！

荷兰改革宗翻译协会的董事会从一开始就给予我们鼓励，并提供很好的建议，也给了我们资金上的支持。为此，我们也要感谢那些过去二十年来用他们的恩赐支持荷兰改革宗翻译协会的人。加尔文神学院的遗产基金（Heritage Fund）提供了资金，促成了我们在 2015 年、2016 年和 2017 年夏天举行为期一周的编辑团队会议。里默（Rimmer）博士和露丝·德·弗里斯（Ruth De Vries）夫人[17] 慷慨地为一个更大的项目作出了贡献。他们通过普林斯顿神学院的凯波尔中心（Kuyper Center at Princeton Theological Seminary），以及总部设在密歇根州大急流城阿克顿研究所

---

[16] 值得一提的是第二章第8节，其中巴文克探讨了《圣经》提供的人类在犯罪境况和条件下的意象和术语。
[17] 露丝·德·弗里斯（Ruth De Vries）于2018年8月29日离世与她的救主同在，当时该书正处于制作的最后阶段。我们缅怀她。

（Acton Institute）的凯波尔翻译项目（Kuyper Translation Project），使荷兰新加尔文主义的作品引起了非荷文世界的关注和使用。当我们需要资金来保证巴文克的《改革宗伦理学》的工作可以继续进行时，他们也在关键时刻施以援手。为着这一切，以及其他更多的事情，谢谢你们，里默和露丝！这本书是献给你们的。

如果没有其他一些改革宗神学之友的支持，我们也将无法继续我们的工作：希德和凯特•詹斯玛（Sid and Cate Jansma），道格和凯西•库尔（Sid and Cate Jansma），雷和琳达•穆德（Ray and Linda Mulder），亨克和莎朗•奥滕斯（Henk and Sharon Ottens），约翰和坎迪•史坦（John and Candy Steen），哈里和琼•范•托尔（Harry and Joan Van Tol），提供庄园的休伯特和阿莱塔•斯莱格（Hubert and Aletta Slegers），以及 110 多名巴文克协会成员。你们的善良和慷慨也是我在反思我们的工作时所想到的一个重要"奇迹"。

由于前面提到的一些原因，加尔文神学院是开展这个项目的最佳地点。谨此感谢加尔文神学院的行政部门和董事会给予我几次安息假和一次出版假。以下加尔文神学院学生在研究晦涩的参考文献、寻找互联网资源和链接、创建参考书目、文案编辑和校对方面提供了重要帮助：阿什利•斯坦姆–博恩斯（Ashley Stam-Bonnes），蒂亚戈•达•席尔瓦（Thiago da Silva），劳拉•德•容（Laura De Jong），盖尔•多恩博斯–库鲁斯查（Gayle Doornbos-Kloostra），杰西卡•朱斯特拉（Jessica Joustra），菲利普•德琼（Philip Djung），菲利普•金（Philip Kim），安托万•塞隆（Antoine Theron）和艾琳•佐滕丹（Erin Zoutendam）。[18] 这种帮助的高质量可从以下事实得知：该名单的两名成员也被列入编辑小组成员名单。他们不仅在 2015 年夏季参加了为期一周的密集会议，而且愿意在 2016 年和 2017 年再次参加。此外，在我们暑假期间，他们还继续进行资料的翻译和编辑工作。致谢杰西卡•朱斯特拉、纳尔逊•克卢斯特曼（Nelson D. Kloosterman）、安托万•塞隆和德克•范•凯伦：与你们合作完成这本绝妙的手稿，无论在智性方面还是灵性方面，都是一种享受。我们之间的友谊，对赫尔曼•巴文克的共同赞赏，以及我们在基督里的联结，是这个项目最大的"奇迹"。

最后，我要感谢那些为此书出版提供重要翻译（和编辑）技能的人：雷蒙德•布莱克特（Raymond Blacketer）、哈里•布恩斯特拉（Harry Boonstra）、安东尼•

---

[18] 值得一提的是，这是一个国际性的团体，有来自巴西、加拿大、印度尼西亚、南非、韩国和美国的代表。

埃伦巴亚斯和费姆克·埃伦巴亚斯（Anthony and Femke Elenbaas）、格瑞特·谢尔斯（Gerrit Sheeres）和哈里·范戴克（Harry Van Dyke）。你们的工作不容易。这份手稿是紧凑的，甚至是零散的，其中包括希伯来文、希腊文、拉丁文、法文和德文的单词、短语。这部作品呈现出你们所遇到并已征服的众多挑战。翻译可能是一项孤独的工作，但我们相信，看到最终作品、并知道你们在其中所发挥的重要作用，可能会给你们带来回报。谢谢你们杰出的工作！曾几何时，作为编辑，我的语言能力达到了极限。下面这些人无数次给予我极大的帮助。肯·布拉特（Ken Bratt）提供了拉丁文方面的帮助，芭芭拉·卡维尔（Barbara Carville）提供了德文方面的帮助，丁·迪沛（Dean Deppe）和杰夫·威马（Jeff Weima）提供了希腊文方面的帮助，赫尔曼·德·弗里斯（Herman De Vries）提供了荷文和德文方面的帮助，阿里·乐戴尔（Arie Leder）和卡尔·柏思马（Carl Bosma）提供了希伯来文（和荷文）方面的帮助，理查德·穆勒（Richard Muller）则提供了上述所有语言以及更多的帮助。德克·范·凯伦和我也很感谢德·弗里斯（J. P. de Vries）博士，他将赫尔曼·巴文克的手稿转录成电子格式，为我们带来了巨大的益处。谢谢大家！

约翰·博尔特

给读者的话

《英文标准版》（ESV）一直是我们默认的《圣经》译本。为了忠于巴文克，我们想要一个在处理《圣经》文本时更"直译"而不是"动态对等"的译本。若有使用其他译本，文中将清楚标明出来。

对于我们这些从事这个项目的人来说，互联网是另一个"奇迹"。它不仅使追踪书目信息的任务变得更加容易（例如，通过 WorldCat），而且致力于将古今中外的书籍数字化的几个工程也是一份真正的礼物。我也十分感激 Google Books，Internet Archive，尤其是 Hathi Trust Digital Library。我们发现，巴文克引用的大部分资料来源都可以在网上找到。如果在脚注中加入所有这些链接，就会极大增加本卷篇幅，使其更加昂贵、繁琐和缺乏吸引力。相反，作为本卷编辑工作的一部分，我们为每一章（和参考书目）创建了一个文档，只包含脚注和我们认为最好的在线来源的超链接。这对于想要探索本卷所涉及的任何一个主题的学生和学者而言，将节省许多时间；而且还有一个额外的好处，就是增加了当代伦理学的书目库，增加了研究者应该知道、但通常不知道的基督教伦理学思想的重要作品。关于如何获取这些文件的信息，可在加尔文神学院巴文克研究所的网站上查阅：https:// bavinck-institute.org/。

赫尔曼·巴文克的《改革宗伦理学》之简介[1]
德克·范·凯伦 & 约翰·博尔特

巴文克教授和他的手稿

1882年8月24日,荷兰基督教归正教会(Christelijke Gereformeerde Kerk)全国总议会任命赫尔曼·巴文克(Herman Bavinck)为坎彭神学院教授。他在1883年1月10日以《神圣神学的科学》一场演讲开始了他的教学生涯。[2] 他的主要教学内容是教理学或系统神学,并集大成于四卷本巨著《改革宗教理学》。[3] 这是他的代表作,也是他的主要神学遗产。[4]

---

[1] 这篇导论是德克·范·凯伦的研究成果,最初在密歇根州大急流城举行的《珍珠与酵母:21世纪的赫尔曼·巴文克》会议上发表,之后于2008年9月出版:"Herman Bavinck's Reformed Ethics: Some Remarks about Unpublished Manuscripts in the Libraries of Amsterdam and Kampen," *TBR* 1 (2010): 25–56。约翰·博尔特在德克·范·凯伦的同意和授权下,对本文进行了改编和修订。这篇文章结尾处的第一人称判断,原本是范·凯伦基于他的研究而做出的判断,博尔特也有同样的判断。

[2] Bavinck, *De wetenschap der heilige godgeleerdheid*.

[3] *Gereformeerde Dogmatiek*. 该书第一版由坎彭的博斯(Bos)出版社于1895至1901年间出版,第二版修订扩展版于1906年至1911年间由坎彭的寇克(Kok)出版社出版。

[4] 此处对**神学**的强调是刻意的。尽管学者们对巴文克这个神学家的研究直到1921年他去世

然而，不为人知的是，巴文克在坎彭的教学生涯中，也曾主授伦理学。巴文克用于伦理学授课的几份文件存放在巴文克档案集中。[5] 例如，档案集中有一个小的讲义笔记本，也许可以追溯到巴文克在坎彭的职业生涯初期（甚至更早）。[6] 在这本笔记中，巴文克把他的伦理学课程安排成十个部分：（1）"罪"，（2）"作为道德生物的人类"，（3）"拣选"（基督徒生活的基础），（4）"信心"（基督徒生活的源泉和组织原则），（5）"忏悔"（基督徒生活的起源），（6）"律法"（基督徒生活的准则），（7）"自由"（基督徒生活的特权），（8）"基督徒生活的利他性"，（9）"基督徒生活与公民生活的关系"，（10）"群体中的基督徒生活"。[7]

除了这个小笔记本之外，档案集中还有一份约1100页的详尽手稿，题目是《改革宗伦理学》（*Gereformeerde ethiek*）。[8] 巴文克所撰写这些笔记的许多手稿已被严重损坏，许多页纸相互撕扯，纸张也已破损，而且手稿也不完整。在讨论基督徒家庭的时候，它就中断了。在写完初稿并重复他的系列授课后，巴文克在正文的页边空白处，对所研究或出版的文献增加了注释和文献引用。正是这份手稿成为本卷及之后两卷的基础。

这份文档的日期很难确定。由于该书篇幅较长，并对《圣经》以及16-19世纪的基督新教神学家进行了详尽的引用，因此巴文克一定花了多年的工夫。虽然手稿是不完整且粗略的，但这本手稿依然包含了充足的内容，从而成为论述改革宗伦理学的多卷本著作。虽然根据手稿本身的数据无法确定《改革宗伦理学》的起源，但有相关证据表明，巴文克在1884-1886和1894-1895学年间，使用了他的《改革宗

后约三十年才开始，但在他去世后的二十年里，欧洲和北美都对他的教育哲学和教育学著作给予了极大关注。Rombouts, *Bavinck, gids bij de studie van zijn paedagogische werken*; Brederveld, *Hoofdlijnen der paedagogiek van Dr. Herman Bavinck*; van der Zweep, *De paedagogiek van Bavinck*; Jaarsma, *Educational Philosophy of Herman Bavinck*; and van Klinken, *Bavinck's paedagogische beginselen*.

[5] Archive no. 346 of the Historical Documentation Centre, Free University, Amsterdam (hereafter abbreviated as "Bavinck Archives")。请注意：巴文克档案集（Bavinck Archives）的编号是根据范•凯伦〈巴文克的改革宗伦理学〉一文修订的，因为历史文献中心进行了重新编目。

[6] 这本笔记本可能可以追溯到巴文克在莱顿的学生时代；其中的章节与他的论文《慈运理的伦理学》（*De ethiek van Ulrich Zwingli*）的十章内容完全重合。

[7] Bavinck Archives, no. 184. §1De zonde; §2.De mens als zedelijk wezen; §3.De verkiezing (grondslag van het christelijk leven); §4.Het geloof (bron en principe van het christelijk leven); §5.De boete (ontstaan van het christelijk leven); §6.De wet (regel van het christelijk leven); §7.De vrijheid (voorrecht van het christelijk leven); §8.Het altruïstisch karakter van het christelijk leven; §9.De verhouding van het christelijk tot het burgerlijk leven; §10. Het christelijk leven in de gemeenschap.

[8] Bavinck Archives, no. 56.

伦理学》手稿。这个证据在另外两份未发表的手稿中可以找到。

第一份手稿《改革宗伦理学 — 赫尔曼·巴文克教授的课堂笔记》，由莱因德·扬·范德文（Reinder Jan van der Veen，1863-1942）所写。他于 1878 年 9 月至 1886 年 7 月在坎彭学习神学，而且手稿的标题页上有他的签名。[9] 范德文共 327 页的手稿最初由两卷组成，但不幸的是第一卷已经丢失。在第二卷的几页上，范德文对他的课堂笔记标注了日期，证明这些笔记指向 1884-1885 年和 1885-1886 年巴文克的伦理学课程。遗失的第一卷很可能包含了巴文克 1883-1884 年的讲课笔记。这一年是巴文克在坎彭教学的第一年！

第二份手稿《改革宗伦理学 — 巴文克教授的课堂笔记》是一份 406 页的手稿，于 1983 年登记在坎彭基督新教神学大学的图书馆档案馆。[10] 遗憾的是，目前还没有关于该手稿的作者和出处信息。有可能是图书馆在 1983 年取得手稿时，没有备注出处。但也有可能是该手稿在图书馆存放多年，直到 1983 年才被编入目录。不管何种情况，与坎彭图书馆的其他手稿相比，作者可能是康奈利斯·林德博姆（Cornelis Lindeboom，1872-1938）。他在 1889-1895 年在坎彭学习神学。[11] 因此，手稿的日期可以暂定为 1895 年。[12]

这两份手稿都给人留下了巴文克讲授伦理学的美好印象。手稿的文字写得很认真。每个句子都写得很完整，语法也很正确。这种风格是典型的巴文克风格。举例

---

[9] "Gereformeerde ethiek.Acroam. van: Prof. Dr. H. Bavinck," Library of the Protestant Theological University at Kampen, shelf mark 101A20（以下简称 *GE-Van der Veen*）；传记资料取自 van Gelderen and Rozemond, *Gegevens betre ende de Theologische Universiteit Kampen, 1854–1994*, 110.

[10] "Gereformeerde ethiek-Dictaat van Prof. Bavinck," Library of the Protestant Theological University at Kampen, shelf mark E2 (hereafter abbreviated as *GE-Lindeboom*).

[11] 康奈利斯·林德博姆（1872-1938）是坎彭的新约教授卢卡斯·林德博姆（1845-1933）的独子，从1889年9月到1895年7月在坎彭学习神学（van Gelderen and Rozemond, *Gegevens betre ende de Theologische Universiteit Kam-pen, 1854-1994*, 116）。在洛桑（Lausanne）学习一年后，他曾在斯普林（Sprang，1896）、博恩斯（Bolnes，1900）、阿佩尔多恩（Apeldoorn，1905）、戈林钦（Gorinchem，1908）和阿姆斯特丹（Amsterdam，1914-1937）牧会。参见 Lindeboom and Lindeboom, *In uwe voorhoven*; Wielenga, "Ds.C. Lindeboom"; and Mulder, "Lindeboom, Cornelis."

[12] 手稿中曾一度提到巴文克的《改革宗教理学》（*GE-Lindeboom*，38）第一版第1卷。因为这卷书出版于1895年，所以手稿必须写于这一年或以后。如果说康奈利斯·林德博姆确实是这篇手稿的作者，那么日期可以更准确地缩小到1895年，因为林德博姆在那年夏天结束了他在坎彭的学业。这个日期也可以解释为什么手稿不完整。在讨论十诫的过程中，笔记中断了。巴文克可能在1895年夏天之后继续讲论这方面，当时林德博姆已不再参加巴文克的课程。

来说，当关于某一主题的《圣经》引用被列出时，这和巴文克在《改革宗教理学》中列出的《圣经》引用完全一样。因此，手稿的风格给人的印象是，巴文克口述了这一文本。

此外，引人注目的是，范德文和林德博姆的课堂笔记的结构，与巴文克的《改革宗伦理学》手稿的组成结构几乎一致。这种相似性表明，巴文克很有可能在 1884-1886 学年主授这些伦理学课程，然后在 1894-1895 年又教过一次。如果这个推论是正确的，那么手稿的年代可以追溯到巴文克在坎彭的教学生涯的最初几年。

同时，有证据表明，巴文克的讲课和他的学生笔记之间有一定的距离。这可以从与学生在课内或课后的参与度，甚至有的学生不同意教授的判断的有关段落中看出。林德博姆的笔记第 150 页提到了《约翰福音》六 29——"信心是上帝的工作"。随后的评论是："这段经文也许是教授选错了；'上帝的'（of God）在这里是一个受词属格。" 像这样的评论很可能是学生课后加上去的。学生笔记让我们对巴文克在 1895 年的讲课有了清晰的印象。

林德博姆关于《约翰福音》六 29 的评论也提醒我们，巴文克不断引用《圣经》经文，并对经文解经。同时，他也多次提到 16、17 世纪基督新教正统主义时代的基督新教神学家（改革宗和路德宗），以及 18、19 世纪较近的神学家。由于这些都不可能是学生们在课后添加的，所以有理由说，这个结构——主线以及细节——必是出自巴文克本人。

巴文克的《改革宗伦理学》的结构

如前所述，巴文克似乎在《改革宗伦理学》的手稿上花了多年的时间。在这期间，他也在撰写《改革宗教理学》。后者的四卷分别于 1895 年、1897 年、1898 年和 1901 年出版。因此，巴文克的《改革宗伦理学》在几个方面与他的《改革宗教理学》有相似之处，这并不奇怪。

这两部作品的结构相似就是一个很好的例子。巴文克在《改革宗教理学》中首先介绍了教理神学的科学及其方法和组织。[13] 随后，他用一章的内容介绍了教理学

---

[13] *RD*, 1:25-112.

的历史和文献。[14]《改革宗伦理学》的手稿有类似的介绍，不过巴文克颠倒了顺序，从改革宗伦理学的历史轮廓及其文献开始。[15] 他在此后的章节中，还介绍了术语、组织和方法论。[16]

巴文克更喜欢"伦理"一词，而不是"道德"。[17] 伦理学的任务是描述属灵生命在重生之人性内的产生、发展和表现。[18] 换句话说，"伦理是对发挥效用的耶稣基督之恩典的科学性描述，即祂神圣生命的内容以一个人的生命形式在运行。"[19]

巴文克认为伦理学和教理学是密切相关的，但也坚持要区别对待它们。他在《改革宗教理学》如此论述：

> 教理学描述了上帝为人所做、对人所做和在人里面所做之工；伦理学则描述了被更新的人在这些神圣之工的基础上和藉着其力量所做之工。在教理学中，人是被动的，他们接受并相信；在伦理学中，他们自己是主动的行动者。教理学处理的是信仰的条款，而伦理学中处理的是十诫的训令。前者处理的是与信仰有关的内容，而后者处理的是与爱、顺服和善行有关的内容。教理学阐明了上帝是什么，为人做了什么，使人认识到上帝是他们的创造者、救赎者和圣化者。伦理学则阐明了人是什么，要为上帝做什么，他们是如何用自己的一切，用智慧、意志和所有的力量，并出于感恩和爱而献身于上帝。教理学是有关上帝知识的系统，伦理学是服侍上帝的系统。[20]

---

[14] *RD*, 1:115-204.
[15] *RE*, §1.
[16] *RE*, §§2–4.
[17] *RE*, §2: "我们选择'伦理'（ethiek）一词，因为这个词没有'道德'（moraal）所具有的负面联想，至少在道德教导（zedepreek）的理解中如此。此外，道德被理解为实用的道德，而伦理学作为对是什么（What is）的更纯粹的科学和演绎表述形式，人们通常对二者会加以区分。实践道德是人们赖以生存的一系列准则，因而是人们外在行为的归纳性描述。因此，伦理学更加深刻和规范性。"参 *GE-Lindeboom*, 10。
[18] *GE-Lindeboom*, 14; 参见 *RE*, §2: "伦理必须关注：（a）人作为理性的、负责任的存有，如何运用和使用最初创造的恩赐和能力，并接受恩典的福音；（b）人如何重生，以及人的生命如何仍要经受疾病、试探和挣扎；（c）在伦理生活中，人（悟性、意志等）的行动如何被导向上帝的律法，而上帝的律法要在人生活的一切环境中表现出来。换言之，伦理学关注的是属灵人的准备、诞生、成长和外在表现。"
[19] *RE*, §2; 参见 *GE-Lindeboom*, 14: "伦理学是对基督的恩典在我们个人生命中的实现（verwerkelijking）的科学性描述。换言之，它描述的是救赎（heil）在我们身上的实现。"
[20] *RD*, 1:58.

巴文克在他的《改革宗伦理学》手稿中，用相同的术语描述了这种区别：

> 在教理学中，我们关注的是上帝为我们做了什么，在我们里面做什么。在教理学中，上帝就是一切。教理学是上帝对我们所说的话语，来自我们自身之外，从我们上头传来的；我们是被动的、倾听并开放自己，接受上帝的指引。在伦理学中，我们感兴趣的问题是，当上帝在我们里面做工时，祂现在对我们有何期望，我们该为祂做什么。在这里，我们是主动的，正是因为且基于上帝在我们里面的作为；我们在感谢和赞美中向上帝献唱诗篇。在教理学中，上帝降临到我们这里；在伦理学中，我们上升到上帝那里。在教理学中，祂属我们；在伦理学中，我们属祂。在教理学中，我们知道我们必见祂面；在伦理学中，祂的名字必写在我们的额头上（启二十二4）。教理学从上帝而来，伦理学则回归上帝之处。在教理学中，上帝爱我们；因此，在伦理学中，我们爱祂。[21]

巴文克认为，伦理学的方法与教理学中的方法相同。起点都是启示；《圣经》是知识的来源（kenbron），是道德的规范（norma）。[22] 因此，有三个方法论的步骤必须予以区分：（1）收集《圣经》资料并将其系统化，（2）描述这些资料如何在教会中被采用，并（3）以我们自己的时代为背景，在规范或理论方面发展这些资料。[23] 巴文克在《改革宗伦理学》手稿中的这三步方法，完全遵循了他在《改革宗教理学》中的方法。

关于他的伦理学理论的构成，巴文克首先讨论了其他几个基督新教神学家的伦理学框架，包括安东尼乌斯·德里森（Antonius Driessen）、威廉·提林克（Willem Teellinck）、坎皮厄斯·维林加（Campegius Vitringa）、贝内克迪克·皮克特（Benedictus Pictetus）、彼得鲁斯·范·马斯特里赫特（Petrus van Mastricht）、奥古斯特·弗里德里希·克里斯蒂安·维尔玛（August Friedrich Christian Vilmar）、汉斯·拉森·马滕森（Hans Lassen Martensen）、海因里希·赫普（Heinrich Heppe）和阿道夫·

---

[21] 译自 *GE-Lindeboom*, 14–15; 参 *RE*, §2.
[22] *RE*, §4; 参 *GE-Lindeboom*, 21.
[23] *RE*, §4; 参 *GE-Lindeboom*, 22.

冯·哈勒斯（Adolf von Harless）。巴文克观察到这些神学家们遵循了大致相同的一般结构。在此之后，他自己选择了类似的、传统的三段式结构：

1. 归信前的人性处于罪、良知、道德之下的状态；这是自然伦理的范畴。
2. 已归信的人性：新生命的准备、起源、方面、处境、救助、祝福、印记、病死、成全；这是实践神学的范畴。
3. 在家庭、职场、社会、国家和教会中已重生的人性。

巴文克表示，他打算用末世论的注释，藉着对上帝国度的"起源、发展和完全"的些许反思，来结束他的伦理学。[24] 巴文克后来在手稿中，通过将第二部分分为两部分，扩展了他的结构：已归信的人性（归信**中**的人性）和归信**后**的人性。[25] 然后他又补充了第四部分："道德生活将彰显的生活领域。"在我们的版本中，这四部分将被安排为第一至第四册。[26]

第一部分概述

在本导论的剩余部分，我们将概述《改革宗伦理学》的主要主题和议题。上述的三段式结构，清楚地表明了此作品彻底的教理特征。教理学先于伦理学，而伦理学完全依赖于教理学。当我们读到巴文克《改革宗伦理学》的第一部分"归信前的人性"时，这种相互关系得到了证实。第一部分有三章十二节。在下表中，左边的一栏是本卷中使用的标题，右边是巴文克的荷文原版标题。[27] 从表中还可以看出，虽然我们保留了巴文克对资料的基本四分法，但我们对各章还是进行了不同的分法，主要是为了尽可能地平均每章长度。在本部分，巴文克的三章变为了此卷的六章。

---

[24] *RE*, §3; 参 *GE-Lindeboom*, 18.
[25] 参 *GE-Lindeboom*, 23, 137, 256.
[26] 在我们的版本中，第一卷包含第一至第二册，第二卷将包含第三册，第三卷将包含第四册。
[27] 章节和标题与 *GE-Lindeboom* 手稿几乎相同。

第一部分 归信前的人性	Deel 1: De Mensch voor de Bekering
第一章 本质性的人性	Hoofdstuk 1: De Menschelijke Natuur, op Zichzelf Beschouwd
§5 按上帝形像受造的人类	De Mensch, Geschapen naar Gods Beeld
§6 人性的内容	De Inhoud der Menschelijke Natuur
§7 人际关系	De Levensvertrouwingen/Betrekkingen van den Mensch
第二章 在罪权势下的人类	Hoofdstuk 2: De Mensch in de Toestand der Zonde
§8 人性中上帝形像的破坏	De Oude/Natuurlijke Mensch
§9 罪的原则和分类	Beginsel en Verdeeling der Zonden
第三章 敌对邻舍和上帝的自我	(continuation of Hoofdstuk 2)
§10 狭义上以自我为中心的罪	Zelfzuchtige Zonden in Engeren Zin
§11 敌对邻舍	Zonden tegen den Naaste
§12 敌对上帝	Zonden tegen God
第四章 堕落的上帝的形像	Hoofdstuk 3: De Zedelijke Natuur des Menschen in den Toestand der Zonde
§13 上帝的形像在堕落的人身上	Het Beeld Gods in den Gevallen Mensch
第五章 人类的良知	(continuation of Hoofdstuk 3)
§14 良知	Het Geweten
第六章 罪人和律法	(continuation of Hoofdstuk 3)
§15 律法	De Wet
§16 公民正义	De Justitia Civilis

巴文克在第一章中对"关于人性本身的思考"的论述，从伦理学的关键起点开始：人是按照上帝的形像被造。他从人类是按上帝的形像受造而得出三个基本原则：（1）人原本是良善的；（2）离开了上帝，就不可能理解人的道德；（3）人的本性被罪败坏了。巴文克为这些基本原则辩护，反对费希特、黑格尔、罗特和达尔文。[28]

---

[28] *RE*, §5；参*GE-Lindeboom*, 25-30；参*RD*, 2:530-62 (chap. 12: "Human Nature")；巴文克在这一章的开头说道："人性的本质是（按照）上帝的形像被造。"

巴文克专门在第一部分的第二章讨论了罪的教义,将那些适当地属于教理学的主题,与那些仍应在伦理学中讨论的主题予以区分。他预设了"罪的起源、本质和性质"的教理性理解,以及"罪所带来的与上帝关系的改变,即罪疚与罪的惩罚",但对这些并未予以探究。[29] 同时,像约翰•弗朗茨•布迪厄斯(Johann Franz Buddeus,1667-1729)、弗里德里希•阿道夫•兰佩(Friedrich Adolph Lampe,1683-1729)、奥古斯特•弗里德里希•克里斯蒂安•维尔玛(August Friedrich Christian Vilmar,1800-1868)等神学家都使巴文克明白,罪论确实也需要在神学伦理学中加以论述。[30] 在对《圣经》中关于罪的术语的广泛研究中,巴文克探讨了罪的许多范畴和种类。这是道德的正当任务。具体而言,伦理学考量了"一种罪(the one sin)的表象、形式、表现形式"。巴文克问道:"是否有可能从这个种类和数量中建构出一个体系,它们之间是否都有联系?换句话说,是否有一个组织原则,所有的罪都可以客观且实质地从中生发出来?"[31]

因此,巴文克继而发展了罪的类型学。他同意那些将**自我中心性**(egocentricity)或以自我为中心假定为罪的"组织原则"的作者,但有两个重要的限制条件:这要"从非常广泛的意义上来理解,并要包括傲慢和不信的问题";此外,"它不能理解为似乎所有罪在逻辑上都是从这个基础生发出来的"。[32] 巴文克将三种基本的罪区分为:(1)敌对自己的罪,(2)敌对邻舍的罪,以及(3)敌对上帝的罪。这三种类型中的每一种都可以进一步划分为**感官性的**(sensual)罪和**灵性的**(spiritual)罪。[33] 因此,敌对邻舍的罪,就是把邻舍或属于邻舍的物品据为己用的罪。这些罪在性质上可以是感官性的:冒犯邻舍、侵犯他们的财产或生命的罪。它们也可以是灵性的:冒犯邻舍的好名声或权柄的罪。[34] 因此,巴文克关于罪的伦理学说,显然是对他《改革宗教理学》中所提供的罪论的补充。

巴文克在第三章对"人性在罪的状态中的道德景况"的论述中,描述了罪给人性、灵魂和身体、理性、意志和感情带来的后果。他的结论是,自然人缺乏一切行善的

---

[29] *RE*, §8;巴文克在*RD*, 3:25-190中讨论了这些话题。
[30] *RE*, §8;参*GE-Lindeboom*, 49; Buddeus, *Institutiones Theologiae Moralis*; Lampe, *Schets der dadelyke Godt-geleertheid*; Vilmar, *Theologische Moral*.
[31] *RE*, §9.
[32] *RE*, §9.
[33] *RE*, §§10–12;参*GE-Lindeboom*, 70-80.
[34] *RE*, §11;参*GE-Lindeboom*, 75-79.

能力。[35] 然而，上帝通过祂的普遍恩典保存了人类，抑制了人类作恶的倾向。即使是堕落的人类，也保留着一种合理的、道德的本性；这种本性体现在他们的良知中。[36] 良知受律法约束；因此，巴文克在他关于良知的一节之后，有一节是关于律法（自然律和道德律），另一节关于律法在个人、社会和国家中的形成方式。[37]

第二部分概述

第二部分〈归信中的人类〉全面分析了基督徒的属灵生命。[38] 巴文克把资料分成一章十节。[39] 下面这张表格，左边是本卷中使用的分法，右边是荷文原版的分法。[40]

第二部分 归信中的人类	Deel 2: De Mensch in de Bekering
第七章 圣灵中的生命	Hoofdstuk 1
§17 属灵生命的本性	De Natuur van het Geestelijk Leven

---

[35] *RE*, §13; 参 *GE-Lindeboom*, 86.
[36] *RE*, §§13–15; 参 *GE-Lindeboom*, 81-91, 124; *RD*, 3:32. 我们在这里看到了巴文克区分教理学和伦理学的范例。除了3:173中对亚当和夏娃在《创世记》三章中的过犯的评注外，巴文克在《改革宗教理学》很少关注人类良知：

> 堕落之后，亚当和夏娃的眼睛就明亮了，发现自己是赤身露体的。这意味着他们知道、并认识到自己做错了。羞耻感是对耻辱的恐惧，是一种不愉快和痛苦的感觉，涉及一些错误或不当的事情。除了羞耻之外，还有在上帝面前的恐惧，以及随之而来的躲避的欲望——也就是说，人的良知被唤醒了。在堕落之前，严格来说，人类是没有良知的。他们之所是和他们认知自己之所是之间是没有差距的。存有与自我意识是和谐的。但是堕落产生了隔离。因着上帝的恩典，人类仍然保留自己应有的与众不同的意识，必须在各方面都遵守上帝的律法。但事实见证了相反的一面，人类不是他们应有的样子。这个见证人就是良知。

除了第14节（下文第5章）对该主题进行广泛讨论之外，巴文克还于1881年发表了一篇关于良知的文章："Het geweten"；英译版见Bavinck, "Conscience"。
[37] *RE*, §§15–16; 参 *GE-Lindeboom*, 124–136.
[38] 中注：中译本此处与英译本采取了不同的译法。荷文"De Mensch in de Bekering"译作英文应是"Humanity in Conversion"，而英译本译为"Converted Humanity"。中译本以荷文版为本，译作"归信中的人性"。
[39] *RE*, §§17–26; 在本卷中，我们将资料分为六章。
[40] 这个大纲与 *GE-Lindeboom* 的大纲几乎一致。

§18 属灵生命的源头	Oorsprongen van het Geestelijk Leven
§19 属灵生命的初始和基本活动	De (Eerste, Grond) Werkzaamheid van het Geestelijk Leven
第八章 圣灵中的生命：教会史视角	(continuation of Hoofdstuk 1)
§20 神秘主义、敬虔主义和循道主义	Mysticisme, Pietisme, en Methodisme
第九章 基督徒生命的成形和成熟	(continuation of Hoofdstuk 1)
§21 塑造基督徒生命的途径：效法基督	De Vorm van het Geestelijk Leven (De Navolging van Christus)
§22 属灵生命的成长	De Ontwikkeling van het Geestelijk Leven
第十章 基督徒生命中的坚忍	(continuation of Hoofdstuk 1)
§23 保障与印署[41]	De Verzekering (en Verzegeling)
第十一章 基督徒属灵生命的病态	(continuation of Hoofdstuk 1)
§24 属灵生命的疾病及其根源	De Krankheden van het Geestelijk Leven en Hare Oorzaken
第十二章 信徒生命的恢复和完满	(continuation of Hoofdstuk 1)
§25 修复的方法	Middelen tot Herstel
§26 属灵生命的完满：默想死亡	Volmaking van 't Geestelijk Leven; Medita- tio Mortis

在巴文克看来，伦理学的基本原则是爱上帝，这种爱是由圣灵做成的。[42] 因此，重生是属灵生命的源头（§18），信心是属灵生命的基本活动（§19）。在提出他自己对属灵生命的建设性看法之前，巴文克用了很长的历史论述的篇章，来阐述他认为在基督教神秘主义和敬虔主义的历史中偏离健康的基督徒生命的反常现象（§20）。这种属灵生命的核心可以在效法基督中发现，这个话题使巴文克一生都

---

[41] 中注：荷文verzegeling可译作英文sealing，是动名词形态。为了在翻译上与名词zegel/seal（印记）予以区分，此中译本统一将其译作"印署"。该译名的一般意思是"盖印签押"，即盖上印章并署名，表示为此负责。这与改革宗神学中以上帝主权的作为为圣徒坚忍的根基相符，即上帝在圣徒身上"盖印签押"，负责保守圣徒坚忍到底（参 弗一13-14；启三12）。另外，中译本将动词verzegelen/seal也译作"印署"，有别于名词seal（印记）。读者根据上下文语境就可区分"印署"在不同地方为动名词或动词。

[42] *RE, §17*; 参 *GE-Van der Veen*, 5; *GE-Lindeboom*, 139.

为之着迷。[43] 他认为，基督不仅是君王、祭司和先知，而且是模范、榜样和理型（ideal; ideaal）。这意味着我们必须跟随基督。[44] 效法基督并不意味着我们在字面意义上或肉身层面要复制祂的生活方式，甚至是祂的贫穷、纯洁和顺服，而是与基督公教修道院所教导的不同。[45] 效法基督也不会涉及任何一种神秘主义或对基督诫命的理性主义式的顺从。[46] 然而，对巴文克而言，效法基督包括"承认基督是中保"。基督必须在我们里面成形，同时我们生命的外在方面必须与基督的生命一致。效法基督会在公义、圣洁、爱心和忍耐等美德上表现出来。[47]

巴文克在本章中继续讲到属灵生命的成长、信心的确据、属灵生命的病态（即肉体与灵性的斗争、试探和灵性上被遗弃）、恢复属灵生命的补救措施（祷告、默想、阅读上帝的圣言、唱诗、独处、禁食、守夜祈祷、起誓立志），以及最后死后属灵生命的完满。[48]

关于信心的确据[49]的长篇幅论述特别引人注目，因为人们完全可以问，这个主题是否适合伦理学。在对这一主题进行冗长的历史纵览后，巴文克特别关注真信徒的标志（kentekenen）的教义，如对罪的哀伤、对上帝圣言的喜爱、侍奉上帝等。这一节无疑反映了巴文克那个时代荷兰基督教归正教会的情况，包括巴文克本人作为这个教会神学院教授的责任。在分离主义的传统中[50]，恩典标志的教义是一个艰难的主题，它直接影响了当地教会的灵性。此外，关于这一教义的讨论可能与围绕亚伯拉罕·凯波尔（Abraham Kuyper）的假定重生理论（presumptive regeneration）

---

[43] 见 Bolt, *Theological Analysis*; Bolt, "Christ and the Law." 巴文克发表了两篇关于效法基督的文章，一篇是在他的学术生涯之初（1885-1886），另一篇是在1918年；这两篇文章的英译本都发表在 Bolt, *Theological Analysis*, 372-440.

[44] *RE*, §21; 参 *GE-Van der Veen*, 41–42; *GE-Lindeboom*, 174.

[45] *RE*, §21; 参 *GE-Van der Veen*, 56–58; *GE-Lindeboom*, 184-185.

[46] *RE*, §21; 参 *GE-Van der Veen*, 57–58; *GE-Lindeboom*, 185; 这里的提纲与巴文克在1885-1886年的《效法基督》（Imitation of Christ）一文中所使用的提纲几乎完全相同，这更能证明手稿的年代。这篇文章出现在《自由教会》（*De Vrije Kerk*）的期刊上，这是一份被誉为"基督教归正教会之声"的月刊，试图将教会从孤立的状态中解脱出来，以应对当时文化和科学的挑战。其公开的目标之一是"用更多基于《圣经》的灵性来反对肤浅和不健康的神秘主义"。巴文克在1881年至1883年期间担任其编辑（Bolt, *Theological Analysis*, 80-88）。

[47] *RE*, §21; 参 *GE-Van der Veen*, 58–60; *GE-Lindeboom*, 185-187.

[48] *RE*, §§22-26; 参 *GE-Van der Veen*, 60–160; *GE-Lindeboom*, 187-255.

[49] *RE*, §23, "Security and Sealing" (chap. 10).

[50] 1834年从全国性的荷兰改革宗教会（Nederlandse Hervormde Kerk）中分离出来，形成了基督教归正教会（Christelijke Gereformeerde Kerk）。这个教会于1854年在坎彭建立了自己的神学院。

引起的激烈争论有关。⁵¹ 因此，我们发现范德文和林德博姆关于这一节的课堂笔记，提到了巴文克自己在弗拉纳克（Franeker）的基督教归正教会中担任牧师的岁月。这段描述是关于一名妇女"在她以前的教会中，被《以赛亚书》二十七1所印"。⁵² 范德文或林德博姆的笔记没有提到巴文克在弗拉纳克牧会时的其他例子。

同样有趣的是，巴文克在这一节中两次批评了亚伯拉罕·凯波尔，这一点在范德文和林德博姆的课堂笔记中都有提到。⁵³ 凯波尔关于所谓假定重生的观点在他的基督教改革宗宗派内引起了很大的争议。⁵⁴ 尽管巴文克在那个教会中担任重要的教师职位，但他还是极为小心地避免**公开**批评凯波尔。⁵⁵ 他更愿意在一个私下的教室里如此行，这表明巴文克赋予确据的教义和恩典标志的教义极大的重要性。

第三部分概述

由于第三部分和第四部分的翻译将在之后出版，我们在这里的讨论将比对第一部分和第二部分的概述更为简短。第三部分的标题是"归信后的人性"，由四章内

---

⁵¹ 见Veenhof, "History of Theology and Spirituality in the Dutch Reformed Churches"; Veenhof, "Discussie over het zelfonderzoek."

⁵² *GE-Van der Veen*, 89: "Prof. B. vertelde, dat een vrouw uit zijn vroegere gem. verzegeld was geworden door Jesaja 27:1!"; *GE-Lindeboom*, 208: "Ja zelfs heb ik in mijne Gemeente te Franeker—aldus verhaalde Prof. Bavinck-eene vrouw gekend, die verzegeld was met Jes. 27:1."《改革宗伦理学》并未提到弗拉纳克，但提供了一个难得的巴文克课堂中所讲的即兴的牧养例子。范德文手稿中的感叹号是在告诉我们，《以赛亚书》二十七1是一段十分特殊的经文，通过这段经文，有人被圣灵所印。"到那日，耶和华必用祂坚硬锐利的大刀惩罚利维坦，就是那爬得快的蛇，惩罚利维坦，就是那弯弯曲曲的蛇，并杀死海里的大鱼。"

⁵³ *RE*, §22; see *GE-Van der Veen*, 101–3, 113; *GE-Lindeboom*, 217, 226. 我们在*GE-Van der Veen*和*GE-Lindeboom*手稿中都没有发现凯波尔的名字。

⁵⁴ 关于这场争论的精彩介绍和巴文克自己对这场争论的看法，请参Bavinck, *Saved by Grace*; 编者的介绍是对这场争论中的历史和神学问题的极好概述。

⁵⁵ 强调"公开"是刻意为之。巴文克确实在私下向他的学生们表明了这种分歧，特别是他与凯波尔在神学百科和神学之本性的问题上的分歧。在写给凯波尔（1894年10月29日）的一封信中，他直接表达了他的保留意见，但随后又补充道："我不愿意在公开场合讨论这一切。有些人在讨论你的作品，并根据孤立的陈述来判断你的作品，这样的方式让我感到被冒犯。我不想以任何方式支持这种批评。"（引用自Bremmer, *Bavinck als Dogmaticus*, 24）

容组成。（1）"一般性成圣"（§§27-31）；[56]（2）"面向上帝的责任"（§§32-35）；（3）"面向自己的责任"（§§36-42）；（4）"对邻舍的责任"（§§43-49）。这一卷的关键词是"责任"（duty）。在对基督徒和律法的关系进行了一般性的讨论后，[57] 巴文克指出了他为什么拒绝基督公教对**戒律**（precepts）和**福音劝谕**（counsels of perfection）的区分，[58] 讨论了所谓的**道德中性**（adiaphora），即道德上漠不关心。[59] 最后，巴文克讨论了道德责任的冲突。[60] 这些主题在《改革宗教理学》中都有简短地提到，[61] 但《改革宗伦理学》对这些主题的广泛阐述表明，巴文克有意将教理学中的主题与伦理学中的主题予以区分，也表明他视《改革宗伦理学》是对《改革宗教理学》的补充。

在第三部分的第二至四章中，巴文克将责任的教义与十诫联系起来。他在第二章分析了前四条诫命作为面向上帝的责任，包括对第四条诫命和安息日的长篇论述。[62] 在第三章"面向我们自己的责任"中，他讨论了一般的责任（自保、自爱、自我否定，§36），然后是面向我们身体的一般责任（§37），包括饮食（§38）、着装（§39）和生命本身（§40）。然后，巴文克考量了从第七、第八和第九条诫命中衍生的面向肉体生活的责任（§41）。我们面向自己的最终责任是我们面向自己灵魂的责任（§42）。最后，巴文克在第四章讨论了基督徒的慈善，并将此责任与第六至十诫联系起来（§§43-49）。

第四部分概述

巴文克计划在《改革宗伦理学》的第四部分讨论基督徒生命应该如何在各个领域中表现出来。仅存的一章（§§50-58）内容是关于家庭的。巴文克详细解释了婚

---

[56] 巴文克对成圣这一话题的讨论也可见 *RD*, 4:230-272。
[57] *RE*, §27; 参*GE-Van der Veen*, 161-180; *GE-Lindeboom*, 256-266.
[58] *RE*, §28.
[59] *RE*, §29.
[60] *RE*, §30.
[61] *RE*, §30.
[62] *RE*, §§32-35; 参*GE-Van der Veen*, 268-327; *GE-Lindeboom*, 325-385.

姻的义务、婚姻的障碍、血亲的程度、订婚、完婚、婚姻的性质、离婚、夫妻关系等。[63] 然后文本就中断了，巴文克很可能会增加一些关于养育子女、兄弟姐妹、友谊、职业、社会、国家和教会等主题的章节。这可以从手稿的引言和巴文克档案集中另一份未发表的文件推导而出。巴文克在他讲授伦理学中很可能使用过这份未发表的文件，时间很可能是在 19 世纪 80 至 90 年代。[64] 正如我们将要看到的，这些手稿也带来了一个耐人寻味的问题：为什么巴文克从未出版一部关于《改革宗伦理学》的完备专著？

间奏曲：有关出版的疑问

正如我们已有注意，巴文克一定是在多年前就开始研究他的《改革宗教理学》和他的《改革宗伦理学》。而他在教理学和伦理学的主题之间的明确划分表明，他的《改革宗伦理学》补充了《改革宗教理学》。那么，巴文克为什么没有完成并出版他的《改革宗伦理学》呢？当我们意识到在 1900 年前后，荷兰改革宗教会对改革宗伦理学的迫切需求时，这个疑问就更强烈了。1897 年，自由大学（Vrije Universiteit）的伦理学教授威廉·贺辛克（Wilhelm Geesink）发表了题为"改革宗神学中的伦理学"的主题演讲。他在演讲中抱怨道："我们这个时代缺乏专门的改

---

[63] 以下是这九个部分的主题：§50 历史中的家庭；§51 作为义务的婚姻；§52 婚姻的障碍；§53 血亲关系的程度；§54 订婚/婚约；§55 完婚；§56 婚姻的性质/本质；§57 离婚；§58 夫妻。
[64] 该文件的标题为 *Ethiek*，可在巴文克档案集中找到，编号为 197。"伦理学"文档在介绍术语的内容之后，包含了一般的哲学伦理学、哲学伦理学的主要学派、哲学伦理学简史和当代哲学伦理学的观点。这些内容之后是《改革宗伦理学》的简述，包括三个主要部分。（1）导言（有关术语、改革宗伦理学的历史和改革宗伦理学的基础等小节）；（2）无标题的第一部分，分为（a）罪论，（b）属灵生命的起源，及（c）其发展，（d）其完满，（e）其资源，（f）其祝福，（g）其规范。（3）第二部分，题为"那[属灵]生命在世上的启示"，分为（a）在家庭中（这里巴文克打算论述：一夫一妻制；单身状态；再婚；通奸；独身主义；离婚；婚姻的责任、目的和祝福；父母和子女；教养；教育；兄弟姐妹；性格的塑造；仆人；家庭朋友；友谊），（b）在职场中；（c）在社会中；（d）在国家中；（e）在教会中；及最后（f）关于上帝国度的一部分。

革宗伦理学研究。"[65] 巴文克本人也充分意识到了这种需要。他在1902年发表的演讲《今日道德》的序言中写道："我们的圈子里缺乏讨论和阐明道德原则并将其应用于当今问题的优秀作品。我们面临着可悲的短缺，我希望通过许多人的合作，能很快克服这一问题。"[66]

在这种"缺乏"（贺辛克）和"可悲的短缺"（巴文克）的情况下，巴文克为什么没有出版他的《改革宗伦理学》呢？可能是由于他不愿意给人留下一个印象，让人觉得他抢了自己在自由大学的同事贺辛克的风头，而贺辛克是巴文克刚加入自由大学时负责主授伦理学的老师。若然，巴文克的情况就与亚伯拉罕·凯波尔在教理学时的情况相同。凯波尔在1894年完成他的三卷本《神圣神学百科》(*Encyclopedia of Sacred Theology*) 之后，听说巴文克正在撰写改革宗教理学，于是就放弃了编写改革宗教理学的计划。[67] 事实上，贺辛克确实写了一本改革宗伦理学著作，但它是由瓦伦蒂金·赫普（Valentijn Hepp）筹备出版的，并在1931年贺辛克去世后面世。[68] 难道巴文克没有发表他的《改革宗伦理学》是另有原因？也许另一份手稿对此提供了线索。

《改革宗伦理学》的德容手稿

巴文克档案集中还有一份手稿，标题是〈巴文克教授的改革宗伦理学〉。[69] 与范德文和林德博姆的手稿一样，德容的手稿也是由讲义组成的。手稿的作者是耶勒·

---

[65] Geesink, *De ethiek in de gereformeerde theologie*, 6: "Deze armoede van onzen tijd aan specifiek Gereformeerde ethische studie."
[66] Bavinck, *Hedendaagsche moraal*, 7.
[67] Kuyper, *Encyclopaedie der heilige godgeleerdheid*; see Stellingwer, "Over de bibliotheek en de boeken van dr.A. Kuyper." 凯波尔在1880-1902年间，为他在自由大学的学生们所作的教理学讲座，确以五卷本**非正式**形式的《教理学讲义》（*Dictaten dogmatiek*）出版。
[68] Geesink, *Gereformeerde ethiek*.
[69] De Jong, "Gereformeerde ethiek van Profess.Dr. H. Bavinck,"下文简称 *GE-De Jong*。坎彭基督新教神学大学图书馆保存着一份 *GE-De Jong* 手稿的手抄本（架标187D15）。这张匿名复制品曾属于伯克沃尔（G. C. Berkouwer），他是自由大学的教理学教授。1940年10月11日，他在就职演说时收到了这篇手稿作为礼物。

米尔斯·德容（Jelle Michiels de Jong, 1874-1927 年），他于 1901 年 9 月开始在坎彭学习神学。1903 年，德容跟随巴文克来到阿姆斯特丹，在自由大学继续学习。[70] 随后，他在弗里斯芒（Foudgum）的弗里斯兰小村庄（1906）、沃恩斯（Wons, 1913）和杜尔斯沃德（Duurswoude, 1918-1924）牧会。[71] 德容在手稿的书名页上签名，并注明日期为"1902 年 11 月"，这是巴文克于 1902 年 12 月 16 日从坎彭搬到自由大学的几周前。[72] 德容的日期解释了手稿不完整的原因。巴文克在 1902 年 11 月后不再在坎彭开设伦理学课程。与范德文和林德博姆的手稿一样，德容的手稿给人的印象往往是，文本来自于巴文克本人。我们甚至可以找到一个用第一人称单数动词的句子。[73]

德容手稿共 331 页，首先是导论，然后是对术语的讨论，并一些如"习惯"（gewoonte）、"用法"（gebruik）、"习俗"（zede）和"道德"（zedelijkheid）等关键术语的定义，以及它们之间的主要区别。[74] 与其他手稿一样，巴文克更喜欢用"伦理学"一词来描述这门学科，而不是"道德"或德文 Sittenlehre。[75] 伦理学的任务是"让我们看到和认识道德的原则和系统"。[76] 在这概括介绍之后，手稿分为两部分：哲学伦理学（第 18–139 页）和神学伦理学（第 139-331 页）。鉴于先前提到的巴文克对伦理学和教理学之关系的理解，以及他对这两门学科的方法的评论，这个顺序是令人惊讶的。巴文克因此指明教理学与伦理学的关系：

在教理学中，我们关注的是上帝为我们做了什么，在我们里面做什么。在教理学中，上帝就是一切。教理学是上帝对我们所说的话语，来自我们自身之外，从我们上头传来的；我们是被动的、倾听并开放自己，接受上帝的指引。在伦理学中，我们感兴趣的问题是，当上帝在我们里面做工时，祂现在对我们有何期望，我们该为祂做什么。在这里，我们是主动的，正是因为且基于上帝在我们里面的作为；我们在感谢和赞美中向上帝献唱诗篇。[77]

---

[70] Van Gelderen and Rozemond, *Gegevens betre ende de Theologische Universiteit Kampen*, 122.
[71] *Gemeenten en predikanten*, 316; see also van der Meulen, "Ds J. M. de Jong."
[72] Van Gelderen and Rozemond, *Gegevens betre ende de Theologische Universiteit Kampen*, 32.
[73] *GE-De Jong*, 26.
[74] *GE-De Jong*, 1-12; cf. 153.
[75] *GE-De Jong*, 12-17.
[76] *GE-De Jong*, 17: 'Ethiek heeft dus tot taak om ons te doen zien en kennen: Het Principe in de eerste plaats en het systeem van het zedelijke in de tweede plaats.' 中注：此句荷文完整翻译为："伦理学的任务是让我们首先明白并认识道德的原则，然后是道德的系统。"
[77] *RE*, §2; 参*GE-Lindeboom*, 14-15.

这里的关键点是，这两个学科的**方法**必须一致。起点都是上帝的启示；《圣经》是知识的来源（kenbron），是道德的规范（norma）。[78] 于是，巴文克转向了哲学！

巴文克首先提出了经典的问题："什么是善？"和"它为什么是善？"[79] 在巴文克看来，伦理学是以哲学为基础；因此，他写道："一个人的哲学伦理学将与他的哲学原则一致。"[80] 巴文克一如既往地概述了哲学伦理学的历史，选择了一种系统的方法。[81] 他阐述和分析了六大哲学系统；这些系统都是从人性本身出发，寻求伦理学的原则和规范。[82] 在此纵览之后，巴文克对九大哲学系统进行了分析；这些系统在人性之外为伦理学寻求原则和规范。[83] 最后，巴文克讨论了他所说的"一切道德的绝望或悲观主义"[爱德华·冯·哈特曼（Eduard von Hartmann）、亚瑟·叔本华（Arthur Schopenhauer）]。[84]

在大多数情况下，这些描述都是中立性和指导性的，巴文克并未做出自己的判断，只提供了几处评论。例如，巴文克在关于古典希腊哲学章节的末尾评论道，许多经院神学家在其伦理学中采用了亚里士多德思想。巴文克认为，"这本身并没有什么大的异议"。[85] 巴文克继续说道，"我们可以从亚里士多德思想中获益。毫无

---

[78] 正如我们所见，这就产生了三重法。（1）收集《圣经》资料并将其系统化，（2）描述这些资料如何在教会中被采用，（3）以我们自己的时代为背景，从规范或论题方面发展这些资料（*RE*，§4）。

[79] *GE-De Jong*, 24.

[80] *GE-De Jong*, 23, 142.

[81] *GE-De Jong*, 23, 142.

[82] 它们是：（1）古典希腊哲学的理性伦理学；（2）特殊道德官能、美德的种子（semen virtutis）或道德感的伦理学[拉尔夫·库德沃斯（Ralph Cudworth）、亨利·莫尔（Henry More）、沙夫茨伯里（Shaftesbury）、弗朗西斯·哈奇森（Francis Hutcheson）]；（3）道德情感的伦理学[亚当·斯密（Adam Smith）]；（4）美学形式主义（aesthetic formalism）的伦理学[约翰·弗里德里希·赫尔巴特（Johann Friedrich Herbart）]；（5）实践理性的伦理学（康德）；和（6）直觉认知（intuitive cognition）的伦理学[托马斯·里德（Thomas Reid）]；*GE-De Jong*, 26-64.

[83] 它们是：（1）在上帝里面；（2）在自然之中[赫拉克利特（Heraclitus）、斯多亚（Stoa）、托尔斯泰（Tolstoy）]；（3）在政府之中[托马斯·霍布斯（Thomas Hobbes）]；（4）享乐主义[亚里斯提布（Aristippus）]；（5）幸福主义[德谟克利特（Democritus）、伊比鸠鲁（Epicurus）、卢克雷提乌斯（Lucretius）]；（6）自我完善（zelfvolmaking）的伦理学[斯宾诺莎（Spinoza）]；（7）功利主义[杰里米·边沁（Jeremy Bentham）、约翰·斯图尔特·米尔（John Stuart Mill）]；（8）进化论的伦理学[查尔斯·达尔文（Charles Darwin）、赫伯特·斯宾塞（Herbert Spencer）]；（9）实证主义[奥古斯特·孔德（Auguste Comte）]；*GE-De Jong*, 64-128.

[84] *GE-De Jong*, 129-138.

[85] *GE-De Jong*, 36: 'Op zichzelf is hiertegen niet zoo groot bezwaar.'

疑问，就其本质而言，亚里士多德的**伦理学**是最好的哲学伦理学"，因为它"与基督教伦理学一致，即人类的道德涉及发展赋予我们的一切恩赐和力量，与我们的道德本性和谐一致"。亚里士多德"唯一的错误是认为人类可以凭借自己的力量实现这一理型"。[86] 巴文克对进化论伦理学持批判态度，多次强烈反对达尔文的理论。[87] 今日的读者会发现，巴文克几乎没有关注尼采，这一点让人吃惊。巴文克偶尔会提到他的名字。[88] 但与其他哲学家相比，他对尼采的讨论似乎还不够。然而，当我们意识到在 1900 年前后，尼采在荷兰并不为人所知时，这也是可以理解的。[89]

德容手稿的第二部分关于神学伦理学，可分为两部分。我们在 139-160 页找到了巴文克神学伦理学的一个简短大纲。巴文克有可能在 1901 年 9 月以哲学伦理学开始他 1901-1902 学年的伦理学课程。[90] 预备这些课程需要花费大量时间，以至于巴文克在 1902 年夏天之前无法为他的学生们提供一个详尽的神学伦理学。为此，他局限于一个大纲。

巴文克在提纲中首先介绍了以下内容：相关的术语；哲学伦理学的不足之处（即：在理论上，哲学伦理学无法找到道德的规范；在实践上，哲学伦理学无法克服人的自私性）；教理学与伦理学的关系；神学伦理学的历史和组织。[91] 导言之后，巴文克将他的神学伦理学分为三章。（1）"道德主体的教义"（Leer van het

---

[86] *GE-De Jong*, 36: 'Ook met de gedachten van Aristoteles kunnen we onze winst doen en zonder twijfel is de Ethiek van Aristoteles de beste philosophische ethiek in hoodzaak; Want wat is het schone er in? Dat hij met de Christenen hierin overeenstemt dat de mensch in het zedelijke al de hem geschonken gaven en krachten harmonisch ontwikkelen moet in overeenstemming met zijne zedelijke natuur.Hij dwaalt alleen daarin dat dat ideaal voor den mensch in eigen kracht bereikbaar zou zijn.'

[87] 参，例如，*GE-De Jong*, 18, 161, 166, 174, 205, 281, 291-292。在他的其他著作中，巴文克尖锐而频繁地批评达尔文：见 *RD*, 2:83, 511-520, 525-526, 535-537; Bavinck, "Evolution"; cf. de Wit, "Beeld van gorilla."

[88] 见 *GE-De Jong*, 24, 136-138, 176, 251, 267；在《改革宗教理学》中也很少提到尼采：*RD*, 1:118; 2:44, 89, 210, 526; 3:59, 238, 531; 4:258, 647.

[89] 据我们所知，亚伯拉罕·凯波尔于1892年在其题为"De verflauwing der grenzen"的教区演讲中介绍了尼采在荷兰的哲学思想； 英译："Blurring of the Boundaries."

[90] 然而，其他证据表明，巴文克在1901-1902学年和1902-1903学年再次讲授了神学伦理学；见 *Handelingen der twee-en-zestigste vergadering*, 26, 并参*Almanak van het studentencorps 1903*, 37。在1900–1901年间，巴文克曾讲授"伦理学史概论"（Overzicht van de geschiedenis der ethiek）；这也可以解释为哲学伦理学。见 *Handelingen der een-en-zestigste vergade- ring*, 35, 并参 *Almanak van het studentencorps 1902*, 33。也许德容在开始他的神学学习之前的一年，曾听过巴文克的伦理学课程。

[91] *GE-De Jong*, 139-145.

zedelijk subject），这又分为十二节；⁹² （2）"律法的教义"（Leer van de wet），其中有四节涵盖了与律法有关的广泛主题；随后十节的每一节专门介绍十诫中的一诫；⁹³ （3）"道德的目的"（Het doel van het zedelijke），共分为九节。⁹⁴

由此，我们可以看出德容手稿与巴文克的《改革宗伦理学》手稿的异同。这两份手稿都是以人类按照上帝的形像受造开始，以上帝的国度为结尾。此外，很多章节的主题和内容都是重复的；但也有显著区别。

首先，主要章节的标题不同。在《改革宗伦理学》手稿中，我们有教理式和架构简化式的"归信前的人性"、"归信中的人性"和"归信后的人性"。在德容手稿中，我们发现了"道德主体的教义"、"律法的教义"和"道德目的"这些听起来更具哲学色彩的标题。其次，《改革宗伦理学》手稿的第一部分和第二部分融合在一起，成为德容手稿的第一章。第三，《改革宗伦理学》手稿的第三部分和第四部分成为德容手稿的第二章和第三章。因此，德容手稿的构成与巴文克在《改革宗伦理学》手稿的导言中所描述的概要大致相符。最后，《改革宗伦理学》第一部分中的罪论被移到了德容手稿的第二章。德容手稿第161页，在第一章第一节"作为上帝形像的人类"处重新开始编号。⁹⁵ 之后，该手稿用详细的章节介绍了对人类的

---

⁹² 这些部分是§1人类作为上帝的形像（De mensch als beeld Gods）；§2人类对上帝形像的破坏Verstoring van het beeld Gods door de mensch）；§3人类作为罪的情境中的道德生物（De mensch als zedelijk wezen in de toestand der zoned）；§4人类道德的内容（De inhoud van het zedelijke in de mensch）；§5:人类道德品质（美德论）[De zedelijke kwaliteiten van de mensch（leer van deugd）]；§6人类的道德活动（De zedelijke handelingen van de mensch）；§7自然道德的不足（Ongenoeg- zaamheid der natuurlijke moral）；§8特殊恩典（Bijzondere genade）；§9属灵生命（'t Geestelijk leven）；§10属灵生命的成长（ontwikkeling van het geestelijk leven）；§11连接属灵生命和道德生活（Geestelijk leven in verband met het zedelijk leven）；§12特殊恩赐（Bijzondere gaven）；*GE-De Jong*, 145.

⁹³ 四个概要章节是：§13作为感恩规则的律法（De wet als regel der dankbaarheid）；§14（道德）律的性质（De natuur der [zede]wet）；§15律法的划分（dedeadeling der wet）；§16破坏律法（Overtreding der wet）。第17-26节包括论述诫命的十个章节。

⁹⁴ 这九个章节是：§27道德的目的（Doel der zedelijkheid）；§28上帝的荣耀（De eere Gods）；§29为了个人的道德善的目的（Doel van het zedelijk goede van den enkelen mensch）；§30家庭的道德善（'t Zedelijk goede van de familiën）；§31社会中的道德善（'t Zedelijk goede in de maatschappij）；§32社会互动领域中的道德善（'t Zedelijk goede in den kring van het gezellig leven）；§33国家（De staat）；§34从道德的角度看教会（De kerk uit zedelijk standpunt）；§35上帝的国度（Het rijk Gods）。在§32中，荷文gezellig这个词很难翻译；它暗示了"令人愉快"、"愉快"、"惬意"、"温馨"、"娱乐"、以及适用于家庭的"舒适"的环境和社会互动。由此可见，这是指人类非正式社交生活，而非正式或"官方的"互动。

⁹⁵ *GE-De Jong*, 161-180.

呼召、堕落的人类、罪的组织原则和分类、罪的阶段和发展，以及在堕落人性中的上帝形像。所有这些都可以从巴文克的《改革宗伦理学》以及这些课程的学生笔记中辨认出来。由此可以断定，巴文克在 1902 年夏天之后，决定再次讲授他的神学伦理学课程。[96] 因此，将罪论放在德容手稿第二章中的位置是引人注目的，因为巴文克在其《改革宗伦理学》第一部分再次讨论了罪。这种重复可以被解释为，巴文克意识到他即将调往阿姆斯特丹的时间比他所想的时间更长。所以，他在 1902 年的秋天再次使用了他的《改革宗伦理学》手稿。

赫尔曼·巴文克，改革宗伦理学和哲学伦理学

在他漫长的职业生涯中，赫尔曼·巴文克不仅对教理学感兴趣，而且对伦理学也感兴趣。[97] 巴文克其他著作揭示了这点。巴文克于 1880 年在莱顿大学获得博士学位，博士论文是关于慈运理（Ulrich Zwingli）的伦理学。[98] 一年后，他发表了两篇关于人类良知的文章。[99] 在 1885-1886 年，巴文克写了关于效法基督的三篇文章。[100] 1918 年，他重新探讨了这个话题，并以《效法基督与现代世界的生活》出版。[101] 我们已经提到了他在 1902 年的讲座/小册子《今日的道德》。我们还可以注意到巴文克在 1915 年荷兰皇家学院的一次会议上发表的演讲〈伦理学与政治〉。[102] 最后，我们需要提到他在第一次世界大战期间关于战争问题的著作。[103]

---

[96] 坎彭神学院院长会议记录中关于巴文克教授将讲授的课程的资料也证明了这一结论。"在 1902-1903 学年，巴文克教授在伦理学中除了其他内容，还将涵盖"人类在罪的情境下道德本性的教义"（"Door Prof. Dr. H. Bavinck [zal D.V. in den cursus 1902/03 behandeld worden]: [. . .] Ethiek: De leer van de zedelijke natuur des menschen in den toestand der zonde"）；见 *Handelingen der twee-en-zestigste vergadering*, 26。

[97] 参 Bolt, "Christ and the Law."

[98] Bavinck, *De ethiek van Ulrich Zwingli*.

[99] Bavinck, "Het geweten."

[100] Bavinck, "De navolging van Christus."

[101] Bavinck, *De navolging van Christus en het moderne leven*.

[102] Bavinck, "Religion and Politics."

[103] 见 van Keulen, "Bavinck and the War Question."

我们也已表明，巴文克在坎彭教学期间，曾多次广泛地讲授伦理学。《改革宗教理学》和《改革宗伦理学》在方法上的相似之处和内容上的对比表明，巴文克是同时进行这两个项目，他的意图是将后者作为前者的姊妹篇。将《改革宗伦理学》手稿与范德文和林德博姆的手稿进行比较，可以看出巴文克至少在 1884-1886 年和 1894-1895 年期间，以他的《改革宗伦理学》手稿讲授了伦理学。而且值得注意的是，将《改革宗伦理学》手稿与德容手稿进行比较，我们可以看出巴文克在伦理学的创作上苦苦挣扎。在《改革宗伦理学》的导言中，他选择了传统的三部分架构。然而，随后的详细阐述包括了四个部分。德容手稿显示，巴文克是如何回归到三部分架构，但舍弃了"归信前的人性"、"归信中的人性"和"归信后的人性"的架构；他也许不满于教理式的简易。巴文克的《改革宗伦理学》手稿与德容手稿最大的区别在于哲学伦理学的地位。在《改革宗伦理学》中（以及范德文和林德博姆的手稿中），巴文克几乎不关注哲学伦理学。但在德容手稿中，第一部分的全部内容都与此相关。

我们不应该从这一差异中得出结论，认为巴文克在 1901-1902 学年首次讲授哲学伦理学。在这篇文章的前面一节（第四部分概要）中，我们提到了另一部未发表的手稿——《伦理学》（*Ethiek*）。它可能是 19 世纪 80 年代（也可能是 19 世纪 90 年代）的手稿。[104] 在文中，巴文克对哲学伦理学进行了一般性的讨论，对其历史作了简要概述，并对他那个时代的观点进行了考察。[105] 与德容手稿相比，《伦理学》中的提纲略显简化，尽管巴文克更明确地提出了批评性意见。《伦理学》手稿还显示，巴文克在 1901-1902 学年之前，在他的伦理学讲座中就已经关注哲学伦理学了。可能他在两年一次的课程中讲授伦理学，其中哲学伦理学与神学伦理学交替进行。

在巴文克档案集中，我们发现了另一份手稿，不过是一份相对较小的手稿，很可能出自巴文克在坎彭的最后几年。[106] 在引言部分之后，此手稿分为两部分：（1）哲学伦理学；（2）改革宗伦理学。前面的哲学部分是简要阐述。与德容手稿相比，几乎所有的章节标题都是一样的。哲学部分唯一的变化就是增加了两个章节，一个是关于"佛教"，另一个是关于"无政府主义"。巴文克很可能是拿着这份较小的

---

[104] Bavinck, *Ethiek*, Bavinck Archives, no. 197.
[105] 哲学伦理学历史概要分为三个部分：（1）希腊哲学；（2）新时代（笛卡尔、霍布斯、斯宾诺莎）；（3）最新的哲学：批判与思辨（康德、费希特、黑格尔、施莱尔马赫）。此外，巴文克讨论了五种"当代哲学伦理学的观点"——独立道德（independent morality）、实证主义、功利主义、进化论和悲观主义。
[106] Bavinck, "Gereformeerde Ethiek," Bavinck Archives, no. 61.

手稿在 1901-1902 年讲授伦理学课程。

当我们将全部手稿进行比较，就会发现巴文克在坎彭的几年里，对哲学的兴趣越来越浓。[107] 至少我们必须得出这样的结论：到 1902 年，哲学已经成为巴文克认真讨论的对象。巴文克似乎已经确信，改革宗伦理学不能再忽视哲学了。我们在他 1902 年的演讲/小册子《今日的道德》和 1915 年的演讲《道德与政治》中看到了这一点。哲学方面的探讨在这两个作品中都占有重要地位。同时我们看到，巴文克越来越少提到 16-18 世纪基督新教神学家的著作。《改革宗伦理学》手稿（以及范德文和林德博姆手稿）中频繁提及基督新教的"教父"，这种情况在德容手稿中已经变得很少见了。《改革宗伦理学》与德容手稿的这些不同之处，也可以解释巴文克没有发表前者的原因：他已经不满意前者。它的构成内容必须改变，可能需要更多的哲学内容。这当然是猜测。我们并不知道任何超过合理怀疑的方面。尽管如此，我们认为这是一个合理的推测。

最后，我们简述巴文克在自由大学最后十年生活的传统写照。经常有人指称，巴文克在阿姆斯特丹的岁月里，在《改革宗教理学》第二版出版（1911 年）后，就对教理学失去了兴趣，转向文化、哲学、心理学和教育学。虽然在这些年日中，巴文克出版的作品确实发生了转变，但大体上还是一致的；这一主张被大大夸大了。在几年前，乔治·哈林克（George Harinck）、基斯·范德库伊（Kees van der Kooi）和贾斯珀·弗雷（Jasper Vree）纠正了这一说法。他们发表了巴文克就荷兰归正众教会（Gereformeerde Kerken Nederland）中，围绕内特棱伯（J. B. Netelenbos）牧师的争议观点带来的冲突所做的笔记。[108] 从笔记中可以看出，巴文克并没有失去对教理学的兴趣，而是在荷兰归正众教会会议之前，积极涉入重要的问题。而且从另一个方面来看，我们在这篇文章所研究的巴文克档案集中的伦理学手稿也清楚地表明，巴文克在坎彭期间就已经对哲学和文化产生了兴趣。因此，我们同意扬·冯霍夫（Jan Veenhof）的主张，即我们不应夸大巴文克的第一个时期（坎彭）和第二个时期（阿姆斯特丹）之间的距离，并且我们不应该将这两个时期之间的差异解释为断层，从而造成"两个巴文克"。[109]

---

[107] 关于巴文克对哲学的态度，见 Veenhof, "De God van de filosofen"。
[108] Harinck et al., "Als Bavinck nu maar eens kleur bekende."
[109] Veenhof, *Revelatie en inspiratie*, 101; cf. Harinck, "Eén uur lang is het hier brandend en licht geweest."

导论

本章摘要

我们要从教会的实践与反思的实际历史出发,从零开始发展我们的基督教伦理概念或思想。基督教进入希腊罗马世界,在这里各派哲学家们都在为个人道德和社会群体生活的问题提供众多答案。基督徒以高尚的道德行为而为人所知,并在诸如忍耐、祷告、忏悔、贞洁、独身和婚姻等道德问题方面著书立作。当教会在世界上更有地位的时候,世界也进入了教会,带来了苦修主义和修道主义的回应。教会将其道德教导作为训诫和忏悔的一部分而发展起来。道德主义和律法主义是真正的危险。

通过彼得·伦巴德（Peter Lombard）、大阿尔伯特（Albert the Great）,尤其是托马斯·阿奎那（Thomas Aquinas）的作品,中世纪神学产生了令人印象深刻的美德伦理学（virtue ethics）,包括信、望和爱这三种神学美德,以及审慎（prudence）、公义、坚忍和节制这四种基本美德。波纳文图拉（Bonaventure）是对基督徒生活采取更具默观性（contemplative）和灵性方法的最重要代表,但他被梅斯特·埃克哈特（Meister Eckhardt）、约翰内斯·陶勒（Johannes Tauler）、扬·范·鲁伊斯布鲁克（Jan van Ruysbroeck）、托马斯·肯皮斯（Thomas à Kempis）和日耳曼神学（Theologia Germanica）发展起来的思辨神秘主义所取代。

宗教改革将基督教伦理学或神学伦理学与哲学伦理学分离开来,以十诫律法作为前者的基础,并往往借助亚里士多德的《尼各马可伦理学》（*Nicomachean Ethics*）建构后者。加尔文在他的教理学中融入了圣经伦理学,许多改革宗思想家也纷纷效仿。有些人试图通过发展决疑论（casuistry）——在特定情况或案例中判断和决定道德事务——来为基督徒的属灵生活提供指导。然而,改革宗思想家们更倾向于撰写"实践神学"或"灵性神学"的作品,以及阐明所需责任和实践的"苦修神学"的作品。苦修神学特别指导我们如何操练敬虔,尤其是祷告、禁食、守夜等等。

自 1750 年以来,伦理学这门学科是以幸福主义、功利主义和理性主义等同义词汇为特征。在各个方面,道德生活成为一个自决的问题,人类主体的精神以各种方式来克服自然和物质的局限性。宗教与道德、教会与世界之间的区别消失了。

"伦理"一词来自希腊文，意为惯常的地方、习惯和举止。"道德"一词源于拉丁文，指的是人们在群体中的习惯生活方式。对基督徒生活的规范性理解必须不只是一个社会的风俗习惯或认知实践，因此我们将"伦理"理解为对是什么和应该是什么的更科学和更规范性的描述。伦理学深入探究并达到了"善"这一观念的高度；善是真正的人的本质。道德必须是自由的，而不是被强迫的，并带来本质上真正的人性发扬光大。

伦理学是"丰盛、敬虔的生死艺术，是面向上帝的荣耀"。我们的道德生活决不能和我们与上帝相交的宗教生活等同，但也决不能与之分离。一者必须在另一者中予以体现：我们所做的事情必须证明我们是谁。伦理学关注的是我们如何使用我们天生的、被创造的恩赐，我们如何接受恩典的福音并重生，以及我们的生命如何在疾病、试探和挣扎中被引向上帝的律法。

我们的伦理从上帝而来，藉由上帝，且为了上帝。正是这种与《圣经》的关系和对《圣经》的依赖，使神学伦理学不同于哲学伦理学。神学伦理学的方法与教理神学的方法是相同的：我们从《圣经》中收集资料，整理出《圣经》中关于罪、重生、成圣等方面的内容；仔细研究基督教会在历史上处理这些资料的方式；将其进一步发展，并应用于我们自己的时代。由于伦理学涉及基督徒的生命历程，其内容可分为归信前的人类状况（自然伦理学）、已重生的人性（实践神学）、以及重生后的人性在各种社会领域中的生活。

§1. 基督教伦理学的历史概述[1]

　　我们从基督教伦理学的发展史开始，这样我们就能看到伦理学思想在基督教会中的产生和发展，然后在历史的基础上建立我们的基督教伦理学概念。伦理学这一观念源于希腊人，他们把哲学分为辩证法（思想、逻辑的原则）、物理学（关于事物存有的原则）和伦理学（关于理性和道德律实现的原则，关于人的行为中何为善的原则）。苏格拉底是伦理学之父，在理性和知识中寻求其原则（principe）。柏拉图深化了这一点，把美德称为灵魂的和谐或健康。亚里士多德提供了一种实用的、可衡量的道德；这种道德在实践中是令人满意的，并在意志中找到了它的原则（principe）。斯多亚派将伦理学的原则置于气禀（gezindheid/disposition）之中，伊比鸠鲁派则将伦理学的原则置于欲望之中，而普罗提诺的追随者将伦理学的原则置于默观之中。道德深化并强化到了一个程度，以至于生活变得更加糟糕。这些哲学伦理学的特点是智性主义。在普通民众中，道德与政治相结合。伦理学总是政治性的，是成为法律的民事公正（justitia civilis）或道德习俗。敬虔是节制、适度以

---

[1] 英注：巴文克最初写的是"naam en begrip"（字面意思为"名称和观念"，即"术语"），但他突破了这点，以"基督教伦理学的历史概述"开始。因此，他故意颠倒了他在《改革宗教理学》（*Gereformeerde Dogmatiek*）中使用的顺序，即"naam en begrip"排在前面（第一卷第1章），然后是教理历史（第3-6章）。

及正确的判断力（σωφροσύνη）；道德是公义或公正（δικαιοσύνη），关于承认他人的权利、给予每个人应有的权利（suum cuique）。[2]

1. 古代

基督教在彻底堕落的古代世界兴起。[3] 在早期，人们注意到基督徒与众不同的生活，并描述了他们的行为以及遵守基督教特有的诫命和训诫的动机。基督徒过着与他们的主一样的生活，同时盼望基督的再来。[4]

第一位基督教伦理学家是亚历山太的革利免（Clement of Alexandria），其次是俄利根（Origen）；后者成为了一名苦修主义和灵性主义者（ascetisch-spiritualis-

---

[2] 英注：该词来自亚里士多德；见 *Rhetoric*, 1366B："正义是一种美德，每个人通过这种美德依法享有自己的财物，而它的反面是不公正；人通过不公正享受他人财物，而无视法律"（Aristotle, *Rhetoric* [trans. Roberts and Bywater]）。

[3] 有关基督教伦理学史的文献：W.M.L. de Wette, *Christliche Sittenlehre, Zweyter Theil. Allgemeine Geschichte der christlichen Sittenlehre, Erste Hälfte. Geschichte der vorchristlichen und altkatholischen Sittenlehre*, Berlin 1819; id., Zweyte Hälfte. *Geschichte der römisch-katholischen und protestantischen Sittenlehre*, Berlin 1821. 另见 *Lehrbuch der christlichen Sittenlehre und der Geschichte derselben*, Berlin 1833. (F. Schleiermacher, Grundlinien einer Kritik der bisherigen Sittenlehre, Berlin 1834²). Adolf Wuttke, *Handbuch der Christlichen Sittenlehre, Erster Band*, Berlin 1861, 21-298. *Dr. A. Neander's Theologische Vorlesungen, herausgegeben durch J. Müller, Band V. Vorlesungen über Geschichte der christlichen Ethik*, herausgegeben von David Erdmann, Berlin 1864. H.J. Bestmann, *Geschichte der christlichen Sitte, Band I[-II]*, Nörlingen 1880[-1885]（第一部分只论述异教伦理学和圣经伦理学）. E. von Hartmann, *Phaenomenologie des sittlichen Bewustseins. Prolegomena zu jeder künftigen Ethik*, Berlin 1879. W. Gass, *Geschichte der christlichen Ethik, Erster Band. Bis zur Reformation*, Berlin 1881. Chr. Ernst Luthardt, 'Die christliche Ethik', in: Otto Zöckler (Hg.), *Handbuch der theologischen Wissenschaften in encyklopädischer Darstellung, Dritter Band. Ethik und praktische Theologie*, Nördlingen 1883, 5-36. J.T. Beck, *Vorlesungen über Christliche Ethik, Erster Band. Die genetische Anlage des christlichen Lebens*, herausgegeben von Jul. Lindenmeyer, Gütersloh 1882, 1-75. F.J. Winter, *Die Ethik des Clemens von Alexandrien*, Leipzig 1882, 3m. Io. Georgius Walchius, *Bibliotheca Theologica Selecta Literariis Adnotationibus Instructa, Tomus secundus*, Ienae 1758, 1071v. literatuur. 荷注：巴文克在这段写有"Litteratuur zur Gesch. der Christl. Ethik"，意为"有关基督教伦理学历史的文献"。中注：此处有关基督教伦理学史的文献取自荷文版。

[4] 英注：巴文克从早期教会对效法基督的强调，发展了他自己对基督教伦理之核心的理解；见第九章，§21。

tisch）。⁵ 随着西方的道德与教会的联系越来越紧密，西方变得更加务实和保守。特土良（Tertullian）特别撰写了有关伦理主题的文章，例如耐心、祈祷、忏悔、贞节和一夫一妻。⁶ 对他来说，伦理学首先是关于美德的教导。随着君士坦丁的出现，世界冲进了教会，而修道主义与苦修主义携手出现，同仇敌忾。这种苦修精神的代表人物包括亚他那修（Athanasius）、伟大的苦修者（ἠθικά）⁷ 巴西流（Basil）、尼撒的格列高利（Gregory of Nyssa）和其他人。修道士被认为是真正的"哲学家"。"去除肉欲成了道德"（Entsinnlichung werd Sittlichkeit）。⁸

西方教会比较务实，但道德变得更加律法主义，出现了诸如祈祷、禁食、施舍和朝圣之类的善行（bona opera）清单，并且区分了致死的罪（peccata mortalia）和轻微的罪（peccata venialia）。上帝的国被视为就是教会，但地上的国本身没有得到承认和重视，即使对奥古斯丁来说也是如此。他有影响力的伦理学著作包括《论大公教会的道德》（De moribus ecclesiae et catholicae）、⁹《关于善的本性》（De natura boni）¹⁰ 和《论信望爱》（Enchiridion de fide, spe et caritate）¹¹。

教会道德就是这样：恶被禁止，善被推崇，介于两者之间（διάφορος）是自由的，而"完全"（the perfect）是被建议的。戒律（praecepta）与劝告（consilia）有区别，低层次美德与高层次美德也有差异。这种区别与悔罪的教义相结合：教会宽恕并强加悔罪。这就产生了"忏悔书"（西奥多、¹² 贝德¹³ 等）：罪的定额补赎表（lists of

---

⁵ 荷注：巴文克以下历史纵览的资料来源是：Chr.E. Luthardt, 'Die christliche Ethik', in: Otto Zöckler (Hg.), *Handbuch der theologischen Wissenschaften in encyklopädischer Darstellung, Dritter Band*, Nördlingen 1883, 7v.

⁶ 英注：Tertullian, *Of Patience* (ANF 3:707–14); *On Prayer* (ANF 3:681–92); *On Repentance* (ANF 3:657–79); *On Exhortation to Chastity* (ANF 4:50–58); *On Monogamy* (ANF 4:59–73).

⁷ 英注：巴文克只是将希腊文ἠθικά插入了文中。根据Quasten（*Patrologia*, 3:211），"苦修者（Ascetica）是一组被认为由巴西流所著的十三部作品的总标题"。其中最著名的是《道德箴言》（*Tὰ ἠθικά*）。它是"一个八十条规则或道德指示（regulae）的集合，每一条都有新约中的引文作为支持。"

⁸ 英注：巴文克没有提供这句话的参考文献，但他可能获自Luthardt, *Geschichte der christlichen Ethik*, 1:6, 16-18。

⁹ 英注：*On the Morals of the Catholic Church*; NPNF¹ 4:41-63。巴文克在这里只提到*De moribus ecclesiae*。奥古斯丁这本著作通常伴随着同一年（公元388年）的另一部著作*De moribus Manichaeorum* (*On the Morals of the Manichaeans*; NPNF¹ 4:69–89)。

¹⁰ 英注：*Concerning the Nature of Good, Against the Manichaeans*; NPNF¹ 4:351-365.

¹¹ 英注：*The Enchiridion*; NPNF¹ 3:237-266. 中注：该书中译本为奥古斯丁，《论信望爱》，许一新译（上海：读书·生活·新知三联书店，2009）。

¹² 英注：这里指的是塔苏斯的西奥多（Theodore of Tarsus，公元602-690年）。他在公元668-690年任坎特伯雷大主教。见 Charles-Edwards and Lapidge, *Penitential of Theodore*.

¹³ 英注：这里指的是英国修道士圣贝德（Venerable Bede；公元672-735年）。他以《英吉

tariffs for sins）。在 13 世纪，雷蒙德首先发展了决疑论。[14] 它是一种实用的方法，用来调查某事物是否是罪，罪的程度，以及悔罪的代价。如是，善恶之间的界限就模糊了，并且决疑论导致了或然论（probabilism）。[15] 或然论被耶稣会修士们所完善，而帕斯卡尔在他的《致外省人信札》中反对此观点。圣贝德、塞维利亚的伊西多尔（Isidore of Seville）和大马士革的约翰收集的教父道德教导文集（*Scintillae patrum*），以及阿尔昆（Alcuin）的《美德与恶习》（*Of Virtues and Vices*）[16]，为通向经院主义提供了一座桥梁。[17]

2. 中世纪

之前的时代仍然缺乏对伦理学的系统性讨论。人们以异教哲学家们为榜样，开始整理道德格言；福音就变成了律法。然而，经院主义者开始系统地讨论伦理思想。彼得·伦巴德（Peter Lombard，卒于 1164 年）是其中的一个例子。他从美德开始讨论，然后是罪；他接着讨论了神学美德，包括信、望和爱，其次是主德（virtutibus

---

利教会史》闻名遐迩。尽管有一本悔罪书是他写的，但自巴文克之后的许多历史学家对此提出质疑。见 Laistner, "Was Bede the Author of a Penitential?"；参Frantzen, "Englishness of Bede"。

[14] 英注：这是指彭亚福特的雷蒙德（Raymund of Penyafort, 1175-1275），一位加泰罗尼亚的道明会修士。他编纂了贵革利九世的教令（Decretals of Gregory IX），是基督公教教规法的主要组成部分。巴文克引用了Zöckler, *Handbuch der theologischen Wissenschaften*, 3:484。佐克勒（Zöckler）很可能也是巴文克提及西奥多和贝德的资料来源。

[15] 英注："或然论"是道德哲学中的一个术语，指向这样一种观点：当一个良知问题令人困惑时，人们只需满足某种选择是可能的这个标准，即使相反选择的可能性更大。16、17世纪的耶稣会士，如路易斯·莫利纳（Luis Molina, 1528-1581年）为这一学说辩护，而布莱斯·帕斯卡尔（Blaise Pascal）在他的《致外省人信札》（*Provincial Letters*）中严厉批评了这一学说，认为它宣扬了道德上的松懈。

[16] *De virtutibus et vitiis liber ad Widonem Comitem* (*PL* 101:613-38D).

[17] 英注：巴文克只将圣贝德列为道德教导文集的作者，并将阿尔昆（约公元740-804年）、塞维利亚的伊西多尔（约公元560-636年）和大马士革的约翰（约公元650-750年）联系起来。科赫（Koch）在他的《道德神学手册》（*Handbook of Moral Theology*）1:51中把这些人归纳在一起："中世纪早期的教会作家们满足于收集教父们的道德教导，通过如*Libri Sententiarum*、*Scintillae Patrum*或*Sacra Parallela*等百科全书式的文集进行阐述，并将这些教导调整至能实际应用。在此，提到塞维利亚的圣伊西多尔、大马士革的圣约翰、圣贝德、圣彼得·达米安和阿尔昆就够了。"

cardinalibus/cardinal virtues），包括公义、勇气、谨慎和节制，最后是圣灵的七种恩赐（根据《武加大译本》《以赛亚书》十一 2-3），包括智慧、悟性、劝勉、能力、知识、敬畏耶和华，敬畏耶和华的喜乐。这种结构基本上被黑尔斯的亚历山大（Alexander of Hales，约 1186-1245 年），大阿尔伯特（卒于 1280 年），以及他们中最伟大的伦理学家托马斯·阿奎那（1225-74 年）所保留。托马斯在他的《神学大全》第二册的第一部分和第二部分仔细检视了伦理学。在第一部分，他讨论了一般的美德（第 49-89 问），喜爱、爱和激情（第 21-48 问），自由（第 8-18 问），律法（第 90-108 问），以及恩典（第 109-113 问）。[18] 在第二部分中，他具体论述了信、望和爱这三种特定的神学美德（第 1-46 问），然后是审慎、正义、刚毅和节制这四种主德（第 47-170 问）。这实质上是一种美德伦理。

神秘主义是对经院主义方法的反抗。其代表人物包括克莱尔沃的伯纳德（Bernard of Clairvaux，1090-1153）、圣维克多的理查德（Richard of St. Victor，卒于 1173 年）和波纳文图拉（约 1217-1274 年），他们都结合了默观和苦修的元素，朝着他们所信奉的神秘主义的方向发展，尤其是迈斯特·埃克哈特（Meister Eckhardt，约 1260- 约 1328 年）发展的思辨神秘主义。其他重要人物包括约翰内斯·陶勒（Johannes Tauler，卒于公元 1361 年）、扬·范·鲁伊斯布鲁克（Jan van Ruysbroeck，1293-1381 年）、托马斯·肯皮斯（约 1380-1471 年）和日耳曼神学（Theologia Germanica）。[19]

3. 宗教改革

宗教改革引入了道德的另一个原则。行为与恩典分离，信心成为美德的原则，《圣经》被视为是道德知识的唯一来源。因此，哲学伦理学被认为与基督教伦理学有本质差异；基督教伦理学首次（eerst）拥有了自己的原则、内容和目的。

---

[18] 英注：从这句话和下一句的顺序可以看出，巴文克提供的是对《神学大全》第一册第一部分和第二部分的专题性摘要，而不是分析性摘要；括号内的具体参考章节是英译本编者所加。

[19] 英注：巴文克在三个人名之后增加了"日耳曼神学"作为结尾项。然而，上下文表明，这可能是指马丁路德在1516年和1518年匿名发表的中世纪日耳曼灵修专文，并给出了简单的标题《日耳曼神学》。这也可能只是泛指德国人的灵修传统。有关当代英语译文，见Luther, *Theologia Germanica*。

改教家没有把伦理学作为一门独立的学科，但他们确实提出了伦理学的原则。[20] 墨兰顿在他的《神学要义》(*Loci Communes*)中论述了伦理学。他在书中阐述了十诫，还涉及自然律、善行、忏悔、祈祷等伦理学主题。在相当长的一段时间里，这种结构支配着神学伦理学的基础。墨兰顿还在他对亚里士多德的《尼哥马可伦理学》(*Nicomachean Ethics*)[21] 的注释书和1538年的《道德哲学之书》(*Book of Moral Philosophy*)中撰写了哲学伦理学。[22] 因此，哲学伦理学和神学伦理学没有明确区分。乔治·卡利克斯特（Georg Calixt，1586–1656年）藉着他1634年的《道德神学简本》(*Abridgement of Moral Theology*)成为第一位区分二者之人。[23] 约翰·康拉德·杜尔（Johann Conrad Dürrr，1625-77）在他的《道德神学手册》(*Handbook of Moral Theology*)[24] 中构建了路德宗教会的第一个伦理学系统。其他的路德宗伦理学家包括约翰·亚当·奥西恩德（Johann Adam Osiander，1657-1724）、格布哈特·西奥多·梅尔（Gebhardt Theodor Meier，1633-93）、约翰·威廉·拜尔（Johann Wilhelm Baier，1647-95）和约翰·弗朗茨·布迪厄斯（Johann Franz Buddeus，1667-1729）。[25] 巴尔杜[26]、奥利亚斯（Olearius）、丹纳豪尔（Dannhauer）、科尼格（König）和德德肯（Dedekenn）探讨了决疑论。[27] 齐格蒙·雅各布·鲍姆加滕（Siegmund Jakob

---

[20] 关于马丁路德，见 Luthardt, *Die Ethik Luthers*；有关加尔文，见 Lobstein, *Die Ethik Calvins*；有关慈运理，见 Bavinck, *De ethiek van Ulrich Zwingli*。

[21] Melanchthon, *Enarratio*. 英注：根据Sinnema, "Discipline of Ethics," 11："墨兰顿从1527-1528年开始，至少八次讲授亚里士多德的《伦理学》，并从此授课中产生了他在1529年发表的此注释书。"

[22] Melanchthon, *Philosophiae Moralis*. 英注：文中及注解中的众多作者和书名均已与网上的后宗教改革数字图书馆（http://www.prdl.org）核查，或由该网站提供。

[23] Calixt, *Epitome Theologiae Moralis*.

[24] Dürr, *Enchiridion Theologiae Moralis*.

[25] Osiander, *Theologia Moralis*; Meier and Holste, *Disputationes Theologicae*; Baier, *Compendium Theologiae Moralis*; Buddeus, *Institutiones Theologiae Moralis*.

[26] 英注：巴文克在页边空白处澄清了他在手稿中对"巴尔杜努斯"（Balduinus）的简单提及，并引用了Johann Georg Walch, *Bibliotheca Theologia Selecta*, 2:1127 (VI, § xiii)。沃尔奇（Walch）提到了Friedrich Balduin, *Tractatus de Casibus Conscientiae*（1628年），这部著作无疑是巴文克所想到的作品，也是Balduin, *Tractatus Luculentus*这本更大作品的一部分。巴尔杜（Balduin, 1575-1627）是威登堡路德宗神学教授（1607-1627）。

[27] 英注：巴文克没有提到这句话中最后四个人的名字或头衔，但很可能是指路德宗神学家约翰内斯·奥莱利乌斯（Johannes Olearius, 1639-1713），他是希腊文教授，后来成为莱比锡的神学教授，而且撰写了《道德神学理论》(*Doctrina Theologiae Moralis*)。路德宗神学家约翰·康拉德·丹豪尔（Johann Conrad Dannhauer, 1603-66）可能撰写了《政治伦理实践的团体》(*Collegium Exercitationum Ethico-Politicarum*)。乔治·柯尼格（Georg König，1590-1654）是在阿尔多夫的路德宗神学教授和《良知的个案》(*Casus Conscientiae*)的作者。

Baumgarten，1706-1757 年）受克里斯蒂安•沃尔夫（Christian Wolff，1679-1754 年）哲学的影响。²⁸ 约翰•洛伦兹•冯•莫斯海姆（Johann Lorenz von Mosheim，1693-1755 年）²⁹ 和米迦勒³⁰、巴赫特一样，令伦理学朝功利主义的方向发展。³¹ 弗兰兹•沃尔克马尔•雷因哈德（Franz Volkmar Reinhard，1753-1812）则提出了一种超自然主义伦理学。³²

4. 改革宗教会

改革宗教会中的伦理学文献更丰富且更具启发性。³³ 教理学和伦理学在慈运理那里仍然是联合的。最重要的是，他追求的是伦理上的转变，依照《圣经》而有的生命和道德的更新。他的根本错误在于他对民事正义与神圣正义、自然与恩典之关系的理解。³⁴ 加尔文并没有单独讨论伦理学，而是在他的《基督教要义》中，

乔治•德肯（Georg Dedekenn，1564-1628）是路德宗神学家和《真诚的劝告》（Trewhertzige Warnung）的作者。

²⁸ Baumgarten, *Unterricht von rechtmäßigen Verhalten eines Christen*. 英注：克里斯蒂安•沃尔夫是在莱布尼茨和康德年代之间德国杰出的哲学家，因高度主张人类自主理性而闻名。

²⁹ Mosheim, *Sitten-Lehre der Heiligen Schrift*. 英注：幸福主义是将道德价值与产生人类幸福的事物相统一的伦理学理论。

³⁰ 英注：巴文克没有给出名字或标题，他很可能想到的是路德宗神学家丹尼尔•米迦勒（Daniel Michaelis，1621-1652年），是《犯罪后的始祖》（*De Primo Hominis Primi Peccato Exercitatio*）的作者。

³¹ 英注：巴文克没有给出名字或头衔；他可能想到的是路德宗神学家卡尔•弗里德里希•巴尔德（Carl or Karl Friedrich Bahrdt，1741-92年），《仆人的基督教伦理手册》（*Christliches Sittenbuch fürs Gesinde*）和《道德宗教的系统》（*System der moralischen Religion*）的作者。

³² Reinhard, *System der Christlichen Moral*. 英注：关于巴文克对 "超自然主义"（supranaturalism）的评估，见*RD*, 1:355-62; 2:539-48。此处，巴文克在手稿中增加了一行字 "基督公教伦理学家"，并参考了 Walch, *Bibliotheca Theologica Selecta*, 2:1113–25 (VI, §§ xi–xii)。沃尔奇的名单上有大约四十多个名字和专文，其中包括重要的耶稣会的决疑论者托马斯•桑切斯（Tomàs Sanchez，1550-1610）、弗朗西斯科•苏亚雷斯（Francisco Suárez，1548-1617）、加布里埃尔•巴斯克斯（Gabriel Vásquez，1549-1604）和伦纳德•莱西乌斯（Leonard Lessius，1554-1623）。

³³ 参见Schweizer, "Die Entwicklung des Moralsystems"; Lobstein, "Zum evangelischen Lebensideal."

³⁴ 英注：参Bavinck, *De ethiek van Ulrich Zwingli*, esp. chap. 9, "Christian Life and Civic Life."

特别是在第三册 6-10 章依次论述了重生（poenitentia）、[35] 自我否定、背十字架、对未来生活的默想，以及善用今生。其他重要的伦理主题包括基督徒的自由（III. xix）、祈祷（III.xx）和对道德律的阐述（II.viii）。加尔文在纯粹的基督教根基上发展伦理学，并将其与哲学伦理学明确区分。许多改革宗思想家继续将伦理学内容纳入他们的教理学：沃尔夫冈·穆斯格（Wolfgang Musculus，1497-1563 年）[36]、乔奥尔格·索恩（Georg Sohn，1552-89 年）[37] 和《更纯神学之纲要》（*Synopsis purioris theologiae*）。[38] 其他人则在第二卷讨论伦理学（关于信心的教导和关于爱的教导）。采取这种做法的有：波拉努斯[39]、海德格尔（第 14 项教义）[40]、霍恩毕克[41]、撰写强调道德与责任之神学的马斯特里赫特[42]、沃勒比乌斯（第二册）[43]、埃姆

---

[35] 英注：与后来的基督新教正统神学家不同；基督新教正统神学家发展出高度不同的救赎次序（ordines salutis），其中"重生"成为被救赎的新生命开始的术语，加尔文更广泛地使用 poenitentia 来描述新生命，特别是悔改；见 *Institutes*, III.iii.9.

[36] Musculus, *Common Places of Christian Religion*.

[37] Sohn, *Methodus Theologiae*, in *Operum*, 1:154-182. 英注：索恩将伦理划归在堕落后上帝护理工作下来讨论；在此，伦理是上帝所赐民事准则的三个方面之一（另两个所赐的准则是经济和政治方面的）。

[38] Polyander et al., *Synopsis Purioris Theologiae*. 英注：巴文克编辑了这本著作第六版，于 1881 年出版。

[39] Polanus von Polansdorf, *Syntagma Theologiae Christianae*, books VIII–X.

[40] Heidegger, *Corpus Theologiae Christianae*. 英注：Locus XIV 的标题是"De decalogo"。

[41] Hoornbeeck, *Theologia Practica*.

[42] 英注：巴文克指的是 Petrus van Mastricht（1630-1706），*Theoretico-Practica Theologia*. 这部作品分为两部分。马斯特里赫特自己认为"向上帝而活的艺术"包括两个方面：一是如何使人在灵性上活着，并持续存活；二是如何向上帝（Deo vivere）而活。在"可被称为系统神学"的第一部分八册之后，第二部分"提出了道德神学（idea theologiae moralis）和苦修神学（theologia ascetica）的大纲"。而道德神学又"分为三个部分：（1）基督徒的一般顺服；（2）宗教，即与上帝关系中的顺服；（3）正义，即与邻舍关系中的顺服"（Neele, *Petrus van Mastricht*, 67-70）。

巴文克通常引用马斯特里赫特的著作《兼顾理论与实践的神学》（*Theoretico-Practica Theologia*）的荷译本 *Beschouwende en praktikale godgeleerdheit*。该书首次被翻译成英文并将在荷兰改革宗翻译协会的帮助下出版。为了方便所有版本的查阅，参考索引将由第（I，II，III）部分、第（i, ii, iii, iv 等）册、第（1，2，3，4，5 等）章和段号（§）组成。因此，每个参考索引都将采用这种格式：I.ii.2 §3。《兼顾理论与实践的神学》的三个部分是（拉丁文/荷文）：I. 神学（Theologia/Godgeleerdheid）；II. 道德神学（Idea Theologia Moralis / Zedelyke godgeleerdheid）；III. 苦修神学与敬虔操练（Hypotyposis Theologiae Asceticae, de exercitia pietatis / Plichtvermanende godgeleerdheid）。这一更完整的信息澄清了巴文克自己的参考引用，因为这些参考引用通常只给出了荷译本卷号（I-IV）和页码。巴文克使用的 1749-1753 荷译本的交叉引用出现在方括号中，表示卷数和页码（例如，[4:357]）。

[43] 英注：巴文克指的是 Johannes Wollebius（1589-1629），是《神学概略》（*Theologiae Epitomen*）的作者。该书由两部分构成："第一册：关于上帝的知识"；"第二册：关于对上帝的敬拜"，论述了"十诫"所解释的美德和行为。

斯（第二册）[44]、布雷克（第二册）[45]、马库斯·弗里德里希·温德林（第二册）[46]等人。

以下一些人区分了伦理学与教理学。兰伯特·达诺（Lambert Daneau）将资料分为三部分（人类学基础、律法和美德）。[47] 巴塞洛缪·凯克曼（Bartholomew Keckermann）在《伦理学系统》（*Systema Ethices*）中也有此区分。[48] 安东尼·瓦拉乌斯（Antony Walaeus）的《亚里士多德伦理学简编》（*Compendium of Aristotelian Ethics Called Back to the Norm of Christian Truth*）也分为三部分：（a）关于至善（de summo bono），（b）关于一般的自然美德（de virtutis natura in genere），（c）关于特别的美德（de virtutibus singularibus）。[49] 丹尼尔·普埃拉里（Daniel Puerari）在《逻辑和伦理学专文》（*Logical and Ethical Theses*）也予以区分。[50] 索姆尔的艾米劳特（Amyraut of Saumur）在他的六卷本《基督徒道德》（*Christian Morality*）中从历史的角度进行论述。[51] 安东尼乌斯·德里森（Antonius Driessen）的《福音伦理学》（*Evangelical Ethics*）也有此区分。[52] 贝内克迪克·皮克特（Bénédict Pictet）在他的《基督教伦理学》（*Christelijke Zedekunst*）中所采用的论述次序如下：首先是罪，其次是面向上帝、邻舍和自我的责任。[53] 海德格尔（J. H. Heidegger）在他的《基督教道德的第一要素》中并没有严格将自己局限于十诫，而是更多地利用了亚里士多德的思想，将主题分为对上帝的爱和对邻舍的爱。[54] 诺伊伯格的奥斯特瓦尔德（J. F. Ostervald of Neuenberg）撰写的《基督教伦理纲要》（*A Compendium of Christian*

---

[44] 英注：巴文克指的是Ames, *Marrow of Theology*。埃姆斯（Ames）将神学分为两部分，并把他的著作分为两本书："对上帝的信心"和"对上帝的顺从"。

[45] 英注：巴文克指的是W. à Brakel（1635-1711），*Christian's Reasonable Service*。荷译本的第二册载于英译本的第三、四卷，内容包括基督徒的成圣生活、十诫、主祷文、基督徒的门徒实践等。中注：该书中译本为威廉默斯·阿·布雷克，《理所当然的侍奉》，王志勇等译（北京：当代中国出版社，2014）。

[46] Wendelin, *Philosophia Moralis*.

[47] Daneau, *Ethices Christianae*.

[48] Keckermann, *Systema Ethicae Tribus Libris*.

[49] Walaeus, *Compendium Ethicae Aristotelicae*.

[50] Puerari, *Theses Logicae atque Ethicae*. 英注：巴文克的手稿误将莱顿神学教授约翰尼斯·波利安德（Johannes Polyander，1568-1646年）认为是*Theses Logicae atque Ethicae*的作者。然而这部著作的作者是日内瓦哲学教授 丹尼尔·普埃拉里。波利安德于1611-1646年在莱顿任神学教授，也是《更纯神学之纲要》作者之一。

[51] Amyraut, *La morale chrestienne*.

[52] Driessen, *Evangelische zedekunde*.

[53] Pictet (1655-1724), *De christelyke zedekunst*.

[54] Heidegger (1633-1698), *Ethicae Christianae Prima Elementa*.

Ethics) 也区分了伦理学和教理学。⁵⁵ 其他作家包括维伦费尔斯（Werenfels）⁵⁶ 和让-阿尔方斯（Jean-Alphonse Turretin）。⁵⁷ 伯尔尼的阿尔特曼（J. G. Altmann）首先考量了人类的自然状态（status hominum naturalis），然后是公民秩序等，并抛弃了十诫，且区分了自然伦理学与启示性伦理学。⁵⁸ 伯尔尼的斯泰普弗（J. F. Stapfer of Bern）采纳了克里斯蒂安·沃尔夫的哲学；他的伦理学著作荷文版于1760年出版。⁵⁹ 马尔堡的丹尼尔·维滕巴赫（Daniel Wyttenbach）是另一个沃尔夫的跟随者，⁶⁰ 而贝克（J. C. Beck）则专注于十诫。⁶¹ 随着撒母耳·恩德曼（Samuel Endemann）的《道德神学要义》⁶²

---

⁵⁵ Ostervald, *Ethicae Christianae Compendium*.
⁵⁶ 英注：巴文克没有更准确地指出这位作者，也没有提供书目。这里可能指向两个人。一个是彼得·维伦费尔斯（Peter Werenfels, 1627-1703）；他是巴塞尔新约教授，并撰写了《论安息日之道德行为》（*Dissertatio Theologica de Sabbathi Moralitate*）和十卷本《论蒙着帕子的犹太人》*Dissertationis Theologicae de Velamine Iudaeorum*。另一个是撒母耳·维伦费尔斯（Samuel Werenfels, 1657-1740）；他是巴塞尔神学教授和*Philosophiae Moralis*的作者。
荷注：巴文克在维伦费尔斯这个名字的后面只加了"II 183"。他的资料来源是Alex. Schweizer, 'Die Entwicklung des Moralsystems in der reformirten Kirche', 314。但是，史怀哲（Schweizer）并未提到这部著作的标题。因此，我们可以说巴文克这里是自己查找的参考信息：Samuel Werenfelsius, *Opuscula Theologica, Philosophica et Philologica*, editio altera, Tomus Secundus, Lausannæ & Genevæ 1739。183页的标题是'Philosophiæ moralis specimen'。
⁵⁷ J. A. Turretin, *Dilucidationes*. 荷注：巴文克这里只写有"Turretin I 152v"。他的资料来源也是：Alex. Schweizer, 'Die Entwicklung des Moralsystems in der reformirten Kirche', 314。由于史怀哲这里也未提到书名，所以巴文克也自己查找了参考信息：Joh. Alphonsus Turrettinus, *Opera Omnia Theologica, Philosophica et Philologica, Tomus Primus*, Leovardiæ et Franequeræ 1774。我们在152页找到标题"Dissertatio VIII. de Legibus Naturalibus. Pars prima"，在164页找到标题"Dissertatio IX. de Legibus Naturalibus. Pars Secunda"，在178页找到标题"Dissertatio X. de Legibus Naturalibus. Pars Tertia"，在187页找到标题"Dissertatio XI. de Legibus Naturalibus. Pars Quarta"。
⁵⁸ 英注：阿尔特曼（1697–1758）于1734-1757年间在伯尔尼（Bern）任哲学教授，是《神圣训诫简论》（*Delineatio Oratoriae Sacrae Brevibus Praeceptis Exhibita*）。荷注：巴文克这里指的是Johannes Georgius Altmannus, *Principia Ethica, ex monitis legis naturae et praeceptis religionis christianae deducta*, Turici 1753². 巴文克的资料来源是：Bavincks bron is: Alex. Schweizer, 'Die Entwicklung des Moralsystems in der reformirten Kirche', 315v.
⁵⁹ Stapfer, *Sittenlehre* (Dutch: *De zeden-leer*). 英注：关于克里斯蒂安·沃尔夫，见上文第28脚注。
⁶⁰ Wyttenbach, *Compendium Theologiae Dogmaticae et Moralis*. 英注：丹尼尔·维滕巴赫（Daniel Wyttenbach, 1706-1779）是一位宗教改革神学家，从1756年起担任马尔堡大学神学教授，直到他去世。他不应该与丹尼尔·阿尔伯特·威登巴赫（Daniel Albert Wittenbach/Wyttenbach, 1746-1820）混为一谈，后者是一位阿米念抗辩派哲学家。
⁶¹ J. C. Beck (1711-1785), *Synopsis Institutionum*. 英注：本书最后一节题为<实践神学>（*Theologiae Practicae*），而前十一章涵盖了十诫，后面还有关于神圣律法、主祷文和圣工之总结的补充章节。
⁶² Endemann, *Institutiones Theologiae Moralis*.

的面世，独特的改革宗伦理学告一段落。恩德曼引用了众多路德宗神学家的观点。

从达诺到恩德曼的所有作品或多或少地受到了哲学伦理学的影响，最初受亚里士多德的影响，后来又受沃尔夫的影响。基督教伦理学和哲学伦理学之间的划分还没有完全形成。事实上，彼得·马蒂尔·菲密格理（Peter Martyr Vermigli）把亚里士多德的《伦理学》作为他伦理学课程的基础。[63] 有些神学家用异教徒的道德观阻碍自己伦理学的形成，以下是重要几位[64]：让·拉·普拉特（Jean La Placette），[65] 撒母耳·巴斯纳奇（Samuel Basnage），约翰·柯比斯（John Corbes），丹尼尔·惠特比（Daniel Whitby），西蒙·奥米乌斯（Simon Oomius），彼得·威特荣格尔（Petrus Wittewrongel）和雅克·索林（Jacques Saurin）。[66]

5. 属灵生命：决疑论与苦修神学

除了这些关于伦理学的著作——每一部都以道德生活为其对象——**决疑论**自身也有发展。决疑论与伦理学的关系就如同法理学（案例法）与法哲学（rechtsphilosofie）的关系。一般而言，对具体案件的判断和判决与道德律所处理的一致：在这种具体情况下，我必须做什么？然而，决疑论成了它自身的神学科学（theologische wetenschap），并把真正的伦理学置于一旁。《圣经》中决疑论的例子包括《马太福音》二十二 15-22（向凯撒纳税是否合乎律法）、《路加福音》十四 3（安息日治病是否合乎律法）、《哥林多前书》七 8、10（保罗对已婚和未婚的教导）。决疑论是由特土良、奥古斯丁进一步发展起来的，然后在中世纪由托马斯·阿奎那在《神学大全》中以极其细腻的方式发展起来。[67] 所有可能的情况都予以考虑，并向各种主

---

[63] Hoedemaker, *De verhouding der ethiek tot de dogmatiek*, 35.

[64] 英注：以下大部分的名字（和作品）的摘要列表是巴文克取自de Wette, *Lehrbuch der christlichen Sittenlehre*, 174-176。

[65] 普拉特（1629-1718）撰写了《基督徒的道德》（*La morale chrétienne*）以及各种手册；见Walch, *Bibliotheca Theologica Selecta*, 2:1109-1110 (VI, § x).

[66] De Flottemanville, *Morale théologique et politique*; Forbes, *Opera Omnia*; Whitby, *Ethices Compendium*; Oomius, *Dissertatie van de onderwijsingen in de practycke der godgeleerdheid*; Wittewrongel, *Oeconomia Christiana*; Saurin, *Abregé de la théologie et de la morale chrétienne*.

[67] 英注：*ST* IIa IIae qq. 1-170.

观臆断敞开大门。个人的自由被剥夺，良知被迷惑，结果就是怀疑主义和或然主义（probabilism）。最后提及的策略使一个人从命令中解脱出来，只要他能够诉诸某个**可能给予许可**（sententia probabilis）的属灵权威。

改教家们没有自己独特的伦理学和决疑论。然而，他们面临的情况是，他们不得不对婚姻、高利贷、朝贡和赋税、服从民政当局等作出判断。就其本身而言，决疑论是好的，我们都需要它。因此，它在改革宗群体中也有发展，但绝不是以早期的经院主义的方式发展，事实上尤其朝反对它的方向发展。剑桥教授威廉·珀金斯（William Perkins）提出了一种形式决疑论。他撰写了《人类良知的解剖》，[68] 同时还写了一本有关良知案例的书。[69] 珀金斯首先陈述了一般的善恶教义和罪的分类，然后提出了一系列问题。首先，人怎样才能得到上帝的恩宠，并得到保证和安慰？第二，人如何身处与上帝的关系中？人如何服侍祂、恳求祂？人必须如何使用圣言、圣礼和誓言？最后，我们与邻舍的关系如何？我们该如何行事？还有其他类似的问题。珀金斯的学生威廉·埃姆斯（William Ames）还写了一本有关决疑论的书。[70] 这本书通过问答，以实用的方式阐述了人的责任。第三个决疑论者是约翰内斯·阿尔斯特（Johannes Alsted），他的《案例神学》[71] 是为了在面对各种试验时可以安慰良知。[72]

决疑论有其存在的正当性；有些困难的案件需要裁决。但是，只要不以过甚的敏锐令个例倍增，那么耶稣会士们所回避的中世纪决疑论实际上是伦理学的一个特殊部分。除了刚才提到的三个作者，改革宗教会中已不再实行决疑论。马雷修斯不希望与它有任何关系。[73] 少数人继续采用决疑论——约瑟夫·霍尔（Joseph

---

[68] 英注：Perkins, *Anatomia Sacra Humanae Conscientiae*；我们将在第五章 §14 看到，巴文克使用荷文译本 Perkins, *Eene Verhandeling van de Gevallen der Conscientie*.
[69] Perkins, *Whole Treatise of the Cases of Conscience*.
[70] Ames, *Conscience with the Power and Cases Thereof*.
[71] Alsted, *Theologia Casuum*.
[72] 英注：巴文克在此处方括号中插入"In the Lutheran Church: Balduinus †1627, Finck 1631, Dunte 1636, König 1654, Kessler 1658, Dannhauer, Osiander, Olearius, Bechmann, etc." 他还在页边增加引用了 Walch, *Bibliotheca Theologica Selecta*, 2:1127 (VI, § xvi). 整个括号里都有脚注"见 E. Schwarz, 'Casuistik,' *PRE¹* 2:608-619"。除了施瓦茨（Schwarz）的文章，巴文克也从 de Wette, *Lehrbuch der christlichen Sittenlehre*, 173-174 获取信息。
[73] 英注：巴文克指的是撒母耳·马雷修斯（Samuel Maresius, 1599-1673 年），著有《神学团体和神学系统》（*Collegium Theologicum and Systema Theologicum*）；此书第 8 章讨论了律法（De Lege）。

Hall）[74]，杰里米·泰勒（Jeremy Taylor）[75]，罗伯特·桑德森（Robert Sanderson）[76]——但这种做法已经消失了。然而，它确实在路德宗中延续了很长时间，其中包括以下主题[77]：1. 律法；2. 人的活动，这包括博弈游戏（games of chance）、舞蹈和戏剧；3. 面向上帝的责任；4. 面向自己的责任，包括对自我否定的讨论和对不洁、酗酒和自杀的警告；5. 面向他人的责任，包括对善良、救济（ἐλεημοσύνη）和冒犯（de scandalis）的讨论；6. 配偶的义务，包括对一夫多妻制、通奸和离婚的讨论；7. 父母的责任，讨论了（a）基督教信仰的养育/教育和（b）男孩与女孩在各个年龄阶段生活中的养育/教育；8. 主人和仆人；以及 9. 地方官员和臣民。

此外，伦理学领域还包括所有以灵魂生命为对象的活动；这些活动通常被称为"实践神学"（theologia practica）或"属灵生命"（vita spirituali）。这方面的作品有霍恩毕克（Hoornbeeck）的《实践神学》和维林加（C. Vitringa）的《实践神学或属灵生命的类型》。[78] 赫尔曼·魏特修（H. Witsius）在《实践神学》中将素材分为面向上帝的责任、面向自己的责任和面向邻舍的责任。[79] 兰佩（Lampe）的《实践神学素描》将实践神学、道德神学、决疑论神学和苦修神学结合在一起。[80] 其他著作包括安东尼乌斯·德里森的《旧人与新人，加入到实践神学合集》，霍廷格（J. H. Hottinger）的《基督徒生活的类别》；以及西蒙·奥米乌斯（Simon Oomius）的《实践神学要义》。[81] 里德鲁斯（F. Ridderus）的《属上帝之人》（De mensche Godts）

---

[74] 英注：约瑟夫·霍尔（Joseph Hall，1574-1656年）是英国圣公会、改革宗神学家，著有《不同的良知实践案例的决议和决定》（*Resolutions and Decisions of Divers Practical Cases of Conscience*）。霍尔讨论了"利益与交易的案例"、"生命与自由的案例"、"虔诚与宗教的案例"和"婚姻的案例"。巴文克还提到了这部作品的德文译本 *Gewissens Rath*。

[75] Taylor, *Ductor Dubitantium*.

[76] Sanderson, *De Obligatione Conscientiae*. 英注：巴文克指的是 Rivetus, *Praelectiones*，他在注释中并在空白处添加了 Lodensteyn, *Weegschaal* 和 Maccovius, *Casus Conscientiae*.

[77] Walch, *Bibliotheca Theologica Selecta*, 2:1141-1160 (VI, § xvi). 英注：沃尔奇的主题的拉丁标题，以及探讨它们的页码，分别是 1. de legibus (1140-1141); 2. de actionibus humanis (1141-1145); 2a. ludi fortunae (1141-1142); 2b. saltationes (1141-1144); 2c. ludi theatreales (1144-1145); 3. de o cias erga deum (1145-1146); 4. de o ciis erga se ipsos (1145-1149); 5. de o ciis erga alios (1149-1150); 6. de o ciis coniugum (1150-1159); 7. de o ciis parentum (1159-1160); 8. de o ciis dominorum et servorum (1160); and 9. de o ciis imperantium et subditorum (1160).

[78] Hoornbeeck, *Theologiae Practicae*; Vitringa, *Typus Theologiae Practicae*.

[79] Witsius, *Prakticale godgeleertheid*.

[80] Lampe, *Schets der dadelyke Godt-geleertheid*.

[81] Driessen, *Oude en nieuwe mensch*; Hottinger, *Typus Vitae Christianae*; Oomius, *Institutiones Theologiae Practicae*.

中发现来自提林克（W. Teellinck）作品的教诲性的资料。[82]

除此以外，我们还需补充论述苦修神学，即与所要求的责任和实践有关的神学。[83] 苦修神学指导我们如何操练敬虔，尤其是祈祷、禁食、守夜等，因此有其存在的正当性。毕竟，伦理学的目的是让我们在恩典中成长，而不是停留在理论层面。由于中世纪的修道主义的苦修实践，这个词有一种不好的意涵，但是确实有一个真正的、合乎《圣经》的、改革宗的苦修神学，可由《提摩太前书》四 7 予以归纳（参 徒二十四 16）："要在敬虔上操练自己（γύμναζε δὲ σεαυτὸν πρὸς εὐσέβειαν）。"确切地说，它本身并不是一门学科，虽然在早期教会也有如此实践。例如，大巴西流就写了他的《苦修者》（Ascetica）。在改革宗教会里，其他人也纷纷效仿，在英国尤然：路易斯·贝利（Lewis Bayly）的《敬虔的实践》（The Practice of Piety；1672）[84]；杰里米·泰勒（Jeremy Taylor）的《圣洁生活的准则和操练》[85]；理查德·巴克斯特（R. Baxter）的《基督徒指南》[86]；翰墨德（H. Hammond）的《实践性要理问答》[87]；提林克（Willem Teellinck）的《最重要的基督徒实践》[88]；沃舍斯（G. Voetius）的《敬虔的操练》[89]；马斯特里赫特（P. van Mastricht）的《兼顾理论与实践的神学》第三部分[90]；皮洛·洛克斯（Pierre Roques）的《真正的敬虔主义》[91]；阿勒斯特里（R. Allestree）的《人所当尽的本分》[92]；艾沃德·吉斯特（Ewald

---

[82] 荷注：Franciscus Ridderus, *De mensche Godts, verthoont in de staet 1. Der verdorven Nature, 2. Der Weder-geboorte en Bekeeringe [...] 8. Der Geluck-saligheydt. Uyt De Geschriften en Tractaten van Willem Teellingh*, Te Hoorn 1656.

[83] Walch, *Bibliotheca Theologica Selecta*, 2:1171-1183 (VI, § xviii).

[84] 英注：巴文克写的是"Bayle"，但很可能是指贝利（Bayly，约1575-1631年），他是《敬虔的实践》的作者。由吉斯伯特·沃舍斯（Gisbert Voetius）编辑的荷文译本于1642年出版：*De practycke ofte oe eninge der godsaligheydt*。还有一个德文译本：*Praxis Pietatis*。

[85] Taylor, *Rule and Exercises of Holy Living* (1688). 英注：巴文克在这几行之间加上了"在德文中亦然"（*Die Richtschnur und Ubung eines Heiligen Wandels*）。巴文克的信息来自Walch, *Bibliotheca Theologica Selecta*, 2:1107 (VI, § x).

[86] Baxter, *Christian Directory* (1678).

[87] Hammond, *Practicall Catechisme* (1644).

[88] 英注：巴文克在这里很可能想到的是由提林克翻译的Whately, *Corte verhandelinge van de voornaemste christelicke oe eninghen*。这部作品的英文原著显然从未出版。

[89] Voetius, *De praktijk der godzaligheid*.

[90] Van Mastricht, *Theoretico-Practica Theologia*, III.i–iv [4:669–840].

[91] Roques, *Le vray pietisme ou traité*.

[92] Allestree, *Whole Duty of Man*. 英注：巴文克表示作者不详；这本作品也被认为是多萝西·科芬特里·帕金顿夫人（Lady Dorothy Coventry Pakington）、理查德·斯特恩（Richard Sterne）、约翰·费尔（John Fell）和汉弗莱·汉奇曼（Humphrey Henchman）的作品。

Kist）的《苦修者》（*Ascetica*）⁹³。我们可以在此基础上再增添各种关于审慎、牧师的品性的著作⁹⁴：弗兰西斯·朱尼乌斯（Franciscus Junius）的《论教会》⁹⁵；尼古拉斯·维德留斯（Nicolaus Vedelius）的《古代教会的智慧》⁹⁶等。

6. 19世纪的伦理学

自1750年以来，伦理学学科以幸福主义（eudaemonistic）、功利主义（utilitarian）和理性主义为特征。⁹⁷康德开启了一个新时代；他反对功利主义，承认责任的崇高，禁止一切他治（heteronomy）。康德只提供了一种抽象的、律法主义的道德观。施莱尔马赫在1803年发表了《对以往伦理学理论批判的概要》。在1812和1813年后，施莱尔马赫讲授了美德与责任、至善、许可之事、自然法与道德法的区别等议题。⁹⁸此后，亚历山大·史怀哲（Alexander Schweizer）在1835年出版了《道德系统梗概》⁹⁹，随后由特韦斯顿（Twesten）出版社于1841年以《哲学伦理学大纲》这个不同的标题再版了。¹⁰⁰然而，另一个版本是由路德维希·约纳斯（Ludwig Jonas）出版社在1843年出版的《基督教伦理学》。¹⁰¹

施莱尔马赫的神学伦理学根植于他的哲学。他的功劳在于系统地处理了伦理学的资料，认为这些资料中有一个合一性。施莱尔马赫认为，善就是合理性存在于自

---

⁹³ 英注：巴文克很可能是指Kist, *Beöe eningsleer*。1852年出版了英文译本，在序言中译者被简单地标为V.。

⁹⁴ Walch, *Bibliotheca Theologica Selecta*, 2:1162–71 (VI, § xvii).

⁹⁵ Junius, *Ecclesiastici*. 英注：朱尼乌斯（Junius）的第一册提供了教会的神学（de ecclesiae）；第二册探讨了教会中的职分：牧师、长老、执事、教师（圣师）和众信徒（de ecclesiae administrationibus）；第三册论及获取教会中职分的资格和这些职分的职责（de for the same forms）。

⁹⁶ Vedelius, *De Prudentia Veteris Ecclesiae, Libri Tres*.

⁹⁷ 英注：巴文克用等号指出了这种对等："幸福主义=功利主义=理性主义"。

⁹⁸ Schleiermacher, *Grundlinien einer Kritik der bisherigen Sittenlehre*. 英注：巴文克在他的文本中有"1819年"，但施莱尔马赫在1812和1813年至1817年期间就讲授了善、美德和义务的学说；见Schleiermacher, *Lectures on Philosophical Ethics*, v. 此书包括对施莱尔马赫就伦理学的讲座和著作的广泛历史概述，第vii-xxx页。

⁹⁹ Schleiermacher, *Entwurf eines systems der Sittenlehre*.

¹⁰⁰ Schleiermacher, *Grundriß der philosophischen Ethik*.

¹⁰¹ 英注：Schleiermacher, *Die christliche Sitte nach den Grundsätzen der evangelischen Kirche im Zusammenhange dargestellt*.

然界之中。伦理学就是在这种意义上与活动相关：教会和教会共同的灵（kirchliche Gemeingeist）——也就是圣灵（heilige Geist）必须在个人身上实现，正如哲学伦理学研究在自然中实现的理性。[102] 然而，教会肯定不是道德的规范吗？如果是的话，又是哪个教会？在施莱尔马赫那里没有客观的规范，没有充分标明善与恶。恶是纯粹的否定。

理查德·罗特（Richard Rothe）的《神学伦理学》充满了美丽、丰富、深刻的见解，但犯了三个基本错误。[103] 首先，罗特将伦理学理解为思辨神学中的一门学科，并完全在基督徒意识的基础或源头上予以建构。因此，其基础是主观主义的，主体是在基督教信仰之上，纵然罗特仍认为基督教是绝对真理。其次，罗特对伦理学本身的理解是错误的。凡是个人的事物都是道德的；透过人类自决（self-determination）的能力出现的一切事物都是伦理的。伦理的过程包括把自己从自然的、物质的、自我追求的事物中解脱出来，成为个人性的精神。罪是一种必然事物，因此不是真正的罪。最后，在罗特看来，宗教事物依附于伦理事物，宗教事物只是形式，而伦理事物则是内容。伦理生活吞噬了宗教生活，后者没有独立的存在，教会必须转变为国家。

此外，以下是19世纪最重要的伦理学家。（a）戈特利布·哈勒斯（Gottlieb Chr. A. von Harless），《基督教伦理学》（1842）的作者。[104] 这本书的标题是"基督教"，但内容是路德宗的（例如与重生有关的内容）。这卷书的结构和行文并不好，难以阅读。他确实把基督徒的生活理解为从基督而来并在基督里的生活，但他没有公平处理许多主题——律法、责任、成圣——因为他把资料分为救恩的祝福（das Heilsgut）、救恩的拥有（der Heilsbesitz）和救恩的保存（die Heilsbewahrung）。（b）克里斯蒂安·弗里德里希·施密德（Christian Friedrich Schmid），《基督教伦理学》（1861）的作者。[105] 这是一部优秀的、奠基性的、哲学意味浓郁的著作。（c）伍德克（A. Wuttke），《基督教伦理学手册》（1861）。[106] 这本书包含了大量的史料，但是《圣经》内容比《圣经》以外的内容要少。这本书也缺乏系统的顺序和方法。（d）

---

[102] 荷注：巴文克资料来源是：J.T. Beck, *Vorlesungen über Christliche Ethik, Erster Band*, 62v.
[103] Rothe, *Theologische Ethik*.
[104] Von Harless, *Christliche Ethik*.
[105] C. F. Schmid, *Christliche Sittenlehre*.
[106] Wuttke, *Handbuch der Christlichen Sittenlehre*.

神学博士卡尔曼（Culmann），《基督教伦理学》（1864-1866）的作者。[107] 尽管本书建立在一个神秘的基础上，却具有深度。但是，它的内容过多，而且是神智学的（theosophical）。（e）马滕森（Martensen）的三卷本《基督教伦理学》（1871-1878）[108] 清晰而详尽，但对独特的基督教特征缺乏精确描述，并用一般思想代替了特定问题。他的观点是存在主义伦理性的（ethisch），[109] 有时也是现代主义的。（f）维尔玛（A. F. C. Vilmar）的《神学道德》（1871）。[110] 本书在道德上是严肃的，绝对是基督教的，但偶尔也会有表现得过于严格和虚构的解经。[111]

---

[107] Culmann, *Die christliche Ethik*.
[108] 英注：追溯马滕森（Martensen）的《基督教伦理学》（*Christian Ethics*）的出版历史是个难题；WorldCat（https://www.worldcat.org）条目中的一些日期不确定，很多条目没有注明版本。可以确定的是，丹麦的原著*Den christelige Ethik*于1871年至1878年在哥本哈根由Gyldendal出版。它由两部分组成，分三卷出版：<一般部分>（卷一），<特殊部分I：个人伦理>（卷二）和<特殊部分II：社会伦理>（卷三）。第一卷的英文版由斯冰塞（C. Spence）从丹麦文翻译过来，1871年由T&T Clark出版。1871年，贝塞尔（R. Besser）出版了第一卷的德文版 *Die christliche Ethik*。1878年，同一出版社出版了第二卷和第三卷的德文版*Die individuelle Ethik*和*Die sociale Ethik*。第二卷由阿弗克（W. Affeck）从德文翻译成英文，并由T&T Clark于1881年出版。第三卷由索菲亚·泰勒（Sophia Taylor）从德文翻译而来，1882年由同一出版社出版。本段还提到了一卷结合了两位作者的作品：Martensen and Harless, *Christian Ethics*.
[109] 英注：巴文克简明扼要地将马腾森描述为"ethisch"，我们翻译为双重术语"存在主义—伦理性的"。这个词被误译为简单的"伦理性的"，因为它指的是19世纪晚期荷兰神学的一个特定学派，其领袖是丹尼尔·索萨耶（Daniel Chantepie de la Saussaye, 1818-1874）和胡宁（J. H. Gunning, 1829-1905年）。两者都强调基督教信仰的个人性、关系性、存在性和以基督为中心的特征。真理是一种"伦理性的"或关系性的实在。关于荷兰改革宗教会对这种"伦理神学"的简要总结，见Blei, *Netherlands Reformed Church*, 80-81。另见Bavinck, *De theologie van Prof. Dr. Daniel Chantepie de la Saussaye*.
[110] Vilmar, *Theologische Moral*.
[111] 关于伦理学的文献，见Runze, *Ethik*, 1:1-16 ("Einleitung"); Schulze, "Zur Geschichte der christlichen Ethik"。英注：巴文克没有注意到，这一期刊的前一卷载有舒尔茨（Schulze）的两部分文章，《神学文献》（*Theologisches Literaturblatt*）也载有哲学伦理学的纵览；见Rabus, "Eine Moralphilosophie aus dem Kreise der neuen Scholastik"。巴文克还提到了 *Philosophisches Jahrbuch, Theologisches Jahresbericht*等期刊。

Philosophisches Jahrbuch 的前35卷可在 https://catalog.hathitrust.org/Record/008883008 上查阅，第1-20卷（1888-1907年）的有效索引见 https://archive.org/details/philosophisches-j1a20gruoft。

§2. 术语[112]

"伦理学"一词来自希腊文 ἦθος，是"ἔθος 的加长形式"，首先表示"**一个习惯的地方**，其复数形式表示动物的**出没地**或**栖息地**"。对于人而言，它一方面表示脾气、性格和气禀，另一方面又表示习惯、风俗和举止。它的复数形式表示习俗（拉丁文 mores）。[113] 这个词在新约圣经中出现在《哥林多前书》十五 33："不要被欺骗了；滥交朋友败坏品德（ἤθη）。"《使徒行传》十六 21："竟传布我们罗马人所不可接受、不可遵守的规矩（ἔθη）。"《使徒行传》二十六 3："你熟悉犹太人的规矩（ἐθῶν）和他们的争论。" ἦθος 最初的意思是"居住、逗留、行动、行动方式"。它与习俗（mores）的含义不同，而是某种道德（Quintilian）。[114] 它常被用作 τρόπος 的同义词；该词的意思为方式、途径、善良、品格。

拉丁文 mos 指的是人们的生活方式，因为它是从民族的气禀、品格和生活中衍

---

[112] 英注：荷文标题是"Naam en Begrip"（名称和想法）。
[113] 英注：Liddell, *Intermediate Greek-English Lexicon*, s.v."ἦθος"。前两句话是根据利德尔（Liddell）和斯科特（Scott）对巴文克含义模糊的文本所作的精心构建。巴文克的观点是，ἔθος/ἦθος 的语义场具有双重含义，一方面有行为、习惯、风俗、礼节的含义，另一方面也有个人道德情操、性格、气禀的含义。此外，ἔθος 主要是针对前者，而ἦθος 指向后者，即更完整的意义。
[114] 英注：巴文克的文本有"niet = mores, maar morum quaedam proprietas (Quintiliaan)"。巴文克直接取自Vilmar, *Theologische Moral*, 1:3; Vilmar identifies Quintillian's *Institutes* 6.2

生出来的；也就是说，它等同于习惯、道德和习俗。¹¹⁵ 根据维尔玛的说法，mos 比 "ἦθος 更'趋向内在'（mehr etwas Inneres）"。¹¹⁶ 然而，多纳的观点恰恰相反。¹¹⁷ 关于他们的词源学研究，我们将 mos 译为"道德"还是"伦理学"是一个无关紧要的问题。我们选择"伦理"一词，因为这个词没有"道德"所具有的负面联想，至少在道德教导的理解中如此。此外，**道德**被理解为实用的道德，而**伦理学**作为对**是什么**（What *is*）的更纯粹的科学和演绎表述形式，人们通常对二者会加以区分。实践道德是人们赖以生存的一系列准则，因而是人们外在**行为**的归纳性描述。因此，伦理学更加深刻和规范性。¹¹⁸ 这类似伦理学（zedenleer）和道德哲学（zedenkunde）的差异。

荷文 zede、德文 Sitte 和梵文 sat 都是指"生活、居住"（wonen）。哥特语中类似的词是 sidus，分别出现在哥特版《圣经》的《哥林多前书》十五 33 和《提摩太后书》三 10。¹¹⁹ 游牧民族没有道德习俗（zeden）；当人们"坐下"的时候，当人们在一个地方安身立命、安居乐业的时候，风俗和道德才会形成。¹²⁰

就我们的科学目的（scientific purpose）而言，这个词源学是不充分的，因为它只提供了我们所关注的社会生活的规范性原则。所有的社会都已经有现存固定的风俗、准则、社会行为和道德，人们不能背离它们。一个人所在的民族、家庭和圈子决定了一个人的行为。道德是由与主流习俗相一致的事物组成。《圣经》没有谈到道德，而谈到了公义、圣洁和敬虔，因为《圣经》**总是**从人与上帝的关系来看待人，

---

¹¹⁵ 英注：巴文克在这里用的是单数词 zede。
¹¹⁶ 英注：Vilmar, *Theologische Moral*, 1:3-4. 巴文克在页边补充"*Heraut* 487"，指向凯波尔对《海德堡要理问答》主日 8 问答的注解，后出版于 Kuyper, *E Voto Dordraceno*, 1:176-182。
¹¹⁷ 英注：I. A. Dorner, "Ethik."
¹¹⁸ 英注：巴文克的措辞是"inwendig, principieel, deductief"。Principieel 一词是凯波尔新加尔文主义的特征，尽管北美新加尔文主义者将其译作"principial"，但是 principieel 最好译为"规范的"。
¹¹⁹ 英注：巴文克所引用经文中的 sidus 的异形词可见于乌菲拉（Ulfila）哥特文《圣经》。乌菲拉（约公元 311-383 年）是进入哥特人中的传教士和《圣经》译者。巴文克此处的资料来源是 Vilmar, *Theologische Moral*, 1:4. 巴文克对哥特《圣经》的引用说明了《圣经》中伦理/道德的术语的易变性。根据维尔玛的说法，哥特文 *sidus* 曾经在《新约》中作为 ἤθη（林前十五 33；"道德"）的译文出现过一次；它也被插入到《提摩太后书》三 10 的文本中来解释 τῇ ἀγωγῇ（行为）和 τῇ προθέσει（目的）这两个词。现代译本将 τῇ ἀγωγῇ 译为"我的行为"（my conduct，ESV、NRSV）或"我的生活方式"（my way of life，NIV），以此来捕捉这层意思。
¹²⁰ 参 von Jhering, *Der Zweck im Recht*, 2:15-20；相反的观点，见 Freybe, "Die Bedeutung der Sitte."

而上帝管理着人的行为。根据道德的词源学解释，道德生活是指由民俗规范性地制约并符合民俗的生活。

但渐渐地，人们对这种道德生活有了更深刻的认识。一个理性的人经过深思熟虑，无法找到生活在习俗中的最高规范，而这习俗只能作为一种标准规范（norma normata）。所以，必须还有另一个更高的绝对标准。人们寻求道德的本质——即道德本身是什么——独立于社会的判断，对所有人始终有效。伦理学必须有一个基础，一个最高的基础，一个综合而又全面调控的原则；此原则始终支配所有行为。换言之，道德不能是习俗，而必须是一种观念，【不是存在的某种事物，而且是**必须存有**（must be）的事物】[121]，一种需要在现实生活中具体化的事物。这就是善的观念，是伦理的理型，是真正的人或人性的观念。因此，相较于按照习惯的方式是人为的事物，道德以更深刻的方式予以思考，它由**人的本质**进行规范。因此，道德有两个关键的维度。首先，它涉及的是人的个性的自由行为，而不是必要的或任意的行为。第二，道德的规范是人或人性在本质之所是。

这完全是形式上的理解，并且从实质上来说，我们看到在如何构思这些维度的看法上有很大的分歧。对于什么是"正常的人性"，莫衷一是。哲学伦理学的任务就是要探索正常的人性，并提供正常人的定义，指出道德的基础和准则。从表面上看，这种探索不可能与基督教伦理学冲突，就像真正的人本身与真正的基督徒之间不可能冲突。然而，在现实中，这些冲突经常发生。此时，我们并没有讨论哲学伦理学的问题，而只是讨论具体的基督教伦理学。今天，当人们考量"伦理学"这个词的词源时，"基督教伦理学"这个名称在术语上似乎是一个矛盾。"基督教"暗示了一种不同于"伦理学"一词的规范，而"伦理学"被理解为是真正的人或人性。这就引发了一个问题：基督教和改革宗伦理学是否可行？[122] 换言之，我们可以谈论改革宗基督徒的道德生活吗？定然可以！这是基于这些原因：

1. 道德生活不会因为归信而退化。我们的道德生活提供了形式，首先是为我们的自然生命，然后是为我们的属灵生命提供了形式。我们作为家庭的一员，在职场、社会、教会、国家中，在艺术和科学方面，我们的生命是一样的。这一点必须在伦理学中予以考虑。

---

[121] 中注：此句译自荷文版45页，纠正了英译本的错译。
[122] 英注：在前面的句子中，巴文克讨论的是"基督教伦理学"，而他原来写的是"基督教改革宗"（Christ. Geref.），但划掉了"Geref."。

2. 信心、重生和成圣是由上帝以人的方式，并符合我们的本性、品格等，也就是以伦理的方式在我们身上发生果效。我们的思想、感情、意愿、行为，我们整个存有和整个生命，都可以且必须从道德的角度来看待。

因此，基督教伦理学这类事物是存在的，因为（a）基督的生命以道德的方式植入我们里面，并得到发展，并且（b）基督的生命向外显现出来。这里所预设的是道德生活的存在，它有自己的基础、内容和目标；人类通过这种道德生活，可以成为或变为他们应有的样子。部分或全部地接受这种道德生活不存在的可能性就是反基督教的，是立于已破坏的行为之约（covenant of works）中。这种所谓的道德生活的内容，要么是自然的、亚当式的、罪恶的，要么是属灵的，是重生的生命、基督的生命。

这种属灵的生命自身也可以被视为是从上帝而来的生命，是在与祂的救赎性团契中。我们能够从此生命的起源、弊病、冲突和发展等方面来研究它。因此，我们在基督里描述人的生命历史（levensgeschiedenis）。改革宗神学家是在实践神学（例如：德里森[123]和魏特修[124]）、"旧人和新人"[科斯特鲁斯（Costerus）[125]]、基督里的人[范登霍内特（van den Honer）[126]]和主动神学（兰佩[127]）的范畴下讨论此声明。这是一项必要的工作。我们需要知道属灵生命的本性、品格和果子，因为我们需要揭开伪善者的面纱，扶起受压迫者，安慰忧伤的人，医治病患者，引导强壮的人。对属灵生命的诊断是必要的，对一个牧者而言尤然。灵魂关怀极其重要。一个人的救赎有时取决于一句话、一个暗示或一个建议。

现在我们要面对的是一个难题：伦理学和实践神学是两个截然不同的学科吗？还是它们可以一起处理？它们似乎是两个截然不同的事物，因为伦理与道德有关，而实践神学与宗教有关；宗教与道德不可混淆或混为一谈。同时，把它们放在一起考虑，也有很多方面可以阐述。（然而，将属灵生命作为不同的事物来讨论仍是很好的，也是必要的，但这并不意味着它们是两个截然不同的学科。）把它们放在一

---

[123] Driessen, *Oude en nieuwe mensch.*
[124] Witsius, *Prakticale godgeleertheid.*
[125] 英注：巴文克提到的"Costerus"并不完全清楚。《新人与旧人》是安东尼乌斯·德里森作品的标题（上文）。巴文克可能想到的是Florentius Costerus (1635-1703)，他撰写了 *De geestelike mensch, in sijn begin, voort-gang, en uyt-eynde, voor- gestelt in verscheyden predicatien,* 2nd rev.ed.(Hoorn: Sto el Iansz., 1695)。
[126] Van den Honert, *De mensch in Christus.*
[127] Lampe, *Schets der dadelyke Godt-geleertheid.*

起的理由有三。第一，如果把伦理学与实践神学分开，就会过于轻视人的因素，而且伦理学就脱离了教理学，导致伯拉纠主义（Pelagianism）。第二，正如我们所看到的，道德生活的唯一内容或要事就是与上帝团契的属灵生命，即宗教。一同考虑属灵生命和道德生活会防止我们把道德生活看成是生活本身，保护我们不至于建立起一个行为之约。第三，尽管宗教和道德是截然不同，但在本质上彼此相随。一者必须在另一者中彰显。我们所做的事情必须证明我们是谁。同时处理实践神学和伦理学会推进宗教和道德的相互性，保护我们属灵生命不至于陷入感情、寂静主义（quietiesm）或敬虔主义，并帮助属灵生命按照上帝的圣道在行为、行动、生活中显明。将它们聚在一起也表达了这样的信念：正常而真实的信心生活必须通过强健的道德生活来彰显。现在，我们可以详细说明何为伦理学了。

有许多方面都可阐述，用以反驳我们所描述的这种将伦理学作为一门独立学科来处理的观点。我们应该把它与教理学或实践神学联系起来。我们之所以选择与实践神学相联系，是因为与教理学相联系的伦理学并未得到恰当的认可，太多内容没有被讨论、被忽视。历史告诉我们，伦理学与实践神学的结合最为紧密，但二者之间完全彻底的划分是不可能的。

伦理必须关注：（a）人作为理性的、负责任的存有，如何运用和使用最初创造的恩赐和能力，并接受恩典的福音；（b）人如何重生，以及人的生命如何仍要经受疾病、试探和挣扎；（c）在伦理生活中，人（悟性、意志等）的行动如何被导向上帝的律法，而上帝的律法要在人生活的一切环境中表现出来。换言之，伦理学关注的是属灵人的准备、诞生、成长和外在表现。伦理学是"被上帝所救赎之人的成长历史"[128]，是"对正在运行的耶稣基督的恩典，即以人的生命形式运行的神圣生命内容的科学性描述"。[129] 伦理学描述了上帝的国度在人性中的具体化；基督身体的起源、成长和完成。[130] 换言之，从开始到结束，在上帝为我们和在我们里面

---

[128] 英注：巴文克的引文 "Entwicklungsgeschichte des von Gott erlösten Menschen" 是他自己对 Harless, *Christliche Ethik*, 2中的两个短语的重建："geschichtlicher Entwicklungsprozess im Leben der von Christo gewonnenen Seelen" 和 "Entwicklungs-geschichte der von ihm erlöseten Menschen"。巴文克引用的是哈勒斯（Harless）的第一版；增订的第六版，以及根据第六版的英译本，并没有这些短语。相反，哈勒斯表示他同意在Jäger, *Die Grundbegrie der Christlichen Sittenlehre*, 9中所给出的伦理学定义。贾格尔（Jäger）将伦理学与教理学区分开来，后者描述的是"上帝的创造、启示和救赎的作为"，而伦理学反思这些行为是如何"在身为生命活动中的自由存有的个人内成形的"。

[129] Beck, *Vorlesungen über Christliche Ethik*, 1:84.

[130] 英注：来源不明。巴文克在文本中插入了一个问号。

的行动的基础上，重生的群体是如何孕育而成的。伦理学是关于我们内在和外在成圣的真理（兰伯特·达诺）[131]，向上帝而活的艺术（马斯特里赫特）[132]，是丰盛的、虔诚的生与死的艺术（皮克特）[133]。

　　教理学和伦理学的区别已经很明显了。[134] 两者的区别不在于前者处理的是悟性和认知，而后者涉及意志和行动。[135] 这可以归结为把人分成两部分，其中一部分是纯智性的，另一部分是纯伦理的。不！在教理学中[136]，我们关注的是上帝为我们做了什么，在我们里面做什么。在教理学中，上帝就是一切。教理学是上帝对我们所说的话语，来自我们自身之外，从我们上头传来的；我们是被动的、倾听并开放自己，接受上帝的指引。在伦理学中，我们感兴趣的问题是，当上帝在我们里面做工时，祂现在对我们有何期望，我们该为祂做什么。在这里，我们是主动的，正是因为且基于上帝在我们里面的作为；我们在感谢和赞美中向上帝献唱诗篇。在教理学中，上帝降临到我们这里；在伦理学中，我们上升到上帝那里。在教理学中，祂属我们；在伦理学中，我们属祂。在教理学中，我们知道我们必见祂面；在伦理学中，祂的名字必写在我们的额头上（启二十二4）。教理学从上帝而来，伦理学则回归上帝之处。在教理学中，上帝爱我们；因此，在伦理学中，我们爱祂。

　　因此，这种区别并不在于我们在研究伦理学的时候弱化了拣选的教义，也不在于我们让人最终"自主独立"以获得正当地位而变为半伯拉纠。所有的伯拉纠主义必须被根除；它完全是反伦理的。正是因为上帝是一切，人类才真正伟大。这里没有分工，没有上帝和我们各行己事。大谬不然！我们确立我们的呼召，正是因为上帝在万物中作工。这是一个奥秘：正因为上帝是一切，所以我们才可以伟大。是的，这是一个奥秘，但这个奥秘远比一个伯拉纠式的、抗辩派（Remonstrant）的疑难要好得多；此难题把上帝和人类分开，使上帝不能是上帝，人不能是真正的人。

---

[131] Daneau, *Ethices Christianae*.
[132] Van Mastricht, *Theoretico-Practica Theologia*, II. "Prologue"[4:521]。"为上帝而活的艺术……由两部分组成：（a）知道我们这些属灵的死人怎样才能复活，（b）我们复活之后，如何能为上帝而活。前者是在**信心中**（in fide）找到的；后者是在**信心的顺服中**（in obedientia fidei）找到的。"
[133] Pictet, *De christelyke zedekunst*.
[134] 英注：参*RD*, 1:56-58.
[135] 这就是改革宗神学家沃舍斯（Voetius）区分教理学与伦理学的方式。
[136] 伦理学还关注悟性必须如何重生、成圣等。

§3. 伦理学的内部细分[137]

在早些世纪，伦理学往往不外乎是美德[138]和责任[139]的教导，以不系统的方式逐一列举。这种情况因施莱尔马赫而改变。他在哲学伦理学中坚持认为，道德生活可以且必须从三个相辅相成的角度来考虑。就**责任**而言，善作为**诫命**而立于人的对立面，是一种"必须"；就**美德**而言，善是行善的**力量**；就**目标**而言，善是责任在与美德的和谐共存中所追求的**理型**。[140]我们从这些当中得到了责任（Pflichtenlehre）、美德（Tugendlehre）和道德之善的教导（Güterlehre）。根据施莱尔马赫的观点，至此为止，这三个方面的每一个都得到了强调，并由此产生【律的道德】（wettelijke moraal；康德）、美德道德（一种"平庸的道德"），或幸福主义、功利主义的道德（至善）。相反，施莱尔马赫主张，伦理首先是在这三个概念中产生的，其中的任何两个概念总是会产生第三个概念。若无美德，责任无法履行；若无责任的规范，美德不得存在；至善只能由与责任等同的美德来实现。

罗特遵循了这种次序。[141]该次序对于哲学伦理学来说或许是好的，但无论它多

---

[137] 中注：此处标题译自荷文标题"Verdeling der ethiek"。
[138] Pictet, *De christelyke zedekunst.*
[139] 往往也是对十诫的详述。
[140] 参见Chr.D. F. Palmer, "Die christliche Lehre vom höchsten Gut"; Heman, "Schleiermachers Idee."
[141] Rothe, *Theologische Ethik.* 英注：见上文第2节末尾巴文克对罗特的讨论。

么有见地，都不能用于神学伦理学。它是一个抽象的架构，神学伦理学的资料无法融入其中。这是一种外在的划分，它违背了一条原则，即资料的正确次序必须源于内容本身。善不是律法（而是恩典）；不是目标，亦非人的努力（而是恩赐！）。

在某种意义上，这种划分并不困难。伦理学是对基督徒生活的描述；因此，它的发展路线也赐给了我们。出于所有的意图和目的，基督新教正统的划分几乎如出一辙。德里森的《实践神学》（*Practikale godgeleertheid*）分为两部分：旧人和新人。提林克的《属上帝之人》（*De mensche Godts*）分为三部分：罪中之人、重生之人、兴旺/蒙福之人。[142] 维林加只讨论了属灵生命：其本性、起源、状态和完全。[143] 皮克特研究了无序的人类状态，一般的美德，然后特别从上帝、邻舍和我们自己角度来看的美德。[144] 马斯特里赫特只考虑有关上帝和我们邻舍的美德。[145] 维尔玛将资料内容分为罪、重生等，以及成圣。[146] 其他的划分见于马滕森的著作：归信前的生活，效法基督的生活，在家庭、国家等领域中的生活。[147] 赫普如此划分：拥有救恩之前的人，拥有救恩过程中的人，确认拥有救恩的人。[148] 哈勒斯如此划分："救恩的内容"（人类、律法、福音）、救恩的获得（重生、归信）、救恩的保存（在职场、

---

[142] 英注：巴文克在这里暗指W. Teellinck, *De mensche Godts*。这部著作包括对人类八个"状态"的描述：（1）败坏的本性（verdorven nature），（2）重生和归信（der wedergeboorte en bekeeringe），（3）美好生活（des wel levens），（4）政府（der regeringe），（5）犯罪（der struyckelingen），（6）苦难（der ellenden），（7）改革（der reformatie），（8）祝福（der geluck-saligheyd）。《属上帝之人》当时由弗朗西斯卡斯·里德鲁斯（Franciscus Ridderus）准备出版，后来也确以他的名义出版：*De mensche Godts:Uyt De geschriften tractaten van Willem Teelling* (1658)。

[143] Vitringa, *Korte schets*.

[144] 英注：巴文克在这里概括性地描绘了Pictet, *De christelyke zedekunst*中的章节顺序。

[145] 英注：巴文克指的是*Theoretico-Practica Theologia*, II.ii.1–15 and iii.1–8 (*Theologia Moralis*; *Zedelyke godgeleertheid*); 这两章的标题是"论宗教"（De Religione; Van den godsdienst）和"论公义和对邻舍的伤害"（De Justitita et Injuria versus Proximum / Van de rechtvaardigheit en onrechtvaardigheit, of verongelykinge omtrent den naasten）[4:564-668]。

[146] 英注：巴文克指的是Vilmar, *Theologische Moral*。在导言之后，第一卷包括第一部分，"罪论"（Lehre von der Suïnde）或"病史"（Krankheitsgeschichte）。第二卷包括第二部分"重生与归信的教义"（Lehre von der Wiedergeburt und Bekehrung）或"治愈史"（Heilungsgeschichte），以及第三部分"成圣的教义"（Die Lehre von der Heiligung）或"治疗史"（Genesungsgeschichte）。

[147] Martensen, *Christian Ethics*, 1:53.

[148] Heppe, *Christliche Sittenlehre*. 英注：赫普（Heppe）的"伦理学系统"由三部分组成，标题依次为"人与自身救赎性的善"（Der Mensch und das Heilsgut desselben）、"救恩的拥有"（Der Heilsbesitz）和"救恩的占有在人类生活的基本秩序和关系中的保存"（Die Bewährung des Heilsbesitzes in den wesentlichen Ordnungen und Beziehungen des menschlichen Lebens）。

各个领域中的敬虔与美德）。[149]

　　这样，我们就得到了一个三分法。（1）人类在归信之前，处于罪、良知、道德的状况中；这是自然伦理的范畴。（2）已归信的人类：新生命的预备、起源、各个方面、各种境况、救助、祝福、记号、病患与死亡、完全；[150] 这是实践神学的范畴。（3）在家庭、职场、社会、国家和教会中已归信的人类。[151] 这三个部分将在下文讨论，并在总结中加以综述，其中将包括伦理行动的结果：上帝国度的起源、发展和成就。[152]

---

[149] 英注：哈勒斯的《基督教伦理学系统》（System of Christian Ethics）分为三个部分："救恩的祝福"（Das Heilsgut）、"救恩的拥有"（Der Heilsbesitz）和"救恩的保存"（Die Heilsbewahrung）。

[150] 英注：巴文克在这里插入了一个对维林加（Vitringa）和贝茨（Beets）的引用。前者显然是Vitringa, Korte schets。后者可能是荷兰改革宗诗人、牧师、莱顿大学教授尼古拉斯·贝茨（Nikolaas Beets，1814-1903）。

[151] 英注：原稿中有以下几句被巴文克划掉了。"这三部分之前都有一个特殊的引介或基础，这个引介或基础属于人类学范畴，包括以下一般性的前提：人类最初是按照上帝的形像受造，具有道德的本性、自由、宗教和道德。"

[152] 英注：巴文克手稿第四册《道德生活必须彰显的生命领域》（The Life-Spheres in Which the Moral Life Must Be Manifested）只有三节，都在"家庭、婚姻、离婚"这一章之下（§§50-58）。但巴文克的笔记显示他还计划了另外四章内容："社会"、"艺术与科学"、"国家"、"教会、人类和上帝的国"。关于这些资料的简要概述，见《改革宗伦理学》第三卷的附录。

§4. 伦理学的原则与方法[153]

至此为止，我们还没有明确界定伦理学的神学特征。罗特[154]和维尔玛[155]都把他们的研究称为"神学伦理学"；这种描述很恰当，但不够充分；这可见于他们之间的重大分歧。因此，问题在于：【神学特性体现在哪里？】罗特认为，源自自我意识（Ichbewußtsein）的思辨是**哲学性的**，然而源自上帝意识——即由上帝决定的自我意识——之事实的思辨是**神学性的**。神学来自上帝，而哲学从外部而就近上帝。在罗特看来，上帝无非就是有关上帝的一个概念；他辩证地发展此概念，并从中演绎出所有道德概念。维尔玛认为伦理学的神学特征见于上帝真实客观的救赎行为。[156]这是正确的。神学伦理学并非源自人类的本性或被造物中所蕴含的原则，而是从一个被启示的原则而来；这个被启示的原则来自上帝，和祂为了我们并面向我们的作为和话语，以及领我们回到祂那里，并在祂里面找到它们目标的作为和话语。

这里有人可能会反对，认为我们在伦理学中把重生的人当作主体，以及我们在

---

[153] 中注：英译本将荷文"beginsel"译作foundation，中译本改为更恰当的译文"原则"（principle）。
[154] Rothe, *Theologische Ethik*.
[155] A.F.C. Vilmar, *Theologische Moral. Akademische Vorlesungen*, nach dessen Tode herausgegeben von C.Chr. Israël, *Ersther Theil*, Gütersloh 1871.
[156] Vilmar, *Theologische Moral*, 1v.

上帝行动的基础上,从重生之人的所是和所行的角度来考量他们。这岂不是把伦理学的神学特性置之度外?完全不是,鉴于以下原因。第一,我们所思想的是以超自然的方式"从上帝而生"的【**重生之人**】(wedergeboren mens)。[157] 换言之,我们思想的不是"自然的"人,而是"神学的"人。第二,【我们站在人的角度来思想重生之人;我们能如此行,真实和恰当地如此行,是因着这已经启示给我们,而不是按照我们的本性。我们能思想重生之人全因**上帝**思想他们,并希望我们也思想他们。】因此,我们的伦理学之所以是神学性的,【是因为伦理学中的一切真理,就其作为真理而言,已经启示给我们】;它是超自然的。我们的伦理学是源于上帝,藉由上帝,且面向上帝。而且,在我们的伦理学中,正是上帝向我们启示了关于罪、重生、成圣、以及我们如何生活在这个状态中等真理。[158]

伦理学的原则(principe)现在对我们来说就变得清晰了。【我们未将此原则理解为哲学伦理学的原则;后者可以被看作诸如直觉的或功利的道德。相反,我们认为此原则是知识的来源(kenbron;如同教理学中一样),是认知的本源(principium cognoscendi)。】[159] 既然我们谈论的是**神学**伦理学,那么只有一个知识的来源可以向我们揭示上帝的观点。然后,在抛弃自然神学后,我们只有《圣经》为来源。《圣经》是教义和**生活**的准则。我们的**认信**简单地说,《圣经》是"为了规范……我们的信仰。"[160] 伦理学和教理学一样,与《圣经》密切相联,并完全依赖《圣经》。维尔玛在这点上是正确的,但在其他方面还有待商榷。[161] 有些人以基督徒群体当前的信仰和实践来定义"基督徒",另一些人则以与耶稣的精神相一致的事物来定义"基督徒"。[162] 罗特主张《圣经》是思辨神学的规范,但在实践中并非如此。[163] 改革宗人士并没有每次都注意到这一点,并从十诫和主祷文中获取他们对美德和责任的全部教导。由此可见,他们显然把《圣经》当作伦理学的来源和规范。《海德堡要理问答》就是如此行。[164] 达诺的如下主张是正确的:哲学伦理学和基督教伦理学

---

[157] 英注:巴文克在行间写道:"请思考另一门神学学科——**教会**史。"
[158] 中注:见荷文版49页。
[159] 英注:*RD*, 1:207-233。中注:见荷文版49页。
[160] 《比利时信条》,第五款。
[161] Vilmar, *Theologische Moral*, 1:15.
[162] 英注:巴文克在这里没有提供细节,但前者像是施莱尔马赫,后者像是立敕尔(Ritschl)。
[163] Rothe, *Theologische Ethik*, §10.
[164] 《海德堡要理问答》主日34-52。

的来源不同，前者来自于自然，后者来自于《圣经》。[165] 撒母耳·恩德曼（Samuel Endemann）论道："启示的道德神学取自新旧约整本《圣经》（theologia moralis revelata ex tota sacra scriptura Veteris et Novi Testamenti est desumenda）。"[166]

对旧约的使用存有分歧。就连莱西乌斯（Lessius）[167] 也声称，旧约在伦理学中没有位置。[168] 这是不正确的。旧约对伦理学的价值和权威，与对教理学的价值和权威是一样的。[169] 旧约和新约中的道德律完全等同；基督没有提出新的道德律。尽管如此，我们决不能忽视旧约和新约之间的差异。这是一个难题，因为旧约一方面绝对是上帝的圣言，另一方面也是历史性的。总体而言，我们要遵循以下准则：新旧约中任何不具有时间性、暂时性、历史性意义，但对各个时代的教会都有意义的内容，对教理学和伦理学都是具有权威的。

从《圣经》所衍生出来的层面，就赋予了伦理学以基督教、神学的特性。但是，我们也关注改革宗伦理学。大约从 1750 年起，人们就开始反对按照认信、教会路线来区分伦理学。恩德曼认为改革宗和路德宗的伦理学一式一样（基督公教的伦理学则不然）[170]；我们【在教理学上的】差异"确实不会改变我们对真理的实践"（Veritatis practicas plane non mutat）。[171] （可悲的是，教义对生活没有影响。）人们相信道德领域是一个自由的领土，人们在其中可以彼此认同；虽然神学中有差异，但道德律对每个人来说都是一样的。这种信念越来越强烈。这就是人们试图在教会、学校和国家中寻找统一性的幻想；这种幻想至今仍存。但这是一种幻想，我们这个时代的历史已经证明了这一点。然而，在伦理学上，认信的分歧确实不像在神学上那样迅速地显现出来。原因有二。第一，因为要过很长时间，生活才会转变并被新的教义所支配：我们往往会在一段时间内保持不一致，固守传统。第二，因为伦理学中的差异往往是内在的：比如从外在看，我们是保持不变的，但我们行动的动机和意

---

[165] 英注：见 Daneau, *Ethices Christianae*, 3:3-8 (book I, chap. 2).
[166] Endemann, *Institutiones Theologiae Moralis*, 1:11 (§3).
[167] 英注：莱西乌斯（Leonardus Lessius, SJ, 1554-1623）是鲁文（Leuven）的神学教授。
[168] 根据 Endemann, *Institutiones Theologiae Moralis*, 1:12 (§3).
[169] 对立于 J. T. Beck, *Vorlesungen über christliche Ethik*, 1:103.
[170] Endemann, *Institutiones Theologiae Moralis*, 1:12 (§3).
[171] Endemann, *Institutiones Theologiae Moralis*, 1:11（§3 的开首语）。荷注：巴文克所参考的资料来源的完整句子是："Nam articuli fidei inter eos controversi, dummodo recte intelligantur, veritates practicas plane non mutant"（关于他们中间认信条款的争议，若理解得当，确实不会改变我们对真理的实践）。因此，巴文克只取了句子的最后一部分，并予以修改。因为"我们在教理学上的差异"是主语，所以复数动词改为单数。

图不同；正是这些才真正决定了什么是伦理。

当前的普遍共识认为伦理学是一项教会事务，尽管有些人比较不情愿承认这点（毕竟这是一种宏大的幻象）。[172] 多德斯（J. I. Doedes）[173] 否认任何区分：耶稣只向我们展示了一种基督徒生命的景象，而不是改革宗、路德宗或基督公教的景象；伦理学的任务就是找到那一种景象。多么肤浅的喋喋不休！不管喜欢与否，这些都是有区别的。哈勒斯称他的作品为《基督教伦理学》（*Christliche Ethik*），贝克亦然；罗特使用《神学伦理学》（*Theologische Ethik*），维尔玛使用《神学道德》（*Theologische Moral*）——但著作的每一页都再三清楚显明，作者要么持路德宗的教理学，要么持改革宗教理学，要么持基督公教教理学，要么持其他教理学。既然事实如此，我们就承认这一点。然而，多德斯认为，这是一种失败：我们必须唯独为基督教伦理而奋斗。毋庸置疑，我们不是在教会分歧的背后或超脱这些分歧而做成此事，而是透过这些分歧来做成。基督教伦理学就在我们面前。一般的"大公"基督教会存在于教会团契的多样性**之中**。此外，庆幸的是，伦理学的呈现方式多种多样。这证明教义确实每天都在影响生活（让我们不要再限制这种影响），而且还有一个好处，就是基督徒的生命从不同的角度来看而显得更加丰富。

因此，我们在这里提供一种改革宗伦理学，这是一种与基督公教、路德宗、重洗派、循道会、摩拉维亚派、达比派等完全不同的基督徒生活方式。这种改革宗伦理学是怎么来的？我们的来源包括不同的认信、作者和教会历史学家吗？若然，我们就会有两个来源：《圣经》和改革宗文献。这是不允许的，这完全不是改革宗的。《圣经》是我们知识的唯一来源，其自身是独立的；认信和任何其他著作都不能与它并肩而立。[174] 那怎么办？毕竟，我们确实需要使用这些改革宗文献。我们可能不会把自己与这些文献隔离开来，退到我们单独的房间去阅读和解释《圣经》。那么，我们和它们是什么关系呢？同样，"基督教"和"归正"（gereformeerde）这两个词以"基督教归正教会"（Christelijke Gereformeerde Kerk）的名字连在一起。这并不意味着半基督教半改革宗，或四分之一基督教和四分之三改革宗。这里没有分裂，

---

[172] Hagenbach, *Encyklopädie und Methodologie*, 362-63 (§92).

[173] J. I. Doedes, *Encyclopedie der christelijke theologie*, 196-97n3.

[174] 英注：巴文克在手稿的第24页和25页之间增加了一页，其中写道："《圣经》和认信不是两个来源。因为认信不是来源，没有任何内容能从其中涌出。一个源头，无论多小，都会带来一些内容。'改革宗'对'基督徒'没有任何补充：认信引起人们对《圣经》的关注。改革宗的人说：'看哪，纯净的水；其他事物也引出水，但所用的是污秽的水桶'。"

没有合成，亦无聚集。相反，它的意思是"正被归正意义上的基督徒"，是"作为在归正教会中最完全、最清楚地被理解和承认的基督徒"。[175] 因此，"基督教改革宗伦理学"与"归正教会中从《圣经》衍生并被纯全地认信的基督教伦理学"表达了相同的内容。因此，"基督教"和"改革宗"并非互相对比，也不代表一种合成物，亦非并列事物，而是综合，一个合一体。它是基督教的；正因如此，也是改革宗的。基督教的内容通过改革宗的镜头呈现在我们眼前；通过改革宗棱镜，它最为闪耀。

故此，伦理学的方法变得清晰起来；它与教理学的方法是相同的。

1. 我们需要把《圣经》中的资料收集起来，把《圣经》中关于罪、重生、成圣、亲子关系等方面的教导予以梳理。

2. 我们需要仔细研究基督教，特别是归正教会，处理这些资料的方式，并注意：（1）思想家们严肃对待伦理教理的态度；这里必须考虑所有"古时的作者"（oude schrijvers）。（2）认信中对这种"伦理教理"的阐述；这里的收获并不丰富，虽然有些内容，例如《海德堡要理问答》主日问答 34-52 的内容完全是伦理的。（3）这种"伦理教理"在基督徒的生活中，特别是在归正教会中，以何种方式，并在多大程度上表现出来；对此必须予以高度重视。

3. 最后，我们需要以一种规范的方式进一步发展这些主题内容（thetisch），并将其运用于我们自己的时代，尤其要指出我们可以完善伦理教理的方式（苦修主义并非不同于其他主题，而是贯穿每个主题）。

---

[175] 中注：荷文gereformeerde可译作"改革宗"或"归正"。当该词与教会联合使用时，中译本采用"归正"一词，因为巴文克和凯波尔认为国立改革宗教会背离了传统改革宗信仰，因此教会需要回归16-17世纪的改革宗神学。当该词与神学联合使用时，还是译作"改革宗"。

第一章

本质性的人性

本章摘要

我们必须如何生活是由我们对我们的起源、目的和命运等根本问题的回答而决定的。[1]《圣经》教导我们，上帝的形像属于我们人性的真正本质，受造时为善，后堕落，并在基督里是可救赎的。对基督徒而言，道德的善并不是通过努力和奋斗来实现的目的或理型；它是一种恩赐，一种存有的状况，一种状态。为了行善，我们必须是良善的。亚当受造时为善，在他堕落后，第二亚当提供了新的公义和圣洁的恩赐。

这种认信与当代的教理直接抵触。此教理教导，我们通过追求自主性的自我与限制我们的外在自然和物质世界之间的冲突而成为善，其最终的目的是靠着理性和精神（spirit）来战胜自然。[2] 这是泛神论世界观的一部分，上帝本身在其中只有经过一个克服的进程才成为一个人。这种从下到上、从物质到灵、从尘世到天国、从人性到上帝、从可见的到不可见的、从暂时到永恒的运动，直接违背了基督教对启示的信念。这是一个来自黑暗深渊的系统。

我们认为上帝的形像属于我们人性的本质，因此与上帝分离的人性是不可想象的。所有人随时随地都与上帝有某种关系。要成为完全真正的人，我们必须反映上帝的形像。作为上帝形像的承载者，我们由身体和灵魂组成，它们共同存在于灵魂和物质间复杂且奥秘的相互作用中。这不能从二元论的角度来理解；尽管身体不能离开灵魂而生存，但灵魂可以脱离身体而存在。人是身体和灵魂的联合整体。我们之所以是人，是因为我们可以说"我"。我们对"我"的意识逐渐发展。这种意识是一件奇事，无法说明，只可单纯地接受。它的两个运动是理论上的[思考（thinking）与认知（knowing）]和实践上的[决意（willing）与行动（doing）]，都靠着感觉（feeling）来介导。这三种能力是不同的，有它们自己的律，是一个人的自由行动。

人类发现自己与外在事物有三种关系：与上帝（宗教）、他人（道德）并自然

---

[1] 英注：巴文克为这一章起的标题是"关于人性本身的思考"（De menschelijke natuur op zichzelve beschouwd）。他在行间插入了一个新标题"人性的本质"（Het wezen van de mensch）。英译本的标题"本质性的人性"，就是为要抓住这两种想法。
[2] 中注：荷文geest和英文spirit既可以译作"精神"，也可以译作"灵"。中译本将跟哲学论述有关的spirit译作"精神"，跟神学论述有关的译作"灵"。

的关系。人们不能被原子化地视为单纯的个体：我们是与上帝有关系的人类中的一员；此关系是一个顺服和服侍上帝的职位或职分。这就是真正的宗教，依赖有关上帝的知识并从中生发而出；它的本质是敬虔。"宗教"一词源于意为"再聚集"的拉丁文字根，这提醒我们对上帝的诫命和谕令的重复论述，对遵守它们而言是必需的。这就是客观宗教：行在主的道路上。它必须与主观宗教契合；后者就是信心（faith）或相信（believing）。客观宗教不是主观宗教的产物，而是圣灵的恩赐。宗教不应被定义为"与上帝相交"，因为它使主观宗教变得极为重要，并贬低了客观宗教。相反，宗教是人面向上帝的独特关系或地位，表现在整个生命中，并基于上帝面向人的独特关系。

我们与他人的关系在出生前就开始了，且始于家庭。家庭是社会和国家中其他一切关系的模范。我们在这一切关系中的生活构成了我们的道德生活，并必须由我们自身以外的标准来引导。对基督徒而言，这个标准就是上帝的圣言。我们的道德生活总是与我们的宗教生活相联，但它们实则不同，乃后者支配前者。虽然律法的两块法版来自于同一位立法者，构成单一的律法，但是区分宗教（我们对上帝的爱）和道德（我们对邻舍的爱）是很重要的。《圣经》本身让它们紧密相连，但仍有区别。对宗教与道德之关系的两种有罪的误解——绝对的分离和等同——都导致了虚假的宗教和恶劣的道德。要么道德脱离了上帝，真正的美德变为系风捕景；要么上帝与世界等同，宗教完全被伦理学所吸收，最终消失。安息日可以也应渗透一周中的其他日子，但这种安息日渗透的充分性在这个时代（dispensation）不能实现，要等下一时代。

§5. 按上帝形像受造的人类

关于人类是什么，人类将走向何处，以及人类存在之目的和结局的问题，都取决于一个先行问题的答案。该问题就是：人类来自何处？源头决定了方向和目的。人是黑猩猩和猩猩的形像和后代的说法，与人是上帝的形像和后裔的说法，截然不同；人是从下往上而来的说法，与人是从上往下的说法，也大相径庭。这种区分支配了整个伦理学学科。若无《圣经》，我们就不可能回答人从何而来，因此也就无法回答人是什么和要去往何处的问题；人们只能猜测、怀疑、预设和哲学化。希腊人认为人类是自生的，是偶然自发地起源于地球。而当代的思想在抹杀一切界限[3]、抹平一切事物、使一切事物都整齐划一[4]的唯物主义泛神论[5]的影响下，认为人类经过受到自然选择和几千年的生存斗争影响的一系列缺失环节及灭绝的中间形式（物种），起源于一个灵长类祖先。没有人为此提供证据；它不是科学得出的结论，甚

---

[3] 荷注：几年之后，凯波尔在自己的校长演讲《模糊界线》（*De verflauwing der grenzen*）中也如此论述。Abraham Kuyper, *De verflauwing der grenzen. Rede bij de overdracht van het rectoraat aan de Vrije Universiteit op 20 October 1892 gehouden* (Amsterdam: J.A. Wormser, 1892).

[4] 荷注：巴文克此处可能暗指Abraham Kuyper, *Eenvormigheid, de vloek van het moderne leven* (Amsterdam s.a. [1869]).

[5] 英注：巴文克认为在他那个时代泛神论是对基督教世界观的最大威胁之一。尤其参见*RD*, 1:80; 2:408-415, 426-438; 3:42, 236, 299, 529; 4:60, 75, 92, 108, 161, 250, 576, 691, 699, 711. 荷注：Herman Bavinck, "De hedendaagsche wereldbeschouwing," *De Vrije Kerk* 9 (1883): 435-461.

至不是偶然被证实的假说。不，它只是人们假设的一种哲学观念，因为他们不认识一位创造的上帝。杜·博伊斯·雷蒙德（du Bois-Reymond）教授在柏林公开声明了这一点。[6]

从一个完全不同的前提出发，我们会得出不同的伦理学。真正意义上的伦理学在达尔文主义的框架内并不存在。[7]人类的每一个观点都是源自一个公理、一个出发点、一个信仰或假设的命题。达尔文亦然：他的信仰命题是人是进化的动物。另一方面，之于我们，因着信，明白人是按着上帝的形像受造，是上帝所生的（徒十七28）。当我们审视人类时，这必须是一个固定和支配性的原则，一个统筹所有进一步反思的前提。称人是上帝的形像就是说人是上帝的样式，是上帝的缩影，是上帝的印鉴、雕像或复型。[8]上帝的形像是人与上帝的相似之处，借此我们用自己被造物的方式展示上帝的至高完美。[9]我们是上帝的形像，这乃是就我们整体存

---

[6] 英注：巴文克在这里提到的文章是Emil du Bois-Reymond, "Naturwissenschaft und Philosophie von Nathusius," in *Zeitfragen des christlichen Volkslebens*; 此参考文献无法核实。见https://en.wikipedia.org/wiki/Emil_du_Bois-Reymond。提到的纳修斯（Nathusius）很可能是指马丁·弗里德里希·冯·纳修斯（Martin Friedrich von Nathusius，1843-1906）。他撰写了 *Natuurwissenschaft und Philosophie: Zur beleuchtung der neuesten materialistchen Kundgebungen du Bois-Reymond u.a.* (Heilbronn: Henninger, 1883)。巴文克在其〈基督教与自然科学〉（Christianity and Natural Science）一文中的85-87，101-102页较详细地论述了杜·博伊斯·雷蒙德的观点。

[7] 英注：巴文克在这里的注解是"见去年的授课"（Zie dictaat vorig jaar），这表明他反复使用了这些笔记。荷注：这份讲义可能保留在巴文克档案集中，文档条目100。这份文档其中两份手稿标题为〈当代世界观〉，发表于 *De Vrije Kerk* 9 (1883), 435-461；其中一份用于授课。第三份手稿的标题是〈观念论的泛神论和唯物论的泛神论〉（Idealistisch en Materialistisch Pantheisme）。这个小册子中有三分手稿，标题为〈进化论〉（De Evolutieleer）。这三分手稿中的第一份都是注释。第二份手稿的开首如下："引言：我很高兴假期结束后又再次见到你们。假期并非悠闲逸，而是休养，去观察之前没有时间观察的事物。一位神学家必须要认识、了解他的年代，必须在世上调整自己的方向，不应对思想潮流和自然现象感到陌生。"第三份手稿的开首如下："当我在假期后热心欢迎你们时，这定然不是出于习惯，更重要的是你们的信心和信靠。假期时间会是愉快的，也是必要的，而且常常翘首以待。但是，同样令人愉悦的是，我们带着新的勇气和力量投入工作，并优雅欢快地做我们的工作。每个人可能都会羡慕别人的生活；农民羡慕水手，士兵羡慕农民，但我们神学家不必羡慕他们的生活和工作，因为神学不仅是一门科学，而且是最优雅和最荣耀的科学。若我们的两唇间透露出任何埋怨，那么这只能是我们不配参与神学的事工，不配阐述神学。当我们回归神学事工时，我们首先关注那些已经毕业、如今成为他人向导的弟兄。我们总是因他们的离开而感到难过，只能向他们送上问安，并诚心希望我们的主会用智慧和能力祝福他们。"这些引言都是对学生而说。故此，巴文克可能在授课时使用这些手稿。

[8] 英注：见*RD*, 2:531-533。

[9] Van Mastricht, *Theoretico-Practica Theologia*, I.iii.9, §30 [2:99]. 英注：关于我们引用这部著作的格式，见引言中§1的〈改革宗教会〉（脚注42）中的扩展注释。卷号和页码取自1749-1753年巴文克使用的荷文版。

在而言；上帝的形像在灵魂并其一切能力（思考，感觉，决意）中，也在身体中。[10]

因此，上帝的形像：（1）在我们人性的本质中，以灵魂和身体为基质；（2）在该本质的才能和能力中，包括认知、感觉、决意和行动；（3）在该本质的属性和恩赐及它们的能力中，包括圣洁、知识、公义。[11]

但是，现在问题来了：人的本质与上帝形像的那些属性之间有何关系？换言之，上帝的形像就是人的本质或本性，还是添加到本性上的事物？弗拉基主义者（The Flacians）论道，上帝的形像 [因此包括原初的义（justitia originalis）在内的属性] 属于人的**本质**、本性。[12] 这不可能是正确的，因为这样一来，人类在失去了原初的义之后，就会失去和改变其本质。基督公教认为，人被创造出来的时候就有一种无瑕的本性（in puris naturalibus）；因此，从本性上来说，人既不是义的，也不是不义的，而原初的义作为"附加的恩赐"（donum superadditum）而予以增添，以遏制肉体与灵魂之间自然存在的不和谐。[13] 但这也不可能是正确的，因为那样的话，肉体与灵魂之间的斗争就是自然的且是好的，直接来自上帝，而上帝就会成为罪的起因。改革宗人士论道，上帝的形像既不是人类本质的总和，亦非"附加的恩赐"。相反，改革宗神学在某种广义上来理解上帝的形像，将人的本质和能力纳入其中，而狭义上的形像包括真知识、公义和圣洁。[14] 作为原初的义，它**自然**属于人，所以若没有它，人的本质或本性就不再完整、正义。因此，上帝的形像属于人的本质，但并非基于弗拉基主义的意义。[15]

这个陈述对伦理学来说至关重要。**首先**，因为它暗示人类就本性而言就是善的，上帝的形像按本性而言就属于他们，他们不需要**成为**善的、圣洁的、公义的，

---

[10] Van Mastricht, *Theoretico-Practica Theologia*, I.iii.9, §31 [2:99].
[11] Van Mastricht, *Theoretico-Practica Theologia*, I.iii.9, §§30-33 [2:99].
[12] 英注：马提亚斯•弗拉西乌斯•伊利里库斯（Matthias Flacius Illyricus，1520-1525）是克罗地亚的一位路德宗改教家。他认为，人类坠入罪中，使人性实质上变成了某种邪恶的事物。
[13] 英注：有关巴文克对基督公教这方面思想的批判，见*RD*，2:539-548。然而，巴文克对基督公教思想的处理需要进行细微观察，并在某些地方加以纠正，通过对托马斯•阿奎那（Thomas Aquinas）的仔细研究后更是如此；见 Bolt, *Theological Analysis*, 172n24, 180n29, 189n50。参Vos, *Aquinas, Calvin, and Contemporary Protestant Thought*. 最近，两位年轻的学者清楚地证明了巴文克和阿奎那之间的密切联系：Sytsma, "Bavinck's Thomistic Epistemology"; and Van Raalte, "Unleavened Morality."
[14] 英注：这三个名词概括了改革宗正统中对最初上帝形像论述，是从《以弗所书》四24和《歌罗西书》三10合并而来。
[15] Van Mastricht, *Theoretico-Practica Theologia*, I.iii.9, §44 [2:110–11].

而是**已然**如此了。人天生就拥有善。这直接与当代的教导相矛盾。费希特（J. G. Fichte，1762-1814）以令人印象深刻的睿智教导，道德只有在冲突中才会产生。智能的**自我**（ego）追求自由、自足和独立，想要绝对自主，却发现自己受到**非自我**（non-ego）的限制。**非自我**必须要被征服、击退；**自我**必须要支配**非自我**；理性必要统治自然，精神（spirit）要统治物质。因此，道德是冲突、斗争和角力的结果。它位于道路的尽头，不是起点，而是终点。**自我**生而被**非自我**限制（这就是罪，因为对费希特来说，罪就是限制）。

同样，在黑格尔看来，人性按本性首先只能是自然的、邪恶的；它需要从自然的力量中解脱出来，如同精神一般，需要挣脱自然，反对自然。在施莱尔马赫看来，理念（ethos）的目标也是自然成为理性和灵。罗特在他的《神学伦理学》中的立场类似。对他来说，上帝的位格性本身就是一个进程的结果，因为圣灵不能被制造出来，而必须自生，成为自己的果与因（sui ipsius e ectus, causa sui）；[16] 人类亦然。[17] 上帝只能间接地创造灵。也就是说，祂创造了物质生物，然后他们使自己脱离物质性而上升到灵性。[18] **自我**只是自己的行为和行动；人因此注定了自己是**自我**，是一个人。而道德存在于人格成为灵的这一事实之中。[19] 位格性的生物必须把自身当作自己内在（Selbstzweck）的一个终末，必须创造它自己。罗特写道："道德是由受造物的自我决定所引起、变成的。更具体地说，这是通过位格性受造物在人类世上受造领域内的自我决定（Selbstbestimmung）达成的。"[20] 罗特把道德进程[21] 描述为人类绝对地决定自己成为人的进程。这个任务是双重的：（a）就我们的物质本性而言，它是**道德的**，我们的物质本性必须被援用并成为我们的工具；[22] （b）它是**宗教的**，宗教是我们通过自己的因果关系（causa sui）变成灵的进程。因此，我们通过自己的行动，**成为**（become）不朽，如此等等。

总而言之，道德因而是一个目标，是一个进程的结果，是人类通过自己的努力

---

[16] Rothe, *Theologische Ethik*, §§31, 34.
[17] Rothe, *Theologische Ethik*, §47.
[18] Rothe, *Theologische Ethik*, §73.
[19] Rothe, *Theologische Ethik*, §83.
[20] Rothe, *Theologische Ethik*, §87. 英注：在此引文后，巴文克增加了两个德文单词：kausirte=引起；gewordene=成为。
[21] Rothe, *Theologische Ethik*, §§93-126.
[22] Rothe, *Theologische Ethik*, §§97-113.

和自我决定最终达到的理型（ideaal/ideal）。这种基于泛神论、进程哲学（philosophy of process）和进化论而构建的伦理学，与泛神论共享了大量的核心观念。无论是在物质、伦理、宗教、民事、社会和政治领域，更高的发展被认为是从低等发展演变而来的：从下到上，从物质到灵性，从尘世到天国，从人性到上帝，从可见的到不可见的，从暂时的到永恒的。这与我们作为基督徒所认信的南辕北辙，因为它直接违背了上帝的启示。这是一个来自黑暗深渊的系统。它影响了我们这个时代很多伦理学，然而很多信徒并未察觉它可怕的性质，而是无意识地接受了它的思想和观点，而这些思想和观点只适合反《圣经》的系统。因此，哈勒斯谈到了在基督里所赐给基督徒的一个目的，而马滕森认为道德是一个理念，一个终末目标，一个意志的最终任务。[23] 然而，维尔玛在这方面理解更透彻。[24]

与这些泛神论[25]直接相反的乃人是按照上帝形像被造的观点。道德和善并不是一个远离人类、需要我们去触及的理型。善不是生命的终末目标，或人类的目的地，而是我们立足的基础和环境。善不是在我们前面，乃是在我们上面，在我们后面。我们双脚立于其中，由它支撑。亚当不一定要**成为**（become）善，他**是**善的，必须确保他**保持**善。这不是努力追求的某种事物，而是保持并停留在他曾是和曾拥有的事物中。他是来自圣洁、公义和智慧的上帝之手。圣洁非与生俱来、亦非被造时就有，而必须是一个自由自我决定、自身行动之过程的结果，这种说法完全是错误的。圣洁是一种恩赐，否则我们永远不会拥有它。但我们现在藉着信基督称义，就立刻领受了它。故此，道德美德（圣洁，上帝的形像）是**一体的**，是一件无缝的衣裳，不可能通过零碎的方式触及或获取。拥有道德美德的人，就完全拥有它。凡是部分缺少它的人，就是完全缺少它。斯多亚派已经意识到了这一点。从恶到善不是一条走道，也不是一座桥，我们只能纵身一跃才能到达。这乃是生命的飞跃，而不是众所周知的致命一跃。正是泛神论的根本性错误抹去了所有界限，使所有的对立相对化，并将罪与圣洁、上帝与邪恶之间的区别降至程度上的差别。[26] 因此，对基督徒来说，亚当**是**圣洁的，且必须**保持**圣洁。堕入罪中并非前迈一步，无疑是**堕落**、败落。道

---

[23] Harless, *System of Christian Ethics*, 5 (§2); Martensen, *Christian Ethics*, 1:4, 10-13 (§§1, 4).
[24] Vilmar, *Theologische Moral*, 1:23-37.
[25] 英注：巴文克在这里所说的"泛神论"被描述为"万有在神论"（panentheism）会更合适。关于万有在神论，见Cooper, *Panentheism*；关于施莱尔马赫，见Cooper, *Panentheism*, 80-89；关于谢林和黑格尔，见Cooper, *Panentheism*, 90-119。
[26] 英注：见Kuyper, "Blurring of the Boundaries"。

德的善并不是通过努力和奋斗而实现的目标或理型；它是一种恩赐，一种存有的状况，一种状态。一棵树要结出好果子就必须**是好的**，这一点永远为真。[27]【泛神论也抹杀了人与动物之间的区别，认为我们是从动物（不思考等）的状态发展到人性。】[28]

诚然，改革宗基督徒不同于路德宗，也可以在亚当的例子中论述一个目标：我们承认亚当还没有到达终末，还没有永生，亦未有能力不犯罪（non posse peccare）。[29] 在此意义上而言，我们也可以在亚当的例子中谈及一个目标。但这也有一个显著的区别。我们不把这个"终点"看成是作为**结果**的**目标**。亚当不必竭力去获得它，而只需做他自己本性所建议的事情，即保持他原态。不可吃的命令是一个**禁令**（verbod）。通过保持原态，他就会获得他之所非（what he was not）。

我们不能理解或想象没有上帝的人性，而所有人随时随地都与上帝有某种关系，这就是上帝形像属于我们人性本质这一主张的**第二个含义**。上帝是原型（archetype），是典范，是本体。只有在日常生活中展现出上帝，我们才是真正的人。因此，必须从神学和伦理学的角度来看待人。道德也在人与上帝的关系中找到了它的原则和标准。这个原则在我们这个时代也有强烈的争议。费希特主导了我们这个时代：他认为道德的本质是**自我**（ego）支配**非自我**（non-ego），理性支配自然；世界是我们道德义务的物质内容。黑格尔也是如此：精神必须实现其理性内容，要在精神上渗透自然。按照施莱尔马赫的观点，伦理学的题材（subject matter）是作用于自然的理性，罗特的立场也类似。[30] 人与自然和上帝之间存在关系。第一种关系是**道德的**，第二种关系是**宗教的**。人的道德任务是把自然作为一个器官、工具来训练，使其成为我们的财产，一个自然的有机体。这里的道德不仅是一个结果，而且是一个进程的结果，是两个（相对）对立面的合一体，是矛盾与斗争的产物。但是，如果认为善和道德只有通过斗争并在斗争之后才有可能，这也是错误的；因为在那时，善为了现在能存在并在将来能出现，就需要恶；光明需要黑暗，上帝需要邪恶。那时，恶是不可避免的，实际上也就不再是恶，而是一个必要的中间站，一个障碍，一个限制，

---

[27] 英注：《马太福音》七17。
[28] 中注：荷文版此处并无这句话；见荷文版57页。
[29] 英注：这句话来自奥古斯丁，描述的是救赎历史概述中的第四种、也是最后一种状态。人性的四种状态依次是：（1）无罪：能犯罪或能不犯罪（posse peccare aut non peccare）；（2）堕落：不能不犯罪（non posse non peccare）；（3）恩典：能犯罪或能不犯罪（posse peccare aut non peccare）；（4）荣耀：不能犯罪（non posse peccare）。见Augustine, *Enchiridion* 118 (*NPNF¹* 3:275)。
[30] Rothe, *Theologische Ethik*, §§96-113.

一个过渡阶段,是善的条件和必要条件。这就意味着善不再是善,因为它不是自由、独立、永恒的。

作为基督徒,我们相信并教导相反的内容。第一个人类即刻就是上帝的形像,善而圣洁;我们现在所经历的挣扎,只因我们的堕落。这是一场与罪之间的挣扎,也是在罪中并紧随罪的挣扎。正如我们所见,善是得胜、安息、救恩、平安、爱,不是"风暴和压力"(Sturm und Drang)[31],而是平静。善是永恒、独立、自由,无需他物,存在于自身之中,也通过并借着自身而存,因为上帝本身就是善,任何善都不能离祂而存。

马滕森也承认道德不能以挣扎等方面为前提;但他认为,除了其他方面,道德是对立事物的合一体。[32]这完全是错误的。费希特等人不得不寻找这样的二元结构,因为他们把道德看作是对立事物的合一体,是斗争的结果。各样名称被用来描述这些对立事物。自主哲学伦理学在经验和理型(合理)的意志中寻找它们,在个体和人类、自我主义和利他主义中寻找它们(如达尔文和追随他思想的人),在人格和自然中寻找它们。[33]第一种对立,即经验意志和理型意志之间的对立,并无作用。这是一个抽象的概念:人有且只有**一个**意志,而(经验)意志是邪恶的、有罪的、倾向于仇恨上帝和邻舍。[34]有些人所说的理型或合理的意志不是**意志**——也就是**能力**——(因为人是无力的),而只是一种想法,一种理型,借着我们的良知赋予我们。在经验意志和善的观念之间的斗争中,经验意志总是得胜。第二种对立,即个体与人类之间的对立,也是无用。它完全是社会主义的,为了多数人而牺牲个体,让二分之一再加一的多数人来决定善恶。

第三种二元对立,即道德作为人格与自然、理性与自然之间冲突的产物(费希特、施莱尔马赫、罗特),也是一种不可行的选项。这在本质上是希腊人的观点,我们的一些人类学哲学家又一次以某种更深刻的方式提出了这种观点。精神和物质、人

---

[31] 英注:该词与18世纪末、19世纪初德国音乐和文学中早期浪漫主义运动有关。它强调个人的主观性、行动和强烈的情感自由,以回应因启蒙理性主义的约束而产生的动荡和骚乱。这个词因德国戏剧家和诗人弗里德里希•冯•克林格(Friedrich von Klinger)作品的名字而得以普及(来自https:// en.wikipedia.org/wiki/Sturm_und_Drang)。
[32] Martensen, *Christian Ethics*, 1:10-13 (§4).
[33] 英注:巴文克在页边空白处补充道:"如果我们要定义善,那么我们就不能没有上帝,无论是康德还是社会主义者都是如此。"
[34] 英注:巴文克在这里暗指《海德堡要理问答》第5问:"你能完美地遵守这一切[上帝的律法]吗?"答:"不能。我天生就有恨上帝和我的邻舍的倾向。"

格和自然内在并非对立（至少最初不是；现在由于罪，它们是对立的）；个性绝非溶入它与自然的关系。[35] 但这几种对立之中也有些许真理：人处在与自己（面向自己的责任）、邻舍、自然的关系中；但这一切都只是整体的一部分，把我们的全部责任归结为其中任何一个的做法都是错误的。关于自然，《创世记》一 28 教导我们要生养众多，遍满地面，治理这地，也要管理海里的鱼等。因此，人与动物之间也有一种关系。但这决不是人类的唯一呼召；这只是按照上帝形像被造的必然和结果之一（创一 27）。我们必须小心阅读：拥有对这地的治理权并不是人类克服重大冲突的终末目标。这并非一个遥远的理型（ideal），也不是一条奋斗道路的终点。不！这是按照上帝形像受造的一部分，但不是唯一的内容和结果。亚当没有必要**成为**这地的主人和掌管者，征服它，对它行使治理权。相反，他就**是**主人，是掌管者，是君主，必须**表明**这个事实，继续行使主权。[36]

马滕森也反对这种对比，却用另一种对比来代替：道德是由冲突产生的，但不是人格与自然之间的冲突，而是两种人格之间的冲突，即我与你、意志与意志，更具体地说是人的意志和上帝的意志。因此，他认为道德是由人的意志和神圣意志的自由合一体构成。[37] 这些听起来很正统[38]，却绣着泛神论的哲学图案。马腾森并没有从正确的原则出发。他应该摒弃以下根本思想：道德（成为道德的和善的）是斗争的结果和对立面的合一体。这是一个错误的概念。对我们来说，道德的善不是**成有**（becoming）进程中的事物，而是**存有**的事物（something that is）。它不是**产物**，而是**生产者**；它不是**结果**，而是**出发点**。此外，道德之善的基本理念不是来自于我们与自己、邻舍或自然的关系，而是来自于人与上帝之间的中枢性、掌控一切的关系。马滕森在此方面所言极是。但是，人们必须要正确理解这一点。这并不是说一个处在与上帝正确关系中的人（例如一个归信者），凭着这点就已经是道德的，因而可以被描述为是道德的。这将模糊宗教与道德之间的区别。[39] 但它确实意味着，与上帝的关系是控制一切的中枢性关系。在我们与自己、邻舍、自然的关系中，人应被看作是上帝形像的承载者。此事实必须得见于我们所做或未做的每件事，以及

---

[35] 参Martensen, *Christian Ethics*, 1:10-13 (§4), 但要审慎使用。
[36] A.F.C. Vilmar, *Theologische Moral, Erster Theil*, 25.
[37] 参Martensen, *Christian Ethics*, 1:10–13 (§4). 英注：马滕森在§5（第13页）的开首提到"与上帝联合……作为人类努力的最终目的"。
[38] 英注：巴文克原本写的是"闪亮"（schijnende），但改成了"响亮"（klinkende）。
[39] 荷注：巴文克在下文§7章节复而论述宗教与道德之间的关系。

在与我们一起、在我们里面或透过我们受影响的每件事。【这意味着正常人性（het normaal-menselijke），也就是伦理标准，并不存在。】⁴⁰ 仅仅做一个治理自然的人是不够的。只有当我们是上帝的形像时，才能真正在家里、公共场所和其他任何地方都是**善的**。毕竟，除了上帝和祂的启示，我们无法知道如何正确治理自然。在词源学意义上，伦理学的根源在于宗教。因此，伦理学的概念不能完全满足我们；它太狭隘了。就词源而言，这个词指向人性是标准，但我们的标准是作为上帝形像的人类，因而归根结底就是上帝祂自己。

第三，人类作为上帝形像的概念，意味着人的本质因罪而败坏。毕竟，上帝的形像是人性本质的一部分，而不是附加的恩赐，亦非附加的修饰。按照基督公教的说法，人类并没有败坏腐化，仍然是它本来的样子；但它失去了这个附属品，这个辔头，因为它不再受控制和约束，所以现在是私欲（人类在堕落之前也有）掌权。我们可以说，由于上帝形像的丧失，人的本质变得败坏、变质、扭曲（verwrongen）、残缺、畸形、错误。⁴¹ 罪并没有像基督公教所说的那样，去除了一些东西，其他保留如初。罪也没有成为人的实质或本质。人依旧是人，不是机器，不是木制品或方块，不是魔鬼，而是人。但是，人变得异常。虽然还是人，但人性已经腐烂和腐化了。

在这里，行为之约的伦理意义与此相关。⁴² 行为之约设定人类是上帝的形像。人类**是**善的，但仍有一项任务：善行。因此，盟约不是像基督公教和马丁路德所描述的那样，无忧无虑的休闲或宁静的安息，而是工作、任务、目标，从而是对所有能力和恩赐的发挥、热心和发展。它涉及通过生育、敬拜和文化，越来越多地成为上帝的形像。从人类按照上帝的形像受造就可以看出，人是道德的存有，必须如此发展。在此必须提到**道德律**。道德律是众多律中的一种⁴³，其基本原则是爱上帝和爱自己的邻舍。在这一点上必须提到律法，因为罪的概念本身就预设了**律法**（见《海德堡要理问答》第 3 问答）。⁴⁴

---

⁴⁰ 中注：见荷文版59页。
⁴¹ 有关详细论述，见第二章。
⁴² 英注：关于行为之约，见 *RD*, 2:567-579, 585-588。这一经典的改革宗教义在《威斯敏斯特信条》（7.2）中的定义如下："与人所立的第一个约是一个行为之约。在这个约中，生命被应许给亚当，并在亚当里面，凭借完全和个人的顺服，被应许给他的后代。"
⁴³ 英注：巴文克在这里插入了对他的《今日道德》（*Hedendaagsche moraal*）的概括性引用，其翻译作为附录出现在《改革伦理学》第三卷中。
⁴⁴ 英注：《海德堡要理问答》第3问答："你从哪里知道你的罪恶和痛苦？上帝的律法教导我。"

§6. 人性的内容

人是上帝的形像,这必须是核心;这是所有真正人类学的假设和标准。但其他问题也随之而来:作为人意味着什么?我们的人性存在于哪里?这种人性的组成部分是什么?此外,上帝的样式是人的形式本质还是实质本质?对这个问题的惯常答案是,我们由灵魂和身体组成。在这个答案中,把人构想为同时拥有属灵层面与物质层面、超自然层面与自然层面、超感观层面与感观层面、属天层面与属世层面、永恒层面与暂时层面,这都是有益的。

我们没有完全理解**身体和灵魂之间的关系**。[45] 我们是感观的、理性的存有;我们有植物般和植物性的(θρεπτικόν)生命,动物性的(αἰσθητικόν)生命和思想性的(νοητικόν, λογικόν)生命。或者可以说,人有身体、魂、灵(或如黑格尔所说,有生命、意识、自我意识)。那么,在这种情况下,"魂"就有了更广泛的含义,指的是人与动物所共有的。从狭义而言,与所有唯物主义者的说法相反,魂是人的思考、心智的生命;它不仅在程度上,而且在本质上,有别于植物性生命和动物性生命。唯物主义否认了这一事实,但物质本身是没有意识的,即使假设物质可以上

---

[45] 参见 Lindner, *Lehrbuch der empirischen Psychologie*, 11-25 (§§7-12); Lichtenfels, *Lehrbuch zur Einleitung in die Philosophie*, 21-52.

升到意识的层面，这样的意识也永远是物质的意识。[46] 但魂不仅是有意识的，它还意识到自己不是物质的，而且能想象到在完全缺少物质时，它的意识仍存留。此外，虽然物质只能有一个复合的合一体，但魂意识到自己属于纯一、单一、非复合的合一体。故此，杜•博伊斯•雷蒙德（du Bois-Reymond）承认自我意识无法从身体的角度来解释。[47] 因而，灵魂与身体在本质上是不同的。它不是物质的属性或性质，而是自身独立的，但与身体有关。灵魂依靠身体，正如我们在睡眠、疾病、年老时所看到的那样。它依赖感官，灵魂主要通过感官来接受外界的内容。它还通过语言、声音和言语器官向外界揭示自己。它的特征和气质是由外界影响所塑造的；气候、饮食、民族、性别对人的影响很大。[48]

反之，身体也要依靠灵魂，正如我们在疾病、哭泣、欢笑中所看到的。同样，灵魂构成或塑造了身体[因此才有了相貌术（physiognomy）的存在]。[49] 因此，身体和灵魂相互影响。这也是为什么要区分**感观**神经和**运动**神经的原因。感观神经是把事物从外面带到里面，引发"感观"，而运动神经是把事物从里面带到外面，引起运动。神经是身体和灵魂之间互动的器官。对于这种互动有各种解释。笛卡尔、吉林克斯（Geulinx）和马勒布兰奇（Malebranche）都认为，身体和灵魂完全是异质的，并且不能相互作用。所以他们发明了偶因论（Occasionalism）。根据这种说法，上帝是中介者，祂根据我们的观念反复地命令感观世界（身体），根据感观世界来命令观念（灵魂）。这是一个彻底的机械系统，并不能真正解释什么。因为如果属灵层面不能对物质层面产生影响，那么上帝又怎么能对身体并在自然中产生影响呢？偶因论还倾向于泛神论[斯宾诺莎（Spinoza）]，把罪归于上帝。斯宾诺莎只认识到一种实质，精神和物质是该实质的模式。他认为没有进一步解释的必要，因为精神和物质最终都在一个单一的实质中悬停、归并。莱布尼茨（Leibniz）试图通过他所谓的预先建立的和谐（harmonia praestabilita）来解释这种互动；此和谐是指上帝

---

[46] Bruch, *Theorie des Bewußtseins*, 84-125.
[47] 荷注：参H. Bavinck, *De overwinning der ziel*, Kampen 1916, 11 en 35 (noot 8)。
[48] 中注：巴文克在本段所使用的"soul"，既可以译作"魂"，也可以译作"灵魂"。中译本此处就官能而言，将"soul"译作魂，但在与身体对应的广义上而言，将该字译作"灵魂"。
[49] 英注：相貌术（Physiognomy）是由希腊文φύσις（自然、自然特征）和γνώμων（判断、解释者）组合而成，表示"从一个人的外貌，尤其是脸部，评价一个人的性格或个性。"虽然它可以追溯到古代，并拥有大量的文献，但"按照过去的理解，[它]符合当代的伪科学定义"。然而，"最近研究表明，面相确实包含了有关一个人个性的些许真相"（https://en.wikipedia.org/wiki/Physiognomy）。这里引用的"最近研究"是Highfield, Wiseman, and Jenkins, "How Your Looks Betray Your Personality"。

对万物相互之间的客观一致的永恒预定。康德并没有对此作出解释，因为他想知道身体和灵魂的二元性是否只是一种假设；随着时间的推移，二者之间可能并没有那么不同。谢林（Schelling）和黑格尔像斯宾诺莎一样处理主体和客体，精神和物质。[50] 由此看来，精神与物质的彼此互动似乎是一个极为复杂的问题，至今仍未解决。所有尝试过的解释基本上都提出了心理层面和肉身层面之间的类比。我们应该考虑到因果不一定同时存在，比如运动最终可能只产生热量。而且还有其他无法解释的互动，例如原子之间的互动，硫磺与水银反应生成朱砂。[51]

就所涉及的二元论而言，把人简单地定义为由身体和灵魂所组成是错误的。虽然我们不接受唯物主义或唯灵主义（spiritualism），但我们也不接受二元论，例如柏拉图、摩尼教或苦修主义的二元论。这是因为《创世记》二 7 告诉我们，上帝从尘土（עָפָר）造出亚当，把生命的气息（נשמת חיים）吹入他体内，使他成为有生命的灵魂（נפש חיה）[52]。尘土和气息的结合并没有导致两者以二元的方式共存，而是产生了新的东西，一个活着的联合整体，一个有生命的灵魂。因此，我们认同和谐主义（Harmonism）的立场，即物质不再以平等权利而与属灵层面并排而立来延续自身的存在和生命；相反，物质服从属灵层面，并作为其工具。没有灵魂，身体就不能存在，但灵魂可以脱离身体而存在。物质与灵之间不存在合一性（unity）、等同性和相同性，而是和谐结合，且物质在其中服从灵。简而言之，身体是灵魂的有机体，灵魂可以激发，属灵化（spiritualize），永恒化并掌控身体。

人的合一性在于他的**我**（Ik），这是每个人的根、中心、核心、内核。其他层面都围绕着它，靠近它，并依附于它。我**有**智力、感情、意志、身体、手、脚等，但我**是**……**我**。《圣经》称此为"心"，由"心"发出一生的果效（箴四 23）。我们是人，因为我们可以说"我"。这个"我"才构成了我们的内在人性，才是真正的人。这个**我**至始至终、并在任何情况下都保持不变，与其自身完全相同。这个**我**是一个奇迹，无法说明，只能简单地被接受。这种意识或**我**会逐渐发展。它以存在感开始，通常存在感最初是痛苦的。当一个孩子刚进入这个世界时，当空气突然进入他的肺，他就会哭[53]，【并感觉到他自己是合一体】（他感到脚上的疼痛，但

---

[50] Bruch, *Theorie des Bewußtseins*, 123.
[51] Lindner, *Lehrbuch der empirischen Psychologie*, 18; cf. Stahl, *Fundamente einer christlichen Philosophie*, 48-50.
[52] 中注：和合本此处译作"有灵的活人"。
[53] Bruch, *Bewußtseins*, 29.

不会感到身外物，比如桌子的疼痛）。但孩子还不能可靠地将自己与周围的事物予以区分。他像玩玩具一样玩着脚丫子。他渐渐开始感觉到这只手或这只脚是属于他的，并把它与其他事物区分开来，并将它与其他事物对比，从而开始感觉到自己个体的存在。[54] 然而，他还是站在自己的对面，把自己当成了一个客体，用第三人称来指代自己。然而，意识逐渐苏醒[55]：那个客体就是我自己，于是人们逐渐更全面地了解自己，**认识**自己（不再**感觉**自己），并说出"我"。这就是内在生命的曙光：人不再是自己的陌生人，他已经就近自己，所有人都站在身外，站在自己的对面。于是，这种**我** - 意识（Ik-bewustzijn）不断发展，对自己的认识也越来越清晰，对自己的认识也越来越明确，并且更明确地将自己与自己所拥有却不属本身的事物区分开来。它是什么，仅仅是**我**。[56] 那个**我**有一个真实的存在，它不是一个观念或表征[57]，而是一个存有，或者说是我们里面的**这个**存有（其他一切事物都不过只是**我**的揭示）。它形成了一个完整的合一体，它始终不变，它是纯一且非复合的，始终是那揭示其自身单一、**整全的我**。[58] 它是非空间性的：虽然在经验上与身体结合，但它没有长度和宽度，而是在身体里无处不在；无论它出现在何处，整个灵魂就在此处。灵魂在身体里并没有真正的位置，虽然它主要通过大脑来工作，但它是永久不变，老人知道自己的**我**和童年时的**我**是一样的。[59] 由此可见，灵魂是永恒的，因此是超然的、超自然的。

此单一、不可分割的人的**我**在两方面运动：1. 理论上：思考、认知、接受、以及吸引的能力，事物借此以灵性化的形式（vergeestelijkte vorm）被带入我们的灵之中；2. 实践上：决意或行动，自发性、排斥的能力，我们借此在我们身外领悟我们灵的想法。[60] 灵魂的理论能力和实践能力都是靠**感觉**来介导（mediated）。一个思想通过**感觉**来作用于意志，反之亦然。[61] 因此，**我**有三种能力。这三种能力不是三个部分，亦非独立于**我**的三种潜能（Potenzen）。同样单一、不可分割、完整的**我**在这三种能力中揭示其自己。此乃同样单一和完整的**我**在思考、决意和感觉。这并非**我**的一

---

[54] Bruch, *Bewußtseins*, 38.
[55] Bruch, *Bewußtseins*, 40.
[56] Bruch, *Bewußtseins*, 40.
[57] Bruch, *Bewußtseins*, 40.
[58] Bruch, *Bewußtseins*, 55-56.
[59] Bruch, *Bewußtseins*, 57, 58; Lichtenfels, *Lehrbuch zur Einleitung in die Philosophie*, 48.
[60] Bruch, *Bewußtseins*, 133.
[61] Bruch, *Bewußtseins*, 135, 136.

个部分在思考，而另一部分在决意。当它运作时，乃同一个**我**[62]在揭示自己的三个方面。这三种能力都假定了**我**、自我意识，就是宏伟建筑所依托的根基。

这三种能力都有自己的生命、特征、律和条件。思考的律不同于意志的律。[63] **第一种**能力（即思考）的范畴是通过感官来感知，形成表征（representations/voorstellingen），并将这些表征保存在记忆中，通过记忆以不变的形式再现，或通过想象力以改变的形式再现。它还有关思考[64]、抽象、形成无表征的概念、判断、决定，以及通过语言揭示所有这些活动。思考的律是通过思考活动并在思考活动中揭示出来的。逻辑学家们从思考活动并根据思考活动发展出逻辑学。因此，思考的律在我们的思考的灵魂（thinking soul）中是先验的。通过思考，我们在精神上（spiritually）把外在的世界吸入自身。

第二种能力，即感觉，是被动和接受性的。灵魂和身体不会主动地在情感中表达自己，而会受它们各自所接受的表征所影响，无论乐意与否。[65]【因而，灵魂的存有（zijn）和生命会受到阻碍或提升。】[66] 所有的感觉无外乎以下两种：喜欢或不喜欢，愿意或不愿意。这些感觉是根据影响我们的客体予以区分。感觉的数量不计其数。它们往往粗略地分为**低级**感觉和**高级**感觉。低级感觉包括对生活、能量、努力及它们对立面的感觉；以及对味觉、视觉（如颜色）、听觉（如尖锐的音调）的所有感官感知。高级感觉是智性的、审美的、道德性的、宗教的、自尊性的（Selbtsgefühl）和带有同情的。因此，第二种能力（即感觉）的范畴拥有我们丰富的人类感觉生活，即各样的情感，如钦佩、愤怒、勇气、狂喜、恐惧、羞愧、悔恨、绝望等。

第三种能力，即决意，根据其内容可以是感官的，也可以是属灵的。感官的决意被称为动力、欲望或冲动，原本只是一种本能（instinct）。它实际上是对生命和自我保护的冲动，包括对食物、运动、自由和性的欲望。此外也有对社会交往、荣誉、占有、规则等的冲动。这些驱动力可以成为倾向、趋向或激情（自我放纵的欲望、情欲、沉溺嬉笑等）。从灵性而言，这种能力主要是有关某种事物的决意。恰当而言，进行决意是指在深思熟虑后，出于某种理由去做某事的能力；然而，决意

---

[62] Bruch, *Bewußtseins*, 135, 136.
[63] Bruch, *Bewußtseins*, 138.
[64] 动物具有表征（representation），但缺乏概念（begrip）。
[65] Bruch, *Bewußtseins*, 136.
[66] 中注：见荷文版63页。

并非由独立的冷漠和武断构成。人的意志是自由的，但不是非推动性的。它不受上帝或世界的强迫。意志是一种根据**我**当下所享有的洞察力等，而自由决定的自发能力。布鲁赫论道，自由不仅是意志能力的属性，也是三种能力的属性；**我**本身在思考、感觉和决意上都是自由的。[67]

---

[67] Bruch, *Bewußtseins*, 139-143.

§7. 人际关系[68]

在研究了我们应该如何看待人（作为上帝的形像），以及成为人的过程中所涉及的内容之后，我们现在必须思考人与其外部事物之间的关系。我们不能把人粗略地看成只是个人（individuals），人不是原子，也不是数字。这种原子论的观点是卢梭等法国哲学家的谬误，也是法国大革命思想的根本错误。"个人"这个词属于法国大革命，表达了革命吞噬一切的特征。我们的父辈们不知道"个人主义"，因为对他们来说，没有单纯的个人；成为人永远都是要成为上帝的形像，成为人类当中的一员。对于法国大革命来说，人类是一个可以任意组合的个体的集合，如同伊比鸠鲁的原子随机碰撞，组成国家、社会等。[69] 今天，个人主义仍然是我们政治的

---

[68] 英注：巴文克的标题是"人类的生活关系"（De levensverhoudingen van den mensch）。他在这两行之间插入了一个不同的荷文，levensbetrekkingen（生活的岗位/职位/工作/官职）。在大多数情况下，我们把betrekkingen译作"关系"。根据此理解，这些关系不是松散的、未定义的，而是稳定的、确定的职位或职分。

[69] 英注：巴文克所反映的是19世纪荷兰历史学家、政治家纪尧姆·格伦·范普林斯特勒（Guillaume Groen van Prinsterer）的代表作 *Lectures on Unbelief and Revolution*, lecture 9。范普林斯特勒坚持认为，"所有权利和义务的共同基础在于上帝的主权"。当这种主权被否定时，"从革命的意义上说，所有人都是自由平等的"，这是真实的。但他随后又说："国家和社会解体了，分解成一个个孤立的人的集合体，**个人**（这是法国大革命天真地表现其毁灭一切的特征的一个术语）的集合体"（第203页）。荷文原著 *Ongeloof en revolutie*, 189明确提到伊比鸠鲁（Epicurus）："就像熟悉的伊比鸠鲁系统所描述的世界一样——'来自原子

基础。这种结果是不可避免的，因为一旦排除了上帝，否定了祂的护理，就没有任何可想到的理由来说明为什么要有社会等级制度，为什么一个人比另一个人富有，为什么一个人要统治，而其他人要做国民。相反，必须使一切均等、匀称、均衡。（而断头台就是实现这一目标的工具。）这需要修剪并切掉所有突出物，直到剩下的在各方面都相等为止。这项努力必须追溯到遥远的历史深处。然而，在现实中，一切荡然无存。⁷⁰ 法国大革命的观点是错误的。我们必须在我们所处的关系中，在自然和历史层面被理解。我们都是处于一个三重关系之中：面向上帝、面向他人、面向自然。

1. 我们面向上帝的关系

作为人，我们是上帝的形像，拥有与上帝有关的先天观念。⁷¹ 我们从未、也无处可独立于上帝，而是始终依赖这至高力量。然而，这并不是我们在这里所谈论的关系。动物和植物也依赖上帝。所有生物都在上帝里面生活、动作和存留（徒十七28）。动物和植物也与上帝有关。但就人类而言，这种联系是一种**关系**（verhouding is eene betrekking），是一种**职位**或**职分**。⁷² 动物在上帝面前处于一种被束缚的状态中，人在上帝面前处于一种依靠的状态中。这种特殊的人与上帝之间的关系，我们称之为"宗教"。

什么是宗教？⁷³ 我们生来就是要顺服、认识、跟随上帝。"通过这种虔诚的纽带，

的偶然并发'（ex concursu fortuito atomorum）。"巴文克引用了这句话。伊比鸠鲁（公元前341-270年）是希腊哲学家，以强调精致的享乐主义而闻名。
⁷⁰ 参见 Groen van Prinsterer, *Ongeloof en revolutie*, 189; *Lectures on Unbelief and Revolution*, 203; Fabius, *De Fransche revolutie*, 72-85.
⁷¹ 英注：关于巴文克对上帝的"先天性的"或"植入性的"知识的理解，见 *RD*, 1:302; 2:54,59-68, 71-72.
⁷² van der Hoeven, *De godsdienst het wezen van den mensch*, 28. 英注：见上文脚注67。
⁷³ 英注：巴文克在这里指的是在 *RD*, 1:235-382，特别是236-237页中对宗教的更全面讨论。巴文克在这一点上还增加了两个旁注：
　　1. Vilmar, *Dogmatik*, 9. 英注：巴文克指向维尔玛的《教理学》（*Dogmatik*）。因为在脚注中，维尔玛解释了 religio 的可能词源是 religare；后者意思是"捆绑在一起"，来自拉克坦提乌

我们受约束于上帝,并有面向祂的义务,这就是它的名字——'宗教'——本身的由来,而不是像西塞罗认为的那样,源自'重读'这个词。"[74] 根据奥古斯丁、安波罗修和耶柔米的说法,"宗教唯独将人导向上帝"(Religio ordinat hominem solum ad Deum)。阿奎那写道,宗教"在于服侍上帝并将祂应有的荣耀归给祂"。[75] 他还区分了**直接的**(immediatos/immediate)宗教行动(祈祷、献祭)和由同情引起的**间接的**(mediatos/mediate)宗教行动(如探望寡妇等)。[76] 阿奎那认为,**宗教**和**虔诚**是不同的;人也可以对父母虔诚。加尔文将宗教定义为对上帝圆德(deugden)[77] 的感觉,即上帝是扶持万物、万物之源的感觉。这种感觉"对我们来说是合适的虔诚之师,而宗教由此而生"。然后,加尔文将虔诚描述为"对上帝的敬畏与爱的结合,而这爱是由对上帝的恩惠的认识所引发的。"[78] 根据加尔文的说法,"宗教的种子植入了所有人"(Semen religionis omnibus inditus est)。[79] 因此,认识上帝的圆德就会滋养出对上帝的虔诚、**虔敬**、敬畏和爱,从而产生宗教。

慈运理说:"我把'宗教'看成是包含了基督徒的全部虔诚,即信心、生活、律法、敬拜、圣礼。"宗教"包含两个因素":(a)宗教所指向的那位(上帝)和(b)那些通过宗教而接触到上帝的人。[80] 慈运理首先论述的是上帝和人类这个主题。宗

斯(Lactantius)。Religio 也可能来自 religere;后者意思是"重读、重做、仔细观察",来自西塞罗。请参阅本章下文就此问题的进一步讨论。

2. 主观意义上的宗教(religio subjectiva)包括以下三点:(a)宗教表象;(b)对这种宗教表象的对象的偏爱、喜爱;(c)崇拜这种宗教表象的对象的意志或气禀。因此,宗教包括心思 [认知(cognitio)]、偏爱 [喜爱(amor)] 和意志 [有意的崇拜(cultus)]。

[74] Hagenbach, *Lehrbuch der Dogmengeschichte*, §116: "Hoc vinculo pietatis obstricti Deo et religati sumus, unde ipsa religio nomen accepit, non, ut Cicero interetatus est, a relegendo";英注:英译本见 *History of Christian Doctrines,* 2:2 (§116)。这里的问题是,在词源学上,西塞罗将宗教与relegere(重新阅读)联系起来是否正确。巴文克在这里引用了拉克坦提乌斯。后者对此提出了异议,并认为religare(捆绑、捆绑)是"宗教"的词源。正如我们将看到的,巴文克同意西塞罗的观点。他在这一点上引用拉克坦提乌斯的话,是为了强调"虔诚的纽带,我们借此受约束于上帝并有面向祂的义务",而不是表示巴文克同意拉克坦提乌斯的词源学。荷注:Lactantius, *Divinarum Institutionum*, IV.28.

[75] *ST* IIa IIae q. 81 art. 1;参*RD*, 1:239–240.

[76] *ST* IIa IIae q. 101 art. 4.

[77] 中注:荷文deugd可译作"美德"(virtue),但是这里的复数概念乃表示上帝的众多美德构成一个整体,例如上帝的慈爱和公义是不会分离的,乃同时彰显。在中文中,"圆"不仅表示完满,而且也有整体之意。因此,中译本此处首倡"圆德"一词来对应用于描述上帝的复数荷文deugden及英文virtues。

[78] *Institutes*, I.ii.1.

[79] *Institutes*, I.iv.1.

[80] Zwingli, *Commentary on True and False Religion*, 57–58.

教是从上帝寻找亚当开始的，祂呼喊："亚当，你在哪里？"[81] 上帝对自己儿女的忠诚关爱"从上帝那里涌出，直到今日。但为了我们的益处……只有当我们转向呼召我们远离自己和自我构想的那一位时，虔诚的忠诚才是完全的。"当我们转向祂的时候，我们的生命就变成了"依附于上帝，因此坚定不移地信靠祂是唯一的善，是唯一有知识和能力解除我们所有的烦恼，将所有的罪恶都驱除，或将它们转为祂自己的荣耀和祂子民的益处的那一位，并借着以祂为父的方式，子女般地依赖祂——这就是敬虔，就是宗教。"[82] 他随后写道："真正的宗教是依靠独一的上帝。"然后又论道："宗教是灵魂与上帝的结合。"[83]

波拉努斯（Polanus）认为，宗教并不由"某些外在仪式"组成，而由"结合对上帝真诚之敬畏的信心所构成；此敬畏涉及对上帝的崇敬，并根据上帝的律法，带来对上帝的正当敬拜"。[84] 严格地说，"宗教"不同于"敬拜上帝，正如原因不同于结果；宗教或虔诚是敬拜上帝的内在原因。"[85] 而且，根据乔奥尔格·索恩（Georg Sohn）的说法，当将三一上帝应得的荣耀归给祂时，对上帝的敬拜就发生了；"敬拜上帝的效力和动力的原因是对上帝的认识。"[86] 按照海德格尔的说法，"宗教是将荣耀归于上帝的正确方法（religio est recta ratio deum glorificandi）。"[87] 他在另一处写道："宗教是正确地认识和荣耀真实上帝的理由。"[88] 维滕巴赫（Daniel

---

[81] Zwingli, *Commentary on True and False Religion*, 89–90.

[82] Zwingli, *Commentary on True and False Religion*, 90–91: "Ea adhaesio, qua (homo) deo utpote summo bono, inconcusse fidit, eoque parentis loco utitur, pietas est, religio est."

[83] Zwingli, *Commentarhy on True and False Religion*, 92, 99: "vera religio est, quae uni solique deo haeret; est animae deique connubium."

[84] Polanus von Polansdorf, *Syntagma Theologiae Christianae*, 575 (IX.i.A).

[85] Polanus von Polansdorf, *Syntagma Theologiae Christianae*, 580 (IX.vi.A).

[86] Sohn, *Operum*, 1:110: "cultus Dei est, cum Deo uni et trino ... debitus honor exhibetur; [causa] effciens et impulsiva cultus divini est cognitio Dei." 英注：巴文克给出的两段拉丁文并不是直接引用索恩的内容。第一条充分总结了引用索恩的具体段落。第二条似乎与具体参考文献没有什么联系，尽管见1:164；索恩在其中提到了荣耀："ut&obliatiam eis praesent & reventia debita eos profequantur"；在1:203，索恩使用了类似于第二句的短语："Ergo causa e ciens atque pulsiva hujus jejuni……"。

[87] Heidegger, *Medulla Theologiae Christianae*, 2 (I.iv), 参Schweizer, *Die Glaubenslehre*, 1:145。英注：巴文克捕捉到了海德格尔的想法，但并没有准确地说出海德格尔的话，海德格尔写道："对上帝的认识和崇拜来自于**宗教**这一名称，这是正确地认识和尽职地崇拜真实上帝的方式"（Notitia & cultus Dei Religionis nomine venit.quaea Recta verum Deum rite cognoscendi, & piè colendi ratio est）。在空白处巴文克添加了一处引用 Hoornbeeck, *Summa Controversianum Religionis*, 7-11。

[88] Heidegger, *Medulla Theologiae Christianae*, 2 (I.v); 参Schweizer, *Die Glaubenslehre*, 1:146。

Wyttenbach）的定义与此类似。[89]

那么，以下是改革宗和路德宗观点的一些特点。[90]第一，在确定什么是宗教时，他们从真正的宗教开始，并在此基础上确定什么是假宗教；慈运理尤是如此。第二，改革宗的定义总是清楚表明，宗教建立于有关上帝的知识之上，并由此产生。加尔文和索恩的观点就是此种例子。第三，改革宗认为，宗教的本质不是抽象的知识，而是知识和活动（信靠、相信、决意的信心）。[91]

理性主义者将**认知**与**行动**分离，简单地以一种脱节的方式将两者并放一处，就像他们对待系统神学和伦理学一样。按照康德的说法，宗教是有关我们所有的义务是神圣诫命的知识[92]；如是，宗教屈于伦理。按照费希特的说法，我们要在伦理上推进道德世界秩序的统治，而此秩序就是上帝。[93]黑格尔认为，宗教是在有限精神中对绝对精神的自我意识。[94]在这种情况下，宗教只是一个**认知**的问题。按照施莱尔马赫的说法，虔诚既不是**认知**，也不是**行动**，而是一种**感觉**的确定性，或者说是一种**直接自我意识**的确定性。[95]于是，施莱尔马赫将感觉理解为不是我们普通意义上的被动能力，而是直接自我意识。那么，宗教崇拜则是一种特殊的状态，是一种自我意识的改变，是最高的、最强大的、完全的自我意识。[96]大多数学者，如特维斯腾（Twesten）、尼采、德维特（de Wette）、范哈斯（von Hase）、韦格谢德（Wegscheider）和海根巴赫（Hagenbach）[97]，都追随施莱尔马赫。另一些人则更强调良知，或将其作为宗教的器官，如申克尔（Schenkel），另外也参考朗格（Lange），埃布拉德

---

[89] 英注：引言脚注60。维滕巴赫对宗教的定义如下："正确地认识和崇拜上帝"（quod sit rectas Deum cogno-scendi eumque colendi），此定义见于他的 *Tentamen Theologiae Dogmatica Methodo Scientifica Pertractate*, 1:11 (no. 19); 参Schweizer, *Die Glaubenslehre*, 1:147。
[90] 参Julius Köstlin, 'Religion', in: *PRE¹*, Zwölfter Band, 641-692。
[91] 《海德堡要理问答》第21问答。
[92] 荷注：巴文克的资料来源是Köstlin, 'Religion', 651。
[93] 荷注：巴文克的资料来源是Köstlin, 'Religion', 651: 'Noch unmittelbarer knüpft Fichte den religiösen Glauben an das sittliche Bewußtseyn an; dieses fordert, daß ich die Welt durchweg ansehe als das „versinnlichte Materiale" meiner Pflicht, – als so geordnet, daß mein pflichtmäßiges Wollen und Handeln immer den Vernunftzweck fördert; diese moralische Weltordnung ist selbst Gott.'
[94] 荷注：巴文克的资料来源是Köstlin, 'Religion', 651v。
[95] Schleiermacher, *Christian Faith*, §3.
[96] Van der Hoeven, *De godsdienst het wezen van den mensch*, 16.
[97] Twesten, *Vorlesungen über die Dogmatik*; Nitzsch, *System of Christian Doctrine*; de Wette, *Lehrbuch der christlichen Sittenlehre*; von Hase, *Evangelische Dogmatik*; Wegscheider, *Institutiones Theologiae Christianae Dogmaticae*; Hagenbach, *Encyklopädie und Methodologie*.

（Ebrard）以及贝克（J. T. Beck）。⁹⁸ 还有其他一些人更加重视理智，例如斯坦德尔（Stendel）和菲利皮（Philippi）⁹⁹；后者将宗教定义为"人与上帝相交"（Gemeinschaft des Menschen mit Gott）。¹⁰⁰

宗教总是建立在上帝与那些在基督里被恢复之人的相交上，这由上帝在话语和作为中的启示所确立。这是客观宗教（religio objectiva）。我们主观地援用上帝的启示，【而客观上已建立之团契的入口就是信心】¹⁰¹。这种信心是全人的行为，它住在内心深处，住在心里。它是一种直接的、初始的行为，即一种认知和决意之人的行为。信仰不是非此即彼——正统主义**或**神秘主义——而是**两者**兼而有之。感觉是在信心之后，它不是信心的根，而是信心的果。然而，归信是从心思的光照（illumination）开始的。¹⁰² 德·阿莫里·范德胡温（Des Amorie van der Hoeven Jr.）认为，宗教是我们人性的本质；宗教不是自我意识的固定特征，而是"自我"（zelf/self）的固定特征，是人的**存有**的固定特征。人就其宗教性的意义而为人。¹⁰³

《圣经》中并没有我们所说的宗教的名称。¹⁰⁴ 毕竟，我们将宗教理解为在人的整体和所有联系上都包含了人类与上帝的一切关系。¹⁰⁵ 因此，虔诚、爱、信靠、尊崇、仰望上帝，这一切都是我们所说的宗教。《圣经》总是涉及宗教的一些具体内容。因此，《圣经》使用了各种名称，因为它不是要提供科学的神学，即便它提供了这样一门科学的要素。旧约中一个常见的表达是"与上帝同行"（创五 22，六 9）或"在上帝面前行走"（创十七 1）。尤其常见的是"敬畏耶和华"（箴一 7）。惯用的词汇是**遵行**祂的道、律法等（诗一百一十九篇）或要**认识**祂（何六 6）。新约中最常见的词是 πίστις（信心）及其同源词 πιστεύειν（相信）。同样重要的还有单词 εὐσέβεια——克莱默（Cremer）译为"敬虔"或"对上帝的神圣敬畏"）和 θεοσέβεια（希伯来文是 jirath Elohim；"敬虔"或"敬畏上帝"）。¹⁰⁶ 一个比较客

---

⁹⁸ 英注：巴文克可能指的是Schenkel, *Die christliche Dogmatik*; Lange, *Christliche Dogmatik*, 1:185-96 (§36); Ebrard, *Christliche Dogmatik*, 1:11；巴文克没有提供贝克（J. T. Beck）的参考资料，但所想的可能是他的 *Outlines of Biblical Psychology*, 142-148 (§27: "Relation of Heart to Revelation")

⁹⁹ 荷注：巴文克的资料来源是Köstlin, 'Religion', 655.

¹⁰⁰ Philippi, *Kirchliche Glaubenslehre*, 1:46; Stendel, *Kritik der Religion*.

¹⁰¹ 中注：见荷文版66-67页。

¹⁰² Philippi, *Kirchliche Glaubenslehre*, 1:57-119.

¹⁰³ 英注：Van der Hoeven, *De godsdienst het wezen van den mensch*.

¹⁰⁴ 英注：参*RD*, 1:237-238.

¹⁰⁵ Hagenbach, *Encyklopädie und Methodologie*, 18.

¹⁰⁶ Cremer, *Biblico-Theological Lexicon*, s.v. εὐσέβεια.

观的希腊文 θρησκεία 通常译为"宗教敬拜"、"宗教实践"或"宗教仪式"；这个单词也可以有负面的意思，如在《歌罗西书》二 18 所看到的。宗教生活方式在客观意义上也被称为"道"或"路"（ὁδός；徒十九 9；二十二 4）。在主观上，它通常被称为"信心"。这无疑是"心"的问题（书二十四 23；撒上七 3；结十一 19；箴二十三 26；太五 8；罗十 10；弗三 17；腓四 7；西三 15；来十三 9），但也涉及智性因素（基督是"真理"；约一 14；十四 6；十七 3）。心也是心思（νοῦς）的所在（弗一 18）。使徒保罗说到"心中的眼睛"（弗一 18；参四 23；罗七 25；十二 2）。【新旧约极为重视兼具理论与实践的**认知**（赛十一 9；耶三十一 34；何六 6；约十七 3；六 29；西一 9-10；帖后一 8；提前二 4）。】[107] 另一方面，信心是爱上帝、爱邻舍、善行的源泉。

根据西塞罗的说法，"宗教"来自于 relegere（在阅读、演讲或思想中仔细检查或反复检查），并指向虔诚且恪守的宗教人士；"他们仔细地审查，可以说追溯了所有仪式的学问"。[108] 此外，"宗教"一词是一种赞同性的用词，与"迷信"这一谴责性的用词形成反差。[109] 然而，拉克坦提乌斯对此提出了异议，并在 religare（捆绑在一起）中寻找"宗教"的词源。[110] 支持西塞罗观点的论据包括诉诸西塞罗把宗教与义务的概念联系起来的段落[111]，以及有"-io"词缀的单词源自第三种词形变化动词的这一事实（参：从 opere 变为 optio）。然而，拉克坦提乌斯的观点得到了弗莱克（Fleck）、哈恩（Hahn）和朗格（Lange）的辩护。[112]

奇怪的是，包括早期德国改革宗人士在内的德国人，总是谈论路德宗"宗教"

---

[107] 中注：见荷文版 67 页。
[108] Cicero, *De natura deorum* II.28 (trans.Rackham, p. 193). 英注：为了能清晰阐述，英编者对巴文克的原著进行了重构和扩展。
[109] Cicero, *De natura deorum* II.28 (trans.Rackham, p. 193).
[110] 英注：对拉克坦提乌斯的引用指向 *Institutiones divinae* IV.28。关于"宗教"一词的词源之争可以追溯到基督教会的早期，希腊和罗马的作家以及基督教思想家当中的争议。关于这一讨论的有益简要概述，见 Hoyt, "Etymology of Religion"。霍伊特（Hoyt）的结论（128页）如下："如果仔细考虑所有的观点，西塞罗的观点似乎是可取的。这样，'宗教'（religion）一词不是来自于 religare，而是来自于 relegere。"
[111] 英注：Hoyt, "Etymology of Religion," 128；这些段落是 *Oratio de domo* 105, 106, 124。这里的观点是，宗教包括认真遵守和维护上帝的命令和谕令。这就是为什么他们需要重读再重读。换言之，礼拜仪式是重要的。
[112] 英注：巴文克在这里没有具体说明，很可能指向 Fleck, *System der christlichen Dogmatiek*; Hahn, *Lehrbuch des christlichen Glaubens*, 39；Lange, *Christliche Dogmatik*, 1:189 (according to Philippi, *Kirchliche Glaubenslehre*, 1:6-7); Köstlin, "Religion," 641-650.

或改革宗"宗教"。施莱尔马赫使用了"虔诚"（Frömmigkeit）一词。这个词源自于 vrum；根据穆勒（J. G. Müller）的说法，vrum 是对应 primus 或"第一"（first）的哥特文单词，也表示"美德、有用、警觉、英勇（在洗礼的礼拜仪文中）"。[113] 它与 vram 有关；后者意思是"向前"。这个词只表达了主观的宗教性；法利赛人也是虔诚的。诸如"敬虔"（godliness）、"献身"（devotion）、或"虔诚"（piety）这样的用语太过伦理、实际、具体，以至于无法涵盖我们在"宗教"一词中所包含的一切内容。[114] "信心"（faith）与"相信"、"应许"、"誓言"、"订婚"、"允许"、"爱"等词相关，在这个意义上同样也太过具体。[115] "信心"的词根表达出对某人的爱的降服和献身。相比之下，"宗教"（godsdienst）太过外在，"侍奉"（dienst）一词太过严苛，不够温柔和亲切。德·阿莫里·范德胡温建议以下表述："朝向上帝的生活"（Gode-leven）。[116]

那么什么是宗教（godsdienst）？最重要的是，我们必须承认基督教是确定宗教本质的唯一来源。想通过寻找所有宗教的共同点来确定宗教的本质，只会产生一种没有实质内容的抽象概念。只有真正的基督教才能确定和衡量其他宗教中的真与善。[117] 人们还必须区分客观意义上的宗教和主观意义上的宗教。一旦我们了解了这两者，也许就能把握它们的共同点。

1. 什么是客观宗教？上帝自己在十诫的第一块法版中已向我们表明。它包括侍奉上帝（cultus Dei）。《圣经》向我们将其描述为：唯独敬拜上帝，去教会，守安息日，施行圣礼，以及集体祷告。《圣经》非常贴切地将其描述为行在主的律法、所定的义务、法令和道路中。因此，客观宗教与上帝就祂自身的启示以及祂期待我们去侍奉祂的方式是一致的；它与妥拉和《圣经》本身相呼应。因此，法兰肯（Francken）认为宗教就是《圣经》的内容。[118] 菲利皮将客观宗教描述为基督所促成的上帝与人相交的修复。[119] 这就引发了一个问题：宗教是否就是与上帝相交（gemeenschap met God）。下文会就此问题进行讨论。

---

[113] Köstlin, "Religion," 649. 英注：J. G. Müller, "Über Bildung und Gebrauch".
[114] 英注：前三个名词翻译为两个几乎同义的荷文单词：godsvrucht 和 godzaligheid；godsdienst 译作"宗教"。
[115] 英注：这些词在荷文中清晰的词义联系在译文中可能并不明显：geloof、gelooven、belofte、gelofte、verloven、veroorloven、lieven。
[116] van der Hoeven, *De godsdienst het wezen van den mensch*, 5-6.
[117] Philippi, *Kirchliche Glaubenslehre*, 1:2-3.
[118] Francken, *Stellige God-geleertheyd*, 1:56.
[119] Philippi, *Kirchliche Glaubenslehre*, 1:47.

2. 什么是主观宗教？新约通常用"信心"（πίστις）或"相信"（πιστεύειν）来表示主观的宗教。这信心存于心里（罗十10）。一个人是凭心相信公义，它是我们存有及**我**（Ik）的中心、核心和至深处。因为信心存在于**我**之中，所以它是全人的行动，是心思、意志、灵魂和力量的行动（申六4-5；太二十二37；可十二30；路十27）。这种信心如何在我们里面运行呢？圣灵在我们里面透过圣言的传讲来作成信心；此圣言的传讲针对的就是心思和意志。因此，它通过心思和意志来介导：这是两个门户，是进入我们内心深处，就是我们的**我**的入口。圣灵借着这两个入口将圣言的种子带入我们里面，并在那里生发信心（罗十14–15）。而正如信心、主观宗教是借着心思和意志介导，它从**我**出发，再次作用于心思和意志之上。因此，改革宗在定义宗教（godsdienst）时并置**认知**（cognoscere）和**敬拜**（colere），这实非错误。宗教是靠这两者来介导，并在两者中表现出来。信心是真正的认知和信靠；没有这两者，信心就不复存在。改革宗的定义远胜于施莱尔马赫的定义。感觉是被动的、接受性的。信心反映在感觉上，相信之人在某种程度上会体验到知足感和幸福感。但是，信心与感觉并不等同。相反，感觉是信心的产物和反射。诚然，施莱尔马赫将感觉解释为直接自我意识。然而，这是不可能的；它不能同时是两者，它必须是感觉或自我意识。其中一个绝对不能包括另一个。[120] 因此，信心是认知（kennen）与能力（kunnen）、知识（kennis）与行为的合一。信心的唯一对象就是上帝；它认识上帝，与上帝接触，与上帝交通。

3. 客观宗教与主观宗教之间有何关系？波拉努斯写道："宗教或虔诚是敬拜上帝的内因，前者是因，后者是果 [religio（pietas）est causa interna cultus Dei]。"[121] 在某种程度上，这一点是正确的。主观宗教激励我们，并使我们能按照上帝的旨意侍奉祂。但是，客观宗教不是主观宗教的产物、结果和创造物。自我想象或自制的客观宗教不是对上帝的侍奉，而是偶像崇拜或自我意愿的崇拜（ἐθελοθρησκία；例如 太十五9；可七7；西二23）。不！客观宗教已经在那儿，被包含于《圣经》中并由其予以描述。只有上帝才能决定什么是客观宗教，以及祂希望我们如何服侍祂。主观宗教的开始是放弃一切自我意愿的宗教，停止主动，而变成被动，并按照上帝的旨意去服侍祂。这就是为什么《圣经》说要遵行耶和华的道路和律法，不要按我

---

[120] Philippi, *Kirchliche Glaubenslehre*, 1:52-71; Lange, *Christliche Dogmatik*, 1:133.
[121] Polanus von Polansdorf, *Syntagma*.

们的想象而行。这不是强迫，因为主观宗教使我们愿意走在主的道路中。客观宗教也不是强迫性的系统，不是对主观宗教的压迫和束缚。恰恰相反，客观宗教是主观宗教的纯粹、真实、充分的形式，主观宗教是客观宗教的完美契合的内容。二者为要相互渗透，变得更加亲密。在某种程度上，客观宗教还是像律法一样凌驾于我们之上；它不得不客观地被启示为我们生活的准则，以保护我们不致迷失。但随着主观宗教在我们里面增加，随着信心越来越大，越来越自发，客观宗教就越来越成为我们自己的本质（wezen）。两者可能暂时仍有部分冲突，但它们是相互引导，并倾向彼此。总有一天，他们会完全一致。在天上，它们将成为**一体**。

总结：宗教不应该被定义为与上帝相交（gemeenschap met God）。这是目前常见的定义，比如说范奥斯特赛的定义。[122] 但是，请留意以下几点。（a）这种相交是互惠的（wederkerig）。夫妻之间有相交，但父子之间没有；父子之间存在着亲密的孝敬关系。如果上帝和我们之间有宗教性的相交，上帝也会有宗教。事实并非如此：宗教是人的事物，是与人相关的最人性的事物。[123] 因此，"人的宗教"这一说法其实是一个赘语，是多余的。（b）"宗教是上帝与人之间的相交"的定义排除了一切客观宗教，让人觉得客观宗教是冷漠的、低等的。但这样的观念与《圣经》相悖。《圣经》在十诫的第二诫中指出了拜偶像的罪，并明确说明在以色列的土地上要以死予以惩罚。然而，这种思想反映在施莱尔马赫的主观主义中，也反映在整个当今时代的主观主义中。（c）由于前两个所列举的原因，"宗教是上帝与人之间的相交"的定义是不完整的，也是不准确的。宗教不是上帝和人之间的互惠关系（Wechselrapport），更不是我们里面的一种活动（Thätigkeit）或意识（bewustzijn）。它不是关系本身，也不是上帝与人之间的相交，而是"人类主体存在并生活于此关系和交流中的确定性"，是人类凭借并通过人与上帝之间的特殊关系而获得的一种生活方式。[124] 人与上帝有着特殊而独特的关系，与天使、动物和每一种生物都有本质的区别，因而人类与所有其他生物都有别。因为我们（借着信）与上帝有独特的关系，这种关系在整个人类生活中独特地表达出来。而且，因为上帝以一种特殊的

---

[122] 英注：约翰内斯·雅各布·范奥斯特塞（Johannes Jacob van Oosterzee，1817-1882年）是乌得勒支大学（University of Utrecht）的圣经神学与实践神学教授。虽然巴文克没有提到具体的标题，但他可能想到的是《基督教教理学》（*Christelijke dogmatiek*）。

[123] Van der Hoeven, *De godsdienst het wezen van den mensch*, 5-6.

[124] Köstlin, "Religion," 641-642.

方式将自己置于与人类的关系中，人类也将自己置于与祂独特的关系中。

因此，我们得出以下定义。从形式上来说，宗教[125]是人面向上帝的独特关系或地位，表现在整个生活中，并以上帝面向人的独特关系为基础。[126] 在物质上，宗教是在人里面产生的面向上帝的孩童般关系，基于一个和好的关系；在此关系中，上帝在基督里，并通过圣灵，将自己置于信徒面前。这使上帝成为信徒们知识和行动的对象，引导他们按着主的旨意，为着主的荣耀而行。宗教就是按照上帝的旨意、为着祂的荣耀，在孩童般的敬畏中，在信心中，在整个生命中尽力侍奉祂。因此，虔诚和宗教并不等同。[127] 正如加尔文所做的恰当区分，宗教由虔诚而出。因此，宗教是我们人类有关上帝的生活方式，由虔诚（我们面向上帝的孩童般的关系）所决定。宗教不是与上帝相交，亦非属灵生命本身，而是引导心思、意志、感觉、一切力量、一切行动和日常生活的虔诚。宗教显然与心思、意志、一切力量有关，从一颗与上帝有正确关系的心流淌而出。因此，宗教是**全**人及心、灵魂等与上帝的关系（betrekking），受上帝意志的标准所管治。

我们可以附带问道，人类与天使是否有某种关系，我们是否有面向天使的义务。毫无疑问，天使是服侍人的（诗三十四 7；九十一 11；赛三十七 36；但十 13；太四 6；十八 10；路十五 10；十六 22；徒十二 15；来一 14）。与《圣经》相反，基督公教认为，我们应该给天使带来宗教上的尊荣（西二 18；启十九 10；二十二 8-9；士十三 15-16）。改革宗人士认为，宗教上的尊荣单单归于上帝（申六 13；十 20；太四 10），但民间的荣耀就不同了（林前十一 10；提前五 21；来一 4）。作为教会，我们当然是与他们有关系（见 弗三 10），也有敬畏和尊重他们的责任。同时，根据整本《圣经》，邪恶的天使也对我们有影响，我们要防备他们（太八 29；十 1；十五 22；十七 21；提后二 25-26；彼前五 8）。当我们讨论试探和其他问题时，也将处理这个问题。[128]

---

[125] 英注：此处及本段其余部分中的"宗教"对应荷文Godsdienst。
[126] 英注：巴文克用荷文verhouding（关系）来形容从上帝到人类的关系方向，用荷文betrekking（职位、岗位、工作、职分）来形容从人类到上帝的相反方向。
[127] 英注：这里和本段其余部分中，"宗教"对应拉丁文religio，"虔诚"对应拉丁文pietas或荷文 godsdienst。
[128] 英注：见第十一章。

2. 我们面向他人的关系

个人是群体的产物，并非单独存在，而是在出生前就已经与他人就有关系了。没有彼此之间的相互关系，我们就不会存在。我们是**源自**各种关系、**在**各种关系中、**带着**各种关系并**趋向**各种关系而生。家庭的**这一种**关系是根源，是其他所有关系的模型。从家庭和它的关系中衍生出所有其他各式各样的复杂关系。天使的情况则完全不同。在他们当中不存在如此多面向、丰富、完整的关系。他们都是平等的，因为所有天使都是这样被创造出来的。只有一种等级制度，靠着它的多样性也许能在某种程度上为我们所拥有的而补偿他们。因此，出生或肉体血统是一切人际关系的基础和根源。但这还不够。毕竟，动物也是如此，因为每一个品种也都是从一对动物繁衍而出。因此，这是人和动物的共同点。

但在这个问题上，动物和人是有区别的。因为对动物来说，肉身关系是唯一的关系。一旦动物能独立活动，肉身关系就会变弱和消失，然后动物就与父母、兄弟姐妹一起独立地生活。亲情沉寂，感性短暂且消失殆尽。动物没有形成家庭、社会和国家。它们相互之间的肉身关系是暂时的。对人来说，肉身、血缘的关系也是首先的，也是会逝去的，但**伦理**关系源于并基于肉身的关系。虽然血缘关系是首先的，但道德和属灵关系紧随其后。人与人之间的关系一直保持到生命的尽头，甚至更远。这些伦理纽带是多种多样的。

1. 以**家庭**为中心的关系。这种关系首先是肉身上的，但越来越具有伦理的维度。在家庭中，这些关系是丰富的，而且有几种：第一，夫妻关系；第二，父母与子女的关系；第三，兄弟姐妹的关系；第四，所有这些人与佣人之间的关系；第五，这些人与其他所有同住的人，如叔叔、阿姨、爷爷奶奶等人之间的关系。即使在这样的小圈子里，所有关系也是有无尽的细微差别，也是多种多样的；这促进了生活及人的个性的丰富性。

2. **社会**关系和凭借社会而有的关系。当各种各样的人一起生活时，关系就通过所有提升和维持生活的努力，特别是通过贸易和工业，而得以建立。这些关系派生了许多其他关系：职位、行业、职业、协会、合伙人、雇主和雇员、富人和穷人，以及第一、第二、第三和甚至现在的第四个阶层。[129] 这些关系因家庭规模的不同而

---

[129] 英注：传统意义上有三个阶层：神职人员、贵族和平民。19世纪，新闻界日益显赫和强

变得更多、更复杂。

3. 与**国家**的关系、在国家之中以及为了国家的关系。社会变成了一个国家。一群人是一个民族，一个国家。我们在这里可以确定公民的权利和义务、公民自由、全民的正义、爱国主义、为祖国服务的义务、战争、政府官员、政府和国民。

4. **人类**的关系以及为了**人类**的关系。正如每个家庭和每个国家一样，人类在其后代中是一个与我们有联系的合一体、有机体。我们站在先辈的肩膀上，继承了他们在经济、道德、属灵、思想上的遗产，从而我们可以进步。我们所想、所感、所享受的事物，都要归功于前人。他们的科学和技术现在属于我们，而这些反过来又产生有识之士和无学问之人、师生、学校和大学之间的关系。

人与人之间的关系是无法计量的，所有人无一例外地都是有**道德**品质。这些关系中的生活被称为**道德**生活。因此，道德就是按照某些要求，在适当的关系中面向他人生活。（对我们来说，这个要求就是上帝的律法。）然而，人们若按这个要求以自己的力量来生活，就不会有真正的道德生活。我们按着本性也倾向于憎恨我们的邻舍。[130] 就这个词的一般意义而言，在所有这些关系中，当人们按照人类的标准生活，或者更深刻地说，按照人性的概念生活时，他们是有道德的。在我们看来，有道德的人在这方面也符合上帝在祂圣言中向我们表明的祂的标准、律法和要求，也是为了这些人际关系的缘故。

3. 我们面向自然的关系

我们的身体由地上的尘土形成（创二7）。土地的组成部分（石灰、铁、矿物、磷、硫、镁等）也是我们身体的组成部分。血管之于我们身体就等于河流之于大地。我们的身体架构与动物的身体架构有关。我们与动植物有共同的植物性生命，与动物有共同的动物性生命。我们在地球上、在动植物的世界里生活，从它们那里获得食物、住所和衣物。我们从矿物界获得我们的工具。我们来自地球；我们休息和工

大，因此被称为"第四阶层"。
[130] 英注：《海德堡要理问答》第5问答。

作的节奏与地球的旋转相适应。地球是为了人类而存在，必须由我们来栽培和征服（文化）。植物和动物是我们的榜样和教训（蚂蚁、狮子、蛇、鸽子等）。正如耶稣所表明的，自然提供了一个对永恒天国的比喻。我们面向自然有许多义务和权利，自然也塑造了我们的品格和气质，教导我们，把我们引向上帝，并作为我们科学的源泉。我们面向自然的关系是多方面的，也具有道德性质。罗特把我们与人的关系和我们与自然的关系整合在一般的道德（sittlich）范畴下。[131] 这是不正确的。我们与他人的关系不同于我们与客观自然（如植物和动物）的关系。后者只能在更广泛的意义上被认为是伦理的，否则屠宰动物就是不道德的。

4. 宗教与道德

【我们已经思考了人类的关系以及人类之间的关系（人面向自然的关系可以被纳入人面向他人的关系），因此接下去要说明宗教（godsdienst）与道德的关系（zedelijkheid）。[132]】我们将那些否认这两个词语中任何一个的人，排除在我们的讨论之外。对他们而言，有关道德与宗教关系的问题已经不复存在。一方面，有的苦修者、修道士逃离世界和他人，从而否定了道德生活，将一切生活都变成了宗教。例如，在法国，修女被称为 la religieuse。基督公教教会普遍倾向于这种错误，想把一切都变为教会性的，不承认艺术、科学、国家的独立领域。另一方面，还有一些

---

[131] Rothe, *Theologische Ethik*, §97.
[132] Robert Kübel, 'Sitte, Sittlichkeit', in: *PRE²*, *Vierzehnter Band*, 313; Otto Ritschl, 'Religion und Sittlichkeit', in: D.J. Gottschick (Hg.), *Zeitschrift für Theologie und Kirche* 11 (1901), 250-267. Rev. James J. Fox, *Religion and Morality: Their nature and Mutual Relations, Historically and Doctrinally considered*, New York: Young 1899, twee delen [*The Presbyterian and Reformed Review* 13/49 (Jan. 1902), 121]. W. Kapp, *Religion und Moral im Christenthum Luthers*, Tübingen: Mohr 1902, 2.50m.

　　宗教是一种在一般的意义、形式和心理上，普遍属于生活道德维度的一种道德、属灵现象（verschinsel）（在心理的意义上，道德是人类意志的行动）。此外，宗教在所有方面都受道德律法则的支配：知识、爱（虔诚、宗教实践）和敬拜。我们的态度和行为，我们整个一生的意志生活也受法律法的约束。总之，宗教之于道德（就人与人之间的关系而言），就如同第一块法版之于第二块法版。

　　中注：此脚注中上述这段内容在英译本中被移到了正文，中译本依照荷文版的格式。另外，正文本段开首这句话亦译自荷文版。见荷文版 72-73 页。

人文主义者（唯物主义者，如费希特等泛神论者），他们讥讽上帝和宗教，把这些当作幼稚的幻想或是大脑功能障碍而加以否定。这个问题最近变得极为复杂，因为宗教和道德没有得到适当的界定和区分。当人们从抽象的宗教和道德观念出发，而不是从基督教传统所提供的具体而真实的宗教和道德观念出发时，就会出现这个问题。要找到和描述一个名为"道德"的抽象事物，如同要找到和描述一个抽象的"宗教"，这是不可能的。那些以这种方式提出这个问题的人在高谈阔论，却未有丝毫进展。这两个词语仍然是变量、未知数，因为它们尚未被定义。

1. 首先，让我简明扼要地总结，异教徒从历史的角度如何看待宗教与道德之间的联系。[133] 在灵物崇拜者（fetisjdienaars）中，宗教是施行法术，并不产生道德。社会产生了忠于职守、诚实守信、勇于为人和为他人着想的道德法典。当个体开始按照客观规范来评估自己时，他们的良知就获得了道德内容。但宗教与道德是分开的，罪（sin）与犯罪（crime）是不同的。然而，它们逐渐开始融合。也就是说，宗教也规定和禁止了一系列的行为。因此，宗教义务和道德义务同时并现。一个领域的善在另一个领域是错的；宗教领域在道德上是漠不关心的。然而，这两个领域融合在一起，形成了一种联系：宗教所要求的自我牺牲、对自私的限制，有益于道德。在闪族人和印度日耳曼人（Indo-Germanic）之间，这种联系变得更加密切。

在闪族人中，神明仍然要求用儿童作为祭品，但神明被认为是人，也就是领主和国王；如此，国家和教会是一体的。在印度日耳曼人中，神明是自然的力量，但它们是善良和道德的表现，逐渐地变成人；在他们面前，誓言、婚姻和好客是神圣的。因此，道德行动超越了宗教活动；然而，道德生活的很大一部分在宗教之外，反之亦然。在埃及人中，宗教有很高的地位。在他们那里，道德将神明伦理化。在希腊人中，神明是度量、秩序、和谐、誓言、好客和道德的守护者；这里的道德有宗教动机。但对于其他人来说，神明经常会做出不道德的行为，如通奸、偷盗、欺骗、报复等行为。因此，哲学伦理学是反宗教的。在罗马人中，道德行动也有宗教动机。公共生活和家庭生活都具有宗教性。宗教性的国家是至高无上的。正因如此，公民美德才是道德的最高形式。在中国人中，国家是天堂的形像，皇帝是一切事物的标准。宗教完全吞噬了道德。在波斯人中，有善神，也有恶神。宗教和道德是重合的。在佛教徒中，确切地说，并无道德行动：没有道德，一切都属于苦修主义。在伊斯兰教中，真主的意志是绝对的一切，道德由阿拉决定。

---

[133] 参Schultz, "Religion und Sittlichkeit."

那么，我们随处可见的是，宗教逐渐决定道德。这两个领域逐步合并。在一个领域被认为是善的事物，在另一个领域就不能被视为恶。保罗在《罗马书》一23中指出，外邦人把上帝变为可朽坏的人，所以上帝将他们遗弃在他们内心的情欲之中。偶像崇拜导致了不道德。非自然的行动紧随对自然的神化。而且上帝的概念越升高，道德就越升高。[134]

2. 在现今对宗教与道德之联系的理解中，问题的表述是抽象的，所以往往不能正确区分。马滕森认为，"道德的基本概念因而是人的意志与上帝的意志无约束的合一。"[135] 宗教是人对上帝的依赖；道德是由依赖发展为独立的自由，是接受所赐予的与上帝相交；因此，宗教随着道德的发展而消亡。宗教是被动的，而伦理是主动的。在信心中，宗教和道德为一体。但两者都在发展：宗教层面**就是**与上帝联合，伦理层面是努力与上帝合而为一；宗教的人拥有一切，伦理的人要获得一切。但是我们要问，若一个人已经与上帝联合，还需要与上帝合而为一吗？

罗特认为，道德的发展一部分是宗教的，一部分是道德的，这就涉及对自然的征服，并成为一个灵或人。那么在同样的程度上，人类（作为伦理之人）将自己**属灵化**，并成为人。他们将自己圣化，上帝住在他们当中。上帝不能住在物质里面，只能住在灵里。[136] 那么，在某种程度上，我们必须先成为灵，然后上帝才能住在我们里面。因此，这是一种宗教发展；随着我们越来越伦理性，我们也越发宗教性。[137] 这种宗教性的发展由上帝发起，但由人介导，因为虔诚是上帝与人之间真实的相交和互动。[138] 毕竟，在人还没有成为灵之前，上帝就对他们的本性（natuur）作工，并训练和引导他们在面向上帝的关系中定位自己的责任。当一个人同意的时候，宗教性的发展就开始了。[139]

---

[134] 参Lamers, *Godsdienst en zedelijkheid*, 35-39.
[135] Martensen, *Christian Ethics*, 1:12 (§4). 英注：巴文克反对这种对道德的理解。这种理解在他那个时代非常突出，因为道德行动日益取代了宗教和崇拜。这里所引用的句子表明了这一动向："人的意志和上帝的意志无约束的合一……意味着人在崇拜侍奉时，使自己成为服侍上帝的工具；在自由专注于被造物中，他与上帝一同将人类的国度带入上帝的国度。这再次要求人作为至高者在地上的仆人，应使自己成为自然之主。"巴文克在本段结束时提出的温和问题，不应致使我们忽视这种彻底的伯拉纠式和宗教生活的内蕴景象（就是这里所描述的道德生活）。
[136] Rothe, *Theologische Ethik*, §114.
[137] Rothe, *Theologische Ethik*, §115.
[138] Rothe, *Theologische Ethik*, §116.
[139] Rothe, *Theologische Ethik*, §117.

在此，我们可以对罗特的观点做一些归纳性的评论。（a）人没有特殊的宗教器官；但宗教存在，因为成为人就是成为个人的（personal）。（b）宗教也是通过人的自我决定介导。（c）那么，宗教就已经**预设**了伦理发展的开端。因此，正是通过这种宗教性的发展，人的内心产生了神圣的意识和神圣的活动。[140] 人将自己献给上帝，作为上帝旨意的工具，而这个旨意**唯独是**【道德性的（moralische）】。[141] 宗教在我们身上的开端由我们的伦理发展（灵性）所决定。宗教只有在道德中才是真实的。【宗教需要道德（Sittlichkeit）作为它自己的真实性、实际性和具体性。借此，与上帝相交这一观念首先赋予道德以**缘在**（Dasein）。而道德需要虔诚才能变得完美，而不仅仅是**缘在**。】[142]

我们还可以提出以下几点意见。（d）虔诚确实不同于道德，但道德只有在虔诚中产生；尽管宗教是道德的灵魂，但与灵魂一样，它并非独立存在。（e）没有道德的宗教是热情、幻想、虔诚的幻觉、虚无、缺乏内涵。没有宗教的道德可能是不完整和不正常的，但它不是空洞的；相反，它是非常真实的东西。

以下是关于罗特对道德与宗教关系之看法的更多评述。（f）因此，道德是宗教的先决条件——这实际上是把人放在第一位，把上帝放在第二位。（g）没有虔诚的道德可以存在，但反之则不然。（h）宗教没有自己的生命或独立存在，而是被道德所吸收，教会被国家所吸收，崇拜被艺术所吸收。然而，许多现代人追随罗特的立场。珍妮特（Janet）认为，没有宗教，道德是不完整的；宗教是人性的本质要素。宗教不是道德的理论基础，但仍然是道德有效性的根基。康德把上帝当作道德的一个基本假定。但珍妮特还说，相信美德就是相信上帝。没有上帝，美德就是一种假象；没有形而上学，道德就不可能存在。[143]

3. 我们首先必须研究客观宗教与客观道德之间的关系。主的律法清楚地告诉我们第一块法版和第二块法版的关系，以及我们服侍上帝和服侍邻舍之间的关系。（a）

---

[140] Rothe, *Theologische Ethik*, §118.
[141] Rothe, *Theologische Ethik*, §121.
[142] Rothe, *Theologische Ethik*, §124. 中注：见荷文版75页。英译本将Dasein译作"product"和"to exist"，中译本另取译名"缘在"。有关对此译名的解释，见 张祥龙，<"Dasein"的含义与译名（"缘在"）>，《普门学报》第7期（2002年1月），1-15页。
[143] Janet, *La morale*, 596, 610-611; see further Cramer, *Christendom en humaniteit*, 203-231; Hoekstra, "Godsdienst en Zedelijkheid"; Pfleiderer, *Moral und Religion*; Weygoldt, *Darwinismus*, 650（道德是独立的，但宗教支持、推崇和理型化道德）; Kuyper, "Natuurlijke Godskennis," esp. pp. 72-87 (ET: Van Dyke, "Natural Knowledge of God").

有一个标题出现在所有的诫命之上,包括第二块法版的诫命。上帝也是第二块法版的立法者。(b)律法是一体的,它是一个有机体;凡违反律法一部分的人,就违反了全部律法(雅二10)。(c)第二块法版紧随第一块法版,而不是相反的次序。正如我们的主教导我们:"所以,无论何事,你们想要人怎样待你们,你们也要怎样待人,因为这就是律法和先知的道理。"(太七12)"这是最大的,且是第一条诫命。第二条也如此,就是要爱邻舍如同己。"(太二十二38-39;参 路二十27)。(d)"爱是不对邻舍作恶,所以爱就成全了律法。"(罗十三10)

因此,这两块法版构成了一个单一的律法;在《圣经》中,它们总是紧密相连,从不分开。两者都是由同一个立法者颁布,都是从同一个原则而出,且都是为了同一个目的。整本《圣经》都说明了这一点。撒母耳说:"听命胜于献祭。"(撒上十五22)主透过耶利米宣告:"你们若实在改正你们的所作所为,彼此诚然施行公平,不欺压寄居的和孤儿寡妇,不在这地方流无辜人的血,也不随从别神陷害自己,我就使你们仍然居住这地,就是我从古时所赐给你们祖先的地,从永远到永远。"(耶七5-7)耶利米随后写道:"祂为困苦和贫穷的人伸冤,那时就得了福乐。认识我不就在此吗?这是耶和华说的。"(耶二十二16)先知以西结也同样描述了一个"公义的人,行公平公义的事"的人,"未曾在山上吃祭物,未曾向以色列家的偶像举目",同时"未曾污辱邻舍的妻……把食物给饥饿的人吃,把衣服给赤身的人穿",未曾放高利贷。总而言之,这个人"遵行我的律例,谨守我的典章,按诚实行事,这人是公义的,必要存活"(结十八5-9)。另有许多旧约经文也这样说:《诗篇》四7;四十一2;五十一19;《以赛亚书》一12-20;三十八3;《何西阿书》四1;十12。特别是《弥迦书》六8(参 亚七6;八16–17):"世人哪,耶和华已指示你何为善。祂向你所要的是什么呢?只要你行公义,好怜悯,存谦卑的心与你的上帝同行。"

我们在新约中也发现了同样的信息:

> 所以,弟兄们,我以上帝的慈悲劝你们,将身体献上当作活祭,是圣洁的,是上帝所喜悦的,你们如此侍奉乃是理所当然的。(罗十二1)
> 你们除了彼此相爱,对任何人都不可亏欠什么,因为那爱人的就成全了律法。(罗十三8)
> 在上帝—我们的父面前,清洁没有玷污的虔诚就是看顾在患难中的孤儿寡

> 妇，并且保守自己不沾染世俗。（雅一27）
> 经上记着："要爱邻如己"，你们若切实守这至尊的律法，你们就做得很好。（雅二8）
> 上帝的命令就是：我们要信祂儿子耶稣基督的名，并且照祂所赐给我们的命令彼此相爱。（约壹三23）

因此，这两块法版形成了最紧密的合一体。但它们是两块法版，虽永远不会分开，可要完全予以区分。上帝亲自区分律法的两块法版（出三十二15，三十四1；申十1；王上八9）。在《马太福音》二十二38-39中，它们被区分为两条诫命：首要的和最大的，第二条是像第一条。因此，这两块法版从不混淆，但始终以第二块为第一块之结果的方式彼此区分。第一块法版以上帝为对象，第二块法版以邻舍为对象。从某种意义上说，第二块法版也以上帝为对象；这只是以间接方式，上帝在我们邻舍中并在我们邻舍的身后。[144] 邻舍应该在上帝里面被爱，为了上帝而被爱。

4. 我们现在要思考的是主观宗教与作为主体之人内在道德之间的关系。敬畏耶和华是一切道德的基础（箴十四2, 26；十五16；十九23）。与上帝同行包括了道德（创五22；六9；十七1）。敬虔是谦卑（箴二十二4）、慷慨（箴十九17）、智慧（箴九10；十五33）、科学（箴一7）的根源。此外，敬畏耶和华就是要憎恨邪恶（箴十六5）。在新约中，信心是成圣的原则：

> 凡信耶稣是基督的，都是从上帝生的；凡爱生他之上帝的，也必爱从上帝生的。我们爱上帝，又实行祂的命令，由此就知道我们爱上帝的儿女了。我们遵守上帝的命令，这就是爱祂了，而且祂的命令并不是难守的。因为凡从上帝生的就胜过世界；使我们胜过世界的就是我们的信心。（约壹五1-4）[145]

信心所结的果子就是爱：

---

[144] 参Ursinus, *Commentary on the Heidelberg Catechism*, Q&A 93; Daneau, *Ethices Christianae*, 1:127, 170; Heidegger, *Corpus Theologiae Christianae*, 1:502 (XIV.ix).
[145] 英注：《约翰壹书》五4下半节是巴文克最喜欢的经文之一，也是他唯一出版的讲道"胜过世界的信心的力量"。

但命令的目的就是爱；这爱是出于清洁的心、无愧的良知和无伪的信心。（提前一5）

人若说"我认识祂"，却不遵守祂的命令，就是说谎话的，真理就不在他里面了。凡遵守祂道之人，爱上帝的心确实地在他里面达到完全了。由此我们知道我们是在祂里面。凡说自己住在祂里面的，就该照着祂所行的去行。（约壹二4-6）

因为在基督耶稣里，受割礼不受割礼都没有功效，惟独使人发出仁爱的信心才有功效。（加五6）

信心也是这样，若没有行为是死的。但是有人会说："你有信心，我有行为。"把你没有行为的信心给我看，我就藉着我的行为把我的信心给你看。（雅二17-18）

同样地，"凡好树都结好果子，而坏树结坏果子。好树不能结坏果子，坏树也不能结好果子。凡不结好果子的树就砍下来，丢在火里"（太七17-19；参 十二33；路三9；六43-45）。树以其果实而为人所知。

《圣经》中所举之人的例子也表明了信心和行为之间的相同联系：吕底亚（徒十六14-15），大比大（徒九36），哥尼流（徒十2，48），撒该（路十九8），歌罗西教会（西一4），帖撒罗尼迦教会（帖前一3）。"你们中间也有人从前是这样；但如今你们奉主耶稣基督的名，并藉着我们上帝的灵，已经洗净，成圣，称义了。"（林前六11）爱是圣灵所结的果子（加五22）。在基督耶稣里的信心产生了对圣徒的爱（弗一15）。保罗为以弗所人所祈祷的，是他们的信心可以带来爱心，"求祂按着祂丰盛的荣耀，藉着祂的灵，叫你们心里的力量刚强起来，使基督因你们的信，住在你们心里，叫你们的爱心有根有基，能以和众圣徒一同明白基督的爱是何等长阔高深，并知道这爱是过于人所能测度的，便叫上帝一切所充满的，充满了你们"（弗三16-19；参 西一4）。爱是最高的美德，是完美的纽带。"在这一切之外，要存着爱心，爱心就是联络全德的。"（西三14）

所以《圣经》教导我们，在主观上，宗教和道德这两者也是密不可分的。其中一个证明了自己，并在另一个中得到了验证。其中一个是另一个所结的果子。

5. 历代的教会都有这样的教导，包括大格列高利（Gregory the Great）、克莱尔沃的伯纳德（Bernard of Clairvaux）、拉克坦提乌斯（Lactantius）、奥古斯丁、马丁路德和加尔文。¹⁴⁶ 慈运理更多从心理和伦理的角度展现此种关系。¹⁴⁷ 在慈运理看来，即使是不信者的善行也是信心的果实。在回答"什么是善行？"的问题时，《海德堡要理问答》第91问答给出了这样的答案："只有那些出于真正的信心，符合上帝的律法，为上帝的荣耀，而不是基于我们自己的意见或人的传统而做的善事。"这就是所有改革宗人士的教导。道德只能从信心而出，但没有道德也就没有信心。¹⁴⁸

我们现在可以总结如下：

1. 宗教和道德是两个可区分的实体。（1）它们在彼此的联系中是不同的：宗教是初始的，道德是衍生的。一个是信心，另一个是爱心，信心和爱心是不一样的。（2）就它们的所在、内容和表现形式而言，它们有各自的特点。宗教在心思这一舞台上运作，培养崇敬、恐惧、敬畏、谦逊、感恩、祈祷、谦卑等。道德在另一个舞台上运作，并培养了其他情感：正义感、义务感、荣誉感和秩序感。（3）它们的外在表现形式截然不同。宗教体现于祷告、敬拜、教会建造，以及属于教会的一切当中；道德体现在与人相处的生活中（爱、自我否定、公义、义务、不觊觎、不杀生、不偷盗等）。因此，宗教领域不同于道德领域。宗教有一个独立的舞台，有一种独特的表达方式，以其独特的方式表达自己，而不是被道德所吸收（与罗特相反）。（4）它们的区别在于，这两块法版特别描述了这两种生活的不同表现形式。（5）它们在对象上有别。在宗教中，上帝是唯一、直接的对象；在道德中，邻舍是最靠近的对象。¹⁴⁹

2. 宗教和道德是永远不会分开的。（1）两块法版是一部律法。上帝是两份诫命的制定者；上帝是独一的，因此只有一部宗教和道德不可违背的律法。第二条诫命与第一条诫命相仿。（2）原则只有一个：抓住上帝的信心会产生对邻舍的爱。信心和爱心之间有心理上的联系，这一点我们在下文会论述。（3）对象只有一个：上帝在我们的邻舍中被爱；在上帝里、藉由上帝、为了上帝的缘故，我们的邻舍被爱。间接而言，上帝也是第二块法版的对象。

---

[146] Gregory the Great, *Morals on the Book of Job* VII.23–24 (*PL* 75:780); Bernard of Clairvaux, *On Loving God* VIII (*PL* 182:987-989); Lactantius, *Divine Institutes* VI.10 (*ANF* 7:172-173); Augustine, *City of God* XIV.1 (*NPNF¹* 2:262); Luthardt, *Die Ethik Luthers*, 49-60, 68-71; Lobstein, *Die Ethik Calvins*, 28-35; Ritschl, *Die christliche Lehre von der Rechtfertigung und Versöhnung*, 1:178; 3:154.

[147] Bavinck, *De ethiek van Ulrich Zwingli*, 47-60.

[148] Calvin, *Institutes*, II.viii-xi.

[149] 参Ursinus, *Commentary on the Heidelberg Catechism*, Lord's Day 34, Q&A 93。

这就是宗教与道德之间的**正常**关系。但是，它在哪些方面因罪而变得异常呢？罪在两个方面带来了对宗教与道德关系的误解，这两方面均发生了。

1. 宗教和道德是绝对分离的。这是拜物教的人所做的，所有多神主义者或多或少也如此。毕竟，凡有不止一个神明的地方，也有不止一部律法；一个神明赐下这个律法，另一个声明颁布另一个律法。因此，宗教领域的律法可能与道德、民事、社会、政治或家庭领域的律法完全不同。每一个神明都有其特定的领域（有偷盗神、商业神、谋杀神等），并为该领域颁布自己的律法，不同于另一个神明的律法，而且往往与另一个神明的律法相矛盾。当一个更高层次的神明的概念形成，神明汇聚，生活的各个领域也越来越靠近，并产生更大的合一体。这也是主张**独立道德说**之人的立场[150]，无关乎他们是允许宗教与道德并存，还是完全否定宗教。

反对这种宗教与道德**分离**的观点有好几种，但我们首先应该认识到，它包含着一个相对性的真理：宗教与道德是两个截然不同的事物。它们并不完全重合。有两类人，或者说是两种人。一方面，我们发现宗教的人充满了热情和敬仰，有丰富的情感生活，有信心和祈祷的男女老少；但在道德上，当涉及高尚的品格和气质时，他们的地位却很低，放任自流，缺乏秩序、纪律和诚实。我们在热情、狂热、神秘、虔诚的教派中发现了这一点。[151] 另一方面，我们发现伦理之人有微弱的惊奇感、狂热、热情，情感生活缺乏，但在道德上严格、矜持、有分寸、有品德。这就是斯多亚派（法利赛人）和许多失去信仰的现代人。现在，这样的人在道德上确实能取得很大成就，有一定程度的独立道德。人们可以克制自己，引导自己，压抑自己的激情，追求人性的理型（尽管这不是真正讨上帝喜悦的道德，会滋生骄傲、自义和类似的恶习）。

【这种宗教和道德本性的倾向也见于教会之中。】[152] 许多上帝的儿女，沉浸在与上帝的团契中，但在道德上比一些在伦理上严格却很少享受上帝之人要宽松得多。[153] 因此，宗教和道德的分离有一个相对真理，但只是相对的真理——分离本

---

[150] 英注：巴文克此处指的是一种自然神论的愿望，把所有的道德和伦理从任何宗教根源中剥离。巴文克同时代的一位作家引用共济会文献中的这一确切用语，将其与他们的公共教育愿景中所有分会的目标联系起来，目的是在共同致力于黄金法则和独立于任何宗教联系的基础上，建立荷兰民族道德的合一。见 Ulfers, *De loge en de school*, 32。

[151] 英注：巴文克在这里笼统地提到了"重洗派"，但没有区分门诺·西门（Menno Simons）的和平积极的社会活动的追随者，与革命性的、持千禧年立场的重洗派，如明斯特（Münster）的莱顿的约翰（John of Leiden）和1525年德国农民起义领袖托马斯·穆泽（Thomas Müntzer）等人。

[152] 中注：见荷文版79页。

[153] Kuyper, "Natural Knowledge of God," 95："经常可以看到，许多人对责任非常严格，对权

身是错误的，原因有五。（1）历史证明宗教和道德是相关的，正如保罗在《罗马书》一 23 所指出的。一个低级的神明概念总是伴随着低级的道德概念。[154] 不言而喻，为自己创造和想象出一个残酷神明的人，自己也是残酷的。人们用他们的神明来描绘自己。（2）一神论至少建立了这样的联系：在宗教领域中的善在道德领域中不可能是恶。同一位上帝在这两个领域中掌权和立法。（3）没有了形而上学和宗教，道德除了以功利主义形式就不可能实现。因此，我们面临着相互排斥的选择。要么善和恶是先验的，独立于我们的意志和思想之外，然后就有了形而上学。要么善和恶成为后验的，由我们自己决定；在这种情况下，它们就不是真正的善和恶，而只是有用和有害的。[155]（4）"相信美德，就是相信上帝。"[156] 没有上帝，美德就是一种假象，因为相信善就包括相信善会掌权，会胜利；否则，为什么要行善？因此，善必须是一种绝对权威，能够而且会战胜一切反对的力量。这不可能是一个观念，但必须是一种力量，一个位格，上帝。因此，康德把上帝当作一个道德的基本假设。没有上帝，人性的国度就不可能存在。（5）在心理学上，虽然人的身上有两个领域，虽然良知和上帝意识并不完全相同，但两者都存在于同一个人之中。我们不由自主且自发地将我们的良知（道德生活的律法）与我们的上帝意识联系在一起；我们将道德律法的颁布者等同于我们内在观念（idea innata）的至高力量。[157]

【这就引出了第二个方面，即罪会导致对宗教与道德之关系的误解。】[158]

2. 宗教和道德是等同的。这发生在否定上帝或世界的观点上。一方面，世界被苦修主义者否定，并被视为有罪，道德则被宗教所吸收。另一方面，认为世界就是上帝的泛神论者否认上帝。那么，为世界而活，就是为上帝而活；具有特定内容和形式的明确的宗教生活是不存在的，因为没有一位具位格的上帝。于是，宗教就被道德所吸收。斯宾诺莎、费希特、黑格尔、施莱尔马赫就是如此行，在一定程度上也是罗特所做的。也正是或多或少在这种观念的影响下，中介神学家们

利不屈不挠；他们贞洁无瑕，行为值得赞美，却完全没有柔和与赞赏的温柔感情，对祈祷的需要漠不关心。反之亦然。许多对职责松懈、对权利远不热衷的人，有时会表现出强烈的尊重和热情、敬佩和奉献之情。"

[154] Lamers, *Godsdienst en zedelijkheid*, 34-39.
[155] Lamers, *Godsdienst en zedelijkheid*, 11.
[156] Janet, *La morale*, 610–11.
[157] 英注：关于内在观念的更全面的讨论，见 *RD*, 1:224; 2:53-54, 63-68, 70-72。
[158] 中注：荷文版中并无此句，乃英译本所加。

（Vermittlungstheologie）[159] 很快就将灵魂的生命，与上帝同在的神秘生命，认为是静默主义、病态主义和狂热主义而予以否定。他们希望教会生活完全转化为道德——就像索萨耶（de la Saussaye）所说的那样——拒绝一切宗教，但可以立即转化为道德的除外。他们甚至认为伦理是宗教的本质。在荷兰，所谓的伦理运动（ethische richting）[160] 也存在这种缺陷，使宗教生活失去了应有的内容；它把宗教生活仅仅看成是对伦理生活的进一步描述、确定和修改（参 罗特）。但宗教生活才是真正有意义的生活。[161] 伦理运动将泛神论的后果扩展到了宗教和道德领域，就像托鲁克和维内特之前在神学和人类学领域所做的那样。[162] 于是，整个宗教随后就被伦理现象所吸收。这有一定的道理，因为宗教和道德紧密相联。但是：

（1）《圣经》严格地区分它们：律法包含两块法版，并且耶稣说了第一条诫命和第二条诫命。对上帝的爱总是不同于对邻舍的爱，从来没有与其等同。二者总是**同时**提及。《利未记》十九18说："你们要爱人如己。" 这条命令在《雅各书》二8 被复述，被称为"至尊的律法"（参 太五43；十九19；二十二39；可十二31；罗十三9；加五14）。然后，还有一些经文只指示上帝的儿女要"全心全意爱主你的上帝"（申六5；参 十一1，13，22；十九9；三十6；书二十二5；二十三11）。最后，还有一些经文把这两个诫命联系起来，但仍清楚地将它们予以区分，比如律法师询问"律法中的最大诫命"时，耶稣就为他如此总结（太二十二36-

---

[159] 英注："中介神学"是19世纪德国神学中受施莱尔马赫影响的一个学派。它试图将基督教与现代观念论哲学综合起来，成为一种在理性和道德上可以捍卫的宗教。代表人物包括杜聂尔（I. Dorner）、尼安德（J. Neander）、汉斯•马滕森（Hans Martensen）、尼瞿（K. Nitzsch）和穆勒（J. Müller）。见 *RD*, 1:29-92。

[160] 英注：19世纪荷兰改革宗教会中的"伦理"运动代表了一种强烈的以基督为中心的中介神学，及其反对基督教生活中一切形式的理性主义。这个运动的主要代表人物是丹尼尔•索萨耶（Daniel Chantepie de la Saussaye, 1818-1874）和胡宁（J. H. Gunning, 1829-1905）。"伦理"一词作为荷文ethische的译名是必要的，但对于读者来说，它可能会产生误导。读者应该把它与一个更准确描述这些神学家意图的词——"存在性的"——联系在一起。尽管巴文克有批判伦理运动，他还是认真对待这个学派，甚至写下了他最早的专著之一，来论述这个学派的主要神学家。Bavinck, *De theologie van Prof. Dr. Daniel Chantepie de la Saussaye*。根据巴文克的说法，索萨耶的错误是试图沿着以基督论-人论（christological-anthropological）路线重新定位改革宗神学（Bavinck, *Theologie van ...de la Saussaye*, 10-19）。

[161] Kuyper, *De vleeschwording des Woords*, 225-235.

[162] 英注：弗里德里希•奥古斯特•戈特鲁•托鲁克（Friedrich August Gottreu Tholuck, 1799-1877年）是德国神学家和布道家，因其在传福音上的虔诚而闻名；见Scha, "Tholuck"。亚历山大•罗多夫•维内特（Alexandre Rodolfe Vinet, 1797-1847）是瑞士改革宗神学家。他试图通过强调个人和政教分离来调和现代性精神和福音；见Rüegg, "Vinet"。

40；平行经文 可十二 29-31；路十 25-28）。对上帝有一种真正而独特的[163]爱，对邻舍又有另一种爱。

（2）事实并非如此，因为上帝和人是两个不同的对象。宗教与道德的等同是上帝与世界等同（泛神论）的结果。虽然上帝和人紧密相连，世界（人）绝对依赖上帝，但世界与上帝不同。既然对象不同，那么我们与不同对象的关系也必须是不同的。也就是说，宗教和道德必须是不同的。

（3）诚然，对邻舍的爱是对上帝之爱的证明和印记。同样，我必须在我的邻舍中爱上帝，为了上帝而爱我的邻舍。因此，广义的道德可以称为宗教。在每一周中，我也被呼召在我的职业和行业中侍奉上帝。

因此，宗教不是生活的一部分，而是生活本身。我们整个生命必须侍奉上帝。但由此可见，虽然安息日可以且应该渗透到其他日子，但其他日子决不能渗透到安息日。这就是伦理运动的错误。不能把安息日拉低到其他日子的水平，而应该把其他日子提升到安息日的高度。然而，在这一时代（dispensation）中，安息日仍然存在，并应与其他日子并存，并对它们施加影响，而不是吞噬它们。

---

[163] 英注："真正而独特的"是我们对荷文eigen（自己的）的翻译。这个词所指的是某物的适当特征，本质上属于它的事物，典型的事物，它"自己的"事物；"特殊的"（peculiar）在这里很适合，但是"对上帝特殊的爱"这个表达在今天有太多误导性的含义，使得它不被使用。

第二章

在罪权势下的人类

本章摘要

恰当而言，罪的话题属于教理学，但也必须在伦理学中予以讨论。[1] 我们需要考虑第一宗罪的性质和对人类意识的影响，以及对人性的状况或状态的影响。罪是背离上帝，转向自我，是一种在《圣经》中被描述为"老我"、"肉体"或"自然的人"[2]（对立于"属灵的人"）的状况。"肉体"是一个伦理术语，表示对上帝的敌意，并非要把罪限制于肉体物质的生命。相仿，"自然的"和"属灵的"之间的对比并不是把我们带离肉体的生命，引向一些虚无缥缈、属灵的生命，而是引向那些被上帝的灵重生的人和没有被上帝的灵重生的人之间的差异。"自然的"人是由他们的灵魂、他们自己的心思（mind）和意志来定义的，而不是由上帝的灵来定义的。

我们人类的魂、灵、心或"我"是我们的知识、感觉、意志和良知的中心。这一切都因罪而暗淡败坏。同样，我们身体各处都因罪而污秽，被用来服侍罪。这种自然的人性的状态被称为"死亡"，包括肉体和灵性的死亡。从消极的角度而言，灵性的死亡就是没有真正的生命；它是与上帝的疏离。从积极的角度而言，灵性上已死之人还活着；在《圣经》中，死亡从来都不是虚无（nonbeing）。灵性上已死之人的基本原则和驱动力不是对上帝的信心，亦非对上帝的爱，而是自私的欲望，是所有未被上帝的灵重生之人的普遍状态。

人的生命完全被罪腐蚀和玷污，但罪有等级或程度之分。罪可以在个人和国家中生长或发展，也可以是内在或公开显明。我们的知识——意识、理性、理智、良知、想象力、记忆——的堕落体现于我们无视在上帝里面真理的整体和合一，与现实生活脱节。当我们不认识万物之基的上帝时，我们就真的既不认识自己，也不认识世界。我们的心思无论在主观上还是客观上，都变得抽象，脱离了生活。因此，

---

[1] 英注：本章标题取自巴文克的边注"onder de macht [heerschappij] der zonde"。手稿上写有"在罪的处境中"（In den toestand der zonde）。中注：荷文版本章标题为"在罪的处境中的人"（De Mens, in de Toestand der Zonde）。

[2] 中注："Natural"在《圣经》中被译作"属血气的"。在这里，我们采用直译"自然的"为译名。自然（nature）和灵/恩典（spirit/grace）的关系是新加尔文主义思想中讨论的一个焦点，因此"natural"统一被译作"自然的"。

最单纯虔诚的人是智慧的；最博学而未归信的人是愚拙的。

各种各样的罪（以及随之而来的美德）通常都是从十诫中得出的。毕竟，罪的一般特征是不顺服上帝，违背律法，不服从律法。上帝的律法不是任意的，不只是祂意志的一种行动，而是依赖于祂所有的圆性（perfections）[3]、祂的存有和祂的神圣心思。因此，道德律是一个整体，一个实体，一个具有实质内在生命原则的有机体，就是爱的命令。虽然有两条诫命——爱上帝和爱邻舍——但本质上是一条。爱是律法的原则，是律法的总纲，因而是道德善的原则。善由我们与上帝的关系而决定。我们要么敬拜真实的上帝，要么就用另一位神明来取代祂的位置，一位我们为之而活，为之而献身的神明。这个替代者就是人自己，即"自我"（ego）或"我"。罪的原则是自爱（self-love）或以自我为中心（egocentricity）。同时，这也是一种从有序到无序、混乱、革命的转变。

我们可以用很多方法对罪进行分类：遗传的罪或原罪和本罪（actual sin）；本罪可以是疏忽的罪（sin of omission）或干犯的罪（sin of commission），二者是一枚硬币的两面。罪本身（上帝的律法明确禁止）不同于因情况而异的偶然之罪（accidental sins）。从以自我为中心是罪的原则这一信念出发，我们观察到肉体或人类灵魂的两个方向；这两个方向产生了双重系列的罪，一个是向下的，动物般的（感官的；sensual），另一个是向上的，恶魔般的。感官的罪（sensual sins）会消除纯洁的、被造而有的人类欲望（desires），将其变成邪恶的激情和肉欲（lusts）。灵性的罪较少是公开的，甚至可能伴随着外在的善行，但它们更严重。虽然用某些标准来评估罪的轻重是合理的，但决不能过于微妙，以免降低所有罪的严重性。

最后，我们将贪婪的以自我为中心主体与被贪婪的客体区分开来。在主体内，我们区分灵魂的罪和身体的罪；人类欲望的对象可以归纳为三大领域：物质事物、邻舍和上帝。

---

[3] 中注：英文perfection为复数时，乃指向上帝的神圣属性，但是与英文attribute的不同点在于，perfections强调神圣属性的完美合一。中译本采用"圆性"为译名。"圆"意为"圆满、完美、合一"；"性"则指向上帝众多的属性。

§8. 人性中上帝形像的破坏[4]

我们知道按照上帝最初的观念（idee），在正直的状态下成为人的意义是什么；我们也知道现在我们身为罪人在现实中是什么。这里我们不讨论罪的起源、本质和性质，也不讨论罪所带来的与上帝的关系的改变，即罪疚与罪罚。[5] 这一切在此都已假定，并就我们目标所需的范围而予以讨论。维尔玛将整个罪论纳入到他的《伦理学》中，这是不正确的。[6] 尽管如此，罪必须予以讨论。这不同于今天许多伦理

---

[4] 英注：本标题反映了巴文克所建议的术语组合。手稿本身简单地写着"旧人"（De oude mensch）；行间插入的一句话建议用"自然的"（natuuurlijke）代替"旧"，边上的注释建议用更长的主题："罪对人性中上帝形像的破坏，或'堕落的人类'"（Den verwoesting van het beeld Gods in den mensch door de zonde. Of: de gevallen mensch）。

[5] 参 *RD*, 3:25-192 (chaps. 1-4)。

[6] 参Vilmar, *Theologische Moral*, 1:119-392；维尔玛的《罪论》（Lehre von der Sünde），他又称其为《病史》（Krankheitsgeschichte），分为两部分：§§9-16《普通罪的教义》（Lehre von der Sünde im Allgemeinen），以及§§17-34，《罪的外表（关于罪）的教义》（Lehre von der Sünde in der Erscheinung [von den Sünden]）。前者又进一步细分为"堕入罪中"（Sündenfall）、"罪的术语"（Namen der Sünde）、"普通罪的性质和本质"（Begriff und Wesen der Sünde im Allgemeinen）、"罪的起源"（Ursprung der Sünde）、"论试探"（Von der Versuchung）、"罪的后果"（Folgen der Sünde）、"罪疚"（Schuld）、以及"原罪"（Erbsünde）。第二部分进一步分为"罪的实质性划分：三个罪圈"（materialle Einteilung der Sünden: Drie Sündenkreise）、"罪的形式性划分"（Formelle Einteilungen der Sünden）、"论肉体的罪"（Von den Fleischessünden）、"论关于眼目情欲的罪"（Von den Sünden der Augenlust）和"论骄傲的罪"（Von den Sünden des Hochmuts）。

学家所做的那样，将其抛之脑后，或仅仅是一笔带过。我们的先辈们对这个问题处理得更好。[7] 例如，我们必须考虑我们因着那罪而变成了什么 —— 正如在上帝的圣言中所启示给我们的。此外，我们需要在生活各个领域考察罪对人类的影响。最后，必须对本罪进行识别、分类和讨论 [罪的系统（systeem der zonden）]。

1. 第一宗罪及其后果

因此，我们在伦理学中首先要问的是罪对人身为人的影响。当亚当和夏娃被一个**有位格的生命**（persoon）诱惑时，罪就在人类意识中出现，并由意志完成。[8] 他们借那个行为违背了上帝，藐视祂的爱。但是，这一行为怎么能在他们身上带来如此剧变，对他们产生如此强大的影响，以至于他们突然成为不圣洁、罪人、无力、堕落的男女，在肉体和灵性上是死亡的呢？为什么在此行为之后，他们无法恢复自己的意识和意志，也无法重新变为善？这是一个很重要的问题，但往往没有予以思考！

对人类和天使来说，第一宗罪是一个行为，一个自由、有意识的行为；不是一种感觉、印象或感知（gewaarwording），而是一个行为。这一行为包括四个方面。（1）夏娃允许蛇操纵她的意识，允许怀疑渗入她的意识，并允许自己被幻想所迷惑，即她可以有所改变，就像她感觉因为她的善是可变的（mutabiliter bona），所以自己可以有所改变。（2）通过骄傲，她被引向：a. **否认**罪的后果："你们不一定死"（创三 4）；b. **否认**罪本身："你们的眼睛就明亮了"（创三 5）；c. 把罪**转移**到上帝自己身上："上帝要亲自使你们自由；你们要如同上帝一样"（创三 5）。（3）被骄傲所感染，她的意志现在有了倾向性，她就转身向树上看去（创三 6），看到的是：a. 好作食物 — 肉体的情欲；b. 悦人的眼目 — 眼目的情欲；以及 c. 使人智慧的欲望 — 今生的骄傲。[9]（4）夏娃犯了罪。

---

[7] 例 Driessen, *Evangelische Zedekunde*; Lampe, *Schets der dadelyke Godt-geleertheid*; Buddeus, *Institutiones Theologiae Moralis*; and Mosheim, *Kern uit de zede-leer der Heilige Schrift*.

[8] Kuyper, *Work of the Holy Spirit*; Kuyper, *Concise Works of the Holy Spirit*, 65-69 (1.4.13); 本章最初出现在 *De Heraut*, no. 309 (November 25, 1883).

[9] 英注：第3条中的描述是来自《约翰壹书》二16："因为，凡世界上的事，就像肉体的情欲、眼目的情欲，并今生的骄傲，都不是从父来的，乃是从世界来的。"

然后，我们看到，罪通过**意识**而进入，作用于**想象**，引起**渴望**，达到唤起的理型（ideaal），最后在想象力的影响下并通过**感官**感知到它，然后**抓住**它。因此，在行为完成之前，一个完整的过程在人里面瞬间发生。整个人在灵、魂、体、意识、感觉和意志上都受到它的影响。[10] 这一过程如《雅各书》一 14-15 所述："但各人被试探，乃是被自己的私欲牵引诱惑的。私欲既怀了胎，就生出罪来；罪既长成，就生出死来。"[11] 这仍然是每一个【当下具体的】（dadelijke）罪的起源。我们的意识在怀疑的攻击下，构思出一个观念，然后我们的想象力把这个想法变成一个理型。我们的感官在感官世界中赋予这个理型以形式，而我们的意志则试图抓住它。因此，这一个罪的行为是全人的行为，我们所有的力量和能力都在不同程度上参与其中。

但是，不仅如此。这一行为（尽管没有立即重复）在人性里面留下了**一种状况或状态**（toestand），所有的伯拉纠主义者都否认这一点。对他们而言，罪是一种意志的行为，不影响犯罪的人；人是保持不变的，后来也可以同样容易地选择行善。因此，罪只存在于行为中，人的自我始终保持纯洁。于是，贝拉明可以如此说："所有的罪都是自愿的（omne peccatum est voluntarium）。"[12] 甚至有人声称，新约中的"罪"（ἁμαρτία）一词只是指这种个别犯罪行为。但《罗马书》七 8-11 清楚告诉我们，罪是一种内住于人里面的内在活跃力量；在七 17-20 中，它被称为"住在我里面的罪"（ἡ οἰκοῦσα ἐν ἐμοὶ ἁμαρτία）。此外，在七 23 中，使徒提到了"在我肢体中的罪的律（νόμος ἁμαρτίας）"。[13]

亚当和夏娃的那一个罪行已经带来了全人的转变：意识、感觉和意志。那是违背律法（ἀνομία；约壹三 4），不顺服上帝，犯了律法，把自己置于既定的界限之外，弃绝对上帝的依靠，拒绝上帝的主权，把自己与上帝等同而作自己的上帝。因此，它包含两个要素。（1）**背离**上帝，仇视上帝，憎恨上帝，蔑视上帝，不肯降服——

---

[10] 英注：巴文克在页边旁注增加了 "Kempis, De Implicione Christi I:13" 和 "primo occurrit menti simplex cogatio, deinde fortis imaginio, postea delectatio et motus pravus et assensio"（首先，脑海中浮现出一个单纯的想法，然后是强烈的想象，接着是快乐、邪恶的喜悦，以及同意）。Kempis, *Imitation of Christ* 17.

[11] Vilmar, *Theologische Moral*, 1:121-122.

[12] J. Müller, *Christian Doctrine of Sin*, 1:194-199; 2:259-306. 英注：罗伯特•弗朗西斯•罗慕斯•贝拉明（Robert Francis Romulus Bellarmine, 1542-1621 年）是耶稣会的红衣主教，也是在特伦特大公会议（1545-1563 年）上就所建立的基督公教正统的伟大捍卫者。他最伟大的护教作品是《为基督教信仰中争论议题的辩论》（*Disputationes de Controversiis Christianae Fidei*）。

[13] J. Müller, *Christian Doctrine of Sin*, 1:194-195.

换言之，不将自己交托给上帝。（2）**转向自我**，献身于自我，降服于自我 —— 换句话说，自私 — 对上帝以外事物的爱慕，即对自己的爱；自我神化，自我荣耀，自我崇拜。因此，第一个行为涉及一个**状况**或**状态**的转变，即人类从上帝那里转向（被转向）被造物。因此，这个行为是一种立即的、不可否认的状态的变化；它的存在方式不同，和上帝的关系与以前也不同，与上帝的关系发生了转变。

现在问题来了：这是暂时的，还是永久的状态？人类有能力、也愿意结束这一切吗？这是不是一种人类可以改变的自然状态，就像最初正直的状态被改变一样？伯拉纠认为是可以的；罪只有作为习惯的结果才会有力量。然而，我们认为，这是不可能的。因为通过这一行为，意志已经与上帝处于完全不同的关系，且无法改变。意志失去了其真实的、实质的自由（见下文）。《圣经》将因罪而改变的人称为"**旧人**"或"**老我**"（罗六 6；弗四 22；西三 9），也将人称为**肉体**（创六 3，12），因为"从肉身生的就是肉身"（约三 6）。这种语言尤其是保罗的特点（罗七 5，18，25；八 1-13；九 8；林前一 26；十五 50；林后七 1；十 2-3；十一 18；加二 20；五 13；弗二 3，11；西二 11）。描述堕落之人状况的语言包括"罪**身**"（罗六 6；参 12；八 10；西二 11），"**自然的人**"（natural person；林前二 14；十五 44，45；雅三 15；犹 19），以及"生来就是**该受惩罚的人**"（弗二 3）。这里的"自然的人"与"属灵的人"形成对比（林前二 15）。

2. 在罪之下的生命的圣经术语

（1）"老我"

让我们从"旧人"或"老我"（ὁ παλαιὸς ἄνθρωπος）的表述开始更详细地研究这些术语。这指的是堕落之人，与在基督里重生的"新我"（ὁ καινὸς ἄνθρωπος）形成对比。因此，我们这里有在罪中堕落之人的状态，或者用另一个术语"肉体"（σάρξ）来表述。然而，有一个不同之处，即"老我"和"新我"各自分别从肉体的活动和圣灵的活动中流出。换句话说，它们是人性本身的现象、表现；一种是堕落的本性，另一种是在基督里的新本性。

（2）"肉体"

现在让我们来思考《圣经》中"**肉体**"（σάρξ）一词。[14] 亚蒙（Ammon）、鲍尔（Baur）、豪斯拉特（Hausrath）和普莱德里尔（Pfleiderer）[15] 都认为保罗是一个二元论者，因为他认为罪有其根源，并存在于感官享受与物质中。但这与以下事实直接相冲突。（1）在保罗看来，身体是主的殿，其所有肢体都必须献给主（罗六 13，19；十二 1；林前六 13，15，19-20）。保罗如果是二元论者，这就会与他所持有的属灵主义（spiritualism）冲突。《哥林多前书》六 13 甚至说身体是"为了主，主也是为身体"。（2）保罗在《哥林多前书》十五章中教导了身体的复活。（3）保罗绝对不是苦修主义者，他认为婚姻是神圣的，所有的食物都是好的（西二 16；提前四 4）。（4）耶稣也有肉身，但保罗说，祂是圣洁的（林后五 21），尽管祂是由女人所生（γενόμενος ἐκ γυναικός；加四 4；参 罗九 5）。（5）保罗也接受完全没有肉身的恶灵的这一观念。

此外，保罗使用"肉体"一词排除了罪源于感官享受。对于保罗来说，σάρξ 这个词在通用希腊文和《七十士译本》中有相同的含义，与希伯来文 בָּשָׂר 相同。

（1）它可以指我们身体的实质，物质性的东西（林前十五 39）；所有"肉体"并不都是同一种肉体。

（2）它可以指身体本身，与人的"灵"（πνεῦμα；שְׁאָר בַּל חוּר.）形成对比，就如《歌罗西书》二 5："虽然我身体不在你们那里，心却与你们同在。"（参 林前五 3；林后七 5）。或也可以与"心"（καρδία）作为对照而使用（罗二 29；弗二 11；腓一 22）。

（3）与通用希腊文中的 σάρξ 相比，旧约中对 בָּשָׂר 的使用更为广泛，指地上一切有感官生命的受造物，地上的受造物等，特别是人类。通过将受造物的弱点、缺陷和短暂性与上帝的永恒性相比，σάρξ 强调受造物与上帝的区别（特别见 申五 26；耶十七 5；诗五十六 4）。这种用法在保罗著作中很少出现（罗三 20；加二 16；林前一 29）。

（4）但是，保罗现在将 σάρξ 的概念延伸到旧约的使用范围之外，并将其转

---

[14] 见 Cremer, *Biblico-Theological Lexicon*, s.v. "Σάρξ"; Cremer, "Fleisch"; J. Müller, *Christian Doctrine of Sin*, 1:321-323; Martens, "Israëlietische leerwijze bij Paulus"; Ernesti, *Die Ethik des Apostels Paulus*, 32。

[15] 英注：Ammon, *Handbuch der christlichen Sittenlehre*; Baur, *Paul the Apostle*; Hausrath, *Der Apostel Paulus*; Pfleiderer, *Paulinism*.

变为一个伦理概念，即表明一种转离上帝而转向世界的一般生活导向。我们从中得到诸如"属乎肉体的"（δὲ σάρκινός；罗七 14），"属肉体的"（ἐν σαρκὶ ὤν；罗八 8），"顺从肉体活着"（κατὰ σάρκα ζῆν；罗八 13），"在血气中行事"（κατὰ σάρκα περιπατεῖν；林后十 2-3；参 林前三 3）等术语和表达方式。因此，保罗思想中肉体的概念与约翰所说"世界"的"情欲"（ἐπιθυμία τοῦ κοσμοῦ；约壹二 16）是一样的。也就是说，这就是属世的心思，一种趋向受造物而非造物主的欲望。在这个意义上而言，"肉体"（σάρξ）是与"灵"（πνεῦμα）相对立的，但不是与人的灵（τὸ πνεῦμα ἀνθρώπου）相对立；人的灵是自然、被造的人类实在（西二 5）。人的灵也是有罪的，易被腐化（林前七 1），因而必须被圣化，就像人的"魂"（ψυχή）和人的"身体"（σῶμα）必须被圣化（罗十二 1-2；林前七 34；弗四 23；帖前五 23）。相反，"肉体"是与上帝的灵（τὸ πνεῦμα τοῦ θεοῦ）、圣灵（τὸ πνεῦμα ἅγιον）相对立（罗八 3-9）。保罗在《罗马书》八章中继续用扩展性表述来描述这种冲突："肉身"对立于"在……基督耶稣里赐生命圣灵的律"（ὁ νόμος τοῦ πνεύματος τῆς ζωῆς ἐν Χριστῷ Ἰησοῦ；第 2 节）、"上帝的灵住在你们心里"（πνεῦμα θεοῦ οἰκεῖ ἐν ὑμῖν；第 9 节）和"那叫耶稣从死里复活的灵"（τὸ πνεῦμα τοῦ ἐγείραντος τὸν Ἰησοῦν ἐκ νεκρῶν；第 11 节）。因此，在《罗马书》七 6 中，"按着圣灵的新样"（καινότης πνεύματος）被定为与"仪文的旧样"（παλαιότης γράμματος）相对立。要"被圣灵引导"（ἄγεσθαι τῷ πνεύματι；加五 18；参 5，16-17，22）当然与"被上帝的灵引导"（ἄγεσθαι τῷ πνεύματι θεοῦ；罗八 14）是相同的。因此"肉体"不是与人的灵相对立，而是与上帝的灵相对立，即使人的灵是上帝的灵的居所（罗八 9，16）。保罗特别在《罗马书》和《加拉太书》五 13-25 中描述了肉体和灵之间的这种对比。在这些经文中，"肉体"描述了在罪之下的整个人类生活的状态，以属世的事物为导向。在肉体所结的果子中（加五 19），不仅提到了奸淫和通奸，还提到了拜偶像、纷争、恼怒、争吵和异端，这些纯粹都是属灵的罪。

（5）因此，保罗最终能够接受"肉体"与罪之间最紧密的联系。他所说的"罪身"（σὰρξ ἁμαρτίας；罗八 3）和身体指的是"肉体的情欲"（σῶμα τῆς σαρκός；西二 11）。身体不是罪的来源，而是罪的居所；实则是"在我里头的罪"——也就是说，在我的身体里（罗七 20）。事实上，"体贴肉体的，就是与上帝为仇"（τὸ φρόνημα τῆς σαρκὸς ἔχθρα εἰς θεόν；罗八 7），因为它不顺服律法，也不能顺服律法。这里的"肉体"指的是我们生命的罪恶、肉体的、受造物性的方向和方式。

保罗使用 σάρξ 指向背离上帝的人类，敌对上帝和祂的灵，无法独自结出任何好的果子。这也意味着罪就在于转离上帝、转向受造物，罪也必须由我们面向上帝的关系来衡量。保罗对 σάρξ 的使用不可以、也不能从人类学的角度或通用希腊文来解释，而只能作为希伯来文 בָּשָׂר 的概念的扩展，并从保罗自己的宗教意识的深处来解释。

（3）"自然的活人"

【现在我们转向人类作为自然的活人的新约语言。关键术语是"魂"和魂用来修饰"人"或"人类"的形容词形式：ἄνθρωπος ψυχικό, ψυχή, נֶפֶשׁ。】[16] 这些词是指：（1）生命、呼吸、单一生物的生命，或（2）作为个体、作为一个人的生命本身。

现在"魂"（ψυχή）是主体，是生命在个体生命中的载体，但"灵"（רוּחַ；πνεῦμα）是生命的基础，是生命的原则。人**有**灵（רוּחַ），却**是**一个活着的魂（נֶפֶשׁ）。因为上帝向我们吹入了"生命的气息"，生命的原则（levensbeginsel；רוּחַ），因此我们成为"活人"（נֶפֶשׁ חַיָּה）。与身体结合的灵（רוּחַ）使之成为有生命的人（נֶפֶשׁ）。这就是为什么保罗说"首先的人亚当成了活人（ψυχὴν ζῶσαν）"，而"末后的亚当成了叫人活的灵（πνεῦμα ζῳοποιοῦν）"（林前十五 45）。因此，魂将我们作为人类的独特之处刻画出来了。同样，在新约中，魂（ψυχή）本身也带有灵（πνεῦμα）的含义，是灵的外显和表观（腓一 27）。因此，"魂"（ψυχή）只能归于人的灵，而"灵"（πνεῦμα）也用于上帝和天使。虽然魂和体可以彼此分开，但灵和魂只能区分，魂并不能脱离灵而存在。"身体"（σῶμα）是由"魂"（ψυχή）所激活的物质有机体；它的实质、物质就是"肉体"（σάρξ）。"肉体"只指属地的事物；"身体"也可应用于天上的物体（如太阳等；林前十五）。

我们现在来谈谈希腊文中"魂"这个词的派生形容词 ψυχικός。该词意思是"活着"或"有魂"，指向人的**自然**生命。在新约中，"自然的"（ψυχικός）不是与"身体的"（σωματικός）相对立，而是与"属灵的"（πνευματικός）相对立，也就是与有上帝的灵并活着的人相对立。人是"有灵的活人"（林前十五 45）。因此，被魂所激活的（ψυχὴ ζῶσα）身体是"自然的身体"（σῶμα ψυχικόν；44 节），但基督是

---

[16] 中注：此句乃英译本修订扩充而成，荷文版此处只有这三个希腊文和希伯来文单词；见荷文版85页。

一个赐生命的灵（πνεῦμα ζῳοποιοῦν），因此在复活中和复活后都有一个属灵的身体（σῶμα πνευματικόν）。亚当有一个"自然的身体"（σῶμα ψυχικόν），他是"从地上"（χοικός）来的，有一个依靠吃、喝等来维持生命的可朽之躯。但基督有一个属灵的身体，在圣灵的滋养下，不断地使之保持生命。在这里，"自然的"当然不包括罪；在基督复活之前，他也有一个"自然的身体"（σῶμα ψυχικόν），一个亚当一样的身体，但没有罪。此外，"自然的"这一概念并不排除亚当拥有"灵"。相反，当上帝将"灵"（πνεῦμα）吹入他体内时，他首先成为一个有生命的魂。但那灵并不立即成为身体的生命原则（levensbeginsel），因为魂才是它的力量。因此，灵只是间接途径。因此，"自然的"（ψυχικός）有别于"属灵的"（πνευματικός），前者先于后者（林前十五46）。

《哥林多前书》二14中的对比是不同的。在那里，不是第一亚当和第二亚当之间的对比，而是"属魂的"人和"属灵的"人之间的对比。[17] 属魂的或自然的人还没有重生，还没有领受上帝的灵。这些人是被描述为"自然的"人，是由他们的魂、他们自己的心思和意志，而不是由上帝的灵来定义的人。马丁路德将 ψυχικός 译为"自然的"；这在字面上是不正确的（因为这样的话，文本应该读成 φυσικός = naturalis；ψυχικός = animalis），但想法是正确的。自然的事物（ψυχικός）本身不是有罪的（ἁμαρτωλός），也不是肉欲的（σαρκικός）。毕竟，亚当也是一个自然的人。但是，虽然属魂的人（ψυχικός），即那些以魂而不是以上帝的灵来定义自己的人，与属灵的人（πνευματικός）形成对比，但属魂的人**实际上**是未重生的、有罪的人，可以说是"自然的"，现在被理解为属肉体的（σάρκινος；林前三1），与属灵的人形成对比。同样，《犹大书》19节论及"自然的人"（ἄνθρωποι ψυχικοί）或"属世的人，没有灵的人"（πνεῦμα μὴ ἔχοντες）。这些人与他们的本性没有什么区别。他们确实有人的灵（πνεῦμα），否则经文会说"没有灵"（μὴ πνεῦμα）；但是，他们缺乏应有的上帝的灵。用《雅各书》三15的话来说："这样的智慧不是从上头来的，乃是属地的（ἐπίγειος），属情欲的（ψυχικός），属鬼魔的（δαιμονιώδης）。"

---

[17] 英注：然而，《哥林多前书》二14和十五46都用了同一组对比性形容词，ψυχικός（属魂的、自然的）和πνευματικός（属灵的）。在十五46中，现代译本将πνευματικόν译为"属灵的"，但在ψυχικόν的翻译上有所不同。大多数翻译为"自然的"（ESV, KJV, NIV, NLT），但有些选择"属肉体的"（RSV, NRSV, CEV）。巴文克接受"自然的"这个译名，尽管从字面意思上看并不正确。但他指出，φυσικός通常用于"属肉体的"。为了强调巴文克在这里的观点，我们引入了"属魂的/心理的"（psychical）这个译名。

现在，每一个自然的人（ψυχικός）当然都是属肉体的（σαρκικός），但不是每一个属肉体的人都可以说是"自然的"；因为"肉体"也适用于那些允许自己被肉体支配的归信者，就像《哥林多前书》三章所说的那样（林前三）。

（4）关于"自然的"或堕落之人的经文

《圣经》关于这些自然的人对我们有何教导呢？我们首先从一般术语来考量这一点。[18]

1. 我们人类的**魂**（ziel）、**灵**（geest）、**心**（hart）、以及**我**（Ik）不位于我们本质（wezen）的边缘，而是渗透到我们的内在核心。[19] 在《圣经》中，心是我们知识、感觉、意志的中心，是我们良知的居所，由心"发出一生的果效"（箴四23）。这心和它一切的想象在本性上都是邪恶的："耶和华见人在地上罪恶很大，终日所思想的尽都是恶。"（创六5）"愚顽人心里说：'没有上帝'。他们都是邪恶，行了可憎恶的事；没有一个人行善。"（诗十四1）"人心比万物都诡诈，坏到极处，谁能识透呢？"（耶十七9）我们有石心（结三十六26）。《马太福音》十五19 清楚表明："因为从心里发出来的，有恶念、凶杀、奸淫、苟合、偷盗、妄证、诽谤。"因此，心必须被更新（结十八31）、洁净（徒十五9），并透过在基督里的信心而被保守（腓四7）。因此，这心的表面、底部都是败坏的，是一个不纯洁、肮脏的源泉。这就是为什么一切人的能力也都是败坏的：它们是这心的外表。

（1）**心思**（verstand）[20] 在属灵的事上是昏昧的："他们心地昏昧，与上帝所赐的生命隔绝了，都因自己无知，心里刚硬"（弗四18；参 五8）。我们不认识上帝："耶和华说：我的百姓愚顽；不认识我；他们是愚昧无知的儿女，有智慧行恶，没有知

---

[18] 参 van den Honert, *De mensch in Christus*, 49-84; Vitringa, *Korte schets* (chap. 16, pp. 327-356 讨论了属灵的死); Driessen, *Oude en nieuwe mensch*, 44-73; Mosheim, *Kern uit de zede-leer der Heilige Schrift*, 1:17-125 (I.i); Love, *Theologia Practica*, 505-564; Vilmar, *Theologische Moral*, 1:179-194; van Mastricht, *Theoretico-Practica Theologia*, I.iv.4, §§7-22 [2:328-336]; Borst, *Geestelicke geness-konst*, 130-139. 英注：巴文克旁注补充："这里也是κόσμος的概念。"关于我们引用van Mastricht's *Theoretico-Practica Theologia*的格式的解释，见引言§1<改革宗教会>中的扩展注释。卷号和页码来自于1749-1753年巴文克使用的荷文版本。
[19] Cremer, "Geist des Menschen"; Kuyper, *Principles of Sacred Theology*.
[20] 英注：巴文克在页边注中添加了以下经文参考：林前一23-24，二14；林后十一3；加一6-7；罗一21-23；约十六2。中注：英译本此处用"mind/understanding"（心思/悟性）来解释荷文verstand。中译本通篇采用"心思"作为荷文verstand的中译名。

识行善。"（耶四 22）因此，心思必须由圣灵光照（诗一百一十九 18；林后四 3-6）。
"然而，自然的人（natuurlijke mens）不领会上帝圣灵的事，反倒以为愚拙，并且不能知道，因为这些事惟有属灵的人才能看透。"（林前二 14）"我们从前也是无知、悖逆、受迷惑、服侍各样私欲和宴乐，常存恶毒嫉妒的心，是可恨的，又是彼此相恨。"（多三 3）"愚顽人心里说：'没有上帝。'"（诗十四 1）在《圣经》中，愚昧被准确地理解为缺乏神圣的洞察力、知识、智慧。心思已经偏离了上帝，转向受造物。我们确实有一些上帝的知识，但只是作为一种图像，而不是实在。未重生的人把真理看成是图像，一幅画；重生的人把真理看成是上帝祂自己，并印在心里。前者的知识使人冷漠，并不滋养人（像画上的果子一样），后者的知识则会带来生命。[21] 我们现在对上帝的观念，或多或少总是错误的。

（2）**意志**也完全被罪所败坏。[22] "原来体贴肉体的就是与上帝为仇，因为不服上帝的律法，也是不能服。"（罗八 7）《罗马书》七 15："因为我所做的，我自己不明白；我所愿意的，我并不做；我所恨恶的，我倒去做。""我们从前也都在他们中间，放纵肉体的私欲，随着肉体和心中所喜好的去行，本为可怒之子，和别人一样。"（弗二 3）然后，在新约中还有些地方，我们被称为"罪的奴仆"："我们原晓得律法是属乎灵的，但我是属乎肉体的，是已经卖给罪了。"（罗七 14；参 约八 34）

现在，意志的能力本身并没有因罪而丧失，即使在堕落之后，它的自发性和自由仍然存在。但是，意志总是听从心思。心思首先要知道事物，接着再把它呈现给意志，然后再由意志去争取。心思必须是首先的，因为否则意志就不是意志，而是一种不知情的、非道德的、动物的本能。[23] 心思判断事物，然后作为实践理性（ratio practica）、良知而断其善或恶。当理性认为它是好的，就唤醒意志，否则就会反对。在堕落之前，心思是善的，因此能很好地进行分辨，使意志渴慕良善。意志是完全良善的，而且倾向于行善。此外，意志以如此方式被造，以至于它自然跟随善；这是意志的自然属性，而不是附加的恩赐（donum superadditum）。意志本身曾是圣洁、公义的，因此是真正自由的。这才是真正意义上的"意志"。然而，在堕落之后，

---

[21] Driessen, *Oude en nieuwe mensch*, 49.
[22] 根据 De Moor, *Commentarius Perpetuus*, 2:1052-1054，参引埃蒂安·高森（Étienne Gaussen）。英注：高森（卒于1675年）在1664-1675年间为索姆尔大学（University of Saumur）的神学教授，1664-1675年。
[23] 英注：参Bavinck, *Beginselen der psychologie*, 54-74, 160-178.

心思就昏暗了，不能阐述何为真正属灵的善，不知道上帝的事，也不知道什么对自己有益。如今，仍作为意志的意志跟随那个错误、游荡的心思，渴慕表面的良善。如今，意志跟随那个被夏娃融入她意识的错误观念，将自己从所被根植的土地上挣脱，失去了它的实际、真实、天生的自由。然而，所剩下的是意志的能力，它可以自发、不受胁迫地跟随心思指定为良善的事物。

【因此，由于人的堕落，意志的能力仍然存在，但丧失了其曾经拥有的伦理性的属性和自然就拥有的属性；此属性对于意志而言是本质性（essentieel）和实质性的（substantieel）。】[24] 因此，无论是在堕落之前还是之后，意志都不是中立的。从前，它自愿跟随善；如今，它自愿跟随昏暗的心思。从前，它享有真正、实际的自由，而现在只有形式上的自由。有时候，意志只是中立，比如当我们的心思评估事物时，发现支持和反对它的理由一样多，于是就不知道什么是善，什么是恶了。在这种情况下，意志当然处于两者之间，是不能作出选择（例如职业）。但这是意志的缺陷，并非美好。如果我们没有立即看到何为善，即使经过长时间的考虑也无法知道，那么这是我们心思和意志中的一大缺陷。[25] 意志所拥有的这种形式上的自由等同奴役。意志自愿跟随昏昧的心思，服侍罪恶和撒旦。由此可知，意志不能一次向善，而下一次向恶。然而，伯拉纠认为这是可能的，因为他认为意志是未被影响的、完好无损的、完整的。意志如今却无法行善，原因有二。（a）意志跟随昏昧的心思，因此必须首先将另一种思维方式带入意识之中。也就是说，必须要有圣灵的开悟（enlightenment）。（b）意志本身已经脱离了实际的真正自由，失去了与生俱来的、原初向善的倾向，并且此倾向调转了方向；于是，意志倾向于恶，并以恶为目标。意志在道德上依附于邪恶（就像一只羊渴望绿色的嫩枝），因此必须要被扭转，重新定位，重新创造，将新的神圣力量注入其中。[26] 当然，它的无能力正是罪的结果："古实人岂能改变皮肤呢？豹岂能改变斑点呢？若能，你们这习惯行恶的便能行善了。"（耶十三 23；参 创六 5，8，21；约十五 8；罗七 7–15）我

---

[24] De Moor, *Commentarius Perpetuus*, 2:1052-1054. 中注：见荷文版87-88页。
[25] 中注：巴文克在此句末尾加上了希腊文ἀδιαστασία。荷注：Ἀδιαστασία意思为连续性（*A Greek-English Lexicon*, Compiled by Henry George Liddell and Robert Scott, [...] Oxford 1968, s.v. ἀδιαστασία: continuity）。巴文克此处的意思不明。难道他写错了？巴文克本段所参考的资料（Bernhardinus de Moor, *Commentarius, Pars Secunda*, 1052-1054）中并未有希腊文ἀδιαστασία。但是在1054页出现了希腊文ἀδυναμία，意思是"无能力、虚弱、无能"。就此处内容而言，ἀδυναμία在这里更适切。
[26] 《多特信条》，第三与第四项教义，否决第六项错谬。

们"堕落到完全不能行任何善，并倾向于一切的恶"。[27]（见下文关于人还能行的善事）。

【（3）**感情**（gevoel）以及仇恨、忿怒、爱等激情，也因罪而混乱。】[28] "惟独恶人好像翻腾的海，不得平静；其中的水常涌出污秽和淤泥来。"（赛五十七 20；参 彼后二 18-19）在实际上和实质上，这些激情并非有罪。罪也不是只出现于这些激情的无节制中；若然，克己和节制就足够了，斯多亚主义就会产生最好的道德。相反，罪出现在这些激情的方式、方向上；它们的形式是错误的。它们都被激活、形成，不是因为爱上帝，而是因为自私。私欲（concupiscentia）便是它的形成原则（罗七 10 "诫命"）。这一方面意味着，灵和身体存于感情之居所的魂中的客体/图像（objecten/beelden）是不洁的、罪恶的、腐败的。另一方面，这意味着感情本身也是腐败的，反映出不洁，是模糊浑浊的。因此，激情在主观运动上以及与其相关的客体上是不规则的，不稳定的，不一致的。

2. **身体**（lichaam）也被罪玷污。这是一个"作罪的奴役"的身体（罗六 6），也是受死的身体（罗七 24）。罪在它里面翻腾，影响它；死亡和腐朽也在它里面表现出来。这肉体，即身体，不是罪的源头，因为那样的话，苦修主义就是救赎。但堕落后的身体是有罪之魂（心思、意志、情感）的工具。人类如今为罪而滥用身体，把身体当作不义的工具（罗六 12-13），作为自己欲望的工具。也就是说，罪从意志中流出，经由身体流向外部，并呈现出形式。并且，在逆向的次序上，我们通过身体与世界相交；身体通过它的感官总是为它的欲望提供新的营养。罪通过身体由内而外并由外而内作工。这一切都通过身体的器官发生。

眼睛不能看见（太五 29，十八 9），因为"他们二人的眼睛就明亮了"（创三 7），眼睛就再也不能看见了（申二十九 4；罗十一 8）。它们是高傲的眼（诗十八 27，一百零一 5；箴六 7）、罪恶的眼（箴二十八 27），并不满足于所见到的（传一 8），并且是瞎眼的（赛三十五 5，四十二 7），充满了奸淫（彼后二 14）和情欲（约一二 16）。因此，眼睛必须要予以开悟："耶和华的训词正直，能快活人的心；耶和华的命令清洁，能明亮人的眼目。"（诗十九 8）"耶和华开了瞎子的眼睛。"（诗一四六 8 上）"瞎子的眼睛必被睁开。"（赛三十五 5 上；参 四十二 7）

耳朵听不见："但直到今天，耶和华还没有赐给你们一颗明白的心，也没有赐

---

[27]《海德堡要理问答》主日3第8项问答。
[28] 中注：见荷文版88页。

给你们看的眼，也没有赐给你们听的耳。"（申二十九 4）"有耳却不能听"（诗篇一百一十五 6 上；一百三十五 17 上；耶五 21）；"眼看看不饱，耳听听不足"（传一 8）。耳朵发沉（赛六 10；撒上七 11），必须开通："那时，瞎子的眼必睁开；聋子的耳必开通"（赛三十五 5）；"主耶和华开通我的耳朵；我并没有违背，也没有退后"（赛五十 5）。[29]

手慢而软弱，可能会使我们跌跌撞撞："你们要使软弱的手坚壮，无力的膝稳固"（赛三十五 3；参 来十二 12）；"倘若你一只手，或是一只脚，叫你跌倒，就砍下来丢掉"（太十八 8；可九 43）。因此，手必须要强壮，要洁净，要高举："你们亲近上帝，上帝就必亲近你们。有罪的人哪，要洁净你们的手！心怀二意的人哪，要清洁你们的心。"（雅四 8；参 诗二十四 4）

脚站立不稳（诗三十八 17；九十四 18；一百二十一 3），奔跑行恶（箴一 16），转向邪恶（箴四 27；六 18；赛五十九 7），使人犯罪（太十八 8），飞跑并杀人流血（罗三 15）。因此，它们必须转向上帝的法度（诗一百一十九 59），远离行恶（诗一百一十九 101），要以上帝的话为脚前的灯（诗一百一十九 105）。他们应被引到平安的路上（路一 79）。

颈项刚硬，转离上帝："所以你们要将心里的污秽除掉，不可再硬着颈项"（申十 16；参 王上十七 14）；"因为我素来知道你是顽梗的 —— 你的颈项是铁的；你的额是铜的"（赛四十八 4）；"我们列祖犯了罪，行耶和华 —— 我们上帝眼中看为恶的事，离弃祂，转脸背向祂的居所"（历下二十九 6；参 耶二 27，十七 23，十九 15）。

舌头是一个邪恶的工具：不义和欺骗（伯二十七 4；诗一百零九 2；一百四十 3；弥六 12；雅三 5-8），阿谀奉承（诗五 9；箴六 24），夸口（诗十二 4；箴言六 24），诽谤（诗十五 3），罪恶（诗三十九 1），邪恶（诗一百四十 11），说谎（箴六 17，二十六 28；耶九 3，5）。它可以说是敌对耶和华（赛三 8），而且锋利，像致命的箭一样（诗六十四 3；一百四十 3；耶九 8），所以要在永火中受惩罚（路十六 24；启十六 10-11）。最重要的是，舌头必须防备邪恶（诗三十四 14），必须宣告上帝的公义（诗五十一 15；七十一 24）。然后，"义人的舌乃似高银"（箴十 20），"是生命树"（箴十五 4），要"歌唱"（赛三十五 6；参 三十二 4；徒二 26；罗十四 11；彼前三 10）。

---

[29] 英注：以下关于手、脚、颈、舌、额、口、鼻、膝的段落都做了修改，有些地方还进行重新编排，以利于流畅和易读。

同样的，**额头**也反映人心：表现出顽梗，被形容为是铜做的（赛四十八4），或像火石一样坚硬（结三 7-9）。不忠也在额头上显明出来："因此甘霖停止，春雨不降。你还是有娼妓之脸，不顾羞耻。"（耶三3）额头上的名字可以看出一个人的真实身份："在她额上有名写着说：'奥秘哉！大巴比伦，作世上的淫妇和一切可憎之物的母。'"（启十七5）因此，义人的额头必被盖印："地与海并树木，你们不可伤害，等我们印了我们上帝众仆人的额。"（启七3；参 九4，十四1）上帝的名字必须写在他们额上："也要见祂的面。祂的名字必写在他们的额上。"（启二十二4）

嘴傲慢地说："满口是咒骂、诡诈、欺压，舌底是毒害、奸恶"（诗十7）；"他们的心被脂油包裹；他们用口说骄傲的话"（诗十七10）；"他们大大张口攻击我，说：阿哈，阿哈，我们的眼已经看见了"（诗三十五21）；"满口是咒骂苦毒"（罗三14）。因此，必须用嚼环勒住嘴巴（诗三十九1），使嘴能称颂上帝（诗三十四1；五十一15；七十一8；一百零九30），污秽的言语一句都不出口（弗四29；西三8；雅三10）。

鼻子可以表示骄傲：恶人扬起鼻子（诗十4等）。[30]

膝盖软弱，就显示出灵命的缺乏："所以，你们要把下垂的手、发酸的腿挺起来。"（来十二12；参 赛三十五3）

因此，身体所有部位、所有器官都可以作为不义的工具，服役于罪。所有的感官——视觉、听觉、味觉、嗅觉和触觉——都被腐蚀了。它们渴望罪恶的事物，并将这种腐蚀传达给灵。换句话说，堕落罪中并不单单是失去了属灵生命、我们与上帝的相交（基督公教的观点）。但也正是因为这种失去，在所有形式和维度上的自然的生命也败坏了。这种败坏的自然生命包括：（1）**植物性生命**，尤其存在于胃和肠之中，趋向于放纵、粗暴等；（2）**动物性生命**，包括过度的睡眠、休息、不眠和淫乱；这方面的罪特别在于性器官；以及（3）人实际的**理性生命**，他们的心思、意志和感情——这一切都是完全败坏的。

自然之人的状态一般被称为**死亡**："因为我们属肉体的时候，那因律法而生的恶欲就在我们肢体中发动，以致结成死亡的果子。"（罗七5）在这里，死亡在一

---

[30] 英注：巴文克在这里遵循了1637年荷文版《圣经》*Statenvertaling*："De goddeloze, gelijk hij zijn neus omhoog steekt, onderzoekt niet; al zijn gedachten zijn, dat er geen God is"（意思是："不虔诚的人，当他把鼻子抬起来的时候，不寻求[上帝]，他一切所想的都以为没有上帝"）。

般意义上被理解为对立于为上帝结果子（καρποφόρειν τῷ θεῷ）："体贴肉体的，就是死"（τὸ φρόνημα τῆς σαρκός θάνατος；罗八 6）。这种"体贴肉体的"与"体贴圣灵的"相对立，后者结出"生命和平安"。我们的主也将这生命作为一个当下的现实应许给祂的跟随者："我实实在在地告诉你们，那听我话、又信差我来者的，就有永生；不至于定罪，是已经出死入生了。我实实在在地告诉你们，时候将到，现在就是了，死人要听见上帝儿子的声音，听见的人就要活了。"（约五 24-25）保罗也说了类似的话："然而，上帝既有丰富的怜悯，因祂爱我们的大爱，当我们死在过犯中的时候，便叫我们与基督一同活过来。"（弗二 4-5）根据克莱默（Cremer）的说法，"死在过犯（罪恶）之中"的"死"，指的是"那些生命因为罪的惩罚而被判为死之人的状态"（νεκροί τοῖς παραπτώμασιν καὶ ταῖς ἁμαρτίας ὑμῶν）。[31] 类似的段落包括：

> 耶稣说："任凭死人埋葬他们的死人；你跟从我吧！"（太八22；路九60）
>
> "因为我这个儿子是死而复活，失而又得的。"他们就快乐起来。（路十五24；参 雅五20 "叫一个罪人从迷路上转回便是救一个灵魂不死，并且遮盖许多的罪。"）
>
> 也不要将你们的肢体献给罪作不义的器具；倒要像从死里复活的人，将自己献给上帝，并将肢体作义的器具献给上帝。（罗六13）
>
> 你这睡着的人当醒过来，从死里复活！基督就要光照你了。（弗五14）
>
> 我们因为爱弟兄，就晓得是已经出死入生了。没有爱心的，仍住在死中。（约壹三14）
>
> 你要写信给撒狄教会的使者，说："那有上帝的七灵和七星的，说：'我知道你的行为，按名你是活的，其实是死的。'"（启三1）

在最后一个例子中，但"其实你是死的"（καὶ νεκρὸς εἶ）的说法，并不是指道德上的无能，而是指无效（inefficacy）。根据克莱默的说法，"死亡"（θάνατος）指的是《圣经》所说的"**上帝对罪的惩罚**"的死亡，因此**死亡**是一个非常综合性的术语，表示"**罪的所有惩罚性后果**"。暂时的死亡是其核心。"被更直接地称为死亡的**属地生活的结束，始终是惩罚性判决的要点，而该判决中的其他一切要素都与**

---

[31] Cremer, *Biblico-Theological Lexicon*, 426, s.v. "νεκρός."

之相关。这就赋予了**基督之死**的意义（参 徒二 24；来二 9；五 7；罗六 3，4，5，9；林前十一 26；腓二 8）。"[32] 因此，死亡（θάνατος）对立于透过基督而得的生命，因此也是活在审判之下的人的状态（约五 24；约壹三 14；罗七 10，13，24；八 2，6）。这是不正确的。[33]

这种属灵的死亡包括：

（1）在消极方面，这死亡指没有**真正**的生命；在《圣经》中，这种生命不是抽象的事物，而是指一个具体的、充实的、真实的、真正的生命，只有在上帝里面才能找到，并通过与基督相交而获得。因此，属灵的死意味着属灵的缺失（即圣洁、祝福、永生）；它是与上帝的生命隔绝（弗四 18），被剥夺了上帝的荣耀（罗三 28）。这也意味着失去了上帝的形像，失去了有关上帝的知识，失去了对上帝的爱，失去了对上帝的信心和信靠，失去了对上帝的顺服。我们的思想、言语、行为的实质，也就是对上帝的爱和有关上帝的知识，或神圣的公义（justitia divina），都已经失去了；形式虽然常常是畸形的，但仍然部分保留于民事正义（justitia civilis）中。[34] 外表虽在，本质却无。公义、圣洁和祝福都丧失了。至于我们的责任，就是我们必须要尽的责任，乃关于上帝的公义、爱、知识，就是与上帝的形像有关——总之，在上帝及我们与上帝的真正关系方面，我们是死的。

（2）在积极方面，在属灵上死亡的人仍然活着，仍有生命，因为在《圣经》中，死亡从来都不是非存有（niet-zijn/nonbeing）。这种在属灵上死亡的人仍然是活跃的，拥有并保留着灵（πνεῦμα）、魂（ψυχή）和体（σῶμα）。但是，这种活动的基本原理、性质、方向和成果都已经完全改变了。既然我们属肉体，我们就是从死亡的状态中来思考、推理、想象、工作（罗七 5；弗二 1-2）。以弗所人从前是死的，且那时是随从今世的风俗活着。在积极方面，属灵的死亡特别在于随从今世而活，随从肉体而活；而在消极方面，这种生活（在罪中）就是明确的属灵死亡。因此，这种属灵死亡的正反两面，不是两者而是一体；它们彼此相符，且同时发生。因此，《提摩太前书》五 6 说到一个好宴乐的寡妇，她"正活着的时候"也是死的，向义死，

---

[32] Cremer, *Biblico-Theological Lexicon*, 284, s.v. "θάνατος." 英注：参克莱默对νεκρός的评论："Νεκρός对应于θάνατος作为人遭受死亡的惩罚判决时的状态。因此像θάνατος，它经常被用于在新约希腊文中表示仍然活着之人的状态，我们将其理解为那些其生命被判为死亡之人的状态，即罪的惩罚，但**不是**人们通常所设想的所谓'灵性死亡'的状态"（426）。
[33] 见Philippi, *Kirchliche Glaubenslehre*, 3:384。
[34] Vilmar, *Theologische Moral*, 1:182。

却为罪活。《罗马书》六 1-2 称这种积极方面为"仍在罪中"和"活在罪中"。其他的经文说它是"行（在不顺服中）"（西三 7）；"顺从肉体活着"（罗八 12-13）；"行邪淫、恶欲、醉酒、荒宴、群饮，并可恶拜偶像的事，时候已经够了"（彼前四 3；参 彼后二 10，三 3；犹 16-18）。这种自愿活在罪中的状态，也是罪的一种束缚。罪支配我们，是我们的主人。但信徒要看自己"向罪是死的，向上帝在基督耶稣里却是活的"（罗六 11）。这是一个普遍的现实。所有人都在罪的统治下（罗三 9；六 16-23），"卖给罪了"（πεπραμένος ὑπὸ τὴν ἁμαρτίαν；罗七 14），被"圈在罪里"（συνέκλεισεν τὰ πάντα ὑπὸ ἁμαρτίαν；加三 22）。耶稣对那些以为自己因是亚伯拉罕的子孙就是自由的人说："我实实在在地告诉你们，所有犯罪的人就是罪的奴隶。"（δοῦλός ἐστιν τῆς ἁμαρτίας；约八 34）保罗说自己是"被掳去，使我附从那肢体中罪的律"（αἰχμαλωτίζοντά με；罗七 23）。《圣经》告诉我们，在基督里的人已经从撒旦、从"空中掌权的领袖"中得释放（τὸν ἄρχοντα τῆς ἐξουσίας τοῦ ἀέρος；弗二 2；参六 12；约十二 31；徒二十六 18；林后四 4；提后二 26；来二 14），以及从"黑暗的权势"得释放（ἐρύσατο ἐκ τῆς ἐξουσίας τοῦ σκότους；西一 13），这也是显然的。约翰认为一切在罪权之下的就是"世界"，并警告他的读者："不要爱世界和世界上的东西，若有人爱世界，爱父的心就不在他里面了。"（约壹二 15）

因此，这种生命的**基本原则**（grondbeginsel）、**驱动力**（drijfkracht）不是信心和对上帝的爱，而是私欲（ἐπιθυμία；concupiscentia）。[35] 这些欲望、倾向和激情本身并不是有罪的，而是它们运动的方向使它们有罪；它们不关注上帝，而是关注"**我**"（自私），关注世界。他们的目的不是为了荣耀上帝，而是为了满足自己；吃喝本身不是罪，但其方式使它们有罪。在受造物中，我们爱的不是上帝，而是自己和受造物本身。人类生活的全部都受这种欲望所支配，在我们的个人嗜好中，在我们的公民生活中，在社会、政治、道德、宗教、艺术和科学中都是如此。奥古斯丁的话确实是对的："外邦人的美德是灿烂的恶习（paganorum virtutes splendida vitia sunt）。"他们只有美德的形式，而没有美德的本质、内容（stof）和实质（substantie），因为他们试图成为脱离永活上帝的美德而发挥作用。这种欲望在《圣经》中反复被提到，并且用不同的术语来描述："贪婪"（罗七 8）、"肉体的私欲"和"肉体和心中的意念"（弗二 3），"私欲的诱惑"（弗四 22），"世俗的情欲"（多二

---

[35] Vilmar, *Theologische Moral*, 1:183; de Moor, *Commentarius Perpetuus*, 2:1055.

12）、"自己的私欲"（雅一14-15）、"肉体的情欲、眼目的情欲和今生的骄傲，都不是从父来的，而是从世界来的"（约壹二16）。

这种生命的**物料**，即充满了这生命的事物、它的内容，就是罪。它完全被罪所败坏，被罪所玷污。[36] 但在属灵死亡中，从积极的角度看（而不是消极的，因为正如上面所解释的，所有未重生者都会死），有等级或程度之分。活在罪中的生命是有增长的；也就是说，就人类而言，是有增长的。[37] 夏娃引入这个世界的罪在她、亚当和他们孩子里面逐渐增长，尤其先在该隐后代的身上，后来也在塞特后代的身上。世界毁灭（洪水）的时机已然成熟。每当罪的增长威胁人类以至灭亡，上帝就不断以审判的方式介入历史，因此祂通过洪水，通过在巴别塔的语言混乱等方式，来束缚罪的力量。当这种增长发生在列国中，他们必然灭亡（巴比伦人，亚述人，希腊人，罗马人）。在较近的时代，这一点有所不同，因为基督教有能力更新列国（宗教改革，也是国家的改革，在基督公教国家亦然）。类似的罪的生长在个人里面也会发生，没有人会突然变坏（nemo repente pessimus）。这就是为什么很多人会以受人尊敬的公民身份生活；苏格拉底、柏拉图以及尼禄等人之间是有区别的。罪是一种病菌，存在于每个人的心里。但对一些人来说，由于环境（包括教养）有利于犯罪，相较于其他有良好教养、性格沉稳、性情良好的人，罪更容易增长和发展。所有未重生之人的基本原则、物料、果实都一样，但其表现形式不同，在程度、形式上总有差别。对一些人来说，这种罪恶的生活几乎不会外显，而完全内敛；对有些人来说，它表现为狂妄，伴随着其他方面良好的态度；对另一些人来说，它表现为愤怒的爆发。这些人是"喝罪孽如水"（伯十五16）。结果是各种各样的罪：灵性上的、性格上的、态度上的、肉体上的罪，诸如此类。[38]

这种生命的**果子**、结果就是**死**临到众人，也就是**肉体的死亡**。这个果子也包括了在这死亡之前的部分——也就是预备性的衰变过程，一种从我们受孕时就在我们里面的癌（tering）。所谓个人、国家的发展，以及在艺术、科学和政治方面的发展，也只是一种缓慢的死亡。罪是死亡的毒钩（林前十五56），而死亡从我们诞生就开始了。在这种死亡的范围内，世上所有的灾难和疾病都不是自然的必然，而是罪

---

[36] Vitringa, *Korte schets*, 343.
[37] Vilmar, *Theologische Moral*, 1:187-192.
[38] 关于罪的分类，请参见下文 §9。

的后果，因此必须予以反抗。所以，文化必须要与罪及其后果斗争；这是一场伦理而非肉体的斗争。

现在，为了清楚地理解【自然的人】（natuurlijke mens），让我们特别根据人类的魂、体和灵的能力和力量，以及罪对它们的特别影响来考量。他们之间的和谐与和平被破坏了，因为罪破坏了一切；良知与存有、理性与意志、【心思与感情】（verstand en gevoel）、魂与体之间都存在着不和谐与冲突。保罗在《罗马书》一 21-23 有突出的描述：

> 因为，他们虽然知道上帝，却不把祂当作神荣耀祂，也不感谢祂。他们的思想变为虚妄，无知的心昏暗了。他们自以为聪明，反成了愚昧，将不能朽坏之上帝的荣耀变为偶像，仿照必朽坏的人、飞禽、走兽、爬虫的形像。

这种描述适合于自然状态下的所有人："从前你们与上帝隔绝，心思上与祂为敌，行为邪恶；但如今，祂藉着祂儿子肉身的死，已经使你们与祂自己和好了，把你们献在祂的面前，成为圣洁，没有瑕疵，无可指责。"（西一 21-22）对不信的人来说，"什么都不洁净，连心地和天良也都污秽了"（多一 15）。这些人"对上帝说：'离开我们吧！我们不想知道祢的道路。'"（伯二十一 14）他们是"瞎眼的向导"，"瞎眼的愚人"（太十五 14；二十三 16-19；参 路四 18；约九 39-41）。福音的光照在黑暗里（约一 5），这黑暗是"（我们曾经）是暗昧的"，但现在我们是"在主里面光明的子女"（弗五 8）。保罗也说到"坏了心术、失丧真理"（提前六 5；参 提后三 8）。我们的主极佳地描述了这种自内向外的全面彻底的败坏："从人里面出来的，那才能污秽人；因为从里面，就是从人心里，发出恶念、苟合、偷盗、凶杀、奸淫、贪婪、邪恶、诡诈、淫荡、嫉妒、谤渎、骄傲、狂妄。这一切的恶都是从里面出来，且能污秽人。"（可七 20-23）

《圣经》中的【心思】（verstand）或知识总是实用的、道德的。

> 敬畏主就是智慧；远离恶便是聪明。（伯二十八 28）
> 敬畏耶和华是智慧的开端；凡遵行祂命令的是聪明人。（诗一百一十一 10）
> 敬畏耶和华是智慧的开端；认识至圣者便是聪明。（箴九 10；参 十四 29）
> 人有智慧就有生命的泉源；愚昧人必被愚昧惩治。（箴十六 22）

新约见证基督是带来真理、悟性和永生的那位。

> 认识祢独一的真神,并且认识祢所差来的耶稣基督,这就是永生。
> (约十七3)
> 我们也知道,上帝的儿子已经来到,且将智慧赐给我们,使我们认识那位真实的,我们也在那位真实的里面,就是在祂儿子耶稣基督里面。这是真神,也是永生。(约壹五20)
> 感谢上帝,靠着我们的主耶稣基督就能脱离了。这样看来,我以内心(νοῦς)顺服上帝的律,我肉体却顺服罪的律了。(罗七25)

因此,认知方面——意识、理性、理智、良知、想象、记忆——都被罪败坏了。心思透过罪从意志中解脱出来;它变得不道德,与其他能力并列,而不是在其他能力之内。它挣脱生命;已死的心也杀死心思。因此,我们对个别信念确实有一定的知识,但我们不知道**这**真理,不知道**这**系统,不知道上帝里面一切真理的合一。我们不认识万物之根基的上帝,因此我们既不认识自己,也不认识这个世界。无论是主观上还是客观上,我们的心思变得抽象,脱离生活。因此,最单纯而虔诚的人是智慧的,最博学而未归信的人是愚拙的。罪借着主观上使心思与真实的生命(我们在上帝里面的存有)分离,借着杀死心思、从中消除现实,借着客观上使我们知识的对象(世界、我们自己)与上帝分离,以及借着使它们独立,从而灌醉、蒙蔽心思,使心思昏暗。我们不再看得清楚,也不再在上帝和祂光里去看待一切事物(诗三十六9)。

§9. 罪的原则和分类[39]

这里我们不讨论什么是罪,即与上帝的关系,也就是我们如何首先确定罪的本性。在此,这个问题由教理学所设定。[40]我们的问题更具体:一种罪有无数的罪恶、外观、形式、表现。是否可能从这个种类和数量中构造出一个系统?它们之间是否都有联系?换言之,是否有一个原则(beginsel),也就是实际原则(realprincipe),一切罪都从中客观而实质地衍生出来?这个问题连同对个别罪的描述,都确实属于伦理学。[41]【从《圣经》定然可以引申出对伦理学中所有罪的列举和阐释。】[42] 世

---

[39] Luthardt, *Kompendium der theologischen Ethik*, §22, "Division of Sins" (*Die Unterschiede der Sünden*); 参 Laurillard, *De zeven hoofdzonden*; Zöckler, *Das Lehrstück von den sieben Hauptsünden*. 中注:此处荷文标题为 "Beginsel en verdeling der zonden",直译为"罪的原则和分类"。

[40] 英注:见 *RD*, 3:25-192(第1-4章)。

[41] 英注:巴文克在这两行之间插入了"因此,罪的现象学"(Dus eene phaenomenologie der zonde),并加了一处引用 Scharling, *Christliche Sittenlehre*, 184。荷注:巴文克此处只提到了"罪的现象学",但是夏麟(Scharling)在这里所辩护的观点与巴文克有所不同:"So würde man eine systematische Darstellung der verschiedenen Sünden geben können, in welcher hinwiederum auch ihr wechselseitiges Verhältnis und Zusammenhang ins rechte Licht treten müßte. Eine solche Phänomenologie der Sünde hat Vilmar in seinem Werk: „Theologische Moral" (1871) auf Grund einer sorgfältigen Schriftauslegung gegeben. Dieselbe wird für die Seelsorge von praktischer Bedeutung sein, gehört aber doch nicht zu einer Darstellung des Moralsystems, dieses muß sich an den allgemeinen Bestimmungen über das Wesen und die Aeußerungen der Sünde genügen lassen und kann sich nicht auf spezielle Untersuchungen einlassen;" C. Henrik Scharling, *Christliche Sittenlehre nach evangelisch-lutherischer Auffassung dargestellt*, Bremen 1892, 183v.

[42] 中注:见荷文版94页。

界的真实存有的精确样式必须摆在世界面前，一切罪都必追溯至一个共同的根源。[43] 正如后来我们必须展现一个圣人的画像一样，所以现在一开始，我们必须首先描述有罪的、自然的人和世界的画像。这两个画像必须并置，因而对比会变得清晰。

1. 十诫与不顺服

通常，此类罪的清单（以及附随的美德）都源于十诫。这正是加尔文《基督教要义》里的做法。[44] 他首先展示了必须如何理解和解释诫命。这包含了禁止内在和外在的行为。也就是说，不仅要禁止外在的偷窃，还要禁止思想上的偷窃，就像基督在《马太福音》五 21-48 所解释的。基督表明，律法所包含的内容远超文字所表达和包含的内容。[45] 在每一条诫命中，部分表达了整体；因此，人们不仅要问所陈述的内容，也要问为什么要把它赐给我们。所以，每一条诫命中善的（正面的）内容是被命令去实行，相反的恶则被禁止，反之亦然。[46] 而对于每一种过犯，上帝只禁止其中最可怕和最可耻的事情，以吓退我们。[47] 这些诠释规则是否有效，或者是否可能导致各种各样的武断，我们将在之后考量十诫时讨论。[48] 然而，每一位改革宗解释者都遵循这些规则，正如我们在《海德堡要理问答》主日 33-44 中所看到的。此外，参见兰伯特·达诺（Lambert Daneau）的《基督教伦理学》第二、三册，其中也将美德和恶习置于十诫之下。[49] 其他人则更自由地编排它们，并根据敌对上帝、敌对邻舍和敌对我们自己的层面，对美德和恶习进行分类，然后一起讨论。[50] 德里森（Driessen）在第一章除了讨论了体系，还讨论了旧本性的各种恶习（爱世界、贪婪、肉欲、傲慢、愤怒、不信、掩饰、不感恩等）。[51] 但所有这些作者将对罪的

---

[43] Vilmar, *Theologische Moral*, 1:248.
[44] 英注：*Institutes*, II.viii.6-10。
[45] *Institutes*, II.viii.8.
[46] *Institutes*, II.viii.9.
[47] *Institutes*, II.viii.10.
[48] 英注：此资料载于《改革宗伦理学》第二卷《基督徒生活的责任》的第三册"归信后的人类"之中。
[49] 英注：Daneau, *Ethices Christianae*.
[50] 例Pictet, *De christelyke zedekunst*。
[51] 英注：Driessen, *Oude en nieuwe mensch*.

描述或多或少完全纳入伦理学学科。

我们从教理学中知道，罪的一般特征是不顺服上帝，违背律法，不服从律法（ἀνομία；约壹三 4）。[52] 所有罪都以律法为前提："哪里没有律法，哪里就没有过犯（也没有归罪）"（οὗ γὰρ οὐκ ἔστιν νόμος, οὐδὲ παράβασις；罗四 15）。这段经文经常被引用以证明，在西乃山颁布律法之前，上帝并未归罪（impute），只在现存的罪被认为是罪后才归罪（imputation）。然后，类似经文会被引用，如《罗马书》五 13："没有律法之前，罪已经在世上，但没有律法，罪也不算罪。"保罗接着说："而且加添了律法（在对亚伯拉罕的应许及其应验之间），使得过犯增加（παρεισῆλθεν），只是罪在哪里增加，恩典就在哪里越发丰盛了。所以，正如罪藉着死掌权；照样，恩典也藉着义掌权，使人因我们的主耶稣基督得永生。"（罗五 20–21）保罗在《罗马书》三 18-20 说，律法只针对那些在律法以下的人——只有透过律法才知道罪（另见 加三 19-25）。[53]

保罗的意思不是说在摩西律法之前没有罪过会令上帝发怒，因为他在《罗马书》五 13 中说，"没有律法之前，罪（ἡ ἁμαρτία）已经在世上"，而且违背律法（ἀνομία；约壹三 4），罪总是要受惩罚。上帝的愤怒也显明在外邦人身上（罗一 18）；他们"生来就是该受惩罚的人"（τέκνα φύσει ὀργῆς；弗二 3）。此外，律法不是罪的起因（罗七 7-16）。《罗马书》四 15 提到的"忿怒"（ὀργή），其意思不可能是忿怒的意识（consciousness of wrath）。《罗马书》五 13 中，"算"（ἐλλογεῖται/imputed）一词也不能被解释为主观上归罪于一个人的良知。[54] 因为保罗说亚伯拉罕得着义并承受世界，是因着信并凭着应许。人不能通过律法获得这义或承受世界（若然，信心和应许都是徒劳的），因为律法带来的只有忿怒，没有人能够成全律法。但"现在"（保罗没有说"因为"）应许的实现未与律法相连；因此，没有任何过犯会激起上帝的怒气，而破坏应许的实现。因此，亚伯拉罕的产业和义决不取决于律法和律法的实现。应许不是因不信或罪而被毁坏（罗三 3）。[55]

---

[52] 英注：参 *RD*, 3:133-136.

[53] J. Müller, *Christian Doctrine of Sin*, 1:131-203；根据克莱默（*Biblico-Theological Lexicon*, 431, s.v. "Νόμος"），《罗马书》五13-14提供了清楚的证据，证明没有定冠词的νόμος也可以指摩西律法。

[54] J. Müller, *Christian Doctrine of Sin*, 1:102-105.

[55] 荷注：巴文克的资料来源可能是：Heinr. Aug. Wilh. Meyer, *Kritisch Exegetischer Kommentar über das Neue Testament, Vierte Abtheilung, des Paulus Briefes an die Römer umfassend, Sechste Auflage umgearbeitet von Bernhard Weiss*, Göttingen 1881, 139v（也可能是该书前一版）。英

保罗在《罗马书》五12想证明罪和死是通过一个人,即亚当,进入这个世界。现在,他在第14节说,从亚当开始直到摩西,世上也有罪(该隐、所多玛等),但那时还没有律法可以判定何罪是应承受死亡的过犯。[56]因此,死亡是亚当行为的结果。于是,根据保罗的说法,一切罪都以律法为前提,特别是道德律——如此称谓有别于理性律(逻辑)、自然律等——也就是为人类生活和行为而制定的律法。该律法预设了立法者。这不可能是康德的自主"我";若然,我们的人性就会被撕裂成两部分,一个发出命令,一个顺服。为什么一方如此严厉地命令,而另一方会觉得有义务顺服呢?这也不可能像孔德(Comte)[57]、所有社会主义者和达尔文主义者所声称的那样,认为是人性本身。这只能是上帝。上帝是我们的责任和顺服的唯一直接对象。[58]除了上帝,没有人、没有天使能在我们的良知上责成我们在道德上顺服。其他人可以强迫我们,但这恰恰是不道德的;但当上帝命令我们做某事时,我们就会立刻觉得有责任去做。

为要厘清恶的实质原则,首先必须要认识善的实质原则。只有在善被认识之后,恶才能存在和被认识。因此,我们必须问:善有实质原则吗?若有,它是什么?有人认为道德律来自于一系列仅仅建立在上帝意志的肆意行为之上的不相关、任意、原子式的诫命;这些人都必定否认这种实质原则的存在:"这是我所愿的,所以我命令,让我的意志代替理性(hoc volo, sic iubeo, stat pro ratione voluntas)。"[59]【因此,约翰·邓斯·司各特(John Duns Scotus)也说,事物为善只因上帝如此定意,所以

注:巴文克补充说,魏斯(Weiss)对梅耶(Meyer)和菲利皮(Philippi)的批判因此是正确的。他无疑是指伯恩哈德·魏斯(Bernhard Weiss)。魏斯准备修订著名的梅耶(H. A. W. W. Meyer)1881版《罗马书注释》;参 Weiss, *Commentary*, vol. 3。Philippi是指Philippi, *Commentary on Romans*的德文原文。

[56] 根据 Weiss, *Commentary*, 3:45。荷注:巴文克的资料来源可能是:Heinr. Aug. Wilh. Meyer, *Kritisch Exegetischer Kommentar über das Neue Testament, Vierte Abtheilung, des Paulus Briefes an die Römer umfassend, Sechste Auflage umgearbeitet von Bernhard Weiss*, Göttingen 1881, 263v(也可能是该书前一版)。

[57] 英注:奥古斯特·孔德(Auguste Comte, 1795-1857)是法国社会哲学家,也是现代社会学的奠基者,他创立了一种世俗的"人性宗教",包括礼拜仪式、圣礼和圣日,都是献给"新的至高至大的存有"——人性。

[58] J. Müller, *Christian Doctrine of Sin*, 1:100.

[59] 英注:这句话出自罗马诗人尤维纳尔(Decimus Iunius Juvenalis,约公元55-140年)。这段引文出自尤维纳尔的《讽刺诗集》(*Satires*) 6.223;令人惊奇的是,这里的语境不是帝国朝廷,而是一个家庭[第219-24行];格拉斯哥大学人文科学教授治·吉尔伯特·拉姆齐(George Gilbert Ramsay, 1839-1921)的翻译可在网上查阅:https://en.wikisource.org/wiki/Satire_6】。

无需其他理由去如此行；若上帝决定，邪恶也能变成良善。】⁶⁰ 奥卡姆（Occam）、加布里埃尔•比尔（Gabriel Biel）、皮埃尔•德艾利（Pierre d'Ailly）和后来的笛卡尔、普芬多夫（Pufendorf）和其他人也持同样的观点；然而对于笛卡尔而言，思想和决意（willing）与上帝合而为一。⁶¹ 这种将上帝意志与祂所有圆性（volmaaktheden）分离就导致了怀疑论。⁶² 另一方面，道德律是自立的，且即使没有上帝也能约束我们，这种说法也是错误的。⁶³ 善不存在于抽象之中；喜爱良善本身是不可能的。只有因为**这位**全善者存在，所以善才会存在。道德律就这样依赖上帝，并非单纯的意志（merum arbitrium），而是依赖祂一切的圆性，祂的【本质（wezen）】，祂神圣的灵（mens divina）。

因此，道德律是一体的，一个实体，一个有机体，因此具有实质和内在的生命原则。耶稣将所有的道德诫命，整个律法和先知，简化为两条诫命：爱上帝和爱邻舍（太二十二 36-39；可十二 29-31）。这两条诫命在本质上又是一条：耶稣称之为第一条也是最大的诫命。下面的经文重申了这一点："所以你们要完全，像你们的天父完全一样"（太五 48）；"爱就成全了律法"（罗十三 10）；"你们要圣洁，因为我是圣洁的"（彼前一 16）。【爱是律法的原则，是律法的**总纲**（summa）。⁶⁴ 因此，爱也是善的原则。】⁶⁵ 所有美德都是一体的（斯多亚），因此一切具体的美德都是爱的表现，它们都源于爱。因此，对邻舍的爱在本质上就是对上帝的爱。⁶⁶ 我们主

---

⁶⁰ 中注：见荷文版96页。

⁶¹ J. Müller, *Christian Doctrine of Sin*, 1:95-96. 英注：奥卡姆的威廉（William of Ockham, 1287-1347）、加布里埃尔•比尔（Gabriel Biel, 1420-1495）和皮埃尔•德艾利（Pierre d'Ailly, 1351-1420）是中世纪晚期唯名论运动或现代路线（via moderna）的重要人物。勒内•笛卡尔（René Descartes, 1596-1650）是法国哲学家、数学家，也是近代哲学的缔造者。他最著名的哲学论述是"我思，故我在"（Cogito ergo sum；法文Je pense, donc je suis）。撒母耳•冯•普芬多夫（Samuel von Pufendorf, 1632-1994）是德国法学家和哲学家，他对现代自然法的讨论做出了重大贡献。见 Seeberg, "Occam"; Tschackert, "Biel"; Tschackert, "Ailly"; Evans, "Descartes"; G. Frank, "Pufendorf," all in *Schaff-Herzog*.

⁶² J. Müller, *Christian Doctrine of Sin*, 1:97-98. 中注：荷文volmaaktheden和volkomenheiden可译作英文perfections，表示上帝的各个属性自身的完美和构成的一个完美的整体。中译名采用"圆性"；"圆"不仅表示完满，而且也有整体之意。

⁶³ J. Müller, *Christian Doctrine of Sin*, 1:100-107. 英注：穆勒（Müller）将这种观点归于德国理性主义哲学家克里斯蒂安•沃尔夫（1679-1754），并引用了沃尔夫的*Vernünftige Gedanken*, §20.

⁶⁴ J. Müller, *Christian Doctrine of Sin*, 1:108-110.

⁶⁵ 中注：见荷文版96页。

⁶⁶ J. Müller, *Christian Doctrine of Sin*, 1:110.

观上与上帝的关系决定了我们与每一个受造物（邻舍、世界、撒旦）的关系。而且在客观上，我们直接爱的是上帝本身；为了祂，我们在一切受造物中间接地爱上帝。

于是，罪是善的反面。[67] 善由我们与上帝的关系决定，因此恶也由这一关系决定。因此，罪彻底改变了我们与上帝的关系，也因此改变了我们与世界、与我们的邻舍、与撒旦、与我们自己的关系。正是因为外邦人没有荣耀上帝，才被弃绝于诸如可耻的情欲中（罗一24-27）。[68] 人离弃了上帝，他们的爱变成了仇恨，他们试图废黜上帝。

然而，这是消极的一面。在积极层面，谁是人类的上帝呢？他们一定要有为之而活、为之而献身的神明。罪具体地把一个代替者置于宝座上。那个代替者不是一般的其他受造物，甚至不是邻舍，而是人自己，即"自我"（ego）或"我"（I）。罪的原则是自我荣耀、自我神化；更广泛地说，罪是自爱或自我中心。[69] 一个人想成为一个"我"，要么没有上帝，要么与上帝并立，要么取代上帝。转离上帝的同时也是转向自我。在此之前，上帝是人类所有思想和行为的中心；现在的中心是人的"我"。人类不仅放弃了其真正的中心，而且用一个虚假的中心取而代之。一方面，罪是把一切事物脱离上帝的**去**中心化，一种解开，解除与上帝的一切联系——原子主义、个人主义。另一方面，它同时也是周围一切事物趋向人类自己的集中，试图将一切都归服于个人的"自我"。因此，罪不仅是对现有秩序的背离——实际上是对秩序的破坏——而且建立了另一种秩序；而这种秩序实际上是一种**无序**。罪恶不仅产生一种替代品或逆秩序（counterorder），而且产生一种**反秩序**（anti-order），一言以蔽之：**革命**。[70]

---

[67] 英注：巴文克旁注补充道："罪不只是（a）ἄτη，迷惑、迷恋、思想的混乱（荷马）；（b）ὕβρις，骄傲、越界、放纵（希腊人）；（c）无知（苏格拉底）；（d）善的发展中的消极时刻（泛神论、黑格尔）；（e）意志的独立行动（伯拉纠）；（f）感观性、σάρξ [罗马人、索西尼主义者（Socinians）、理性主义者、施莱尔马赫、罗特、舒尔腾]；或（g）无知（立敕尔）；相反，罪乃是活跃的缺乏（actuosa privatio）；罪不是一种'实质'，而是实在。"关于这一点的详细讨论，见 *RD*, 3:136-138。

[68] J. Müller, *Christian Doctrine of Sin*, 1:131-132.

[69] 英注：巴文克在这两行之间补充道："φιλαυτία 不仅是在伦理意义上，而且在最广泛的意义上是'想成为上帝'。"巴文克在正文中 zelfzucht（自我中心性、自我中心主义）一词之后，暗指荷文 zucht（叹息）、zoeken（寻求）和 ziekte（病态）与德文 Seuche（流行病）和 Selbstsucht（自私自利、利己主义）的词源相似。

[70] 以下学者认为自我中心主义是罪的原则：Tholuck, *Die Lehre von der Sünde*, 18, 28; J. Müller, *Christian Doctrine of Sin*, 1:136; Vilmar, *Theologische Moral*, 1:129-142 (§11); Philippi, *Kirchliche Glaubenslehre*, 3:3-12; Lange, "Selbstsucht"; Luthardt, *Kompendium der theologischen Ethik*, §20; Scharling, *Christliche Sittenlehre*, 165。

荷注：巴文克对图鲁克（Tholuck）研究的总结可见于巴文克档案集 278 号文件夹的一本笔记本中。

《圣经》也教导了我们这一点。堕落的发生是因为渴望与上帝一样。浪子要求说:"请你把我应得的家业分给我。"(路十五 12)悔改从自我否定开始:"爱惜自己性命的,就丧失性命;那恨恶自己在这世上的性命的,要保全性命到永生。"(约十二 25)在新的生命中,"我们没有一个人为自己而活,也没有一个人为自己而死。我们若活,是为主而活;我们若死,是为主而死。所以,我们或死或活总是主的人"(罗十四 7–8)。各人都寻求别人的益处(林前十 24,33;腓二 4)。基督"替众人死,是叫那些活着的人不再为自己活,乃为替他们死而复活的主活"(林后五 15)。因此,"活着的不再是我,乃是基督在我里面活着"(加二 20)。我们不单顾自己的事,也要顾别人的事(腓二 4)。如果我们想要作祂的门徒,耶稣甚至呼召我们恨一切,包括我们的"父母、妻子、儿女、兄弟、姊妹,甚至自己的性命"(路十四 26)。罪的最高表现是"那大罪人(或罪)……他是抵挡主,高抬自己,超过一切称为神明的和一切受人敬拜的,甚至坐在上帝的殿里,自称是上帝"(帖后二 3-4)。在过去,神学家对罪的原则不像对罪的起始、起源那样感兴趣,他们认为罪的起源是骄傲(superbia),基督公教也是如此认为;或像改革宗人士所认为那样,罪的起源是不信。他们并没有寻找实际原则(reaalprincipe),罪的【分类原则(delingsbeginsel)】,因为他们在十诫中找到了处理顺序。尽管如此,他们还是对罪进行了分类。

2. 罪的分类[71]

改革宗和路德宗神学家以及其他人所作的基本分类,将罪确定为**原罪**和**本罪**

英注:巴文克在页边补充说:Augustine, *De civitate Dei* XIV.14; Thomas Aquinas, *ST* Ia IIae q. 77 art. 4; IIa IIae q. 25 art. 7; Melanchthon, Buddeus, et al. 巴文克对以下只提供了一个有限度的认可,即自我中心是所有罪的原则,在页边加上:

把自我中心主义确定为罪的原则是可以的,但前提是:(a)从一个非常宽泛的意义上看,它包括了傲慢和不信的属灵问题。(b)这并非理解为,好像一切罪**在逻辑上都从这个基础产生**。自我中心主义关注各种各样的事物、地点、一切——上帝、世界、邻舍——服侍自己。罪的多样形式由善的多种多样的形式决定。此外,(c)罪会以这种方式发展,以至于变成撒旦式的,对上帝纯粹的仇视,但那只是因为祂阻碍了我们。

[71] 英注:巴文克旁注中补充"1902年3月假期",这为他使用手稿给坎彭学生授课提供了线索。1902年春秋两季是巴文克最后一次讲授伦理学。他在年底离开坎彭,在阿姆斯特丹自由大学开始教学生涯。他在那里没有讲授伦理学,见导言中关于德容手稿的讨论。一个稍

（peccatum originale et actuale；帖后二 3）。然后本罪又以各种方式予以分类。[72] 根据它们的形式（ratione formae），有**疏忽的**（omissionis）罪（雅四 17；太二十五 42；约三 17）和**干犯的**（commissionis）罪（同一硬币的两面）[73]；或罪**本身**（per se），即上帝的律法明确禁止的，例如说谎，和**意外的**（per accidens）罪，即在某种情况下的某种方式。在后一种情况下，一个行为本身可能是好的，但不是源自一个善的**原则**（信心），也不是为了一个善的**目的**（为了上帝的荣耀），或者（鉴于当时的情况）不是以一种善的**方式**行出。从罪的【原则（principe）】考量，我们可以区分思想（cordis）的罪、言语（oris）的罪和行为（operis）的罪。属灵的罪和属肉体的罪有别，上帝公义下（justitia divina）的罪和民法（justitia civilis）下的罪也不同。[74] 然后还有在软弱（infirmitatis）、无知（ignorantiae）、愤怒和傲慢（malitiae）中所犯的罪。[75] 罪也可按其**对象**分为敌对上帝的罪、敌对他人的罪、敌对我们自己的罪。【罪也可以根据毗邻的关系（adjuncta）分为隐秘的罪和公开的罪，以及未归信者的支配性的（regnantia）罪和重生之人的非支配性的（non regnantia）罪或迫近的（adjacentia）罪。】[76] 这些分类各有优点，向我们展示人类多么容易犯罪，以及可犯多少的罪。它们的问题在于是从一个观念，而不是一个有机的观点开始；它们指向罪的数量，却无法揭示所有罪的内在联系。

在维尔玛看来，每一种罪都是以自我为中心（zelfzucht）[77]，但按照《约翰壹书》

有不同的罪的分类，包括随后的许多区别，可见于 *RD*, 3:149-152。

[72] Heppe, *Reformed Dogmatics*, 348; Heidegger, *Corpus Theologiae Christianae*, 1:355 (X.61); de Moor, *Commentarius Perpetuus*, 3:313; van Mastricht, *Theoretico-Practica Theologia*, I.iv.3, §§10-35 [2:298-322]; Vilmar, *Theologische Moral*, 1:221–33 (§18)。

[73] 基督公教的七宗罪；参 Otto Zöckler, *Das Lehrstück von den sieben Hauptsünden*, München: Beck 1893。

[74] 根据 Groen van Prinsterer, *Proeve*, 42，属灵的罪和肉体的罪反映了人两种不同的罪恶欲望。前者"朝向天"，后者"朝向地"。因此，基督教之外的所有伦理学都倾向于斯多亚主义或伊比鸠鲁主义。

[75] 荷注：Thomas, *Summa Theologiae*, II-I, qu.73, art.10, en qu.74, art.10

[76] 中注：英译本此句错译，见荷文版98页。支配性的罪形容那些控制、主导人的罪，无法抗拒，而非支配性的罪指可以抵抗的罪。

[77] Vilmar, *Theologische Moral*, 1:210-213. 中注：荷文 zelfzucht 可以译作"利己主义"（egoism）。但是鉴于巴文克常提到"我"和"自我"，因此中译本统一译作"以自我为中心"。

英注：在首次打开手稿时，第98-99页之间发现了一张折好的纸，上面有巴文克关于维尔玛的注释，内容如下：

罪的分类，Vilmar, *Theologische Moral*, 1:249-392。
1. 肉体的罪：

二 16 的说法，它表现在生活的三个方面："肉体的情欲"、"眼目的情欲"和"今生的骄傲"。[78] 维尔玛在撒旦对夏娃的试探中已经发现了这三个方面（树上的果子是好吃的，也悦人眼目，又使人有悟性），在耶稣的试探和该隐后裔的叙事中再次发现了这三方面（创四 19-24）。他将这一切与人类学的三分法联系起来：属身体的罪、属魂的罪和属灵的罪。[79]

其中第一个就是肉体的情欲（ἐπιθυμία τῆς σαρκὸς）；当"我"（Ik）降服于世界的物质事物，并享用它们时，肉体的情欲就发生了。身体是适于世界物质的器官。魂是适合于第二种罪的器官，也就是眼目的情欲（ἐπιθυμία τῶν ὀφθαλμῶν），它发生在当"我"屈服于世界的形式和表象，以及所有实在溶于形式之时。灵是第三种罪的器官，也就是今生的骄傲（ἀλαζονεία τοῦ βίου）。在这个器官里，一切都服从于"我"——也就是当"我"把自己与上帝同等之时。当然，这三个领域并非彼此分离，而是内在相互交织。每种罪在某种意义上都属于这三个领域，就像它属于整个人。尽管如此，罪还是应予以区分。一个人更多地活在其中一个领域，而另一个人生活在不同的领域。就人的群体而言也有类似区分：例如，含的后裔与第一领域相关联（肉体的情欲），希腊人与第二领域相关联（眼目的情欲），罗马人与第

---

　a. 性罪：不洁、无节制、情欲（πάθος）、不贞洁（πορνεία）、通奸（μοιχεία）、非自然的淫欲、污秽的言语、肉体的解放。
　b. 肚腹的罪：爱享乐（ἡδονή）、狂欢、醉酒、软弱、宽敞舒适。
　c. 惰性和怠惰（acedie）的罪：懒惰、醉酒、倦怠。
2. 眼目的情欲
　a. 爱财：爱钱、贪婪、寻觅不义之财、盗窃、抢劫。
　b. 爱外貌（Gestaltenlust）：自爱（φιλαυτία）、反复无常、优柔寡断、好奇、多愁善感、肤浅、效法世界、三心二意。
　c. 爱知识：空洞的思想、空洞的文字、对科学和艺术的激情。
　d. 说谎：欺骗、假誓、不忠、必然的谎言。
　e. 试探上帝：咒骂、绝望、巫术、迷信。
3. 傲慢（骄傲）的罪：
　a. 敌对上帝：邪恶、骄傲、冒犯、自杀、亵慢、亵渎、得罪圣灵。
　b. 敌对人：傲慢、炫耀、虚荣、忘恩负义——属灵骄傲：不会犯错。
　c. 混合（敌对上帝和其他人）：暴乱、伤害（Verletzung）——不公义、愤怒、仇恨、嫉妒、诽谤、冲突、谋杀（战争等）。

[78] 英注：对于这三项当中的最后一个，在括号中，巴文克还提供了一个荷文 pralerij 和拉丁文 superbia。前者源自 pralen，意为"荣耀、炫耀"。
[79] 英注：巴文克旁注："*Luthardt, Kompendium der theologischen Ethik*, §22 划分如下。（1）不信：敌对上帝的罪；（2）傲慢/骄傲：懒惰、嫉妒、自以为是、羡慕、轻视、厌恶等；（3）爱世界，进一步分为（a）对财物的欲望＝眼目的情欲，（b）爱享乐＝肉体的情欲，（c）对权力/野心的欲望＝今生的骄傲。"

三领域相关联（今生的骄傲）。[80] 这一切在本质上都是一个引人关注的真实发现。然而，维尔玛诉诸三分法、耶稣的试探及《创世记》四 19-24 的作法十分牵强。只说一点，魂并不是适合于此世界之形式的器官。[81]

我们对维尔玛的认同程度将在后面体现出来。现在，我们注意到在《约翰壹书》二 16 中，使徒并没有对所有罪进行分类。[82] 约翰说，爱世界和爱上帝相互排斥。对世界的爱包括三点。（1）肉体的情欲——人们试图拥有和享受这个世界的事物；（2）眼目的情欲——他们试图从所见的事物得满足；（3）今生的骄傲，会导致自夸。这三者连在一起。奥古斯丁已经在它们当中找到了所有罪的分类，正如贝德（Bede）在亚当和耶稣的试探中找到了这些罪，以及如拉皮德（Lapide）把它们与三位一体联系起来。[83]【约翰在这里确实并没有像帕斯卡尔那样讲述三种不同的肉体的罪：感官的情欲（libido sentiendi），认知的欲望（libido sciendi），权力的欲

---

[80] Vilmar, *Theologische Moral*, 1:210-216.

[81] 荷注：巴文克在这里加入了符号 ⌐，很可能说明他要在这里插入内容。相同的符号也见于手稿98-99页之间的散页上。以下段落是插入的第一张散页内容。

[82] 英注：在第98-99页之间发现的一张散页上，巴文克在引用了穆勒关于"固执"的讨论后，写了一些批判维尔玛的注解。Hardening (*Verharding*), J. Müller, *Christian Doctrine of Sin*, 2:410-415 (*Die christliche Lehre von der Sünde*, 2:583-587)。

与维尔玛相反，约翰无意指向三分法。
1. 它们相互重叠（以自我为中心违反了第一条诫命，贪婪违反了第十条诫命）。这里有两个基本原则——主体和客体。
   a. 人是主体，但更多是在人的感观本性或动物性（肉体的罪和类似动物性的罪）方面。
   b. 对象可以是上帝，或是邻舍，亦或受造物。
2. 罪包含了对受造物的误用。
3. 人类在自己里面未得满足，他们用世界、受造物来"填满"自己。

虽然第一个关于刚硬的备注显然与穆勒有关，但对于批判维尔玛对《约翰壹书》二 16 的理解的其余备注的来源并不清楚；很可能是巴文克自己的。穆勒只在一个地方讨论了这段经文（*Christian Doctrine of Sin*, 1:165-166）。在那段内容和他对"刚硬"的讨论中都未涉及维尔玛。

[83] 英注：科尼利厄斯·拉皮德（Cornelius à Lapide，1567-1637）是佛兰德的（Flemish）耶稣会释经家，他对《约翰壹书》二16的注释将这节经文的三种欲望与反对三位一体的具体罪联系起来。

此三重欲望与神圣的三位一体对立。贪婪与圣父对立，祂最自由地将祂的本质和一切属性本质性地传递给了圣子和圣灵，但借着参与（participation）的途径传递给受造物。肉体的情欲与圣子对立；圣子不是以肉体的方式、而是以属灵的方式从圣父的心思生出，祂（圣父）恨恶一切肉体的不洁。今生的骄傲与圣灵对立；圣灵是谦卑温柔的灵。这三重欲望也再次与三个主要美德对立，如肉体的情欲与节制对立，眼目的情欲与仁慈和良善对立，今生的骄傲与谦卑对立（*Great Biblical Commentary of Cornelius à Lapide*, 6:381）。

望（libido dominandi）。】⁸⁴ 相反，约翰说的只是**爱世界**（wereldliefde）的三种主要形式，并不是所有的罪都包含在这里面；《约翰壹书》二 2-11 提到了无爱心，20-22 节提到了不忠信(unfaithfulness)。维尔玛所主张的基本内容早先已被马丁路德、本格尔（Bengel）和吕克（Lücke）否认了 [另见朗格（Lange）和梅耶（Meyer）]。⁸⁵ 偶像崇拜、做假见证和亵渎不能包含其中。因此，这就意味着，维尔玛有时是混乱的。

我们所遵循的分类方法有些不同。⁸⁶【以自我为中心（zelfzucht）是罪的原则。（1）然而这并不能得出结论，认为每一种罪**在主观上**都出自以自我为中心的动机。】⁸⁷ 也有可能是因为误解了对邻舍的爱或因为误置了对上帝的热心而犯罪。例如，有人可能为了给挨饿的孩子面包而偷窃；这不是出于主观的、以自我为中心的动机。但我们要说的是，所有罪**在客观上**都可以追溯到以自我为中心。因此，我们必须区分客观原则和主观原则。客观原则是以自我为中心的，但在主观上，动机在不同的施动者（agents）和环境下可能有很大差异。罪的客观原则和主观动机往往是不同的。⁸⁸ 然而，虽然犯罪者可能没有意识到这一点，但罪往往来自以自我为中心、抬高自我的欲望。（2）这种以自我为中心是贪婪或私欲（ἐπιθυμία；concupiscentia），伴随着我们的出生（原罪），本身就是罪，也是罪的根源。与基督公教相反，我们教导贪婪或私欲是罪，但渴望本身不是罪。渴望存在于亚当里面，他渴望饮水，食物和健康（创二 24）；这种渴望也在基督里（太四 2；约四 7），也有侍奉上帝的正确渴望（诗一百一十九 40；路十 24；罗七 22；加五 17；提前三 1）；这一切都是好的。但是贪婪包括努力为自己从上帝之外获得事物。因此，智慧人认为贪婪是罪，以自我为中心的渴望是罪。⁸⁹ 基督公教否认了这一点，并声称只有当我们的意志认同欲望时，我

---

⁸⁴ 中注：见荷文版99页。英注：*Pensées*, no.458，帕斯卡尔用这三个拉丁文解释注释《约翰壹书》二16。

⁸⁵ 英注：约安•阿尔布雷希特•本格尔（Johann Albrecht Bengel，1687-1752）"是路德宗敬虔主义神职人员和希腊文学者，以其希腊文新约和对其注释而闻名"（https://en.wikipedia.org/wiki/Johann_Albrecht_Bengel）。戈特弗里德•克里斯蒂安•弗里德里希•吕克（Gottfried Christian Friedrich Lücke，1791-1855）是德国的"中介"神学家。之于朗格（Lange），巴文克没有引用具体的出处，但很可能是指约安•彼得•朗格（Johann Peter Lange,），他是《基督的教义学》（*Christliche Dogmatik*）的作者，也是许多《圣经》书卷的注释书的作者，包括《约翰福音》和《雅各书》注释。对于梅耶尔（Meyer），巴文克可能指Heinrich August Meyer, *Kritisch exegetisches Handbuch über die drei Briefe des Johannes*。

⁸⁶ 中注：本段内容是手稿98-99页间插入的第二张散页内容。

⁸⁷ 中注：见荷文版99页。

⁸⁸ J. Müller, *Christian Doctrine of Sin*, 1:149-151; cf. 189-191.

⁸⁹ 英注：巴文克仔细区分了"欲望"（begeeren）和"贪婪"。由于荷文版《圣经》Staten-

们才会犯罪。但第十条诫命禁止贪婪（太五28）。保罗在《罗马书》七章多次称它为罪。约翰说这不是从父那里来的（约壹二16），我们必须与它斗争（罗六12）。[90]

【以自我为中心向着两个方向发展，并产生从轻微到严重的双重系列的罪。】[91] 这两个方向，无论是肉体的罪还是灵性的罪（peccata spiritualia en carnalia），要么向下朝着动物，要么向上朝着魔鬼。双重系列的罪源于以自我为中心：一种类似动物（感官性的），另一种是魔鬼性的。后者对于一个从感官享受引发一切罪的人来说是无法解释的。根据罗特的说法，人一开始是感观的和以自我为中心的，但这本身并不是罪。仅当这种以自我为中心在人的人格**之中**，并**借着**人的人格被决意和建立时，它才成为罪。因此，感官的罪是【基本形式】（grondvorm），但它可以导致属灵的罪。罗特也承认了魔鬼的存在。[92]

3. 以自我为中心与感官的罪

现在，就感官系列的罪而言，这些从以自我为中心可轻易推出。人当然有聚焦外部世界、物质和事物形式的冲动、倾向性。正是这些冲动让我们的以自我为中心变成了感官的罪。原本这些冲动在神圣的意志之下，被上帝律法所规范，并意在作为受造的指示物指向造物主。因此，受造物就是媒介。这在堕落之后仍是正确的；但是现在，上帝不再是目标，人类已经成为他或她自己的目标，世界也成为他们的手段。纯粹的激情现在变成了冲动、激动、狂热；也就是说，我们不再主动地、而

---

*vertaling*在《出埃及记》二十15中使用了同一个词（Gij zult niet begeeren），巴文克用"以自我为中心的欲望"（具有自我为中心性的欲望；begeerlijkheid als zelfzucht）这个短语予以加持。

[90] 参Kuyper, *Concise Works of the Holy Spirit*, 98："虽然在（基督所取的）堕落的本性中有些方面激发祂去渴望，但这从未成为欲望。"此外，"魂导致悟性的昏暗、感性的钝化、意志的削弱；虽然魂的不平衡力量引发激情，但若无个人的自我受此运作的影响，这甚至不会导致罪。因此，只有当个人的自我背离上帝，罪才会在这种堕落上打上自己的烙印，并且在那混乱的魂和有病的身体里，罪在上帝面前被判定。"中注：散页内容到此结束，本段之后的内容回到巴文克手稿的正文。

[91] 中注：见荷文版100页。

[92] Rothe, *Theologische Ethik*, §§461-468；对此的异议，见 J. Müller, *Christian Doctrine of Sin*, 1:146-149。

是被动地与世界相遇，因为它使我们变得依赖，并迷惑了我们；我们现在是世界的奴仆。因为除非以一种贫瘠的方式，否则我们不能满足自己，所以我们试图使这个世界屈从于我们自己，并从中获得满足。无论我们是否想利用世界来满足我们高尚的激情——对知识的渴求、对艺术的热爱——或是满足我们低级的激情，我们的目的总是以自我为中心的。这是"爱世界"的源头（约壹二 17；多二 12）。所有的努力、荣誉、傲慢、贪婪、欲望等，都预设了一个世界，即必须满足这一自我却在自我之外的事物。同样，在消极的意义上，惰性、倦怠和懒惰的罪都只是以自我为中心的特殊形式。事实上，甚至对世界的憎恨和逃离世界也是以自我为中心的。它们不过是未被满足的以自我为中心，然后在愤怒和厌世中退出世界，进入自我。[93]

4. 以自我为中心与属灵的罪

但罪的另一个方面，即恶魔性的一面，也可以用以自我为中心来解释。诚然，恶魔性是更加明显、直接以自我为中心。因为在爱世界的情况下，世界永远是媒介，所以真正的目的——即自我的满足——比较遥远，因而有时不易察觉。那些感官的罪有时可以起到约束属灵的罪的作用。[94] 那些属灵的罪不太公开，但更恶劣。说谎的罪，实际上是自我欺骗（因为罪就是谎言），因此自欺欺人，进而欺骗他人，最终可以发展至在没有以自我为中心的情况下享受撒谎本身。[95]（这就引出了以自我为中心是否真为罪的原则的问题。）骄傲的罪是以自我为中心之原则赤条条的表现；它夸耀知识和美德，并发展为属灵的骄傲。然后，它超越了以自我为中心，发展成对上帝的可怕仇视、故意的亵渎、咒骂、对上帝有意识的仇恨，并以此为乐。[96] 这一切属灵的罪也是以自我为中心的形式。对人和上帝的仇恨被挑起，伤害了以自我为中心。[97]

---

[93] Philippi, *Kirchliche Glaubenslehre*, 3:4.
[94] J. Müller, *Christian Doctrine of Sin*, 1:160-162.
[95] J. Müller, *Christian Doctrine of Sin*, 1:162-164.
[96] J. Müller, *Christian Doctrine of Sin*, 1:169-177.
[97] J. Müller, *Christian Doctrine of Sin*, 1:172-175.

因此，所有罪都表现出相同的特征：在客观上不顺服上帝，在主观上以自我为中心。因此，实际上只有一种罪，它包含了一切罪。在一种罪中，我们违反了上帝所有的诫命，触犯了整个律法有机体，攻击了赐下一切诫命的上帝的权威。[98] 因此，基督公教对**致死之罪**（peccata mortifera/mortalia）和**可赦之罪**（peccata venialia）的区分是不正确的。[99] 就性质而言，无罪可赦。每一种罪，哪怕是最小的罪，都应该被处以死刑，因为（a）凡不常照律法书上所记**一切之事**去行的，就被咒诅（申二十七 26；加三 10），此外（b）只在一条上跌倒的，他就是犯了众条（雅二 10）。[100] 因此，罪并不像原子一样彼此独立，但其他所有罪在原则上都包含在这一种罪之中。没有任何一种罪本身是可赦的，也不能自行赦免。换言之，任何罪皆有后果。只有通过上帝的恩典，罪才可得赦免。只有一个例外：得罪圣灵的罪。[101]

这就是斯多亚教导中所包含的真理。但与此同时，正如我们已经指出，罪有明确的不同**程度**。一种罪比另一种罪更能揭示以自我为中心。[102] 斯多亚学派认为，所有罪都是同等的，同样严重。根据奥古斯丁的说法，异端约维尼安也相信这一点（虽然耶柔米否认了这一点）；根据安波罗修（Ambrose）的说法，诺洼天派（Novatians）也如此认为。[103] 基督公教的辩论家，如罗伯特·贝拉明（Robert Bellarmine），也指责基督新教信徒持这样的观点。诚然，每一种罪都使我们绝对地与完美分离，绝对使我们失去了上帝的形像；因为善恶之间没有中间地带，我们发现自己不是站在这一边，就是站在另一边。然而，罪当然有发展，有恶化的趋势，有更深陷在罪里的潜在可能。《圣经》在《马太福音》五 22 清楚教导我们一个基本区分。当我们的主说："只是我告诉你们，凡向弟兄动怒的，难免受审断；凡骂弟兄是拉加的，难免公会的审断；凡骂弟兄是魔利的，难免地狱的火。" 其他经文也有同样的教导：

---

[98] F. Turretin, *Institutes of Elenctic Theology*, 1:598 (IX.4.ix).
[99] 见 de Moor, *Commentarius Perpetuus*, 3:308; van Mastricht, *Theoretico-Practica Theologia*, I.iv.3, §22 [2:310]; 加尔文完全拒绝这种区分，Calvin, *Institutes*, III.iv.28。
[100] 试想，某人犯一种罪而原则上又可能不犯其他罪，那么这一种罪是否会使那人遭受永远的刑罚？
[101] Van Mastricht, *Theoretico-Practica Theologia*, I.iv.3, §§16-17 [2:300-305]。
[102] Van Mastricht, *Theoretico-Practica Theologia*, I.iv.3, §16 [2:300]。
[103] 见 de Moor, *Commentarius Perpetuus*, 3:305。英注：约维尼安（Jovinian，约公元405年）曾是一位反对苦修主义的修道士。公元390年，他被定为异端。关于他的信息主要来自于耶柔米的 *Adversus Jovinianum*（Healy, "Jovinianus"）。诺洼天（Novatian，约公元200-258年）是迦太基的司铎（priest），在公元251年科尼利乌斯（Cornelius）升任教宗时，他成为反教宗的人。诺洼天被定为异端，因为对恢复那些在公元250年开始的德西安逼迫（Decian persecutions）中失落之人，他持严苛的看法（Chapman, "Novatian"）。

> 她行恶，违背我的典章，过于列国；干犯我的律例，过于四围的列邦，因为她弃掉我的典章。至于我的律例，她并没有遵行。（结五6）
>
> 他对我说："人子啊，你看见了吗？你还要看见比这更可憎的事。"（结八15）
>
> 为什么看见你弟兄眼中有刺，却不想自己眼中有梁木呢？（太七3）
>
> 哥拉汛哪，你有祸了！伯赛大啊，你有祸了！因为在你们中间所行的异能，若行在泰尔、西顿，他们早已披麻蒙灰悔改了。（太十一21）
>
> 仆人知道主人的意思，却不预备，又不顺他的意思行，那仆人必多受责打；惟有那不知道的，做了当受责打的事，必少受责打；因为多给谁，就向谁多取；多托谁，就向谁多要。（路十二47–48）
>
> 所以，把我交给你的那人罪更重了。（约十九11）

罪的轻重由以下因素决定。（1）根据**主体**，这取决于知识的程度，意志的坚定性等（何四14；路十二48；来十26；约十五22）。（2）根据**对象**，这分为是直接对上帝的犯罪，还是直接对邻舍的犯罪（此外，是否对掌权者、父母等犯罪）。（3）**根据罪的性质**，一般来说，谋杀罪比盗窃罪大，属灵的罪比感官的罪大，诸如此类。（4）【**根据起因的原则**（beginsel waaruit）】[104]，罪是否源于愤怒、软弱、无知等。（5）根据**处境**，依照《箴言》六30，贫穷处境中的偷窃可以减轻罪。

但我们在此必须指出，这种区分罪的方式绝不能过于含蓄。若然，我们会易于忽略和忘记每一种罪的罪恶性。[105] 没有罪就其本身而言可被宽恕或正当化。每项罪中都有同样的罪恶性。然而，罪还是有区别。[106] 比如说，凡见女人动淫念的，或是想要别人死的，都是犯了奸淫的罪或谋杀的罪。然而，这不同于有人实际犯罪。罪只要在思想（gedachten）中，不在言行上，那么在上帝和祂的律法面前就仍有恐惧、羞耻、缄默，仍有束缚、约束、拦阻。因此，言语比思想更坏，行为比言语更坏。凡是渴望别人死亡，又说出这种渴望再付诸行动的人，都是三重谋杀犯。因为这样

---

[104] 中注：见荷文版102页。
[105] 英注：巴文克在页边空白处加上"决疑论（casuistry）；忏悔道德（Liguori）"。这无疑是指圣阿方索·玛丽亚·德·利古里（St. Alphonsus Maria de' Liguori, 1696-1787）。他是1732年救赎主秩序（Redemptorist order）[至圣救赎主教会（Congregation of the Most Holy Redeemer）]的创始人，也是反对"贫乏的律法主义"（sterile legalism）和詹森严格主义（Jansenist rigorism）的重要道德神学家。
[106] Vilmar, *Theologische Moral*, 1:224.

一来，罪就有了形式，将人与罪捆绑得更坚实，也使人更难转回。

当我们假设罪是以自我为中心的，那么分类原可在贪婪的主体和被贪婪的客体中找到。换言之，这就引出了两个问题：以自我为中心的人将一切事物屈服于什么？而他们又将自己屈服于什么？

1. 以自我为中心的人将一切事物屈服于什么？【一般而言，他们将一切事物屈服于他们自己，屈服于"我"自己。但这个"我"包括了很多层面。无人能将凡事完全屈服于"我"。】[107] 所有人内在某些层面都有自己特别喜欢的事物；"我"就在这些事物之中，他们也在这些事物中找到真正的生命。所有人都有困扰自己的罪。一个人可以把一切事物屈服于知识、欲望（野心）或感觉（各种激情），或屈从于身体的装饰，或屈从于肉欲，诸如此类。无论我们有多少器官和能力，我们都会尝试让一切事物屈从【众多不同的王】（zoveel verschillende koningen）。故此，罪有无限类别。然而，有两种罪很突出：属灵的罪（peccata spiritualia）和肉体的罪（peccata carnalia）。

2. 分类的原则也可见于对象及对以下问题的回答：我们人类寻求将什么屈服于自己？有人可能会说，在原则上，人将一切事物屈从自己；以自我为中心的人认为一切事物都是为了自己而存在，可是这仍有差别。以自我为中心在一个人里面会聚焦于此，而在另一个人里面聚焦于彼。有无数的种类，包括金钱、财产、配偶、权力、美的客体、酒、荣誉、名望，不一而足。然而，这方面可分出三大领域：物质（金钱、财物、财产等）、邻舍（说谎、谋杀、奸淫）、上帝（不信、拜偶像、迷信）。当然，这三个领域并非彼此独立，而是相互转移。贪婪的人会犯说谎、欺骗、杀害邻舍的罪，甚至如果上帝阻挡他们，他们也犯欺骗上帝、否认祂的罪。我们可以区分这三个领域，却不能将它们分开。我们还应注意每一种罪都是得罪上帝，而对受造物所犯的罪多半就是敌对邻舍的罪。

当现在结合以上两点时，我们看到以自我为中心显现的三个领域；在每个领域中，以自我为中心根据其自身的面向（作为感官的或属灵的以自我为中心）表现出来。因此，罪有如下方式：（1）使受造物（a）服务于灵——占有欲、贪婪、求知欲等，以及（b）服务于身体——浮华、食欲、懒惰；（2）使邻舍（a）服务于灵——自负、对荣誉的渴求、仇恨、愤怒、诽谤、谋杀，以及（b）服务于身体——奸淫、通奸、偷盗、欺骗等；（3）使上帝（a）服务于灵——不信、拜偶像、亵渎圣灵，以及（b）服务于身体——巫术、招魂术、行奇迹等。

---
[107] 中注：见荷文版103页。

第三章

敌对邻舍和上帝的自我

本章摘要

我们在本章要考量那些以自我为中心（egoism）的罪，即人们利用上帝创造的恩赐来服侍他们自己。我们的基本划分是感观的罪（sensual sins）和属灵的罪。前者包括食物和酒，以及我们没有领受上帝的呼召去工作的惰性之罪。属灵的罪包括爱金钱、滥用语言、误用邻舍的权威、生命、纯洁、财产和美名。

感观的罪以享乐为核心，包含对上帝良善恩赐的过度使用和滥用。这些罪在富人和他们的宴席中尤为突出。《圣经》警告不要暴食和醉酒，指出这些是通往贫穷和毁灭的道路。酗酒使我们的意识变得迟钝，而意识是我们人性的真正标志；我们内在最崇高的一面被摧毁了。

惰性的罪是有关财富和富裕的巨大危险。它们不仅伤害我们自己的灵魂，也导致对他人以自我为中心式的冷漠。在火灾和洪水摧毁他人之时，我们却吃喝玩乐。除了自我放纵和享乐主义，这种罪还会导致自满，终致完全淡漠："既然我们自己已经满足，为什么还要关心他人呢？"这种对生活的厌倦和厌世在我们这个时代已经蔓延，甚至在文学作品中也得到了颂扬。

那么还有一些罪，就是以形式或外表为乐，而不是基于实在（reality）。人们对自己、自己的外表或力量感到满意，并徒劳自夸。他们也常常对过分夸大的荣誉感而过于敏感，而这种荣誉感很容易被冒犯。这样的人往往打着"自尊"的合理幌子，特意避开逆境和苦难。就事物的形式而言，这些罪在事物形式上的另一个动向是不稳定性，受造物在其暂时性、短暂性中的满足。这是我们这个时代的恶疾——反复无常、焦躁、不安。我们无休止地在娱乐、消遣、甚至如唯灵主义（spiritism）的思辨性灵性（speculative spiritualities）中，寻求消遣和分散注意力。最后，我们赞叹怀疑和不确定性为美好和高尚的事物。我们已然成为赤裸并孤独的个体。

不信（unbelief）是一切罪的根源——不接受上帝的祂之所是，不相信祂的话。不信使上帝成为一个说谎者，否认祂的真理和信实。这种不信可以藉两种方式发展：通过贬低上帝，使祂与我们自己同等；或者通过抬高自己，使自己与上帝同等。我们会在以下情况中以一种感官的方式如此行：我们为了自己的利益而误用上帝，滥用祂的名,迷信地玩弄祂的护理,并误用安息日。这一类属灵的罪根植于骄傲,根植于想成为像上帝一样的人,而非降服上帝、爱祂。这表现在偶像崇拜和亵渎中,特别是亵渎圣灵。

罪的发展过程中有一个秩序和规律,这已经反映在乐园里的第一宗罪中:犯罪机会后面尾随着外在的诱惑,然后是内心逐渐的顺从、合理化、倾向,以及行为的完成。一切罪都始于暗示,后是冥想,从中得到快乐,最后是屈服和默许。这样,每一项罪都会生出更多的罪,因为罪成为习惯或习俗,并代代相传。与基督公教相反,我们教导不仅行为有罪,而且扭曲的倾向 [私欲(concupiscence)] 也是有罪的。

人的罪也有历史和发展:家庭的罪、宗族的罪、民族的罪、人类的罪。每一个时代、宗族、家庭、人民、职业(经商或务农、军人、学生、渔民、水手)、社会地位、年代、世纪、环境、思潮或一方水土都有自己的罪。《圣经》中说到一个在恶者手中的"世界",以作为"这个时代神明"的撒旦为首。在这种罪况下,人们要么处于:(a)一种被奴役的状态,在这种状态下,他们不知道自己是犯罪者;(b)一种安全的状态,在这种状态下,他们知道自己无法拯救自己,并因自己作为基本善良和正直的人而舒畅;(c)一种假冒为善的状态,他们拒绝跟随神圣的内心悸动,拒绝与罪的统治决裂;在这种状态下,他们表面上是可敬的,但仍旧叛逆,最终变得刚硬;(d)一种刚硬的状态,其特点是顽固的不信和对救赎的蔑视性拒绝。

§10. 狭义上以自我为中心的罪

以自我为中心的罪是指人们利用受造物、上帝的恩赐和世界（κόσμος）来服侍自己的罪。它们尤其是（但不完全是）那些曾被称为"敌对自己"的罪。[1] 当人们因罪而对自己不满足，变得贫乏时，就会在受造物、上帝的恩赐中寻求满足。他们将自己降服于世界，并把世界据为己有。在这里我们要区分感官的罪和属灵的罪。

1. 感观的罪

（1）涉及食物的罪 [2]

这些罪的核心是享乐（ἡδονή；雅四1）。人是"爱宴乐"的人（φιλήδονοι

---

[1] Pictet, *De christelyke zedekunst*, book 7; Stapfer, *De zeden-leer*, 3:301ff. (*Sittenlehre*, 3:104-812 [III.xi]). 英注：皮克泰（Pictet）的第7册书名是《论基督徒对自己的义务和美德》（*Van de pligten en deugden eens Christens met betrekking op zichzelven*）。

[2] 中注：这里标题的荷文是"Keel-en buikzonden, gastronomie"，直译为"喉咙和肚腹的罪，美食享乐"。英注：此分类取自 Vilmar, *Theologische Moral*, 1:261。维尔玛的标题是

εἶναι；提后三 4），他们陶醉在肉体的满足、品味中。这种品味的罪可以来自食物或饮料，是日耳曼民族特有的罪——尤其是醉酒的罪。³（东方人更多犯性方面的罪。）希腊人和罗马人最初以温和节制著称，狂欢和醉酒尤其在衰落时期出现。对面包和马戏团（panem et circuses）及举办奢侈宴乐的需求都出现在帝王时期。

  a. 痴迷于食物。⁴ 当人们为了吃而活，在饮食中找到自己的目的时，就会出现这种罪。所有注意力都集中在食物上，烹饪的艺术成为最吸引人的技能。饮食可以通过各种方式提升到人生的最高目标：把晚餐时间挪到更早或更晚，以延长用餐时间；用异国情调准备精致的饭菜，刺激和挑动味蕾等。这种罪可以藉小规模的方式开始，比如偏爱某些食物或渴望拥有美好的生活。⁵ 这种罪会导致贪吃和欢宴，服侍肚腹："因为这样的人不服侍我们的主基督，只服侍自己的肚腹。"（罗十六 18）"他们的结局就是沉沦；他们的上帝就是自己的肚腹。他们以自己的羞辱为荣耀，专以地上的事为念。"（腓三 19）人们成了肚腹的奴隶，肚腹决定了他们的律法。他们在羞耻之中，即在拥有良好的品味、提升他们的味觉中，寻求荣誉。如阿皮修斯、皇帝盖塔和埃拉加巴卢斯等人，他们都被称为美食家。⁶

"Bauchsünden（gula）"（gula意思为"喉咙、贪吃"）。以下大部分资料都呼应了维尔玛的观点和措辞，尽管巴文克有自己的论述。
³ 英注：巴文克直接从 Vilmar, *Theologische Moral*, 1:261-164提取这一概念。
⁴ Pictet, *De christelyke zedekunst*, 639; van Mastricht, *Theoretico-Practica Theologia*, III.iv.2 [4:782-788]. 英注：巴文克的参考资料是*Vierde deel*, Rotterdam/Utrecht, 1753, 557 (§ I.XVI) (*Theoretico-Practica Theologia*, II.i.16)，这似乎不准确。马斯特里赫特（Van Mastricht）在III.iv.2 [4:782-788]讨论了食物的罪："关于胃的使用和滥用"（*De alimentorum usu & abusu*）。关于我们引用马斯特里赫特的《兼顾理论和实践的神学》（*Theoretico-Practica Theologia*）的格式的解释，见引言，§1 <改革宗教会>中的详述。卷号和页码来自于1749-1753年巴文克使用的荷文版。
⁵ 英注：这是对巴文克的术语pater gutleben的意译。
⁶ 英注："马库斯•加维乌斯•阿皮修斯（Marcus Gavius Apicius）被认为是罗马帝国时期的**美食家**和奢侈品爱好者。他生活在公元第1世纪提比留（Tiberius）王朝的某个时期。罗马食谱《阿皮修斯》（*Apicius*）经常被认为由他所著，纵然无法证明两者之间的联系。"（https://en.wikipedia.org/wiki/Marcus_Gavius_Apicius）。普布利乌斯•塞普蒂姆斯•盖塔（Publius Septimus Geta，公元189-211年）是罗马皇帝，从公元209年起与父亲塞普蒂姆斯•塞维鲁（Septimus Severus）及其兄长卡拉卡拉（Caracalla）一起统治罗马，直到驾崩。根据晚期罗马帝王传记集《奥古斯塔史》（*Historia Augusta*）的记载，盖塔是一个欲望无度的人："年轻时，他英俊潇洒，举止唐突但并不失礼，在性上无节制，贪吃，喜欢食物和各种香料的酒。""Life of Antonius Geta" 4.1 (*Historia Augusta* 2:39 [trans.Magie]). 马库斯•奥勒留•安东尼乌斯•奥古斯都（Marcus Aurelius Antonius Augustus），通常被称埃拉加巴卢斯（Elagabalus），因带来西罗马的崇拜太阳神的雕像而出名。他是公元218-222年的罗马皇帝，以性放荡而臭名昭著。根据历史学家爱德华•吉本（Edward Gibbon）的说法，"埃拉加巴卢斯

《圣经》警告这一切。旧约中的食物禁令和素祭（meal offerings）提供了防止滥用食物的提防措施。《箴言》警告我们："好饮酒的，好吃肉的，不要与他们来往；因为好酒贪食的，必致贫穷；好睡觉的，必穿破烂衣服。"［箴二十三 20-21；参《西拉书》（Book of Sirach）三十一 21-22；三十七 29-31；箴二十八 7］。耶稣警告不要狂欢（路二十一 34；参 罗十三 13 和 加五 21 中的警告；彼前四 3 的警告），把一个"穿着紫色袍和细麻布衣服，天天奢华宴乐"的财主描绘成在地狱里（路十六 19）。

b. 与浓酒和烈酒有关的罪。[7] 这些罪也从微小的方面开始，例如喝一杯杜松子酒，然后可以发展到真正地享受酒和烈酒，发展到需要饮酒，经常喝酒，终至酗酒和狂欢。挪亚和罗得是《圣经》中的例子，对我们有警示作用。这些罪在以色列人中并不陌生。相反，请思想《以赛亚书》五 11、22："祸哉！那些清早起来追求浓酒，留连到夜深，甚至因酒发烧的人。祸哉！那些勇于饮酒，以能力调浓酒的人。"

现在，通常被译作"浓酒"的希伯来文 רָכַשׁ 并不是我们现代意义上的烈性饮料（即相应的白兰地或杜松子酒），而是用玫瑰、水果、蜂蜜和蓟制成的酒。[8] 用蓟制成的酒特别微弱，但即使这样，也能使人失去知觉。这就是这种罪骇人的结果："醉酒是一种小小的愤怒。"[9] 它在当时和事后使人的意识变得迟钝；它消除了最崇高的元素，即我们里面的人性。这是对上帝的形像的攻击、摧毁，因为自我意识是人性的真正标志。醉酒让我们像动物一样。在醉酒的人里面，灵魂被埋葬，动物性（猪、狮子或猿等本性）就会浮现。

《圣经》警告说，不要醉酒："酒能使人亵慢，浓酒使人喧嚷；凡因酒错误的，就无智慧。"（箴二十 1）《箴言》二十三 29-35 中有一个惊人的描述。[10] "君王

将自己沉溺于粗俗的快乐和不受控制的愤怒中，很快就在他的享受中发现了厌恶和饱足"（Gibbon, *Decline and Fall of the Roman Empire*, 1:187 [chap. 6]）。巴文克在他的名单中还包括另外两个名字，但原因对英版编者来说并不清楚：普布里乌斯•利奇尼乌斯•埃格纳提乌斯•加里恩努斯•奥古斯都（Publius Licinius Egnatius Gallienus Augustus，公元218-268年，于公元253-268年为皇帝）和米特里达特（Mithridates）。后一个名字显然取自波斯神灵米特拉（Mithra）。他是公元第1-4世纪流行于罗马帝国的米特拉神秘主义的灵感来源。巴文克的本意可能是泛指这种盛行于罗马军队中的崇拜；众多罗马统治者因而将自己命名为米特里达特（Mithridates）。

[7] Pictet, *De christelyke zedekunst*, 642.
[8] Gesenius, *Hebrew and Chaldee Lexicon*, s.v. "רָכַשׁ."
[9] 英注：巴文克引用希腊谚语"ἡ μέθη μικρὰ μανία ἐστίν"，很可能取自 Vilmar, *Theologische Moral*, 1:264。
[10] 英注：《箴言》二十三29-35"谁有祸患？谁有忧愁？谁有争斗？谁有哀叹？谁无故受伤？谁眼目红赤？就是那流连饮酒、常去寻找调和酒的人。酒发红，在杯中闪烁，你不

喝酒不相宜；王子说浓酒在那里也不相宜。"（箴三十一 4）"好像行在白昼，不可荒宴醉酒。"（罗十三 13）"但如今我写信给你们说，若有称为弟兄是行淫乱的，或贪婪的，或拜偶像的，或辱骂的，或醉酒的，或勒索的，这样的人不可与他相交，就是与他吃饭都不可。"（林前五 11；参 约六 10）在肉体的行为中，有"嫉妒、醉酒、荒宴等类。我从前告诉你们，现在又告诉你们，行这样事的人必不能承受上帝的国"（加五 21）。"不要醉酒，酒能使人放荡；乃要被圣灵充满。"（弗五 18）"作执事的，也是如此：必须端庄，不一口两舌，不好喝酒，不贪不义之财。"（提前三 8）"因为往日随从外邦人的心意行邪淫、恶欲、醉酒、荒宴、群饮，并可恶拜偶像的事，时候已经够了。"（彼前四 3）在我们这个时代，由于烈酒的发明、酗酒和鸦片，肚腹上的这些罪恶变得更加可怕，鸦片是一种用罂粟未成熟的籽粒制成的、具有强烈麻醉性的乳状液体，特别被中国人和爪哇人食用。[11]

c. 综上所述，这两种罪尤其容易出现在宴会中（罗十三 13；加五 21；彼前四 3）[12]，且尤其是在 15-16 世纪的帝国时期。这种情况也发生在我们先辈中，现在又开始发生在荣誉盛餐和晚宴上。[13]

（2）惰性的罪（traagheidszonden）[14]

从根源上来说，这种罪是一种身体上的怠慢，是对劳动和努力的回避；它是"轻松以对"，忘记了我们被呼召像上帝一样去工作。在属灵层面和肉体层面，这都是一种对工作的厌恶。当我们什么也不做、游手好闲、享受"愉快的闲暇"（dolce far niente）时，就犯了这种罪。这一理型尤见于共产主义。这种懒惰常常源于或伴随着一种安逸的生活方式，源自奢侈的成长环境，以及伴随着与食物有关的罪。保罗引用希腊诗人埃皮梅尼德斯（Epimenides）的话说："克里特人常说谎话，乃是

可观看，虽然下咽舒畅，终久是咬你如蛇，刺你如毒蛇。你眼必看见异怪的事；你心必发出乖谬的话。你必像躺在海中，或像卧在桅杆上。你必说：人打我，我却未受伤；人鞭打我，我竟不觉得。我几时清醒，我仍去寻酒。"

[11] 参A. Kuyper, "Ons Program", Amsterdam 1879. 英注：巴文克引用了亚伯拉罕·凯波尔的抗革命政治纲领 *Ons Program* (see esp. pp. 344, 899, 901, and 1016-1023); ET: *Our Program*, 304, 318.
[12] Pictet, *De christelyke zedekunst*, 637.
[13] Vilmar, *Theologische Moral*, 1:261-267.
[14] Vilmar, *Theologische Moral*, 1:268; Pictet, *De christelyke zedekunst*, 677-681; van Mastricht, *Theoretico-Practica Theologia*, II.i.11 [4:543].

恶兽，又馋又懒。"（γαστέρες ἀργαί；多一 12）因此，懒惰是富贵、富裕、某种文化的巨大危险，就像罗马皇帝时代所发生的一样。

这种罪还导致对他人的痛苦以自我为中心式的漠不关心，以自我为中心的自我满足，并吃喝玩乐，而且还会说"洪水在我们之后到来"（Après nous le déluge）。[15] 它导向绝对的幸福主义，带来骄奢淫逸的自我放纵，如在罗马皇帝时代、三十年战争之前的欧洲和法国大革命之前的时代所盛行的那样。它还会引至愚蠢、肤浅的自满和狭隘、局限，也会导致冷酷——即导致人们不关心别人的痛苦，而只要自己足够就满足了，却对其他事情毫不关心。

因此，这种罪最后导致了完全的冷漠和漠不关心（ἀκηδία），对生活的厌腻、不满、厌倦，产生无聊，通常还伴随着深深的悲伤。这会带来对自己的厌倦或为自身生活命运感到苦恼。这可能会继续衍生对所有人的仇恨，逃避世界，厌恶一切受造物，怀疑一切事物和上帝，最终导致自杀。这种对生活的怀疑性厌倦在我们这个时代变得越发强烈，并被认为是一种深刻、更开明的世界观，而不是一种病态和罪恶。这种观点在文学作品中受到赞许和系统化 [拜伦（Byron）、阿尔弗雷德·德·穆塞特（Alfred de Musset）等人]；它是共产主义和社会主义的曲调。然而，在起源上，它无非就是灵和肉体上的惰性，且伴随着骄傲；这种骄傲设定没有事物可以让人满意，而且一切都必须服侍他们。

《圣经》警告说，不要犯这种罪。

> 懒惰人哪，你去察看蚂蚁的动作就可得智慧。…懒惰人哪，你要睡到几时呢？你何时睡醒呢？再睡片时，打盹片时，抱着手躺卧片时，你的贫穷就必如强盗速来，你的缺乏仿佛拿兵器的人来到。（箴六6，9–11）
> 我经过懒惰人的田地、无知人的葡萄园，荆棘长满了地皮，刺草遮盖了田面，石墙也坍塌了。我看见就留心思想；我看着就领了训诲。再睡片时，打盹片时，抱着手躺卧片时，你的贫穷就必如强盗速来，你的缺乏仿佛拿兵器的人来到。（箴二十四30-34）

---

[15] 英注：在这种形式下，这句话被认为是法国路易十五（1710-1774年）著名的公开情妇蓬巴杜夫人（Madame de Pompadour，1721-1764年）所说。其更为常见的形式，"Après moi le déluge"（在我之后来到的是洪水），通常被认为是国王本人所说。见Laguna, "Après moi"。

新约也阐述了类似的智慧："殷勤不可懒惰；要心里火热，常常服侍主。"（罗十二 11）"我们在你们那里的时候，曾吩咐你们说，若有人不肯做工，就不可吃饭。因我们听说，在你们中间有人不按规矩而行，什么工都不做，反倒专管闲事。我们靠主耶稣基督吩咐、劝戒这样的人，要安静做工，吃自己的饭。"（帖后三 10–12）保罗教导提摩太不要"招收年轻的寡妇"担任执事，其中包括这样的劝告："并且她们又习惯懒惰，挨家闲游；不但是懒惰，又说长道短，好管闲事，说些不当说的话。"（提前五 13）最后，《希伯来书》的作者说："我们有好些话，并且难以解明，因为你们听不进去……我们愿你们不懈怠，总要效法那些凭信心和忍耐承受应许的人。"（来五 11；六 12）

（3）以形式为乐的罪

这些罪关注事物的表象，而非它们的实在。[16] 它们往往不被认为是罪，或被认为只是轻微的罪。这种罪有两种类型。

a. **自爱**（φιλαυτία）。人们爱自己，并对自己感到满意，故此也爱与自己有关的其他事物。人们首先对自己的身体的美、体力、心理天赋（如机灵）感到满意。喜悦于自己的身体美尤其容易发生在女性身上，并会引致对身体的装扮，炫耀自己，使用化妆品（赛三 16-24；提前二 9；彼前三 3），根据外在形式评价一切。对于男人而言，他更喜欢力量、权力、精神健康和身体，并表现在运动和体育上。这两种都是虚荣的罪。这种罪也导致想要取悦别人；"求自己的喜悦"（ἀρέσκειν ἑαυτῷ；罗十五 1）带来取悦别人，成为"讨人喜欢的人"（ἀνθρώποις ἀρέσκειν；加一 10；弗六 6；帖前二 4）。对女人而言，这会引发挑逗、调情和奉承；对男人而言，这会导致殷勤和体贴；对男女而言，这都会带来奉承，使得只用眼睛来判断，对人尊重，且有党派之争（雅二 1；犹 16；罗二 1；箴二十四 13；等等）。在更极端的形式下，这种罪会导致很容易被冒犯，荣誉感过度膨胀，敏感性增强，很快就会寻求自我保护，寻求自己的荣誉。这样的人逃避十字架，逃避死亡（可能不会提及），一心想着拯救和保存自己的生命和灵魂。在道德体系中，这一原则被表现为"尊重自己"和维护人权——"凡人啊，感受自己的价值吧！"[17]——这带来了我

---

[16] A.F.C. Vilmar, *Theologische Moral, Erster Theil*, 286.

[17] 英注：这是一首赞美诗的第一行，见于 *Evangelische Gezangen*, no.31, 59；以《诗篇》

们这个时代可怕的主观主义。

b. 不稳定性和易变性（ἀκαταστασία）。这些罪在事物形式上的另一个动向是不稳定性，受造物在其暂时性、短暂性中的满足。《圣经》经常说到这一点："只要凭着信心求，一点不疑惑；因为那疑惑的人，就像海中的波浪，被风吹动翻腾。"（雅一6）"心怀二意的人，在他一切所行的路上都没有定见。"（雅一8）"你们亲近上帝，祂也必亲近你们。有罪的人哪，要洁净你们的手！心怀二意的人哪，要清洁你们的心！"（雅四8）这种不稳定性是自身缺乏毅力的结果，一般包括凭印象生活、受感觉支配——尤其容易发生在妇女身上，在宗教方面亦然——而且这种不稳定性是一种软弱，缺乏力量。最严重的是，它是不相信上帝的恒常性。

易变性（onbestendigheid）也是我们这个时代的大恶疾——烦躁、不安。这表现在很多方面，例如寻求分散注意力和转移注意力[18]，追逐刺激的快乐，追求娱乐而不是独处，对自己感到厌烦（帕斯卡尔）。这也明显地表现在过度的好奇心[19]，特别是对隐秘事的好奇心（申二十九29）。当代例子就是**唯灵主义**和普遍偏重于数量（multa）而非质量（multum）的轻浮和肤浅[20]，因此在泛神论的万物融合中发

六十五篇的旋律演唱（彼得·达特努斯[Peter Dathenus]）。以下是第一节的全部内容（约翰·博尔特译）。

O sterveling!Gevoel uw waarde	O, mortal, feel your worth,
Wat u in' t stof nog vleit,	What still flatters you as dust,
Uw hart is veel te groot voor d' aarde	Your heart is much too great for earth,
Gij leeft voor d' eeuwigheid:	You live for eternity:
De tijd, die alles weg doet zinken,	Your greatness is not determined
Bepaald uw grootheid niet;	By time that sinks everything;
Gij ziet voor uw volmaking blinken	You see an endless horizon
Een eindeloos verschiet.	Shining for your perfection.

最后四行的翻译涉及到一些重排，以满足英语语法。

[18] Pictet, *De christelyke zedekunst*, 661. 英注：巴文克在行间补充道："跳舞、玩[牌]、戏剧"。这个著名的三元组也引起了亚伯拉罕·凯波尔的愤怒，他在斯通讲座的<加尔文主义和宗教>（第二讲）中，坚持认为加尔文主义者不同于重洗派，应要拥抱而非逃避带有上帝创造谕令的世界秩序（"因此，敬畏上帝被作为一种现实传给整个生活——传给了家庭、社会、科学和艺术、个人生活和政治生涯"）。之后，凯波尔提出了令人震惊的主张，"这便承认一个例外……加尔文主义并不认为与未归信的世界的**每一次**亲密互动都是合法的，因为它通过对三件事——玩牌，戏剧以及跳舞——的鲜明否决，而设置了一道屏障来阻止这个世界不圣洁的影响；这三件事就是三种娱乐形式。" Kuyper, *Lectures on Calvinism*, 72-74.

[19] Pictet, *De christelyke zedekunst*, 739.

[20] 英注：巴文克在这里反转了经典的拉丁谚语non multa, sed multum（"不是多，而是很多"

现了的同等化和同质化，避免对任何事物本质的彻底探究。它还表现在反历史的方面上——在对历史的持续重建中，人们与自己的历史、传统、先辈的遗产割裂。这结果就是丧失了虔诚，割断了与过去的纽带（革命），换来了主观的、自我愉悦的自我为中心和个人主义。最后，它发生在对一切事物的有意怀疑中，对信仰的禁锢中，每个人都赤裸而又孤独地站在那里。怀疑已成为知识的开端和条件。[21]

2. 属灵的罪

（1）爱金钱（φιλαργυρία）

《提摩太前书》六 10 称贪财为万恶之根。[22]《圣经》总是警告人们不要爱金钱。

> 我若以黄金为指望，对精金说：你是我的倚靠；我若因财物丰裕，因我手多得资财而欢喜……（伯三十一24-25）
>
> 于是对众人说："你们要谨慎自守，免去一切的贪心，因为人的生命不在乎家道丰富。"（路十二15）
>
> 一个仆人不能侍奉两个主；不是恶这个爱那个，就是重这个轻那个。你们不能又侍奉上帝，又侍奉玛门。（路十六13）
>
> 我又告诉你们，骆驼穿过针的眼，比财主进上帝的国还容易呢！（太十九24）
>
> 不要为自己积攒财宝在地上；地上有虫子咬，能锈坏，也有贼挖窟窿来偷。（太六19）
>
> 但那些想要发财的人，就陷在迷惑、落在网罗和许多无知有害的私欲里，叫人沉在败坏和灭亡中。（提前六9）
>
> 你们存心不可贪爱钱财，要以自己所有的为足；因为主曾说："我总不撇

或"不是数量，而是质量"），由小普林尼（Pliny the Younger，公元61-113年）所写。荷注：*Van Dale Groot Woordenboek der Nederlandse Taal*, Utrecht/Antwerpen 1999[13], s.v. 'multum'。

[21] 英注：巴文克在这段话中所描述的，与一百多年后所谓的"后现代主义"无比相似。这段话——尤其是最后一句话——也表达了巴文克对笛卡尔模型的怀疑和担忧。

[22] 英注：巴文克在行间插入"坡道"（ramp），意思是"灾难（disaster）、灾祸（calamity）"。

> 下你，也不丢弃你。"（来十三5）
>
> 不因酒滋事，不打人，只要温和，不争竞，不贪财。（提前三3）
>
> 因为那时，人要专顾自己，贪爱钱财，自夸，狂傲，毁谤，违背父母，忘恩负义，心不圣洁。（提后三2）
>
> 所以，要治死你们在地上的肢体，就如淫乱、污秽、邪情、恶欲，和贪婪（贪婪就与拜偶像一样）（西三5）
>
> 因为你们确实地知道，无论是淫乱的，是污秽的，是有贪心的，在基督和上帝的国里都是无分的。有贪心的，就与拜偶像的一样。（弗五5）

这种罪是普遍的，发生在所有国家和人民当中，但特别是在农民[23]和商人身上。对黄金的渴求是普遍的，发生在所有人、儿童和成人身上，并随着时间的推移而增加。对金钱的欲望变成了对金钱占有（不仅仅是使用）的欲望，因为金钱是世界上最伟大的力量——一切事物都可以用金钱来获取。因此，金钱是地上真正的玛门，是撒旦最有力的试探工具。[24] 对金钱的欲望使我们转离上帝，转向世界[25]，转向它的中心，转向它所能给予的最高贵的事物。它也是无法被满足的，一切最终都会变得恶心，但对黄金的渴求随着时间的推移而增加。守财奴被黄金捆绑，相信黄金的力量，因此黄金是他的上帝。黄金并不是唯一的金钱形式，一个人也可以用财产、装满牲畜的谷仓或装满商品的仓库来积累金钱。希腊文 φιλαργυρία 也不仅是指"贪婪"，因为它也是挥霍的根源。对于这两者（守财奴和挥霍者）而言，钱都是最重要的；一个想积攒钱，而另一个想花钱。一个可能是贫穷的，另一个可能是富有的。（见 路十九 20-23；雅五 1；太十九 22-24；可十 22-27；路十八 22-27 中的财主）。对金钱的追求和吝啬，就算最初对邻舍没有不诚实，可最终变成了贪婪（πλεονεξία）。贪婪为获得金钱不择手段，最终导致斤斤计较，剥夺人们的生活（雅五章），高利贷，欺骗和不义之财（多一 7-11；彼前五 2）。最后导致偷盗和抢劫——也就是得罪邻舍。[26]

---

[23] 英注：巴文克关于农民的评论需要从19世纪末荷兰阶级结构的背景来理解，那时的阶级结构对富裕的、拥有土地的"农民"（boeren）和个体农场工人（arbeiders）有明确的区分。
[24] Kuyper, "Geldgierigheid is een wortel van alle kwaad" (Love of Money Is a Root of All Evil), a meditation on 1 Tim. 6:10; 另见Kuyper, *E Voto Dordraceno*, 4:222, 279。英注：巴文克旁注，对金钱力量的信仰体现在诸如塞西尔·罗兹（Cecil Rhodes，1853-1902）等人身上，他是英国殖民主义者、商人、矿业大亨和南非政治家，他建立了罗得西亚领土，并设立了罗兹奖学金，还体现在摩根等信托基金中。
[25] 英注：巴文克在行间添加了"stof"（物质、尘埃）。
[26] 已包含于§11；参 Pictet, *De christelyke zedekunst*, 747-755。

（2）涉及滥用言语（语言）的罪

这些罪的根源是心思的虚荣或徒劳（弗四17），是与生命、道、上帝的逻格斯割裂的结果。于是，没有内容和生命力的文字就出现了，没有实在的观念也就出现了。这就是为什么《圣经》说到"妄语"和"嬉笑的话"（弗五4），"虚浮的话"（弗五6），"说长道短，好管闲事"（提前五13），"世俗的虚谈"（提前六20），"虚空话"（多一10），"恶言"（约叁10）。耶稣告诉我们，"凡人所说的闲话，当审判的日子，必要句句供出来"（太十二36）。相反，我们的"言语要常常带着和气，好像用盐调和，就可知道该怎样回答各人"（西四6）。

这种闲言碎语的吐槽表现于日常交往中，并我们误用语言及内容空洞的礼貌用语中。塔莱兰德（Talleyrand）正确地说道："语言是为了隐藏思想而创造的（la langue est faite pour cacher les pensées）。"[27] 这样的措辞会导致言过其实，自我欺骗，以及欺骗他人。言语持续对人们拥有巨大的力量，并借着使他们误入歧途、陷入错误和异端而背叛了他们。所有伟大的事件都由一个词（如"革命"、"自由"等）引起。这种情况在**科学**（wetenschap）中也会发生。人们为自己（以自我为中心）而不是为上帝来寻求和热爱科学。使用虚空的言语，没有内容的思想，或把错误的内容放在其中的言语，就会产生"属鬼魔的"（δαιμονιώδης）知识（雅三15），或"人的聪明"（林后一12），"似是而非的学问"（提前六20），或"这世界的智慧"（林前三19）。这些都导致了一种哲学和虚妄的诱惑，使人们随着各种"异教之风"（弗四14）而偏离正路。科学（wetenschap）不再被看重为是通往真理的道路，因为那被认为是无法实现的，因此沦为欲望、渴求、单纯的练习。在艺术、符号化的文字中也是如此。艺术被简化为形式，不再被用来表达真理、永恒、我们是谁。它的理型和灵感不是来自上面，而是来自下面。只有人物、形式，当然还有身体的、赤裸的形式，才能吸引人——比如左拉的粗俗现实主义。[28]

---

[27] 英注：查尔斯·莫里斯·德·塔莱兰德-佩里戈德（Charles Maurice de Talleyrand-Périgord, 1754-1838）是法国从路易十六到路易·菲利普国王的动荡时期的职业公务员。这句话还有另一个版本，是司汤达[Marie-Henri Beyle（1783-1842）]所说："La parole a été donnée à l'homme pour cacher sa pensée。"（http://www.linternaute.com/citation/4058/la-parole-a-ete-donnee-a-l-homme-pour-cacher-sa---stendhal/）

[28] 英注：埃米尔·爱德华·夏尔·安托万·左拉（Émile Édouard Charles Antoine Zola, 1840-1902）是一位法国记者、小说家、剧作家，是19世纪文学自然主义的主要模范。文学自然主义是一场突出生活、人类罪恶和痛苦的阴暗面的运动（Berg, "Zola"）。

§11. 敌对邻舍

这类罪中包括了所有把邻舍和一切属邻舍的事物误用在自己身上的罪。一个人能以某种肉欲的以自我为中心来滥用邻舍的纯洁和财产；滥用邻舍的生命、声望、好名声则是更具魔鬼的、属灵的以自我为中心。

1. 邻舍的纯洁（第七诫）[29]

这涉及性犯罪。[30] 第一个也是最普遍的形式是"不洁"（ἀκαθαρσία；罗六19；林后十二 21；加五 19），甚至是更恶劣的"污秽"（ῥυπαρία；雅一 21）。总

---

[29] 英注：巴文克仅在下文第4条（第五条诫命）和第5条（第六条诫命）标题后的括号中列入了指向十诫中具体的诫命。英编者添加了对第七条诫命（第1节内容），第八条和第十条诫命（第2节内容）和第九条诫命（第3节内容）的明确引用。

[30] 第七条诫命的解释请参阅 Calvin, *Institutes*, II.viii.41-44; Ursinus, *Commentary on the Heidelberg Catechism*, Lord's Day 41; Daneau, *Ethices Christianae*, 2:208-232 (II.xiv); Pictet, *De christelyke zedekunst*, 639, 652-657; van Mastricht, *Theoretico-Practica Theologia*, II.iii.5 [4:650]; Vilmar, *Theologische Moral*, 1:249.

的来说，这种不洁涉及所有与生育、受孕和出生有关的事情，这一切都是奥秘性的。围绕着这奥秘已经划定了界限；它被遮蔽，蒙上了面纱。正是为了尊重这个奥秘，羞耻感才与人类生活的这一方面联系在一起，也是旧约中洁净律的原因。不洁来自于违背这个奥秘，源自对它的不尊重，来自于认为它只是自然的。这种不洁始于思想，但也成为人们（在儿童、青年男子和青年妇女中）讨论的热门话题。它是由想象力来喂养和滋养的，而想象力把抽象的思想变成是形象、具体、生动的图像。这种不洁的思想由《圣经》所警告的言语所表达："污秽的言语一句不可出口。"（弗四 29）"你们要弃绝这一切的事，以及恼恨、忿怒、恶毒、毁谤，并口中污秽的言语"（西三 8），以及"滥交是败坏善行"（林前十五 33）。

这一切都是通过语言、阅读不洁的书籍、观看图像引起的，并通过眼睛、手、步态等不雅的动作表现出来。《圣经》直接提到我们使用和误用身体的方式。约伯为自己的清白申辩："我与眼睛立约，怎能恋恋瞻望处女呢？"（伯三十一 1）。《诗篇》作者祷告说："求祢叫我转眼不看虚假，又叫我在祢的道中生活。"（诗一百一十九 37）旧约智慧文学这样描述了一个恶人："无赖的恶徒，行动就用乖僻的口，用眼传神，用脚示意，用指点划，心中乖僻，常设恶谋，布散纷争。"（箴六 12–14）经文还特别提到了女性在这方面的问题："耶和华又说：因为锡安的女子狂傲，行走挺项，卖弄眼目，俏步徐行，脚下玎珰。"（赛三 16；参 提前二 9–10 中对基督徒妇女的教导）

经由这种方式培育，它就变成了渴望满足的不洁，即情欲（πάθος）。于是，这就把一个人变成了奴隶，变成了被牵往屠杀的公牛（箴七章；西三 5；帖前四 5）。这种罪恶的情欲是罗马帝国的毒瘤，甚至时至今日还在继续。[31] 它的形式是通奸（πορνεία；scortatio）—— 即与未婚女子性交；这尤其是敌对邻舍的罪。这种罪还包括纳妾，这是一种特殊的通奸形式。

《圣经》中对这种罪有严重的警告："若有处女已经许配丈夫，有人在城里遇见她，与她行淫。你们就要把这二人带到本城门，用石头打死。"（申二十二 23）以色列的男女不可作异教祭祀的娼妓；异教的淫乱是"耶和华你上帝所憎恶的"（申二十三 17-18）。旧约先知们对这种罪提出了警告（赛三章；《何西阿书》），《箴言》

---

[31] 英注：巴文克此处在括号里加上了两部小说的缩写标题，Eugène de Mirecourt's *Eugène Sue* (Paris, 1855) and Émile Zola's *Nana* (Paris, 1880)，以及1882年荷文版 Thomas Otway, *Venice Preserv'd: Or, a Plot Discover'd* (London, 1682)。

亦然（见第 7 章）。新约在这方面也同样清楚且着重强调。耶路撒冷会议给外邦基督徒的忠告（徒十五章），指示他们要"禁戒偶像的污秽和**奸淫**，并勒死的牲畜和血"（第 20 节）。当保罗在《罗马书》一章中描述"不虔"和"不义"的人时，他说："上帝任凭他们逞着心里的情欲行污秽的事，以致彼此玷辱自己的身体。他们将上帝的真实变为虚谎，去敬拜侍奉受造之物，不敬奉那造物的主——主乃是可称颂的，直到永远。阿们！"（24-25 节）因此，"上帝任凭他们放纵可羞耻的情欲"（26 节），并"任凭他们存邪僻的心，行那些不合理的事"（28 节）。保罗在《哥林多前书》惊讶地责备："风闻在你们中间有淫乱的事。这样的淫乱连外邦人中也没有，就是有人收了他的继母。"（五 1）

性犯罪特别严重，因为它玷污了基督的身体。

> 岂不知你们的身子是基督的肢体吗？我可以将基督的肢体作为娼妓的肢体吗？断乎不可！岂不知与娼妓联合的，便是与她成为一体吗？因为主说："二人要成为一体。"但与主联合的，便是与主成为一灵。你们要逃避淫行。人所犯的，无论什么罪，都在身子以外，惟有行淫的，是得罪自己的身子。岂不知你们的身子就是圣灵的殿吗？这圣灵是从上帝而来，住在你们里头的；并且你们不是自己的人，因为你们是重价买来的。所以，要在你们的身子上荣耀上帝。（林前六 15-20；参 林前七 2；十 7-8；林后十二 21；弗五 3；西三 5；帖前四 3；来十二 16；十三 4；启二十一 8）。

通奸就是认为邻舍是一件物品，并以类似的眼光看待自己的身体，忘记了两者都不属于我们，而是属于上帝。正如保罗所指出的，其他罪都是"在身子以外"——世界在那里进入了我们——而性犯罪是敌对我们自己身体的罪（林前六 18），因为罪从自我出发，从内到外利用身体，从而用身体本身破坏身体。

奸淫（μοιχεία；adulterium）是更严重的罪。它在第七条诫命中被提到，因为它是这些罪的顶峰。因为这罪不仅伤害了自己的身体和我们的邻舍，而且攻击婚姻和家庭生活，也攻击上帝的一切谕令，推翻上帝为社会生活所立的秩序。原则上，奸淫是革命，使社会成为不可能。用我们主的话说："摩西因为你们的心硬，所以许你们休妻，但起初并不是这样。我告诉你们，凡休妻另娶的，若不是为淫乱的缘故，就是犯奸淫了；有人娶那被休的妇人，也是犯奸淫了。"（太十九 8-9；参 利二十

10-11；申二十二 22；罗二 22；林前六 19；七 2；加五 19；弗五 5；雅四 4；彼后二 14）。这种罪也包括一夫多妻（创二 23；太十九 5；林前七 2；弗五 31）。

但即使到了这个程度，性犯罪不会停滞不前。最终它会导致非自然的罪，如与恋童癖和同性恋（ἀρσενοκοίτης）有关的行为（罗一 27；提前一 10）；尤其是在希腊世界，这些行为没有受到谴责，即使是苏格拉底和柏拉图也没有谴责它们，后来在罗马文化中亦然。这方面还包括兽奸（利二十 15）、乱伦（创十九 36；三十五 22；三十八 18；撒下十三 14；十六 21-22；太十四 4；可六 18；林前五 1-2），以及各种"难以启齿的罪"，甚至连说出名字都是可耻的（创十九 5；三十八 9；出二十二 19；利十八 22-23）。这些罪在今天所渴望的肉体解放中，在公开辩护的放荡中得以体现。

2. 邻舍的财产（第八诫和第十诫）[32]

这种罪最常见的形式是**贪婪**，占有欲。这很快就会带来以下情况。

a. **不诚实**（oneerlijkheid）。这往往不被认为是一种罪，允许一个人犯这种罪但仍受人尊敬。这是一种弊病，尤其是中上阶层的弊病，包括不归还借来的物品（如书籍）或保存物品时间过长等行为。"恶人借贷而不偿还；义人却恩待人，并且施舍。"（诗三十七 21）上帝的子民"若有行善的力量，不可推辞，就当向那应得的人施行"（箴三 27）。这个警告特别适用于那些向穷人提供贷款的人，他们不得收取利息。"你即或拿邻舍的衣服作当头，必在日落以先归还他；因他只有这一件当盖头，是他盖身的衣服，若是没有，他拿什么睡觉呢？他哀求我，我就应允，因为我是有恩惠的。"（出二十二 25–27；参 结十八 7）这罪是那些不还债的人所犯的罪，是欺诈的银行家所犯的罪，也是扣留雇工工资的不义管家所犯的罪（利十九；申二十四 13；雅五 4）。

---

[32] Pictet, *De christelyke zedekunst*, 538, 498; van Mastricht, *Theoretico-Practica Theologia*, II.iii.6 [4:656]. 荷注：参考之后的§47和§49章节。这里引用皮克泰（Pictet）著作的538页并不准确，而引用的498页是正确的，关于<论我们必须关心邻舍的财产和偷盗>（Van de zorge die wy moeten draagen voor de goederen van onzen naasten, en van dieverye）。引用马斯特里赫特的章节标题是<论改变的正义和偷盗>（Van de Verwisselende Rechtvaardigheit, en Dieverye）。

此外，这还必须包括不归还捡到的物品（申二十二 1）、乞讨、通过不诚实的做法挣钱。一般而言，这些罪涉及那些强权之人和富有之人滥用权力。

b. **欺骗，但以诚实为幌子**（bedrog, maar onder schijn van eerlijkheid）。今天，这尤其涉及虚假地处理食品和商品，以次充好（利二十七 9-10；箴十一 26；摩八 5-6）或用诡诈的硬币和砝码出售商品（利十九 35；申二十五 13；箴十 2；二十 17；结四十五 9-11；弥六 11）。

c. 这罪发展成**诈骗**（dieverij），尤其是在商业领域，通过各种方式的克扣来犯罪。但它也发生在其他领域：知识盗窃、抄袭、物品非属我们或尚未属于我们时却假装它们是我们的。它还包括偷窃动物（出二十二 1）。在极端形式下，它包括剥夺人民的权利和自由，如在奴隶制中被系统化了的绑架（出二十一 16；申二十四 17；提前一 10）。

d. **盗窃**（diefstal）是故意侵占邻舍的财产。作弊更多的是把别人的成就（Erwerb）据为己有，正如蒲鲁东（Proudhon）的"财物就是偷盗"（la propriété, c'est le vol!）[33] 所表达的（弗四 28；罗二 21；林前六 10；彼前四 15）。这种罪在斯巴达是被允许的。[34]

e. 最恶劣的形式是**抢劫**（roof; λῃστεία），这种做法甚至被国家（英国、普鲁士）采用，而且在战争中几乎得到批准。圣殿被劫（tempelroof; ἱεροσυλία）[35] 是这种具

---

[33] 英注：巴文克认为这句话是弗朗索瓦•玛丽•夏尔•傅立叶（François Marie Charles Fourier, 1772-1837）所说。但是，这句话通常被认为是法国无政府主义者皮埃尔-约瑟夫•蒲鲁东（Pierre-Joseph Proudhon, 1809-1865）所说。他在1840年的《什么是财产？或对权利和政府原则的探究》（*What Is Property? Or, an Inquiry into the Principle of Right and Government*）写了以下这段话：

> 如果让我回答下面的问题：**奴隶制是什么？** 我会用一个词回答："是谋杀！"我的意思就会立刻被明白。不需要任何扩展的论证就能说明，消除人的心思、意志和人格的权力是生杀大权，它使人成为奴隶。这是谋杀。那么，为什么要问另一个问题"什么是财产？"呢？难道我不能同样回答："是抢劫！"这肯定不会被误解。难道第二个命题只是第一个命题的转化？（Proudhon, *No Gods, No Masters*, 55-56）

这种混淆是可以理解的，因为两人都是19世纪法国激进的思想家，出生于法国贝桑松（Besançon）。然而，傅立叶是一个乌托邦式的社会主义者，而蒲鲁东是一个无政府主义者。

[34] 英注：巴文克旁注补充道："大小都是偷，但大的偷得最多。"

[35] 中注：这里荷文tempelroof直译为"圣殿被劫"。《约书亚记》七章所说的亚干犯罪正是将放在耶和华殿中的财物归给自己（书六 24）。《使徒行传》五章所描述的亚拿尼亚和撒非喇也是在财物上欺哄圣灵。所以，巴文克很可能用"圣殿被劫"指向任何在财物上冒犯

体的罪的一种特殊形式（《约书亚记》七章；《使徒行传》五章）。上帝也拥有被奉献给祂的财产；对这些财产的冒犯就是攻击上帝自己（代下二十八 21；玛三 8；箴二十 23）。

3. 邻舍的声誉和好名声（第九诫）

我们邻舍的好名声比大财（箴二十二 1）或美好的膏油（传七 1）更加珍贵，第九诫保护了它。[36] 破坏邻舍好名声之罪的共同基础是谎言，而谎言实质上是敌对上帝、敌对自己、敌对邻舍的罪。它在根本上不属于人，而属于魔鬼[37]，正如耶稣告诉反对他之人："你们是出于你们的父魔鬼，你们父的私欲你们偏要行。牠从起初是杀人的，不守真理，因牠心里没有真理。牠说谎是出于自己；因牠本来是说谎的，也是说谎之人的父。"（约八 44）使徒约翰在他的书信中也指出了同样的事情："我写信给你们，不是因你们不知道真理，正是因你们知道，并且知道没有虚谎是从真理出来的。 谁是说谎话的呢？不是那不认耶稣为基督的吗？不认父与子的，这就是敌基督的。"（约壹二 21-22）

这种罪在本质上不是以一种可接受的模式接受上帝的实在，而是用语言来假定虚空的实在，创造另一个实在，【即一个没有实在的思想世界（een gedachtenwereld zonder realiteit）。谎言是在文字图像下对罪有意识的掩盖。】[38] 人们试图把自己塑造成与真实的自己不同，为公众树立不同的自我形象。这就是自欺欺人，活在谎言中，我们的存有就成了谎言。更糟糕的是，当人们在上帝面前把自己表现得与他们的真面目不同时，就是向上帝撒谎（如亚拿尼亚，徒五 4）。同时，这也是弥天大恶且愚不可及; 这是假冒为善和法利赛主义。[39] 对别人撒谎就是认为他们在我们之下，

上帝的行为。
[36] 荷注：参§48章节。
[37] Vilmar, *Theologische Moral*, 1:311-321 (§27).
[38] 中注：见荷文版111页。
[39] Pictet, *De christelyke zedekunst*, 547. 基督教科学认为一切实在都是虚幻的，正如早年的放纵派（Libertines）一样。

是下层阶级的成员，因此与我们没有任何【生命的相交】（levensgemeenschap）。

谎言可分为三类：（a）**狡猾的谎言**（mendacium dolosum）：纯粹的谎言，仅出于说谎的欲望；（b）**打趣的谎言**（mendacium jocosum）："善意"的谎言，为了拯救自己（如撒拉，创十八 15）；和（c）**紧急的谎言**（mendacium necessarium）：帮助他人或拯救他人免受伤害的必要谎言。[40] 然而，即使是为了他人而说谎，说谎仍然是罪（出一 20-21）。[41] "不要彼此说谎; 因你们已经脱去旧人和旧人的行为。"（西三 9）

在作为一般类别的谎言之下，我们可以注意到一些特殊的罪，比如怀疑他人，以一种与爱的判断相悖的方式看待他人[42]："你们不要论断人，免得你们被论断"（太七 1）；"爱是不做害羞的事，不求自己的益处，不轻易发怒，不计算人的恶"（林前十三 5）。撒谎就是给邻舍构筑一个虚假的形像，如同祭司以利对虔诚的哈拿所做的那样："哈拿心中默祷，只动嘴唇，不出声音，因此以利以为她喝醉了。"（撒上一 13）在法庭上作恶证，就像假见证人对付拿伯（王上二十一 8）和对付基督一样（太二十六 60；参 箴六 16–19；申十九 16–19）。这是歪曲他人的话，正如假见证人（ψευδομάρτυρες）在耶稣的审判中作证时所行，"这个人曾说：'我能拆毁上帝的殿，三日内又建造起来'"（太二十六 60-61；与耶稣在《约翰福音》二 19-21 中实际所说的比较）；对司提反的假见证（徒六 13-14）也是如此。[43]

欺骗（δόλος; 罗一 29; 三 13; 彼前二 1; 三 10; 林后十二 16）或**狡诈**（πανουργία; 林后四 2; 十二 16; 弗四 14）会以各种形式和借各种原因发生。此外，假冒为善在宗教中也经常发生（提前四 2; 彼前二 1; 提后三 5）。不忠心可以升级为背叛（提

---

[40] 英注：巴文克在此列表中加入了"玩笑"（banter），并引用《以弗所书》五4，坚持认为这也是罪。它如何符合属于谎言目录，并不完全清楚。巴文克在这里使用的经典三分法可见于Aquinas, *ST* IIa IIae q. 110。

[41] Ursinus, *Commentary on the Heidelberg Catechism*, Lord's Day 44. 英注：巴文克在这里提出希伯来接生婆向法老撒谎的故事（出一20-21）为证据，但这可能很难与《出埃及记》的文本相符合，因为我们得知"上帝厚待收生婆。以色列人多起来，极其强盛。收生婆因为敬畏上帝，上帝便叫她们成立家室"。巴文克在这里忠实地再现了乌西努斯（Ursinus）的思想，他在对《海德堡要理问答》主日44问答的注释中说了如下的话："恶意的谎言常常借《出埃及记》的收生婆来辩护，她们对王说谎，却蒙上帝祝福。但上帝并不是因为她们说谎而祝福她们，而是因为她们敬畏祂，不杀以色列的子孙。"虽然这在严格意义上可能是正确的（第17节指出她们敬畏上帝是不听从王的命令的原因），但《出埃及记》一章的叙述者把"所以上帝就厚待收生婆"紧邻地放在她们的谎言的报告之后。

[42] Pictet, *De christelyke zedekunst*, 525.

[43] Pictet, *De christelyke zedekunst*, 541.

后三 3-4；罗一 31），正如约押（撒下二十 9）和犹大（太二十六 48-49）的亲嘴所反映的那样。从另一个角度来看[44]，谎言表现为诽谤（公开的）和造谣（秘密的），把必须保密的事情公之于众[45]或者干脆说出关于自己邻舍的不实之词。"不可在民中往来搬弄是非，也不可与邻舍为敌，置之于死。我是耶和华。"（利十九 16；参 诗十五 1–3；三十四 13；六十四 3；一零一 5）《圣经》的例子包括多益（撒上二十二 18-19）和哈曼（斯三 8）。

还有就是**中伤他人**（achterklap；καταλαλιά；罗一 30；林后十二 20；雅四 11；彼前二 1）。当一个人乐于参与谈论邻舍的过错，以别人的毁灭为乐，或使别人显得可笑时，就是中伤他人了。[46]辱骂人则更恶劣："不可毁谤上帝，也不可毁谤你百姓的官长。"（出二十二 28）经文中的例子包括咒诅大卫王的示每（撒下十六 5）、亚哈（王上十八 17），以及称耶稣为"被鬼附"的法利赛人（约八 48；参 徒二 13；十七 6）。新约也用"辱骂"（λοιδορία；林前五 11；六 10），甚至"亵渎"（βλασφημία；毁谤、辱骂的言语：西三 8；提前一 13；多三 2；弗四 31）来描述辱骂、诽谤的言语。在这两种情况下，这种言语都试图把邻舍的好变成坏。幸有我们这个时代文明的影响，骂人的情况在今日比以前少了很多。[47]皮克泰（Pictet）对那些要为这种言论辩护的人作出了三方面的回应。他以与施洗约翰、耶稣本人和使徒保罗有关的经文为例，这三人都痛斥过别人（太三 7；二十三 23；加三 1；徒十三 10）。[48]（1）我们和耶稣、使徒、先知有很大的不同；他们对被他们所骂之人的了解是我们所不能及的。(2)主耶稣和使徒们所得的能力和权柄，不是我们所能得到的。(3)主耶稣和使徒们强烈谴责的目的和目标，与一般人骂人时的想法大相径庭。

最后，咒诅邻舍[49]是上帝独有的特权，我们只有在上帝的权柄下才可如此行。《圣经》提供了许多咒诅的例子（创九 24-25；四十九 3-4；士五 23；诗六十九；七十九；一百零九；耶十 25；哀三 65–66；太二十三；徒八 20；林前十六 22；加一 8-9；五 12）。

---

[44] Pictet, *De christelyke zedekunst*, 525.
[45] 英注：巴文克在此提到《彼得前书》四 8，原因不明。
[46] Vilmar, *Theologische Moral*, 1:383.
[47] 英注：巴文克在行间补充道："参 Calvin, Molière"。
[48] Pictet, *De christelyke zedekunst*, 425. 英注：巴文克省略了皮克泰后面的三个答复；英译本编辑在此提供了这些答复。
[49] Pictet, *De christelyke zedekunst*, 398. 英注：巴文克旁注补充："在服兵役过程中大声咒骂。关于这一点，见[荷兰议会]下议院对1902年5月军法的辩论"。

4. 邻舍的权威（第五诫）[50]

这种罪的根基和一般特征是骄傲、夸大[51]（约壹二 16；提后三 2；雅四 16），把自己抬高到别人之上，狂妄自大，渴望每个人都能迁就自己，并认为没有什么能优先于自己。这种罪有多种形式。（1）**自我意愿、傲慢**（αὐθάδης；eigenzinnigheid；多一 7；彼后二 10）；总是偏爱自己的意见，并总是把它强加于人，拒绝承认任何等级、地位、年龄、经验或职务的权威，包括把别人当作下等阶级的无礼。（2）**傲慢**（ὑπερηφανία；hoovaardigheid；罗一 30；提后三 2）；以等级、社会地位和财富为荣。（3）**无法纪**或**放肆**（ἀθεσμία；losbandigheid；彼后三 17）；摒弃一切纪律，从而达到通奸的目的，特别是在"天才们"（1770 年）身上看到；他们轻视世界及其道德规范，认为自己才是标准。[52] 它还表现为残忍的暴行（brutaliteit；wreed；ἀνήμερος；提后三 3）。（4）**自夸**（林前三 21；四 7）和**渴望名声**或**荣誉**、**虚荣**、**自负**（κενοδοξία；加五 26；腓二 3），特别是在英雄 [拉麦（Lamech）、奥德修斯（Odysseu）]；对于异教徒，这就成了决斗等行动的起因。[53]（5）**忘恩负义**（ἀχάριστος；ondankbaarheid；提后三 2）；拒绝承认自己是有需要的、匮乏的，并认为感恩是一种自卑。（例如，从上帝那里得到一切的撒旦是最忘恩负义的，也是最恨上帝的）。

然后，这些罪上升到不屑和蔑视的程度，抛弃邻舍的程度，拒绝家庭、社会和国家之权威的程度。这将导致革命、叛乱和无政府状态，亦会导致专制和暴政（罗十三 2；多一 6-10；罗一 30；提后三 2）。这种特殊的罪就是在宣告人的自主、权利和自由的同时，抛弃法律，推翻一切限制（彼后二 10；犹 8-10）。[54]

---

[50] Vilmar, *Theologische Moral*, 1:348.
[51] 英注：巴文克旁注补充："每个人，上帝的形像"。
[52] 英注：巴文克指的是18世纪70年代的十年间，德国文学和音乐界的"风暴与压力"（Sturm und Drang）运动对"天才"的重视，代表人物有歌德、哈曼、席勒、海顿和莫扎特等。这场运动文学作品中的英雄不是被高尚或理性的动机所驱使，而是被主观的欲望所驱使而采取暴力行动。歌德的内省小说《少年维特的烦恼》（*Die Leiden des jungen Werthers*；1774）是这一运动最著名的典范之一。关于最近的讨论，见Ehrich-Haefeli, "Die Kreativität de 'Genies.'" 另见 Nicholls, *Goethe's Concept of the Daemonic*。
[53] Vilmar, *Theologische Moral*, 1:354.
[54] Vilmar, *Theologische Moral*, 1:368.

5. 邻舍的生命（第六诫）[55]

一般而言，违背这条诫命的罪就是否定我们的邻舍作为上帝形像的承载者所拥有的平等权利（创九6），并视他们为障碍，为次于我们的人。[56]这结果就是**无情**——失去了自然的感情，没有爱（罗一31）；缺乏所有的同情和怜悯；冷酷；视陌生人为敌人（hostis；hospes），为野蛮人，为低等的，为不同的血统的人。除此之外，**愤怒**和**厌恶**也会发展。愤怒本身没有错，因为上帝自己也会表现出愤怒。然而，在人里面，愤怒通常与希腊人所说的 θυμός——脾气、激动和急躁——联系在一起，而《圣经》警告不要如此行（伯三十六18；诗四4；箴二十九22；太五22；弗四26-31；西三8；雅一19）。

忌妒（ζῆλος）也可用来描述上帝，却没有以自我为中心的、个人的、属世的掺杂物。[57] **苦毒**（πικρία；Ingrimm；弗四31；来三8）是一种内心的怒气或忿怒。[58] **嫉妒**（φθόνος）就是想破坏邻舍的幸福（箴十四30；传四4；罗一29；林前十三4；林后十二20；加五20；腓一15；提前六4；多三3；雅三14；四5；彼前二1）。嫉妒常常导致幸灾乐祸（Schadenfreude；箴二十四17；林前十三6）。[59] **仇恨**（μῖσος）是想毁坏邻舍，就是上帝所造的**人**（利十九17；箴十五17；太五23-24；二十四10；约壹二9-11；多三3）；这是在思想上谋杀邻舍。[60] **渴望复仇**是被禁止的，因为复仇在于上帝（箴二十五21；太五39；罗十二17-19；彼前三9）。这种罪的外在表现，如争吵、角力、不和、争竞（ἔρις；ἐριθεία；罗一29；十三13；林前一11；三3），是化为言语和行为的愤怒；争斗、谋杀也是如此——破坏上帝的形像。流血的争斗和决斗也被这条诫命谴责。[61]

---

[55] 荷注：参§45章节。
[56] Vilmar, *Theologische Moral*, 1:370.
[57] Pictet, *De christelyke zedekunst*, 734.
[58] 英注：Vilmar, *Theologische Moral*, 1:378.
[59] Pictet, *De christelyke zedekunst*, 795. 英注：巴文克在行间补充道："拉罗什福考德（La Rochefoucauld），我们所失去的众多最好朋友之一"。这是指创作了无数格言的法国作家弗朗索瓦•德•拉罗什福考德（François de La Rochefoucauld，1613-1680）。格言具体的内容是："在我们不幸失去的众多朋友中，我们总能发现一些并不完全令我们不愉快的事情。"（http://www.brainyquote.com/quotes/quotes/f/francoisde151034.html）
[60] Pictet, *De christelyke zedekunst*, 728.
[61] 荷注：关于决斗的内容，见§41章节。

§12. 敌对上帝

这种罪的根源和基本形式是不信（ongeloof）[62]，就是不接受上帝之所是，【未单单在祂的圣言中、为了祂的缘故而相信祂】。[63] 不信实际上就是对上帝的否定，使祂成为一个说谎者；它是对上帝真理和信实的否定，因此是对上帝本身的否定。[64] 这种不信可以朝两个方向发展：（a）我们试图通过贬低上帝，而使祂与我们同等；或（b）我们通过提高自己，而使自己与上帝同等。

1. 更具感官性的罪

这些都是为了自己的利益而误用上帝的罪，即粗心使用上帝之名（就是把这个名字作为咒骂的脏话以证实自己的言论），以及轻率、大意地说祂的名（就是像小孩子在操场上调侃上帝或用上帝开玩笑）。这不仅是那些咒诅他人之人的罪，尤其

---

[62] Van Mastricht, *Theoretico-Practica Theologia*, II.ii.6 [4:571].
[63] 中注：见荷文版114页。
[64] 参Pictet, *De christelyke zedekunst*, 140.

那些在轻率的祷告中误用上帝之名，或在讲道、祷告或牧养呼召中使用特殊"神圣语言"的教会领袖的罪。这种罪加剧成为试探上帝，即渴望上帝更清楚地启示自己（出十七 2-7；林前十 9），包括渴望从基督（林前十 9）和圣灵那里获得这些（徒八 18-23；另见 民十四 22；六 16；诗七十八 18-22；玛三 15；徒十五 10）。这种罪包括渴望神迹（太十六 1-4）和上帝的大能作为，以满足我们的娱乐和好奇心。诡计或欺骗（κυβεία；bedriegerij；弗四 14）是更进一步的罪，玩弄上帝，猜测上帝，使祂站在我们一边或使祂转向我们（见《民数记》二十二至二十四章的巴兰）。我们试图利用上帝，在赌博中尤然[65]，这是为自己的利益、自己的目的而误用上帝的护理。

我们在此已经迈向了迷信。[66] 迷信（bijgeloof；superstitio）是一个已过气宗教一些残余的总和；此已过气宗教与新的宗教并存下去。在这种情况下，我们在基督徒中也有异教的残余，比如相信女巫、鬼魂和狼人。现代主义者，也就是理性主义者，把基督教解释为迷信，对以色列宗教的解释尤是如此。这种迷信是一个滑坡。**巫术**是企图通过各种动作、口诀和咒语使上帝倾向于我们。[67]《圣经》中的例子包括行邪术的西门（徒八 9）、巴耶稣（徒十三 6）和士基瓦的七个儿子（徒十九 13-16）。新约谴责巫术（加五 20；启九 21）和迷惑（加三 1）。这些其实并不是试探上帝的问题，而是离弃上帝的问题，抓住邪恶的权势，祈求他们施行作为。巫术呈现了撒旦和邪灵的实在（出二十二 18；利二十 6，27）。这种罪的其他形式是通灵术（撒上二十八 7）和算命——为了知道未来而误用上帝或邪灵；魔术也是如此。[68]

除此之外，我们还可以加上对安息日的误用。换言之，一般而言，这是将服侍上帝变成自己的用途和利益，[69] 其中最可怕的是假冒为善（ὑπόκρισις；huichelarij；提前四 2；彼前二 1；提后三 5）。这些具有"敬虔的形式"（μόρφωσιν της εὐσεβείας），却没有敬虔的实质。这可以用粗俗或更精致的形式表现出来。[70]

---

[65] Van Mastricht, *Theoretico-Practica Theologia*, II.ii.11 [4:605].
[66] Vilmar, *Theologische Moral*, 1:324; Pictet, *De christelyke zedekunst*, 151; van Mastricht, *Theoretico-Practica Theologia*, II.ii.13 [4:614].
[67] 英注：巴文克此处所用的术语是"法术"（theurgia），源自希腊文 θεουργία（巫术）。但他所引用的文本中前两次使用的是 μάγος（魔术师），而最后一次使用的是 ἐξορκιστῶν（驱魔人）。在之后紧邻的句子中，巴文克额外使用了两个术语，φαρμακεία（巫术）和 βασκαίνω（迷惑）。
[68] Vilmar, *Theologische Moral*, 1:326.
[69] Van Mastricht, *Theoretico-Practica Theologia*, II.ii.15 [4:623]; Pictet, *De christelyke zedekunst*, 227.
[70] Vilmar, *Theologische Moral*, 1:315; Pictet, *De christelyke zedekunst*, 154; van Mastricht, *Theo-*

2. 更具灵性的罪[71]

这种罪的根基和基本形式尤其是骄傲，就是想与上帝同等的欲望（superbia；赛十 12-13）。这种罪住在灵里，与降服和爱相反，要求一切都要被它支配。这种罪的第一种形式是偶像崇拜（εἰδωλολατρία；afgoderij），是第一条诫命所禁止的（参 加五 20；林前五 11；六 9；十 7；彼前四 3）。就其本身而言，它是一个无所谓的问题，即一个人尊什么为上帝——无论是雕像，还是自己的观念、思想、天赋、人性（孔德）、肚腹，还是其他许多事物。这都是偶像崇拜——美化或用其他事物代替耶稣基督所启示的真实上帝。[72] 这种骄傲特别容易体现于该隐、拉麦、巴别塔，以及把宝座上的"人当作上帝"的人。[73] 而人类的这种偶像崇拜逐渐导致了更具体意义上的偶像崇拜（图像崇拜等），以及对人的手艺品——受造物——的崇拜和敬拜。这种对图像的崇拜（第二诫）是耶罗波安真正的罪，它是私意崇拜（ἐθελοθρησκία；西二 23）。它代表着试图用上帝所规定方式以外的方式来寻求救赎，比如通过一个人的一个理性或美德。这种不信也表现在那些被基督"冒犯"的人身上（赛八 14；罗九 32；十一 9；彼前二 7）[74]，是对上帝启示的不信，加上不情愿和轻视（σκανδαλίζεσθαι；太十一 6；十三 57；二十六 31-33；可六 3；十四 27, 29；约六 61；林前一 23）。这种罪的前提是有人觉得基督的到来和行为伤害或侮辱了他们（因为智慧或财富）。这种反应在聪明、骄傲、富有之人中非常普遍，而且往往会升级为抱怨、埋怨上帝。最后，它将带来对上帝的坚决否定，想象没有上帝，并将此想法付诸行动。有时这并未带来影响，可是之后会产生沮丧，对上帝绝望；这往往可能是过去所犯之罪的结果，是无法挽回的。这种绝望经常导致自杀，如扫罗王和犹大，以及亚希多弗（撒下十七 23）和心利（王上十六 18）。在异教徒的世界里，自杀被认为是可行的，有时甚至是被赞扬的 [卡托（Cato）、布鲁图

---

retico-Practica Theologia, II.i.8 [4:536].
[71] Vilmar, Theologische Moral, 1:327.
[72] 《海德堡要理问答》主日34，问答95："偶像崇拜是拥有或发明某种事物，让人相信代替或与唯一真实上帝并存的事物；这位真实的上帝已在圣言中启示了自己。"
[73] 英注：巴文克表示这是"根据斯特凯蒂（Steketee）的解释"（lezing）；他可能想到的是 Steketee, Babel。
[74] 荷注：巴文克的资料来源是：A.F.C. Vilmar, Theologische Moral, Erster Theil, 335v。

斯（Brutus）]。[75] 这种骄傲的罪最可怕的形式是"亵渎"（提后三2）——有意识地、故意地在基督里亵渎和侮辱上帝——以及作伪证（提前一10）——用上帝自己作为犯罪的手段来试探上帝。在这一切罪中，最严重的是亵渎圣灵。[76]

最后，我们要考量罪的发展和历史。首先，我们考量个人层面。[77] 这一点已经借乐园里的第一宗罪显明出来了。（1）有犯罪的**机会**，有犯罪的**可能** [由上帝通过考验式命令（probationary command）和人的自由意志而客观和主观地设定]。（2）有**外在的试探**，它以三种方式临到我们：（a）撒旦（创三15；伯一7；太十二43-45；十三19；路二十二31；约八44；林后二11；弗二2；彼前五8；启十二9），牠因此被称为**试探人的**（太四3；帖前三5）；（b）**世界**（约十五19；约壹三13）；（c）**我们自己的肉体**（罗七23；加五17；雅一14）。[78] 这方面所使用的手段包括妄想、财宝、恩惠、友谊、感性，以及潜在的压迫、迫害和诽谤的迹象。（3）然后是**内心渐渐的顺从、合理化、倾向，以及行为的完成**。[79] 由此生出各种随之而来的罪（雅一15），但这些罪有所不同。现在我们里面有一个欲望，它提供了与罪的接触点。这个住在我们里面的起点促进了撒旦和世界的牵引。撒旦在我们身上更容易活动。所有的罪都是从**建议**（suggestio）开始（当罪的念头从内部或外部产生时），然后是**默想**（meditatio; 执着于那个念头，并在想象中珍视它），**享受**（delectatio; 享受它并倾向于它），以及**认同**（consensus；屈服和默许它）。

不止如此，每一项罪都为额外的罪铺平道路，罪生出更多的罪。"恶行的诅咒是它仍在传播，必将不断带来恶行"[席勒（Schiller）]。[80] 罪是一个滑坡。罪的发展是有规律可循的。每一项罪都会让随后一项犯罪变得更容易。每个人都受到原罪的污染，因此（a）一切罪的可能性——也就是一切罪的根源——就在我们每个

---

[75] 荷注：巴文克的资料来源是：A.F.C. Vilmar, *Theologische Moral, Erster Theil*, 340v.
[76] Vilmar, *Theologische Moral*, 1:343.
[77] 参Luthardt, *Kompendium der theologischen Ethik*, 81-83 (§21: "Die Entwickelung der Sünde")。荷注：由于巴文克引用了鲁特达（Luthardt）这本1896年的著作，所以这段内容是巴文克在1896年所写。
[78] 英注：巴文克的三个试探来源直接取自《海德堡要理问答》对主祷文第六个祈求的解释（不叫我们遇见试探），其中谈到基督徒的三个"誓死的敌人，魔鬼、世界和我们自己的肉体……[他们]永远不会停止攻击我们"（主日52，问答127）。
[79] 英注：巴文克在页边提供了另一种进展方式："怀疑、不信——理解、迷恋、想象、喜悦、意志的坚决、行为"（twijfel, ongeloof-verstand, bekoring, verbeelding, delectatio, wilsbesluit, daad）。
[80] 英注：Johann Christoph Friedrich von Schiller, Wallenstein 2, *Die Piccolomini*, act 5, scene 1, spoken by Octavio Piccolomini.

人里面；（b）由于我们的出生和我们成长的环境，对特定罪的倾向会因人而异，例如所遗传的酗酒倾向或充斥着咒骂的环境。我们在遗传上的污染朝着一定的方向发展。当我们朝着这个方向前进时，我们的速度会逐渐加快。这第二种倾向是一种特殊的遗传，必须区分于我们一般人类所遗传的原罪，纵使它们是互相关联的。

醉酒、淫欲、偷盗等罪，逐渐成为习惯或习俗。这就是为什么我们要区分气禀（habitus）和行为（actus），罪性或罪的倾向和罪行。基督公教的教导不把未得逞的淫欲算作罪；我们与此相反，认为罪的倾向本身就是罪。不仅**行为**（actio），而且**扭曲的倾向**（inclinatio prava）也是罪。不仅积极的过犯是罪，而且消极的缺乏，就是缺乏原初的义 [carentia justitiae (originalis)]，也是罪。当某人犯了某一特定的罪，那么这就成了一种恶习（ondeugd；Laster；vitium），一种持续不断的作恶倾向，这源于不断重复犯罪。情欲（hartstochten；Leidenschaften）必须予以控制，它们本身并不是有罪的。诽谤必须要被根除。七宗罪逐渐被认为是基督教伦理中的主要罪：骄傲、贪婪、奢侈、嫉妒、暴食、愤怒和倦怠（superbia, avaritia, luxuria, invidia, gula, ira, acedia）。基督公教也承认这七宗罪。然而，最严重的罪，即那些得罪上帝的罪，却没有被提及。因此，改教家们以不同的方式列举了敌对上帝的罪、敌对他人的罪和敌对自己的罪。[81]

人类的罪也有历史和发展：家庭的罪、宗族的罪、民族的罪、人类的罪。每一个时代、宗族、家庭、民族、职业（经商或农业、军人、学生、渔民、水手）、社会地位、时代、世纪、环境、思潮或一方水土，都有其自身在感观与享乐、野心、骄傲、虚荣、软弱、残忍、冷漠、焦虑、奢侈或吝啬、部落主义、社会主义等方面的罪。东方国家、西方国家、南方国家、北方国家、异教国家和基督教国家都不一样，青少年和成年人以及老年人、女孩和妇女也不一样。这就产生了家庭、宗族、民族以及特定阶级和职业的罪。《圣经》提及一个在恶者手中的世界（κόσμος），以撒旦为其元首的这个时代（约十四30；加六14；约壹二14-16，五19）。然后这些罪就变成了《圣经》所说的"向天哭喊的罪"：谋杀（创四10）、兽奸（创十八20）、压迫穷人（寡妇和孤儿；出二十二22-24）、克扣工钱（出三7；利十九13；申二十四14；雅五4）。【这向天哭喊的声音包括血的声音，所多玛居民的声音，被压迫者的声音，被压榨工资劳动者的声音。】[82]这就是发生在万民生活中的过程：

---

[81] Chr. Ernst Luthardt, *Kompendium der theologischen Ethik*, §22.
[82] 荷注：Luthardt, *Kompendium der theologischen Ethik*, 84 (§22.5): "clamitat ad coelum vox sanguinis

道德的力量之后就是衰败，例如该隐的后裔、洪水前的人类、迦南的迦南人、希腊人、罗马人（见保罗在《罗马书》一至二章的观点）、犹太人（全世界都受了诅咒）。同样的情况也发生在近代，比如巴黎[达·科斯塔（da Costa）称它为"索多玛"][83]、维也纳、伦敦。这样的情况会一直持续到敌基督的到来（太二十四 12；帖后二 6；《启示录》）。

在罪的情况中，人们有不同的状态。[84]（1）奴役的状态（status servitutis）：此状态中的人不知不觉地活在律法的轭之下（罗七 7），随从自己的本性，却不知道自己是过犯之人。（2）安全的状态（status securitatis）：人们知道无法自救，就放弃了尝试，而是安逸地生活在锡安，对自己作为基本善良和体面之人而被接受感到舒畅。（3）假冒为善的状态（status hypocriseos）：坚持抵挡上帝在内心作工，拒绝跟随神圣的内心悸动，不与罪的统治决裂，就会使人陷入假冒为善（太二十三 23-33）。人们在心里确实想承认自己的良知在指责他们，但他们不愿悔改，而是想继续按照心中愚蠢的提示，继续奔走他们以自我为中心的道路。外在表现出来的是一种德行的尊贵和蒙上帝祝福之生活的样子。这终至过分，于是他们就进入了刚硬的状态。（4）刚硬的状态（status indurationis）：人们陷入谎言和欺骗的网罗，终于开始相信自己的谎言，并面对真理不可逆地关闭自己。《圣经》以法老和干犯圣灵的罪为例来说明这一点（太十二 32；路十二 10）。顽固的不信成为一种不可能被救赎的状况，因为那人藐视性地拒绝被救赎。[85]

---

et sodomorum, vox oppressorum, merces detenta laborum."

[83] 荷注：巴文克可能引用的资料是：*Da Costa's Kompleete dichtwerken, Tweede deel*, Haarlem 1862, 132v. 此处诗词的标题是〈巴黎〉（Parijs）。第三节诗词如下："Die Stad is 't Babel onzer dagen! Als Babel stort zy eens in puin! De grond is moede haar te dragen! De Hemel haat haar trotsche kruin! Die Stad is 't hedendaagsch Gomorrhe, 't Verbeestlijkt Sodom van Euroop, Dat, schoon de donder om haar knorre, Geen God vermoedt, wiens macht haar sloop'!"

[84] Scharling, *Christliche Sittenlehre*, 184-188 (§15).

[85] 中注：本段内容乃英译本补充完成，参荷文版117-118页。荷文版此段内容十分简略，如下所示：
在罪的情况中，人们有不同的状态：
（1）奴役的状态：在律法的轭之下（罗七 7）；
（2）安全的状态：安逸地生活在锡安；
（3）假冒为善的状态：《马太福音》二十三 23-33；
（4）刚硬的状态：法老。

第四章

堕落的上帝的形像

本章摘要

  罪力图毁坏消灭一切。但上帝不许可此事发生，因为祂对人类另有更高深的旨意，就是人类将宣扬赞美祂。上帝保守祂所造之物，痛恨恶的意向。祂并不需要如此行；祂如此行乃是一个恩赐。一切生命和全人类都在审判之下，也在上帝的忍耐、宽容之中。因着上帝的宽容，我们拥有生命的恩赐，身体和灵魂的能力，其中包括我们的悟性、意志、情感和激情。

  灵魂对肉体的支配权只是被削弱了，却未完全丧失。我们的身体时常束缚我们的灵魂；最终，我们的身体败坏了我们的灵魂。我们彻底丧失的是心思中的真知识和意志中的圣洁。我们已经在灵性上死亡，无力获取任何属灵的善。《圣经》并未称遵从上帝的超自然生命为"道德的"，而是"圣洁的"，并使用了"义"、"成圣"、"敬虔"等词，也用"敬畏上帝"这类表述。我们已经完全丧失了行出善的、超自然的、讨上帝喜悦的、以永生为奖赏之善的能力。

  与此同时，我们不仅保留了自然的行为（吃、喝、睡觉、行走等），还保留了一些道德的善。我们认同奥古斯丁所说的，如果没有义，就不会有美德；如果没有信心，就没有义。那些异教徒的美德只是"灿烂华丽的恶习"。但是我们必须承认，即便当异教徒去追寻美德来取悦自我，以至满足自身欲望并自视高升时，恶也有等级划分。加尔文承认某些异教哲学家（如柏拉图）曾有一些关于上帝和属灵方面的明智之语，但是他断定这只会让他们更加无可推诿。因为他们缺少信心，亦无真知识和真美德。

  再者，改革宗神学家相信异教徒的美德来自于圣灵的一般运行，而非来自于任何出自人类意愿的先天能力。这也是为什么一些人更喜欢用"美德"（virtue）描述异教徒的道德，而用"良善的行为"（good works）形容基督徒的道德。前者是在哲学伦理学下思考，而后者是在基督教伦理学下思考。两者在它们的基础、规范、目标层面都迥异。

  人对自然的支配权已经被削弱，也被剥夺了属灵特性，但是没有完全丧失。它虽被阻碍，却没被摧毁。科学和学术研究见证了人们渴求世俗事物的知识。哲学和自然科学是上帝的恩赐，我们不应拒绝或鄙视。在广泛的意义上，艺术令大地臣服，并以此为造福人类的工具。如科学一般,艺术是一种能力,可用于服侍上帝,或抵挡上帝。然而,《圣经》的确指出了文化中的进步。

§13. 上帝的形像在堕落的人身上[1]

罪具有腐化和毁灭的力量。罪的原则和目的并不允许它在完全彻底腐化一切存在事物之前停息。不仅如此，罪也会摧毁一切事物，因为凡存在的事物皆有上帝创造并保守的物理基质的实质。罪是破坏性的愤怒（vernielingswoede），是一种恐怖行为！"否"只能通过"是"而存在，却气急败坏地去摧毁"是"，因而摧毁它自己。罪吞噬一切也包括它自己。[2] 一旦罪进入人类之中，若放任其运行，将会全然腐化、甚至毁灭和灭绝人类。但是上帝不允许此事发生，祂对人类另有更深的旨意。祂想要从败坏的人类群体中取出一群人，为自己而预备；这群人将宣扬对祂的赞美，是圣子的身体，是圣灵的殿。故此，上帝时常在历史中行事[3]，来抵抗这毁灭性的愤怒（vernietingswoede）。[4] 祂通过惩罚、瘟疫、审判、自然界力量造成的破坏，遏

---

[1] 英注：巴文克旁注"grote vakantie 1902"（1902年长假）。这也是再次指明，巴文克在1902年的春季和秋季，对他坎彭学生的最后授课就用了这个手稿。在此之后，他搬到了阿姆斯特丹，接任自由大学的教职工作。见上文<赫尔曼·巴文克《改革宗伦理学》导论>中讨论德容（de Jong）手稿的部分。

[2] J. Müller, *Christian Doctrine of Sin*, 1:293.

[3] M. Schneckenburger, *Vergleichende Darstellung des lutherischen und reformirten Lehrbegriffs, Aus dessen handschriftlichem Nachlasse zusammengestellt und herausgegeben durch Eduard Güder*, Zweiter Theil, Stuttgart 1855, 137 onderaan. 荷注：巴文克此处旁注Lankmoedigheidsorde（长久宽容的秩序）。

[4] 英注：Vernietingswoede一词比巴文克先前使用的vernielingswoede的语气更加强烈。Verniel-

制（beteugelt）并抑制罪的毁灭性能力。这样，祂驱使万国万民走向公义、痛悔、全民归信、生活的严肃，而且限制并控制放荡不羁。这发生在挪亚时代，还有建造巴别塔时期，也发生在所多玛和迦南人的身上，如今仍旧发生。这些都是上帝在历史上的特别作为。

但是，上帝以更普遍的方式在全人类中施行作为。紧接着人类的堕落，上帝延缓了永恒的死亡和时间中的死亡。上帝也在不同方面减缓了属灵的死亡。属灵的死亡包含无力行善和朝恶的意向，为罪而活至死。在很多方面，上帝缓和这种朝恶的意向。自人类堕落以来，人类生命和人类本身已经在**普遍恩典**的范围中。[5]【人类存在并享受祝福等，并非不言而喻，也非基于创造的秩序，因为罪已经剥夺了我们存在和生活的内容。】[6] 然而，当我们区分创造和救赎两个领域时，普遍恩典就属于创造的领域。我们不应忘记，这个普遍恩典的果实被允许用于保留一些我们按本性在亚当中所拥有的；它是**恩典**的恩赐，而非我们理当或因盟约而拥有。正是在此意义上，我们也谈论自然神学、自然道德和自然律。即使我们只能把它们作为恩赐而保留下来，它们仍是我们按本性所拥有之物的残余，仁慈地留给了我们。上帝将它们留给我们，给予我们，是恩典的行动，但是这给予的内容，恩赐本身，并非增添的恩赐（donum superadditum），而是自然的恩赐（donum naturale）。更清楚的表述是：所有生命和整个人类都在**忍耐**、上帝的**长久宽容**的范围内。[7] 这比将它看作在创造的范围内更贴切。创造的秩序已经被罪打乱，并且一去不返。上帝在人类犯罪后（并在基督里救赎之前）对待人类的方式，不同于在人类堕落之前方式。自然人性是在天堂之外，没有在上帝的国里面，但也没有在地狱之中。人类因此生活在居间状态，在上帝忍耐的秩序之下。此外，上帝没有简单地允许祂的某些形像残留在我们身上；祂并非只是间接地行动，也直接地行动。我们沉溺其中的罪，令上帝的直接行动成为必需（比如祂的审判）。这一切都是在上帝长久宽容范围下得到了最好的总结。但这不应该纯粹消极地理解为容忍、煎熬、任凭或许可。这也应予以积极地理解，因为忍耐宽容（patientia）就意味着能力（potentia）。[8]【在上帝里

---

ingswoede的意思是"破坏和降解"，而vernietingswoede的意思是"毁灭、变为虚无"。

[5] Cocceius, *Summa Doctrinae*, IV.74, cited by Heppe, *Reformed Dogmatics*, 371.

[6] 中注：见荷文版119页。

[7] Detlev Zahn, *Die natürliche Moral. Christlich beurteilt und angewandt auf die Gegenwart in Kirche, Schule und innerer Mission*, Gotha 1881, 114, 120, 147.

[8] 中注：巴文克此处表述为patientia = potentia，英译本将此处等号译作"is related to"。对巴文克而言，这两个词的意思不应是相关，而是在某种程度上等同。

面，一切都是是的（positief）：上帝是实动的（actus/actuositeit）。】[9] 上帝使得我们生存，引导我们，指引我们。

这里还有另一个观点：这个忍耐的秩序是创造和再受之间，自然之约和恩典之约之间的居间状态。它是为最终状态做准备的状态，我们稍后就会讨论。保罗就是从这个角度来看待整个前基督教时期。上帝用耶稣的血作为赎罪祭，"因为祂用忍耐的心宽容人先前所犯的罪"，从而在"今时显明祂的义"（διὰ τὴν πάρεσιν τῶν προγεγονότων ἁμαρτημάτων ἐν τῇ ἀνοχῇ τοῦ θεοῦ；罗三 25-26）。如果保罗在此处只讲论以色列人（正如腓利比所认为的）[10]，那么对异教徒来说更是如此。我们应该持此观点纵观本章随后的内容和接下来的两章内容。我们在许多事上都依赖于此宽容忍耐。

1. 生命和存在[11]

我们的存在，婴孩的出生，并非不言而喻。亚当、夏娃和我们时刻都该死。幸有上帝的长久容忍，亚当夏娃得以在羞愧中合眼，而不至于在死亡中闭目。夏娃在《创世记》四 1 的表述可以用来形容每一次婴孩的出生。她惊呼："**我靠耶和华**得了一个男的。"人类生命在上帝的长久宽容和愤怒之间摇摆。每一次分娩都宣扬上帝对我们的长久宽容，每一个死亡都宣扬祂的忿怒 [请思想马克拉比人（Makrobiërs）[12]]。上帝的灵创造了每一个新的人类生命，并将生命注入死亡的子宫中（创 一 2；伯 三十三 4；诗 一百三十九篇；亚 十二 1）。"我们的生活、动作、存留都在乎祂。"（徒十七 28）"我

---

[9] 中注：见荷文版120页。
[10] 荷注：巴文克的资料来源很可能是Friedrich Adolph Philippi, *Commentar über den Brief Pauli an die Römer*, Frankurt a.M. 1866³, 110v（或此书其他版本，参对《罗马书》三25的注释）。
[11] 中注：此处荷文为"Het leven, bestaan"，英译本将此译作"Life or Existence Itself"（生命或存在本身）。中译本此处采取直译。
[12] 荷注："马克拉比人又称长寿者。他们是强壮之人。根据希罗多德（Herodotus）的记载，其中有些人活到120岁。" Algemeene histori, Beschreven door een Gezelschap van geleerde mannen in Engeland, uit het Engels vertaald [...], XV. Deel, I. en II. Stuk; behelzende de geschiedenissen der Karthageren en de histori van de Numidiers, [...] Mitsgaders van de Ethiopiers, Te Utrecht 1749, 856.

们不至消灭,是出于耶和华诸般的慈爱,是因祂的怜悯不致断绝。"(哀三 22）[13]因此,我们得以部分保留赋予亚当的生命和不朽(onsterfelijkheid/immortality）。

2. 灵魂、身体和它们的官能

我们本质的实质（substantie van ons wezen）完全被保留了下来。即使它已恶化,但没有失去丝毫力量。这样,它所有的官能得以存留。[13]这些能力包括:

a. 悟性（verstand）。[14]人保留悟性不应被认为是理所当然的。[15]精神疾病的事实就显明了此点。尽管我们思考的能力被削弱,因活在罪中而变得迟钝、衰弱,有时甚至中止（在精神疾病情况下）,但是这种能力并未丧失。我们始终可以思考、理解、评估并判定。甚至直觉、预示的能力也没有完全丧失,始终在天才的身上大放异彩。这种个人之间精神力量的差异促使我们承认这些能力是恩赐。[16]这一切都使科学成为可能,科学是一个非常伟大的恩赐。[17]

b. 意志。[18]意志的自然官能也已受罪的影响。试想一个人如何会呆板、固执、任性或三心二意、优柔寡断、心绪不宁。在一个人里面,意志变得坚硬;在另一个人里面,意志变得衰弱。然而,意志作为一种官能也没有丧失。我们可以自由、自发,不被强制地去做我们想做的。我们甚至可以按照我们的心思来指导我们的意志,即我们能只乐意去做那些心思所认为是好的。这使得我们有能力按照理性、合理的方式,遵照理性的声音去行。意志的原始能力（oorspronkkracht）偶尔会出现,体现于人类伟人的英勇行为和旺盛精力,比如像佛陀一样的改革者,像亚历山大一样

---

[13] Zahn, *Die natürliche Moral*, 114, 115.
[14] 中注：英译本此处翻译比较混乱。在本段开首,荷文verstand被译作intellect,随后又译作understanding。Verstand常被译作"心思"（mind）,巴文克用来指向人的心理器官（organ）。此处指向人的能力,中译本统一译作"悟性",对应英文的understanding。
[15] Calvin, *Institutes*, II.ii.12. 人的心思（mind）仍有一些探索真理的欲望和对真理天生的喜爱。我们在此也应思想传统的上帝的知识;此知识源自乐园。上帝的知识和服侍上帝在很长时间里都保持纯洁。
[16] Calvin, *Institutes*, II.ii.17.
[17] 中注：此处的科学并非指自然科学。Wetenschap可以泛指一切系统性的学术研究。
[18] 并非意志,而是意志的健全状态丧失了。Calvin, *Institutes*, II.iii.5.

的世界征服者，像哥伦布和伽利略一样的科学家。

c. 感觉和激情。这两者也已经被罪所影响。它们会被错误的物体唤醒，表现得太无力或太强烈（当它们变得极端、过度和不受管制的时候），或者它们开始不和谐、自相矛盾。然而，这种情感官能已保留。我们仍拥有所有激情：爱、赞赏、同情、仇恨、愤怒、轻蔑始终在我们里面。只要它们以合适的尺度导向正确的目标，那么它们在实质上就是好的。甚至激情的荣耀也没有全然丧失。试想母爱的力量，对祖国的热爱，对艺术的敬畏（柏拉图），高贵的意向，【狂热神迷（ἐνθουσιασμός）】[19]。

d. 身体作为灵魂的器官（orgaan）。[20] 身体也遭受罪的影响。身体变得独立，拒绝成为灵魂的器官。肉体获得了解放，并且在很多方面和灵魂抗争（在我们的自然状态中也是如此）——尤其是性生活，它已经成了一种反对我们意志的力量。正因如此，保罗称全人为"肉体"（σάρξ），用局部称呼整体（pars pro toto）。身体经常拒绝让一个或多个肢体服从灵魂，比如眼睛（瞎眼）或脚（瘸腿）。如此，身体不再作为一个器官，而是成了灵魂的一个障碍、羁绊和牢笼（柏拉图曾恰当地教导过这个观点）。人类已经确认了身体拒绝服务灵魂的一万两千种疾病。最终，身体完全拒绝服务灵魂，虚弱、衰老，然后死亡。于是，我们的灵魂缺少维持和更新身体的生命力（levenskracht）。然而，身体仍是一个器官；它被削弱，但未丧失。我们的灵魂始终用眼睛看，用大脑思考，用感官去感受，用脚走路，用手支配和管理。人类使身体屈服并使之服务灵魂的能力，仍可以在斯多亚派学者和修道士的苦修主义中看到。

3. 心思中的知识和意志中的圣洁

这些恩赐已经丢失。它常常被这样表达：就**属灵的**善而言，人类已经全然死亡。换言之，他们不能行任何的**属灵的**善（超自然的善，或者说"善行"），甚至微乎

---

[19] 中注：英译本省略了此词，见荷文版 121 页。
[20] 中注：此处荷文orgaan在英译本中被译作instrument（工具、器具）。Orgaan最佳对应英文organ。巴文克反对用工具的色彩来描述身体和灵魂之间的关系。之于巴文克，身体和灵魂是有机联系，同为上帝的形像；*RD*, 2:554-564。

其微的善亦不能。毕竟，善行必须源自一个真实的信心[21]，必须遵守上帝的律法（申十一 32；十二 32；结二十 18-19），必须只为上帝的荣耀而行[22]，而不应基于我们自己的观点或人的传统（申十二 32；赛二十九 13-14；结二十 18；太十五 7-9），如同《海德堡要理问答》所教导。[23] 属灵的善是属灵人（πνευματικοί）借着圣灵在他们里面并透过他们运行所行的。

【此善被称为"超自然"，因为它并非一种自然的结果或目标，而是一种超自然生命的结果或目标，靠着圣灵在我们里面运行。】[24] 上帝，或上帝的律法，是善的规范和标准。只有整体并其中所有部分都完全符合此标准的事物才是善的。《圣经》并未称此为"道德的"，而称为"圣洁的"，并使用了"义"、"成圣"、"敬虔"等词，也用"敬畏上帝"这类表述。因而，属灵的善是要满足上帝律法的属灵和外在意义，在原则、方向和目的上都相符，因此就是满足上帝自己。行此善将获得永生。但是正是在此意义上的善，自然人无法满足，既不能完全施行，也不能通过分阶段去行使。第二类选择是不可能的，因为上帝的公义和形像——完全遵守上帝的律法——是一种不可分割的整体。我们不能随着时间发展而越来越接近上帝的形像，也不能按阶段被修复。[25] 这个原则是绝对的。它不容忍不完美。美德是一个整体，并且不可分割（simplex et una）。正如每个人所认同的，第一类选择——完全满足律法——更加不可能。自然人不**知道**，不理解，也不能领会真实的属灵的善。

律法的属灵意义对自然人隐藏。此意义就是去做所有来自于上帝，符合上帝的旨意，并为了上帝的事。明白属灵的善需要一颗由上帝提供的心："我要赐给他们认识我的心，认识我是耶和华。他们要作我的子民，我要作他们的上帝，他们要一心归向我。"（耶二十四 7）"我要将我的律法放在他们里面，写在他们心上。我要作他们的上帝，他们要作我的子民。"（耶三十一 33）上帝向小孩子显出自己："耶稣说：'父啊，天地的主，我感谢祢！因为祢把这些事向聪明通达的人就藏起来，向婴孩就显出来。'"（太十一 25）"因为天国的奥秘只让你们知道，不让他们知道。"（太十三 11）"耶稣回答他说：'我实实在在告诉地告诉你，人若不重生，就不能

---

[21] 《罗马书》十四 23："凡不出于信心的都是罪"。《希伯来书》十一 6："人非有信，就不能得上帝的喜悦。"
[22] 《哥林多前书》十 31："你们或吃或喝，无论做什么，都要为荣耀上帝而行。"
[23] 《海德堡要理问答》第 91 问答。
[24] 中注：见荷文版 122 页。
[25] Ph.J. Hoedemaker, *De verhouding der ethiek tot de dogmatiek en de practijk der godzaligheid*, Amsterdam 1881, 22.

见上帝的国。'"（约三 3）这是上帝的作为："主就开导她的心，使她 [吕底亚] 留心听保罗所讲的话。"（使十六 14；参二十八 27-28）

【没有人有悟性（罗三 11），而且肉体的思想（bedenken）还与上帝为敌（罗八 7）。】[26] 十字架的道理在世人看来是愚拙（林前一 18-25），因为自然人并不能明白属灵的实在（林前二 7-14），且缺少光明（林后三 5；弗一 17；四 17-18；五 8）。【自然人也不渴望真实的属灵的善】[27]：

> 他们对上帝说："离开我们吧！我们不想知道祢的道路。"（伯二十一 14）
> 从肉身生的就是肉身。（约三 6）
> 若不是差我来的父吸引人，就没有人能到我这里来。（约六 44）
> 从前，你们死在自己的过犯罪恶中。（弗二 1）
> 因为你们立志行事，都是上帝在你们心里运行，为要成就祂的美意。（腓二 13）

自然人并不行属灵的善：

> 恶人从他心里所存的恶，就发出恶来。（太十二 35）
> 因为从心里发出来的，有恶念、凶杀、奸淫、苟合、偷盗、妄证、谤讟。（太十五 19）
> 所有犯罪的人，就是罪的奴仆。（约八 34）
> 离了我，你们就不能做什么。（约十五 5）
> 没有义人，连一个也没有，没有明白的，没有寻求上帝的……没有行善的，连一个也没有。（罗三 10-12）

我们已经完全丧失了行善的能力，就是那种超自然的、讨上帝喜悦的、值得永生奖赏的善。诚然，即便是信徒，也不能完成一件完美的善行。但是信徒的善行可以**在原则上**是善的，因为它源自圣灵，来自于信心，并以上帝的律法为标准，且为了上帝的荣耀。于是，所缺乏的一切都被基督所救赎，并由祂予以补足。然而，事实仍是，属灵的善还是丢失了。

---

[26] 中注：见荷文版 122-123 页。
[27] 中注：见荷文版 123 页。

4. 自然的善和道德的善

吃、喝、睡觉、行走都是**自然的善**。这与肉身的恶（malum physicum）相反，例如当人不能吃、不能看、不能听的时候。就它们自身而言，这些行为、行动和状态既不是善，也不是恶；按此考虑，它们并不归在道德律之下，而是在自然律之下。【的确，它们会因人实践的方式，就是出于肉体的欲望、懒散等，在原则和目标上变为道德的或非道德的。】[28] 但是就它们自身而言，它们是自然的行动，而非道德的行动。如今，这些自然的善并没有因为罪而丧失。比如，我们始终可以吃、喝、睡觉、行走等。然而，实践这些行动的能力被削弱了，变得更加困难，有时需要汗水。有时候，自然的善会因疾病被完全剥夺。因此，罪也彻底影响了这个领域。但是如果一个人画同心圆，以属灵的善为圆心，道德的善为紧邻的圆圈，然后自然的善为最外层的圆圈，那么罪并没有摧毁自然的善，只是削弱了它。

但是**道德的善**也被保留。我们稍后会讨论它所包括的方面。由于初次涉及这个话题，我们可以首先思考异教徒的美德。[29] 有些人认为一些异教徒是得救的。[30] 伯拉纠主义者认为，异教徒有真实而完整的美德。索西尼派和克西拉斯派（Curcellaeus）[31] 都如此认为，很多耶稣会人士亦然。基督教教会并没有积极倾向这个看法。特土良评论道，异教徒仅禁止外在的罪，但是我们的律法还禁止内在的罪。然后他问："所以，基督徒和哲学家何处相似呢？希腊的门徒和天堂的门徒之间有何相似呢？追求名誉之人和追求生命之人之间有何相似呢？空话者和实干者之间有何相似

---

[28] 中注：见荷文版123页。

[29] Alting, *Theologiae Problematica Nova*, 452-454 (VIII.9-10); Maresius, *Sylloge Disputationum*, 2:123-135; de Moor, *Commentarius Perpetuus*, 4:826-829; Pfanner, *Systema Theologiae Gentilis Purioris*, chap. 22, §33 (chap. 22 deals with the salvation of the gentiles); Trigland, *Antapologia*, chap. 17; F. Turretin, *Institutes of Elenctic Theology*, 1:683-685 (X.5; Latin text: *Theologiae Elenchticae*, I.753–56); Vitringa, *Doctrinae Christianae Religionis*, "Theologiae Elenchticae," IX.33-36; Vossius, *Historiae de Controversiis*, III.3; Vossius, *Opera Omnia*, 6:464-470; Witsius, *Economy of the Covenants*, 2:20-22 (III.12.lii–lviii); Witsius, *Twist des Heeren*, 214-250 (chap. 19); Wittewrongel, *Oeconomia Christiana*, 1:288-289.

[30] Pfanner, *Systema Theologiae*, 491-492. 英注：Pfanner 引述了 Justin Martyr, *1 Apology* XX (*ANF* 1:169-170); Clement of Alexandria, *Stromata* VI (*ANF* 2:480-519); Tertullian, *Answer to the Jews I* (*ANF* 3:151-152); Hilary of Poitiers, *Tractatus super Psalmos I* (*CSEL* 20:354-544, on Ps. 118); and Epiphanius (bishop of Salamis, ca. 310-403).

[31] 英注：克西拉斯（Étienne de Courcelles/ Stephanus Curcellaeus，1586-1629）是一位阿米念希腊学者和翻译家。

呢？"³² 奥古斯丁论道，如果没有义，就不会有美德；如果没有信心，就没有义。³³ 然而，奥古斯丁承认罪和美德有等级之分："法布里修斯（Fabricius）比喀提林（Catiline）受较少的惩罚，但是并不是因为法布里修斯比较好，而喀提林更加邪恶。法布里修斯比喀提林少一些邪恶，并不是因为他有真美德，而是因为他并没有在美德上谬之千里。" 法布里修斯比喀提林受的惩罚更轻并不是因为他是好人，而是因为其他人更像一个恶棍。法布里修斯比喀提林没有更不虔诚，因为他虽然没有真美德，但是他没有极大地偏离真美德。³⁴ 真善是在基督里的恩典之果，因此即使异教徒在人类社会中得到一些称赞，他们的美德也不是真美德。他们的意志是不信实的、不虔诚的，因此并非善的。³⁵ 因此，奥古斯丁称异教徒的美德为"灿烂华丽的恶习"。³⁶ 普罗斯珀（Prosper of Aquitaine）论道，若没有服侍真正的上帝，所有看似美德的都是罪；没有一个人可以在没有上帝的情况下讨上帝喜悦。³⁷ 如同托马斯·阿奎那（Thomas Aquinas）一样的经院学者们，将七种基本道德和三种神学道德联系在一起。天特会议（Council of Trent）咒诅所有教导在重生之前无法获得真美德的人。³⁸ 詹森教导了一些与奥古斯丁观点类似的理论：异教徒追寻美德是为了取悦他们自己，满足自身的欲望，并自视高升。³⁹ 这是合乎常理的，因为所有那些不把自己的眼光上升至上帝身上，用自身美德取悦上帝的人，都是在寻找善的终点和目的，这便是他们追求满足的欲望。于是，美德就成了人们装扮自己的最纯粹的装饰品。⁴⁰ 基督公教信徒承认异教徒中的美德。贝拉明（Bellarmine）说一个人能在没有信心的情况下，实现某些道德品德。⁴¹

---

³² Tertullian, *Apologia* XLV-XLVI (*ANF* 3:50-51).
³³ Augustine, *Against Julian* IV.3.17 (*FC* 35:181).
³⁴ Augustine, *Against Julian* IV.3.25 (*FC* 35:190).
³⁵ Augustine, *Against Julian* IV.3.33 (*FC* 35:197-198).
³⁶ Augustine, *City of God* XIX.25 (*NPNF¹* 12:418-419).
³⁷ Prosper of Aquitaine, *Call of All Nations* I.6 (*ACW* 14:31–33); de Moor, *Commentarius Perpetuus*, 4:828.
³⁸ F. Turretin, *Institutes of Elenctic Theology*, 1:683（X.5："外邦人的美德"）。英注：天特会议第六次会议"论称义"的第7项决议如下："若任何人说称义前的一切行为，无论以何种方式所做，都是真正的罪，或应受上帝的憎恨，或说一个人越发真挚地让自己倾向于恩典，那么他所犯的罪就更甚：这人当受咒诅。"（Denzinger, no. 817）
³⁹ Jansen, *Augustinus*, 2:253-56 (IV.11: "De Statu Naturae Lapsu"). 英注：哥尼流·詹森（1585-1638）是伊普尔（Ypres）的荷兰基督公教主教。他对奥古斯丁的研究令其强调预定和恩典，最终导致一系列教宗训谕对他观点的谴责（Tschackert, "Jansen"）。
⁴⁰ Witsius, *Economy of the Covenants*, 2:28 (III.12.lxxiv).
⁴¹ F. Turretin, *Institutes of Elenctic Theology*, 1:683 (X.5); Bellarmine, *Opera Omnia*, IV (1), 391–

与奥古斯丁更加一致的基督新教信徒有不同的看法。【马丁路德认为，亚里士多德的哲学只能阐明自然的、短暂的、易逝的生命规则。】[42] 自然道德理论强调行为 [由外至内，通过行为（actus）获得气禀（habitus）]，然而基督教的道德理论强调人（首先是好树，然后才会结果）。自然的理论不会把好行为和上帝相联。终极基础和最高的目标并非上帝，而是人性、社会、国家还有政治目的。关于慈运理，可参考我的《慈运理的伦理学》(The Ethics of Ulrich Zwingli)。[43] 加尔文严防任何哲学和基督教伦理学的混合。[44] 他非常负面地判断异教徒，尤其是犬儒派（Cynics），也包括斯多亚学派和亚里士多德，亚里士多德自由意志的教导尤然。只有柏拉图，有时候包括西塞罗（Cicero），会受到更为正面的判断。[45] 在《基督教要义》中，加尔文区分了与今生有关的属地的、今世之事，和与上帝的知识、真实的义、天国的奥秘相关的属天之事。[46] 据加尔文的观点，自然人仍然可以部分行使属世之事；在一定程度上，他们仍然可以认知并决意去行。[47] 然而，自然人并不能知道属天的事。对于这些事，我们比鼹鼠更加眼盲。但是加尔文承认，即便关于属天之事，有些哲学家确实能说出些许明智之言。[48] 他们略知上帝，但是他们的情况如同旅行者在夜晚看到一闪而过的闪电。这闪电并不能把旅行者带到正确的道路上，而是把他们带到更深的黑暗中。[49] 异教徒也不知道律法，定然不知十诫的第一块法版，更别说第二块了。[50] 他们当中一些人的生活曾经非常可敬。上帝的恩典没有将他们从自然的败坏中带出来，而是让他们受制其中。[51] 像卡梅卢斯（Camillus）等人的美德在上帝面前一文不值。[52] 比如，因着对荣耀的欲望，它们并不纯洁，即便它们应归因于

---

98 ("De Gratia et Libero Abitrio," V.9–10).
[42] Luthardt, *Die Ethik Luthers*, 14-19. 中注：见荷文版124-125页。
[43] Bavinck, *De ethiek van Ulrich Zwingli*, 20-33 (chap. 2).
[44] Paul Lobstein, *Die Ethik Calvins*, 6-14.
[45] 加尔文承认上帝的灵在外邦人中有某种运行。M. Schneckenburger, *Vergleichende Darstellung des lutherischen und reformirten Lehrbegriffs*, Aus dessen handschriftlichem Nachlasse zusammengestellt und herausgegeben durch Eduard Güder, *Erster Theil*, Stuttgart 1855, 231. Also Harmannus Witz, *Twist des Heeren met sijn wyngaert*, 234, 245.
[46] *Institutes*, II.xiii.
[47] *Institutes*, II.xiii.12–17.
[48] *Institutes*, II.xiii.18.
[49] *Institutes*, II.xiii.19.
[50] *Institutes*, II.xiii.22; II.iii.3.
[51] *Institutes*, II.iii.4.
[52] 英注：卡梅卢斯（Marcus Furius Camillus）是公元前4-5世纪罗马帝国的政客。李维（Livy）和普鲁塔克（Plutarch）都称赞他的品格；如见Livy, *History of Rome*, 6。

上帝限制性的恩典（restraining grace）。根据罗布斯坦（Lobstein）的观点，加尔文认为柏拉图有一些有关真理、上帝、善的观念，但这些仅能令柏拉图更加无可推诿。柏拉图缺少信心，缺少真知识和真美德；他的知识和美德只是表象和云烟。[53]

【几乎所有改革宗人士都持相似观点。他们完全承认并肯定异教徒的美德。】[54] 他们高度评价卡梅卢斯、西庇阿（Scipio）、卡托（Cato）、塞内加（Seneca）、柏拉图和苏格拉底等人，并经常引用他们的著作和优美的格言。他们承认，这些人的美德在客观上是善的，正如外在行为一样是值得称赞的；【它们在本质上不是罪（peccata per se），而只是就偶性而言（per accidens），就运行模式而言（per modum operationis），确实是罪。】[55] 他们另外提出，一些异教徒甚至是基督徒的榜样，并且胜过基督徒。确实，有很多异教徒在道德美德上优于许多信徒，以至于异教徒在道德上经常高过重生之人。[56] 改革宗人士秉持有关道德美德的两件事：（1）道德美德只透过圣灵的普遍运行，透过限制性的恩典产生，并不能像柏拉图和西塞罗所认为的，在没有上帝的情况下，通过人的自由意志产生。[57] 因此，这些异教徒的美德并不是真美德。（2）然而，上帝按着祂的恩慈，偶尔暂时地奖励他们，但仅限于今生，就像发生在亚哈（王上二十一 27-28）和尼尼微人（约三 5；参太 十二 41）身上那样。[58]

但是，改革宗神学家没有更深探究这个话题。柏拉图和其他人的道德美德和真实、属灵的美德类似，正如假珍珠和真珍珠也非常相似，或者说镀金和真金相似。[59] 然而，当它们在唯一的真实标准下检验时，并不能通过测试。因此，有些人更喜欢用"美德"一词来形容异教徒的道德，而用"善行"来形容基督徒的道德。[60] "美德"一词并未被摒弃，因为它在《圣经》中也有使用。[61] 保罗让我们去思考什么是真实、可敬的、公义的、清洁的、可爱的、有美名的，并且归纳总结"若有什么美德"（εἴ

---

[53] Lobstein, *Die Ethik Calvins*, 7.
[54] 中注：见荷文版125页。
[55] F. Turretin, *Institutes of Elenctic Theology*, 1:684 (X.5.vi). 中注：见荷文版125-126页。
[56] Witsius, *Twist des Heeren*, 214; 参Wittewrongel, *Oeconomia Christiana*, 1:293-295.
[57] F. Turretin, *Institutes of Elenctic Theology*, 1:683-685 (X.5.ii, ix); 根据图沦汀（Turretin）的观点，柏拉图和西塞罗也承认此点；参Wittewrongel, *Oeconomia Christiana*, 1:289。
[58] F. Turretin, *Institutes of Elenctic Theology*, 1:684 (X.5.viii).
[59] Wittewrongel, *Oeconomia Christiana*, 1:295.
[60] De Moor, *Commentarius Perpetuus*, 4:817; Alting, *Theologiae Problematica Nova*, 733 (XVIII.4); Maresius, *Collegium Theologicum*, 295-296 (XII.9).
[61] 英注：希腊文ἀρετή通常译作"美德"，这在本段后续经文中都可发现。

τις ἀρετή；腓四 8）。⁶² 彼得告诉我们用美德补充我们的信心（彼后一 5），甚至宣扬上帝的美德 ["要宣扬那召你们出黑暗入奇妙光明者的美德"（彼前二 9）]。但是在基督徒当中，大家更喜欢谈论"善行"，而不是"美德"。这是因为：

  a. 拉丁文 virtus[源自 vir（人）] 和希腊文 ἀρετή（可能源自 Ἄρης⁶³）在起源和含义方面都是异教的；

  b.《圣经》中并未经常用这个词；

  c. 如此用语可以保持异教（heidense）或哲学伦理学和基督教伦理学的术语区分。

我们区分出"美德"和"善行"，哲学伦理学和基督教伦理学之间的四个关键差异：

  d. 在原则上（in beginsel）：美德根植于上帝形像稀薄的残余，尤其基于理性。一些人把美德定位于欲望（伊比鸠鲁）或热情中，但是最有名望的哲学家们（苏格拉底、柏拉图、亚里士多德、斯多亚学派、康德、黑格尔等人）把它定位于理性中，作为获取更高观念（hogere ideeën）的官能。⁶⁴ 因此，加尔文认为，【所有哲学家都说，理性可以充分管理，并且意志和激情服从理性。】⁶⁵ 他们认为理性被好的教育、好的哲学研究、上帝的引导性的护理和恩典所强化。但是无论美德被定位在何处，它们都不可能是比（堕落的）本性更好的来源（罗二 14-15）。⁶⁶【据加尔文所言，哲学家道德的原则（principe）是自由意志、理性和（斯多亚学派）本性。】⁶⁷ 他们对堕落、本性的败坏和重生的需要一无所知。他们关于美德和义务的观念是宏伟的，但缺少根基，是没有头的身体。⁶⁸ 自然人并不能行任何取悦上帝的善。相反，善行乃圣灵为其创始者，并根植于超自然的恩典和内在地洁净我们的心的信心。此信心首先带来一棵好树，从而结出善果："人非有信，就不能得上帝的喜悦。"（来十一 6；罗 十四 23）。

  e. 美德的**规范**不同于善行的规范。异教哲学家在自然、正确的理性或群体的道德中寻找规范。⁶⁹ 如今，他们特别在对人们而言的平常事物、人的本质或对社会有实用价值的事物中寻找规范。哲学家有时也会谈论上帝的诫命 [比如魏特修（Witsius）

---

⁶² 中注：和合本《圣经》此处将 ἀρετή 译作"德行"。

⁶³ 英注：Ἄρης 是古希腊战争之神（拉丁文：Mars）。

⁶⁴ H.J. Betz, *Ervaringswijsbegeerte*, 's-Gravenhage 1881.

⁶⁵ *Institutes*, II.ii.3. 中注：见荷文版126页。

⁶⁶ Witsius, *Economy of the Covenants*, 2:26 (III.12.lxviii).

⁶⁷ Lobstein, *Die Ethik Calvins*, 8. 中注：见荷文版126-127页。

⁶⁸ Calvin's comments on Rom. 12:1.

⁶⁹ Witsius, *Economy of the Covenants*, 2:30-38 (III.12.lxxx-ciii).

所解释的埃皮克提图（Epictetus）和塞内加族（Seneca）]，[70] 但是他们试图从自然、理性和良知中获取，以至于这始终是蕴含在自然中的标准。然而，基督教道德以上帝完美启示的律法为标准。毫无疑问，一些律法的痕迹残留在自然中（见《罗马书》二章）。尽管如此，此律法的许多部分全然不被人所知，或者说只是部分被人所知（比如第一、二、三、四和十条诫命）。无论如何，律法的属灵意义不被未重生者所知。但是，即使上帝律法的更多内容以自然的方式被知晓——我们可以假设仅理性就可以知晓整个道德律——人还是没有足够的能力去持守律法。【这是因为未重生之人表面上知道律法，却不能遵行；他们表现出事物的形像，而不是事物本身。】[71] 哲学道德只因迫不得已的理性和劝诫而被驱动。这跟热情的能力相比显得虚弱，却仍使人偏离正路。但是，基督教道德讲论上帝在基督里的爱，并以此为榜样，且赐下力量履行爱的诫命；它是生命的教义（doctrina vitae），而非字句的（linguae）教义。上帝不仅命令，祂还**给予**。【因此，加尔文说哲学是来自上帝的华丽的恩赐（philosophia praeclarum est Dei donum）。】[72] 此外，相较于异教徒以杰出人士为榜样[73]，我们有旧约族长、先知、使徒、天使，当然还有基督自己，为我们的榜样。[74]

f. 哲学美德的**目标**总是立足于今生。当今生的意义定于今生本身的时候，我们便面临着矛盾。生命的目标必须超越今生，而哲学美德并不知此。[75] 所以，有人为了美德本身[76]，为了实用和利益，为了美德所带来的名誉，为了美德可能带来的回报，为了美德的相邻物而追求美德，但是始终在今生之中。[77]【科塔（Cotta）论道，美

---

[70] Witsius, *Economy of the Covenants*, 2:31 (III.12.lxxxi-lxxxii).

[71] 中注：见荷文版127页。英译本此处翻译错译了巴文克的意思，额外添加了"may"，以至于使巴文克的语气变得相对化。

[72] Paul Lobstein, *Die Ethik Calvins*, 1:10-12; *Institutes*, I.xvii.4; III.vi.2-4. 英注：加尔文在写给改教同工马丁·布塞珥（Martin Bucer）的信中对此有最清楚的陈述："因此，哲学是来自上帝的华丽恩赐。并且，有识之士在各个时代对此竭力追求。他们由上帝自己所激动，从而他们可能藉着真理的知识照亮这个世界。" Calvin, *Letters*, 2:213 = *Opera Omnia*, IX.B ["Epistolae"], 50 (letter 236); cf. *Institutes*, II.ii.15.

[73] Seneca, *Moral Letters*, letters 6, 11, 25. 荷注：巴文克注释"Seneca Epist 6.11.25"。他的引用取自Hermannus Witsius, *De Oeconomia Foederum Dei cum hominibus*, III.12.80: "De præstantium Virorum Exemplis vide Senecam. Epist. VI. & XI & XXV"；因此，这里是关于Seneca, *Ad Lucilium Epistulae Morales*的第6、11、25封信。中注：荷文版和英译本此处注释有出入，以荷文版为准。

[74] Witsius, *Economy of the Covenants*, 2:32 (III.12.lxxxvi).

[75] *Institutes*, III.vii.1; III.vi.3; see Lobstein, *Die Ethik Calvins*, 10.

[76] 见上文的詹森（Jansen）。

[77] Witsius, *Economy of the Covenants*, 2:35-36 (III.12.xcvi).

德是我们自己的作为，我们并不为此向众神感恩。[78] 相反，基督教伦理不是功利主义的，而是在一切事上都聚焦于上帝的荣耀。它从中找到了我们生命的目标（林前十31）。】[79]

总结[80]：在属灵、属天事情上，知识、意志和能力已经完全丧失。在道德和民事方面，在暂时的、属世的事情上，知识、意志和能力已经被削弱，但未完全消除。因此，确有某种"善"可由属世和暂时的标准衡量——并由自然人自己衡量；这种"善"能获得暂时的回报。这些美德就其自身而言是好的。但是，如果以上帝的圣洁为衡量标准，最好的美德也是华丽的恶习。他们的根基、用来衡量的标准和他们的目标完全错误。【下一章中会讨论何为道德，它源自何处（比如理性还是感觉），以及它有何价值。对哲学美德的此种评估非常严格，但是必须以《圣经》为基础去教导，也是为了高举道德理型的高要求。】[81]

5. 人类对自然的统治

人类对自然的统治已被削弱，并且丧失了属灵特征，然而这种能力没有被完全消除。[82] 这种统治被阻碍了，却没有被摧毁。亚当必须汗流满面地去劳作，除去荆棘和蒺藜，但他仍可以从土地获得食物（创三章）。人类的统治现在包括"凡地上的走兽和空中的飞鸟，连地上一切的昆虫并海里一切的鱼"；它们对人类也是"害怕和畏惧"（创九2）。尽管如此，正如《诗篇》八章所证实的，人类君尊的统治连同财富和文化，都被保留了下来，作为上帝丰盛的供应，赐给我们去享受（提前六17）。统治产生了文化，而文化由两部分组成：

---

[78] Cicero, *De natura deorum* III.36.
[79] 另见《海德堡要理问答》第91问答，论完全、讨上帝喜悦和善工（verdienstelijkheid）。中注：见荷文版128页。
[80] Heppe, *Reformed Dogmatics*, 364-370; Polyander et al., *Synopsis Purioris Theologiae*, 1:416-419 (disp. XVII.18–24).
[81] 中注：英译本此处刻意前后调换了句子，中译本现根据荷文版予以纠正；见荷文版128页。
[82] Van Mastricht, *Theoretico-Practica Theologia*, I.iv.4, §14 [2:650].

a. 科学／学识（wetenschap）。[83] 有关属世事物的知识是有可能的，并且亦有寻找有关这些事物之真理的渴望。这是科学和学识的基础（法律、医学、数学、文学和人文科学）。这些都是以哲学作为冠冕的自然的科学。[84] 这些圣灵的恩赐不应该被拒绝或遭轻视，因为这会是轻视上帝。[85] 异教徒自己承认，哲学、人文、科学、法律是诸神的恩赐。我们不能不带着恭敬之心来阅读古人的著作。[86] 若上帝的旨意是让我们在恶人所做之工的帮助下学习自然、逻辑、数学，那么就让我们使用这些事物吧！【慈运理论道，异教徒所说的任何有益且美好的内容，我们可以接纳并转化它们用于服侍我们上帝的荣耀；让我们用从埃及人那里所获之物来装饰真神的圣殿。】[87]

b. 在广义上，艺术就是令大地臣服，并使大地成为人类的工具。文化的属灵特征已经因为罪而丧失。文化本身已经成了一种力量，就像科学经常成为由撒旦煽动的火焰，并被用于抵挡上帝。文化在该隐那个时代就出现了。"今世之子，在世事之上，较比光明之子更加聪明。"（路十六 8）但是至于其他方面，文化本身就增长了，并且这方面无疑是有进展的。在伊甸园中，亚当和夏娃仍旧穿着兽皮（创三 21）。直到该隐和亚伯的时代，我们读到了农业和畜牧业。该隐和以诺建造城市，拉麦开发武器并制定战争的法律，雅八支搭帐篷、牧养牲畜，犹八创造音乐，土八该隐铸铁，挪亚产酒。[88] 根据《圣经》，文化确有进步。

---

[83] Calvin, *Institutes*, II.ii.13–19. 英注：我们此处用"科学/学识"两个词，因为巴文克所用的 wetenschap 比英文的 science（科学）意义更广。后者通常指向自然科学。
[84] 英注：巴文克此处再次没有将"自然的科学"（natural science）限制于物理、化学、生物这些"自然科学"（physical sciences），而是更宽范地指向科学和学识的世界。"自然"包括了人类，他们的能力和活动。
[85] Calvin, *Institutes*, II.ii.15. 另见 Calvin's commentary on Titus 1:12。加尔文写道："由于所有真理都是关于上帝的，若任何不敬虔之人说了真实的话语，我们不应拒绝，因为这也是来自上帝的。"（Calvin, *2 Corinthians, Timothy, Titus, Philemon*, 364.）
[86] Calvin, *Institutes*, II.ii.16.
[87] H. Bavinck, *De ethiek van Ulrich Zwingli*, 28. 荷注：资料来源是 Zwingli, 'Annotationes in Exodum', in: *Huldrici Zuinglii Opera, Completa editio prima curantibus Melchiore Schulero et Io. Schulthessio, Volumen quintum, Lationorum scriptorum, Pars quinta, Exegetica Veteris Testamenti [...]*, Turici [...] 1835, 265. 中注：见荷文版128页。
[88] Zöckler, *Die Lehre vom Urstand*, 79.

第五章

人类的良知

本章摘要

尽管堕落之人在灵性上是死的，但是许多英雄事迹和有英雄情结的人都指向和人类一样悠久的宗教传统和道德智慧。关于上帝、灵魂和良知的真理核心都包括在内，尤其可见于哲学领域和很多思想家；这些核心指向人类自身内在某些将他们与上帝相联的事物。传统将我们引至良知。

良知是一个普遍的人类现象。希腊罗马对良知的反思很少，只对法律、司法和符合城邦客观法律的道德有所反思。在这种情况下，主观良知在管理个人道德中的作用微乎其微。随着希腊城邦的瓦解，人们开始被引向他们自己，必须在他们自己里面找到道德确信（moral certitudes）。在那种情况下，西塞罗写道：良知是美德最好的舞台。

旧约并无一个特定的词来形容良知，但是良知的"重要"由具有重要角色"心"予以描述。旧约有很多明显与良知有关的见证（约瑟的兄弟们，人口普查后的大卫，所罗门奉献圣殿的祷告）。良知的观念也可见于耶稣所讲的浪子的比喻和行淫时被抓的妇人的故事。使徒保罗经常用希腊文，并且用不同的方式来表达良知。异教徒、犹太人还有基督徒都被认为拥有良知。由于他们当中无人是良知完全值得信赖的向导，我们的良知都暗淡了。

基督徒对良知的反思起源于早期教会（特土良、亚历山大的革利免、屈梭多模，特别是耶柔米），兴盛于中世纪（尤其是在托马斯·阿奎那时期），并在早期改革宗人士中达到顶峰；这些改革宗人士的行为被良知所驱动。17世纪的正统基督新教神学家，特别是清教徒（珀金斯、埃姆斯），仔细地分析了良知运动，目的是为基督徒提供实践性的属灵引导。他们提出并仔细区分了人类灵魂作为 συντήρησις 的律法、良知的见证者的范畴与活动，以及人类的判断。从康德开始，现代思想将良知与上帝和祂的律法分开，并将其置于自主道德意志内。在现代哲学中，良知是一颗有启蒙性、绝对可靠、诚实不欺的恒星。其他人（约翰·斯图尔特·米尔、亚历山大·贝恩、赫伯特·斯宾塞）把良知降低为社会力量，并将它看作养育的产物。此种斑驳的观点后又加上查尔斯·达尔文进化论的教导。我们当代世界充斥着很多有关良知的问题，包括：良知的起源，它是宗教性的还是道德性的，正面的还是负面的,是完全可靠的还是会犯错的,我们是否有良知的自由。

语源学可以帮助我们定义良知的概念。关于我们行为的自我觉知(self-awareness)、自我知识(self-knowledge)、自我见证(self-testimony)的观念就属核心词汇。我们用自己的理性,基于心中上帝的律法,对自己的行为做出判断。这种良知的律法被称为"συντήρησις";它来自上帝,唯独降服于上帝。就良知为所有人共有而言,它包含宗教、道德、司法的自然原则,被称为"自然的良知"。对那些被圣灵重生之人,被开悟的良知乃是与上帝的圣言相捆绑。没有一个人或人的权力可以约束良知;只有创造并知道良知的上帝可以约束并惩罚良知。

在本义上,良知是指一个人悟性(understanding)中的能力或活动;此悟性在συντήρησις中被上帝的律法约束,并依据此律法审判借意识(consciousness)所观察到的人类行动。正是我们自己施行此种审判。我们谴责、定罪、宣判、复仇并处决我们自己。我们迫使自己去承认上帝是上帝,我们证实祂在我们身上的审判。这种审判既是宗教性的,又是道德性的。良知审判与我们有关的一切,包括我们的行动、存有和思想。我们内在的和与我们有关的一切都逃脱不了上帝的律法。另外,良知会审判过去的行动,现在的行动和未来有意的行动。这种审判通过实践的三段论来执行。在这推论中,συντήρησις(即上帝的律法或圣言)为我们提供大前提,而意识作为小前提。良知得出结论并做出审判。这种审判会控告、谴责、或免除罪责、宣告无罪。

良知按照不同的方式可被分为:自然的(异教的)或被开悟的(基督教的),好的或坏的,正直的或犯错的,确定的或疑惑的,刚强的或软弱的,广义的或狭义的(一丝不苟的),沉睡的或警醒的。我们有义务让我们的良知被基督的血洗净,并被上帝的圣言所坚固。良知是普世的,上帝的道德律是不变的,并且对所有人都有效。然而,由于我们道德的知识因罪而暗淡,所以我们所有人都有畸形的良知。良知只束缚主体,而非他人。我们应该尊重彼此的良知,而且所有属世的权柄都要尊敬良知。没有人应被迫违背他们的良知。

§14. 良知

1. 引言：创造和堕落

【人类的堕落并没有立即消除有关属灵之事的知识、上帝的知识和对上帝的敬拜、道德律。】[1] 人类也保留了一套有关属灵世界的思想（gedachten），持续认识上帝之所是和祂的律法为何。这种有关上帝的知识和对祂的敬拜在很长一段时间是纯粹的。【然而，人类的堕落确实导致亚当在灵性上死亡，在属灵上成为一个死人，以至于在他心里，这一套有关属灵世界的思想与其根断裂，在他意识中变成了一些松散无关的思想。这些思想注定要凋零，除非上帝在他心中重新栽下一个属灵的生命、生命原则和生命的根。】[2]

因此，亚当跟一个未重生的基督徒处于相同的景况中。他们拥有关于上帝、祂的律法、话语的智性知识，但没有属灵知识。对他们而言，这种知识只是松散地存在脑海中。但是，亚当仍保留的有关上帝的知识传递了下来。它在几户家庭中保持

---

[1] 中注：见荷文版129页。
[2] 中注：见荷文版129页。

纯粹，所以是有救赎性的，因为《创世记》三 15 的应许连同此知识传递了下来。³ 这样一来，对上帝纯粹的敬拜在亚伯、塞特、以诺等人的家庭中延续。甚至麦基洗德和约伯也明显从传统的源泉汲取了上帝的真知识。【因此，传统自发形成，曾成为并仍旧是所有探究和知识的基础。】⁴ 这种传统或多或少被污染，有时完全被贬损（最终衍生出异教信仰），与不可见的世界自行分割，沉溺自然并将其奉若神明。

传统确实是一个重要的力量，并极具价值，但有时因对基督公教的反抗而被清教徒轻视。【传统是在属灵上将人联为一体的纽带，不计时间和空间的距离，从而我们在属灵和道德上不是作为原子或孤立的个体活着。相反，我们在属灵上与各类先辈和其他人相连。】⁵ 传统是属灵和道德生命的延续。⁶ 传统之于属灵生命，犹如世代之于物理生物的生命（physical-biological）。【它在宗教领域尤为显然；此领域并不像政治领域，会遭受众多变化，而是自发地推进群体（宗教就是群体的建造）、合一（eenheid）和整齐划一（gelijkvormigheid）。】⁷ 所以我们会在流传历代并出现于万民中的英雄事迹和一系列英雄传说（sagencomplexen）中，邂逅传统的力量。这些传说可以追溯至原始的传说（Ursagen）；后者是由源自原始家庭（Urwoonplaats）的部落，从亚当和挪亚传统承继下来的。因此，传统是一个极强的（sterk）约束力，比自然纽带更有力量（基督公教对此深有体会）。⁸ 我们必定能借着异教传统，从异教徒那里获得许多真理的要素（waarheidselementen）。但是，我们常常从异教传统过量汲取。一些基督教护教者主张，异教徒（比如柏拉图）的一切真理都源于旧约圣经或形成旧约圣经的传统。此观点是错误的，因为：（1）那些有关上帝、灵魂、良知的真理要素与其他属灵知识一样，不能在丝毫与人无关的情况下存在，然而这些元素是完全败坏的；（2）我们所遇到的这些最纯粹和清洁的真理要素，并非在英雄传说和人类的宗教中，而是在他们的哲学中，在思想家中间，在人的理性中。如此，传统本身将我们引向良知（和理性）。

---

³ 英注：见 *RD*, 3:241。
⁴ 中注：见荷文版129页。
⁵ 中注：见荷文版129页。
⁶ J.H. Gunning Jr., *Overlevering en wetenschap met betrekking tot de evangelische geschiedenis, inzonderheid van de eerste levensdagen des Heeren*, 's-Gravenhage 1879.
⁷ 中注：见荷文版129页。
⁸ Heinrich Holtzmann, 'Tradition', in: *PRE¹*, Sechzehnter Band, 280-297. 中注：此处脚注以荷文版为准。

2. 关于良知的教导：历史[9]

（1）希腊和罗马哲学

希腊人用 τὸ συνειδός 和 ἡ συνείδησις 来指良知，罗马人则用 conscientia 一词。我们在希腊和罗马的文学中根本没有看到这些术语，然而它们就像物质一样，确实存在，并且被广泛使用。这些术语显然出自拜阿司（Bias）[正直的良知（ὀρθὴ συνείδησις）] 和佩里安德（Periander）[正直的良知（ἀγαθὴ συνείδησις）是自由]。[10]（但是，这些谚语正确吗？）我们在苏格拉底、柏拉图或亚里士多德的文学作品中根本找不到 συνείδησις。克吕西普（Chrysippus）首次使用 συνείδησις，然而是从"意识"（consciousness/bewustheid）的广泛意义上说的。[11] 于是，此术语在临近基督教时代初期，开始在哲学领域中被人使用，特别是在罗马人 [比如西塞罗和塞内加（Seneca）] 中盛行。随后，它在希腊历史学家中流行，比如哈利卡纳索斯的狄奥尼修斯（Dionysius of Halicarnassus，大约公元前 60-7 年）、狄奥多罗斯·西库鲁斯（Diodorus Siculus，公元前第 1 世纪）和普鲁塔克（Plutarch，公元后 46-120 年）等人。该词紧接着在希腊主义者中流行。[12]

这是一个非常重要的发现。为什么良知这个如此普遍的人类现象，在希腊罗马人中甚少提及呢？【为什么哲学在早期未关注伦理学中此重要因素，而直到后来才予以讨论呢？】[13] 马丁·卡勒（Martin Kähler）提出了两点重要原因。[14]（1）苏格拉底、柏拉图和亚里士多德的古代伦理学，其特征就是与希腊城邦有着内在、不可分割的联系。美德受限于此领域，做一个好人相当于做一个好的公民。对希腊人来

---

[9] Martin Kähler, *Das Gewissen, Erster Theil: Die Entwicklung seiner Namen und seines Begriffes. Geschichtliche Untersuchung zur Lehre von der Begründung der sittlichen Erkenntniß, Erste Hälfte: Alterthum und neues Testament*, Halle 1878.
[10] 英注：普里埃内的拜阿司（Bias of Priene，公元前第6世纪）和哥林多的佩里安德（Periander of Corinth，公元前627-587年执政）是所谓古希腊七圣徒中的两位。
[11] Diogenes Laertius, [*Leven en leer van beroemde filosofen*], VII.85. 荷注：巴文克的资料来源是 Martin Kähler, *Das Gewissen*, 26。
[12] 荷注：巴文克的资料来源是 Martin Kähler, *Das Gewissen*, 28v。
[13] 中注：见荷文版130页。
[14] 参他的文章 Kähler, 'Gewissen', in: *PRE²*, Fünfter Band, 151. 荷注：巴文克的资料来源是 Martin Kähler, *Das Gewissen*, 72v。

说，道德和善的规范（norma）客观地存在于希腊城邦的法律中，而不被主体在其良知中定义。人们如此想，哲学伦理学家也如此行。在柏拉图的对话录《大希比阿篇》（*Hippias Major*）中，有人问苏格拉底："什么是善？"苏格拉底指着城邦说："合法的才是正义的（τὸ νόμιμον δίκαιόν ἐστιν）。"[15] 换言之，法律、正义和道德较若画一。凡遵守城邦成文或不成文法律（ἄγραφοι νόμοι τῆς πόλεως）之人，都是完全正义（rechtvaardig）的。在诸神之中，正义和法律合而为一；道德与政治彼此契合。由此可见，人类的行为总是受到城邦法律、而非主观良知的考验。因此，不是良知，而是此法律，发挥谴责或免责的功用。（2）苏格拉底、柏拉图和亚里士多德这些希腊哲学伦理学家都是智性主义者。[16] 这意味着他们在人类理性中，而不是在良知中寻找行为的原则（beginsel）和准则（richtsnoer）。纯粹的（zuivere）思想会延伸并转变为纯粹的行动（zuivere handelen）。因此，道德过失是智性错误的后果。认知已是（was），并已成了（became/werd）美德。这种伦理学中没有良知的空间。理性是至高无上的，意志必须服从之。

这一切随着亚历山大大帝的出现，并透过他而发生了改变。城邦的生活在很大程度上失去了意义，客观性变得不稳定。人们被导向自身，且必须在自己里面找到确信（certitude），包括道德确性。个人主义和世界主义（cosmopolitanism）上升，而哲学越来越转向实际问题，从至高无上的高度降至回答日常生活的问题（斯多亚主义，伊比鸠鲁主义等）。因此，良知在生活和哲学中获得了更大的发言权。用西塞罗的话来说："良知是美德最大的剧场（nullum theatrum virtuti conscientia majus est）。"[17] 尤其对西塞罗来说，conscientia 有广义（意识）和狭义（良知）一说。在为被指控谋杀的朋友提丢斯·安尼乌斯·米洛（Titius Annius Milo，公元前 52 年）辩护时，西塞罗诉诸良知为凌驾一切的法律："良知的力量是伟大的（magna est vis conscientiae），【毫无畏惧，亦不怕恶人】。"[18] 他在《诸神的本性》（*De natura deorum*）中指出，作恶的人在今生并不总是受到惩罚，并补充了以下反思：

---

[15] 英注：在柏拉图的《大希比阿篇》开首，苏格拉底将"真正智慧和完美的人"描述为在公共事务中为他自己的城邦（τὴν σαυτοῦ πόλιν）带来益处的人。

[16] 荷注：智性主义（Intellektualismus）一词可见于Martin Kähler, *Das Gewissen*, 尤其是81、87、90、91、93、105、107等页。

[17] Cicero, *Tusculanes*, II.26.64. 荷注：巴文克此处引用摘自Martin Kähler, *Das Gewissen*, 66。

[18] 英注：Cicero, *For Milo*, 61. 整段内容为："哦，法官！良知的力量是巨大的，对两方面都有极大的重要性，从而那些位犯错之人就毫无畏惧，而那些犯错之人会想自己始终被放逐笼罩。"荷注：巴文克引用了Martin Kähler, *Das Gewissen*, 61。

我很不情愿详述这个话题，因为你可能认为我的论述给了罪恶以权威。你这样想可能是有道理的，在没有神圣计划之假设的情况下，一个能清白或有罪咎的良知本身不是一种强大的力量。摧毁了它，一切都将崩溃；就像一个家庭或一个国家，若无赏善罚恶，就会表现得缺乏合理的体系和秩序。因此，若政权统治没有区分善恶，那么就没有世界的神圣治理。[19]

有一句拉丁谚语说："良知是一千个证人（conscientia mille testes）。"[20] 塞内加和希腊学者持类似的观点；尤其是斐洛，他认为良知主要是惩罚性的，因为我们的道德状况极不完美。他的主要观点是，良知会控告谴责（ελέγχει）。[21]

（2）《圣经》中的良知

旧约[22]没有对应良知的专门用词，并且也不常提及这个问题。对以色列而言，律法成全了良知的职责。【唯独上帝在律法中的旨意，而非人类主体，是规范（norma），因而是所有行动的审判者。正是上帝的律法唤醒了良知，激发了对和好的渴慕。】[23]

虽然如此，良知的问题出现于旧约，并且归因于人心。正如古斯塔夫·厄勒（Gustav Fr. Oehler）所说：

> 心脏作为血液循环的中心器官，构成了肉身生命的焦点……但心也是所有精神功能的中心。一切精神层面，无论是属于智性的、道德的或病理的，都被人转化已用，并吸收进作为一个共同会合之处的心，并重新从心里进入循环。所有灵魂重要活动都是从心发出，并对其产生作用。[24]

---

[19] Cicero, *De natura deorum* III.35 (85) (trans. Rackham, pp. 370-373). 荷注：巴文克引用了Martin Kähler, *Das Gewissen*, 61。
[20] 荷注：巴文克引用了Martin Kähler, *Das Gewissen*, 61。
[21] 荷注：巴文克引用了Martin Kähler, *Das Gewissen*, 34vv。
[22] Gust.Fr. Oehler, *Theologie des Alten Testaments*, Stuttgart 1882², 230, 240, 279.
[23] Oehler, *Theology of the Old Testament*, 158 (§73), 183 (§84). 荷注：本段根据荷文版所译，删除了英译本自行添加的引用；见荷文版131页。
[24] Oehler, *Theology of the Old Testament*, 153 (§71). 中注：此处采用了英译本的脚注，而英译本引用了厄勒的英译本《旧约神学》。

【认知、立志和感觉都扎根于心，因此一生的功效都从心而出（箴二十27）。自我意识的进程也发生在心中；在那里，人开始意识到他自己以及他的行为，于是就转向他自己。[25] 我们在《创世记》三章发现了良知。】[26] 在那里，良知在羞耻中显明。依厄勒所言，"当女人（创三2-3）记得上帝的命令，且知道她受良知的约束，因此承认其强制力。她还没有犯罪，但她表现出她有良知。"[27] 然而，一个仍存的问题是：这是否可被称为良知？

我们在旧约中可以看到有关良知的清晰见证。约瑟的兄弟们承认对他们兄弟的罪咎（创四十二21）。大卫在割下扫罗外袍的衣角后，内心自责（撒上二十四5）。亚比该恳求大卫原谅她丈夫拿八的愚蠢行为，从而大卫"不至于因为亲手报仇，流了无辜人的血，而心里不安，良知有亏"（撒上二十五31）。在大卫数点百姓以后，"心中自责"（撒下二十四10）。在《列王纪上》二44中所罗门告诉示每："你自己心里都知道（即你意识到）你向我父亲大卫所做的一切恶事。"所罗门在为圣殿行奉献礼的祷告中，请求上帝垂听任何人或所有人的祈求，"每个人知道他自己内心的苦楚"，并原谅他们（王上八38）。同样，《约伯记》将恶人描述为在痛苦中挣扎，内心充满悲伤和痛苦（伯十五20-25）。相比之下，约伯坚持自己的正直："我的嘴决不说非义之言；我的舌也不说诡诈之语。我断不以你们为是；我至死必不以自己为不正。我持定我的义，必不放松；在世的日子，我心必不责备我。"（伯二十七4-6）[28] 这是一段经典经文（locus classicus）。我们也注意到《诗篇》中诗人宣称他是无辜的（诗十七3；十八32），并宣告那些他深知自己罪咎的时刻（诗六2-7；三十二4；五十一）。[29] 这是心在控诉："因为你心里知道，自己也曾屡次诅咒别人。"（传七22）"犹大的罪是用铁笔、用金刚石记录的，铭刻在他们的心版上和坛角上。"（耶十七1）先知耶利米不能抗拒上帝的呼召："我若说：'我不再提耶和华，也不再奉祂的名讲论'，我心里便觉得似乎有烧着的火闷在我骨中，我含忍不住，不能自禁。"（耶二十9）也是这位先知预示了一个**新约**："那些日

---

[25] Oehler, *Theology of the Old Testament*, 153 (§71).
[26] 中注：见荷文版131页。
[27] Oehler, *Theology of the Old Testament*, 158 (§73); 参 C. I. Nitzsch, *System of Christian Doctrine*, 207-208 (§98)。
[28] 荷注：巴文克此处的资料来源可能是Franz Delitzsch, *Biblischer Commentar über das Alte Testament, Vierter Theil: Poetische Bücher, Zweiter Band: Das Buch Iob*, Leipzig 1876², 342-344. 中注：巴文克手稿此处在句末插入了"(Delitzsch)"。
[29] J. König, *Theologie der Psalmen*, Freiburg im Breisgau 1857, 376v., 386.

子以后，我与以色列家所立的约是这样：我要将我的律法放在他们里面，写在他们心上。我要作他们的上帝，他们要作我的子民。"（耶三十一 33）无论心是勇敢还是胆怯，都分别归因于罪咎和无负担的良知："恶人虽无人追赶也逃跑；义人却壮胆像狮子。"（箴二十八 1）马丁路德甚至在《约书亚记》十四 7 把"心"译作"良知"（"耶和华的仆人摩西，从加低斯巴尼亚差派我窥探这地的时候，那时我正四十岁，我按着良知向他报告。"）还有《约伯记》二十七 6 中的"心"也被翻译成"良知"（"我持定我的义，并不放松；在世的日子，我的良知不责备我。"）[30]

在新约中，耶稣从来没有提到过良知，这让现代主义者非常失望。在《马太福音》六 22 中（眼睛是身体的灯），耶稣指向人的心思（νοῦς）认识永恒的能力，指向理性、人的灵（τὸ πνεῦμα）和自然之光（lumen naturae；在堕落后仍被保留）。[31] 然而，我们可以在浪子回头的故事中发现良知的观念："当他醒悟过来……"（路十五 17）。Συνείδησις 这个词也出现在《约翰福音》的一些文本传统中（约八 9）。当一个行淫的妇人被捉时，耶稣对众人说："你们中间谁没有罪，谁就先拿石头打她！"（约八 7）。然后，祂在地上写字。【那些听到耶稣的话的人，就被自己的良知定罪（οἱ δὲ ἀκούσαντες καὶ ὑπὸ τῆς συνειδήσεως ἐλεγχόμενοι）。】[32]

使徒保罗频繁地使用 συνείδησις：

> 保罗定睛看着议会的人，说："诸位弟兄，我在上帝面前，行事为人都是凭着清白的良知，直到今日。"（徒二十三 1）
> 因此，我勉励自己，对上帝对人，时常存着无亏的良知。（徒二十四 16）
> 所以，你们必须顺服，不但是因上帝的愤怒，也是因着良知。（罗十三 5）
> 可是，不是人人都有这知识。有人到现在因拜惯了偶像，仍以为所吃的是祭过偶像的食物；既然他们的良知软弱，也就污秽了。（林前八 7；参 八 12-九 27；十 23-33；罗十四章）

保罗诉诸自己清洁的良知为自己的行为辩护（林前四 4；林后一 12；四 2；五

---

[30] 英注：马丁路德 1545 年所译《圣经》："Und ich ihm Bericht gab nach meinem Gewissen; von meiner Gerechtigkeit, die ich habe, will ich nicht lassen; mein Gewissen beißt mich nicht meines ganzen Lebens halben。"

[31] Calvin, *Harmony*, 1:218；参 Tholuck, *Ausführliche Auslegung der Bergpredigt*, 402。

[32] 中注：见荷文版 132 页。很多古老且权威的《圣经》手抄本中都没有《约翰福音》八 1-11 这段经文。巴文克此处忽视了圣经鉴别学的问题。

11）。在他对提摩太的教导，以及对真信仰和敬虔行为的描述中，保罗反复提到良知（提前一5, 19；三9；四2；提后一3；多一15）。除此之外，我们在《希伯来书》（四12；五14；九9, 14；十2, 22；十三8）中也能发现良知的观念和 συνείδησις 一词。使徒彼得也有使用该词（彼前二19；三16, 21）。[33]

我们现在要概述新约关于良知的教导。【Συνείδησις 一词首先具有意识（bewustzijn）和知识的一般意义】[34]："通过将真理显扬出来，好在上帝面前把自己举荐给各人的良知"（林后四2）；"既然我们知道主是可畏的，就劝导人；但我们在上帝面前是显明的，盼望在你们的良知里也是显明的"（林后五11）。除此之外，συνείδησις 具有向我们的意识做见证的意义；此见证关于自我的处境和人际关系，因此是一个自我评价（zelfbeoordeling）[35]；换句话说："我在基督里说真话，不说谎话；我的良知被圣灵感动为我作证"（罗九1）；"我们所夸的是自己的良知，见证我们凭着上帝的圣洁和诚实；在世为人，不靠人的聪明，乃靠上帝的恩惠，向你们更是这样"（林后一12）。第三，良知有道德义务的意义，在我们的行为中借着遵行上帝的律法和旨意而受约束："这是显出律法的功用刻在他们心里，他们是非之心同作见证，并且他们的思念互相较量，或以为是，或以为非。"（罗二15）因此，良知是宗教性的称谓，正如彼得在为那些忍受悲痛和不应受苦之人表示感恩，"为使良知对得起上帝"（συνείδησις θεοῦ；彼前二19）时所表明的——即良知在与上帝的关系中做见证。同样，政权是"上帝的仆人"，我们应当服从，"不但是因上帝的忿怒，也是因着良知"（罗十三5）。【因此，献祭不能令良知安息（来九9），因为在与上帝和祂律法的关系中，良知曾是并仍是不安息的；只有基督的血才能令良知安息（来九14；参十2）。】[36]

因此，良知成为了人在与上帝、祂的律法和旨意关系中**对自身的审判**。[37] 上帝的律法和旨意，即上帝祂自己，是不改变的，并持定如初。在与此律法和旨意的关

---

[33] 有关保罗和其他新约作者对良知的讨论，见Ernesti, *Die Ethik des Apostels Paulus*, 22-24; Smeding, *Paulinische Gewetensleer*; Kähler, "Gewissen," 152-153; Kähler and Schultze, "Gewissen"; Kähler, *Das Gewissen*, 225-273, 281-285; Vilmar, *Theologische Moral*, 1:72-99; Cremer, *Biblico-Theological Lexicon*, 233-235, s.v. "συνείδησις."

[34] 中注：英译本此处将bewustzijn译作awareness，中译本译作"意识"，对应英文"consciousness"；见荷文版132页。

[35] 中注：英译本将zelfbeoordeling译作self-awareness；此英译名对应荷文zelfbesef更佳。

[36] 中注：英译本此处只引用了经文，却忽略了巴文克此处一些关键词；见荷文版133页。

[37] Cremer, *Biblico-Theological Lexicon*, 234.

系中，人思想自己在良知中受约束，并且在良知中按照此律法和旨意自我评估。但是，律法会根据主体的发展水平、道德培养和知识，在个体良知本身中改变。换言之，良知可以解释且不纯洁地反映律法，但是律法本身是不变的。这是因为良知本身是不纯洁的，已经被罪玷污。新约对这种不洁净的良知有不同的表达："软弱的良知"（συνείδησις ἀσθενής；约八 9；林前八 7；参 八 10；林后七 1）；"这些人的良知如同被热铁烙了一般"（κεκαυτη ριασμένοι τὴν ἰδίαν συνείδησιν，提前四 2）；"连心地和天良也都污秽了"（μεμίανται αὐτῶν ὁ νοῦς καὶ ἡ συνείδησις；多一 15）。从圣灵应用基督献祭的工作的角度来看，这种对比明显可知："何况基督的血，祂藉着永远的灵把自己无瑕疵地献给上帝，更能洗净我们的良知，除去致死的行为，好侍奉那位永生的上帝"（来九 14）；"有罪的良知"（συνείδησις ἁμαρτῶν；来十 2）；"已蒙洁净、无亏的良知，和清水洗净了的身体"（来十 22）。这解释了为什么犹太人、异教徒和基督徒的良知在个体层面上都有所不同。

我们首先思考异教徒。根据《罗马书》二 14-15，异教徒缺少积极启示的摩西法律（摩西五经）；尽管如此，他们"顺着本性行律法上的事"（τὰ τοῦ νόμου）。保罗在 13 节中没有说那些"行律法的人"是被称为义。若然，他就会承认异教徒也是得救的（参 罗二 27）。异教徒并没有在律法的深层属灵意义和丰富方面遵行律法（罗七 14），但是他们在不同程度上，以外在的形式遵守法律。因此，他们就像犹太人一样"显明律法的功用"（ἔργα νόμου；罗二 15）。然而，他们驻足为律法的倾听者而非实践者。如是，异教徒只是按本性（φύσει）对律法负责，因而他们成为了他们自己的律法，给自己一部积极的律法，就是在个体、外在命令意义上的摩西律法。保罗认为，这和犹太人对摩西律法的思考方式一致。故此，犹太人对摩西律法的理解并未强于外邦人。实际上，异教徒从他们自身衍生出律法。这表现了"律法的功用"，个人的律法诫命，被写在他们的心上（相较于以色列的写在石版上的诫命）。异教徒的良知认同表现异教徒中存在律法的外在行为。这种良知也相应地在与律法的关联中做见证 [这里所指乃"后续良知"（conscientia consequens），他们心中的律法是"先行良知"（conscientia antecedens）]。此个人良知显明在公众良知和思想中；它们联合进行控告或释罪。在个人行为和良知之余，公众良知也可以说是被写在他们心中之律法的第三方见证和证据。这里有一处非常重要的提醒：良知不同于律法，也不是律法的居所。在异教徒当中，良知会申辩，因而被归类为"良善的良知"（ἀγάθα συνείδησις）。律法被写在心上，然而良知与律法及它的见证相捆绑。

在犹太人中，良知与客观传达的摩西律法相捆绑，其功能也与律法相关。谨守这律法，你们就有清洁的良知，无亏的良知（徒二十三 1；二十四 14-16；提后一 3）。然而，这也许可以被理解为保罗指向基督徒的良知。因此，异教徒和犹太人有"良善的"良知，也就是不会谴责他们的良知，但是这并不意味着这种良知是纯洁的。毕竟，良知可以错误地解释法律，并产生一种虚假的安全感。因此，良知必须要被洁净——这透过基督的宝血已经或者正发生在相信的基督徒身上（来九 14）。那时，他们接受了一颗"被洁净的良知"（συνείδησις καθαρά；提前三 9；提后一 3），一颗"良善的良知"（ἀγαθή；徒二十三 1；提前一 5，19；彼前三 16，21），"无亏的良知"（ἀπρόσκοπος；使二十四 16）。然而，甚至在信徒中，良知也不是立即得以完善或康复。对很多人而言，良知始终是软弱的（林前八 7；林前十 12；参林前十章；罗十四章），因此必须被宽恕。它仍会被偶像、异教律法和习俗捆绑。它必须逐渐从中得释放，以至于唯独紧紧地捆绑于上帝和祂的律法。换言之，良知的活动唯独取决于圣灵（罗九 1）。良知的证词必须是圣灵的见证。我们在此也需诉诸《约翰壹书》三 18-20。在这段经文中，良知的活动归给了心："无论何时我们的心责备我们，上帝比我们的心大。"

（3）教会神父和经院主义神学家[38]

教父很少提到良知。他们在对异教徒的反驳中并未诉诸良知，而是诉诸客观启示、神迹等。【特土良所说的"按本性是基督徒的灵魂"（anima naturaliter christiana），正如所强调的人的自由，乃承认人对道德的倾向。】[39] 然而，这种普通的人类道德并不充分；它必须要是基督徒式的道德。尽管如此，我们仍时常发现良知偶尔出现在解经中，因而多数出现在释经著作中。因此，特别是在亚历山太的革利免的著作中，一个良善的良知使灵魂保持纯净，并使之避免无知。[40] 屈梭多模更是如此认为。他在关于《创世记》二十七 42 的讲道中说道："所以没有人可以因为无知而忽视美德，或因无指导而无视美德。实际上，我们在良知中有足以胜任的导师。它对任

---

[38] Kähler, "Gewissen," 153-155; Kähler and Schultze, "Gewissen," 242-243.
[39] 中注：见荷文版134页。英注：Tertullian, *Apology* XVII (*ANF* 3:32).
[40] Clement of Alexandria, *Miscellanies* VI.14 (*ANF* 2:506).

何人来说都是不可被剥夺的资源。"⁴¹【没有什么比良善的良知更令人喜悦（Οὐδὲν ἥδιον συνειδότος ἀγαθοῦ）。】⁴² 另一方面："哪里有比坏良知的祷告更痛苦的祈祷？有何比美好的盼望更令人喜悦呢？没有，确实没有事物曾如同对邪恶的盼望，将我们深深地伤害，重压在我们身上：没有什么能让我们如此清醒，只有良善的良知能给我们翅膀。"⁴³ 对良知的审判没有被摧毁（οὐ διαφθείρε），因为它由上帝在我们里面造成。良知是未被败坏的法官，我们不能逃避。我们不能拿钱来贿赂它，因为它是神圣的，由上帝植入我们的灵魂中。良知对阿谀奉承、恐惧或金钱皆充耳不闻。【但是除了这些普遍的事实（也出现在异教徒中），屈梭多模相信良知是道德洞见（即有关必须要做之事的知识）的自主且自足的源头（bron），此外被造物（κτίσις）作为显明有关上帝的知识（θεογνωσία）的另一原始途径（middel）。】⁴⁴ 借此，他指出一个随后的行动，也被称作"先行的"（voorafgaand）或"义务的"（bevelend）良知。

西方由于注重实践和人类学，人们或许会对良知有更多期望。然而，事实并不如此。奥古斯丁称良知为一个控诉者，人类堕落深渊的见证者。对良知的仔细考察由中世纪的经院神学家首度提出，在黑尔斯的亚历山大（Alexander of Hales）出版《神学纲要》（*Summa Universae Theologiae*）之后尤然。⁴⁵【如今，人类被认为有两种官能（vermogens）：心思（verstand）和意志。心思、理智（intellectus）表现在两方面：理论性理智（intellectus theoreticus）和实践性理智（intellectus practicus）。它们不是两种不同的能力（potentiae），而是合为一体。】⁴⁶ 前者指向**真理**，而后

---

⁴¹ 英注：John Chrysostom, *Homilies on Genesis* 54 (FC 87:92 [trans. Hill]; *PG* 54:472). 关于屈梭多模著作中与良知有关的更多论述，见Suicerus, *Thesaurus Ecclesiasticus*, 2:1154, s.v. "συνειδός." 莱尔德（Laird）在《思维模式、道德选择和罪》（*Mindset, Moral Choice, and Sin*）仔细考察了屈梭多模的道德人论，并令人信服地论道，思维模式（γνώμη；mindset）作为灵魂的官能或能力的概念，对于理解屈梭多模至关重要。在Chrysostom, *Homilies* 12 之外，请注意Chrysostom, *Homilies* 11 and 13对《罗马书》讲道。莱尔德主张，对于屈梭多模而言，"γνώμη控制了良知（συνειδός）的果效……在实践中，良知（συνειδός）屈服于γνώμη的奇思妙想"（74页）。
⁴² 英注：John Chrysostom, *Homilies on Matthew*, 2:726 (Homily 53, on Matt. 15:32).
⁴³ 英注：John Chrysostom, *Homilies on Romans*, *NPNF*¹ 11:424 (Homily 12; Rom. 6:19); 参 *Homilies on 2 Corinthians*, *NPNF*¹ 12:286 (Homily 3; 2 Cor. 1:12)。
⁴⁴ 中注：见荷文版134-135页。英注：John Chrysostom, *Homilies on Romans*, *NPNF*¹ 11:467-468 (Homily 16, on Rom. 9:20-21)。
⁴⁵ 见*ST* Ia q. 79 art. 12; Ia IIae q. 94; Gass, *Geschichte der christlichen Ethik*, 1:383-392 (§122); Gass, *Die Lehre vom Gewissen*, 43, 216-228 (appendix on "Das scholastische Wort Synderesis")。
⁴⁶ 见荷文版135页。拉丁文intellectus也可译作"悟性"（understanding），对等于荷文ver-

者指向**善**。实践性理智也被称作 synderesis。[47] "这个词在希腊文献中并不常见，在希腊教父或后期基督教文献中也不常见。"[48] 一个普遍观点是，耶柔米在《以西结书》的释经中首次将 synderesis/συντήρησις 和道德结合。[49] 耶柔米以及包括爱任纽和奥古斯丁在内的早期教会解经者，把《以西结书》一 4-14 中的四活物比作四卷福音书作者[50]；他们也在人类学中讨论四活物[51]：

> 多数人将人、狮子、和牛解释为灵魂的三个部分：理性的、情感的和欲望的。这是沿用了柏拉图的分法，他称这三方面为 λογικόν，θυμικόν 和 ἐπιθυμητικόν，并将理性归属于大脑，情感归于胆囊，欲望归于肝。[52]

那么《以西结书》中的第四个活物鹰呢？耶柔米将它与良知相关联。具体而言，"良知的火花存在于亚当的胸脯中（理解为情感的居所）。在他被赶出天堂的时候，良知的火花并未熄灭。借着愉悦或怒气的滋养，我们有时在理性的瞬间因良知的火花仍觉察自己在犯罪。"[53] 耶柔米继续称之为"良知本身"（ipsa conscientia）。因此，耶柔米简单地把 συντήρησις 理解为良知。我们不知道这个词的含义是不是也有

---

stand。但是根据巴文克在这里所论述的，intellectus 是 verstand 这一官能的表现。因而，中译本将 intellectus 译作"理智"（intellect），有别于荷文 verstand（悟性、心思）。

[47] 英注：Synderesis，即 συντήρησις，意为"维护、保护、观察"。

[48] Appel, Die Lehre der Scholastiker. See reviews of Appel by Rabus and F. Nitzsch.

[49] 英注：Appel, *Die Lehre der Scholastiker*, 2："中世纪神学从耶柔米对《以西结书》一4-10 的解经中取回了 synteresis 的教义，并以此打好了基础。"阿佩尔（Appel）认为，此重要术语"借自"（entlehnt）耶柔米，并被拉丁化。

[50] 英注：Jerome, *Commentary on Matthew*, 55.

[51] 英注：本段余下内容由英译本编辑重构扩述而成。巴文克只提供了耶柔米释经书中的拉丁文片段，并错误地将 synderesis/συντήρησις 等同于狮子。事实上，耶柔米按照柏拉图主义的三分法人类学（灵魂的理性、灵、欲望三个层面）讨论了前三个活物（人、狮子、牛），然后将良知与鹰联系在一起。不可忽视的是，耶柔米并未完全接受对以西结异象的柏拉图化和寓意式使用（例如俄利根所做的），而是引入此种方式，将他的读者指向他在保罗对灵（πνεῦμα）的理解中所发现的良知的重要性；见 Gass, *Gewissen*, 220-223。

[52] 英注：Jerome, *Commentary on Ezekiel* 1:7 (PL 25:22)；上下文的相关段落见于 Gass, *Gewissen*, 220，以及 Appel, *Die Lehre der Scholastiker*, 2-3。

[53] 中注：巴文克此处引用的是耶柔米著作中的拉丁文段落："quae scintilla conscientiae in Adami quoque pectore, postquam ejectus est de paradiso, non extinguitur et qua, victi voluptatibus vel furore ipsaque interdum rationis similtudine nos peccare sentimus."英注：本段内容见于 Jerome, *Commentary on Ezekiel* 1:7 (PL 25:22)；上下文相关段落间 Gass, *Gewissen*, 220，以及 Appel, *Die Lehre der Scholastik*, 2–3。

维持或观察道德之意。⁵⁴ 实际上，柯克尤（Cocceius）否认此观点。⁵⁵

一些学者认为，συντήρησις 在耶柔米的《以西结书》注释中是一个文本错误，理应是 συνείδησις。⁵⁶ 基尔大学（University of Kiel）的埃里希·克洛斯特曼（Erich Klostermann）近来发现，三本耶柔米《以西结书》注释的古抄本中确实都是 συνείδησις。⁵⁷ 不管怎样，经院神学家采用 synderesis/συντήρησις 一词。

【术语 synderesis，即实践性理智（intellectus practicus），对一些人而言是一种能力（potentia）。然而，对阿奎那、佛罗伦萨的安东尼（Antoninus van Florence）等人而言，synderesis 是实践原则的状态或气禀（habitus principiorum operabilium），正如理智是思辨原则的状态或气禀（sicut intellectus habitus est principiorum speculabilium）。】⁵⁸ 因此，正如我们生来就有真假的概念，所以我们生来也有善恶的概念。Synderesis 自身如同总是趋向善的气禀（habitus semper inclinat ad bonum），因而反对恶。尽管不进行特定活动，synderesis 本身通过抵制恶行而发展。⁵⁹ Synderesis 虽会被压制，但不会犯罪，也不会熄灭。即使撒旦也会保留它。根据托马斯的观点，synderesis "是一种包含自然律之准则的习惯，是人类行为的首要原则。"⁶⁰ 经院神学家坚持 synderesis 的概念，认为其中保持了罪的状态中人类的道德本性，并视它为行善的能力，如同理性是得知真理的能力。然而，他们并不因此否认罪的深度，因为 synderesis 总体而言趋向善，但它既不揭露真实的善（有价值的善），也不引导人完全行善。

Synderesis 与良知（conscientia）截然不同。良知将 synderesis 应用于特定和具体的情况。良知并非一种气禀（habitus），而是一种行为。按照三段论而言，synderesis 是大前提，理性是小前提，并以这两个前提决定某一特定行为是一种责任，还是需要予以拒绝。良知因此是 "理智中的实践三段论"（syllogismus practicus in

---

⁵⁴ 依照 Appel, *Die Lehre der Scholastiker* 所论。
⁵⁵ 英注：巴文克此处简略地提到 "Cocceius on 2 Tim. 1:15"。
⁵⁶ F. Nitzsch, "Über die Enstehung der scholastischen Lehre von der Synderesis."
⁵⁷ Redaction, "Zur Synteresis-Frage."
⁵⁸ 中注：英译本此处扩展论述了荷文版内容，增添了阿奎那《神学大全》的引文。中译本为了保持上下文意思简洁通顺，去除了英译本所增添内容，但保留了英译本的脚注；见荷文版135页。英注：Aquinas, *ST* Ia q. 79 art. 12. 荷注：巴文克的资料来源是：W. Gass, *Die Lehre vom Gewissen*, 216.
⁵⁹ 荷注：巴文克的资料来源是：W. Gass, *Die Lehre vom Gewissen*, 216。
⁶⁰ Aquinas, *ST* Ia IIae q. 94 art. 1.

intellectu）。[61] 良知由此可得出结论，比如何事可行。这些结论，即良知的功能，有三个层面：（1）见证（testificatio），借此"我们认识到我们已经做了或未做某事"，因而只是意识（bewustzijn）；（2）约制（ligatio），或"判断某事是否要被执行"；（3）申辩（excusatio），借此"我们判断某事是否正当；在此意义上，良知可谓施行辩护、控告或折磨"。[62] 因此，良知总是一种"总结性的知识"（concludens scientia），一种派生的、应用性的、后续的知识。[63]

然而，良知常常会得出错误的结论（也因为理性提供错误的小前提）。换言之，良知会犯错，会把善断为恶，或从本身为善的一般原则（goed algemeen beginsel）中得出错误的应用。这致使良知蒙骗、疑惑、过分谨慎、困惑，或受错误的建议，或太过通融。我们持续每天需要确定知道应当如何行。中世纪对良知例子的总结试图满足这些需要。[64] 这些总结是给教会"神父"的手册。他们可以从教父的著作集中找到指引。因此，神父可以获得审判信徒良知的力量。他们煞费苦心地发展教会法来确定此事。如果被要求的善未被确定，那么一个人怀疑的良知会借着得到一个**可能**的意见（opinio probabilism/probabilior）而平息。这是之后由耶稣会士发展而成的可怕的或然论（probabilism）之概念的来源。此时，synderesis 全然消失，良知被认为是一种偏见，或然论（藉着这种偏见的权威）决定一切。帕斯卡尔的个人使命就是反对这一观点。

因此，经院学派开始在 synderesis 的概念中维持道德人性。但是，他们将良知作为有缺陷和错误的事物，从而有别于 synderesis。借此区分的方式，【synderesis 变为包含伟大真理的非活动（nonactiviteit）】。与此同时，良知由于太过无力而不能自立，不能成为向导，以至于服从于一个外在的权威。[65]

（4）基督新教和改革宗传统

基督新教改革是一项出于良知的行为。为此，马丁路德、慈运理和加尔文经常

---

[61] 英注：此处巴文克对"实践三段论"的使用需区分于改革宗神学在有关信徒救恩确据中对该词的使用方式。救恩确据与善行的证据和信徒生命中的成圣相联。在道德三段论上，synderesis和良知相连，并以良知为结论（concludens；conscientia）；见Gass, *Gewissen*, 51。迦斯（Gass）将此观点全归属于Anthony of Florence, *Summa Moralis*, vol. 1, chap. 10。
[62] Aquinas, *ST* Ia q. 79 art. 13.
[63] 英注：Gass, *Gewissen*, 51.
[64] 英注：例如Bartholomew of San Concordio (1262-1347), *Summa de Casibus Conscientiae*。
[65] Gass, *Gewissen*, 44.

讨论良知。加尔文将良知定义为"神圣审判之感知（sensus divini judicii），作为一个加入人类之中的见证人；它不允许人们隐藏罪而免受法官在法庭上的控告。"他补充道，良知是"一个上帝和人之间的居中渠道（medium quiddam），因为它不允许人去压制他们内心所知道的，而是催促人至定罪的那一刻。"[66] 良知提供了"迫使人来到上帝审判前的觉知"，并且"是一种指派给人的监护者，它记录和窥探人的秘密，从而没有什么会被掩藏在黑暗中。"[67]【因此，良知连于上帝（ad Deum refertur），只注视上帝（solum Deum respicit）。】[68] 加尔文在《基督教要义》第四卷第 10 章第 3-4 段中重申了他对教会法的看法，并在第 5 段中论道："因为我们的良知与人无关，而只与上帝有关。"[69] 他补充道："当整个世界笼罩在无知的至暗之中，小火花却（klein vonkje van licht）得以保留，人承认人的良知高于一切人的审判。"[70] 加尔文教导：（1）良知是有关我们与上帝及祂审判相关之行为的知识；（2）唯独上帝可以约束良知，除祂以外，无人能如此行；（3）良知是我们行为的见证和监护者；（4）良知高于一切人类审判。良知授予我们一些道德律的知识，但这是不完整和不完美的知识。[71]

阿曼杜斯·波拉努斯（Amandus Polanus）把灵魂的官能分为三种：植物性的（vegetativa），包括**滋养性的**（altrix）、**生长性的**（auctrix）和**生殖性的**（generatrix）；**感知性的**，包括**感觉**（apprehensiva zintuigen）和**运动**（motiva）；**智性的**（intellectiva；λογικόν）。[72] 最后一个官能又被分为理智（intellectus）和意志（voluntas）。【理智鉴于其目的，可以进一步被分成**理论性**理智（intellectus theoreticus；intellectus speculativus；ratio theoretica）和**实践性**理智（intellectus practicus；ratio practica）。除此之外，上帝创造人，使其具有与生俱来的正确理性（recta ratio）和良知。正确的理性就是对上帝的旨意和作为的正确理解和知识（vera notitia voluntatis et operum Dei）。它的创造者就是逻格斯（约一 9），其规范就是内置的知识（notitia）或本

---

[66] *Institutes*, III.xix.15; IV.x.1.
[67] *Institutes*, III.xix.15.
[68] *Institutes*, III.xix.16. 中注：见荷文版137页。
[69] *Institutes*, IV.x.5: "neque enim cum hominibus sed cum uno Deo negotium est conscientiis nostris."
[70] *Institutes*, IV.x.5.
[71] Lobstein, *Die ethik Calvins*, 50-62; *Institutes*, II.ii.24. 英注：巴文克参考的是一本未署名的著作《对良知的真实描述》（*Ware Beschrijvinghe der Conscientien enz*；1617），并在括号中附带提问："这是抗辩派的（Remonstrant）吗？"
[72] Polanus von Polansdorf, *Syntagma Theologiae Christianae*, 324 (V, 32).

源（principia），即理性的本源和实践的本源。】⁷³ 良知是"有关神圣意志的特定概念，是与神圣意志相符或相悖的行动；它以不可磨灭的方式植入心思，赞成善行，反对恶行"。⁷⁴ 波拉努斯在这里引用了加尔文，并参阅了威廉·珀金斯（William Perkins）。⁷⁵

彼得·马蒂尔·菲密格理（Peter Martyr Vermigli）如是论道，首先出现的是 συντήρησις，就是关乎我们行为的自然知识（notitiae naturales agendarum rerum），这给我们提供了一个大前提（比如，通奸是罪）。良知给我们提供了小前提（你想要行的是通奸），并得出结论：你不应该如此行。⁷⁶ 然而，良知并不足够，还需《圣经》和圣灵来开悟。良知不能将有罪的变成无罪的，即便是带着良善信念之人所行的也是如此。菲密格理甚至谈到"令人钦佩的良知的力量"（admirabiles vires conscientiae）。⁷⁷

威廉·珀金斯认为，良知不仅是判断、行为或活动，还是特定的一部分，一个自然的力量，一种实践性理智的能力；这种能力存在于所有理性被造物之内，在天使和人类之内，但不在上帝之内。⁷⁸ 它的功能在于提供对已行之事的判断（有别于提供一个概念、知识或警告）。换言之，这些判断关乎主体自身所行之事，即**他们自己的**行为，而不是关乎他人的行为（这是知识）。良知是与上帝一同认知（medeweten met God），唯有上帝知道我们所做的一切（不像天使和其他人）。良知以两种方式运行发挥功用。（1）**见证**某一行为是否完成，【因而这是一般性的，发生在意

---

⁷³ 荷注：巴文克的资料来源是：Amandus Polanus, *Syntagma Theologiæ Christianæ*, 325。中注：见荷文版137页。

⁷⁴ 中注：巴文克此处用拉丁文论述："de conscientia = certa voluntatis divinae et actionum secundum vel contra illam factarum notitia, menti indelebiliter insita, actiones bonas approbans, malas improbans"。英注：Polanus von Polansdorf, *Syntagma Theologiae Christianae*, 1:2105 [V.xxxii])

⁷⁵ 荷注：波拉努斯明显引用了珀金斯以下内容："Vide Anatomiam sacram humanæ conscientia à Guilielmo Perkinsio Anglo Theologo eximio conscriptam"。值得注意的是，波拉努斯并未提到加尔文。但是，巴文克辨别了一段来自加尔文《基督教要义》第三卷第19章第15段落的内容："Nam sicuti quum mente intelligentiaque homines apprehendunt rerum notitiam, ex eo dicuntur scire, unde et scientiae nomen ducitur: ita quum sensum habent divini iudicii, quasi sibi adiunctum testem, qui sua peccata eos occultare non sinit quin ad iudicis tribunal rei pertrahantur, sensus ille vocatur conscientia"。

⁷⁶ Vermigli, *Loci Communes*, col. 296 (V).

⁷⁷ 荷注：巴文克此处的参考资料为：Petrus Martyr Vermilius, *Loci Commvnes*, Tigvri 1580, 3A。

⁷⁸ *ST* Ia q. 79 art. 13; Perkins, *Eene Verhandeling*, 69; *Anatomia*, 1199.

识（bewustzijn）之中】[79]。用珀金斯的话来说，"良知是知识，是会联合其他知识的知识"（conscientia is scientia cum alia scientia），意即"我知道我知道"。[80]（2）**判断**是做善事还是恶事。[81] 良知要施行判断，而且必须施行判断，因为它是被约束的。它在权威的驱使下去施行判断。只有上帝和祂的圣言可以约束良知（赛三十三22；雅四12）。[82] 因被上帝约束，良知自身继而约束每个个体，而其他人、权威、教会以及教会法只能间接（middellijk）、隐喻式地（oneigenlijk）约束人。[83] 理性的良知以两个方式运作：透过心思（mente）和记忆（memoria）。[84] 理智利用教会法（教规）和民法。记忆源自特定的行为，或是已做成的，或是想象的。良知会借着律法的规范来判断这些行为。以下是良知赖以宣判的实践三段论[85]：

大前提：理智说"所有的杀人犯都受诅咒。"

小前提：良知在记忆的帮助下补充道："你是杀人犯。"

结论：宣告判断："因此，你是受诅咒的。"[86]

良知判断过去和未来的行为。就过去的行为，良知会**控告**和**谴责**，或**释罪**和**免责**。[87] 良知如此控告：

大前提：所有的谋杀都是滔天罪行（ingens scelus）。

小前提：你所行的是谋杀。

结论：你的行为是一项滔天罪行。[88]

---

[79] 中注：见荷文版138页。
[80] 英注：珀金斯使用了两个不同的字表示知识：cognitio和scientia。Muller, *Dictionary*, 274, s.v. "scientia,"依次解释，这两个字是同义词，都指"最一般意义上的知识"。
[81] Perkins, *Eene Verhandeling*, 70; *Anatomia*, 1199.
[82] Perkins, *Eene Verhandeling*, 71; *Anatomia*, 1201.
[83] Perkins, *Eene Verhandeling*, 77-89; *Anatomia*, 1210-1230. 英注：为了更完全地掌握珀金斯观点独特之处的细微差别，以下段落扩展了巴文克对珀金斯观点的浓缩概述。
[84] Perkins, *Eene Verhandeling*, 89; *Anatomia*, 1230.
[85] 英注：在引入三段论之前，珀金斯引述了《罗马书》二15。
[86] 英注：Perkins, *Eene Verhandeling*, 89; *Anatomia*, 1230.
[87] 英注：Perkins, *Eene Verhandeling*, 89; *Anatomia*, 1231. "Conscientia iudicate, seu sert sententiam, vel de rebus praeteritis vel de rebus futuris. De rebus praeteris dupliciter, vel accusando, et condemnando, vel excusando et absoluendo. Rom. 2:15."
[88] 英注：Perkins, *Eene Verhandeling*, 89; *Anatomia*, 1231.

施行控告的良知的下一活动是**谴责**，以下述方式完成：

> 大前提：所有杀人犯都应加倍受死（mortem promeretur duplicem）。
> 小前提：你是杀人犯。
> 结论：你应加倍受死。[89]

施行控告和谴责的良知会在人心中激发不同的情绪和激情，尤其是羞耻、悲伤、恐惧、绝望和惊愕或焦躁不安（赛五十七 20-21）。最后两种情绪是由施行控告和谴责的良知对已有行为的释罪和免责所激发的。惊愕是对已很好完成之事的判定；焦躁不安是对有人无需承担错误行为的后果和惩罚，并判断给予豁免。[90] 这两种良知的行为会产生（1）信心和勇气（箴二十八 1），以及（2）名誉和喜乐。良知也会借着预先判断，断定那些将要执行的行为是否为善且讨上帝喜悦。若然，良知会允许人继续前进。这是所有"**善行**"的基础（罗十四 23）。[91] 珀金斯区分了良善的良知（bona conscientia）和朽坏的良知（mala conscientia）。他还讨论了良知的种类：良知正当的本性释罪，这是亚当良知的功能，并开始出现在重生之人里面。[92] 良知所控告的是它里面的缺陷，是堕落的结果，因此会有良善的良知和朽坏的良知。[93]

布迪厄斯（Johann Franciscus Buddeus）认为良知是"人类就上帝律法而言，对他们自身行动的争论。"[94] 虽然用上帝的法律来判断，但并非上帝，而是我们自己借着良知判定我们的行为。[95] 我们无论称良知为一种行为（actus）、气禀（habitus）还是能力（potentia），这无关紧要。它总是一种能力，而不总是一种行为或气禀（它有时沉睡）。[96] 作为一种**原则的知识**（notitia principiorum），良知指向 συντήρησις，是行为的准则、规范。作为**事实的知识**（scientia facti），良知是【见证者】（testis）。当良知评估未来的行为时，它被称作**先行良知**（conscientia antecedens）。它说服我们相信善，劝阻我们离开恶。据彼得·肖文（Peter Chauvin）

---

[89] 英注：Perkins, *Eene Verhandeling*, 89; *Anatomia*, 1231.
[90] 英注：Perkins, *Eene Verhandeling*, 90; *Anatomia*, 1233.
[91] 英注：Perkins, *Eene Verhandeling*, 91; *Anatomia*, 1233.
[92] 英注：Perkins, *Eene Verhandeling*, 91; *Anatomia*, 1235.
[93] 英注：Perkins, *Eene Verhandeling*, 104; *Anatomia*, 1257.
[94] Buddeus, *Institutiones Theologiae Moralis*, 77 (I.iii, §2): "argumentatio hominis de actionibus suis ad legem relatis."
[95] Buddeus, *Institutiones Theologiae Moralis*, 77 (I.iii, §2, note).
[96] Buddeus, *Institutiones Theologiae Moralis*, 77 (I.iii, §3).

所言，布迪厄斯还注意到，良知说服或劝阻的能力正是苏格拉底所说的"天赋"（δαιμόνιον）。[97] 关于过去的行为，我们所说的是后续良知（conscientia consequens）；它赞许善而谴责恶。[98] 良知是否可以犯错是一个纯粹的舌战。[99]

威廉·埃姆斯（William Ames）认为，"（我不打算讨论天使的良知）人的良知是人根据上帝对他们的审判而对自己的判断（赛五3）。"[100] 良知不是一种"**沉思性的判断**，借此可以轻易辨别真理与谬误；良知是一种**实践判断**，借此人将自己所知的特定地应用于对他而言或好或坏的事情上，最终这成为人里面的准则，指引他的意志。" 作为判断的良知是能力还是气禀，这有争议。埃姆斯称珀金斯的《论良知》（*Treatise of Conscience*）是一部"特殊的著作"。他质疑珀金斯将良知看作"一种自然能力或官能"的论点。[101] 此外，埃姆斯与司各特、波纳文图拉、杜兰德的观点相悖，良知不是一种气禀。[102] 它不是一种气禀，因为气禀的正常运作是"使某人就绪做某事"（inclinare ad prompte agendum），而且良知有"其他适当属于自己的运作，比如控告、安慰等。" 因此，埃姆斯将良知定义为"一种实践判断的行为，借着气禀的能力或手段源自理解。"一项判断的行为要么通过"简单的理解"，要么通过"论述"而发生。良知"属于判断论述，因为除非通过一些第三方论证，否则它不能控告、申辩、安慰；这些论证的力度只出现于通过推断和总结的三段论之中。"总而言之："良知就命题而言被称为**光**和**律法**，就假设和结论而言是**见证者**。但就假设而言，良知最适当的称呼是**索引**，或一本**书**；就结论而言，最适合的称呼是**审判者**。Synteresis 发号命令或给出命题，而经院学者称此为 Synderesis。这种假设特别且怪异地被称为 Syneidēsis，而结论被称为 Krisis 或判断。"有很多与良知

---

[97] Buddeus, *Institutiones Theologiae Moralis*, 79 (I.iii, §7, note). 英注：此处参考了Pierre Chauvin, *De Naturali Religione Liber*, I, 14。然而根据布迪厄斯所言，"许多有识之士质疑"肖文此处所述之观点（de quo tamen multa eruditi disputant）。

[98] Buddeus, *Institutiones Theologiae Moralis*, 80 (I.iii, §8).

[99] Buddeus, *Institutiones Theologiae Moralis*, 80 (I.iii, §8).

[100] Ames, *Conscience*, 1 (I.i.1). 英注：下文对来自巴文克手稿中的埃姆斯的内容进行了大量扩展。巴文克手稿中的内容语义模糊，全是参考，却无考究。经进一步确认，对埃姆斯的引用来自他著作的2-4页（I.i.3-11）。

[101] 英注：珀金斯认为良知是"一种自然能力或官能"，因为若良知自身是一个行动，那么"控告、安慰、恐吓等行为"不能归属于良知。根据埃姆斯的观点，引述《罗马书》二15为例，珀金斯的观点无力，因为《圣经》中许多果效"归属于思想本身，而思想无疑就是行动"；Ames, *Conscience*, 2 [I.i.4]。

[102] 英注：埃姆斯可能是指纪绕姆·威廉·杜兰德（Guillaume William Durand；1230-1296），教会法学家，法国门德（Mende）的主教。

相关的三段论，但只有这种实践三段论"包含良知的全部性质。命题涉及律法，假设涉及事实或状态，而结论涉及从事实或状态衍生并与法律相关的关系。这个结论或宣告某人为有罪的，或给予灵里的平安和保障。"[103]

作为一个**气禀**，συντήρησις 仅是"良知的原则"，并不"组成良知的任何一部分，而只在运用中作为良知。"[104] 就人的悟性适于认同自然原则的程度上，συντήρησις 是一个**自然的气禀**（natural habit）。"作为最终获取每个人自然能力的共有悟性，συντήρησις 被称为获取的气禀（acquired habit）。Συντήρησις 只在"尊重和理解自然律或写在每个人心中的上帝的律法"方面有别，"因为律法是客体，συντήρησις 是被理解的客体。"尽管"συντήρησις 有时被阻碍而无法实行，但是（它）不可能完全消失或丢失。因此，没有人会堕落到极度绝望的程度而丧失了所有良知。"**自然良知**（natural conscience）"承认律法是自然的原则，而结论从这些原则中产生"。**自然良知**与**被开悟的良知**（enlightened conscience）需要彼此区分；后者"还承认《圣经》中所规定的内容"。这一切都表明，"良知的完美和唯一的准则就是被启示的上帝的旨意；这旨意显明并命令了人的责任。"总之，只有上帝的律法，即"被启示的上帝的旨意"，可以约束良知。这意味着尽管我们的良知受约束，"在适当和公正的情况下"遵守人的法律，但是这些人的法律并不约束我们的良知。"良知直接服从于上帝和祂的旨意，因此良知不能在不拜偶像的情况下，降伏于任何被造物。"

埃姆斯称良知就"必要之事"有双重"职责"："约束"和去"强制执行"。[105] 良知受上帝和祂旨意的约束。"良知对人的约束是基于了解上帝的旨意，因为在良知内在就有上帝旨意的力量，故此能代表上帝。"这种约束非常强大，以至于"没有被造物的命令可以将人从这约束中解放出来。"这种良知的行为是**先行良知**的工作。然而，良知也会犯错。[106]

马斯特里赫特（Petrus van Mastricht）给我们提供了以下精彩的简要概述[107]："良

---

[103] 英注：Ames, *Conscience*, 4 (I.i.11).
[104] 英注：Ames, *Conscience*, 5 (I.ii.3)；下文引用的内容来自埃姆斯著作的5-7页（I.ii.2-15）。
[105] 英注：Ames, *Conscience*, 7 (I.iii.1)；以下引文取自埃姆斯著作7-9页（I.iii.2-13）。
[106] 中注：巴文克的手稿对埃姆斯的论述到此结束，英译本将这段之后又加入了更多埃姆斯对良知的论述（见英译本188页）。中译本省略了英译本自行添加的内容，避免在理解巴文克观点的时候加入过多第三方论述。本段以上的内容是根据英译本所译，而英译本则是根据巴文克手稿中的简略段落（见荷文版139页）重构而得。
[107] 荷注：巴文克在句子中有"caput 3"（第三章）一词，指的是Van Mastrichts 'Vertoog der zedelyke godgeleerdheit', Eerste boek, Derde hoofdstuk: 'Van de zorge, en het verzuim des Gewetens, of der Conscientie'.

知是人类对自身的判断，因为人降服于上帝。"良知属于实践理性，并依据三段论来判断：大前提是 συντήρησις；小前提是 συνείδησις；结论是 krisis。第一个是律法（lex），第二个是见证者（testis），第三个是审判者（iudex）。[108]

（5）现代理性主义

正如18世纪的启蒙运动是对自然人的解放，理性主义者将良知与上帝、祂的律法、祂的圣言分离，而令良知自立。律法被置于 συντήρησις 中，只需被开发、启蒙。【在良知中的律法是真实的，相对于一切实证（positieve）与历史的（historische）事物；自然的事物是真实良善的。】[109] 这促使人谈论道德情操（gevoel）或道德感。这种道德情操需要与情感分隔开。这种道德情操脱离上帝和祂的律法、一切客观的律法，因而成为纯粹道德性和主观性的。卢梭为这场运动画上了句号，试图完全回归自然。他认为自然人的良知，就是此时所理解的道德情操，是对道德的感觉，是未堕落之人性的证明。肤浅的道德主义便是结局。

康德借着指出义务的无条件的有效性，改变了这种理解。康德将良知比喻成两个人之间的法庭戏剧：被告和法官。每一出戏剧由两个人参演，借此每个人既是自己的立法者，也是自己的法官（自治性）。[110] 因此，对康德亦然，良知与上帝分离，只是一种道德工具，而不是宗教工具。康德不想论述一个犯错的良知，这个特殊的概念必须被禁止。人们总可以确定他们是否已经咨询自己的良知，这是良知正常的功用。良知的实质内容可能是错的，但它在形式上的运作不会出错。良知对我们而言是上帝的宣告（uitspraak Gods），故此是绝对的。【费希特将良知定义为对特定义务的直接意识（unmittelbare Bewußtsein der bestimmten Pflicht）。】[111] 费希特也反对犯错的良知的概念，并且将良知提升到一个水平，超过康德所提至的水平。在新近哲学中，良知成了一个启蒙性的、绝对可靠的、不受欺骗的明星。人们将所有

---

[108] Van Mastricht, *Theoretico-Practica Theologia*, II.iii.1 [4:525]; cf. Pictet, *De christelyke zedekunst*, 92-105 (I.ii.10-11); de Moor, *Commentarius Perpetuus*, 3:245-350; La Placette, *Christian Casuist*; Hoornbeeck, *Theologiae Practicae, Pars prior*, 284-304; Witsius, *Miscellaneorum Sacrorum, Tomus Alter*, 470-479.
[109] 中注：见荷文版139页。中译本补充了英译本此处漏译的内容。
[110] Schopenhauer, *Die beiden Grundprobleme der Ethik*, 169, 292.
[111] 中注：见荷文版139-140页。英注：巴文克并未提供对费希特的详细引用。这段内容来自 Fichte, *System der Sittenlehre*, in *Sämmtliche Werke*, 4:147, cited by Wood, "Fichte: From Nature to Freedom"。伍德（Wood）这篇文章是理解费希特的良知观的有益资源。

重点都放在借着良知而判断的形式性功能上；这种功能被人颂扬。无人关注良知的内容。[112]

然而，在随后的哲学中，道德人的自治进一步被拆卸，越发强调社交层面。赫尔巴特（Herbart）将良知定义为"追求理型的先天冲动，并承认良知是一个人自己的审判者"。[113] 对赫尔巴特来说，伦理过程也是美学的过程。良知不仅适用于道德问题，也被赫尔巴特应用于技术层面，比如艺术和科学。这概括并削弱了良知的观念。这在黑格尔的思想中更甚。他将善等同于意志的本性，就是完全实现之意志的本性，而非经验性意志的本性。这种意志透过思考和思想的过程而实现。每个人协作朝此发展，因而在他们里面应该要有这种最后结果的胚芽。这个胚芽是良知，也就是个人与良善的亲密关系。然而，这个胚芽有缺陷。良知对个体道德产生影响，但它的标准和理型只见于社会伦理。群体远超于个体良知之上，故此不需要总是尊重良知。叔本华批判并嘲笑康德的良知理论，称之为荒谬。[114]【良知并不值得如此受人尊敬。】[115] 这不是一个以绝对可靠的方式下命令的义务性意识（plichtsbewustzijn），而只是"行为协议"（Protokoll der Thaten）。[116] 此协议密切关注行为，是经验性的，而不是直觉性的或先验的。良知是赞同或谴责取决于我们是否有同情心。自此以后，良知被约翰·斯图亚特·米尔（John Stuart Mill）、亚历山大·贝恩（Alexander Bain）和赫伯特·斯宾塞（Herbert Spencer）理解为教育（opvoeding）的结果，是社会本能的结果。[117]

良知在基督新教神学中发挥着重要的作用，在伦理学中尤然。施莱尔马赫并未特别关注良知，或让它在伦理学中占据中心地位。那些在他之后的人却经常讨论良

---

[112] 荷注：巴文克这段内容的资料来源可能是：[Daniel] Schenkel, 'Gewissen', in: *PRE¹*, *Fünfter Band*, 130.

[113] 英注：巴文克并未提供这句引文的资料来源。约翰·弗里德里希·赫尔巴特（Johann Friedrich Herbart, 1776-1841）是一位德国哲学家和心理学家，是教育学学科的奠基者。作为一位经验主义者，赫尔巴特拒绝先天观念的概念，以及康德对思想的先验性的分类。他总结道："这个世界是物自身的世界，并且物自身是可感知的。"（Wolman, "Historical Role," 33）赫尔巴特视伦理学为美学的分枝，讨论的是或令人喜悦、或令人不愉快的众多意志之关系（Willensverhältnisse）。

[114] Schopenhauer, *Die beiden Grundprobleme der Ethik*, 149.

[115] 中注：见荷文版140页。

[116] 荷注：资料来源是Arthur Schopenhauer, *Die beiden Grundprobleme der Ethik, behandelt in zwei akademischen Preisschriften*, Leipzig 1881³, 256: 'Die immer vollständiger werdende Bekanntschaft mit uns selbst, das immer mehr sich füllende Protokoll der Thaten, ist das Gewissen'.

[117] Cf. Pierson, *Eene Levensbeschouwing*, 71, 78, 101, 102, 185; Kuenen, "Ideaalvorming," 342; Spiess, *Physiologie der Nervensystems*, 346.

知。[118] 所讨论的主要问题有：（1）良知是原始官能，还是像达尔文说的那样，是由环境产生的？连同该问题还有另一问题：良知是否有一般性的内容？（2）良知是宗教的官能，或只是道德的官能？（3）良知是消极的官能，还是积极的官能？它是否假定人堕入罪中？（4）它是绝对可靠的，还是我们可以说有犯错的良知？一般而言，有多少种良知呢？（5）人们享有何种的良知自由呢？

3. 定义

（1）词源

维尔玛认为，心（בֵכָל）是人类存有和生活的中心，也是自我意识的居所。[119] Συνείδησις 源于 συνειδέναι ἑαυτῷ（"做自己的见证者"或"一个人自己的意识做见证"）。它并不来自于 συνειδέναι τινι，意思是"与某人共同认知"，也就是认知他人所认知的，或甚至认知与某人有关的某事，因为我是一个人罪咎的目击证人或耳闻证人。换言之，良知（συνειδέναι ἑαυτῷ）指的是我对自己的认知，我自己的行为以属灵的方式呈现在我面前，我"自己的意识做见证"。[120] 它主要有"与 τὸ συνειδός 一样的意思，表示出于行为并由行为限定的意识，或用来评估行为的意识。""然而，它又表示一个持久的意识，其本性是对主体自身行为做见证，这也是在道德意义上而言。"

---

[118] Richard Rothe, *Theologische Ethik*, §171[v]; G.Chr. *Adolph von Harleß Christliche Ethik*, §7-12; A.F.C. Vilmar, *Theologische Moral, Erster Theil*, 65v.; [Daniel] Schenkel, 'Gewissen', in: *PRE¹*, *Fünfter Band*, 129-142; M. Kähler, 'Gewissen', in: *PRE²*, *Fünfter Band*, 150-159. 另见H.Fr.Th.L. Ernesti, *Die Ethik des Apostels Paulus in ihren Grundzügen dargestellt*, 22-23. J.I. Doedes, *De leer van God*, Utrecht 1871, 85-96; Friedr. Ad. Philippi, *Kirchliche Glaubenslehre*, III, 7[v]; Theodor Elsenhans, *Wesen und Entstehung des Gewissens. Eine Psychologie der Ethik*, Leipzig 1894, 7 Mark ([bespreking door H.H. Wendt, in:] *Theologische Literaturzeitung* 20 (1895), 341-343; Theodor Elsenhans, 'Beiträge zur Lehre vom Gewissen', in: *Theologische Studien und Kritiken. Eine Zeitschrift für das gesamte Gebiet der Theologie* 73 (1900), 228-267. 有关最新的文献; Theodor Elsenhans, 'Beträge zur Lehre vom Gewissen', in: *Theologische Studien und Kritiken. Eine Zeitschrift für das gesamte Gebiet der Theologie* 75 (1902), 462-503; L. Oppenheim, *Das Gewissen*, Basel 1898. 中注：此处采用荷文版的脚注。

[119] Vilmar, *Theologische Moral*, 1:67.

[120] Cremer, *Biblico-Theological Lexicon*, 233, s.v. "συνείδησις". 英注：下文的引述皆来自此资料。

我们在此有了"良知观念的苗头，虽然开始接近，但尚未完全掌握。"[121] 在论述"良知"（即伦理的意识）的意义上对 συνείδησις 的使用，始于希腊晚期的世俗文学。它和 conscientia 相关（不仅是与某人**共同**认知，而是去认知与某人相关的事，因为我是他们的见证人）。因此，conscius（意识）的意思就是在醉酒中成为见证人，也是合伙人。接着，conscire sibi（认识自己）是有意识的，因为我是自己的见证人。故此，conscientia 是简单的意识，时至今日仍是法文 conscience 的重要意义。

然而，因为我们对自己的意识也宣告对自己的判断，所以施行判断的意识就成了我们的良知，成了一种伦理的判断。"意识"和"良知"两个词最终合并，延续至伦理领域，且局限于该领域。我们的良知（geweten）的概念并未出现在乌斐拉斯（Ulfilas）的观点中。[122] 德文 Gewissen 和荷文 geweten 意思为"良知"，它们从古高地德文（Old High German）演变至中古高地德文（Middle High German）。它们的字根从"内在意识/良知"（ingenium conscientia）[123] 的基本概念演变成三重意义：（1）知识（scientia）；（2）与他人共同认知，共享的意识（Gesammtbewußtsein）；（3）对善恶的意识。直到第 18 世纪，该词一直保留知识的一般性意义，但如今完全丧失了。良知如今纯粹是伦理的。前缀 σύν- 和 con-（一起，与……一同）特别指向与他人并与自己"一同认知"，而非与上帝"一同认知"。[124] 良知事实上可能由"与上帝一同认知"（medeweten met God）组成，但这不可能是来自该词的词源（与珀金斯相反）。[125] 良知是"与自己一同认知"。在此认知中，我既是主体，也是客体。[126]

---

[121] Cremer, *Biblico-Theological Lexicon*, 233.

[122] 英注：乌斐拉斯（约公元311-383年）是哥特人的宣教士，是哥特字母表的发明者。他将《圣经》从希腊文译为哥特文。巴文克此处显然想到了乌斐拉斯的《圣经》译本。本段以下内容是对巴文克关于德文、荷文"良知"一词演变之论述的重构。

[123] 中注：英译本此处将拉丁conscientia直接译作"consciousness"。中译本保留此拉丁文多重意思，采用"意识/良知"的译名。

[124] 英注：巴文克旁注补充，"geweten中的前缀ge-并非'一起'，而是表示简单的完成式分词（Groote Nederlandse. Woordenboek, s.v.）"；Abraham Kuyper, untitled article, *De Heraut*, no. 579 (January 27, 1889), p. 3, col. 2.

[125] Witsius, *Miscellaneorum Sacrorum*, 2:471. 荷注：有关珀金斯的资料来源是Wilhelm Perkins, 'Een verhandeling Van de Conscientie. Waer in geleert werd de aart / eygenschappen / en onderscheydingen der zelve [...]', in: *Verscheydene uytnemende Ziel-stichtende Werken, Verhandelende, de zuyvere, krachtdadige, oeffenige-God-geleertheyt. Of het Leven der Godzaligheyt Zoo inwendig als uytwendig, in alle staaten, en gelegenheden beschreven*, Van nieuws ten deele vertaalt, en naa't Engels overgezien, ook met Sommarien op de kant verrijkt, 't Derde, en laatste deel, 't Amsterdam 1663, 70.

[126] Fr. H. R. Frank, *System der christlichen Wahrheit*, 503-512.

（2）良知和理智

良知属于人类生活的**认知**纬度，即属于**理智**领域。这些词（拉丁文 con-*scientia*，荷文 ge-*weten*，德文 Ge-*wissen*）已经指出了这点。良知并不属于意志。正如莫斯海姆（Mosheim）所主张："良知是意志或意志的意图，它可以判断我们和世界的关系。"[127] 良知也不属于感觉的领域。克鲁修斯（C. A. Crusius）认为，良知"是对道德善和恶的感觉。"[128] 区分人类认知内的两个动向是有可能的。【第一个动向针对有关真理的知识，并以此为认知终极目标 [理论性理智（intellectus theoreticus），理论性理性（ratio theoretica）或思辨性理性（seu speculativa）]。第二个动向是理解和思考，并考虑到要确信实行的工作和完成所认为是善的事；它的目标是行为，即是实践性理性（ratio practica）。】[129] 据阿奎那所言："理论性**理智**（intellectus theoreticus）和实践性理智（intellectus practicus）并非不同的能力（potentiae）"，因为"对于能力客体的本质性而言是偶性的事物不会区分这种能力"。理论性理智"将所理解的内容导向对真理的思考，而非真理的运作，然而实践性理智将所理解的内容导向运作"。除此之外，"**真理**和**善**互相包含，因为**真理**是**善**的事物，否则它不会让人渴慕；而**善**是有关**真理**的事物，否则它就不是可理解的。"[130] 理智要处理理论和实践知识，因为它被植入到我们里面。因此，认知既是理论性的又是实践性的："因此，正确的理性是有关上帝的意志和工作，以及神圣审判之秩序的真知识。"[131] 此外，这种为"真知识"的正确理性便是"与【自然本源】（principia naturalia）相关的形式和规范"；这些本源是"被上帝植入人类心思的本性的共同概念，以至于它们能管理生活，产生科学和诸多学科。"[132]【所以有两种类型的自然本源：带来众科学（wetenschappen）的理论性本源，和管辖道德生活的实践性本源。】[133] 依波拉努斯所言，上帝的律法因而被写在实践性理性中，【就像真理之律 [思想之律（denkwetten）？] 存在于理论性理性中。在此，理性也

---

[127] Mosheim, *Sitten-Lehre der Heiligen Schrift*, 230, cited by Kähler, "Gewissen," 155.
[128] Crusius, *Kürzer Begriff der Moraltheologie*, 1:165-169, cited by Kähler, "Gewissen," 155.
[129] Polanus von Polansdorf, *Syntagma Theologiae Christianae*, 1:2102 (V.xxxii). 中注：见荷文版142页。
[130] *ST* Ia q. 79 art. 11.
[131] 英注：Polanus von Polansdorf, *Syntagma Theologiae Christianae*, 1:2103 (V.xxxii).
[132] Polanus von Polansdorf, *Syntagma Theologiae Christianae*, 1:2103-2104 (V.xxxii).
[133] 中注：见荷文版142页。

非单独的官能¹³⁴，而是理智的根本形式（grondvorm）。】¹³⁵ 此外，我们也拥有良知；它会根据上帝的律法和在创世时植入我们里面的正确的实践性理性（ratio recta practica），帮助我们在自己与上帝的关系中判断自己。因此，良知本身并不包含上帝的律法，而是根据在其他地方（我们心中）的上帝律法而形成判断。

因为良知本身不会判断对和错，而是判断一个人或善或恶；这属于实践性理智。但此时会产生另一个问题：良知是在实践性理智中一个独特的官能吗？它是一个气禀（habitus），或是能力（potentia），或是行为（actus）？司各特、波纳文图拉和杜兰德斯（Durandus）¹³⁶ 认为，良知是一种气禀，一种习惯。对珀金斯来说，良知绝对是实践性理性的一部分，一种自然力量，一种内在的能力。申克尔（Schenkel）认为它是一个独立的官能。¹³⁷【阿奎那认为，synderesis 是实践原则的气禀，正如理智是思辨原则的气禀（principiorum operabilium, sicut intellectus habitus est principiorum speculabilium）；这二者结合就形成了我们在上文所说波拉努斯的正确理性（ratio recta）。但是，良知是一项行为，我们借此将我们的知识应用于我们所行之事（quo scientiam nostram ad ea quae agimus applicamus）。】¹³⁸ 然而，良知不是一个与其他官能并列的独特官能，而是"受命于特定行为的理智本身"（intellectus ipse in ordine ad certas actiones）。¹³⁹ 按本性，我们总是拥有评估我们行为的官能和能力（否则我们就不能评估）。然而，良知不是一个与其他官能并列的独特官能，而属于理智本身。¹⁴⁰ 故此，良知是一种行为、行动、活动，但是从一种气禀流淌而出。¹⁴¹

---

¹³⁴ 另见Aquinas, *Summa Theologiae*, I, qu.79, art.8-9.
¹³⁵ 中注：中译本直接译自荷文版142页，省略了英译本在此处增添的额外的内容（见英译本194页）。另外，本段及下一段的段落划分亦遵循荷文版。
¹³⁶ 英注：杜兰德斯（Durandus of Saint-Pourçain，大约1275-1332）是法国道明会哲学家和唯名论传统的神学家。
¹³⁷ Philippi, *Kirchliche Glaubenslehre*, 3:17. 英注：Daniel Schenkel, *Die christliche Dogmatik*, 1:135-155.
¹³⁸ ST Ia q. 79 art. 12. Kuyper, "'God is meerder dan ons hart!'", in: *De Heraut*, nr. 576 (6 januari 1889): "良知不是一个证词（getuigenis），而是一个见证人（getuige）；它不是我们基于自己而有的关于自身的知识，而是上帝祂自己在我们里面做见证。我们有时未清楚听见，有时了然无闻。" 参Cf. [A.] Kuyper, [Zonder titel], in: *De Heraut*, nr. 579 (27 januari 1889), [pag. 3, kolom 2]. 英注：巴文克和凯波尔都斟酌使用荷文getuigenis和getuige。Getuigenis是非活性的，比如所写的状词。Getuige是有活性的，比如见证人。中注：英译本此处将荷文版脚注中的内容置于正文中，中译本根据荷文版143页所译，将相关内容仍放在脚注中。
¹³⁹ Witsius, *Miscellaneorum Sacrorum*, 2:471.
¹⁴⁰ Buddeus, *Institutiones Theologiae Moralis*, 77 (I.iii.3).
¹⁴¹ 见van Mastricht; Witsius; Ames, *Conscience*, 3 (I.i.6); and Vilmar, *Theologische Moral*, 1:84.

（3）良知的律法：Συντήρησις

Συντήρησις 是一种具体活动的自然气禀（habitus principiorum operabilium），包含了实践性本源（principa practica）或实践性理性（ratio practica）。自然律（lex naturae）就是其中的内容，借此良知评估我们的行为。[142]【施行判断必须要有律法，而此律法就在 συντήρησις 中。】[143] 准确来说，συντήρησις 并不属于良知，而先于良知，是良知的必要前提；若无 συντήρησις，良知就不能判断。也就是说，συντήρησις 并非良知的一部分。[144] 这意味着良知施行判断所依据的律法并不属于良知，而是像《罗马书》二15所说的，在心、实践性理性（ratio practica）之内。[145] 严格来说，良知并无内容。它判断所依据的律法书存在心中。此外，心本身不会产生律法，它自己也不是律法，而只是书写律法的石版，是被动的。这就引发了两个问题：什么是律法？律法从谁而来？

什么是律法？有很多人说它是自然律（lex naturae）；它在本质上与十诫一致。此观点的《圣经》基础是《罗马书》二15。保罗在此处明确讨论了摩西律法，并称"律法的功用刻在异教徒的心里"（τὸ ἔργον τοῦ νόμου）。这也是基督教会一直所认为的。[146] 然而，总需补充的是，这种知识是不完整和不纯的。尽管如此，还是出现了另一种反驳。如果自然律真正在我们里面，即便不清晰，为什么它会以一种礼仪的方式启示给以色列民呢？历史甚至给我们提供了一个更大的反对意见。如果自然律对所有人而言确实是"自然的"，那么它在各处都应相同。但是，事实有何等的多样性啊！[147] 帕斯卡尔曾说："奇怪的司法体系像河流所约束的那样！真理在比利牛斯山（Pyrenees）的这一边，错误在另一侧。"[148] 地理界线改变了整个道德律。

整个十诫在异教徒中不被人所知；这对前四条诫命尤然，而对剩下的六条诫命亦然。许多国家许可偷盗、杀害、奸淫、假见证、贪婪（罗七章）。古代社会事实

---

[142] Ames, *Conscience*, 5 (I.ii.4).
[143] Perkins, *Eene Verhandeling*, 89; *Anatomia*, 1230. 中注：见荷文版143页。
[144] Ames, *Conscience*, 5 (I.ii.2). 另见Fr.H.R. Frank, *System der christlichen Wahrheit, Erste Hälfte*, 505.
[145] Ames, *Conscience*, 5 (I.ii.2); Vilmar, *Theologische Moral*, 1:78.
[146] Scholten, *De leer der Hervormde Kerk*, 270-303; 斯霍尔滕（Scholten）在288-296页讨论了慈运理和加尔文。荷注：巴文克此处在一般性地指向斯霍尔滕这部著作中<自然性的上帝的知识>这一章。
[147] Flügel, *Das Ich*. 一种类型仍有不同的样式。因此，即便良知是一个，它在不同的处境下会朝不同的方向发展；诸如此类情况。
[148] Pascal, *Pensées*, no. 294: "vérité en deça des Pyrenées, erreur au delà."

上只承认两种罪行：谋杀血亲和作伪证。[149] 没有任何一条道德命令被所有人都认为是义务性的。[150] 这是达尔文主义的主要根基；该主义声称良知完全是不同处境、环境的一个产物。不同的处境会产生不同的内容。没有什么必然是先验的善或恶，而只有通过不同的处境才成为善或恶。整个道德就是【习俗性的】（conventioneel）。巴比伦允许卖淫，斯巴达允许偷盗，印度允许行刺。一夫多妻制和人为祭物或同类相食在许多异教徒中是被允许的。犹太人认为在安息日生火是不被许可的。有些人可能在周日漫步而毫无内疚，但其他人则不同。一些人有狭隘的良知，而其他人有宽广的良知。[151] 我们必须承认我们良知的许多律法都是【偶然的】（toevallig），是从外引入的。因此，许多基督教神学家都论述，良知没有实质内容。[152]

维尔玛认为，人类世界的伦理律法源自赐给亚当和夏娃的原始启示，而良知的基础由人类的整体观念（Gesammtanschauung）、以及普通人类生活的内容和轨迹形成。[153] 哈勒斯（Harless）声称没有律法可以作为我们良知的内容；相反，我们自己的灵魂是神圣的，必须要把一切放在与上帝的关系中，并据此评估。[154] 根据哈勒斯的观点，保罗在《罗马书》二15并未说律法写在外邦人心上，而是说"律法的功用"（τὸ ἔργον τοῦ νόμου）在外邦人心里。这个功能、活动或律法的运作包括判断并作出裁决。因此，外邦人是自己为自己的律法，并未有积极的律法，而是有积极律法的**功用**或**活动**，即施行判断（het oordelen）。[155] 其他人主张，自然律只是一项一般性的准则，无任何明确应用："你不想让别人针对你所做事……"在此，我们对以下几点做出评述。

（1）即使συντήρησις完全没有内容，没有明确的诫命，达尔文主义仍一无所获。但是我们的经验是，那些高贵、可爱的事物，都被普遍如此认可。良知从不会怂恿放荡、恶意等。尽管人们对何为善恶有全然不同的观点，但是所有人都知道善的存在。

---

[149] Vilmar, *Theologische Moral*, 1:97.
[150] 例Guyau, *Sketch of Morality*；另见van der Wyck, "'Fais ce que voudras.'"
[151] Lecky, *History of European Morals*; Wake, *Evolution of Morality*; Hoekstra, *De ontwikkeling van de zedelijke idee*.
[152] 包括Rudolph Hofmann, *Die Lehre von dem Gewissen*；见Philippi, *Kirch Glaubenslehre*, 3:12-13。康德只在形式上探寻道德；Rauwenhoff, *Wijsbegeerte van den godsdienst*, 1:244-280也如此论述。与此相反的观点：van der Wyck, "Twee p bezorgers."
[153] Vilmar, *Theologische Moral*, 1:96, 100.
[154] Harless, *System of Christian Ethics*, 56-58.
[155] Harless, *System of Christian Ethics*, 60-62.

（2）惟有谁能约束良知？[156] 良知并非自由，而是受约束的。它对某些事物有道德上的义务。【良知受 συντήρησις 中上帝律法的约束。】[157] 上帝祂自己站在良知之上，命令并催使良知施行判断，或控告或释罪。上帝且唯有上帝能在 συντήρησις 中并透过它约束良知，命令它，立于它之上，而且拥有超越良知的能力和权柄。良知即刻且无条件地服从上帝，以祂为主。毕竟，上帝是良知的创造者，并继续维持、规范良知。此外，唯有上帝知道我们的良知，并与我们一同看透良知；没有天使或他人能如此行。唯独上帝拥有惩罚、毁灭的能力。"立法者和审判者只有一位；祂就是那能拯救人也能毁灭人的。"（雅四 12）"耶和华是审判我们的，耶和华为我们设立律法。"（赛三十三 22）另外，对任何时候的所有人而言，良知首先受道德、公义和自然宗教（religio naturalis）的自然本源（principia naturalia）的约束；这些本源是在创造时赐给我们，并在堕落后仍留给我们。[158] 这种以自然知识（notitiae）作为 συντήρησις 内容的良知被称为"自然良知"。其次，在所有认识上帝圣言的人当中，良知绝对受此圣言的约束，相信福音，故此是所有人的义务；不信便是罪。在那些不信上帝圣言之人中，良知已被装备好受圣言的约束，但并无真正的约束（约十五 22；罗二 12）。[159]【因此，良知在 συντήρησις 里被上帝约束，继而约束人。因此，上帝是良知唯一的约束者。】[160] 但是，也有不当、间接性的良知约束者。第一，这指教会或公民政府设立的人类法律。教宗支持者主张，这些法律恰如上帝的律法可以约束良知。此外，他们基于众多经文（申十七 12；太十六 18；路十 16；约二十 21；二十一 16；徒十五 28-29；罗十三 2，5），认为教会和世俗政府可以像上帝一样强迫良知。[161] 相反，改革宗人士认为只有了解良知的那一位才可以约束和惩罚良知。其他人可以强迫我们，但是没有人、君王、撒旦或天使可以使我们在良知中负道德上的义务；唯独上帝可以如此行。然而，人类法律可以因着上帝的诫命律例间接地[162] 约束我们，以至于到一个程度，人类法律也符合上帝的诫命。如果这些法律与上帝的律法冲突，那么良知可能会认为自己不受约束，并有义务消极抵

---

[156] Perkins, *Eene Verhandeling*, 71-72; *Anatomia*, 1201; Ames, *Conscience*, 6-7 (I.ii).
[157] 中注：见荷文版145页。
[158] Perkins, *Eene Verhandeling*, 72; *Anatomia*, 1201. 这关乎良知的本质，与良知呈现的形式无关。
[159] Perkins, *Eene Verhandeling*, 75-82; *Anatomia*, 1201.
[160] 中注：见荷文版145页。
[161] Perkins, *Eene Verhandeling*, 78-82; *Anatomia*, 1201.
[162] Perkins, *Eene Verhandeling*, 83; *Anatomia*, 1201.

抗。我们必须服从上帝而非人（但三 28；徒四 19）。第二，誓言和承诺也约束良知，除非它们是不义的纽带。[163]

（4）对义务和判断的意识

对我们必须要做之事和我们已做之事的意识在广义上被称作 conscientia。斯霍尔滕（Scholten）甚至称其为"恰当的良知"（eigenlijke geweten）。[164] 然而，确切地说，它并不属于良知，亦非良知的一部分。但就像 συντήρησις，此意识被良知所使用（在狭义上），成为良知的助手，从而良知可以做出判断；【συντήρησις 就是心思（verstand），是存储各类根本准则的宝库和守护者的理性（ratio）。Συντήρησις 宣告："每个杀人犯都是受咒诅的。"我们的回忆、意识和记忆宣告："你犯了谋杀。" 因此，这是对我们的存有和行为的无声见证者。】[165] 对必须要做某事或已做某事的这种意识，与 συντήρησις 一样，按本性已在堕落前的亚当内。但是罪对 συντήρησις 和这种意识有重大影响。现在，συντήρησις 开始模糊不清地复制上帝的律法，并包括了错误的内容（偶像）。此外，我们的意识被削弱、变窄；这意味着，我们所做的许多事没有完全进入我们的意识。[166]

（5）关于判断的三个问题：谁？什么？如何？

正确来说，良知是一个人心思中的能力或活动。它受 συντήρησις 中上帝律法的约束，并根据此律法判断借着意识所观察到的人的行动。我们需要回答三个问题：**谁**在良知的活动中判断？良知判断**什么**？良知**如何**判断？

谁来判断？谁是判断的主体？尽管当良知被形容为上帝在我们里面的声音时，

---

[163] Perkins, *Eene Verhandeling*, 86-89; *Anatomia*, 1201.
[164] Scholten, *De vrije will*, 214-215. 英注：斯霍尔滕尽力反驳以下想法：良知本身有善恶的知识作为定言令式（categorical imperative）。正是理性提供了此知识，良知只是 "向人们宣告他们是否依照善恶标准去行（行善或行恶）。他们借着他们的理性为自己决定了这个标准"（*De vrije will*, 215）。
[165] 中注：见荷文版146页。荷注：此例子取自Wilhelm Perkins, 'Een verhandeling Van de Conscientie', 89。
[166] 见下文对犯错的良知的讨论。

按照通俗的说法上帝就是判断的主体，但是实则不然。这种说法有些许真理，因为良知是上帝在我们里面的看守者，是祂的代表，是次一级法官。良知是在上帝之下、世上最大的审判者。它在世上所有统治者、审判者、君王和皇帝之上。因此，诉诸良知就是所有较低的世上法庭诉诸上帝管辖的最高法院。因此良知可以"了结各样的争论"（πέρας ἀντιλογίας；来六 16）。任何人，任何天使，都不可以站在上帝和人类良知的中间。我们在良知中直接受上帝的约束；在 συντήρησις 中，祂的存在向我们显露。尽管如此，我们并非直接受上帝祂自己的约束，而是通过判断主体间接地受上帝约束。更清楚的表述是，我们就是判断我们自己的主体。良知是我们自我意识的特定部分。在自我意识中，我们发挥客体和主体的功用。在我们的良知中，我们自己是审判者，也是被告。这是像马斯特里赫特、魏特修和皮克泰等所有改革宗思想家的想法："人类判断自己（est iudicium hominis de se ipso）。"[167]【魏特修认为，良知是与上帝一同认知，在上帝面前（coram Deo）的判断，就是奉上帝的名、在上帝的法庭中判断（nomine Dei, citat ad Dei tribunal）；因此，判断主体是人自己。[168] 皮克泰也是如此认为。[169]】[170] 埃姆斯认为，"良知是一个人根据上帝对他的判断而判断自己。"[171] 布迪厄斯特别质疑以下想法，即"当心思窃窃私语时，上帝就住在我们的心思中"。但是，他也承认"人的心思、理解和辨识神圣律法、借律法判断人的行动，赋予了良知之名。"[172] 这一切是多么神奇！上帝已经指派我们，让我们作自己的审判者。[173]

当我们犯罪时，我们是自己的审判者（rechter）。我们作为原告，是自己的定罪者和判决者，是复仇者和执刑者。我们有义务并受上帝的约束，根据上帝的律法来评估我们自己。如果我们犯罪，那么会默许上帝对我们的审判。在我们良知中，我们以与自己的意志和意愿相反的方向，证明上帝是正当的。我们不得不承认上帝

---

[167] Van Mastricht, *Theoretico-Practica Theologia*, II.iii.1 [4:525];
[168] Witsius, *Miscellaneorum Sacrorum*, 2:473; Schenkel, "Gewissen," 137.
[169] Pictet, *De christelyke zedekunst*, 92-101 (II.x).
[170] 中注：见荷文版147页。
[171] Ames, *Conscience*, 1 (I.i.1).
[172] Buddeus, *Institutiones Theologiae Moralis*, 77 (I.iii, §2): "Deus menti nostrae insidet cumque ea intime disserit"; "Mens hominis leges divinas intelligens expendens et ad eas actiones suas dijudicans, conscientiae nomine venit."
[173] 英注：巴文克这里使用了荷文beoordeeler，意思是"审判者、评估者、检阅者"。这里重要的是强调检阅和评估的维度，因为巴文克继续在更广泛的意义上论述"审判者"，认为是控告者、定罪者、判决者、复仇者、执刑者。

就是上帝。正是作为判断的主体，良知被称为审判者：良知召唤犯人，听取它的证词，打开法典（συντήρησις），审判并相应地明确刑罚。良知是最高法院（康德）。此分析容易把我们引到一个问题：良知是宗教性的还是一种道德意识，或两者都是？Συντήρησις 作为对上帝的直接意识，以上帝的道德律为内容。因此，它是（在宗教上）由上帝明确说明，并有宗教性的内容（第一块法版）和道德性的内容（第二块法版）。良知受此律法约束，根据此律法审判，代表上帝、奉上帝的名（nomine Dei）、在上帝面前（coram Deo）施行审判。故此，συντήρησις 完全由上帝明确说明，因而恰当地被称为是"宗教性的"。然而，它对人的存有和行动的**道德**品质施行审判，因此是一个道德意识。我们良知中的人的自我意识受上帝律法的约束，并被指派代表上帝为审判者（因而是宗教导向的），而且审判并必须审判我们自己（即道德维度）。因此，良知既是宗教导向的，故此准确而言是道德性的。

谁来作良知的判断？第一，良知会对一个人有全方位的判断，不仅包括我们的行为，也包括我们的存有、状态和思想。[174] 换言之，我们感觉受我们良知的约束，有责任在与上帝和祂律法的关系中看待万事，并且相应地予以检讨。【我们里面或与我们相关的一切事物，在上帝律法面前都无可推诿，亦不能豁免。我们在自己官能、天赋、能力、言语、行为等方面，都不能在上帝和祂律法面前得豁免。】[175] 我们劝人总是在律法之下。我们里面的并我们所作的一切都在律法之外（exlex）。第二，这里有一个更重要的问题：良知只判断过去已经完成的事，还是也会判断未来的事？换言之，我们能论及**先行良知**和**后续良知**吗？[176]【多德斯（Doedes）认为，在人意识到他们的意志（或行为）和他们的道德义务彼此矛盾之前，良知并不会使人知道他们的职责。良知不会提前发声，而是在与道德义务的斗争之后才会出现，并有充分的时间使人避免他的行为，或改变他的意志。[177] 根据多德斯的观点，良知的声音总是预设了斗争的开始。】[178] 这样，对已经完成的事作出判断诚然是良知的重要功能[179]，并且当人们讨论良知的时候，它通常就在人的心思中。因此，良知主要是后续性的（consequens）。然而，在行动和冲突出现之前，良知是活跃的，并

---

[174] Witsius, *Miscellaneorum Sacrorum*, 2:473. Cf. van Mastricht; Buddeus, *Institutiones Theologiae Moralis*, 77 (I.iii, §7); Harless, *System of Christian Ethics*, 62-63.
[175] 中注：见荷文版148页。
[176] Perkins, *Eene Verhandeling*, 90; *Anatomia*, 1201.
[177] Doedes, *De leer van God*, 93.
[178] 中注：见荷文版148页。
[179] Perkins, *Eene Verhandeling*, 89-90; *Anatomia*, 1201.

逐渐变得活跃。[180] 我们提前想象一个未来的行为如何反映在我们的道德意识中，而我们的良知又如何对此作出判断。良知的证词先于行为，借着禁止或命令我去行事而警告或鼓励。因此，**先行良知**是可以被划分为劝说（suadens）和劝阻（dissuadens）。很多人将苏格拉底的daimonion归属于这种。[181] 然而，大多数人如今认为这是他可以或被准许做什么事的个人精明的老练（tact），是对由他自己个体性所确立之界限的清楚意识。[182] 上帝已经在赋予我们这个预先认知的过程中，向我们展示我们必须遵循的路线。这种预先认知有很大的权柄，因为凡不出于信心的都是罪（即使它本身可能是善的）。除非一个人知道他要做的事是善的，不然他不会做此事。（一位出于恐惧而向政府发誓的重洗派信徒是在犯罪。）一个好的意见或自信是不足够的，良知中坚定的确信是必要的。

良知如何判断？良知以三段论的方式作出判断。良知是理智中的实践性三段论。其中大前提是律法或上帝的圣言，小前提是事实真相，结论是实行认可或谴责（墨兰顿）。[183] Συντήρησις（即律法或上帝的圣言）提供了大前提，意识（memoria）提供了小前提。良知得出结论并作出判断。这种判断或是控告或是释罪（罗二15）。

1. 控告和谴责。[184] 良知的这种功能在行为后即刻发生，主要在于控告——"你已经做错事了"——和谴责——"你应接受惩罚"。良知控告功能的结果特别包括羞耻[185]，对错误不愉快的感觉，悲伤（后悔、沮丧）、害怕（箴二十八1；《所罗门智慧书》十七 11-15）、绝望（怀疑救恩和赦免，比如亚希多弗和犹大）。

2. 释罪和免责。[186] 随之而来的是平静的良知、勇气和喜悦，并且这引发了以下问题：良知是否只会在反对和控告中消极地发声，还是在释罪中积极地发声。据多德斯而言，良知只消极地发声，也就是只出现在犯错的时候。良知只会说不，而不

---

[180] 如果多德斯认为"冲突的时刻"指的是一个行为出现在我面前并且我会问那个行为是否是准许的，那么他是正确的。

[181] 英注：Daemons（δαίμονες）是和蔼的灵，比如幽灵和守护天使，或自然力。在柏拉图的《会饮篇》（*Symposium*）中，爱被描述为有daemon的特征。巴文克此处指的是柏拉图《苏格拉底的申辩》（*Apology of Socrates*）中一段重要内容。在这段内容中，苏格拉底诉诸内在的声音，就是防止他做错事的声音："至此为止，如果我将在任何事上跌倒或做错事，那么我神圣的监视者（daimonion）总是持续习惯反对我，甚至在琐碎的事上也是如此。"（*Apology* 40 b–c, in *Euthyphro, Crito, Apology, Symposium*, 55 [trans. Jowett]）

[182] Buddeus, *Institutiones Theologiae Moralis*, 77 (I.iii, §7); cf. Vilmar, *Theologische Moral*, 1:101.

[183] Philippi, *Kirchliche Glaubenslehre*, 3:13.

[184] Perkins, *Eene Verhandeling*, 89; *Anatomia*, 1201.

[185] Scholten, *De vrije will*, 210,

[186] Perkins, *Eene Verhandeling*, 89; *Anatomia*, 1201.

会说是。当行为是善的时，良知静默，保持静止。这种平静的良知可以被看作一种好的见证；它确实如此。但是好的见证不是由良知提供，而是在于良知的平静和沉默。确实如此[187]；另外可发现的是，紧随好行为的令人喜悦的愉快感和勇气，就在情感之内，而非在心思和良知中。但是多德斯有更多的论述。[188] "我不知道我做的有什么错"是比"我知道我的行为是道德的"更好的表达。为什么？因为人可以思考，可以心悦诚服，并可以证明自己的行为是道德的，但是对义务的意识（verplichtingsbewustzijn）保持沉默。这要求太多了。在一个人犯罪后，他们的良知不会积极而响亮地宣告："你的行为是道德的。"对行事正直的完全清晰的意识总是缺少，总是或多或少被遮蔽、削弱。但是除了罪，道德行为恰当地伴随着对要有道德的坚定意识，就像知识总是伴随着对知识的意识（我知道我知道）。这样会出现另外一个问题：一个圣洁的人（堕落前的亚当、耶稣、圣徒）也有良知吗？

上帝没有良知。"上帝的良知"（συνείδησις θεοῦ；彼前二 19）这个表达是宾语属格。上帝是人类良知的对象。毕竟，良知是根据律法判断某人的存有和行为，因而设定个人顺服律法。但不能如此论述上帝。上帝不在律法之下，而祂自己就是律法。祂是立法者，而非律法的遵守者。祂就是义本身。[189] 动物也没有良知，因为它们不受道德律支配，没有律法，因此不能违反任何律法。故此，良知只存在于理性的生物中，在天使和人类中。恶魔对上帝的律法有深入的知识，也就是智性的知识。然而，即使牠们知道上帝的存在，上帝的律法也不在牠们里面，不同于此律法会全部或部分地存在我们里面。同样，牠们在智性上知道，自己的行为与上帝的律法要求牠们去行的相反；牠们非常清楚地意识到自己与上帝为敌。但是牠们没有一个控告牠们的真实的良知，亦无对罪和罪咎的意识。牠们不会悔改，只会后悔。牠们缺乏良知，即牠们与上帝彻底隔绝，不是肉体上而是伦理上彻底隔绝。

现在，我们继续讨论人类。Συντήρησις 当然存在于亚当和耶稣里，并且它完全是纯洁的。实践性本源（principia operabilium），即自然律（lex naturae），完全纯洁和清晰地出现在他们里面。同样，他们对自己存有和行为的**意识**也是完全清晰透明的。他们整个（伦理的）存有信实并完全地反映在他们的伦理意识中。在我们里面，存有与意识之间有沟壑。后者比前者要小，因为罪使我们的意识变得暗淡。然而，

---

[187] Vilmar, *Theologische Moral*, 1:90.
[188] 荷注：资料来源是J.I. Doedes, *De leer van God*, Utrecht 1871, 91v.
[189] Perkins, *Eene Verhandeling*, 90; *Anatomia*, 1201; Buddeus, *Institutiones Theologiae Moralis*, 77-78 (I.iii, §§3-4).

正直的人知道上帝，因此清楚而透明地知道他们自己。第三，他们有**意识**，对自己已经按道德而行有坚定、清晰的意识（不仅是一个观点、信念、甚至自信）。与多德斯的观点相悖，神圣的行为伴随着绝对可靠或神圣的意识，正如真理具有对真理的意识。否则，真理会变为自相矛盾，产生一种不真实的意识。此外，被拣选者的拣选将不会得到保证。保罗说"我们知道"（意识到）"我们这地上的帐篷若拆毁了，我们将有上帝所造的居所，这个居所不是人手所造的，而是在天上永存的"（林后五1）。那么问题归结为：这种对自己已经按道德而行的意识可以被称为"良知"吗？如此提问的方式是恰当的，而不是问"亚当在堕落前有良知吗？"。维尔玛主张，拥有良知的机率跟犯罪的机率是等同的。良知是对自己有限的意识。良知的出现要求罪作为基础。良知的首次表达可以在对亚当和夏娃犯罪后的描述中看到："他们二人的眼睛就明亮了，知道自己赤身露体。"（创三7）因此，良知首先是消极的，是对已犯错的一个意识。[190] 申克尔（Schenkel）认为，良知是人类自我意识和上帝的相关性。因着罪，此自我意识（zelfbewustzijn）不再直接与上帝合为一，而是间接地与上帝相关。良知是上帝意识和自我意识的区分，这是一种"病症"（Symptom der Erkränkung）。[191] 正是在这点上，人在犯罪后站在与上帝的关系中。"这种对自己已经按道德而行的意识可以被称为'良知'吗？"我们的答案是"不可以"。

首先，这是因为我们所说的良知完全没有亚当、耶稣还有那些按道德而行之圣徒内不会犯错的意识（onfeilbaar bewustzijn）。良知是审判者，但这假定了先有不公正。在完全正直的状态下，良知静默，信心说话。此外，亚当里面完全没有我们已经明确的良知的谴责功能。其次，在亚当里，对上帝志意和律法（συντήρησις）的意识，与对按律法而行的意识正好吻合。亚当他自己决意，并恰恰行上帝在 συντήρησις 中命令他去行的事。因此，律法并不被看作一本与他对立的法典，而是在他里面。亚当他自己站在律法中，此律法是他意志内蕴的生命能量。一言蔽之，亚当意识到他自己的意志与上帝的旨意完美和谐。但是现今，这种和谐已被破坏；理应如何与现在如何之间的合一已经消逝。这种已经放在我们心中的律法站在我们的对立面，放在我们的面前。良知是在罪中的我们仍与律法连接的纽带；但准确而言，对这种纽带的需要证明了，"应要"（Sollen）和"将要"（Wollen）不再合一，而是分立。

---

[190] Vilmar, *Theologische Moral*, 1:89-90.
[191] Schenkel, "Gewissen," 137-138.

律法仍在良知中约束我们，否则我们已经完全偏离并逃离律法。律法在良知中提出要求，就像一个债权人对债务人提出要求。[192]

然而，一种稍微流行的说法是，亚当和耶稣都有自己的良知。的确如此！首先，这是因为在良知中，我们注意到我们与上帝的关系。黑格尔认为，我们对遵守上帝旨意之义务的道德意识，在经过律法和意识后与上帝旨意达致一致。其次，这是因为良知在我们里面仍然继续是上帝的见证。这种见证并不是在人堕落之后才出现，而是亚当里面原始见证的残留；此原始见证就是他与上帝的相交。同时，我们必须承认这种见证的形式、朝向和功能已根本改变。最初在亚当里面的是亚当和夏娃之间与上帝爱的相交，如今恰恰成了对此相交的否定。此外，尽管这种相交不复存在，但所残留的是对曾经所有的一个提醒，即尽管我们已经将自己与上帝分离，而上帝没有抛弃我们。上帝紧紧地抓住我们，约束在祂律法之下，以至于我们不会完全在罪中堕落，而继续与上帝、永生和天堂有伦理上的联系。[193]

（6）良知的种类[194]

自然的（异教的）和基督徒（被开悟的）良知。自然或异教徒良知有自然律（lex naturae）和自然的公民法。相较之下，一个基督徒或被开悟的良知根据上帝的圣言做出判断。

好的和坏的良知。好的良知会释罪，而坏的良知会谴责。在某种意义上，相对而言，自然人也能有一个好的良知。然而，这并非一个客观上好的良知，因为其标准或规范可能是错的，或意识可能不正确地反映一个人的存有，并且良知可能得出错误结论。只有重生之人（或者说亚当和耶稣）才会有一个客观上好的良知，至少在原则上如此。一个坏的良知会控告，也会出现在信徒里面。这种情况下，形容词"坏的"或"好的"是根据结果来形容良知。

正直和犯错的良知。正直的良知会做出正确的判断。但是我们可以谈论犯错的

---

[192] Philippi, *Kirchliche Glaubenslehre*, 3:20-22.
[193] Philippi, *Kirchliche Glaubenslehre*, 3:17-20.
[194] Perkins, *Eene Verhandeling*, 92. Buddeus, *Institutiones Theologiae Moralis*, 79-80 (I.iii, §§6-9); Ames, *Conscience*, 9-21 (I.iv-vi); Pictet, *De christelyke zedekunst*, 93-101 (II.x); Schenkel, "Gewissen," 139-142.

良知吗？这样的良知存在吗？布劳恩（Braun）否认了这点；他认为如果这种良知存在，那么上帝就是一个骗子。[195] 其他人像德摩尔（de Moor）、魏特修、布迪厄斯、埃姆斯和霍恩毕克（Hoornbeeck）都质疑犯错的良知。[196] 最近，罗特也否认此点犯错的良知。他称良知是上帝在我们里面的行动，是绝对可靠、不会犯错的，纵使我们可能会被良知的声明所蒙骗。[197] 申克尔声称良知是可靠的，只因良知是基于上帝的。[198] 换言之，良知在本质上是可靠的，而不是在经验层面的外显上可靠。

但是，《圣经》首先明确地教导有犯错的良知。"人心比万物都诡诈，坏到极处，谁能识透呢？"（耶十七 9）"可是，不是人人都有这知识。有人到现在因拜惯了偶像，仍以为所吃的是祭过偶像的食物；既然他们的良知软弱，也就污秽了。"（林前八 7）"而这人的良知是软弱的。"（林前八 10；参 林前八 12；十 28-29）"这是出于撒谎者的假冒；这些人的良知如同被热铁烙了一般。"（提前四 2）"在洁净的人，凡物都洁净；在污秽不信的人，什么都不洁净，连心地和天良也都污秽了。"（多一 15）其次，经验证明有犯错的良知。良知在阐述诫命的时候可能出错，正如它偶尔在异教徒当中规范偶像崇拜。[199] 它也会在我们对自己行为的意识中或实行判断犯错。在形式上，良知的确会被削弱或强化。它会沉睡，会被唤醒，或会枯萎。它甚至会包含完全错误的实质内容，因而本身披上了一个扭曲的形式。布劳恩和其他人声称良知是可靠的，然后把错误不归咎于意识，而归咎于观念、前设、错误的估计等。然而，这只是文字游戏和唇枪舌战。我们把良知简单地定义为一个人的自我判断。无论何时我们将自己和我们良知的犯错部分分离，我们无疑始终保留未犯错的部分。然而，只将未犯错部分等同于良知完全是武断的。对布劳恩和其他人而言，这与笛卡尔的论证相关。笛卡尔认为，【心思（verstand）】本身是不会出错的（因此良知也不会犯错），而是由意志发出。此外，良知是见证人，是奉上帝之名的审判者，但它不会完全可靠地行使自己的功能。一个犯错的良知是否仍约束我们这个

---

[195] J. Braun, *Doctrina Foederum*, 93-95 (I.ii.5, §6), cf. 104-105 (I.ii.5, §17); cf. Cocceius, *Summa Theologiae*, 270-271 (XXII.15); Momma, *De Varia Conditione et Statu*, 210-211 (II.11 §60).
[196] De Moor, *Commentarius Perpetuus*, 3:246-250; Witsius, *Miscellaneorum Sacrorum*, 2:470-472; Buddeus, *Institutiones Theologiae Moralis*, 80 (I.iii, §8); Ames, *Conscience*, 9-16 (I.iv); Hoornbeeck, *Theologiae Practicae*, 1:293.
[197] Rothe, *Theologische Ethik*, 1:267 (§147); 费希特也反对犯错的良知，参Janet, *La morale*, 331-348。
[198] Schenkel, "Gewissen," 139.
[199] De Moor, *Commentarius Perpetuus*, 3:247.

问题，难以回答。埃姆斯给出了肯定的答案，就像保罗一样（林前八9-13）。[200] 良知总是用以下方式约束，即反对良知就是犯罪。这种罪不是在实质意义上，而是在形式意义上违背上帝的命令。在这种情况下，一个人不做邪恶的事，但所行的是有罪的，因为良知宣告一个错误的命令为上帝的旨意。当我们犯罪违背我们的良知时，我们相信我们得罪了上帝；如是，我们确实得罪了上帝。[201] 这就好比，一个辱骂者侮辱一个他认为是君王的人，尽管此人并非君王，这也是对君王的侮辱（埃姆斯）。

无论谁藐视良知，就像是藐视上帝祂自己。但是当良知判断我们必须去做【不合律法的（ongeoorloofd）】事情时，它约束了我们；但是我们忽视去行良知所规定之事而犯罪时，良知不会约束我们。因为上帝让我们只决心行善，所以规定恶事的良知必定是一个犯错的良知，需要被弃绝。当良知（错误地）约束忠于它之人，良知会使善行变为罪行，却从未在实质意义上或某种形式意义上，将罪行变为善行。[202]【然而，我们会碰到一个情况，就是一个人必须犯罪。若做错误的良知所要求的事，就是犯罪违背上帝的诫命；若不做此事，这就是犯罪违背了良知的形式（forma der consciëntie）。因此，人要么在本质上犯罪，要么在形式上犯罪。】[203] 我们的回应是：是的，除非一个人能弃置错误的良知，并更好地教导错误的良知。

确定的（certa）良知和疑惑的（dubia）良知。当良知无法回答某一特定行为是否允许时，这就是疑惑的良知。[204] 从前，这种疑惑的良知普遍被人接受；耶稣会的决疑论就是建立对疑惑的良知的普遍接受之上。决疑论的教义就是，人们必须事先相信，良知根据或然性来决断。[205] 现今，很多人否认有疑惑的良知。人们普遍认为，因为良知是知识（scientia）——甚至更是**意识**——所以它是加倍确定的（be-

---

[200] Ames, *Conscience*, 11-12 (I.iv.6); 参Schenkel, "Gewissen," 140。
[201] Pictet, *De christelyke zedekunst*, 96 (II.x).
[202] Pictet, *De christelyke zedekunst*, 97 (II.x).
[203] Ames, *Conscience*, 14 (I.iv.13). 中注：见荷文版153页。英注："违背这种错误的良知或依它而行"——在实质上遵循良知或在形式上拒绝遵循良知——是否"为更大的罪"，埃姆斯补充下一个智慧的建议：这取决于不同罪的严重性（罪的严重性取决于所行之事或所忽略之事的量）。因着"粗俗下流的传道人"，为了良知的缘故，一些人拒绝参加教会的敬拜。这些人在拒绝敬拜上帝并尊崇自己的良知中，犯了更大的罪。另一些人拒绝参加敬拜与偶像崇拜有关，他们会因忽略良知而犯更大的罪；*Conscience*, 15 (I.iv.13)。
[204] Ames, *Conscience*, 16–19 (I.v).
[205] 英注：这就是耶稣会的"或然论"。根据此教义，在良知感到困难的问题和道德含糊方面，所需的一切就是为一个特定的行为提供一个可能的辩护，证明其正当。

wustzijn）[206]，完全认知，用不容置疑的确定性予以规范。[207] 这也是一种文字游戏，因为良知（本身总是确定为意识）也在以下情况下被确定为良知：人不能获取坚定的知识，或良知、判断可能是软弱或暗淡的。[208] 罗特认为，所有建立在疑惑的良知之上的情况都应被移除；在良知确实疑惑、没有认知的情况下，在良知上就要负责任地自制："当你怀疑之时，不要行。"[209]【埃姆斯认为，确定的信心在救恩与信仰之事上是必需的，在次要的事情上有此信心也是极好的；但是，我们无需总是自制。如果疑惑是实践性和有效性的，而不只是思考性的，那么自制就是一个责任：因此疑惑是被谴责的（罗十四23）。最稳妥的做法是首选的。最好的选择就是，当你疑惑，就不要行。】[210]

刚强的良知和软弱的良知。[211]【刚强的良知"建立在真理上"（罗十四5；参彼后一12），并知道偶像在世上不算得什么（林前八4，7），分担软弱（罗十五1），不被论断（罗十四3）。软弱的良知靠信心提升，然而仍依靠上帝和祂圣言之外的事物（罗十四15）。随之而来的结果是，软弱的良知认为一些事物为不洁净的（林前八7；罗十四14），并且很快就哀叹（罗十四15），容易被冒犯（罗十四15，21；林前八9，12），谴责他人（林前十29；罗十四3，15）。一个自由和不自由之良知的区分与刚强和软弱之良知的区分紧密相关。】[212]

广义的良知和狭义的（一丝不苟的）良知。[213] 广义的良知是因遗忘判断功能而被削弱了的良知，它允许任何事情的发生。相比之下，一个狭义或一丝不苟的良知

---

[206] 英注："加倍确定的"意在抓住巴文克对荷文bewustzijn中"be-"的强调。Bewustzijn是一个借译词（语义转借），是从拉丁文con-scientia（与……一同认知）按逐个字根所译。因此，巴文克借强调"与……一同"（with）强化了知识的确定性。
[207] Schenkel, "Gewissen," 139-140.
[208] 正如申克尔自己所承认的：Schenkel, "Gewissen," 139-140.
[209] Rothe, *Theologische Ethik*, 264-69 (§147); Pictet, *De christelyke zedekunst*, 98 (II.x).
[210] 中注：英译本此处极大地扩充了巴文克的论述，将埃姆斯的论述穿插进去。为了尽量保持巴文克在此处论述的清晰流畅，中译本此处直译自荷文版153-154页。英译本所添加内容来自Ames, *Conscience*, 16-19 (I.v)。
[211] Ames, *Conscience*, 38-40 (I.xiii).
[212] 中注：见荷文版154页。
[213] 英注：埃姆斯在<论一丝不苟的良知>章节下讨论了这一区分；*Conscience*, 19-21 [I.vi]。埃姆斯有益地指向软弱、一丝不苟的良知的不同来源。此良知可能（a）来自上帝而作为惩罚或实验，（b）来自"恶者的建议"，（c）因着忧郁或其他身体的状况，（d）"来自一丝不苟的人所构成的社群"。

总会判断，并总是询问一些事是否为善。这样的良知从不会即刻而清楚地辨识善，但会迅速被吓止而变得胆怯。一个软弱或一丝不苟的良知必须区分于温柔的良知。温柔的良知是惊骇于罪，并且丝毫不能容忍罪。

沉睡的良知和警醒的良知。珀金斯对警醒或活泼的良知和死寂的良知做出了基本区分。死寂的良知可以被看成两个阶段：一个麻木或沉睡的良知，和枯萎的良知。前者直到罪人面对重大危机，比如疾病或恐惧时，才会有效。珀金斯以约瑟的兄弟们为例。他们对约瑟所行的恶并未困扰他们；直到在埃及，他们在面对失去他们的兄弟便雅悯的风险时，才有醒悟（创四十二 21）。枯萎的良知（提前四 2）面对所有的罪都是不活跃的，即便是最恶劣的罪也是如此。相较之下，一个活跃的或苏醒的良知具有完善的功能；它或控告或释罪。良知可以是洁净的，也可以是不洁净的，可以是安息的，也可以是不安的 [或被搅扰，像弗兰西斯克斯·斯派拉（Franciscus Spira）提出的那样]。[214]

（7）我们的义务和对我们良知的关怀 [215]

我们对良知首先所承担的义务，就是让我们不洁净、邪恶、不安的良知被基督的血洗净（来九 14）。一个真实的良知只会透过信心而来。它的控告只能借着十字架才能停止；在十字架上，上帝的律法完全得到满足。我们一旦获得一个客观上善的良知，它在主观上必须成为善的。我们做到这一点，首先是越来越多地将上帝的圣言带入 συντήρησις，并且将它从与之矛盾的一切律法中解放出来。基督必须是我们良知的内容。我们良知中的主观标准必须逐渐变得与客观标准相符。基督必须将我们的良知从外在的权柄中释放出来，并且使之承认上帝的旨意是唯一有效的权柄。一言蔽之，上帝的律法必须要被写在我们的心中。其次，我们必须致力于澄清我们的意识，以至于随着它不断增加的洁净，我们的意识能反映我们的处境，我们的气禀，以及我们的行为。打个比方，我们必须要不断擦亮我们意识的镜子。我们借着避免

---

[214] 中注：此段内容乃英译本扩充而成。荷文版中，这段内容只有一句话，从而意思不明。中译本采用了英译本补充的内容，以求上下文意思的连贯。英注：弗兰西斯克斯·斯派拉（Franciscus Spira，1502-1548）出生于意大利帕多瓦（Padua）。他离开了基督公教，成为公开批判基督公教、热衷推动宗教改革和福音信仰之人。

[215] Perkins, *Eene Verhandeling*, 106-110.

罪来达到这个目标，因为罪会麻醉意识，而圣洁会使之净化。最后，我们必须要使我们良知的判断工作免于所有激情和影响中释放而来的评断工作。这些激情和影响会阻碍我们顺服地聆听良知的判断。如是，我们获得了独立、清洁和有能力的良知。独立的良知只考虑上帝旨意的标准。清洁的良知是敏感温柔的，从而我们的整个存有直接反映在我们的意识中。有能力的良知是指良知是我们里面最有能力的。

（8）良知的自由

良知是全人类共有的，一个绝对缺少良知的人是不存在的。当然，良知可以（暂时）静默，却不会灭绝。但是良知拥有独立性质，其种类就像人一样多。道德律是一个整体，不会改变，且对所有人都有效。与此同时，不同的人会用各自的方法解释道德律。他们根据自己的本性、所属的团体和他们所生活的社会吸收道德律。另一个重要的考虑是：罪使我们道德律的知识变得暗淡，我们所有人都有**异常的**良知。若良知正常，那么所有人都会听到相同的道德律，但是事实上没有人对道德律有完美的知识；人们的良知在纯洁性、清晰性和力量上各异。尽管如此，无论所处情况如何，良知总会指示以上帝律法的形式和在此范畴中所规定或禁止的内容（即使一个行为是有罪的）。凡是犯罪违背良知之人，都相信罪是违背上帝和祂的律法。良知的自由来自我们对此现实的认识。以下几点需要注意。第一，良知只会约束主体，而不会约束其他人。正如使徒保罗所说："我的自由为什么被别人的良知评断呢？"（林前十29）换言之，我们必须要尊重彼此的良知，并视良知为神圣。我们也必须注意，不要冒犯彼此的良知。[216] 其次，良知限制所有世俗的权威，比如教会和国家。它们没有一个可以强制我们去做我们良知所禁止我们去做的，免得我们责备自己，得罪上帝，或得罪我们所敬奉为上帝的那一位。[217] 这并不意味着教会和国家不应该要求任何被它们的成员的良知所禁止的事。若然，没有一个群体能存在。那些不同意法律，并且在良知中反对此法律的人，不应受到强迫。他们可能呈现出消极抵抗，而不是积极反叛。

---

[216] 英注：在此处，巴文克补充了脚注"Zie dictaat Kuenen. Rothe aldaar"。这乃指巴文克自己对莱顿教授亚伯拉罕·古宁（Abraham Kuenen）伦理学讲座所做的笔记。该笔记得以保留，存在巴文克档案集中。
[217] Pictet, *De christelyke zedekunst*, 100.

第六章

罪人和律法

本章摘要

作为上帝宽容的标志，合律法性（lawfulness）的命令在人堕落之后仍然留存。人类道德本性（包括良知）尽管并不完美，但继续指引并约束人。我们仍旧在律法之下是上帝对我们恩惠之记号。祂并没有完全让我们按照自己的方式和本能去生活。人类并没有成为野兽，他们仍受自然律（natural law）引导。使徒保罗在《罗马书》一至二章教导了这个事实。该事实也被哲学家、以及各国的法律和实践所证实。

诚然，所有人都有这种自然道德律，以及面向上帝和邻舍的义务。除了《圣经》的启示，这个律法的一切表述只不过是真实事物的苍白近似物。在启示之外，我们不清楚上帝就是约束我们良知的立法者。除了源于神圣权威的理由，其他遵守律法的理由不会让我们满意，也不会使我们担负责任。理性做不到这一点。康德不能解释为什么人应该要遵守实践理性的定言令式（categorical imperative）。即使诉诸逻辑（黑格尔）、社会等级（父母、国家）或进化过程，我们也无法解释道德律无条件的有效性和权威性。

当我们以启示为上帝向祂所造之物揭示旨意时，我们把道德律的权威建立在上帝的基础上。与上帝的旨意相同的善约束我们，并将责任强加于我们。同样，我们拥有我们所渴望的美德，并行善事。道德律以无条件的和全备的权威，在我们的良知里对我们说话，并向我们展示上帝要祂的百姓成为怎样的人，要他们如何行事。十诫是律法的总纲，旧约其余内容和新约是对它的解释和注释。

旧约中上帝的律法被分成三个部分：礼仪的、司法的和道德的。这三个部分在基督里都已成全。此律法是属灵的，不能改变的，其目的是管理全人，内在和外在皆然。道德律需要与思考之律（law of thought）、民法（civil law）和自然律予以区分。上帝的律法有三个功用：抑制邪恶的民事功用，定罪和审判的教育性功用，作为引导信徒的生活准则的教导功用。

所有人都觉察到自然律和自然道德，也体验到善恶的冲突，即便不能像被上帝的圣言所光照之人一样明白此点之人也是如此。然而，道德气禀（moral dispositions）也由社会阶层、环境和个人性情的差异所决定。养育的职责是发展这种气禀，并使之形成道德品质。成为有美德的人是每个人的责任。例如智慧、勇气、性情和公义这些重要美德,在群体中得以发展并被运用。这些重要的群体包括婚姻、家庭、友情、工作、艺术、教会和国家。

　　自然道德不是由基督教所造,而是从自然、被造的人性的根源生长而出。尽管如此,基督教已然影响、改善和提升了自然道德。从上帝和祂国的角度来看,自然道德绝无价值;它确实让我们离天国更近了一步。从世俗的角度来看,它确实有很大的价值:它使人类无可推诿;它抑制人;它减轻了生命重担,使人类的生命更具忍耐性,甚至给予生命的一丝快乐,使生活不至于成为今世地狱。自然道德作为信心的前设和属灵生活的预备,也有益于教会和每一位信徒。重生得救的人是双重的:基督徒不再是属肉体的,基督活在他们里面,他们也在基督里面,但他们仍活在肉体中,并与之搏斗。因此,伦理学的目的和职责是描述重生之人如何在现世世俗生命中,彰显他们永恒的属天生命。

§15. 律法[1]

即使在罪的状态中，我们人类的道德理性之本性（moral-rational nature）仍然留存（见 §13）。这种道德理性之本性体现在人类道德的【器官（orgaan）】——良知（见 §14）。在本章的第一部分，我们会看到良知是受律法约束；我们在第二部分会探究此律法如何在个体、国家、社会中实现，并培育了公民正义（justitia civilis）。上帝宽容之秩序（lankmoedigheidsordening）的特点可以由一个词来刻画：合律法性（wettelijkheid；lawfulness）。我们在此看到堕落前创造秩序不同于在基督教会中恩典的秩序。[2] 在某种意义上，堕落之前没有积极的命令和客观的律法摆在人面前。[3]

律法是内在的、指导生命的意志的运动：人类根据理性的本性来行动，这体现了律法。这种律法在人类生活和行为中变得公开。"应要"（sollen）和"想要"（wollen）同时发生；人类被允许做他们想做的事。人类的意志里只有一个边界，

---

[1] 荷注：有关对本段主体的论述，见 John Bolt, 'Christ and the Law in the Ethics of Herman Bavinck', in: *Calvin Theological Journal* 28 (1993), 45-73。

[2] Detlev Zahn, *Die natürliche Moral*, 148. 中注：英译本此处脚注错误。

[3] 英注：巴文克旁注引用了 Marckius, Historia Paradis Illustrata, 390 (II.vii, §3)："与阿尔汀相反的观点是：亚当必需有善的意识。阿尔汀拒绝行为之约。"马基乌斯（Marckius）引用了阿尔汀对《希伯来书》八6的注释。

就是一个"到此为止，不可再进行下去！"的禁令。然而，这一切在人类堕落之后改变了：上帝如今在人的良知中，把那些逃离祂之人捆绑在祂写在人心中的律法上。上帝通过良知将我们置于律法之下。这是必要的方式。首先，《约翰壹书》三4告诉我们，"凡犯罪的，就是做违背律法的事"（ἡ ἁμαρτία ἐστὶν ἡ ἀνομία）。罪违背、弃置了上帝所有的律法，这是绝对彻底的故意。罪的特征是直到摆脱一切律法，可以做任何它想做之事后，才会止息。它想要绝对不受约束和荒谬。然而，这会导致人失掉人性，让我们变成动物，因为毕竟动物不会服从道德法则，而是依它们的直觉生活。然而，上帝为人类设定了一个目标；祂想要再造人类。[4] 为此，上帝必须要保护真正的人性；祂借着将人置于律法之下来完成此目标。合律法性是上帝忍耐之秩序的特征，借此人性得以保护，并预备好人性迎接再造和基督里的恩典。

亚当站在律法之**中**（参诗四十8："我的上帝啊，我乐意照祢的旨意行，祢的律法在我心里。"）由于人类堕落，律法开始站在**上方**，人类站在律法**之下**。自此以后，道德理型就在我们头顶盘旋，无法触及。罪致使需要律法和它的力量来维护良知、社会、舆论、国家等方面的秩序，从而罪可以被制止，而不会在道德上完全毁灭人类。[5] 我们需要思考以下与律法相关的方面：术语，立法者、内容、客体和目的等。

1. 术语[6]

我们称此律法为"道德律"（lex moralis），因为它有关道德。道德律是人类存有和行为的准则，也是宗教性存有和行为的准则。一些人认为，更常见的说法是

---

[4] 英注：巴文克使用不同的字来描述与被造物/自然有关的上帝在基督里恩典的更新、复原之工：restauratie（复原）、herstel（复原）、herschepping（再造）。有两点需要强调：restauratie和herstel都意为"复原"。但是，restauratie表示"纯粹的"复原或恢复，而herstel指向全面更新和再造。在紧邻的下一段，巴文克使用了荷文herscheppen和herschepping，与schepping（创造）形成对比。我们将herscheppen和herschepping译作动词"再造"和名词"再造"。更多对此讨论，见Veenhof, "Nature and Grace in Bavinck," esp. A. M. Wolters's translator's preface, p. 12.

[5] Wichelhous, *Die Lehre der Heiligen Schrift*, 388-390.

[6] De Moor, *Commentarius Perpetuus*, 2:586-588.

"自然律"（lex naturae），因为它【从上帝的本性流出（uit Gods natuur voortvloeit）】，并对人性而言是自然的，就是理应属于人性。其他人认为，它被称为"自然的"是因着它在缺少特殊启示情况下，出于自然并透过自然而被认知，至少就其实质（substance）而言如此；并且，它无需任何人或任何事物的介导，就使人负有义务。[7] 法学家以同样的方式谈论大自然教导所有生物的"自然正义"（jus naturae quod Natura omnia animalia docuit）。他们将此律法区别于常见的【国际法（jus gentium）】和基于国家法律的【民事权利（ius civile）】。[8]

罗特质疑"自然律"这一术语，因为除了在他们的自然状况下认可此律法，人类因其自然的罪性而无法对此律法有清晰完整的意识。[9] 只有透过救赎（Erlösung）才能获得对律法的意识。对律法的需要自然地在我们里面，但发现律法的能力不在我们里面。这不是所谓的理性律法（redewet）。相反，它是实证的律法（positieve wet）；它借着外部权威与人类对抗。这是由上帝启示的神圣律法，尽管由人来介导。

戈特利布·哈勒斯（Gottlieb Chr. A. von Harless）承认异教徒确实知道上帝存在（quod sit Deus），但不知道上帝是什么和上帝的旨意要成就之事（quid sit Deus en quid velit Deus）。外邦世界"丝毫没有回应上帝在祂圣言中自我启示的本性。就上帝旨意要成就的事，我们只能找到一个相对的接近物"。[10] 自然律和摩西十诫在启示的方式、程度、纯度、清晰性和基础（"我是耶和华——你的上帝"）方面定然不同。[11] 然而，有人可能会说自然律是出于自然可知的事物，因为[12]：

（1）所有人都经历面向上帝和邻舍的义务，不管这些义务是什么，亦不管它们该如何实现。当他们知道道德律时，他们就觉得必须遵守它此律；

（2）保罗在《罗马书》一 19-20 中教导自然律的存在；

（3）我们的良知证实了这一点；

（4）像西塞罗等哲学家证实了这一点；[13]

（5）各国通过它们的自然律和国家法律为此作见证；

---

[7] Marckius, *Historia Paradis Illustrata*, II.viii, §4.
[8] De Moor, *Commentarius Perpetuus*, 2:586.
[9] Rothe, *Theologische Ethik*, 2:478-484 (§§800-802).
[10] Harless, *System of Christian Ethics*, 110.
[11] 参Alting, *Theologia Problematica Nova*, X.476-478; de Moor, *Commentarius Perpetuus*, 2:589.
[12] 英注：巴文克只列出了五点。因为最后两点有几项其他原因，所以我们将其分开。
[13] Cicero, *De legibus* I.15-16. 英注：巴文克补充道："除了塞伦尼亚人（Cyrenians）"。这是 Cicero, *Tusculan Disputations* III.13, 15, 22, 31所提的流派。

（6）教父们都证实了这一点；[14]

（7）若无自然律，道德世界秩序、上帝国度的道德秩序（regnum Dei morale）和人对上帝的依赖都会全然崩溃；正如反对放任者（litertines）的加尔文[15]和反对无神论者的霍布斯）。

自然律和摩西十诫与堕落前的律法不同，因为它们是消极的，由禁令"你们不可……"组成。所以，这些律法预设了罪和所禁止的行为。

2. 立法者

我们的良知使我们受律法约束，使我们臣服于律法。此律法需要取决于上帝，并基于祂的权柄。因为律法的"应要"（Sollen）预设了一个高于我们之意志的意志，或高于与我们同等者之意志的意志；我们和其他人的意志服从此更高的意志。"**你们不可**"预设了"**我是耶和华**"，就是宣告律法的那一位。其他人不能强制我们；就他们而言，我们觉得自己是自由的；即使是天使也不能。此律法需要基于神圣权柄。[16]此律法并非源自以下方面，亦不能由它们予以解释。（a）我们的自我（"我"）：它为自己制定律法，因为它不能说**为什么**我必须要做这做那，或**为什么**我要做我所做的。（b）父母、国家或社会的权威（达尔文和他的跟随者们）：因为其他人不会自然地有任何凌驾于我们之上的权柄，只有在上帝的权柄在这些权柄中回响时，我们才感到受这些权柄约束。（c）世界和大自然（斯多亚派）：相反，我们觉得更加自由，并且被允许尽我们所能地控制它们。道德律应与良知有相同的成因。良知就像是一个神圣的审判者，让我们向律法负责，并对我们宣判。

外邦人甚至也有这样的经历。西塞罗论道，"律法不是人类思想的产物，也不是人类的法令，而是一些永恒的事物。它们靠着命令和禁令中的智慧去统治全宇

---

[14] De Moor, *Commentarius Perpetuus*, 2:589; Marckius, *Historia Paradis Illustrata*, 389 (II.viii, §2).
[15] Calvin, *Treatise against the Anabaptists and the Libertines*.
[16] Stahl, *Fundamente einer christlichen Philosophie*, 84-99 (III, §§32-38).

宙……所以诸神赐给人类的律法是应当赞扬的"。[17] 然而，之于外邦人，上帝的律法并无任何手段，借此可以在哲学家正确理性之外显明它自己。[18] 道德知识的终极源头是理性。透过理性重塑道德律对异教徒和近代哲学家们而言是一个难题。他们认为能找到这个难题的答案。然而，由于理性的堕落，事实上不可能找到此难题的答案。理性主义、超自然主义、康德和唯物主义已经清楚证明了这一点。[19] 基督教会、基督教哲学和神学把道德律建立在上帝的权柄之上。它不被称为"自然律"，仿佛它依赖或取决于人的本性。[20]

然而，乌戈·格劳秀斯（Hugo Grotius，1583–1645），特别是克里斯蒂安·沃尔夫（Christian Wolff，1679-1754），改变了这种思考方式。[21] 霍布斯继续把道德律建立在上帝的权柄之上；但是沃尔夫，就像格劳秀斯一样，将道德律完全从上帝那边提取出来，并宣告："凡是善的，即使没有上帝，仍旧是善。无神论者在道德上应与有神论者一样行事，因为道德行为的实际基础就位于物理性自然之内，而非在上帝里面。令我们有义务结婚的自然也是如此，这将欲望和同居联系在一起。"[22] 此处有些许真理，因为无神论者很可能会像有神论者一样，以大致相同的方式行事，但这不是说他们在实践中一贯地应用他们的理论。康德同样也解开了上帝与善之间的纽带，把善的约束力放在理性中，放在无法解释的实践理性的定言令式中。自治之人如何能给自己制定如此律法，这无法解释。[23] 故此，黑格尔在逻辑和思考（denken；thinking）中找到了知识的来源和道德律的裁决。毕竟，整个自然、一切实在的全部是从逻辑的思考之律（logische denkwetten）或诸范畴（categorieën）流淌而出。逻辑是所有事物的本质，也是人的本质。[24] 这一切都令道德律的无条件有

---

[17] Cicero, *De legibus* II.4, in Cicero, "De republica," "De legibus," 381.
[18] Betz, *Ervaringswijsbegeerte*.
[19] 英注：巴文克在*RD*, 1:284-312, 355-365中讨论了（自然主义的）理性主义和超自然主义。
[20] Harless, *System of Christian Ethics*, 88-95, 110 (§§12, 14).
[21] Vilmar, *Theologische Moral*, 1:59-94.
[22] 英注：巴文克说明这是一段引文，但未提供出处。这可能取自沃尔夫著名的1721年演讲<论中国人的实践哲学>。在此演讲中，他坚称道德并非依赖启示或上帝的命令，而是从一般性准则或自然律获得。荷注：巴文克对沃尔夫的阐述来自Friedrich Julius Stahl, *Fundamente einer christlichen Philosophie. Abdruck des ersten Buches meiner Philosophie des Rechts*, Zweiter Aufl. mit Zugabe neuer Kapitel, Heidelberg 1846, 88。
[23] 荷注：巴文克对康德的阐述来自Friedrich Julius Stahl, *Fundamente einer christlichen Philosophie*, 89。
[24] Stahl, *Fundamente einer christlichen Philosophie*, 87-90.

效性和权柄无需解释,正如从父母、国家等方面来推断它的权柄,这就是亚历山大•贝恩(Alexander Bain)和赫伯特•斯宾塞(Herbert Spencer)所倡导的。约束我们的律法本身就是"善",是提供给意志的规范。它预设了善的威严和无条件的权利。不仅正式律法本身(诫命的特性,"应要")对我们提出要求,律法的内容也是如此。[25] 道德律正是如此:作为外在权柄的善凌驾于我们之上。

与上帝意志相同的善约束我们,并将**义务**(plicht)强加于我们。同样,我们拥有我们所渴望的**美德**(deugd)并行善。道德律带着无条件、全面的权柄,在我们的良知中对我们说话:此道德律应该是你的真实本性和存有。你永远不能摆脱它![26] 道德律基于上帝的权柄,这很容易从权柄的性质和道德律的内容中推导出来。此外,我们从《圣经》得知,律法的标题是"我是耶和华你的上帝"(出 二十 2)。道德律贯穿整本《圣经》都被尊称为上帝的律法,甚至是耶稣自己,明确地称《圣经》诫命是上帝的命令和话语(太十五 4)。因此,律法不能废去,只能成全(太五 17;参 罗七 23;罗八 2)。[27] 当现代思想家为《圣经》律法假定一个进化起源,并否认其神圣来源时,他们需要被质疑。正如哈勒斯所说:"以色列中上帝的律法不是以色列民中发展过程的产物;以色列民不是经过此过程,在人与人、人与上帝之关系中,逐渐意识到何为正确,何为善。相反,上帝在渐进性的启示中见证祂的意志,这与支配人民的精神相反。"[28] 这在律法的内容和方式上就很明显;此方式就是,律法不只向我们显明应该如何与上帝和邻舍建立关系相处。首先也是最重要的,律法反而向我们展示了上帝如何希望祂的子民成为怎样的人,有别于他们四周列国。在此,一切都被置于神圣旨意的规范之下。人与上帝之间的一切关系,以及祂的子民之间的一切关系,都受此管制。[29] 因此,道德律之知识的来源不能仅是我们的良知和理性(尽管它们非常有价值),还是整本《圣经》。这不仅指摩西五经,还指先知书和新约。十诫只是律法的总纲,旧约和新约是它的解释和注释。[30]

---

[25] J. Müller, *Christian Doctrine of Sin*, 1:37-42.
[26] Stahl, *Fundamente einer christlichen Philosophie*, 84-99 (§§32, 33).
[27] Harless, *System of Christian Ethics*, 102 (§13).
[28] Harless, *System of Christian Ethics*, 111 (§14).
[29] Harless, *System of Christian Ethics*, 105-108 (§§13, 14).
[30] Vilmar, *Theologische Moral*, 1:51.

3. 内容

我们区分了上帝律法里面的三个部分：礼仪律，司法或法律，以及道德律。前两部分的律法并没有被耶稣废除和移除。他丝毫未废除律法，而是律法在祂里面并透过祂而成全。当实体出现时，影像就消失了。在旧约中仅为预表的事物，现在完全地被属灵化和实现了。形式已被改变，实质却相同。一切献祭和祭司都达到了顶峰，并在一次献祭和一位大祭司中得到完全实现，就像所有先知和大卫家族的君王都在基督里实现了他们的宗旨。诚然，甚至以色列的民事律也在基督和祂的教会里成全了。它已经成了属灵真理。有关战争、十一奉献、抵押物和婚姻的律法，对教会来说仍有属灵含义，甚至在今日也是为了我们的利益而写的。[31]

我们在这里只论及道德律。有些人认为此律法唯独基于上帝的旨意：有些事是善的，只因上帝说它是善的。[32] 对其他人来说，律法完全基于上帝的本质（wezen）。[33] 对第三类人[34]而言，道德律部分基于上帝的本性（natuur），比如十诫的第一块法版，另一部分则基于上帝的自由意志，就像要在第七日庆祝安息日，对一夫多妻制和偷窃的禁令等。这些律法预设上帝首先自愿命定人类会繁衍后代并拥有财产。这些诫命可以暂时被搁置，有时得以豁免律法，例如豁免一夫一妻制。[35] 对于诸如欺骗之类的事情，律法也给予豁免（王下十 19）。马基乌斯（Marckius）否认了这些，但他确实在利未人屠杀以色列人（出三十二 27-28；民二十五 7-8）、摩西杀害埃及人（出二 12）、亚伯拉罕献以撒（创二十二 2）事件中找到豁免的例子。[36] 其他的例子包括从埃及人偷取财物（出三 21-22；十二 35-36），杀害迦南人（申七 2），何西阿娶妓女（何一 2）。

---

[31] Vilmar, *Theologische Moral*, 1:53.
[32] F. Turretin, *Institutes of Elenctic Theology*, 2:10 (XI.2.x); de Moor, *Commentarius Perpetuus*, 2:614 (XI.xxviii). 英注：巴文克重述了图沦汀所举的例子："Occam, in 2 q. 19+; Gerson, 'De Vita Spirituali Animae,' (1) in Opera Omnia [repr. 1987], 3:5–16; Peter of Ailly, in 1. Q. 14+." Turretin also includes "Almayno, Acutissimi clarissim . . . Moralia, Pt. 3:15 [1525], pp. 103–4."
[33] Maresius, *Systema Theologicum*, 319-320 (VII.14); Turretin, *Institutes of Elenctic Theology*, 1:233 (III.18); 2:10 (XI.2.x); Turretin, *Institutio*, II.11; de Moor, *Commentarius Perpetuus*, 2:615 (XI.xxviii). 荷注：巴文克此处论述最有可能取自 de Moor, *Commentarius, Pars Secunda*, 615。
[34] Marckius, *Compendium Theologiae*, 218 (XI.xxviii).
[35] De Moor, *Commentarius Perpetuus*, 2:616 (XI.xxviii).
[36] De Moor, *Commentarius Perpetuus*, 2:614 (XI.xxviii).

鉴于道德律依赖于上帝的本性，它也是不可改变的。[37] 律法是属灵的，正如耶稣（参 太五章和二十三章）和有信心之人（参 诗一百一十九 96；罗七 14）所理解的。耶稣在《马太福音》二十二 37 中将道德律总结为此命令："你要尽心、尽性、尽意爱主——你的上帝。" 他在对谋杀的理解中囊括了生气（太五 22，28），并看到整个律法在完全顺服中达到顶峰："所以，你们要完全，如同你们的天父是完全的。"（太五 48）这些指导方针遵循以下要点来解释律法。（1）所有禁令都包括其反面的诫命，反之亦然；离婚是被禁止的，所以贞节是被命令的。（2）在美德或恶习的标题下，所有相对应的事物都包含其中。例如，孝敬父母的诫命包括爱和顺服，包括对其他权柄的顺服。（3）一项外在的罪，连同其根源和起因也受谴责。例如，对谋杀的禁令涵盖了愤怒（参 太五 22；约一三 15）、甚至假装生气（参 帖前五 22）。[38] 这就是为什么律法是完美的，也是生活的唯一准则（诗十九 8），所以那些遵守律法的人就有永生（利十八 5）。因此，律法无可加添或减少，因为律法命令我们要爱上帝和我们的邻舍。上帝和邻舍就是一切，也包含了一切。[39] 正因如此，我们必须要拒绝基督公教的"福音劝谕"（consilia evangelica），就是顺服、贫穷和贞洁的三元组。[40]

4. 客体

律法在内部和外部都控制全人，不仅控制着我们的行为，就像伯拉纠派和施莱尔马赫所声称的那样。[41] 施莱尔马赫认为，因为律法只能衡量外在举止——行为、

---

[37] De Moor, *Commentarius Perpetuus*, 2:630 (XI.xxx). 英注：本段内容针对索西尼派和基督公教主义者，尤其是耶稣会士。

[38] Calvin, *Institutes*, II.viii.6-10; Turretin, *Institutes of Elenctic Theology*, 2:34-37 (XI.6); de Moor, *Commentarius Perpetuus*, 2:636-638.

[39] De Moor, *Commentarius Perpetuus*, 2:638.

[40] De Moor, *Commentarius Perpetuus*, 2:638; Vilmar, *Theologische Moral*, 2:101. 英注：巴文克也提到了成立于1870年的期刊*Protestantsche bijdragen tot bevordering van christelijk leven en christelijke wetenschap*. 该期刊主编是索萨耶（Daniel Chantepie de la Saussaye）和尼古拉斯·贝茨（Nicholas Beets）。但是，巴文克并无引述特定段落。他也未提到穆勒（J. Müller）对福音劝谕的讨论J. Müller, *Christian Doctrine of Sin*, 1:51-58.

[41] J. Müller, *Christian Doctrine of Sin*, 37-51. 英注：对施莱尔马赫的论述，见穆勒著作43-51

行动——而不能"确定和测量……心思的内部和气禀",它不能带来【有关罪的知识（kennis der zonde）】。[42]【然而,律法也规定了人的存有和本性。】[43] 尽管如此,施莱尔马赫的论述仍有些许真理。律法命令或禁止,因而总是指向意志。因此,律法总是先聚焦于由人的**意志**所产生的行为。道德律对我们是高是矮、健康或患病、强壮或柔弱、美或丑,以及人身上其他任何特质都漠不关心。律法的客体事实上是人的意志,而意志就是道德的居所,它要么是善,要么是恶。律法规范人类行为,以至于到一个程度,【我们的存有和本性都来自我们的行为,都是行为的产物】。[44] 我们对那些绝对不受我们影响的层面（我们的性情、倾向等）承担责任。然而,因为我们在亚当里犯了罪,我们便有了罪性。我们的存有、我们的倾向、我们的灵魂和心思的境况和行为——就其是意志之行动（无论是在我们里面,还是在亚当里面）的程度上——连同意志和我们行为,都服从道德律。[45]

因此,道德律必须与思考之律（denkwet）予以区分。思考之律只为了我们的思考、心思,而不是为了意志和心灵;这两者有完全不同的律。所以,思考之律只支配人的一小部分,应该被限制在那个范围内,因此不应成为一切事物和所有人的律（参黑格尔）。思考之律也不完全具有约束力,没有在我们的良知中使我们承担义务。当我们在逻辑上犯错时,不会感到内疚,也不会请求原谅。然而,思考之律以及理性本身,都处在道德律之下。道德律导向意志,而意志是人的中心,因此道德律约束我们全人,包括理性官能。因此,当不仅出现逻辑上的错误,而且出现道德上的错误时,我们确实会为过错感到罪疚。我们的理性应该在形式上和道德上按照道德律来运作和思考。因此,与道德律的一致性永远不会与思考之律冲突。符合道德律的,也必定符合思考之律。然而,反之并不如此：一个人可以正确地思考,但仍然违反道德律,因为道德律并不调控推理本身（尽管推理有可能是正确的）,而是调控道德推理（moral reasoning）的质量和推理的方式（how）。因此,每一个心思中的过错都还不是道德错误,也不是如胡宁（J. H. Gunning）所认定的植根于道德错

页。
[42] 英注：J. Müller, *Christian Doctrine of Sin*, 48。
[43] Marckius, *Historia Paradis Illustrata*, 414; Cloppenburg, *Disputationes Theologicae XI*, I.xxii; Cloppenburg, *Exercitationes super Locos Communes Theologicos*, "Loci de status homine ante lapsum," disp. II, "De lege naturae." 中注：见荷文版160页。
[44] 中注：见荷文版161页。
[45] J. Müller, *Christian Doctrine of Sin*, 43-45.

误中的过错。⁴⁶ 所以，心思的绝对可靠并不与道德的绝对可靠相一致。道德律是一切律法的中心，调控全人：心思、意志、感觉和一切力量。

道德律也要与**民法**（rechtswet）予以区分。尽管二者相关联，但是道德与正义并不相同。正义必须建立在道德的基础上，不应与道德冲突，但两者并不等同。我们带着正义在公共领域、国家的领域之中，而不是在内在生命的领域中。正义应该而且可以用暴力和强制来维系。道德不能被强制，因为我们不能使人的意志屈服。因此，正义是道德性的，因为道德处于公共领域中，即在国家中。⁴⁷

最后，道德律必须与**自然律**（natuurwet）予以区分。⁴⁸ 在过去，"律法"一词仅仅指向实证性的国家法律，或也指上帝所赐的自然律。"'自然律'（lex naturae）意味着自然为人所知的伦理准则。"⁴⁹ 施莱尔马赫的论文《论自然律和道德律之差异》（Ueber den Unterschied zwischen Naturgesetz und Sittengesetz），试图解释自然律仍是一项未在任何地方完全实现的**义务**（Sollen），而道德律不再是一项义务，尽管道德律已部分实现。施莱尔马赫认为，"道德律不是被设立而对抗自然律；道德律是借着从低级自然律升到高级自然律的方式而发展。"⁵⁰ 因此，道德律只是被潜在化了的自然律，即为了人类智性生活的律。同样，"植物是地球初级生命的新的律；动物世界是植物的新的律。人的智性生命是动物世界、植物和初级生命的新的律。"⁵¹ 人类逐渐发现并实现此道德律，以此为其智性生命的律。这无异于泛神论。自然律和道德律之间有着根本差异。自然律中没有"应要"。它可以被违反而违反者不受惩罚，并被应用于整个被造物，是非位格存有的律。道德律有**必需**发生的义务。它会惩罚犯罪行为，不使用物理强制措施。与自然律不同，它只注重位格性的，

---

⁴⁶ 英注：巴文克的资料来源可能是Gunning, *Overlevering en wetenschap*, 134-137；参 Gunning, *Jezus Christus*, 17-33。后一份资料也见于Gunning, *Verzameld Werk*, 171-258。

⁴⁷ 见§16章节。

⁴⁸ E. Zeller, *Über Begriff und Begründung der sittlichen Gesetze*; also in *Vorträge und Abhandlungen*, 189-224.

⁴⁹ *RD*, 1:369. 中注：英译本在此处增添了巴文克在《改革宗教理学》中的论述。中译本遵照荷文版行文，删除所增添的内容。

⁵⁰ F. Schleiermacher, "Über den Unterschied zwischen Naturgesetz und Sittengesetz," cited by R. Rothe, *Theologische Ethik*, 3:359n1 (§800). 英注：罗特提供了一项引文出处，"G W, III., B.2."。在一个脚注中，罗特指向J. T. Beck, *Die christliche LehrWissenschaft*, I.136-137。

⁵¹ Vilmar, *Theologische Moral*, 1:61-62; cf. C. I. Nitzsch, *System of Christian Doctrine*, 208 (§99); J. T. Beck, *Die christliche Lehr-Wissenschaft*, 136-143.

而不是非位格性的：道德律导向意志。

5. 目的或功能

律法有三种不同的用途：

1. 民事功用。律法在这方面"借着其自身外部控制的缰绳"，被用于"检查人们一切不羁的激情"。[52] 律法就像是一条缰绳，驯服和抑制人内在愤怒动物特性。人不再能在属灵意义上成全律法。然而，他们可以使自己的行为符合律法。当那位富足的少年人来见耶稣时，说："这一切（诫命）我都遵守了。"（太十九20）耶稣并没有反驳他。保罗声称"就律法上的义来说"，他是"无可指摘的"（腓三6）。尽管这在人类法庭上是真的，在上帝的法庭上却不是真实的。这里缺少了正确和真实的气氛：我不是出于对上帝和邻舍的爱而遵守诫命，所以我并没有满足这些诫命。如此说来，一个人的行为与律法的外在一致性是有的。正因如此，我们才会如此可怕地自我欺骗，以为自己能看足律法，在自义中寻求永恒的救赎。在这种情况下，我们认为自己很富有，什么都不缺（参 林前四8；启三17）。因此，律法的民事功用经常导致骄傲、傲慢和律法主义的美德。这不是律法的错，而是那些误用律法之人的错。在误用的情况下，虽有"律法的**功效**"（Werke des Gesetzes），但丧失"律法的**核心**"（Herz des Gesetzes）。因而情况常常是，外在的顺从越大，内心的不和谐和距离则越大。[53]

2. 教育性（paedagogicus）或定罪的（elencticus）功用。【律法有两种功用：定罪（罗三19，20；四15；五20；七7-20）和宣告审判和惩罚（林下三7；罗四15；来十二29）。靠着律法并在律法中，我们才会意识到自己的理型（ideal）是什么，意识到上帝希望我们成为怎样的人，并将成怎样的人。确切地说，律法并没有教导我们不能满足律法，而是我们的经验如此教导。律法也没有教导我们可以满足律法。律法更未提供能力或生命。律法无物可给，只会命令。律法只会无情地规定：你们应当如此，否则就有罪，并将面临刑罚。因此，律法首先教导我们要知道按照罪的实际特性来认识罪，即罪是在圣洁上帝面前的罪咎，而上帝依照律法是我们的审判

---

[52] Polyander et al., *Synopsis Purioris Theologiae*, disp. XVIII.41.
[53] Harless, *System of Christian Ethics*, 113, 117-123.

者。其次，律法制造恐惧。这正是以色列民的经验（诗十九篇；一百一十九篇）；以色列百姓喜爱律法，并无违反律法。因为律法是以色列民的上帝的律法。祂并非透过律法，而是透过应许成为他们的上帝。[54] 然而，作为审判者的律法，律法会引起恐惧、愤怒和咒诅，令人绝望。正因如此，律法就成了领我们走向基督的训蒙的师傅。"律法本身不会将我们指向基督，因为律法并不知道基督。但是律法像疾病驱使我们寻觅医生一样间接地将我们指向基督。因为在律法里面没有救恩。"[55]】[56]

3. 在信徒中的教导功用（usus didacticus）。[57]

---

[54] Harless, *System of Christian Ethics*, 118-119.
[55] F. A. Philippi, *Kirchliche Glaubenslehre*, 5/2:4n; H. F. F. Schmid, *Doctrinal Theology*, 519.
[56] 中注：本段依照荷文版162-163页所译。
[57] 中注：荷文版此处只有一句，英译本在此增添了两句内容。根据荷文版编辑所言，巴文克未详细解释第三种功用的原因是，下文§32章节会着重关注十诫；见荷文版778页849注释。

§16. 公民正义[58]

此章节会简单地介绍自然道德（natuurlijke moraal）。之所以有自然道德是因为基督徒尤其比他人能更好地用圣言之光来辨识自然中的事物，从而学会区分自然和恩典。[59] 当人们向自我的意识苏醒时，他们立即意识到他们不是他们理应成为的人。他们心中有一个律法，一个高于他们并与他们成员间的法律相抵触的律法。此律法加持他们的良知，引导他们在相对善恶间做出选择。这也引起了冲突。自然的道德生活是一种善恶冲突的生活。这是道德的特征。人们感到被召唤要进行这场斗争。他们认为这是他们的道德职责（sittliche Aufgabe），他们需要根据理性自由地引导自己。

然而，道德气禀由社会阶层、环境和个人气质的差异塑造而成。[60] 与本性相关，

---

[58] 中注：此处荷文justitia civilis在英译本中被译作"natural morality"（自然道德），但在其他地方被译作"civil justice"（公民正义）。中译本此处采用"公民正义"的译名。荷注：对本章节主题的讨论，参Theodore G. van Raalte, 'Unleavened Morality? Herman Bavinck on Natural Law', in: John Bolt (ed.), *Five Studies in the Thought of Herman Bavinck, A Creator of Modern Dutch Theology*, Lewiston/Queenston/Lampeter 2011, 57-99.

[59] Zahn, *Die natürliche Moral*, 3.

[60] 英注：巴文克插入了四项古典个性特征。这些特征可以追溯至希腊医生希波克拉底（Hippocrates），并关乎四项肉体"诙谐"的概念：乐观和交际性（sanguïnisch）、易怒（cholerisch）、头脑清醒和安静（melancholisch）、轻松平和（flegmatisch）。

教养的任务是培养这种性格，并使之形成道德品格（意识）。当孩子们在道德律下长大、学会遵守它、并因着此命令而开始自觉习惯地去行他们应行之事时，尤为如此。这就是道德**意识**如何觉醒，并在人里面逐渐加强；于是，人开始感觉自己的良知受律法或道德观念的约束。那些行为违背此道德观念的人，就是犯罪，最初是出于软弱，而后驾轻就熟，最终出于恶意。在此过程中，良知变得静默，挣扎停止，人开始沉沦，最终就是悲观和道德迷失的呐喊。与之相反的是，一些人开始习惯遵循道德观念，遭遇冲突，且必然经常遭受失败。然而，透过悔改，他们被带回到道德观念。如是，在跌倒和爬起的过程中，热切致力于道德观念并在美德中彰显的道德气禀就产生了。道德品格是个人的问题。尽管其享有装饰每个人的共同美德，但道德品格以适合每个人的方式来应用这些美德。一个已形成的道德品格不再需要与罪斗争，并且总是遵循道德观念；但是这种道德品格从未存在。在此生中，道德总是一场斗争。

希腊人基于对作为学习和科学结果的真理的自然热爱，将体现自然人之道德品格的美德，特别与智慧（σοφία）联系起来。理性至上。[61] 这之后是勇气（果敢），以自尊、荣誉感和自我价值为基础；这些都在伟大而高尚的行为中表现出来。这就是我们所说的心胸宽广（grootheid van ziel），在表现无私甚至自我牺牲的行为中彰显。第三种美德是自制（σωφροσύνη），以抑制激情、精神清醒、节制和自我控制为特征；它需求很少，容易满足。最后是正义（δικαιοσύνη），渴望给予别人应得的，公平感，对正义和公义的热情，这通常包括同情。

然而，人类并非孤立存在，而是在人类社会的道德领域中表现道德品格和美德。客观地看，这些群体在个体之外，并在个体之上。至善不是个人的道德完全，而是人性的道德完全。事实上，两者缺一不可。

第一种群体生活是婚姻，我们被肉欲的爱所吸引。但羞耻感已经表明，肉欲之爱必须支持道德。当爱人相敬如宾、彼此相爱时，婚姻之爱才是道德的。婚姻以自由选择和父母的允许为基础。人应该公开地进入婚姻，因为考虑不周的热情和激情之爱会因此被迫成熟并平静。婚姻的道德观念需要一夫一妻制和永续性，除非它实

---

[61] 英注：巴文克对古典美德有简短讨论，采用了与传统不同的次序。他也未指明资料来源。主要的古典文献有Plato, *Republic* IV.426-435; Aristotle, *Nicomachean Ethics*; Aquinas, *ST* Ia IIae qq. 56-67; IIa IIae qq. 45-170。在古典方面，四项元德（cardinal virtues）按次序是审慎、正义、刚毅（勇气）、自制。巴文克认为智慧为首，之后是勇气（ἀνδρεία）；他将勇气与"能力、果敢"（virtus）联系起来，而不是与常用的刚毅（fortitudo）相连。巴文克未将审慎（φρόνησις）纳入自己的清单。

际上已经被奸淫破坏了。

群体生活也在家庭中，特别是在父母和孩子的爱之中。父母是给予爱之人，孩子是被爱之人。父母的爱更伟大。父母要教养他们的孩子，借着最初对他们绝对服从的要求，最终训练他们自由服从。父母有凌驾孩子之上的权柄和能力，孩子们反过来孝敬他们的父母。一种自由、平等、正义和公义之感会在兄弟姐妹圈中形成。这样，家庭就变成了一个微观世界，一个通过与其他家庭成员的联系而成倍增长的各种关系的小世界：祖父母、叔叔阿姨、堂兄弟姐妹；他们都赋予家庭圈子以特性。

接着，一个更广的领域由友谊形成。在自然道德中，友谊十分重要。友谊并不是像婚姻一样基于自然气禀，而是基于另一种气禀和需要。友谊的目的不是令人费力（inspanning），而是放松（ontspanning），是一种爱的练习和享受。在友谊中，我们寻求互补。因此，这在我们年轻之时，还在成长的时候，显得尤为重要。在以后的生活中，我们保持友谊而不是建立友谊。在异教徒中，友谊表现在对客人的热情款待上。

我们的职业构成了另一个领域。即使没有爱或友谊的纽带将人聚集，生活工作（levenstaak）的【群体性（gemeenschappelijkheid）】，即维持生命和征服地球，也常常把人们联系在一起。工作群体千差万别，每个群体都有适合自己的一系列独特美德。然而，所有这些美德都基于道德理型、忠诚、诚实和荣誉。在某种程度上，这些美德更多是外在的，用来维持生活。这种道德群体的概念意味着，雇主和雇员的关系应是自由的：雇员不仅是劳动力，而且还是人。

现世的生活自身对人类和超越我们之生活的目标都有很大的价值。肉体生命不仅要在存有中得以维持（我们因着不道德等原因在肉体中受苦），也要在幸福和健康中维持下去。这使得节制饮食成为必要。身体服务于工作，工作服务于健康，而健康有时可以通过锻炼得到强化。财产也必须受到尊重。财产就是人们所拥有的和用来生活的事物。它是争取支配权的产物。地球是人类的财产。有些所有物是必不可少的；否则，一切自由都会丢失，爱也无法实践。因为爱就是给予，而当一个人一无所有时，他也就无所给予。财产必须通过劳动获得，或借着礼物或继承而获得。

有些工作群体是一种更内在性和精神性的社群，特别是科学和艺术的群体。科学是对自我意识和自由之追求的成果。科学是有关实在的知识，并且由于实在常常是迷惑性的，所以科学就寻求认知真理，为要控制实在，了解过去、现在和我们自己。学者的任务是服务人类，并且到一个程度，人类需要越来越多的分工、越来越多的学者。他们的任务是道德性的。

艺术根据自我意识而定。艺术会指导意志去实现道德观念，以此作为其一切行为和工作的极致表现。一个人所行之善是美的。但是美本身也有价值；多样性中的和谐借着画面和声音，尤其借着言语，对我们说话。然而，艺术也服务于道德理念和功用去完成人性，以此为艺术的最高作品。艺术是真和善的姐妹。

这些群体最终被纳入宗教群体和国家。[62] 自然道德对教会一无所知，对今生的终极基础和目的也无话可说。然而，自然道德要求良知的自由，从而要求宗教的自由。约束良知是不道德的，因为自然的道德必然特别对生命的终极问题保持沉默。死亡对自然道德而言是一个奥秘，生命对自然道德而言也是一个秘密，但是自然道德必须禁止故意杀人和自杀。自然道德必须让宗教生活自由，不宣告真理或谬误。

最后，国家是社会的组织，有自己的百姓和语言。国家以佩剑为象征，必须维护正义；它的力量就是律法。国家靠武力强迫，为要将罪限制在私人生活的领域内，因而有极大的道德价值。政府是国家的良知。国家必须要从内部和外部来捍卫自己；后者是最终诉诸战争。每个人面向国家都有义务，这包括勇气和同情他人。自然道德的最高理型是一个世界性帝国，一个众人相爱互助的王国。然而，必要的是，国家民族和王国的相对独立性必须继续存在。如果那个世界性帝国是可实现的，那么它肯定是在世上向众人实现的至善、理型。

上述一切都是自然道德的产物：道德品格、道德、美德、家庭、家属、教养、友谊、职业、科学、艺术、国家。请注意，我并非主张这些方面未被基督教影响、改善和提升。基督教曾经并仍旧深刻影响人们如何理解道德、教养、科学和国家。但是，异教徒中也有上述一切。因此，这些方面并非由基督教所创造，而是从自然人的生命根源中长出，并继续从这个根源生长。若非如此，拒绝基督教就会导致它们立即消失。

最后，综上所述，我们能轻易确定自然道德的价值。

1. 从上帝国度的角度来看，自然道德在上帝眼中绝无价值。它并没有使我们更接近天国。更佳表述是，它也许能带我们更接近天国，但永远不能带我们进入天国。极致发展的道德生活和属灵生命的最小种子之间，存在着巨大的鸿沟。为了获得属灵生命，正是自然道德生命必须完全被降服、治死并与基督同钉十字架。在此情况

---

[62] 荷注：巴文克有决定在下文写一章论述国家和教会。

下，美德只不过是灿烂的罪恶（peccata splendida）。[63]

2. 从时间中世界的角度来看，自然道德和它的果实却有巨大的价值。如果不能认清它们的价值，这便是心胸狭隘、小气和肤浅的循道主义和寂静主义性的敬虔主义等，而并非改革宗的。这种自然道德的价值有三方面。

（1）它让人无可推诿。即使是一个强盗群体也必须承认正义。小偷憎恶律法，"不是因为他们不知道律法是善的，是圣洁的，而是藉着任性的欲望而愤怒；他们反对显然的理性。"[64] 即使是最大的邪恶也试图披上善的外衣，藏在善之下。[65] 每个人的良知都见证自然道德。

（2）它抑制人类，更确切地说是人体内狂野的被造层面。自然道德就像一条警戒线，圈住了人心中残忍的怪物，如同关住人欲望的牢笼。对很多人来说，它甚至在行善避恶中创造了某种不寻常的满足感。柏拉图、塞内加（Seneca）、普鲁塔克等贵族，以及梭伦（Solon）、德拉古（Draco）和莱库古（Lycurgus）的律法，都显明了这点；许多人都是基督徒的榜样，在外表美德上超越了已归信之人。[66] 简而言之，它使人类的存在成为可能，防止人类堕入兽性，保持其可被拯救的能力，并维持人类王国、共和国和人类共同居住地的次序。[67] 道德世界秩序是位于自然中因果机制之上的领域。它是一种自由和向往的领域，而不是一种强制的领域，并在良知、国家、宗教、艺术、历史、上帝对世界的治理中维持下去。

（3）它使人的生活可以忍受，改善生活，甚至制造一些快乐，使生活不至于成为地球上的地狱。美德的实践总会带来一些快乐、和平和幸福。对真理的热爱在某种程度上可以因科学满足。科技为人类在对抗自然的过程中提供了一些优势。药物有利于对抗疾病，逻辑有利于对抗错误，司法体系有利于对抗不公正。在自然道德的领域里，仍有乐观的理由，而悲观则是性格的弱点和缺少勇气。

3. 自然道德对教会和个体信徒都有巨大价值。

---

[63] 英注："灿烂的罪恶"一词通常认为来自Augustine, *City of God*, XIX.25；但这个观点受到质疑，见Irwin, "Splendid Vices?"。

[64] Calvin, *Institutes*, II.ii.13.

[65] Wittewrongel, *Oeconomia Christiana*, 1:293.

[66] Wittewrongel, *Oeconomia Christiana*, 1:291, 293.

[67] Wittewrongel, *Oeconomia Christiana*, 1:293. 中注：巴文克旁注"Losgebunden erscheint, sobald die Schranken hinweg sind Alles Böse, das tief das Gesetz in die Winkel zurücktrieb (Goethe, *Her[mann] u[nd] Dor[othea]*, S. 26)"。歌德此诗句中译："一旦屏障消除，一切邪恶迸发而出，这将法律驱赶至无立足之境。"

（1）自然道德是信仰的前设。这个世界是圣灵所预备之圣言的种子被播撒、发芽、结果的禾场（太十三38）。重生预设了自然的出生，再造预设了创造，并且《圣经》预设了自然。[68] 这世界、地球是教会的根基；二者彼此相依，就像没有自然神学，启示神学是不可能的。

（2）自然道德甚至是为属灵生活所做的一种准备。自然道德被赐下，以至于它可以逐渐装备并引导一些人多少能趋近更大的恩典。[69] 因为，虽然我们死在罪恶过犯中，在世上没有行超自然善事的能力，上帝却不把我们当作无生命的生物、一块木头和砖，或无头脑的野兽。[70] 因此，上帝在人里面留下了宗教原则和公民美德，这为上帝根据祂智慧和恩典的决断而进一步做工提供了基础。在此意义上，自然和恩典并非对立，但自然是恩典进行再造之工的领域。[71] 上帝在我们心里所留下的祂形像的碎片如同种子；借此，上帝的形像透过更新的恩典，在随后可以再次发芽。如此，这就有一般性的先临恩典（gratia praeveniens）和一般性的圣灵的工作；它们引向特别的恩典，并为之预备。这不仅得见于每个人身上，也体现于上帝在基督之前的异教国家（比如希腊人和罗马人）的工作中，并且今日仍发生在全人类中间：自然生命是田地，根据田地已被圣灵耕作的程度，撒在地里的种子会结出果实，或死亡，或丢失。信心是暂时的信心，或奇迹的信心，或历史性的信心，还是救赎性的信心，取决于田地里犁沟的深度和所撒种子的深度。田地各不相同，因此圣言的果效也千差万别。圣灵预备田地，耕耘土地，深入而持久地渗透土壤（试想我们年轻的时候）。因此，每个人信心的开端不同，因为带来重生的过程不同。

（3）自然道德的生命留存在信徒和教会之中。它仍然是倾注和携带属灵生命的容器。我们在今生没有完全重生。我们的品格、理智、意志、心灵、身体、情绪、地位和处境都保持不变。重生的人是双重的，拥有属灵和道德生命。这就像新酒装在旧皮袋里！在这样的属灵生命中，没有任何世俗或现世的事物，只有属天和永恒的事物。比如，属灵生命不包含婚姻、家人、家庭、孩子、兄弟姐妹、祖国、民族、职业、科学或艺术；在基督里没有男女之分，诸如此类。这一切都根植于道德生活。

---

[68] Zahn, *Glaubensgewißheit und Theologie*, 26.
[69] 荷注：这句话及随后的几句内容，可能取自Petrus Wittewrongel, *Oeconomia Christiana*, [Eerste deel,] 293；巴文克部分采用了此处内容。
[70] 中注：巴文克在此并未指明资料来源，但他明显与《多特信条》第三与第四项教义第16条有共鸣："此神圣的重生恩典并非如同是木头和石头一样的人里面运行。"
[71] Van Mastricht, *Theoretico-Practica Theologia*, I.iii.9 §39 [2:99].

总而言之，基督徒继续活在肉体中（加二 20）。基督徒不再是肉体：基督活在他们里面；他们的"我"（"自我"）活在基督里，纵然他们仍活在肉体中。故此，基督徒的呼召不是透过苦修主义，使用属灵生命来扼杀自然的道德生命，也不像某些修士用鞭子来鞭笞自然的道德生命。基督徒的呼召也不是走到另一个极端，与反律法主义者同流合污："我不是肉体，那是我从前的本性。"但是属灵生命应该使道德生命充满活力，控制它，使它臣服，以它为工具，正如我们在《加拉太书》二 20 读到的："基督……在我里面活着。我如今在肉身活着，是因信上帝的儿子而活。"因此，伦理的目的和职责（特别是在我们的第三卷中）[72] 是要描述重生之人如何以现世生命的形式来彰显他们永恒的属天生命。

---

[72] 英注：卷三<归信后的人性>包括了巴文克对十诫的讨论。

第七章

圣灵中的生命

本章摘要

上一章阐述了随从自然律引导的罪人的道德,本章探讨被基督的灵所更新之人。这一新生命有多种表达方式,如"在基督里"、"与基督同钉十字架"、"新造的人"和"光明之子",或直接用与"属肉体的生命"相对的"属灵的生命"来表述。

这一新生命是恩典胜过律法后的状态,也是从罪的奴役中得释放、享自由的状态。首先,这是与罪中之死截然相反的生命状态。生命不仅仅是一种存有(being);无论是植物的生命,或感观的动物生命,或理性的人类生命,所有生命都是一种活动(activity),是一个生命力(life-force)。尤为重要的是,生命是福音的应许。属灵生命在本质和性质上不同于植物的(vegetative)、感观的(sensory)或理性的(rational)生命;属灵生命有其独特的生命原则(life-principle)。

只有三位一体的上帝自有生命,所有受造生命都源于上帝,并依靠祂。尽管自卫的动力是所有植物和动物生命的特征,但属灵生命的特征是在基督里、透过圣灵对上帝的爱。属灵生命的基本原则不见于自然生命,而是通过舍己、将自我钉死、虚己和忧伤痛悔的心灵首度出现。爱赋予属灵生命以身量与样式;这爱由圣灵浇灌在我们的心中,又是圣灵的果子。

因为对上帝的爱是属灵生命的根基,因而属灵生命本身就由与上帝团契、与基督的团契、与同道信徒的团契组成。属灵生命是一个团体的生命,不能孤自而立;若然,属灵生命会枯萎凋零,走向死亡。属灵生命的相交有三重性:与父神的团契,与耶稣基督的团契,与圣灵的团契。信徒会经历上帝祂自己的生命:源于圣父、透过圣子并在圣灵中的经历,又反向地在圣灵中、透过圣子并归向圣父的经历。

此属灵生命是一个隐藏、不可见、非具象的生命。《圣经》论到我们"内在的存有"(inner being)、我们的心(heart)、我们的心思(mind)和我们的灵。心是属灵生命的居所;我们的理性、情绪或感觉并意志都深植于心。心是"上帝藉由赐予我们的圣灵……浇灌祂爱"的地方。

这种内在、隐藏的生命并未完全。我们因信而活在恩典的状态中;恩典的状态还不是荣耀的状态。但这并非否认属灵生命在一定程度上已影响整个灵魂。信徒希望现在就行善。在基督里的新生命就是生命,是永恒的生命,是拥有被更新心思的有意识的生命（conscious life），是自由的生命，也是蒙福的生命。

属灵生命的客观起源在于拣选。在主观层面上，甚至改革宗神学也承认归信（conversion）前的预备，比如听到上帝的话语，去教会，逐渐明白罪，蒙赦免的盼望等。这些就是承认在圣灵重生一个人之前上帝护理性（providential）的引导。"归信前的预备"是圣灵整体工作的组成部分。重生是特殊的，人不能抗拒。

与所有生命一样，属灵生命也有分离、分类、接受与吸纳四种模式。归信意味着重生之人诚心并坚定地弃绝一切的罪。重生之人借着相信、信靠上帝的见证（testimony）是真实的，就立时明确地显明出来。信就是以"阿们"回应上帝的话语。进而言之，信是对基督位格的信靠。

有些基督徒以信仰知识为重，有些基督徒以内心的信靠为上。前者可能会受僵化的正统性之害，而后者容易将信心与经验相混淆，因而削弱了《圣经》的重要性。理智与情感应相依为整体；二者都必不可少。

§17. 属灵生命的本性

在本书第一部分，我们阐述了归信之前的人性，即人性应当为何（有上帝的形像）、罪的状态中的人性为何、人性在罪中保留了上帝形像的哪些方面。现在我们回到归信的源头及其发展的论题。换言之，我们将探讨属灵生命的本性、起源、成长及完全，并我们对属灵生命的忽视。然而，拥有对属灵生命的知识（kennis）是必要的，对牧者尤然。牧者须能辨识（诊断）属灵生命，并养育它；若属灵生命患病，牧者当去医治恢复。牧者是灵魂的医生，因此必须了解灵魂的"状态，它的方向和境况"。[1]

本书第一部分和第二部分之间有逐渐的过渡。人若顺从良知和律法，就能达到某种道德生活和某些公民的公义。但即使拥有这些，人在属灵意义上还是死的。然而除了道德生命，还有另一种生命，即属灵的生命。

1.《圣经》中属灵生命状态的术语[2]

《圣经》中有许多属灵生命的术语与意象。使徒保罗论及自己时，称自己为"**在**

---

[1] 见 Vitringa, *Korte schets*.
[2] Vitringa, *Korte schets*, 2 (I §1); Lampe, *Schets der dadelyke Godt-geleertheid*, 40-61; van den

基督里的人"（林后十二 9），因为上帝已在他里面启示了祂儿子（加一 16）。保罗说他"与基督同钉十字架"，因此"活着的不再是我，乃是基督在我里面活着"（加二 19-20）。因此他为加拉太基督徒祷告说，直等到基督成形在他们心里（加四 19）。他提醒哥林多信徒，他们是他的孩子，因他在耶稣基督里用福音生了他们（林前四 15），因此是"新造的"（林后五 17）。然而，如果信徒认为自己"向罪而死，在基督里向上帝而活"（罗六 11），但依然是"基督中的婴孩"，那么他们不能被视为是"属灵的"。保罗把这类人称为"属肉体的"（林前三 1）。

因为对基督徒来说，如同保罗一样，"活着就是基督"（腓一 21）。蒙召的领袖所做的福音事工是为了"建立基督的身体"，渐至长成，"满有基督长成的身量，使我们不再作小孩子"（弗四 13-14）。使徒保罗教导基督徒"要在我们救主耶稣基督的恩典和知识上长进"（彼后三 18）。保罗再一次将提摩太称为"我儿"，鼓励他"要在基督耶稣的恩典上刚强起来"（提后二 1）。耶稣基督教导祂的门徒说："你们要常在我里面，我也常在你们里面。"（约十五 4）离开耶稣基督，门徒"什么也不能做"，但是耶稣基督向他们保证："凡你们所愿意的，祈求就给你们成就。"（约十五 5, 7）那些"接受了主基督耶稣"的人（西二 6），"在祂里面凡事富足"（林前一 5），并"在基督里享有天上各样属灵的福气"（弗一 3）。因此，这些人"与基督一同坐在天上"（弗二 6）。我们从而在耶稣基督里得着"上帝所赐出人意外的平安"，并且"必在基督耶稣里，保守我们的心怀意念"（腓四 7）。这些人是"在主里面而死的蒙福之人"（启十四 13）。[3]

信徒藉着耶稣基督所进入的这种状态被称为**恩典**的状态（罗六 14-15），对立于**律法**的状态，因为上帝的恩典是此状态的唯一根基，【因为此状态的存在并延续存在唯独源于恩典，因为】唯有上帝的恩典，在基督里并透过圣灵，预备并使此状态产生。[4] 此状态被称为恩典的状态，有别于公义的状态（忍耐受苦的状态）和荣耀的状态。正因如此，恩典的状态让我们知晓上帝的形像在我们里面逐渐恢复的条件。[5] 基督徒过去处于黑暗之中，他们如今蒙召，成为"光明之子"（弗五 8；帖前五 5；彼前二 9）。作为光明之子，我们就是"行在光中"的人（约壹一 7），"带

Honert, *De mensch in Christus*, 1:467-468. 荷注：巴文克此处将兰佩（Lampe）的著作参考页标为41页，实则为39-40页。内容的章节标题为："第四章 论恩典状态中的人"。

[3] Van den Honert, *De mensch in Christus*, 1:467-468.
[4] 中注：见荷文版170页。
[5] Frederik Adolf Lampe, *Schets der dadelyke Godtgeleertheid*, 40.

上光明的兵器"（罗十三 12），"就是住在光明中"（约壹二 9-10），与其他基督徒彼此相交（约壹一 7）。恩典的状态就是**光明**的状态，因为我们是与就是光的那一位团契（太四 16；路二 32；约一 4；八 12；九 5；十二 35-36，46），与那位就是光（约壹一 5）并"住在人不能靠近的光里"（提前六 16）的上帝团契。这也就是说，基督徒是与真理的上帝团契，是与那位用真理驱走虚妄、谎言和无知等伦理黑暗的上帝团契，是与用真理开悟我们的上帝团契。

这一切都着眼于我们的意识（consciousness/bewustzijn）。我们考虑到意志的时候，也会论及**自由**的状态。耶稣基督来是要宣告被掳的得释放（赛六十一 1-2；参 路四 19），"受造之物将脱离败坏的辖制，得享上帝儿女的自由和荣耀"（罗八 21）。自由在深层意义上是与圣灵有关的实在（reality）："主就是那灵，主的灵在哪里，那里就得以自由。"（林后三 17）我们"蒙召是要得自由"（加五 13）。主教导我们"要站立得稳，不要再被奴仆的轭挟制"（加五 1）。这种自由不应被误用："你们虽是自由的，却不可藉着自由遮盖恶毒。"（彼前二 16）

恩典的状态被称为"自由的"，与罪（约八 34；罗六 7）和律法下（加四章）的奴役状态形成对比。进而言之，此状态是自由的乃因它是**圣灵**的状态："从圣灵生的，就是灵。"（约三 6）"因为情欲和圣灵相争，圣灵和情欲相争。"（加五 17）"叫人活着的乃是灵，肉体是无益的。我对你们所说的话就是灵，就是生命"（约六 63）。由此陈述而带来的紧迫之事在《罗马书》八 1-4 有如下表述："因为赐生命圣灵的律……释放了你，脱离罪和死的律了"，于是信徒就被召行事为人"不随从肉体，而是随从圣灵了。"《罗马书》八 5，9 论道："随从圣灵的人，体贴圣灵的事"，因为他们"是属圣灵的"。《加拉太书》五 18，25 论道：信徒"被圣灵引导"并"靠圣灵行事"。在圣灵中的自由胜过由"字句"定义的盟约（林后三 6），也胜过旧约律法之下"奴仆的心"（罗八 15）。对此，我们的主在《马太福音》九 12 中借用"健康"这一意象进行解释："康健的人用不着医生，有病的人才用得着。"其他用来阐释自由生命的意象还有"清洁"、"圣洁"与"荣美"。

然而，恩典的状态常常被称为**生命**的状态，与从前在罪中死的状态相反。举例来说，正如《以弗所书》二 1-3 所论：

> 你们死在过犯罪恶之中，祂叫你们活过来。那时，你们在其中行事为人，随从今世的风俗，顺服空中掌权者的首领，就是现今在悖逆之子心中运行

的邪灵。我们从前也都在他们中间，放纵肉体的私欲，随着肉体和心中所喜好的去行，本为可怒之子，和别人一样。

上帝在《圣经》中一次又一次向我们呼喊："以色列人哪，现在我所教训你们的律例、典章，你们要听从遵行，好叫你们**存活**。"（申四1；参 三十6）这也是诗篇作者的祷告与誓言："愿祢的慈悲临到我，使我**存活**，因祢的律法是我所喜爱的"（诗一百一十九77）；"我要在耶和华面前，行**活人**之路"（诗一百一十六9）。同样，先知以赛亚说："主啊，人得**存活**，乃在乎此，我灵**存活**，也全在此。所以求你使我痊愈，仍然**存活**。"（赛三十八16）以西结呼召人们悔改得生命："我不喜悦那死人之死，所以你们当回头而**存活**。"（结十八32；参 赛五十五3）"你对民众说：主耶和华说：我指着我的永生起誓，我断不喜悦恶人死亡，惟喜悦恶人转离所行的道而**活**。以色列家啊，你们转回，转回吧！离开恶道，何必死亡呢？"（结三十三11）[6]

生命是福音的应许：

> 我实实在在地告诉你们：那听我话，又信差我来者的，就有永生，不至于定罪，是已经出死入生了。（约五24）
> 所以我们藉着洗礼归入死，和祂一同埋葬，原是叫我们一举一动有新生的样式，像基督藉着父的荣耀从死里复活一样。（罗六4）
> 我因律法，就向律法死了，叫我可以向上帝活着。我已经与基督同钉十字架，现在活着的不再是我，乃是基督在我里面活着；并且我如今在肉身活着，是因信上帝的儿子而活着，祂是爱我，为我舍己。（加二19-20）
> 然而上帝既有丰富的怜悯，因祂爱我们的大爱，当我们死在过犯中的时候，便叫我们与基督一同活过来。（弗二4-5）
> 我们将这一新生命称为属灵的生命，完全有别于其他类别的生命，因为这是从上帝的圣灵而来、透过上帝的圣灵并在上帝的圣灵中的生命[7]："我们若靠圣灵得生，就当靠圣灵行事。"（加五25）

---

[6] 英注：本段及下一段中的经文着重为所加。
[7] 英注：这里三个介词的着重为所加。

2. 属灵生命的特征[8]

生命是自发的（selbstthätige），是自内向外的运动（von innen ausgehende Bewegung）。[9] 生命不只是**存有**（石头和其他物体也存有）；生命也不只是一种状态，而且也是行为、活动、行动与运动。生命总是一个活动，是一个人们称为**生命力**（vis vitalis）之根本原则（grondbeginsel）的活动。此原则在人里面激发活力，管控并统筹全局。生命活动具有连续性，是一种状态。当然，生命类型多种多样，有植物的生命、动物的感官生命与人的理性生命。以上三类生命的生命活动都依从一项根本原则；该原则是隐藏的、内在的、奥秘的，并难以言明，也不能以机械观加以解释。正是在这种活动的延续性中，事物才可谓活着。植物的生命被困于一处，完全受限，无法活动，也没有掌控自身的力量。它不仅缺乏意识，而且不觉其存在。尽管如此，它还是在生长。动物的感官生命是更高的生命形态，有生存的知觉，也可自由活动。动物没有受困于一处，而且因有意识与行动自由就四周活动，然而其生命状态止步于此。但是，活人进入意识与自由的神圣境界，能够清晰感知生命，甚至能以自由意志左右自己的生命。自我（self）听从内在的"**我**"（I）。植物沉睡，动物懵懂，但人是清醒的**单子**（monads，莱布尼茨的术语）。[10] 但是，低等的生命层级（lev-

---

[8] 英注：巴文克在此仅提供资料来源——"参 Drummond"——但无更多信息。许多Drummon的作品与生活和属灵生命的一般议题相切：《永生》（*Eternal Life*）、《被改变的生命》（*Changed Life*）和《属灵世界中的自然律》（*Natural Law in the Spiritual World*），尤其是《永生》的201-250页内容；《理型的生命》（*Ideal Life*）。最有可能的是《属灵世界中的自然律》。根据Warner et al., eds., *Library of the World's Best Literature*, 9:4897 (s.v. "Henry Drummond")，该书被译成了荷文。

[9] Löber, *Das innere Leben: Beitrag*, 2.

[10] 英注：戈特弗里德·威廉·莱布尼茨（Gottfried Wilhelm Leibniz，1646-1716）反对笛卡尔的观点："笛卡尔认为所有思维状态都是有意识的，人类以外的动物既无灵魂亦无感知。"动物的魂与人类（理性）的灵魂关键区别首先在于，后者具有自我意识、抽象思考与自由行动的能力。"莱布尼茨是泛心论者（panpsychist）：他相信万物，包括植物与无生命物体，都有心思（mind）或类似心思的层面。具言之，他认为万物均有形态简单且非物质的思维体（mind-like substances）感知周遭世界。莱布尼茨称思维体为'单子'（monads），并将之划分为不同等级，最低等单子为"裸单子"（bare monads），如植物，"它没有感知与意识"。莱布尼茨将植物的思维状态比作"我们神志不清或者无梦睡眠时的状态"。"动物能感知且有意识，因此有魂。上帝、人类以及天使的灵魂是心思（mind）的典范，因为拥有自我意识与理性。所以，尽管莱布尼茨认为类思维的事物无处不在，但心思在严格意义上的并非普遍存在。"(http://www.iep.utm.edu/lei-mind/)

ensstufen）融于高等的生命层级。人的生命享有植物的生命（如在胃与肠中）和动物的感官生命（如感官与肉身）。此外，人类拥有理性。这种理性的生命表现在婚姻、社会、国家、艺术和科学等各种生活领域，由此产生个人理性生命的诸多形式、表现与领域。随着生命的成长，生命自身会变得更加丰富。不同生命层级不仅在意识与情感上有差异，正如泛神论和唯物主义者所论，【比如黑格尔（F. Hegel G. W., 1770-1831），亚瑟·叔本华（Arthur Schopenhauer, 1788-1860），罗伯特·爱德华·冯·哈特曼（Robert Eduard von Hartman, 1842-1906），查尔斯·达尔文（Charles Darwin, 1809-1882），赫伯特·斯宾塞（Herbert Spencer, 1829-1903）】[11]。此外，它们在内涵与丰富性上也有别。生命力，即生命根本原则本身，不仅在量上有别，在质上也有差异；不仅只有一种实质，而是有多种实质。理性生命不但在情感、意识与反应上有别于植物的生命和感官的生命，而且在生命根本原则，即**生命力**方面也迥异。理性生命是一种截然不同的生命。

属灵生命与以上所有生命类型在程度与品质上也是迥异。当然，它们也有相似之处，因为我们是在谈论生命；属灵生命也是一种活动，有其根本原则与连续性；但属灵生命与理性生命尤为不同。属灵生命与上述其他生命类型的差异无论多大，都不会将它们排除在外，也不会敌视它们。属灵生命能够而且也会与其他生命类型相联系，并且为了上帝荣耀之故，甚至成全、洁净及完满这些生命类型，转化己用。因此，属灵生命不会排除植物的生命与感官的生命，否则甚至吃饭、喝水和婚姻等活动都无法进行，而苦修与自我鞭笞，甚至自杀，却成为当行之事。理性生命在其所有领域（如在国家、艺术等领域），都不应被排除在属灵生命之外，而应被纳入其中，使之从属于属灵生命，由其调控、净化并完全。彻底排除在属灵生命之外的只有在罪中的生命，且径直与之为敌，因为罪中生命是随着肉体和心中的喜好去行（弗二3；彼前四3）。[12] 一言蔽之，属灵生命与"属血气的人"（ἄνθρωπος ψυχικός）为敌（林前二14）。【这种特殊的人类生命不被上帝、基督或天使所知，因为它是源于一个有组织、支配性、赋予能力的生命原则的连续活动、行为和行动。】[13] 此生命原则是以自私与情欲为特征，尽管其有精致或粗鄙的形式。属血气的生命也会在所有领域影响人类的植物、感官与理性的生命：它控制并扰乱生命，败坏、

---

[11] 中注：英译本将这部分内容置于脚注中，而荷文版放于正文内。见荷文版172页。
[12] Vitringa, *Korte schets*, 4-12 (I §§4, 5, 8).
[13] 中注：见荷文版172页。

清空、侵蚀生命。无论属血气的生命出现在哪里,属灵生命都径直与它为敌(加五17)。二者的根本原则截然不同。

3. 属灵生命的根本原则

属灵生命自己拥有与其他生命类型完全不同的生命原则。【显然,被造生命没有完全自有的生命原则,所有受造生命的原则均为衍生而来,是"二手"的原则,因此就预设了另一种原则。】[14] 只有**一位**(One)的生命是完全自有,在祂之中有生命;祂是不依赖任何外在之物的**太初**,是生命力自身,拥有完全的自由、意识,同时是生命和生命的源头。祂就是三位一体的上帝。[15] 万物生命从祂而来,并非源于自己;只有上帝拥有"生命"一词的所有含义。"因为在祢那里有生命的源头,在祢的光中,我们必得见光。"(诗篇三十六 9)万物的生命源自上帝并藉着逻格斯(Logos)所造(约一 4:"生命在祂里头,这生命就是人的光。")。逻格斯内中就有生命:"因为父怎样在自己有生命,就赐给祂儿子,也照样在自己有生命。"(约五 26)

然而,我们也许会论到我们自己相对独立的生命,因此也论到被造物的生命原则。泛神论者并不认同此观点,因为他们认为上帝与万物的生命为一。但是《圣经》的确表明有此种相对独立的生命。虽然所有生命若非从上帝并由上帝赋予就无生命可言,但是上帝的生命与被造物的生命有云泥之别。我们的生命是被造的,而上帝的生命是非被造的。只有在此意义上,我们才论说生命与生命原则本身。塑造、浇筑、管理、控制属灵生命的原则与属血气生命的原则截然不同。属血气之人的特征为自私与情欲,而属灵生命的特征则是在基督里、透过圣灵对上帝的爱。[16]【植物的生命和感官的生命的原则是保护和延续自我(se in suum esse conservare),就是斯宾诺莎所说的自我保存(selbsterhaltungstrieb)。】[17] 因为罪,这也成为所有生命自身的原则。自我保存成为家庭、社会和国家的生存原则,甚至在艺术与科学领域

---
[14] 中注:见荷文版173页。
[15] Löber, *Das innere Leben: Beitrag*, 2.
[16] Vitringa, *Korte schets*, 8-9 (I §6).
[17] 中注:见荷文版173页。

亦然；就如人们所说，为己必须如此行。因此，所有生命的原则在此生命的领域中皆可找到，包含了此生命，但它无法突破此生命。属血气的状态与其中的生命一道走向败坏，终至灭亡。自我保存已成为所有生命的原则，所有生命（因为罪）都意识到伏在罪之下，因此竭力与死相抗，力图保存自我，尽管终为徒劳。这正是"因怕死而成为奴仆"（来二 15）的含义。对死亡的**恐惧**已成为**生命的原则**。

属灵生命与此截然不同，其根本原则不在自然生命之内，而是通过虚己、自我钉死、舍己和忧伤痛悔的心灵首度出现。因此，属灵生命不自私，不会总是想着如何自我保存，也不以属世生活为念。属灵生命不是自然的，而是超自然和属灵的，非外在而是内在的生命；然而，它并不着眼于内，而是超越时间与这个世界。属灵生命本身就是属灵的，是不可见的，在属灵上得喂养，并触及属灵层面。【此生命的原则、内涵与目标都是属灵的，这就是为什么得享此生命之人被称为"属灵之人"（πνευματικός；林前二 15；三 1；加六 1），就是"被上帝圣灵引导的人"（罗八 14），有圣灵内住之人（罗八 11）。】[18] "属灵的人"与"属肉体的人"（σαρκίνοις；林前三 1）或"属血气的人"（ἄνθρωπος ψυχικός；林前二 14）迥异。属灵生命的根本原则是在基督里、透过圣灵对上帝的爱（罗五 5）。"对上帝的爱"（ἡ ἀγάπη τοῦ θεοῦ）此处是宾格属格（爱的对象为上帝），相关平行经文有《申命记》六 5；十一 1，13，22；《马太福音》二十二 37："你要尽心、尽性、尽意，爱主你的上帝"等经文。在此，爱是属灵原则，不仅由圣灵浇灌在我们心里，也是圣灵所结的果子（加五 22），其本性也属乎灵。这意味着爱既非属血气生命之田所结的果子，亦非凭借人的灵与性情而带来的伟大行为；这种伟大行为也会完全付出自己，此后不为己而活，不是离群索居，而是慷慨奉献，舍己为人。爱的对象是属灵的：耶稣基督里的上帝自己，不可见的永恒者。因此，对上帝的爱就除去一切的情欲、属世与污秽，让一切变得纯净又圣洁。此生命原则流入整个生命，流入属灵之人所有心怀意念与行为之中。对上帝的爱赋予属灵生命身量与样式，给予生机、赋予生气，使之变为一个美妙的有机整体；【对上帝的爱是一个驱动力，是有机本源（principium organicum），是生命的原则（vis vitalis）。】[19]

---

[18] 中注：见荷文版173页。
[19] 中注：见荷文版174页。

4. 属灵生命的本质

因为对上帝的爱是属灵生命的原则（beginsel），所以此生命由与上帝的团契、与基督的团契和同道信徒的团契构成。爱追求团契，爱就是团契，一个只有透过爱并在爱里的团契。仇恨导致分裂，而爱连接彼此。由于植物的、感官的与理性的或心理的（psychological）生命中没有对上帝的爱，所以它们没有与上帝的团契。爱与团契（κοινωνία）预设了人和理性的存有，就是那些能认识自我并彼此付出的生命。属灵生命是团体生命，不能孤自而立，否则会枯萎而亡。属灵此三重团契如下。

（1）与父神的团契

《约翰壹书》一 3 论道："我们乃是与父并祂的儿子耶稣基督相交的。"[20] 团契的目的是："使他们都合而为一。正如祢父在我里面，我在祢里面，使他们也在我们里面，叫世人可以信祢差了我来。"（约十七 21）敬虔从团契操练与坚固团契的渴望之中自然流淌而出。这种团契并非空洞的声响与形式，而是至高的实在，【就是世上人与人之间的团契】。[21] 这是因为我们带着坚定的意识（bewustheid），认知到上帝亲自认识我们每个人，而且祂在基督里彰显了恩典，如今因着父神又为我们成就一切的良善（帖后一 11），爱我们，引领我们，以及所做的诸般的事。此外，因上帝的圣灵"与我们的心同证我们是上帝的儿女"（罗八 16），我们的心相信并感受到这一切。我们以信与爱拥抱父神，用心灵之眼仰望祂，经历祂，寻求祂，活在祂的里面并与祂同行。因此，与父神的团契就预设了拣选与称义，并包括（a）上帝的爱与恩典等；（b）上帝将祂自己给了我们，而在我们一方，我们让上帝住在我们心里，住在我们心思、情感与想象之中；（c）我们尽心、尽性、尽力将自己完全献给上帝；（d）在上帝一方，祂在爱中接纳了我们。

（2）与基督的团契

我们蒙拣选是要住在耶稣基督里（弗一 4），祂用福音生了我们（林前四 15），

---

[20] 中注：fellowship在中文分别会被译作"相交、团契、交通"等，意思相同。
[21] 中注：见荷文版174页。

我们与祂同钉十字架，与祂同死（罗六 6；加二 20），与祂一同埋葬（罗六 4），与祂联合（罗六 5），与祂一同复活（罗六 8；加二 20；西三 1），与祂一同坐在天上（弗二）。现在信徒与祂合一：耶稣基督是他们的生命（腓一 21），他们住在耶稣基督里（约十五 4），已披戴耶稣基督（加三 27），有着耶稣基督的形像。耶稣基督也在他们里面（林后十三 5），住在他们里面（弗三 17），在他们里面活着（加二 20），他们与耶稣基督同为肢体（弗五 30），与他们成为一灵（林前六 17；罗八 9，11）。这一亲密的团契由丰富的图像予以呈现，如葡萄树和枝子（约十五章），头和众人（罗十二 5；林前六 11；十二 12），根基与石头（弗二 20；彼前二 4-5），身体与粮（约六 33，35），丈夫和妻子（结十六 8；赛六十二 4，5；何二 16；诗四十五；弗五 32；林前六 16-17），君王与国民（诗二 6；亚九 9）。【这一团契也表现在耶稣基督与信徒之间的彼此交换，就是从我们到基督，并从基督到我们的互换。信徒完全接受并领受耶稣基督，从耶稣基督那里得到一切，并将自己完全献给耶稣基督（林后八 5）。】[22] 然而，这种团契并不意味着将信徒与耶稣基督视为同等，或将信徒神性化，或混淆耶稣基督与信徒。耶稣基督与信徒不是交换关系，而是属灵的团契。该团契不只是在道德层面 [在性情（gezindheid）与意志上的认同]，而是我们与基督的位格有实质和真实的团契，透过爱、也在爱中的至亲的联合，如同婚姻的联合。

（3）与圣灵和信徒的团契

与圣灵的团契（林后十三 14），其次就是信徒的团契（约壹一 7；林前十二 12-31；弗一 22-23；四 16）。人的生命目的是与上帝团契，活在祂的里面是人的生命目标。属灵生命要活在与三位一体上帝的团契中[23]，也就是**在圣灵中**，**透过**耶稣基督**与父神团契**。这种团契是**只有一个**，即神圣的，但就三个位格而言有所不同。首先，圣灵的团契让我们明白罪、义与审判。然后，与基督的团契接纳了我们，并赐给我们基督的恩惠。之后，与父神的团契，在基督里也因着基督使我们为祂的后嗣。属灵生命总是在这三个位格间来回运动，因此确实是丰盛的生命，充满多样性，从不单调。信徒经历上帝祂自己的生命：**源于**圣父、**透过**圣子并**在圣灵中**的经历，

---

[22] 中注：见荷文版175页。
[23] Löber, *Das innere Leben: Beitrag*, 4, 26.

又反向地**在圣灵中**、**透过**圣子，并**归向**圣父的经历。因此，属灵生命是属于上帝的生命（弗四 18）。它源自上帝，藉着恩典所赐，将我们与上帝相连。它透过圣灵立刻在我们身上动工，以上帝自己的属灵生命为模版和典范。信徒的属灵生命是上帝自己最完美生命的影儿与印鉴（afdruksel），因此《圣经》说它得以与上帝的性情有份（彼后一 4）。[24]

5. 属灵生命的居所

【属灵生命是一个隐藏（西三 3）、不可见、非具象的生命。因此，保罗说我们"内在的人"（ὁ ἔσω ἄνθρωπος）[25] 刚强起来（弗三 16；林后四 16）；彼得说要"装饰内在的自己"（ὁ κρυπτὸς τῆς καρδίας ἄνθρωπος；彼前三 4；林后四 16）。"内在的人"被更新了。这种表述与"肉体"（σάρξ）[26]相对，与一切非真实的我们的自我相对。它指向稍有细微差别的"心思"（νοῦς）、"心"（καρδία）和"灵"（πνεῦμα）。换言之，属灵生命指向神圣、属灵与人的本质。属灵生命甚至被视为是"内在的人"（de inwendige mens），因为灵（从圣灵而来的生命）在心思中表现出来。[27] "外在的人"并不是"旧人"（ὁ παλαιὸς ἄνθρωπος；罗六 6；弗二 15；四 12-14），但是它将属灵生命，即"内在的人"，隐藏封闭起来。保罗教导说："不要随从世界，而要心意更新而变化。"（罗十二 2）这表明心思，也就是意识，尤其是反思能力、道德思考与辨识的器官（罗七 25），是属灵生命的居所。这与"良知"（συνείδησις；多一 15）相似。它作为灵的器官，因而存在于心的一部分。"心思"是"心"的功能，[28] 对比经文《以弗所书》四 23："又要将你们的心志改换一新（ἀνανεοῦσθαι δὲ τῷ πνεύματι τοῦ νοὸς ὑμῶν）。" **灵魂** / **生命**（ψυχή / נֶפֶשׁ）源于

---

[24] Vitringa, *Korte schets*, 16.
[25] 中注：中文《圣经》将此处译作"心里的力量"，而希腊文直译应是"内在的人"，是指被圣灵重生了的新生命。
[26] Cremer, *Biblico-Theological Lexicon*, 147, s.v. "ἄνθρωπος."
[27] Cremer, *Biblico-Theological Lexicon*, 148.
[28] Cremer, *Biblico-Theological Lexicon*, 343, s.v. "καρδία."

灵（πνεῦμα/רוּחַ），它的器官（无论根据意识还是无意识方面）就是我们的心（καρδία/לֵב）。心是聚焦并协调所有情境与活动的器官。[29] 因此，这里的次序是"灵 — 魂 — 心"：基本原则 — 主体 — 器官。[30] 理性、情感/思绪和意志都根植于心。因此，心为属灵生命的居所，正如经文所说"以里面的心"（彼前三 4），割礼"是在心里的，在乎灵，不在乎仪文"（罗二 29）。"所赐给我们的圣灵将上帝的爱浇灌"（罗五 5），这浇灌之处就是我们的心。心是耶稣基督因着我们的信心所居之处，这样"我们的爱就有根有基"，并且"能以和众圣徒一同明白基督的爱是何等的长阔高深！并知道这爱是过于人所能测度的"（弗三 16-19）。心是"上帝差祂儿子的灵"进入的地方（加四 6），是赐圣灵的凭据的地方（林后一 22）。】[31]

正是因为属灵生命的居所是内在的，所以它是隐藏的，因而也不完全。信徒因信得生（哈二 4），活在恩典状态（status gratiae）中，而非荣耀的状态（status gloriae）中；但这并非否认属灵生命在一定程度上已影响整个灵魂。当上帝开悟了"心中的眼睛"，我们原本身处黑暗的**心思**（mind）就看到亮光（弗一 18；参 林后四 4）。此开悟就是"叫我们得知上帝荣耀的光，显在耶稣基督的面上"（林后四 6）。由此，信徒清楚明了地认识到上帝与祂属性，自己的罪性，作为先知、大祭司与君王的基督。他们不是从字句和比喻，而是从应用在自己身上的事件中得知这一切。【在**意志**上】[32]，从前他们"放纵肉体的私欲，随着肉体和心中所喜好的去行，本为可怒之子"（弗二 3），但那些"原本是罪的奴仆"的人，"现在却从心里顺服了所传给你们道理的模范。你们既从罪里得了释放，就作了义的奴仆"（罗六 17-18）。他们喜爱耶和华的律法（诗一 2），寻求上帝的旨意（徒九 6），并且说："求祢指教我遵行祢的旨意，因祢是我的上帝。祢的灵本为善，求祢引我到平坦之地！"（诗一百四十三 10）

信徒渴望明白"上帝的善良、纯全、可喜悦的旨意"（罗十二 2）。他们不仅在愿望上和情感上希望**行善**（罗七 18），希望甚至以身体为行善的器具。[33] 喉咙曾是敞开的坟墓（罗三 13），但如今他们以口称赞上帝（诗一百四十九 6）。舌头曾是难以管控的罪恶（雅三 5-6），但如今他们用舌赞美上帝（诗五十一 14；六十六

---

[29] Cremer, *Biblico-Theological Lexicon*, 343.
[30] Cremer, *Biblico-Theological Lexicon*, 503-504, s.v. "πνεῦμα."
[31] 中注：本段内容根据荷文版所译，删减了英译本添加的内容；见荷文版175-176页。
[32] 中注：见荷文版176页。
[33] Van den Honert, *De mensch in Christus*, 1:479.

17；一百一十九 172）。舌头原本满了不洁（罗三 14），但如今上帝从婴孩的口中建立了能力（诗八 2）。他们的脚原是飞跑去杀人流血（罗三 15），但如今将平安的福音当做预备走路的鞋穿在脚上（弗六 15）。[34]

6. 属灵生命的本性

（1）真正的生命

毋庸置疑，属灵生命是**生命**，《圣经》经常如此称呼它。其他所有生命都是白驹过隙，稍纵即逝，转眼如烟，且受死亡辖制（即使没有罪）。植物的生命和感官的生命不能孤自而活，即便在人里面也是如此。肉身的生命不能自行不灭，甚至在亚当亦如是；在他里面，此生命或许藉着属灵的生命而有永生。人的理性生命、灵魂的生命并非真实的生命。它存在于世，但罪使之腐坏枯竭，消瘦贫瘠。唯有属灵生命是真实真正的生命。

（2）永恒的生命

与上帝的团契让我们有永生，不再受死亡的威胁。因此我们无需惧怕死亡（约三 36；八 51）。永恒上帝与我们的团契坚如金石。

（3）有意识的生命

有意识的生命始于上帝的开悟，在于心思（νοῦς）的更新变化，并透过信心（接受上帝的真理）而介导。此生命不是黑暗、模糊而神秘的情感，不是幻觉或臆想，也不是宗教情感和冲动，而是一个清晰明澈的有意识的生命。[35] 其居所不是情感（施

---

[34] Driessen, *Oude en nieuwe mensch*, 293.
[35] Vitringa, *Korte schets*, 3 (I §2).

莱尔马赫）[36]，而是心，是心思（νοῦς）。从此处，有意识的生命的确将自己显明在得以满足并乐意受其影响的情感中；这是蒙福的生命。然而，属灵生命不由情感，而是由信心并以理智与意志介导。情感生命在属灵生命里并非居首位，而是在次要的地位上。甚至情感的生命缺席时，属灵生命也依然存在。因此，居于首位的不是情感，而是信（geloven）。

（4）自由的生命[37]

属灵生命是**自由的**，因为我们已从罪的奴役中得释放（罗六 11；参 17-18；弗四 3；彼前四 2-3），从律法的咒诅中得释放（罗六 14；加二 19；三 10）。我们不受任何被造物的影响——死亡、生命、天使、魔鬼、现在的事、将来的事、掌权的、高处的、低处的，或者是别的受造之物（罗八 38-39）——如今万有都是我们的："或世界、或生、或死、或现在的事、或将来的事，全是你们的。"（林前三 21-22）因为我们单属上帝，唯有耶稣基督是我们的主，祂的旨意与上帝的旨意完全相合。当我们的意志合乎上帝旨意，我们的意志就是自由的。当信徒在上帝的荣耀里重新发现自己的生命目标时，万物都成为信徒的"**我**"和属灵生命的媒介："无论做什么，或说话，或行事，都要奉主耶稣的名，藉着祂感谢父神。"（西三 17）

（5）蒙福的生命[38]

最后，属灵生命是我们心中有欢喜快乐的蒙福的生命（诗四 7）；这喜乐没有人能夺去（约十六 22）。上帝的真理安慰人心，使心得饱足，意即：它创造了和谐。属灵的生命是和平的生命（罗五 1），是爱与喜乐的生命（加五 22），甚至在患难中也是如此（罗五 3）。

---

[36] 英注：巴文克在此仅插入"施莱尔马赫"；这清楚表明他意为"反对施莱尔马赫"。见后者的《基督教信仰》5章第3个命题："敬虔本身是形成所有教会团契的基础；就其本身而言，它既非认知亦非行为，而是情感或当下自我意识的一种修正。"
[37] Löber, *Das innere Leben: Beitrag*, 27.
[38] Löber, *Das innere Leben: Beitrag*, 27.

§18. 属灵生命的源头

1. 客观和主观原因

属灵生命的第一客观原因是拣选，此乃万福之源（罗八28）。父神在创世以先就将选民赐给上帝的儿子（约六37；十七24）。第二客观原因是功德的原因（causa meritoria）：耶稣基督的顺服。[39] "如今祂已经把死废去，藉着福音，将不能朽坏的生命彰显出来。"（提后一10）这在洗礼中，就是即重生的洗（多三5）中，已有预示和印署。如以下经文所论：

> 人若不是从水和圣灵生的，就不能进上帝的国。（约三5）
> 我必用清水洒在你们身上，你们就洁净了。我要洁净你们，使你们脱离一切的污秽，弃掉一切的偶像。我也要赐给你们一个新心，将新灵放在你们里面，又从你们的肉体中除掉石心，赐给你们肉心。（结三十六25-26）
> 那日，必给大卫家和耶路撒冷的居民开一个泉源，洗除罪恶与污秽。（亚十三1）

---

[39] Vitringa, *Korte schets*, 33 (III §3).

毫无疑问，水与源泉的意象是指耶稣基督的血。使徒约翰告诉我们，耶稣基督"藉着血和水来的"（约壹五6），意即：重生、洁净、和好。[40] 第三个客观原因是圣灵："祂救了我们，并不是因我们自己所行的义，乃是照祂的怜悯，藉着重生的洗和圣灵的更新。"（多三5；参 约三5"从水和圣灵生的"）

父神也在其中，因为三位一体的上帝是所有生命的创造者：

> 这等人不是从血气生的，不是从情欲生的，也不是从人意生的，乃是从上帝生的。（约一13）
>
> 你们当晓得耶和华是上帝。我们是祂造的，也是属祂的；我们是祂的民，也是祂草场的羊。（诗一百3）
>
> 我们原是祂的工作，在基督耶稣里造成的，为要叫我们行善，就是上帝所预备叫我们行的。（弗二10）
>
> 祂按自己的旨意，用真道生了我们，叫我们在祂所造的万物中，好像初熟的果子。（雅一18）

耶稣基督又被称为"叫人活的灵"（πνεῦμα ζῳοποιοῦν；林前十五45）。在三位一体的经世（economy）中，重生是圣灵的工作（约三5；六63；林前六11；林后三3，6）。使徒保罗告诉哥林多人，他们"是基督的信，藉着我们修成的。不是用墨写的，乃是用永生上帝的灵写的；不是写在石版上，乃是写在心版上。"（林后三3；参 耶三十一33；结三十六26）圣灵赋予宇宙万物以生命，使其运转（创一2；伯二十六13）。重生是属灵的，为要使人圣洁，还有谁比圣灵更适合这一工作呢？圣灵是所有理性和道德生命的创造者；智慧、能力、勇气、胆识与智力都源自祂。祂是赐生命的灵（罗八2），是人性内一切属灵事物的创造者。圣灵的显著特征是祂能影响人的灵。【一切灵性（geestelijkheid）、属灵能力、意向（geneigdheid）与活动（werkzaamheid）都依靠圣灵，因为圣灵是一切灵性之源。】[41]

---

[40] 英文注：荷文《圣经》Statenvertaling注释中，关于《撒迦利亚书》十三1"源泉"的注解如下："源泉或泉水就是透过耶稣基督的血，在赦罪中的上帝的恩典，借此我们被洗净。"对《约翰壹书》五6的"藉着水和血"注释如下："使徒约翰此处所想到的是，从基督被扎的肋旁涌流出的水和血；只有约翰对此有提及（约十九34-35）。他在此处重述，为要解明其隐含之意，意即：从祂流淌出来的是圣灵之水，藉此我们得洁净与重生；我们与父神和好并我们罪得赦免，是透过耶稣基督在十字架上的流血而做成的。"

[41] 中注：见荷文版178页。

我们现在开始阐述属灵生命的主观原因，和人类属灵生命起源的方式。[42] 首先，我们来看新生命诞生的预备。一般而言，重生之前有诸多预备，如认罪、悔改，抱愧蒙羞、恐惧不安以及渴望安息等。那么，上述这些是新生的预备和恰当的布署（dispositio per se bona）吗？[43] 抗辩派（Remonstrants）认为，重生需要在真正的重生发生之前，事先认识到自己属灵的死亡，为之哀恸，并渴望救赎。[44] 但是改革宗神学家并不认同此种预备性恩典（gratia praeparans）。[45]

这一问题需有正确的提出方式。在靠人的自由意志（伯拉纠）或透过恩典的方式（抗辩派，路德宗）使用自然之光的意义上的真实预备，显然都不存在。抗辩派认为，人透过耶稣基督而渴望义，但同时仍在罪中。然而，这会混淆属灵生活与道德生活，自然和超自然。死亡与生命之间并非为逐渐过渡。正因如此，所有改革宗思想家都认为，重生是属灵生命的全新开端。但是，可用另一种方式描述此种预备，正如珀金斯（Perkins）所论那样。[46] 埃姆斯（Ames）在其《良知的争讼》（Cases of Conscience）第二卷中专辟一章论述"罪人应如何预备自己以待归信？"[47] 多特会议（Synod of Dort）上，英国神学家类似地论到"归信之前情"（antecedancis

---

[42] Vitringa, *Korte schets*, 45-77 (IV); van Eenhoorn, *Eusooia*, 1:220ff.; van Aalst, *Geestelijke mengelstoffen*, 369ff.; 298ff. 荷注：引用Van Aalst的内容分别是"De vyfentwintigste Verhandeling. Van de Beginselen van Genade in de Ziel en hare werkzaemheid"（从368页开始，巴文克在这里引用369页）和"De negentiende Verhandeling. Wat eerder is in een Godtzalige, Het Geestelyk Leven, ofte het Geloof"。对Van Eenhoorn的引用有些问题。*Eusooia*有三个版本，分别于1746年（第一版）、1746年（第二版）和1752年（第三版）在阿姆斯特丹出版。三个版本的页码一致。巴文克这里的脚注是"220v"。这里的引用似乎不正确，实则应是"220v"，章节"Welke de aanleidende middelen kunnen zyn, tot zyne bekeering"。

[43] De Moor, *Commentarius Perpetuus*, 4:482-484; Owen, *Doctrine of Justification by Faith*, chap. 1; Kuyper, *Concise Works of the Holy Spirit*, 299-303 (II.17); 参 Kuyper, *De gemeene gratie*, 3:216-223. 英注：巴文克此处的引用加了"v"，意为"随后"，但并未注明具体结束的页码；凯波尔对作为"预备性恩典"（preparatory grace）的普遍恩典（common grace）的论述贯穿至383页。

[44] Episcopius, *Arminian Confession*, 11.4, "Apology."

[45] Trigland, *Antapologia*, chaps. 25-26; van Mastricht, *Theoretico-Practica Theologia*, I.vi.3, §§19, 28 (3:229–30, 239); Witsius, *Economy of the Covenants*, 1:360-372 (III.5.ix–xxviii). 英注：作为对引用了van Mastricht的Theoretico-Practica Theologia格式的解释，见§1引言部分"归正教会"（Reformed Churches）的详细备注"改革宗教会"。卷数和页数是依据巴文克选用的1749-1753的荷文版。荷注：巴文克从在脚注中采用了Bernhardinus de Moor, *Commentarius, Pars Quarta*, 483所引用的魏特修（Herman Witsius）和《多特信条》。

[46] 见 Perkins, *Aureae Casuum Conscientiae Decisiones*, I.69-101 (chap. 5)。

[47] Ames, *Conscience*, II.iv.1-7.该准备包括基于"严肃查考上帝律法"的自省，因而有"良知的定罪"（罗一20,32；二20；七7），最后因感到无力自救至绝望（罗七9,13），继而"内心真正羞愧，因罪充满痛悔与恐惧"，这就"生发了归信"（太九12）。

ad conversionem），如听上帝的话语、去教会、认识上帝的旨意（notitia voluntatis divinae）、对罪的觉察（sensus peccati）、害怕的惩罚（timor poenae）、思考得释放（cogitatio de liberatione）、盼望某种宽恕（spes aliqua veniae）等。神圣恩典不是藉突发的热情（per subitum enthusiasmum）运行，而是预设了一些倾向（predispositiones）。[48]

所有这些都可能变得令人压抑。有些神学家强烈质疑这一概念，认为在被遗弃之人身上，无论就这些预备本身而言还是根据上帝的旨意，这些并非恩典的预备（praeparationes ad gratiam）。[49] 但在被拣选之人身上，这些预备已成为呼召、归信、重生的恩典及其果实的记号，尽管难以证明。尽管如此，甚至在被拣选之人中，真实重生之前的确会预先发生许多事。[50] 魏特修（Witsius）也认为，被拣选之人在重生之前完全受上帝特别的引导，得到上帝的丰富供应，这些将有助于之后的重生。他们得到上帝的保护，不会亵渎圣灵，并开始在理论上理解真理，诸如此类。重生是全新的开始，在此前提下讨论这些预备才合宜。[51] 这好比让木头变干是为了之后能够燃烧（但整个变干过程是藉用火）。[52] 该观点的含义又如同：上帝第一天创造土，之后用土造成万物；耶稣去拿因城，先是按着棺材让抬棺材的人站住，然后让年轻人从死里复活（路七14）。[53]

这些预备可称为先导性行动（actus antecedanei），这比预备性行动（actus praeparatorii）更合宜，因为先导之事并非有备而为。如同撒该要看耶稣基督就爬上了树（路十九1-10），又如《使徒行传》二章中，众人因使徒的讲道就大为感动，甚是困惑。《使徒行传》十六章，禁卒感到地大震动，就极其痛苦，心神不安。也可思考发生在保罗身上的先导之事：从天上发光，四面照着他，他就扑倒在地，失明三日等。日常的经历也表明，几乎没有归信是在缺少外部与内部事件的情况下发生的。外部事件如：重大打击，丰盛的祝福，聆听布道等。内部事件如：罪人回归

---

[48] *Acta Synodi Nationalis*, 128.
[49] Witsius, *Economy of the Covenants*, 1:362-366 (III.6.xi–xv).
[50] Comrie, *ABC of Faith*, chap. 1, "Putting On" ("Aandoen"), 3-6; 参 Comrie, *Stellige en praktikale verklaring*, 358 (Q&A 20-23); Heppe, *Reformed Dogmatics*, 510-542.
[51] Van Aalst, *Geestelijke mengelstoffen*, 368.
[52] Kuyper, *Concise Works of the Holy Spirit*, 307 (II.18). 英注：巴文克借用凯波尔的柴和火的类比，但两人作类比的立意不同。凯波尔借此类比为要指出现代神学家的错误。后者认为"预备的恩典如同将湿柴变干，如此更易点燃"。尽管湿柴只有变干才能点燃，这正确无疑，但凯波尔认为该类比不能成立，不能用它阐明上帝的恩典，因为上帝无所不能，任何木头祂都能点燃。
[53] Van Aalst, *Geestelijke mengelstoffen*, 368.

自我，明白自己的苦痛，惧怕惩罚，开始探索《圣经》，渴望释放。诚然，这一切都可能发生在被遗弃之人身上，又完全消失殆尽，他们被属世的挂虑绑缚。但在许多被拣选之人身上（魏特修未论及此），先导性行动对他们的影响更久更深，直到爱的临到和上帝赐予生命。但需再次说明，这些预备不能与属灵活动相混淆；它们不是属灵生命的低级阶段（如太阳逐渐升起一般），而应将二者予以刻意区分。【这些预备不是恩典生命的原则。】[54] 属灵生命从来不是从此预备中逐渐发展而来，亦非因它而得。有时，上帝无需这些预备就立刻、突然地重生了人。但是通常情况下，会先有预备，这就是为什么我们必须观察外在的恩典渠道：去教会，读上帝的话语，按着良知和《圣经》检视自己的灵魂，鉴察自己。上帝将祂的祝福与这些渠道的使用捆绑在一起。在此意义上，我们认同谢德（William Shedd）教授的观点：如果一个人按此方式进展，他就很可能会重生并归信。[55] 无论如何，我们应竭力走在上帝为人归信而预备的道路上。

客观而言，这些先导性行动与属灵活动的区别在于：先导性行动是透过圣灵的普遍恩典而来，不是我们的本性或意志的产物，但它仍然是恩典所结的特别果子。此恩典藉着福音，在不同程度上赐给众人，从而所有未归信之人或多或少都在经历过这些先导性行动。人人都经历过这样的时刻。然而，属灵活动是透过圣灵不可抗拒的特别恩典而来。主观而言，这些预备的活动发生在我们的良知中，是罪的生命在我们的良知中（罗七9）。同时，它们也不是救赎性的，不能使人藉此得救。[56]【这些预备的活动发生在边缘地带，在我们之上（aan ons），在我们四周（on ons）。】[57] 属灵活动发生于内心，触及核心，在我们之内，在我们的"自我"（ego）中。相较于被遗弃之人，这些属灵活动对被拣选之人的意义自然不同。除了参加教会、听上帝话语的宣讲、真理的理论性知识等，还有其他预备的活动。

1. 日常生活中的特别引导：[58] 我们由一对父母孕育，生活在特定的一代人和一群人之中，生长在特定的国家与时代，接受了特定的养育、教育、品格塑造，每个人智力发展、道德发展和生理发育也千差万别。我们也堕入某些罪中，屈服于各类的恶，不一而足。每件事都是先导性的。时常会有一些特别的逆境、灾祸、死亡、

---

[54] 中注：见荷文版180页。
[55] Shedd, *Dogmatic Theology*, 2:516-517.
[56] Comrie, *ABC of Faith*, 56.
[57] 中注：见荷文版180页。
[58] Van Eenhoorn, *Eusioia*, 220-229.

论断和疾病使我们深思，唤醒我们的良知，使我们不再麻木，让我们铭记上帝的愤怒，如此这般。诸事顺利之时，我们忘记上帝，认为祂以恩慈待我们，我们就抛开良知的定罪。"但耶书仑渐渐肥胖、粗壮、光润，踢跳奔跑，便离弃造他的神，轻看救他的磐石。"（申命记三十二 15）[59] 时有发生但不常见的是，一些特殊的祝福唤醒我们觉察自己不配有上帝的良善恩慈。这种祝福有时藉着聆听一篇肃穆的布道而来，有时藉着一篇直入人心的文章或劝诫而来，诸如此类。

2. **制服顽梗本性**。【我们本性的悖逆与意志的顽梗在此被击碎（Fractio naturalis contumaciae et flexilitas voluntatis）。】[60] 威廉·珀金斯（William Perkins）认为，通过"救赎的外在渠道，尤其是话语事工"，上帝常"用外在或内在的十字架，击碎和制服我们本性中的悖逆顽梗，为要让我们顺服上帝的旨意"。[61]《圣经》的例子有：犹太王玛拿西（代下三十三 11-12）、腓立比监狱长（徒十六章），以及众人听到彼得讲道后的反应（徒二 37）。在生命的某个节点上，罪人不再顽梗悖逆，而是开始关注救赎。[62]

3. **严肃思考律法**（seria legis consideratio）。在先导性行动出现后，"上帝引导人的心思去思考律法，人们藉此通常会明白何为善，何为恶，何为罪，何为非罪"。[63] 这种探究带有严肃的目的，导向自省和自我评估；看下镜中的自己，我们一定不要忘记本来的面目（雅一 23-24）。

4. **思考罪**（consideratio peccatorum）。"藉由对律法的严肃思考，上帝让人特别看到并明白他们自身所犯的一桩桩罪；因这些罪，他们干犯了上帝。"[64] 这不仅是"我们是有罪的"的普泛认罪。普泛认罪不会使人痛心疾首，不会触动内心深处。相反，这往往是洞见一些烦乱我们的特别的个人的罪。正如使徒保罗论道："只是非因律法，我就不知何为罪。"（罗七 7）[65] 这就是所说的定罪的恩典（convicting grace），须将它与重生的恩典（regenerating grace）区别开来。《圣经》多处对此现象有所论述："你们怨恨那在城门口责备人的，憎恶那说正直话的"（摩五 10）；"开通他们的耳朵，将当受的教训印在他们心上"（伯三十三 16）；"祂（圣

---

[59] Vitringa, *Korte schets*, 70-71.
[60] 中注：见荷文版181页。
[61] Perkins, *Whole Treatise*, I.v, pp. 50-51 (spelling modernized).
[62] Ames, *Conscience*, II.iii.
[63] Perkins, *Whole Treatise*, 51.
[64] Perkins, *Whole Treatise*, 51.
[65] Willem Amezes, *Vyf Boecken Vande Conscientie en haar regt of gevallen*, 95.

灵）既然来了，就要叫世人为罪、为义、为审判，自己责备自己"（约十六8）；"《圣经》都是上帝所默示的，于教训、督责、使人归正、教导人学义，都是有益的"（提后三16）。在定罪的恩典中，圣灵定那些真挚诚恳之人（ernstig gestemde mens）的罪，他们状态该受咒诅，他们的罪是可憎的。换言之，圣灵让他们铭记上帝愤怒之可怕和"对主的敬畏"（τὸν φόβον τοῦ κυρίου；宾语属格；林后五11）。[66] 归信预备（praeparationes）之中有忏悔（poenitentia），这与悔改（resipiscentia）不同。[67]

5. 对律法惩罚的恐惧，感到绝望（legalis metus poenarum desperatio）。珀金斯继续论道："当看到罪，他借对律法恐惧重击内心；藉此，当他明白自己的罪，他自己就会惧怕惩罚与地狱，并就自己的一切，而对救赎绝望。"[68] 这正是保罗在《罗马书》七9–11的要点："我以前没有律法，是活着的，但是诫命来到，罪又活了，我就死了，那本来叫人活的诫命，反倒叫我死，因为罪趁着机会，就藉着诫命诱惑我，并且杀了我。"其他元素包括以下洞见：主耶稣是必需的，切望释放，渴望归信（因为感到不幸福、痛苦等）。

以上所述是领受恩典的普遍、一般的预备；我们称其为正常的途径。[69] 异教者并非如此。他们有时因布道生命被大有能力地翻转；这一切的预备在重生的那一刻同时并现。这对有些罪人也不一样：他们突然被救出来，即刻脱离污秽的生活，如同灼灼燃烧的木头从火中被抽出（犹23）。这对儿童也不一样：他们自幼领受恩典，在上帝恩典中成长并得以坚固，比如耶利米、施洗约翰和提摩太，但他们也经历了上述归信预备的核心内容。

2. 重生之路上的争战

然而，在接受这些预备后，有两个发展方向。毕竟，伴随此种预备，一个人良

---

[66] Vitringa, *Korte schets*, 67-68; van Aalst, *Geestelijke mengelstoffen*, 377.
[67] 此为加尔文和伯撒的观点；见 *RD*, 3:522-528。英注：宗教改革人士将新约希腊文metanoia译为 resipiscentia，而未选用 poenitentia。Resipiscentia一词过去的含义较窄，"仅指忏悔或痛悔，它们是归信耶稣基督的特征和圣灵在罪人内的恩典之工的果效"。(Muller, *Dictionary*, 264, s.v. "resipiscentia".)
[68] Perkins, *Whole Treatise*, 51.
[69] 英注：巴文克在此所论的显然是基督教世界的情境。在此情境中，一个人生活在更广的社会文化环境，基督教福音在其中是公共知识。

知中定罪的圣灵与肉体之间会有争战。[70] 圣灵敲打他们的心门，呼唤他们归信，并远离这个世界和其上的诱惑。甚至等待转变的不完美的欲望也出现在人里面。他们会希望归信，但肉体和这个世界抗拒；他们若归信，就不得不放弃诸多欢愉，牺牲各样属世的好处。肉体督促他们紧闭心门。如是，争战随之而来，焦虑和疑惑（διστασία）接踵而至。[71] 人若随从肉体，就会抵挡圣灵，使圣灵痛苦忧伤。那些继续抵挡圣灵的人如同"狗吃所吐的，转过来又吃，猪洗净了，又回到泥里去滚"（彼后二 22）。他们行至中途却重返罪中，关闭良知的声音。他们贪爱现今的世界（提后四 10），堕入更加可憎的罪中，因而在尝过天恩滋味后，有时会亵渎圣灵（来六章）。有些人走中间路线[72]，他们从显而易见的罪中回转，变得一本正经，道貌岸然；他们参加教会，为教会大发热心，积极宣教，诸如此类。《诗篇》五十八 2–5 描述的正是这类人：

> 你们是心中作恶，你们在地上秤出你们手所行的强暴。恶人一出母胎，就与神疏远；一离母腹，便走错路，说谎话。他们的毒气好像蛇的毒气，他们好像塞耳的聋虺，不听行法术的声音，虽用极灵的咒语，也是不听。

这类人常常变为假冒为善之徒。他们像芦苇一样低下头，整天以禁食刻苦己心，披麻蒙灰（赛五十八 5）。他们中间常有挑毛拣刺、吹毛求疵之人，这些人从未达到重生之境，全无属灵生命，但他们仍以这些预备性的经历为标准，并对此大肆吹嘘。他们如同愚昧之子，四处忙碌，却并没有重生（何十三 13）；又像没有翻过的饼，是半生的（何七 8）。

然而，被拣选之人就被拯救免于类似过失。有时无论归信所需时间或短或长，他们都一直在此种预备性的定罪之中，但是随后重生的一刻来到。而在此之前，我们仍会有所保留，为要紧握这样或那样的罪；但是之后，定罪的恩典为重生的恩典创造了空间。[73] 重生是"新的创造，从死里复活，使人存活，这在《圣经》中已有明确宣告……无需我们的帮助，上帝在我们里面做工"。[74] 无需我们这一方的任何合作，上帝以祂不可抗拒的恩典在我们里面开始重生的工作，深入我们的良知，

---

[70] Vitringa, *Korte schets*, 69-71.
[71] 英注：巴文克所用希腊文来源不详，Liddell and Scott's *Greek-English Lexicon* 未收录该词。但显然该词源自希腊文动词 διστάζω（意为"怀疑，不确定"）。
[72] Vitringa, *Korte schets*, 70.
[73] Vitringa, *Korte schets*, 73.
[74] 《多特信条》第三和第四项教义，第12条。

直抵内心深处，灌入新的生命原则，开悟我们的心思、判断、良知与记忆，从而黑暗消失，我们重新评价自己、上帝和基督；我们眼睛上的鳞就掉了下来（徒九 18）。[75] 上帝降服并翻转我们的意志，因此罪人无法抵挡，上帝带领他们归向耶稣基督；上帝再造他们的意向与激情，在他们里面重燃对上帝和耶稣基督的爱。祂打开他们的心，就如同对吕底亚所行的那样（徒十六 14），扯断在此之前因预先判断（prejudgments）而紧闭之心头的锁（何十三 8），制服肉体的力量与辖制。旧事已过，"新人"诞生（林后五 17）。

我们不知重生如何发生。重生与肉体生命的诞生一样，充满奥秘。风随着意思吹（约三 8）。我们无法分析重生，如同无法分析创造的行动、人类的起源和个体的人。我们难以理解此恩典之工是如何开始的。[76] 此处有我们不能理解的崭新的开始。我们不知道生命如何进入灵魂：它是从外部进入，还是造在我们里面？但是我们知道和经历的正是：曾经死过的，现在又活了（启一 18）。我们从上帝的道中知晓：永活的话语是使这事成就的渠道，它是不能朽坏的种子。[77] 我们也无法理解：真理如何成为获取生命的渠道？真理与生命如此不同，但它们在上帝与耶稣基督里为一。然而，这话语不会自行创造生命；只有当这话语靠着圣灵进入人心、满有大能并结出果子时，才能创造生命。道好似锤子，但是圣灵须挥锤才能敲开心门。道是利剑，但圣灵须仗剑才能刺穿。[78] 但问题是：在重生里赐下的生命是否已经从耶稣基督而生，并与祂团契呢？绝大多数教理学家（dogmatici）的回答是肯定的。除非我们有份于基督，否则就不会享有从祂而来包括重生在内的恩惠（加尔文）。[79] 进入与耶稣基督团契的唯一方式是靠着信；这预设了一种属灵行动，因而已经预设了属灵生命，重生。[80]

由此，我们得出如下命题：重生中最初的生命是透过圣灵并从圣灵得以作成，此生命彰显在信心的行为中，并紧紧抓住基督。[81] 奥秘的联合（unio mystica）（在

---

[75] Lambrecht Myseras, *Der vromen ondervinding op den weg naar den hemel, voorgesteld in vragen en antwoorden [...]*, In 's Gravenhage 1725), 10v. 英注：该书的第二部分是论重生。

[76] Vilmar, *Theologische Moral*, 2:5, 6.

[77] Vitringa, *Korte schets*, 51.

[78] 中注：巴文克在这里分别使用了Woord和woord，英译本都译作了Word。中译本在此处分别用"道"和"话语"对应二字。根据下文对重生的生命与基督的关系的讨论，巴文克此处似乎刻意区分使用Woord和woord，以前者指向有位格的话语，即道，也就是耶稣基督。

[79] Calvin, *Institutes*, III.i.2.

[80] Van Aalst, *Geestelijke mengelstoffen*, 298.

[81] Witsius, *Miscellaneorum Sacrorum*, 2:788-791; Kuyper, *Concise Works of the Holy Spirit*, 343-

逻辑上）出现在重生之后，同时又借着并透过信心。【因此，我们与耶稣基督联合，获取生命的原则。此生命原则如今从耶稣基督里获取它所有的能力、力量与养分。】[82] 耶稣基督是葡萄树，我们是枝子。若要与祂连接，我们必须已经是富有生机的枝子。树不会存留枯干的枝子。然而，有人对此持反对意见。他们认为，这似乎是说在耶稣基督之外有某种属灵生命。[83] 是的，由于此属灵生命在与耶稣基督奥秘的联合之前就被倾倒在我们里面，但这并非意味着它在耶稣基督之外形成。【由基督而来的圣灵在我们里面的工作是初始的生命原则。因此，在我们一方是被动的联合，而非主动的联合。】[84] 耶稣基督是联合的功德之因（causa meritoria）：祂已为我们赢得圣灵，信心等。此外，这一异议仍然存在：无论奥秘的联合开始多么地早，它不可能早于带来此联合的信心。因此，信心在奥秘的联合之前就已赐下了。所以，存在一个"初始恩典"（gratia prima），预设了我们里面的一无所有，甚至没有奥秘的联合——"父神的吸引"（tractio Patris）——定罪的恩典、重生的恩典和信心的赐予。"第二恩典"（gratia secunda）的确预设了我们内在已有的信心、奥秘的联合、称义、成圣等。

具体而言，属灵生命是上帝生命的印鉴。[85] 并非每一种生命都透过重生而来，唯属灵生命如此；此生命也在赐生命的那一位中找到。上帝就是属灵生命的创造者，所以属灵生命必需与祂的生命一致。毕竟，上帝是所有生命的创造者，但我们不会因此认为万物（动物、植物和人）都由上帝所生，或都是上帝的儿女。根据《彼得后书》一4所言，有份于此生命的我们是祂的儿女，由祂所生："祂已将又宝贵、又极大的应许赐给我们，就得与上帝的性情有份。"所以，此生命必需与上帝的生命一致，是祂生命的印鉴。祂的生命必须是我们生命的原型（archetype）与典范。上帝生命彰显在祂完美的活动中，借此祂完全地认知自己并爱自己，按照祂神圣的本性永活在恩福中。我们的属灵生命与此恩福相似，并是此恩福的形像。属灵之人再次是上帝形像，认识上帝，判断纯正，渴慕上帝和与祂的团契。藉此我们蒙恩得福，为荣耀祂而活。因此，属灵之人不会与上帝的生命疏离。

---

354 (II.25–26).
[82] 中注：见荷文版184页。
[83] Van Aalst, *Geestelijke mengelstoffen*, 303. 英注：巴文克手稿旁注："不，因为圣灵从耶稣基督那里在我们里面创造生命的开端。因此在我们一方是被动的联合，不是主动的联合。"
[84] 中注：见荷文版184页，注脚c。
[85] Vitringa, *Korte schets*, 48-51.

§19. 属灵生命的初始和基本活动

一切生命都是活动，并立时藉此显明自己。属灵生命亦如是。那么何为所有生命的基本、持续的活动？生命活动包括摒弃（secerneren）[86]、分类，吸纳和转化己用。这已然是有机生命最低等形式（植物）的律。植物摒弃一切异物和凡不能作为养分之物，仅吸收有益生命的相关之物。植物成长需光照[87]、合宜的温度、水分、电、空气（合宜的湿度与雨露）、金属和非金属物质——总而言之，需天时地利。植物接受并吸纳这些，将其转化为有机元素以供给自己的生命。因此，植物既是独立的又是依赖的。植物通过摒弃与吸纳而成长、成熟，结果并产籽。动物世界亦然。[88] 人的肉身生命依循类似模式：吸入氧气，呼出二氧化碳，吸收食物，排出无营养的成分。相似地，我们的道德生命吸纳所需观念、情感、所见所闻，但我们的良知会摒除异物。[89] 属灵生命亦然。

当属灵生命藉由重生在我们里面被造时，就立时不断以摒弃与吸纳活动显明出

---

[86] 中注：英译本将拉丁文secerneren译作separate，意思比较模糊。根据此处语境，secerneren不仅有"分离、区分"（separate）之意，还有摒弃所区分之物的意思。中译本此处译作"摒弃"。

[87] 中注：英译本将荷文licht错译为life（生命）。

[88] Löber, *Das innere Leben: Beitrag*, 36.

[89] Löber, *Innere Leben: Beitrag*, 37.

来。[90] 前者是归信，后者是信心。二者并行互依，彼此互动（Wechselwirkung），尤其在重生那一刻之后常常彼此相连。那时，所流下的泪水是痛悔的泪水，也是喜乐与爱的泪水。有时这两种情感此消彼长。如果痛悔占优，就会感到痛心疾首，懊悔不已，惶惶不安，时常犹疑："我这样一个罪魁怎么可能得到救恩呢？"或者会说："上帝啊，祢的救恩何等浩大，我实在不配。"如果后一种情感占优，人会如初恋时一般，急躁难耐，热心做工，希望人人归信，希望自己成为牧者或宣教士。这种人"向上帝有热心，但不是按着真知识"（罗十2）。他们可能会指责更有经验的基督徒，批评他们冷漠，缺乏爱心。[91] 但之后，这些人会认识到自己的热心过于感情用事，有"凡火"在其中，也意识到须用理性侍奉上帝，同时明白自己并不圣洁，也不可能是圣洁的。因着此等灰心失望，有时这些人会怀疑自己的信仰，对自己所有属灵经历不屑一顾，开始怀疑一切。如是，信心再次带来归信，归信再次带来信心。

1. 常称为"归信"的摒弃性活动[92]

我们认为归信是重生之人诚心而坚定弃绝一切罪，这立时显明属灵的生命。但我们确实在此需做区分。在重生之先，某种定罪、离开罪亦有发生，为归信预备。**重生前**与**重生后**对罪的弃绝有具体而显著的区别。一些被遗弃的人也会经历重生前的痛悔，如该隐、亚希多弗、扫罗、犹大、尼尼微人、腓力斯（徒二四25）和亚基帕（徒二十六28）。这一普泛的定罪是源自圣灵上帝（不是作为基督之灵的圣灵）和祂的普遍恩典与开悟。普泛定罪多数因审判、疾病（卧病在床）或瘟疫等而产生，多是关乎重大公开的罪（一般不是隐而未现的罪），以及令人蒙羞且危害的事情。大多情况下，普泛定罪是人们出于对惩罚、降卑、地狱的恐惧。普泛定罪对心思和良知都有益，但不会改变内心。常常可以看到，这种普泛定罪是"世俗的忧愁"

---

[90] Löber, *Innere Leben*: Beitrag, 37.
[91] Van Eenhoorn, *Eusooia*, 1:244.
[92] Löber, *Innere Leben: Beitrag*, 20; van Aalst, *Geestelijke mengelstoffen*, 355ff.; Ames, *Conscience*, II.viii ("Of Repentance"); Myseras, *Der vromen ondervinding*, 9–19; Martensen, *Christian Ethics*, 284-307 (§§90–99); Vitringa, *Korte schets*, 82ff.

（林后七 10），是叫人死。它让人因恐惧而远离上帝，如以赛亚所言："锡安中的罪人都惧怕，不虔敬的人被战兢抓住；你们中间谁能与吞灭的火同住？我们中间谁能与永火同住呢？"（赛三十三 14）他们满足于生命外在的各样好处（如同《马太福音》十九章中的年轻人），或寻求属世令人分心的事情，就像忙于建城的该隐，又像寻找绞索的犹大，他如同狗转过来去吃它所吐的（彼后二 22）。最终，普泛定罪与真正定罪的差异，在于前者使人陷入绝望，或变得更加对上帝不敬，或仅为表面的归信。

【但是，真正定罪是在上帝面前的忧伤，特征如下。】[93]（a）它是圣灵作为基督之灵所做的工（约十六章），所以圣灵被赐下是因着基督的代求（约十四 16-17），也是因着基督的功德（约十六 14）。而且，圣灵透过律法（罗三 20；七章）或福音（不仅透过律法；福音只有应许而律法只有诫命的观点是错的）做工，[94] 也透过沉重的试验（诗一百一十九 67，71；路十五章）或丰盛的祝福（创十六 13；三十二 10）做工，且进一步透过重生和开悟做工。（b）此真正定罪多数时候是内在的；它刺入人心，又发自内心。【它关乎**罪**，关乎我们在其中受孕的罪恶境况（诗五十一 5），并关于罪对我们的辖制（罗六 14；七 24）。（谁能拯救我呢？）它还关乎思想、言行以及隐而未现或公开的本罪，无论其大或小（诗十九 13）。】[95] 总之，真正定罪是关于罪之为罪，但首先不是因为行为有害、可耻或不当，或是因为我们惧怕上帝的惩罚或地狱，而是因为罪会惹动那位恒久慈爱与恩慈的上帝的怒气（诗五十一 1）。《诗篇》五十一 4 论道："我向祢犯罪，唯独得罪了祢，在祢眼前行了这恶，以致祢责备我的时候显为公义。"《创世记》三十九 9 论道："我怎么做这大恶，得罪上帝呢？"继而人们会明白罪应有的**惩罚**，因为上帝的咒诅临到"所有不坚守遵行这律法言语的人身上"（申二十七 26），祂将"在火焰中……报应那不认识上帝和那不听我主耶稣基督福音的人"（帖后一 8）。【真正定罪让人明白自己的无能和生命的失丧，上帝荣耀的亏缺，以及失去上帝；】[96] 让人承认没有耶稣基督就是"死在罪恶过犯中……活在世上没有指望，没有上帝"（弗二 1，12），他们是"困苦、可怜、贫穷、瞎眼、赤身的"（启三 17）。

这一切都是真正定罪之人忧伤之事。所有重生之人都需要在某种程度上经历这

---

[93] 中注：见荷文版186页。
[94] Van Aalst, *Geestelijke mengelstoffen*, 202-215.
[95] 中注：见荷文版186页。
[96] 中注：见荷文版186页。

种忧伤，尽管可能不像自幼蒙教导或由布道福音事工而归信之人所经历的忧伤那么强烈而深入。[97] 忧伤大小与轻重虽无法标明，每个人所经历的忧伤也存在显著差异，但只要它们将人带到基督面前。忧伤持续时间长短也难以界定。有些人会花很长时间，或是因缺乏救恩之道的知识，或是因不信，或是因激烈的挣扎。而有些人忧伤历时很短，如撒该或使徒保罗（只花了三天，徒九 9）。

【但还有一个问题：重生得救之后，人还会面对痛苦吗？[98] 是的，他们还会；但是，他们那时**看**自己为曾在并仍在自然的状态（natuurstaat）中。】[99] 当我们经历这种真实的忧伤时，我们尚不**知道**自己已重生，也不信重生。只有当罪成为异质的元素时，我们才会断然拒绝罪，意即：当我们认识到我们里面的"**自我**"不再受罪的辖制，而是寻求从罪中得释放，因此推开并赶逐罪。归信是"旧人"[100] 死去，并预设了向罪、世界等而死的新人。所以，此归信是新造之人摒弃的活动，拒绝一切罪恶事物，恨恶罪，唯恐避之不及。在排斥、弃绝、驱逐罪的过程中，我们埋葬"旧人"。罪依附于一切，依附于我们的"**自我**"、理智、意志、情感、欲求、身体、灵魂，以及依附于我们一切官能、力量、手、眼睛、耳朵、脚，从而也依附于我们的配偶、孩子、房子、财物、物品和世界。因此，此归信是真正的"旧人"之死，是我们整全、而非局部人性的行动。我们必须让我们的"自我"被钉十字架（加二 20），完全舍己（太十六 24），就世界而论已被钉死（加六 14），对一切可见之物已死（林后四 18），对一切被造之物绝望。我们绝不再相信被造之物，好像被造物能给予我们帮助、安歇，带来平安与释放。我们必须视我们自己的生命和灵魂为失丧，视万物为缠累的重担。

2. 吸纳的活动[101]

属灵人是已重生的，是透过与基督被动的奥秘的联合从圣灵而生。他们在相信

---

[97] Van Aalst, *Geestelijke mengelstoffen*, 364.
[98] Van Aalst, *Geestelijke mengelstoffen*, 364.
[99] 中注：见荷文版187页。
[100] 《海德堡要理问答》第88问答。
[101] Löber, *Innere Leben: Beitrag*, 154-180; Eenhoorn, *Eusooia*, 235, 247ff.; van Aalst, *Proeve des geloofs*; Ames, *Conscience*, II.vi.

（geloven）中即刻明确显明自己。[102]【这的确是属灵生命一个重大且持续的积极活动；根据耶稣基督的教导，这也是上帝的工作，即上帝所命令之工（约六 29）。】[103] 相信是心理性的，是基于对提供见证之人的信心而接受他们的见证，并被见证的真实性所说服。因而，相信的对象是一个词、一个应许或一个见证，其根基、依据和基础是一个**人**的可信性（betrouwbaarheid）。【根据经典经文《约翰壹书》五 9-11，救赎性信心（geloof）是基于上帝（和祂的可信性）而对上帝之见证的一种确信。】[104] 因此，上帝的见证是我们信心的对象；上帝的见证关乎祂的儿子：祂是上帝和救主，在祂里面有永生；"上帝又使祂成为我们的智慧、公义、圣洁、救赎"（林前一 30）。上帝自己是此见证的根基、依据和基础。我们须相信上帝的见证，这只因此见证是**上帝**所做。相信就是以"阿门"回应上帝的道（Woord）。

若此为信心之本质，那么那些认为"意识是信心之居所"的改革宗人士就是正确的。于是，基督徒生活在相信之后所做的，就不是信心之本质，而是信心的果实。此信心之真实性与真理（即指其真实的意义）就**体现**在以下两方面。（a）弃绝生命可在圣子之外（比如自我、钱财、家庭或任何受造物）寻见的想法，因为这就是不信。（b）仅在圣子里寻求生命，因为上帝说生命只在圣子里。在（a）中提到的**弃绝就是归信**。（b）中所论在狭义上就是《圣经》所说的**信心**，表现为：【渴慕、寻求、亲近、就近、坚信基督，仰赖上帝。】[105] 因此，信心的真正对象与其说是上帝的见证，不如说是主自己的位格或在基督里的上帝。[106] 为作区别，我们将（b）中所示的狭义上的信心可称为**信靠**（vertrouwen）。

我们也可以如此推理：相信（geloven）是在上帝祂自己的基础上领受上帝给祂儿子所做的见证。我们若要领受这个有关基督的见证，就必须先信靠上帝，视祂为可信的。对某人的信心的根基必须先于相信他的见证，因为只有并已经知道见证人是可信的，我们才会接受他的见证。相信上帝关于耶稣的见证先于相信上帝。将上述两点结合起来就会看到：（1）首先是认为上帝是可信的，我们才是说谎者；（2）

---

[102] 中注：巴文克在这里采用geloven而非geloof。荷文geloven为动词不定式，可以译作"去相信"（to believe）或"持续相信"（believing）。这表明巴文克在这里刻意用动态来呈现属灵人的新生命。
[103] 中注：见荷文版187页。
[104] 中注：见荷文版187页。
[105] 中注：见荷文版188页。
[106] 中注：英译本此处将"of God zelf in Christus"错译为"of God himself in Christ"，实则为"or God himself in Christ"。

我们领受上帝对祂儿子所做的见证；（3）我们信靠（来到、渴慕等）上帝的儿子；此外（4）藉着上帝的儿子，我们来到圣父面前，被祂称为义，成为祂的后嗣。

关于信心的本质有两种观点，它们并非彼此排斥，在《圣经》中也并行存在。一种是理性之人的观点，另一种是倚重情感之人的观点。前者是知识分子的观点，后者是更具伦理倾向之人的观点；或者说前者为注重头脑之人的观点，后者为注重内心之人的观点。对于前者，信心的本质就是我们在（2）中所论的：在上帝祂自己的基础上领受上帝对祂儿子的见证。信心的居所是意识，其本质是知识（约十七 3）。对于后者，信心的本质就是在（3）中所论的：信靠基督。信心的居所是心（罗十 10），其本质是信靠，正如我们在旧约中反复所看到的。

持第一种观点者 [智性之人（verstandsmensen）] 处于混淆救赎性信心与历史性信心（historical faith），滋生僵化的正统性的危险中。持第二种观点者易冒有贬低领受上帝见证的重要性，混淆救赎性信心与情感和经历，滋生一种被动、敏感的反律法主义的危险；这种反律法主义以经验为基础，甚少倚靠上帝的道。第一种观点危害常见于基督公教，第二种观点的危害常见于神秘主义。对于后者，依赖情感与经历生活会对属灵生命有着更准确的觉察，更好地将信心区分为"投靠的"（refuge-seeking）、"拥抱救恩的"（salvation-embracing）、"信靠"以及"确信的"（welverzekerd）信心。[107] 前者会对上帝的话语进行深入研究。我们的要理问答将二者联系起来：相信是**认知**和**信靠，领受**上帝的道并**仰赖**（betrouwen op）耶稣基督。[108] 这是正确的方式。信心是双重行动在发挥作用：我们越多地领受上帝的话语，并对其有越多的认同，就会越多地学习信靠基督的位格；反之，我们对基督的信靠越发增加，就越发依附道（Word）。透过道，我们更加就近基督自己；我们也透过基督，更深地进入道。因此，信心（就该词的完全意义而言）有双重对象：【有关基督的上帝之道（接受、认同并认知），和基督的位格本身（仰赖）。】[109]

这两个对象紧密相联，因为基督毕竟就是活的《圣经》，是活的道，而《圣经》就是文字的基督。《圣经》是对基督的真实见证。这本《圣经》在当下的时代

---

[107] 英注：巴文克在此有括号注释"见下章"。严格按照该注释，我们可在第二卷中找到相应内容；但此处所论话题在本卷9-12章中也有论述。

[108] 英注：巴文克没有说明标题，但他在此是指《海德堡要理问答》第21问答："什么是真实的信心？真实的信心不仅是**确定的知识**，借此我确知上帝在《圣经》中向我们启示的一切内容都是真实的。信心也是圣灵借着福音在我心中所创造的全心信靠，是上帝白白赐下赦罪、永远的公义与救赎，不仅赐给他人，也赐给了我。"

[109] 中注：见荷文版189页。

（dispensation）是必需的，然而将来某一天会退出舞台。信心作为对《圣经》（上帝有关基督的见证）的接受，在将来某天也会停止；但在现在，它是唯一通向信靠基督的渠道（信靠基督永存，在天堂亦如是）。故此，信靠基督是信心中永远不变的元素，亦是其本质。借着认同、尊崇《圣经》，我们全然信靠基督。二者自发互为滋养，相属相依。信靠基督，我们就日益认同《圣经》；形式原则支持实质原则，反之亦然。这就是信心。

那么信心**如何**是属灵人转化己用的器官呢？此转化己用的进程以何种方式发生呢？信心的反面就是归信，即赶逐、消除、不信任自己和一切受造物。另一方面，相信是信靠上帝。相信充当信徒的转化己用的器官，如同相信对于孩童的作用。【孩童的生活就是凭信心活着，这就是我们此时在世成长生活的方式。】[110] 在天上，我们已长大成人，会脱离我们孩童的行为。凭信生活的孩童不会营求生计，而是安静、无意识地确信父母会提供衣食，在这样的自信中生活。孩童从不会对此有所怀疑；当然，父母也会提供孩子一切所需。对信徒来说，情形亦然：他们不用为救恩辛苦劳作，而是相信上帝会眷顾这一切。信徒完全是出于这样的信心而活。【孩童会适时获得食物，他们的信心不会蒙羞。信徒适时领受救恩、平安、荣耀和灵粮，不会蒙羞。】[111] 孩童和信徒都是凭信而活。

【然而，信心本身并非食物，也不是配得食物，因而不是生命本身。】[112] 但是，父神赐下食物，这食物又供给生命；父神是出于爱而赐下食物，完全不是关注或考虑功德。同样，正如在孩童的生命里，信心是他从父母得食物而存活的渠道，属灵生命亦然。如果孩童不相信并开始自谋食物，那么他会一无所获；若靠自己，他一无所得，最终死去。然而，父母给孩童提供食物，因为他是他们的孩子；他们知道自己的义务是照顾他；他们如此行是出于自愿与爱。因此，当我们如孩童般去相信，即我们倚靠我们的父神时，我们就会存活，将来也会存活。于是，上帝会适时并在恰当的时间赐给我们一切。 因此，相信是**唯一**的行为，是基督徒唯一、完全、充分且一直必要的行为。无需其他，亦没有什么可以超越相信。为着地上短暂的益处，也为属天永恒的益处，在任何境况中我们都要相信。信心不是要求、强制或强迫父神给予。并非如此！父神出于爱而主动赐下，但对于儿女而言，信心是必要的。在

---

[110] 中注：见荷文版189页。
[111] 中注：见荷文版189页。
[112] 中注：见荷文版189页。

缺乏信心时，父神也会赐予（按照祂的权能），但这并非是祂所愿。祂希望孩童依其本性而活，仍旧是孩童，并相信。如此，信心是吸纳的器官。实际上，我们并不是藉着信心去**吃**或获取食物。信心一直在打开我们的心，它是一个被动的器官。上帝必须先赐下，然后我们领受。

信心转化己用了什么？信心的对象——基督。毋庸置疑，首先是按照祂神性和人性的位格。本质的"**自我**"与神人本质的"**自我**"的奥秘联合或联结日益亲密；圣灵借着保留基督与我们之间的差异，将二者紧密连接，日胜一日。此外，我们还将基督和祂所有的功德，以及恩典之约的一切恩惠转化己用；这些恩惠包括智慧、公义、成圣、完备的救赎、平安、喜乐、完全的福乐、完整的上帝形像。如今，这一切都为道德品质，而非实质。我们成为新的创造。耶稣基督亲自说祂是生命的粮，人必须吃祂的肉、喝祂的血，就是吃喝祂自己，从而有永生（约六 48-58）。耶稣论到祂为世人的生命而赐下的肉身，就是祂在十字架上牺牲的身体与流出的血。祂的血是我们罪之赎价的证据，让我们得以从死与刑罚得释放；祂的肉身是传递生命（复活）的粮食。[113] 换言之，祂藉着死将肉和血作为平安祭献上，因此信徒蒙赦免，得生命。这也需从属灵而非肉体的角度来理解。[114] 此吃喝（即相信）的结果就是得永生（约六 54），常在耶稣里（约六 56；即奥秘的联合），也常在祂的教导里。[115] 所有这些都靠信心转化己用，透过上帝的话语和圣礼而间接发生。

因着领受祂的见证（约五 38），作为信靠的信心也再次被信心坚固。祂的圣言必须存在我们里面，我们也必须常在祂的圣言里（约八 31；十四 23）。因此，在领受圣餐时，一起所喝的杯是基督的血（林前十 16），一同领受的饼是祂的身体。所以，领受见证（狭义上的信心）暂时用来帮助增强作为信靠基督位格的信心。对上帝见证的真实认同会促使我们自愿走向基督。【对圣言有更多的知识，更多的认同，更多地说阿们，那么我们就会更多地转化己用基督。】[116] 于是，有关圣言的知识就成了有关基督自己的知识。这好比研究一幅肖像会让我们知道并辨识一个人。

靠着信心转化己用基督与祂的功德的结果，就是新人的成长。成长以有机的方式，而非机械的方式发生。这表示道德品质（公义、成圣与平安）并非以机械的方式灌入我们里面（尽管藉着称义它们立时就归算给我们），而是逐渐地被我们在信

---

[113] Godet, *Commentary on John*, 2:39-42.
[114] 见荷文《圣经》Statenvertaling 的注释。
[115] Van Andel, *Jezus' leer*, 43-55.
[116] 中注：见荷文版 190-191 页。

心中（in het geloof）吸收。如同食物被咀嚼后进入身体，逐渐被吸收，最后进入血液，成为我们有机体的一部分，属灵生命领域的情形亦然。在科学与艺术领域也是如此：在将他人观点变为自己的之先，我们对其要先有理解与反思。我们必须默想上帝的道，而后这道才成为我们的思想。因此，我们在信心中（in het geloof）所领受的基督与祂的功德，必须经过争战与痛苦而吸收，而后才能成为我们的。新造之人如此得以成长，他存活不是靠食物，而是靠基督的道。这是全新且完全（而非部分）的**人**，因为在重生里，整个人连同他的官能和能力全部被再造。当新造之人逐渐成长时，他更加清晰地彰显上帝形像的特质。这些特质一次刻下，随后逐渐显现，且日益明显（如父亲在孩子身上的形像）。

第八章

圣灵中的生命:教会史视角

本章摘要

历史上，基督教会因其成员开展改革与革新运动，而要反复应对在圣洁生活中跌倒的挑战。这些运动发端于早期教会的修道主义。在中世纪，修道主义改革势在必行。修道会在基督公教中建立了双重道德：面向平信徒的"戒律"（precepts）与面向委身"宗教"生活之人的"完全的劝谕"（counsels of perfection）。

宗教改革反对这些属灵生命中的阶段，强调所有信徒的普世呼召。然而，重洗派持不同观点；他们分离自然与恩典，试图将世界重建为属灵国度。重洗派是基督新教修士，并且其愿景引至敬虔主义与清教的精确主义（precisionism）。慈运理、加尔文与阿·拉斯科（à Lasco）等改教者，藉训诫的基督徒生活，致力于创建有序的教会团体。

对基督徒生活的片面理解历来总是给教会带来诸多挑战。宗教生命限于情感，易滋生神秘主义；囿于想象与经验主义，易滋生狂热主义（fanaticism）；限于思辨与反思，易滋生诺斯底主义；过于强调行为，易产生法利赛主义或唯名派；囿于认信，易导致正统主义。与基督奥秘的联合位于基督教信仰的核心；但是，神秘主义是一种退化，来自弃绝信心的历史与教会维度，并从自我里面获取一切；寂静主义、苦修主义、甚至狂热的行为便是其后果。若基于合理的宗教愿望，神秘主义在真实内心经历中可以得到合宜表达。若人模糊了他们与上帝之间的界线，要么试图开悟自己的意识（神秘主义），要么追求良知的觉醒（狂热），那么这就会偏离正道。神秘主义经过三个阶段：默观（或苦修）、内心光照以及灵魂与上帝联合。

神秘主义在13至14世纪的德国，并在威克里夫和胡斯等改教者和重洗派中，透过亚略巴古的伪丢尼修（Pseudo-Dionysius the Areopagite）的著作，在西方基督教找到了归宿。所有教会都有反抗教会外表化的独特的神秘主义形式。

虽然"神秘主义"这一术语用法多样，但敬虔主义尝试推动教会超越教义的改革，深化为生命的改变。尽管神秘主义者往往成为寂静派，但敬虔主义倾向行动主义、宣教工作、教育和慈善。重要的敬虔主义者包括路德宗的菲利普·雅科博·史宾纳（Philipp Jakob Spener）和奥古斯特·赫曼·弗兰克（August Hermann Francke），英国的清教徒托马斯·卡特赖特（Thomas Cartwright）、威廉·珀金斯（William

Perkins)、约翰·欧文（John Owen）、理查德·巴克斯特（Richard Baxter），以及其他很多信徒。在荷兰，于所谓的"深化宗教改革"（Further Reformation）期间，我们需提及的代表人物有让·塔芬（Jean Taffin）、威廉·提林克（Willem Teellinck）、威尔海姆·布雷克（Wilhelm à Brakel）、乔杜卡斯·凡·劳登斯坦（Jodocus van Lodenstein）以及吉斯伯特·沃舍斯（Gisbert Voetius）。威廉·埃姆斯（William Ames）是英国与荷兰的"桥梁"。

17世纪荷兰"黄金时代"生活的奢华导致许多敬虔基督徒开始采取清教徒的生活方式，不入剧院与舞场，严守安息日与禁食。家庭生活完全围绕由忠信的家庭探访所培育的宗教实践来安排。让·拉巴迪（Jean de Labadie）将大量神秘主义思想引入荷兰改革宗教会。他强调默祷与默观，认为这带来与三一上帝的联合。拉巴迪派借着推动"秘密聚会"（conventicles）作为"教会中的小教会"，影响了整个荷兰。在拉巴迪主义与敬虔主义的影响下，弗里德里克·奥古斯都·兰佩（Friedrich August Lampe）向荷兰引入了一种多阶段的敬虔，其具有以下特征：寻求、饥渴的信心，依附、挣扎的信心，投靠的（refuge-seeking）信心，援用的（appropriating）信心，依赖、自信的信心，笃定的信心。

此处特别提及亲岑多夫（Count Nikolaus Ludwig von Zinzendorf）和弟兄会（Brüdergemeine），或称为摩拉维亚教会；他们因在世界各地的宣教活动和特色鲜明的群体而广为人知。他们认为基督的身体是彼此联合的团体和社群，而非以认信约束的教会。然而，这混淆了自然秩序与属灵秩序。我们批判这是将信心主要指为感觉（feeling）的问题，否认信心的客观性，催生了不健康的分裂与团体心态，缺乏盟约观念；宗教被简化为"关于上帝之事项"，并与日常生活割裂，过于强调内在，丧失合乎《圣经》的规范性。

循道主义尝试对英国国教所行之事，好比神秘主义为基督公教所行之事，也如敬虔主义对路德宗（与改革宗）教会所行之事，就是将宗教改革拓展至日常生活。约翰·卫斯理（John Wesley）的归信与侍奉的生命激励人心。他在教义上认同圣公会《三十九条信纲》（Thirty-Nine Articles），但反对预定论与坚忍。他的重生观（先临恩典）与成圣观（完全成圣观）亦非改革宗正统思想。循道主义透过国际性信仰复兴运动，即"复兴运动"（Réveil），在19世纪初对荷兰产生了间接影响。"复兴运动"深刻影响了范普林斯特勒（Groen van Prinsterer）、亚伯拉罕·凯波尔和荷兰改革宗教会。循道主义的缺点是将归信视为突然、瞬间且立时的，因而贬低了教会、洗礼以及基督教教养的价值。此外，它冒有让"成圣"被归为领人归信之职责的风险。救世军是循道主义的自然结果。

§20. 神秘主义、敬虔主义和循道主义[1]

1. 改革运动

我们首先简要概述教会在历史上看待基督徒生活的方式。[2] 在基督新教改革之前，基督公教领域中已有诸多改革，包括教宗格列高利七世（Pope Gregory VII，约1015-1085）、[3] 亚西西的弗兰西斯（Francis of Assisi，1181-1226）、彼得·沃兰铎（Peter Waldo，约1140-约1205）[4] 以及温德斯海姆公会（the Congregation of Windesheim）发起的改革。[5] 中世纪修道主义的改革实际上被认为普泛性的基督教

---

[1] 英注：巴文克对本章资料的处理更为详细，但与两篇主题为效法基督的论文的处理方式略有差别。见Bolt, *Theological Analysis*, appendices A and B, pp. 372-440。巴文克在页边写有"属灵生命的阶段"，但后又划掉。

[2] Kuyper, *Drie kleine vossen*; Murisier, *Les maladies du sentiment religieux*; Lobstein, review of *Les maladies du sentiment religieux*.

[3] 英注：格列高利七世于1073至1085年间任教宗，因在"叙任权斗争"（Investiture Controversy）中的影响而广为人知。"叙任权斗争"是教会与国家之间对于任命例如主教等教会神职人员的权力的争辩。他与神圣罗马皇帝亨利四世的权力之争的决定性时刻是在1077年1月。格列高利让亨利四世在意大利艾米利亚-罗马涅（Emilia-Romagna）的卡诺萨城堡（Castle Canossa）门前一直等候，而当时风雪交加。

[4] 英注：彼得·沃兰铎是里昂富商，创建了沃兰铎派。这是一场平信徒运动，提倡甘贫乐道，谨守圣经教导，坚决反对基督公教的变质说和炼狱说。沃兰铎教会发端于12世纪，发展至今，在意大利的教会现名为沃兰铎福音教会。

[5] Acquoy, *Het klooster te Windesheim*. 英注：温德斯海姆公会是"奥古斯丁派的一支。其名

改革，特别是因为对基督公教而言，修道主义代表着基督徒真实、理型生活。中世纪充斥着此类修道主义改革。其中尤为显著的是克吕尼（Cluny）本笃会的改革，即沉静的誓约（vow of silence），和方济各会的成立，即贫穷的誓约（vow of poverty）。[6] 二者都旨在将修会与世界分离。[7] 修道会是双重道德（分别面向神职人员和平信徒）之差异的起因，也是"完全的劝谕"与"戒律"之差异的起因。修道生活被视为更超越的生活。但是这里也有不同阶段：首先为苦修阶段，继而至默观阶段，最后为神秘主义阶段。[8] 除了"小托钵修会"和"贫穷佳兰修道会"这两个常规的修道会——后一个又称为圣克莱尔修女会（Order of Saint Clare）——方济各会还创立了世俗的"第三修道会"（Third Order）；该会成员可留在俗世中。[9]

宗教改革宗完全废除了这些属灵生命阶段（trappen）。[10] 它明确了对所有基督徒相同的完全的理型（ideal of perfection），以及单一的【道德律（zedenwet）】。对于众信徒（教会）与自然的生活领域（如家庭、职业、国家和社会等）的关系，宗教改革有完全不同的理解。基督徒不应远离自然的生活领域，而应努力使之成圣。对于《圣经》让敌人也打你左脸、舍弃财物等教训，宗教改革是从"作世界的一粒盐"（cum grano salis）的视角加以阐释。但是，改革宗的确相信属灵生命的发展伴有争战与苦痛，属灵生命并非一蹴而就，而是具有过程性。他们也明确了属灵生命的两个基本元素与活动：悔改（poenitentia）与信心（fides）。此外，他们认为整个生命就是舍己与背十字架。[11]【但是，属灵生命的实际阶段并不存在。】[12]

源自荷兰一所最重要的修道院，位于艾瑟尔的兹沃利南部四英里处。该修道院是此修道教士群体的主要住所。这些修道教士是共同生活弟兄会的一支。基督新教改革前的一个世纪前，他们在荷兰和德国的基督公教内部改革运动中发挥重要作用"。
(https://en.wikipedia.org/wiki/Congregation_of_Windesheim)

[6] 英注：克吕尼修道院（Cluny Abbey）建于公元910年。该院是基督公教内部一系列修道主义改革的发源地，当时基督公教竭力恢复传统的修道生活。"小托钵修会"（通常称为方济各会）由亚西西的弗朗西斯（1181/82–1226）于1209年建立。

[7] Ritschl, *Geschichte des Pietismus*, vol. 1, *Der Pietismus in der reformierten Kirche*, 13-18.

[8] Gass, *Geschichte der christlichen Ethik*, 1:130-131.

[9] 英注：俗世方济会也称为"告解的兄弟姐妹会"（Brothers and Sisters of Penance），由圣弗朗西斯于1221年建立。弗朗西斯去世后，"第三隐修会"成员开始共同生活，并遵循更加苦修性的生活方式。1447年，教宗下令成立了"告解的圣弗朗西斯第三常规修会"（Third Order Regular of St. Francis of Penance）。https://en.wikipedia.org/wiki/Franciscans

[10] 英注：我们在文中多处将trappen译为"阶段"，以防读者误认为巴文克是在描述属灵生活的连续步骤，而非属灵生命的不同层次或次序。

[11] Calvin, *Institutes*, III.vii-x.

[12] 中注：见荷文版192页。

将宗教改革引入歧途的重洗派对此怀有异议。[13] 重洗派希望建立圣徒的会众，借着将归信之人与非归信之人（再洗礼）的严格区分来建立上帝的国度（千禧年说）。他们也分裂自然与恩典[14]，教会与国家，属灵与属世事务（分离主义）。在教会里，他们凡物公用，即一种属灵与物质的共产主义，并将一切整合到他们以狂热所建立的自己的国度中[15]。托马斯•穆泽（Thomas Müntzer）生于1490年；他有神秘主义性情，仰慕约翰内斯•陶勒（Johannes Tauler）[16]。1523年，他在阿尔施泰特（德国）新建了一个凡物公用的群体。该群体成员必须经历悔罪的焦虑和蒙恩的平安。[17] 瑞士重洗派运动的领袖有巴尔塔萨•胡伯迈尔（Balthasar Hubmaier，1480-1528）、康拉德•格列伯（Conrad Grebel，1498-1526）和菲利克斯•满兹（Felix Manz，1498-1527）。重洗派是基督新教的修道主义。[18] 该派对一切均有规定：衣服的长短大小的尺寸、饮食起居的准则。这样，他们就是之后敬虔主义和精确派（precisionists）的先驱。[19] 重洗派用"父"这一称呼（毕竟他们是这位父重生的孩子），摩拉维亚派用"救主"，理性主义者用"天堂"。然而，重洗派十分重视对属灵生命的栽培、教养与关怀。[20]

慈运理视民政区与教会牧区等同。市议会在牧者建言下，有完全控制权，并委任教会法庭和婚姻法庭来维护基督教训诫。因此，教会并非自治；牧师如同先知，只是讲道。然而，慈运理的确尝试以两种方式影响教会中的属灵水平。其一，召开**双年度全国议会**（synods），由长老理事会（council）召集。在会上，牧师与九位长老理事会成员商讨对教会有益的事务，监督彼此的生命与教义。其二，透过每周五次的**宣讲**（prophecy），用原文向牧师与学生解释新旧约，并在之后的一小时，以教诲性的方式向他们阐述。

加尔文认为教会职份有四类。[21]（1）牧师由其他牧师指派，并要有长老理事会

---

[13] Goebel, *Geschichte des christlichen Lebens*, 1:134-138；本书174-195页概括了基本观点。
[14] 重洗派不发誓，不参战，不在法院任职，不与非信徒联姻。
[15] 以内心话语、异像、梦、热忱与启示等方式。
[16] 英注：约翰内斯•陶勒（约1300-1361）是德国道明会神秘主义者，布道家和神学家。他以新柏拉图主义的方式，强调灵魂与上帝之间的个人性关系。
[17] Goebel, *Geschichte des christlichen Lebens*, 1:147.
[18] 布林格的判断；见Goebel, *Geschichte des christlichen Lebens*, 1:157-159.
[19] 英注："精确派"是荷文fijnen的英译。该词是指那些极为谨慎与节制之人，旨在避免因自己衣着和举止引发罪念。
[20] 路德宗非常重视培养国民道德的纪律。见Ritschl, *Geschichte des Pietismus*, 1:71.
[21] Goebel, *Geschichte des christlichen Lebens*, 1:313-319.

与会众的同意。牧师每周见面（称为牧者会），守望彼此的清洁。（2）神学圣师（教师）。（3）长老：从小长老理事会中选举两名长老，从六十人的长老理事会中选四名长老，从二百人的长老理事会中选六名长老。所有被选的长老应经牧师同意，这些长老与牧师构成教会长执会（consistorium）。[22]（4）执事：开除信徒教籍，这些信徒之后会被逐出城镇。

约翰·阿·拉斯科[23]生于1499年，为东弗里西亚（Frisia）的埃姆登（Emden）一所教会的负责人，后于1549年至1553年间生活在伦敦。他建立了长老议会、教会训诫与牧师周会制度。他在伦敦的教会秩序如下：（1）【教会圣师或教师（doctoren of profeten）】每周进行一次宣讲；（2）牧师由教会会众选举产生，尽管由堂会长老团最终决定牧师人选。（3）长老由补选制度（cooptation）选举产生。（4）执事。执事严格按照以下步骤施行训诫：（a）在堂会长老团劝诫，（b）在会众前劝诫，（c）经全体会众同意后开除教籍。

2. 神秘主义[24]

被引入神秘（例如带着庄重实践的宗教并政治的秘密教导）之人被称为神秘主

---

[22] 英注：加尔文在1541年结束斯特拉斯堡的流放生活，回到日内瓦。那时，日内瓦的公众生活处在"等级化的议事会掌控之下"，具体等级表现为：（1）"所有市民与中产阶级人士构成的全国总议事会。成员为男性，至少20岁以上，家财丰厚或从事具有一定社会地位的职业......全国总议事会每年二月召开一次，选举其他议事会成员，并为来年选举常务委员会。"（2）二百人议事会（与六十人议事会）"在特殊时期开会，解决关乎民众的重要问题......该议事会更为重要的职能是：被小议事会判定犯法之人若请求免罪，则由该议事会负责判定可否获免"。（3）六十人议事会是"一个更加古老的议事会，该会负责处理与其他政府机构相关的问题"。（4）"处于议事会顶端的是小议事会，由二十五名公民组成；他们作为执行委员会几乎每天见面......小议事会的四名负责职员从每年选举中产生，他们被称为理事（syndics）"。Kingdon, *Adultery and Divorce in Calvin's Geneva*, 12-13.

[23] 英注：约翰·阿·拉斯科（John à Lasco, Jan Łaski, 1499-1560）为波兰福音派改教家。他曾牧养东弗里西亚的埃姆登的教会，后去了伦敦。1550年，他在伦敦"寄居者教会"任会督。他对改革宗教会的主要贡献是教会管理的理论与实践。荷兰神学家、政治家亚伯拉罕·凯波尔的学术生涯以格罗宁根大学论文竞赛就拉斯科与加尔文的教会论比较研究开始。1860年10月11日，凯波尔凭借此论文被授予金奖。六年后（1866年3月），凯波尔出版了长达1540页的著作《阿·拉斯科的歌剧》（*Opera of à Lasco*）。De Bruijn, *Abraham Kuyper*, 29, 50.

[24] Lange, "Mystik," 152-164; Preger, "Theologie, mystische"; 参 Moll, *Johannes Brugman*, 1:37-45;

义者（μυστικός）。属灵的戏剧被称为 misteres，该词源自 ministerium（神职）。后一个词之后与"神秘"（mystères）相混淆。神秘主义成了一种具体宗教生活形式的名称，在基督教教会领域尤然。许多人现在混淆神秘、神秘主义、寂静主义、敬虔主义、狂热主义和狂热行动等。理性主义者对这些一劳永逸地全盘否定。但自施莱尔马赫以来，这方面有所转变。[25] 人的各个彼此关联的功能保持平衡；在这些功能的和谐共存（harmonisch samenzijn）中，宗教应助益生命的完满。若生命功能的平衡被打破，宗教生活就会出现病态。将宗教生命限于感觉易滋生神秘主义，将其囿于想象与经验主义则易滋生狂热主义，若使之限于思辨与反思则导致诺斯底主义，若过于强调行为则带来法利赛主义或唯名派论，若囿于认信则引向正统主义。[26]

【尼瞿（Nitzsch）进一步区分了神秘主义（mysticism）与神秘（the mystical）。他认为，神秘主义关乎感觉和注视，即关于即刻性的认知模式（Erkenntnißweisen der Unmittelbarkeit）。[27] 该词源自希腊文。在希腊，除了法律、习俗等，神明还设立了一个机制，人可以完全让自己专心追求更超越的生命。这需要借着 τέλη（献身）或 τελεταί（献身仪式）来达成。人完善自己的状况，透过付出代价的行动（ὄργια），即代表性的、高级的行为，来追求此目标。借着神秘性（μυστήρια），这些行动仍旧隐藏，排除了一般性的感知、理性和行动。[28] 希腊文 μύω 意为"闭上眼睛"，而 μυέω 意为"将人带入某种情境"，即不借着观看就能看见。因此，神秘性在客观上是指上帝透过外在或内在的媒介（例如圣礼）与人交流；在主观上，神秘性是透过特别条件和过程去注视、经历、发现，因此就借着一些苦修的舍己，或其他相应的苦修行动，获得那些神圣事物。尼瞿论道，由此可见，相信之人本身就是神秘性的。宗教的内在生命性总是神秘的。[29] 于是，神秘主义是神秘性的恶化，乃因与基督教

Gass, *Geschichte der christlichen Ethik*, 1:415-429; Preger, *Geschichte der deutschen Mystik*; Görres, *Die christliche Mystik*; Groen van Prinsterer, *Proeve*, 33-36; Luthardt, "Das 'mystische Element'"; Fritzsche, *Über Mysticismus und Pietismus*.

[25] 参 C. I. Nitzsch, *System of Christian Doctrine*, 33-39 (§15). 中注：英译本在此处扩充了巴文克的内容，直接大量引用尼瞿（Nitzsch）的原文，而未按照巴文克的转述内容。中译本遵照荷文版所译。

[26] 荷注：巴文克的资料来源是 Carl Immanuel Nitzsch, *System der Christlichen Lehre*, Bonn 1851⁶, 35。

[27] 荷注：巴文克的资料来源是 Carl Immanuel Nitzsch, *System der Christlichen Lehre*, 36。

[28] 荷注：巴文克的资料来源是 Carl Immanuel Nitzsch, *System der Christlichen Lehre*, 36。

[29] 荷注：巴文克的资料来源是 Carl Immanuel Nitzsch, *System der Christlichen Lehre*, 37。

的历史性和教会性脱节所致。由于拒绝所有的思想、思考、行动，并只变得感官性，所以神秘主义就进一步想要爱和暂时的安息（寂静主义）等。萨克（Sack）在本质上与此观点一致。[30] 哈斯（Hase）认为，神秘主义的共同特征是将知识排除在宗教生活之外，从而使宗教生活屈服于幻想，从而带来了狂热的行动；屈服于意志，从而带来狂热主义；屈服于属灵领域（奇特的）知识，从而带来了神智学。[31]】[32]

【朗格（Lange）认为，神秘性总是宗教的内在生命；但是在历史意义上，它总是片面性的事物。】[33] 宗教是客观的对上帝的意识，与主观的自我意识之间的健康互动（Wechselwirkung）。神秘主义是主观的生命与自我启示的上帝之间的关系。神秘主义者希望完全沉浸在上帝里面，并为了亲见上帝（aanschouwing Gods）而牺牲他们自己、他们的"我"，而且丢失了他们的自我意识。他们很快就失去了位格性上帝的观念，而成为泛神论者，变为寂静主义者，只想要平和与沉寂。

【赫普（Hepp）认为，】基督徒生活在与耶稣基督的团契里，但此团契总是信心的问题，倚赖于上帝的圣言。[34] 只在此之后才得享默观[35]，于是此团契不再倚靠上帝的圣言，而是依靠团契自身。但是，有些人不再尊崇上帝的谕令，并企图与上帝在此时就有直接团契，从而他们可以体验、经历并默观祂。随后一些事便发生在灵魂中；灵魂不是在圣言中，而是在人的本性和意志中得安息。信心被爱取代；透过爱，人寻求与上帝的联合，甚至渴慕融入或浸入神性的深奥中。这是神秘主义，具有实践与思辨的两面。爱中的默观将人与上帝联合，使上帝可被认知。如此一来，内心的话语就成了知识的源头。这种爱也洁净心灵，教导人弃绝自私，一生一世跟随基督。开悟便尾随洁净而至，最后一个人完全沉浸在上帝里面。默观式神秘主义表现于"默祷"（oratio mentalis）中，有别于出声祷告（oratio vocalis）。神秘主义视耶稣基督仅为榜样；"成圣"（heiligmaking）事实上首先是和好（verzoening）

---

[30] Sack, *Christliche Polemik*, 283-303 ("Vom Mystizismus"). 英注：巴文克此处对萨克的引用可能取自C. I. Nitzsch, *System of Christian Doctrine*, 36.
[31] Lange, "Mystik," 152.
[32] 中注：见荷文版194页。
[33] Lange, "Mystik," 153. 中注：见荷文版194页。
[34] Heppe, *Geschichte des Pietismus und der Mystik*, 1.
[35] 英注：巴文克在此论及的是历史上著名的"亲见上帝"（aanschouwen; vision of God）。它表现为作为末世应许（约壹三2）的与上帝完全的团契，但此应许终会实现。

之要事。³⁶ 耶稣基督的死和圣灵的工作被视为称义的两个独立层面。³⁷ 我们由此可见，神秘主义在基督公教里确实落地生根，首要原因是基督公教思想没有提供信徒与耶稣基督个人生命的团契（persoonlijke levensgemeenschap）。这便造成了对此关系的真正渴望，因而信徒会透过苦修、默观、默想与祷告来获取此关系。基督新教思想完全满足了这种渴望，因此它教导此种个人性关系。

【海因里希·埃布卡姆（Heinrich Wihelm Erbkam）认为，】神秘主义基于一个合理的基本宗教渴望；实际上，此渴望一直存在基督教中，且遍及教会。³⁸ 因此，它肯定生发于人灵魂的最核心之处。当哲学以神秘主义方式探查自身思辨的残迹时，它首先就在尝试神秘主义。神秘主义曾是蒙上面纱的哲学，并也被如此评价，例如黑格尔所论。³⁹ 但这并不可能，因为神秘性被探究，并最终得到恰恰背离神秘性本身的事物，即概念化思想。有些人认为神秘主义完全是实践性的，是心灵的虔诚，因而是每个基督徒应有的一部分；这是哥特弗雷德·阿诺德（Gottfried Arnold）所持的观点。⁴⁰ 所以，神秘主义首先不是理解、知识、理论或思辨，而是实践、经验

---

³⁶ 中注：英译本在此句之后增添了以下内容，中译本移至脚注："换言之，神秘主义模糊了两方面的界限：一是靠着基督的死而成就的客观性称义，二是基督之工在信徒身上的主观应用与援引。"英注：荷文verzoening既可译为"赎罪"（atonement），也可译为"和好"（reconciliation）。此处所添加的内容为了让读者更好理解巴文克的观点。圣洁与成圣的生命是否与称义相关，这是加尔文与基督公教红衣主教萨多雷托（Jacopo Sadoleto）的分歧点。萨多雷托在给日内瓦人的信中论道，基于"没有行为的信心是死的"（雅二17）的原则，他反对宗教改革"唯独恩典"（sola gratia）与"唯独信心"（sola fide）的口号。作为回应，加尔文坚称"行为"必须与称义割离，免得我们得救并非靠行为、而是靠恩典的福音真理因此丧失。见Calvin and Sadoleto, *Reformation Debate*。
³⁷ 英注：巴文克在此说明了红衣主教萨多雷托所辩护的立场，以及基督公教天特会议（1545-1563）所制定的具有约束力的教理。该会议第六场会议（1547年1月）对称义教义的两个谴责清晰表明了他们的立场："若有人声称罪人仅因信就能称义，并由此认为得到称义的恩典无需任何合作，根本不需要人在意志上有任何准备、采取任何行动，那么就让他受诅咒！"（canon 9; Denzinger, no. 819）"若有人声称人称义仅靠耶稣基督之义的归算，或仅靠赦罪却排除恩典、排除圣灵浇灌且一直存留在他们心里的爱，甚至说我们称义所靠的恩典也只是上帝的恩惠，那么就让他遭诅咒！"（canon 11; Denzinger, no. 821）
³⁸ Erbkam, *Geschichte der protestantischen Sekten*, 14-98. 中注：英译本将此脚注错置于上一段末。
³⁹ 荷注：巴文克此处对黑格尔的引用来自H.W. Erbkam, *Geschichte der protestantischen Sekten im Zeitalter der Reformation*, Hamburg und Gotha 1848, 16, noot 1: 'Wir meinen hier vor allem die Beurtheilung, welche Hegel und die ihm folgenden Philosophen über die Mystik des Mittelalters gefällt haben, cf. Hegel's Vorlesungen über die Philosophie der Religion Berlin 1832. Bd. I. S. 149. Vorlesungen über die Geschichte der Philosophie Bd. III. S. 195'.
⁴⁰ Arnold, *Historie und Beschreibung der mystischen Theologie*, cited by Erbkam, *Geschichte der protestantischen Sekten*, 17n.

和即刻自我感知的生命（unmittelbares selbstempfundenes Leben）。

但是，神秘主义是一种特殊的实践；它虽然基于一个基本普遍的宗教渴望，但并非人人都可获取。神秘主义的基本特征是与上帝团契的即刻性，并非在思想中（因为思想总是介导的），而是在**个人**属灵生命中，如人与人的交流（通过眼睛、耳朵、身体等的交流；这不同于即时的自我意识般直接）。因此，神秘主义来自以下前提：在宗教中，位格性上帝与拥有位格的人有真实彼此交换的关系是可能的。此外，神秘主义在内在真实经验的领域进展。它总是描述灵魂个人性所经验的宗教状况，否则就变成沉思和自我欺骗。故此，神秘主义不可能在理论上进行模仿。[41] 埃布卡姆认为，真正的神秘性状况，与神秘主义仅为上帝与适当自我（proper self）之交流的状况，有实际的差异。前者为**宗教**状况，而后者不是，因它是泛神论的。[42] 神秘性的进程如下："自我"（我，我自己）进入与上帝的团契，但是"我"在此为被动，上帝为主动；灵魂顺服上帝；"我"降服并从生命有机体的中心地位退下。上帝居于中心地位，透过我们的器官看、听并决意；灵魂已然成为与上帝有关的情感（Affektion Gottes）。[43] 此状况最好可对比于异常的透视力（clairvoyance）和做梦；在其中，我们的"我"而非我们的器官安息，而这些器官是灵魂具象化本性的仆人。在神秘主义中，灵魂已然成为上帝的器官，并创造宗教性的境况。[44]

人的个性有两个维度：自我意识（zelfbewustzijn）与自我决定（zelfbepaling; Selbstthätigkeit）。因此，神秘主义有两种形式：第一种主要是**开悟**（Erleuchtung），第二种是**觉醒**（Erweckung）。前者强化自我意识，后者强化良知；前者是与上帝的爱的传递，后者上帝的威严的传递。[45] 前者热心于意象（images），使用异象，是内在的看见与默观；上帝在此特别以光出现；祂的影响被称为内在的光辉。[46] 这是内心的聆听和顺服。上帝在此特别靠着神圣内在言说来做工，因此这种神秘主义的内容是内在的话语；上帝说话，灵魂回应。第一种形式的神秘主义打开了内心的眼睛，展示天上的异象；第二种形式的神秘主义打开内心的耳朵，使人听见神圣的

---

[41] 英注：巴文克用动词nabootsen（to copy），以示与navolging（to follow, imitate）的区别。
[42] Erbkam, *Geschichte der protestantischen Sekten*, 24, 26.
[43] Erbkam, *Geschichte der protestantischen Sekten*, 28.
[44] Erbkam, *Geschichte der protestantischen Sekten*, 39-45.
[45] Erbkam, *Geschichte der protestantischen Sekten*,
[46] Erbkam, *Geschichte der protestantischen Sekten*, 47.

声音。第一种可称为"神秘主义",第二种可称为"热忱主义"。[47] 这两种形式之间有互惠性,这继而创造预言与狂喜。

神秘主义中有一个进程,包含了不同阶段(Stufen)。但对于阶段的数量并未达成共识,也缺乏一致的术语。大致而言,神秘主义有三个阶段。[48]

1. 默观(神秘主义第一种主要形式)或苦修(苦修主义的第二个主要形式)使人预备好自己的灵魂与上帝联合。在默观中,人挣脱外在世界,有意识地完全迷失在自我中;在苦修中,人让自己的意志摆脱一切外部刺激。

2. 在第二个阶段(stadium),神圣的影响始于神圣之光的光辉,或神圣之灵的默示。因此,个性、个体的"我"被压制,上帝开始做工,唯一保留的就是对仍旧活着的一般性感觉。

3. 当人完全且只有感知时,"内心的看见"(sensio)便随之而至;灵魂与上帝的联合得以被感知和经验。这常被称为"变得和上帝一样"或灵魂的转变。于是,人与上帝独处,而且祂与我们同在;人沉醉在与上帝爱的团契中;上帝是新郎,灵魂是新娘。上帝是消融并温暖灵魂的火焰。人畅游在恩福的海洋里。正是在此情形中常有自欺发生。实际情形时,上帝成为被动的新郎,而灵魂成为主动的新娘(这在面向马利亚的灵修中变得成熟)。[49] 神秘主义者享受以多种方式表达的属灵沉醉:流泪、欢笑、欢腾、呼喊、静默,诸如此类。在此阶段,神秘主义被描述为"有关上帝的美妙知识(sapida Deo notitia),对上帝最美妙的默观(contemplatio),是体验性的智慧(sapientia experimentalis)。"[50] 此阶段的危险特别在于想以人为方

---

[47] Erbkam, *Geschichte der protestantischen Sekten*, 49.

[48] 中注:英译本在下文三段的开头添加了"净化性的"(purgative),"光照性的"(illuminative)与"联合性的"(unitive),中译本予以删除,但保留了英文脚注。英注:为将巴文克的描述连于更多论述神秘主义的文献,我们在此插入了"三重道路"的传统表达:"净化性的"(purgative),"光照性的"(illuminative)与"联合性的"(unitive)。这些表述源自基督教修士和苦修者伊瓦格里厄斯·泊恩太格司(Evagrius Ponticus,公元345-399)。该术语之后的描述均为巴文克自己的表述。他对三重道路的术语和描述与传统的理解稍有差异。传统的理解基于人类学关于肉体、魂与灵的划分(Devine, "State or Way")。巴文克在此页旁注表明所参文献为 W. à Brakel, *Christian's Reasonable Service*, 2:640-642,所加注释为:"对敬虔主义者、静默派(以及其他派别)的警告"。以下是布雷克对神秘主义者与真正敬虔之人区别的论述:"二者的区别是想象与真理的区别,是属世与天国的区别,是寻求一个未知的上帝与服侍真正上帝的区别,是撇开、甚至背离《圣经》行事(浅尝不可见之事)与按照《圣经》生活的区别。"

[49] Erbkam, *Geschichte der protestantischen Sekten*, 57.

[50] Erbkam, *Geschichte der protestantischen Sekten*, 59.

式保持蒙福的状况。这导致了一种神秘主义，它混沌不明或（藉着第二种主要形式）缺乏清洁并成为感官性的静默主义。[51] 神秘主义便将自己依附于耶稣基督的位格，极力效仿耶稣基督持续与上帝相交的生命。智性神秘主义尤以尼伯山变相的耶稣基督为典范，而伦理性神秘主义尤以各各他十字架上受死的耶稣基督为楷模。然而，在神秘主义中，基督常常仅为人主观意识的映像，缺乏客观意义；对神秘主义者而言，整个客观世界成为内心世界的映像。

印度婆罗门教也有神秘主义；该教藉佛教成为一个世界性宗教。埃及祭司对神秘主义亦有了解，而且希腊神秘宗教和后来的新柏拉图主义中也有神秘主义。在犹太人的艾赛尼派、卡巴拉主义（Kabbalism）[52] 和斯宾诺莎思想中也有神秘主义。在伊斯兰教中，苏菲禁欲派（Sufism）也有神秘主义。[53] 神秘主义尤以伦理形式出现在基督教中，首先出现在孟他努派这一异端中。[54] 苦修主义是此神秘主义的开端，狂喜为其内容。孟他努主义将自己依附于摩尼教；摩尼教以众多派别和不同名称，一直伴随着东西方教会，并带来诸多困扰。最后，诺斯底主义也有神秘主义，其内容与意象都源自神秘主义；有神秘主义的哲学中是从神秘主义获取思辨的系统化形式。[55]

由此看来，真正的神秘主义源自修道主义，而埃及就是修道主义的诞生地。神秘主义源于埃及修道院。其最早代表人物是马卡里乌斯（Macarius，约公元300-391）。他的神秘主义仍隐藏在苦修主义的强暴中，尚未有具体的主要形式。其后的代表人物是亚略巴古的伪丢尼修（Pseudo-Dionysius the Areopagite，生活在公元5世纪晚期至6世纪）。他最早有条理地讲授神秘主义，创建了其用语和手册。[56] 他视基督教为柏拉图神秘主义哲学（mysteriosophy）。基督教的至高目标是"**成神**"（θέωσις）与"**联合**"（ἕνωσις）。这要通过三个步骤方可达成：净化（κάθαρσις）、光照（φωτισμός；μύησις）与默观（ἐποπτεία）。[57] 伪丢尼修早已使用"神秘"

---

[51] Erbkam, *Geschichte der protestantischen Sekten*, 87.

[52] 英注：卡巴拉出自12-13世纪间法国南部和西班牙的犹太教神秘主义传统。它"是系统化的秘密教导，旨在解释永恒不变且神秘的אין סוף（无限）和必亡且有限的宇宙（上帝创造之物）之间的关系。" https://en.wikipedia.org/wiki/Kabbalah

[53] Lange, "Mystik," 155-157.

[54] Erbkam, *Geschichte der protestantischen Sekten*, 110.

[55] H.W. Erbkam, *Geschichte der protestantischen Sekten* [...], 98-105. 中注：英译本遗漏了此脚注。

[56] 英注：伪丢尼修的两部重要著作是《天上的秩序》（*the Celestial Hierarchies*）和《教会的秩序》（*the Ecclesiastical Hierarchies*）。

[57] 英注：巴文克旁注写道："ἐποπτεύω意为'看见成为'（ziende worden），它是在极乐神秘中的至善"。

（μυστικός）这一术语，并从希腊神秘中借用了许多词汇。在西方，约翰·斯科妥斯·埃里乌吉纳（John Scotus Eriugena，约815-约877）最早翻译并评论伪丢尼修的作品，但他主要是哲学家，其次才是神秘主义者。藉着克莱尔沃的伯纳德（Bernard of Clairvaux，1090-1153），神秘主义在12世纪进入繁盛期。伯纳德因不满干枯僵化的经院主义，也因当时所有生活领域中出现的文化进步的驱动（Bildungstrieb），而转向神秘主义。[58] 同时（在伪丢尼修的影响下），一个神秘主义学派在巴黎的圣维克多修道院里得以发展。香蒲的威廉（William of Champeaux，约1070-1121）在1108-1109年间在那里建立了一个学派，该派代表人物有胡果（Hugo，约1096-1141）、理查德（Richard，卒于1173）、沃特尔（Walther，卒于1180）、波纳文图拉（Bonaventure，1221-1274）和让·格尔森（Jean Gerson1，1363-1429）。他们是12-14世纪间法国高卢地区神秘主义的代表人物。神秘主义在本质上是对经院主义的反抗，其口号是"对上帝爱多深，对祂认识就多深（tantum deus cognosticur quantum diligitur）。"该派认为在神秘主义中会经历七个阶段：第六个阶段是默观，在第七个阶段中人成为上帝的儿女，经历灵的狂喜。[59] 此旅程取决于七项美德，而这些美德基于七项情感和对应的七项罪。

在14-15世纪，神秘主义在德国找到真正家园，并得以昌茂。不过早在12世纪，神秘主义已在德国兴起，代表人物有女修道院院长舍诺的伊丽莎白（Elisabeth of Schönau，约1129-1164），宾根的希尔德加德（Hildegard of Bingen，约1098-1179）；后者是鲁珀茨伯格（Rupertsberg）修道院以及额尔宾根（Elbingen）修道院院长。神秘主义也表现于当时众多小教派中：起源于12世纪的瓦尔登派（the Waldensians）；有泛神论特征的"自由之灵弟兄会"（Brethren of the Free Spirit），该会于13-14世纪由贝纳的阿马力（Amaury de Bène; 约卒于1204-1207）创建。神秘主义也表现在14世纪的"上帝之友"（Gottesfreunde），以及由杰拉德·格罗特（Gerard Groote；1340-1384）创建的共同生活弟兄会（the Brethren of the Common Life）之中。[60] 14世纪，教会内的不良境况和黑死病推动了神秘主义的发展。这期

---

[58] Neander, *Vorlesungen*, 274-289.
[59] Lange, "Mystik," 159.
[60] 英注：巴文克也引述了大卫·丁楠（David Dinant；约1160-约1217），认为他也是自由之灵弟兄会的缔造者之一。但这不可能。与阿马力派的创始人贝纳的阿马力（Amalric of Bena）一样，丁楠也是一位泛神论者，但是"他思想体系的细节及其泛神论教导的来源无法明确确认。不管怎样，他并非依赖贝纳的阿马力的思想，更多是受了亚里斯多德的著作，以及犹太教和摩尔人（Moorish）对亚里斯多德著作的评注书籍的影响。"（Haupt, "David of

间的主要代表人物有：埃克哈特大师（Meister Eckhart，约 1250- 约 1328），他属于自由之灵弟兄会，具有泛神论思想；亨利·苏索（Henry Suso，约 1295-1366），他与上帝之友有联系，也属于瓦尔登派；扬·范·鲁伊斯布鲁克（Jan van Ruysbroeck，约 1293-1361）；嘉都西修士丹尼斯[Denis the Carthusian，又被称为"狂喜圣师"（Dr. Ecstaticus），1402-1471]；另外还有日耳曼神学（Theologia Germanica），它极有可能产生于 14 世纪后半叶。神秘主义的潮流也贯穿了约翰·威克里夫（John Wycliffe，约 1320-1384）、约翰·胡斯（Jan Hus，约 1372-1415）、萨伏那洛拉（Savonarola，1452-1498）、韦塞·甘斯福（Wessel van Gansfort，1419-1489）以及改教家。但是真正神秘主义在宗教改革后的持续发展体现于：安德里亚斯·卡尔施塔特（Andreas Carlstadt，约 1480-1541）、塞巴斯蒂恩·弗兰克（Sebastian Franck，约 1499- 约 1542）、卡斯帕尔·施文克菲尔德（Caspar Schwenkfeldt，1490-1561）、瓦伦丁·威格尔（Valentin Weigel，1533-1588）；重洗派中有托马斯·穆泽（Thomas Müntzer，1489-1525）、尼古拉斯·斯托奇（Nicolaus Storch，约卒于 1536）、康拉德·格列伯（Conrad Grebel，1498-1526）、菲利克斯·满兹（Felix Manz，约 1498-1527），乔治·布劳洛克（George Blaurock，约 1491-1529）、巴尔塔萨·胡伯迈尔（Balthasar Hubmaier，约 1480-1528）以及梅尔基奥·霍夫曼（Melchior Hofman，约生于 1495- 约卒于 1543）。神秘主义在雅各布·伯麦（Jakob Böhme，1575–1624）的思想中尤为明显。

在 17 世纪，神秘主义影响式微，蜕变为形形色色的小宗别，如千禧年派、神智学、狂热主义和灵性主义等。[61] 约在 1650 年，基督新教教会兴起反对正统主义的浪潮，代表人物有路德宗教会的亚恩特（Arndt）、安德里亚（Andreae）、穆勒（Muller）与克里斯汀·斯克里夫（Christian Scriver），以及改革宗教会的让·德·拉巴迪（Jean de Labadie），这对詹森主义（Jansenism）和后来的敬虔主义产生了影响。改革宗教会中也有神秘主义宗派，如学院派（Collegiants）、平等派（Levellers）、希伯

Dinant"）"上帝之友""是中世纪基督公教教会平信徒神秘主义团体，也是德国神秘主义的中心。它在1339至1342年间成立于瑞士的巴塞尔。它产生于埃克哈特大师的讲道与教导，尤其是受道明会属灵继承者、讲道家约翰·托兰（John Tauler）和作家亨利·梭锁之思想的影响。" https://en.wikipedia.org/wiki/Friends_of_God
[61] 英注：巴文克提到的这四个明确的错谬分别与以下人物相关：约翰·威廉·彼得森（Johann Wilhelm Petersen, 1649-1727）、约翰·格奥尔格·基希特尔（Johann Georg Gichtel, 1638-1710）、奎里尼乌斯·库尔曼（Quirinius Kuhlmann, 1651-1720）以及约翰·康拉德·迪佩尔（Johann Conrad Dippel, 1673-1734）。

来派（Hebrewers）与维尔舒尔派（Verschoorists）等。⁶² 基督公教、希腊基督正教、路德宗和改革宗教会等一切教会，就教会外化方面都有她们独特的神秘主义形式。

3. 敬虔主义⁶³

"敬虔主义"这一术语用途多样，有时仅指大概在 1677-1774 年间，由菲利普·雅克伯·史宾纳（Philipp Jakob Spener, 1635–1705）和奥古斯特·赫曼弗兰克（August Hermann Francke, 1663–1727）引导，旨在更新德国路德宗教会的运动。⁶⁴ 此用法太过狭隘，因符腾堡（Württemberg）的虔敬派也属于敬虔主义。⁶⁵ 在另一面，该术

---

⁶² 英注：学院派（the Collegiants）是1619年多特会议之后，在荷兰阿米念派和重洗派中形成的一个兼收并蓄的教派。该教派得此名称是因为他们的聚会（学院）在每月的第一个星期天举行。每个人在会上都可以解释圣经与祷告等（https://en.wikipedia.org /wiki/Collegiants）。平等派（the Levellers）"是英国内战时期的政治运动；该运动强调人民主权，扩大政治投票权以及在法律和宗教宽容上的平等。"（https://en.wikipedia.org/wiki/Levellers）巴文克分别提到希伯来派（the Hebreeërs）与维尔舒尔派（the Verschoristen），但它们为同一派别的不同名称。雅各布斯·维尔舒尔（1648-1700）向荷兰改革宗教会申请牧师职位，但屡遭拒绝，于是他在教会体制外开始自己的小型秘密聚会。那个时代对荷兰改革宗教会牧师极为苛责，并推崇律法性讲道，包括女性在内；维尔舒尔派正是创立在这种思潮中。此派被称为"希伯来人"（Hebrewers），是因为他们对荷兰官方圣经（Statenvertaling）的不满。他们在敬拜时用希伯来文和希腊文诵读圣经（Christ. Encycl.1 2:490–91, s.v. "Hebreën [Secte der]"）。

⁶³ Tholuck, "Pietismus"; Riggenbach, "Pietismus"; van Andel, "Piëtisme"; Pierson, *Eene levensbeschouwing*, 9-31. 中注：巴文克在此脚注中提到了赫普（Heppe）与立敕尔（Ritschl）。荷注：巴文克此处提到赫普应是指Heinrich Heppe, *Geschichte des Pietismus und der Mystik in der reformirten Kirche, namentlich der Niederlande*, Leiden 1872。他提到立敕尔应是指向Albrecht Ritschl, *Geschichte des Pietismus, Erster Band. Der Pietismus in der reformierten Kirche*, Bonn 1880; id., *Zweiter Band. Der Pietismus in der lutherischen Kirche des 17. und 18. Jarhnderts, Erste Abtheilung*, Bonn 1884; id., *Zweiter Band. Der Pietismus in der lutherischen Kirche des 17. und 18. Jarhnderts, Zweite Abtheilung*, Bonn 1886。

⁶⁴ 英注：史宾纳的力作是有关委身与呼吁教会改革的《虔诚的渴望或诚挚渴望讨神喜悦的改革》（*Pia Desideria*）。该书在1675年首版，普遍被认为是路德宗敬虔主义开始的标志。

⁶⁵ 英注：人们常把史宾纳和弗兰克与法兰克福（Frankfurt）和哈雷（Halle）两座城市联系起来，尤其与1604年的哈雷大学联系起来。不过立敕尔（Ritschl）也论及迈克尔·穆勒（Michael Müller，卒于1702年）、约翰·沃尔夫冈·杰格尔（Johan Wolfgang Jäger）、克里斯多夫·雷斯林（Christoph Reuchlin，卒于1704年）以及安德烈亚斯·亚当·霍克斯泰特（Andreas Adam Hochstetter，卒于1717年）。他们都是"有敬虔主义倾向群体"的成员，都往来于符

语应用非常广泛，可指神秘主义和分离主义等。立敕尔（Ritschl）也论及改革宗教会中的敬虔主义，并认为分离主义[66]源自敬虔主义。此外，他从重洗派和中世纪神秘主义宗派中推断出敬虔主义。敬虔主义在路德宗教会中是一个奇特现象，而在基督公教中不然。尽管如此，与托鲁克（Tholuck）和里根巴赫（Riggenbach）的观点相反的是，有些许变化的相同现象也出现于路德宗教会之外的改革宗教会内。[67]

敬虔主义追求"完全"（perfection），志在完成16世纪未竟的宗教改革（当时的改革仅限于教义），并透过复兴和培养信徒的敬虔来革新日常事务。敬虔主义因而认为正统是死的，且教义缺乏生命。因此，它要扫除基督新教教会中的基督公教遗风，尤以改正基督新教信徒的重大道德缺点为要务。此改革力图透过敬虔的操练（praxis pietatis）来达致虔诚。敬虔主义改革未触及教会教义，但它认为教义应被信徒经验。敬虔与正统不同；宗教是心灵的要事，无需教会的认可；它只须活在与基督的团契中。唯有重生之人认识上帝，明白上帝的圣言，而未重生之人只是字句的奴隶。因此，重生之人需在灵里成长，以基督为榜样，将苦难与背十字架当做通往敬虔的操练。苦修活动（禁食、祷告、默想和读经）以及小团体聚会（conventikels）都是培养敬虔生命的方式。根据朗格的观点，敬虔主义强调主观生命的方式，与神秘主义强调我们里面神性生命的方式相同。[68]敬虔主义者希望随时随地彰显他们生命中神性层面。他们沉浸于自我，不倚靠上帝，而是注重主体；主体则必须转化己用神性层面，并在日常生活中彰显出来。因此，敬虔主义常常借着自创、主观的自我责罚的方式，尝试获取并保留神性层面。神秘主义者在上帝里面迷失自己，且成了寂静主义者。敬虔主义者也在自身中丢失了上帝，常常反躬自身，但也积极宣教，从事教导和民众教育等活动。一言蔽之，他们致力于慈善事业。

史宾纳和弗兰克将敬虔主义引入路德宗教会，但在敬虔主义之前就已有敬虔主义者：亚恩特（Johann Arndt, 1555-1621）、威格尔（Valentine Weigel, 1555-1621）、伯麦、穆勒（Georg Müller, 1603-1684）、斯克里夫（Christian Scriver, 1629-1693）、格哈德（Johann Gerhard, 1582-1637）、安德里亚和卡利克斯特斯（George

---

腾堡（diese Gruppe des kirchlich gesinnten Pietismus in Württemburg）。Ritschl, *Geschichte des Pietismus*, 3:6.

[66] 英注：巴文克在此是指1834年从国立荷兰改革宗教会（the Nederlandse Hervormde Kerk）脱离的"分离运动"（Afscheiding）以及基督教归正教会的建立（Christelijke Gereformeerde Kerken）。巴文克是该教会成员，荷兰坎彭神学院的教授。

[67] 见Tholuck, "Pietismus"; Riggenbach, "Pietismus."

[68] Lange, "Mystik," 159.

Calixtus，1586-1656）。甚至在史宾纳于 1675 年出版著名手册之前，就有题为《敬虔的渴望》（*Pia Desideria*）的著作问世。[69] 史宾纳生于 1635 年，阅读了英国作家所写的实践神学著作，以及发表于 1605-1610 年间的亚恩特《真正的基督教》（*True Christianity*）。他深受日内瓦的让·德·拉巴迪（Jean de Labadie）的影响，并在 1670 年创建了"敬虔学院"（collegia pietatis）。瓦伦丁·恩斯特·劳舍（Valentine Ernst Löscher）批评史宾纳，认为后者使理智依赖意志，令正统依赖敬虔生活。[70] 敬虔主义既是教会内部的运动，也是反对教会的运动。敬虔主义者认为成为正统是不足够的，还需其他事物。如此，他们在教会中的归信之人与非归信之人之间画出了分界线。圣约观念并非决定性的，人必须要有一定的属灵经历。何种经历？先是"内心忏悔性的挣扎"（Busskampf），然后是"突破"（Durchbreukung）与"印署"（Versiegelung）。

数年后，在 18 世纪 30 年代，普鲁士君主弗雷德里克·威廉姆一世（Frederick William I）"不仅保护而且积极推动敬虔主义运动。弗兰克（在哈雷）的学生被优先指派牧职。在 1736 年之后，牧职候选人须在哈雷大学至少学习两年。"[71] 当时，敬虔主义的教诲成为一种方法与要求；苦修时间、对灵魂的完全关怀，具有系统化、法定化的特色。故此，敬虔主义促长了对教义的漠不关心，和对教会的主观主义。讽刺的是，这正是启蒙运动对敬虔主义的评价。敬虔主义反对经院派的专业术语，仅守基要真理，并质疑对认信迷信般的推崇。它也轻视教会教义，重视主体，以及与上帝的主观性关系，因而形成了"教会中的教会"与分离主义。敬虔主义产生了许多归信故事（在以前世代几乎无人知晓）。[72] 敬虔主义让教会各行其是，但强调个体灵魂的复兴与确信等。二百六十种异端都与史宾纳相关，他的影响传至符腾堡和杜宾根；"敬虔学院"于 1705 年这两个地方成立。约安·阿尔布雷希特·本格尔（Johann Albrecht Bengel, 1687-1752）和弗里德里希·克里斯托夫·奥廷格（Friedrich Christoph Oetinger, 1702–82）由此崭露头角，并引入神智学-智性的（theosophical-intellectual）元素。[73]

---

[69] 英注：巴文克手稿内容为："在他们（史宾纳和弗兰克）之前，也有其他人批评经院神学。他们希望宽容（卡利克斯特斯），发表了《敬虔的渴望》。"巴文克引用了 Tholuck, "Pietismus," 646-647。

[70] Riggenbach, "Pietismus," 682.

[71] Gorski, *Disciplinary Revolution*, 111.

[72] Tholuck, "Pietismus," 655.

[73] 英注：最近一项研究认为，本格尔和被卷入史威登堡主义（Swedenborgianism）的奥廷格反对德国的唯心主义思想：Heinze, *Bengel und Oetinger*.

以下论述改革宗教会。[74] 英国发生了双重改革：其一是具有等级特征的上层改革（由亨利八世、伊丽莎白一世等主导的改革），其二是具有长老会和加尔文主义特征的下层改革（如诺克斯的改革）。[75] 1564 年以来，后项改革的支持者被称为清教徒，他们多数住在伦敦和剑桥。托马斯·卡特赖特（Thomas Cartwright，1535-1603）在 1569 年成为玛格丽特夫人教席的神学教授。1571 年，清教徒始遭迫害；他们退出教会，聚集一处，任命长老，设立"宣讲会"（prophesyings），借此用实践应用来解释《圣经》，并讨论良知等方面的话题。[76] "布朗派"（Brownists）又称"独立派"（Independents），以罗伯特·布朗（Robert Browne）命名。他于 1581 年在荷兰的米德尔堡（Middelburg）成立教会，并在 1589 年返回英格兰。布朗派是清教派一个独具特色的分支。[77] 布朗派信徒遭迫害时逃至荷兰，其中有弗朗西斯·约翰逊（Francis Johnson）、亨利·安斯沃思（Henry Ainsworth，1569-1622）以及约翰·罗宾逊（John Robinson，卒于 1625）。改革宗教会内部的敬虔主义可溯源至这个群体。[78] 该派主要推动者有剑桥教授威廉姆·惠特克（William Whitaker，1547-1595），和同为剑桥教授的威廉·珀金斯（William Perkins，1558–1602）。珀金斯认为神学是研究永远蒙恩而生活的科学，因此神学完全是实践性的。他所论述的主题有：良知、灵性荒漠、属灵生命的起源与发展（此论述依照基督这位典范所表现的顺序）、肉体与灵的争战、何为绚丽多彩的人生以及何为寿终正寝、如何判断一个人是否归信，诸如此类。他的著作被译为德文、法文、荷文与西班牙文。珀金斯在英国的影响尤深，在圣公会和清教徒中有众多追随者，如保罗·贝恩斯（Paul Baynes，卒于 1641 年）、约翰·史密斯（John Smith，卒于 1616 年）、托马斯·布赖特曼（Thomas Brightman，1557-1607）、弗朗斯西·劳斯（Francis Rous，1579-1659）以及爱德华·利（Edward Leigh，卒于 1671 年）。理查德·西比斯（Richard Sibbes，1571-1635）是剑桥大学的讲师，在实践神学方面著作颇丰。路易斯·贝利（卒

---

[74] 见Heppe, *Geschichte des Pietismus und der Mystik*; W. à Brakel, *Christian's Reasonable Service*, 2:640-642; Beard, *Reformation of the Sixteenth Century*, 300-336.

[75] 英注：巴文克旁注："在玛丽女王统治时期（1553-1558），他逃至苏黎世、巴塞尔、日内瓦和法兰克福等地。"

[76] Weingarten, *Die Revolutionskirchen Englands*, 18. 任命长老是为反抗英国国教中基督公教的残留传统（如圣衣、主教、赦罪等）。

[77] Weingarten, *Die Revolutionskirchen Englands*, 2.

[78] 英注：巴文克在页边空白处写道："英国教理方面的著作为数不多，但有对教父和新约文本的研究"（Beard, *Reformation*, 330）。

于 1632 年）著有《敬虔的操练》（1751 年第 51 版），已被译为荷文与德文。

与珀金斯同时代[79]的名人众多：乔治•唐内姆（George Downam，约 1563-1634）；丹尼尔•戴克（Daniel Dyke，卒于 1614）；同样来自荷兰的耶利米•戴克（Jeremias Dyke，卒于 1620）；尼古拉斯•拜菲尔德（Nicholas Byfield，1579-1622）；托马斯•胡克（Thomas Hooker）生于 1586 年，曾逃至荷兰，最后去了美国，成为哈特福德（Hartford）的牧师，卒于 1647 年；约瑟夫•霍尔（Joseph Hall）生于 1574 年，为多特会议成员、诺威奇的主教，卒于 1656 年；托马斯•泰勒（Thomas Taylor，1576-1632）；约翰•保尔（John Ball，1585-1640）；安东尼•伯吉斯（Anthony Burgess，卒于 1664）；耶利米•伯勒斯（Jeremiah Burroughs，约 1600-1646）；理查德•坎贝尔（Richard Capel，1586-1656）；约翰•普雷斯顿（John Preston，1587-1628）；亚瑟•希尔德勒姆（Arthur Hildersham，1563-1631）；威廉姆•高奇（William Gouge，1575-1653）；托马斯•高奇（Thomas Gouge，1605-1681）；塞缪尔•沃德（Samuel Ward，1577-1640）；约瑟夫•西蒙兹（Joseph Symonds，卒于 1614）；亨利•斯卡德（Henry Scudder，约 1585-1652）；托马斯•沃森（Thomas Watson，1620-1686）是沃尔布鲁克教会的教区长，后来在克罗斯比厅担任牧师；斯蒂芬•查诺克（Stephen Charnock，1628–80）；托马斯•亚当斯（Thomas Adams，1583-1652）；约翰•豪（John Howe，1630-1705）；威廉姆•布莱特肖（William Bradshaw，1571-1618）；理查德•格林汉姆（Richard Greenham，约 1542-1594）；菲利普•奈（Philip Nye，1595-1672）；威廉姆•格思里（William Guthrie，1620-1665），他写了以信心确据为主题的《基督徒最大的恩惠》（*The Christian's Great Interest*）；托马斯•古德温（Thomas Goodwin）生于 1600 年，后归信，成为剑桥的牧师，并在 1639 年前往荷兰，1649 年返牛津，卒于 1649 年。另外还有约翰•欧文（John Owen），他生于 1616 年，颇受尊敬。在查理一世上断头台之日，欧文在下议院布道。他是克伦威尔（Cromwell，卒于 1683 年）的朋友，反对英国国教，著有 80 篇文章，赢得所有派别的敬仰，甚至高教会派（the high church）对他也颇为尊敬。理查德•巴克斯特（Richard Baxter）[80] 生于 1615 年，曾任基德米斯特（Kiddermister）的教区牧师，卒于 1691 年。他是一位和睦之人，公开谴责克伦威尔的做法[81]，力促基督新教圣公会与长老派和好。他出版了 180 多部著作，最为著

---

[79] 英注：本段及以下段落的人名顺序均按巴文克文中顺序。对其中大部分人物的简要介绍，见 Beeke and Pederson, *Meet the Puritans*。
[80] Weingarten, *Die Revolutionskirchen Englands*, 162-163.
[81] 英注：巴文克仅说到 "Cromwells daad"，但对此无具体说明。显然他用该词意在表明克

名的是《圣徒永恒的安息》（*The Saints' Everlasting Rest*）与《对未归信之人的呼吁》（*Call to the Unconverted*）。约翰·班扬（John Bunyan）生于 1628 年，1653 年加入浸信会，1655 年开始布道。1600 年至 1672 年间，班扬被囚禁在贝德福德，卒于 1688 年。克里斯托弗·拉夫（Christopher Love）生于 1611 年，曾任议员与大臣，在 1651 年因集结部队反抗政府被议会指控为叛国罪。他宣布查理一世的长子查尔斯·斯图亚特（Charles Stuart）为王，支持苏格兰人反对克伦威尔。1650 年 3 月至 1651 年 6 月期间，拉夫与查理二世（斯图亚特）和苏格兰人进行书面协议；1651 年 8 月 23 日他被斩首，于同日查理二世率苏格兰人进入伍斯特（Worcester）。[82]

还有许多此类作家：理查德·阿林（Richard Alleine, 1611-1681）、约瑟夫·阿林（Joseph Alleine, 1634-1668）、威廉姆·惠特利（William Whately, 1583-1639）。此外还有塞缪尔·卢瑟福（Samuel Rutherford, 1600-1661），他生于贵族之家，任苏格兰安沃斯（Anwoth）的牧师，讲道驳斥常见之罪，因《为神圣恩典的辩护性操练》[83] 以及拒绝承认主教法庭为耶稣基督的法庭而遭审讯。卢瑟福在 1636 年被囚，于 1638 年获释。他在圣安德鲁任神学教授（他拒绝了乌得勒支的任命）。他在 1661 年被指控叛国罪，但因病未能出庭，后病逝。[84] 此外有理查德·罗杰斯（Richard Rogers, 1551-1618）、约翰·罗杰斯（John Rogers）和乔治·霍普金斯（George Hopkins, 1620-1666）。[85] 理查德·巴克斯特在其著作《实践神学的纲要》（*Body of Practical Divinity*）中有论及上述人士。[86] 约 1600 年至 1660 年间，清教徒（为主体）经历了极富活力的属灵生活。

上述作家有关敬虔操练的教导可概述如下。[87]（1）在教义理解上，他们完全遵循保留改革宗思想。他们毫不偏差地教导一切有改革宗特征的教义：预定、拣选、

伦威尔引领众人反抗查理一世，并将其送上断头台。

[82] Neal, *History of the Puritans*, 2:122-125. 英注：查理二世在1651年9月3日伍斯特战役中被克伦威尔击败，逃至欧洲，直至1660年复辟登位。

[83] *Exercitationes Apologeticae Pro Divina Gratia . . . Adversus Jacobum Arminium ejusque asseclas, & Jesuitas . . .* (Amsterdam, 1636).

[84] Neal, *History of the Puritans*, 3:89–91. 另见Crookshank, *History of the State and Sufferings of the Church of Scotland*, 1:139-140.

[85] 中注：英译本将此词的约翰·罗杰斯改为他儿子提摩太罗杰斯。荷注：巴文克此处的资料来源是Heinrich Heppe, *Geschichte des Pietismus und der Mystik [...]*, 49, noot 2；他用脚注中克鲁苏克（Crookshank）的研究来补充这里的资料。

[86] Baxter, *Christian Directory*.

[87] Heppe, *Geschichte des Pietismus und der Mystik*, 52-73.

人的无能为力等。（2）但是此真理必须要活出来；真理必须成为实践，敬虔定要在日常生活中实践和展示。(3) 此教导的出发点是以下命题: 人要么处于自然状态中，要么在恩典状态中，无居间状态。因此，每个人须知自己所处的状态与状态转折的时间点。（4）故此，此教导尤其强调自省。（5）正当的自省应有区分性标记。这些标记可用"打"为单位来计数和发展，包括灵里的贫乏、痛悔、爱上帝的圣言、爱人、爱公义，以及渴望死亡，不胜枚举。[88]

人由于轻率自欺会认为自己很快归信了，但过后不久又失丧。为防止这种情况，他们特别指出被遗弃之人若未获得特殊恩典，他们可能会偏离地多远，会经历何事；这就是描绘最佳状态的自然人。但是在另一方面，他们也指出恩典起初在人的灵里何等微小，以至于困扰的灵魂不会摆脱挫败且无安慰。换言之，基督徒的最差状态需要予以呈现，并表明他们可能堕落程度之深。重生与归信是奇迹，如同亚当被造或孩子出生，我们对此不劳而获。此属灵生命、信心的生命，在本质上是与上帝、基督团契的生命。其本质是奥秘的联合（unio mystica）。对此有许多现实生动的描绘，尤其透过新郎与新娘（灵魂）的意象，采用了《雅歌》[89]中的表述，如基督的宴席等。[90]这是改革宗神学的神秘性的维度，它有时被引向神秘主义，将一切表述得过于现实生动。

然而，属灵生命不能仅存在，还需成长、成熟。[91]为此，在苦修神学或"苦修行为"（asketica）的分类下[92]，提出了各样成长途径：读《圣经》、唱诗篇、定时跪拜祷告等。主日尤然[93]，所有劳作须停止，星期六晚上应有预备。主日只能读《圣经》；主日须早起，自省，以祷告的方式预备听道。讲道结束后，信徒应在家默想并讨论

---

[88] Heppe, *Geschichte des Pietismus und der Mystik*, 58.
[89] Heppe, *Geschichte des Pietismus und der Mystik*, 68.
[90] Heppe, *Geschichte des Pietismus und der Mystik*, 61.
[91] 因此，属灵生命有其发展阶段："渴慕"、"接受"和"印记"等。Heppe, *Geschichte des Pietismus und der Mystik*, 57-58.
[92] 英注：术语asketica被马斯特里赫特（Petrus van Mastricht）用在*Theoretico- Practica Theologia* III结论部分，被沃舍斯（Voetius）用在其作《敬虔的操练》（Τα Ασκητικα）。周必克（Joel Beeke）认为：

> 沃舍斯的"苦修行为"是对相关神学教义的系统化。此教描述了经历并操练真正合乎圣经的敬虔的方式……沃舍斯阐述了如何培养祷告、悔改、信心与归信的持久生命；基督徒如何迎接、领受并默想反思圣餐；如何在固定时间或随时献上祷告与感谢等……他在书中讲到真正归信之人所关心的许多实践话题：守主日、每日生活、属灵争战、试探、灵性荒漠、圣徒相通。他教导人们如何面对殉道，如何安然去世。
>（Beeke, *Gisbertus Voetius*, 28-29）

巴文克在以上的§1和§3章节和下文的第12章论述了苦修行为和苦修神学。

[93] Heppe, *Geschichte des Pietismus und der Mystik*, 66-72.

讲道内容，当天余下时间要祷告、唱诗、读经或探访贫穷人等。此外，禁食与忏悔（刻意反思罪与认罪）可以作为特别方式。另外还有对生死的默想[94]，藉此灵魂聚焦于特定主题，并沉浸其中。此为独处的操练，其主要目标是灵魂与基督联合。此种默想与神秘主义的默观相近。上述所有作家都认为，敬虔必须按照严格的准则，系统性地操练。因而，属灵的自我、灵魂的境况一直都是反思对象。宗教确实专注于永恒之事，思想上帝，不是偶尔为之，而是昼思夜想。[95] 这创造了与上帝有关的丰富经历（此为敬虔操练的要旨），一个深入的属灵心理，对灵魂的所有境况与变化的理解，并对自己和自身知识的最细致的审察。当然，这就带来了与心思一样的人探讨此自省的需要。

显而易见，上述情形导致出现了小型聚会、宗教性聚会与团契，形成"教会中的教会"（ecclesiolae in ecclesia）。这显然冒着带来分离主义的危险，将教会分为"信徒"与"非信徒"。同时，我们注意到这并非必然导致寂静主义。相反，正是那些以敬虔实践为主题、敦促并劝告人们过富有活力的生活的作者们，启发了传道人；他们热心于家庭探访，维护教会训诫，竭诚传福音，尤其传给社会底层的人们，此外还创办了教理学习班和学校。[96]

同样的实践神学也在荷兰兴起。[97] 让·塔芬（Jean Taffin, 1509-1602）在1573-1585年间担任奥兰治王子威廉（William of Orange）的牧师，之后在哈勒姆（Haarlem）的瓦伦教会（Walloon church）服侍，后来在阿姆斯特丹任牧师。他的两部重要著作为《上帝儿女的标记》和《生命的修正》。[98] 戈特弗里德·科尼利厄斯·乌德曼（Gottfried Cornelius Udemans，约1580-约1649)著有《基督徒的反思（与祷告）》（Christelijcke bedenckingen en gebeden，1608），该著作论述了罪、恩惠与感恩等主题。他另著有《雅各的梯子》（Jacob's Ladder）；书中区分了通往天堂之正道的八个阶梯：悔改、知识、信心、认信、敬虔的生活、忍耐、喜乐和坚忍。其他重要著作为《信望爱之实践》(1612)、《天堂之围》（Heaven's Siege,1633）、为海员而作的《属灵的指南针》（Spiritual Compass,1617）、《商人的追逐》（Merchant's

---

[94] Heppe, *Geschichte des Pietismus und der Mystik*, 70-72.
[95] Heppe, *Geschichte des Pietismus und der Mystik*, 66.
[96] Heppe, *Geschichte des Pietismus und der Mystik*, 51-52.
[97] Heppe, *Geschichte des Pietismus und der Mystik*, 95-105.
[98] Taffin, *Marks of God's Children;* Taffin, *Amendment of Life.*

Chase, 1637）和《属灵之舵》（*Spiritual Rudder*, 1638）。[99] 毋庸置疑，当时还有许多此类著作出版。但敬虔实践的繁荣期由英格兰作家引发，并由提林克、布雷克、劳登斯坦（Lodenstein）、格罗宁根的马蒂纳斯（Martinus）以及科尔曼（Koelman）引入荷兰。

威廉·提林克（Willem Teellinck）生于 1579 年。他于 1603 年在法国普瓦捷大学（University of Poitiers）获法学博士学位，后于 1604 年前往英国，并接触很多清教徒。"他住在一个非常敬虔的家庭……广泛了解到清教徒的敬虔透过以下方式活出来：大量的家庭崇拜、个人祷告以及对所听之道的讨论、守主日、禁食、属灵团契、自省、发自内心的虔诚、善工；这些都给提林克留下深刻印象，且对其归信产生了影响。"[100] 他在荷兰莱顿攻读了两年神学，"师从卢卡斯·特雷卡蒂乌斯（Lucas Trecatius）、弗兰西斯卡斯·古默鲁斯（Franciscus Gomerus）以及雅各布·阿米念（Jacob Arminius）。"[101] 他服侍最长久之地是米德尔堡（1613-1629），且在此离世。提林克最为著名的著作为《真正敬虔之路》（*The Path of True Godliness*）。此外，他留有 127 部手稿，部分文章被录入弗兰西斯卡斯·里德鲁斯（Franciscus Ridderus）的选集《威廉·提林克先生著作选集》（*Uit de Geschriften en Tractaten van Mr. Willem Teellinck*）。[102] 在抗辩派（Remonstrants）与反抗辩派相争的年间，他规劝人们过敬虔的生活，极力反对狂欢活动与奢华服饰等，提倡谨守主日与圣餐礼。

威廉·埃姆斯（William Ames）将清教主义（Puritanism）从英国传入荷兰。他于 1576 年生于萨克福（Suffolk）的伊普斯威奇（Ipswich），师从威廉·珀金斯。他在申请剑桥大学基督学院的研究员遭拒之后，长期流亡荷兰。1622 年，埃姆斯在荷兰弗里斯兰省（Friesland）新成立的弗拉纳克大学（University of Franeker）担任教授。与珀金斯一样，埃姆斯将神学定义为"为上帝而活的教义"（doctrina Deo vivendi）、"敬虔的工作"（θεουργία）。[103] 他讲授实践神学，倡导学生研读整本《圣经》的内容，不要囿于神学的"一般性教义议题"（loci communes）、经文选

---

[99] Udemans, *Practice of Faith, Hope, and Love*.
[100] 英注：Beeke and Pederson, *Meet the Puritans*, 782。中注：此句为英译本所加。
[101] 英注：Beeke and Pederson, *Meet the Puritans*, 783。中注：此句为英译本所加。
[102] 英注：Beeke and Pederson, *Meet the Puritans*, 786。
[103] 荷注：巴文克的资料来源是 Heinrich Heppe, *Geschichte des Pietismus und der Mystik [...]*, 141. 有关埃姆斯著作是指 Gviliel Amesius, *Medvlla Theologica*, Editio Nouissima [...] Amstelodami 1634, Liber primus, Cap. I.1: 'Theologia est doctrina Deo vivendi'.

集阅读（lectio）、祷告（oratio）和试验（tentatio）。[104]埃姆斯的两部重要著作为《神学精要》（*The Marrow of Theology*）和《拥有能力和控告之力的良知》（*Conscience, with the Power and Cases Thereof*）。沃舍斯（Gisbert Voetius，1585-1676）受威廉·提林克、肯皮斯、路易斯·贝利（Lewis Bayly）等人著作鼓舞，开始了解英格兰清教主义的虔诚，尤其是威廉·珀金斯的思想。沃舍斯著有《敬虔力量的明证》（*Proeve van de kracht der godzaligheid*；1627）和《默想真实的敬虔操练或善工》（*Meditatie van de ware practijcke der godsalicheydt of der geode werken*；1628）。他教授苦修神学或称"苦修行为"，撰写有关灵性荒漠的问题，以及《属灵操练》一书。[105] 约翰·霍恩毕克（Johannes Hoornbeeck，1617-1666）也认为神学具有实践性，并撰写了一本有关如何安然离世的著作（1651），另有一部论讲道学的著作。范奥斯特塞（van Oosterzee）如此评价该书（1645）："严格地说，此书是在荷兰本土出版的首部论讲道学的原创之作。" 他于1663年出版了两卷本实践神学著作。[106] 其他作家及其作品有：赫尔曼·魏特修（Herman Witsius）的《实践神学》，维林加（C. Vitringa）的《基督徒伦理学导论：论属灵生命及其特征》，易武特·提林克（Ewout Teellinck）的《火柱与云柱》（1622）与《基督徒的抱怨》（1618），弗兰西斯卡斯·德·威（Franciscus de Wael）的《以祷告为祭：祷告的操练》（1637），丹尼尔·苏特（Daniel Souter）的《安慰的号角》，洪迪厄斯（J. Hondius）的《诸般罪恶与万千安慰：黑白之详录》（1679）。[107]

因此，清教徒生活模式在诸多群体中蔚然兴起。人们远离舞会或剧院（沃舍斯），禁食之日被引入，守主日十分严格，家庭生活借着家庭探访的实践[威廉·提林克，威特荣格尔（Wittewrongel）]而围绕宗教来组织，而且会进行许多属灵操练和小型聚会。至此为止，这一实践性的倾向以健全的方式进展。沃舍斯知道自己并非神秘主义者，但他看到德·拉巴迪思想中的神秘主义。他认为是拉巴迪将神秘主义引入改革宗教会，而在此之前改革宗教会并无神秘主义。[108]

---

[104] Ames, *Marrow of Theology*, I.1.
[105] Voetius and Hoornbeeck, *Spiritual Desertion*; Voetius, *De praktijk der godzaligheid*.
[106] Van Oosterzee, *Practical Theology*, 146.
[107] Witsius, *Prakticale godgeleertheid*; Vitringa, *Korte schets*; E. Teellinck, *Vuur- en Wolkkolom*; Teellinck, *Christelicke clachte*; de Wael, *Revk- offer*; Souter, *Troost- basuyn*; Honidus, *Zwart en wit register*; 英注：资料来源van der Hoeven, *Catalogus*, 53, no. 1653。
[108] 关于舞会，见Ritschl, *Geschichte des Pietismus*, 1:105-111；有关沃舍斯和荷兰改革宗教会内的神秘主义的论述，见 Ritschl, 122-130。

但在 1655 年，弗兰西斯·劳斯（Francis Rous, 1579-1659）发表了《上帝在内心为王》（Interiora Regni Dei）。此单卷著作包含三本小册子：《天堂学校》（Academia Coelesti）、《伟大宝座》（Grande Oraculum）和《基督与教会的奥秘联合》（Mysticum Matrimonium Christi cum Ecclesia）。[109] 劳斯是位清教徒，在形成自己的神秘主义灵修思想的过程中，参阅了克莱尔沃的伯纳德、亚略巴古的伪丢尼修以及圣维克多的胡果（Hugo of St. Victor）的著作。[110] 或许在威廉·提克的《独白》（Soliloquium）中早已表现出神秘主义的特质，尽管沃舍斯定然不认同该观点。[111] 这种神秘主义、敬虔主义的倾向在提林克之子约翰·提林克（Johannes Teellinck）身上更为显著；约翰·提林克于 1663 年去世。西奥多勒斯·格哈杜斯·阿·布雷克（Theodorus Gerhardus à Brakel）早在十六岁时就沉浸于上帝的爱，但直到直接领受上帝的呼召时才愿意担任牧师。他著有《属灵的生命》与《属灵生命的阶段》。此两卷著作属灵生命如何能超越归信与信心。[112] 归信与信心是最低的阶段，但以它们为基础，信徒可透过默想进入默观，继而进入荣福直观的异象，而后达致即刻性的立足点，看到异象，听见声音。[113]

乔杜卡斯·凡·劳登斯坦（Jodocus van Lodenstein, 1620-1677）在弗拉纳克求学，师从沃舍斯（Gisbertus Voetius）和约翰·柯克尤（Johannes Cocceius）。劳登斯坦生性严谨，一直独身，在饮食起居等诸事上严于律己。他对自然之事（如婚礼、母亲的生日）存有误解，并坚称整个生活都必须是"敬拜"（godsdienst）。他希望教义正确之人能进而改变生命。[114] 劳登斯坦认为不应废弃修道院、晚祷和禁食，而应加以革新。他反对文学与奢华，认为蒙福的状态包含了默观的生活、纯粹的荣福直观的异象、以及沉醉于此异象中、被圣灵开悟。[115] 从此之中涌流淌出爱上帝的意

---

[109] 英注：若进一步探讨劳斯、劳斯与克莱尔沃的伯纳德（Bernard of Clairvaux）的关联，以及他对赫尔曼·魏特修的神秘主义倾向的影响，见 de Reuver, Sweet Communion, 266-269；该书参考文献颇具价值。

[110] Ritschl, Geschichte des Pietismus, 1:128. 英注：德·赫威（De Reuver）对劳斯概括性评价如下："劳斯是长老会-清教徒中博学多才的英国政治家，他的神秘主义灵修思想闪耀着伯纳德灵命的光辉。"（Sweet Communion, 267）德·赫威也提到了巴西流（Basil）、居普良（Cyprian）和让·格尔森（Jean Gerson）等，他们是劳斯感兴趣的作者。

[111] 依照 Ritschl, Geschichte des Pietismus, 1:124-130。

[112] T. à Brakel, Het geestelijke leven; à Brakel, De trappen.

[113] Heppe, Geschichte des Pietismus und der Mystik, 184.

[114] Proost, Jodocus van Lodenstein, 123.

[115] Proost, Jodocus van Lodenstein, 136.

愿和充满各类美德的虔敬生命。每日之始与终都应默想上帝的作为，有时可阅读、思考、独处、读经、祷告与默想；在祷告之日、禁食之日和主日更要如此。基督徒生命之本质就存在与耶稣无介导性之团契中，如同新郎与新娘的团契一样。[116] 此外，劳登斯坦强调教会训诫，且坚决反对阅读设立的礼拜仪文的祷文，甚至拒绝阅读受洗的礼文。[117] 在认为与基督的真正联合式在圣餐之中时，他相信倘若人人皆可领圣餐，则实为亵渎圣餐。劳登斯坦深受让·德·拉巴迪影响，就在1673年后不再主持圣餐，认为首先应革新道德。[118] 他反对庆祝节假日，而更愿意在这些日子讲道；他借着不在节假日举行圣餐以示这些日子无甚价值。与沃舍斯一样（反对戈马鲁、柯克尤和铂尔曼的思想），劳登斯坦是守主日强烈倡导者。[119] 他认为人们应在周六预备主日，在主日应禁食，教会礼拜、祷告等活动应贯穿整个主日。在教会体制上，洛登施泰尽心竭力为教会的自治而劳累，并他为科尔曼辩护；后者因拒绝诵读礼拜仪文和庆祝节假日而被当局免职。对劳登斯坦而言，重要的是圣灵，而非字句；一位改革宗基督徒若无圣灵，实则为无神论者。"主啊，求祢保守我们脱离让千万人跌倒的字句，否则求祢将圣灵的印记印在字句之上！"

【安娜·玛利亚·凡·舒尔曼（Anna Maria von Schurman）于1607年出生于科隆（Keulen）。】[120] 让·德·拉巴迪（Jean de Labadie）1610年生于波尔多（Bordeaux）附近，受训于一所受西班牙神秘主义影响的耶稣会大学。因病在1639年辍学，之后在巴黎和亚眠（Amiens）布道，逐渐被改革宗认信所吸引，遂于1650年10月16日转至蒙托邦改革宗教会（Reformed Church of Montauban）。拉巴迪思想中的神秘主义元素就在于他对默祷（oratio mentalis）极为重视。他认为人藉由默祷可感受并享受上帝。默祷旨在与上帝联合，即遵从上帝，并成为上帝喜悦的样式。拥有在圆性（volmaaktheden, perfections）中之三个位格的上帝是我们默观的对象。因此没有什么能超越默观；我们在默观中拥有上帝，变得圣洁、自由，并蒙福变得如

---

[116] Proost, *Jodocus van Lodenstein*, 147.
[117] Proost, *Jodocus van Lodenstein*, 156.
[118] Proost, *Jodocus van Lodenstein*, 167.
[119] Proost, *Jodocus van Lodenstein*, 176.
[120] 中注：见荷文版205页。英译本将此句移至脚注，而中译本正文予以保留，且加上英译本脚注。荷注：巴文克此处脚注提到了"Schotel"，参G.D.J. Schotel, *Anna Maria van Schurman*, 's Hertogenbosch 1853. 英注：Heppe, *Geschichte des Pietismus und der Mystik*, 271; Ritschl, *Geschichte des Pietismus*, 194-267.

上帝一般。[121] 上帝的圣言和圣礼是得享恩典的渠道，但若无默想（meditatie），这些渠道会干涸。超自然的默观有多种方式：上帝以能力覆庇我们，并提升我们；灵魂退回至自身深处，在那里寻求上帝。[122] 这也可透过梦境、异象、内心的话语、上帝与灵魂的直接联合来做成。最后要提及的是至高之事、得荣耀的状态。此种成圣须透过与世界分离才可发生。对上帝的爱必须完全无私。真正的舍己就是爱上帝，即使祂拒绝我们时亦然。[123] 对人而言，至善是在上帝面前不再有自己的意志；祂的旨意是唯一的意志。基督徒的生命须彰显基督及祂的受苦。此生命由默观、舍己和对上帝的爱构成；透过对上帝的爱，灵魂流入上帝，如同溪水回流大海。[124] 按此方式，我们基督徒的自我（self），我们的"我"，就成为基督与上帝的自我。[125] 德•拉巴迪因其神学观在 1669 年被免去牧师职位。他努力在现有教会外建立一个全新的使徒性教会，一间"福音教会"（evangelical congregation）。他在阿姆斯特丹建立了一个家庭教会，但遭逼迫。1670 年，他与学生安娜•玛利亚•凡•舒尔曼（Anna Maria van Schurman）和他的会众逃往德国赫福德（Herford），并在此另创家庭教会。财物公用被引入赫福德，以亲吻领受圣餐，诸如此类。

拉巴迪派借着推动小型聚会，在德国产生了较大影响。[126] 当然在此之前，敬虔操练中就有小型聚会和教理教导。1629 年荷兰改革宗南部总议会探讨了小型聚会问题，将此类聚会交由教会长执会管理。科尔曼（Koelman）和沃舍斯提倡此做法。[127] 德•拉巴迪在米德尔堡（Middelburg, 1666-1669）牧会期间引入了小型聚会。1669 年，斯洪霍芬总议会会议（Synod of Schoonhoven）上增加了更细致的准则。各地出现了信徒传道人，他们观点各异，包括了哈特姆主义（Hattemism）[128]、拉巴迪主义和敬虔主义。因此许多虔敬之人对教会心生厌恶，继而离开教会。在格罗宁根举行的总议会会议采取了措施。这些措施带来对所有既定祷文的反感，并且人们被教导，

---

[121] Heppe, *Geschichte des Pietismus und der Mystik*, 271.
[122] Heppe, *Geschichte des Pietismus und der Mystik*, 274-276.
[123] Heppe, *Geschichte des Pietismus und der Mystik*, 279-283.
[124] Heppe, *Geschichte des Pietismus und der Mystik*, 329.
[125] Heppe, *Geschichte des Pietismus und der Mystik*, 330.
[126] 参 Heppe, *Geschichte des Pietismus und der Mystik*, 395.
[127] Vos Az., *Geschiedenis der vaderlandsche kerk*, 2:55-57.
[128] 英注："哈特姆主义"指庞蒂亚恩•凡•哈特姆（1645-1706）的追随者。哈特姆被指控传讲异端，于1683年被免牧职。他基督中心性的思想令其特别强调对上帝的爱，否认上帝的忿怒，并以寂静的方式寻求与上帝合一（S. van der Linde, "Hattem, Pontiaan van," *Christ. Encyl.*² 3:378-379）。

基督徒会带着高度确信来认知自己已经归信了，尽管此认知并非绝对可靠无误。只有真正重生之人方可领受圣餐，只有归信之人可用主祷文祷告。在洗礼仪文的表达中，"被成圣"改为"正在被成圣"或"在被成圣后"，或加上"根据所立之约"。拉巴迪主义和敬虔主义的影响遍及各界、各会众与牧师群体[129]，【包括《属灵医治的艺术》（*Geestelijke Heelkunst*）[130] 的作者雅各布·波斯蒂乌斯（Jacob Borstius, 1612-1680）、西蒙·奥米乌斯（Simon Oomius, 1628-1706）[131]、本尼迪科特斯·皮克泰（Benedictus Pictet, 1655-1724)、海牙的萨尔登努斯（W. A. Saldenus, 1627-1694）。最后这位萨尔登努斯撰写了《一位基督徒的最悲惨之境》（*De droevigste staat eens christens*）、《跌倒和重新得力的基督徒》（*Een christen vallende en opstaande*）、《基督徒审判的试金石》（*Proefsteen des Christelijken oordeels*）、《劝慰之道》（*De weg des troostes*）等。此外有威尔海姆·布雷克（Willem à Brakel, 1635-1711），他在著作《基督徒理所当然的侍奉》（*Redelijke Godsdienst*）[132] 中坚决反对神秘主义和敬虔主义，但书中敬虔主义思想的内容比比皆是。其他人还包括撰写《经验神学》（*Bevindelijke Godgeleerdheid*）的荷兰泽赖普（Zeerijp）的牧师维斯丘尔（J. Verschuir, 1680-1737），以及埃姆登（Emden）的牧师乔·艾维拉迪（Joh. Everardi, 1672-1731）；后者喜欢传讲个人经历、人物与见闻，诸如此类。这里还包括斯科·查登（Sicco Tjaden, 1693-1726）。】[133]

拉巴迪主义和敬虔主义对弗里德里克·奥古斯都·兰佩（Friedrich August Lampe, 1683–1729）影响尤深。洛登施泰令兰佩觉醒，成为一位严肃的基督徒。[134] 在弗拉讷克时，兰佩师从柯克尤派的教授维林加（Vitringa）、凡·德尔·韦恩（Van der Waeyen）和卢尔（Roëll）。这些接受深受拉巴迪主义与柯克尤派对统治性之经

---

[129] 英注：巴文克对此处的作家添加了头衔，其中大多数人鲜为人知，相关资料也难以查寻。但是有一文献颇有价值，可帮助我们明确巴文克手稿的时间：Saldenus, *Een Christen vallende en opstande*，该书1884年出版。巴文克在正文中提供了该文献信息，未采用页边添注的方式。

[130] 荷注：Jacobus Borstius, *Geestelicke Genees-Konst: Inhoudende Raedt tegen de Doodt, ende Middelen tot een eeuwigh-durende Gesontheydt*, Tot Dordrecht 1651.

[131] 荷注：巴文克的资料来源是Heinrich Heppe, *Geschichte des Pietismus und der Mystik* [...], 406。

[132] W. à Brakel, *Christian's Reasonable Service*, 2:639-699 (§43).

[133] 中注：见荷文版206-207页。荷注：巴文克的资料来源是Heinrich Heppe, *Geschichte des Pietismus und der Mystik* [...], 405-420。

[134] Goebel, *Geschichte des christlichen Lebens*, 2:398-435; Thelemann, "Lampe"; Heppe, *Geschichte des Pietismus und der Mystik*, 236.

院主义反抗的影响。他们支持圣经神学,并接受柯克尤派神学的真正(即严肃)的敬虔。此敬虔有别于"纯粹"或"绿色"的莱顿柯克尤群体。[135] 兰佩在大卫·福路德·吉芬(David Flud of Giffen,卒于 1701 年)等牧师的影响和支持下,在经历很多争战而极为艰难的归信后,成为忠实的柯克尤主义者。兰佩明确区分了重生之人和非重生之人。尽管他并未将非重生之人排除在会众之外(拉巴迪如此行),但是他**强烈**反对非归信之人参加圣餐礼。在讲道时,他分开对两组会众宣讲,认为两组之别如同光明与黑暗的不同,因而不能以同一方式对二者宣讲。二者都需要教导与训诫,但方式应明显有别。[136]

此外,他将未归信之人分为五类:懵然无知者、无所顾忌者、仅有基督徒之名者、假冒为善者和接受劝导者。对于归信之人,他分为软弱的信徒和刚强的信徒。但兰佩接着论述了内在呼召的五个阶段:[137](1)恩典渠道的外在使用;(2)关注圣言;(3)透过圣灵和上帝圣言的真理,对自身有罪的境况内心鲜活的确信。这三个阶段仍属外在呼召,但最后两个阶段不属此类:(4)开悟;(5)意志的倾向。兰佩进一步区分了软弱的信心和刚强的信心,作为明显有别的两个阶段。[138] 每个阶段又包含两个部分。软弱的信心被认为包括(a)渴慕耶稣和(b)迈步就近耶稣。刚强的信心包括(a)接受耶稣到自身里面,并(b)确信自己处于恩典的状态中。此刚强的信心在恐惧战兢之后,被律法、痛苦、黑暗所压迫,受撒旦的攻击,并有微光照进灵魂,但此光首选会被认为是化成光明天使的撒旦;之后真光冲破黑暗,信徒经历上帝的怜悯,并重新得力。[139]

神秘主义、敬虔主义与柯克尤主义(兰佩的神学)因而逐渐形成与得救之道有关的观念;这备受敬虔之人的推崇,在荷兰尤然。广义而言,该思想可概述如下。[140] 恩典的起始是认罪,在于心灵被律法压碎,经历黑暗,受撒旦攻击,于是感到"我

---

[135] 英注:亨里克斯·格罗内韦根(Henricus Groenewegen,约1640-1692)"竭力保护柯克尤体系,反对对其教义或实践有任何改动。这种极度保守的柯克尤派常被称为'格林派'(Green;Groen),该表达取自格罗内韦根(Groenewegen)的名字"(Gerstner, *Thousand Generation Covenant*, 135)。

[136] Goebel, *Geschichte des christlichen Lebens*, 2:416.

[137] Lampe, *De verborgentheit*, 243–52 (VII.xiv-xix). 英注:这是*Geheimnis des Gnaden-bunds*的荷文版。

[138] Lampe, *De verborgentheit*, 313–14 (VIII.xxvi-xxvii).

[139] Lampe, *De verborgentheit*, 313-323 (VIII.xxviii-xxxiii); Heppe, *Geschichte des Pietismus und der Mystik*, 238.

[140] 见Myseras, *Der vromen ondervinding*。

是失丧的"。但之后，上帝用些许光来照亮，显明在基督里的逃生之道。换言之，祂开悟我们的心思、记忆、判断与良知，扭转我们的意志，改变我们的情感。这一切均为定罪的恩典与重生的恩典，是圣灵的工作，也是与圣灵的团契。但此后，信心觉醒（上帝倾倒出信心）。这按以下阶段发生。（1）**期待、向往与渴慕的**信心（《弥迦书》七 7 "我要仰望耶和华；要等候那救我的上帝，我的上帝必应允我。"《路加福音》十八 13 "上帝啊，开恩可怜我这个罪人！"）（2）**恋慕与争战的**信心（《马太福音》十五 27 "主啊，不错！但是狗也吃它主人桌子上掉下来的碎渣儿。"《创世记》三十二 26 "祢不给我祝福，我就不容祢去。"）（3）**投靠、等候的**信心（《马太福音》十一 28 "凡劳苦担重担的人，可以到这里来，我就使你们得安息。"《以赛亚书》四十五 22 "地极的人都当仰望我，就必得救，因为我是上帝，再没有别神。"）（4）**接纳的**（aannemend）信心，由灵魂向耶稣祈商（negotiation）和灵魂最终顺服耶稣、蒙祂拯救构成（《马太福音》八 2 "有一个长大麻风的来拜祂，说：'主若肯，必能叫我洁净了。'"《约翰福音》一 12 "凡接待祂的，就是信祂名的人，祂就赐他们权柄，作上帝的儿女。"）（5）**依靠性、被扶持的、自信的**信心，**持续信靠**（betrouwen），随后就是（6）**笃定的**（verzekerd）信心（提后一 12 "我知道我所信的是谁，也深信祂能保全我所交付祂的，直到那日。"）

这一切均关乎与三位一体第二位格主耶稣相连之灵魂的活动。随后灵魂与三位一体的第三位成员的圣父祈商。这包括了称义与立约。来自上帝一方的称义是在法庭中，发生在第一阶段信心被浇灌之时。当信心变为信靠、接纳的信心时，称义在人的良知中就发生了。藉着盟约的设立，另需进一步的区分。当灵魂渴慕耶稣时（即信心的第一阶段），就产生了对圣约的认同；然而，当人们发现自己是失丧时，此阶段常常紧跟着某种偏行正路。当达致信靠的信心并在良知中经历称义时，一种庄重的立约仪式、与主婚姻式的结合（marriage）就发生了。（这一庄重的立约仪式不应等同于之前对圣约的认同；对耶稣说"我愿意"如同订婚仪式。）随后是对圣约的确认（bevestiging），可以说这令归信达致完全。此时奥秘式的婚姻就开始了，会因罪、争战、试探不断被打断，但这是在恩典中成长、渐至成熟的起始。在此阶段，信徒经历了爱的生命、在圣灵中与耶稣和圣父团契的生命。圣灵的印署就来自这种与耶稣同在的爱的生命。[141]

在荷兰，约翰·维尔舒尔（Johannes Verschoor）的追随者（1680 年之后被称为

---

[141] Myseras, *Der vromen ondervinding*, 68-72.

"希伯来人")¹⁴² 属于神秘主义教派。他们认为凡事皆为应然，上帝自己没有自由，善恶并无分别，基督的死仅是上帝赦免意愿的启示。庞蒂亚恩·凡·哈特姆（Pontiaan van Hattem）的追随者（称为"哈特姆派"）也认同此观点。二者都认为：（a）相信就是信靠；（b）在基督死时已发生了赦罪、称义等；（c）信徒在基督里，基督也在信徒里，故此信徒应无所畏惧，因为上帝是一切，祂行万事，而人一事无为。这是斯宾诺莎式、泛神论式的神秘主义。威廉·杜霍夫（Willem Deurhoff，卒于1717年）也持此观点。他曾为细木工人，研究过笛卡尔，于1680年开始有追随者。他教导说：所有的灵（魂）和身体（物质）是上帝创造之时所造的同一实质变化了的形式。弗雷德里克·伦霍夫（Frederik van Leenhof）在1703年出版了《地上天堂》（*Hemel op aarde*）。他教导我们应常欢乐，甚至在最为险恶的逆境中也应如此；信仰是喜乐，因为凡事都倚靠上帝，我们在祂里面活着并拥有我们的存有。他的教导引发了争论，因此他于1711年被免牧职。约翰·埃斯维格勒（Johan Eswijler）是一位普通公民，著有《蒙福的交谈》（*Nuttige zamenspraak*），又被称为《独处灵魂的默想》（*Zielseenzame meditatie*）。教会负责人起初同意出版该书，但后因其中的泛神论特征被撤回。尽管如此，许多沃舍斯的追随者对该书赞赏有加。后来，在鹿特丹及其附近地区兴起了名为诺贝豪斯派（Knobbelhouwers）的神秘主义教派。¹⁴³ 安托瓦内特·布礼涅恩（Antoinette Bourignon，1616-1680）离开基督公教教会，成为一名敬虔主义者，但未加入福音教会。自1662年，她开始领受启示与异象，强调对世界的严厉弃绝，一心寻求上帝的旨意，靠着内心之光与无言的默祷寻求方向。彼得·普瓦雷（Peter Poiret, 1646-1719）在1672年生病期间，曾向上帝许愿，他会写一本在哲学方面为信仰辩护的书，后于1677年出版了《理性的反思》（*Cogitationes rationales*）。他熟读陶勒（Tauler）和肯皮斯（à Kempis）的著作，与安娜·玛利亚·凡·舒尔曼有书信往来，也与安托瓦内特·布礼涅恩相识。普瓦雷成了一位默观性的神秘者，而非哲学家。他陪伴安托瓦内特·布礼涅恩旅行，直至她1680年逝世。他出版了自己和他人的神秘主义作品，要点如下：只有透过内在的开悟并与上帝的联合，才能获得真正有关上帝的知识，这是情感而非理智的问

---

¹⁴² Ypey, *Geschiedenis van de kristelijke kerk*, 7:290-312; Heppe, *Geschichte des Pietismus und der Mystik*, 375-384; Wybrands, "Marinus Adriaansz. Booms"; B. Glasius, "Jacob Verschoor," in Glasius, *Godgeleerd Nederland*, 2:500-504.
¹⁴³ 英注：Heppe, *Geschichte des Pietismus und der Mystik*, 383; Stoeffler, *Rise of Evangelical Pietism*, 162.

题。上帝需要将光、生命与救赎赐给我们领会（灵魂自身是黑暗的）。

我们可以再提到一些人：备受欢迎的行游教师格哈德·特斯蒂根（Gerhard Tersteegen，1691-1769），他是寂静主义的神秘主义者。[144] 威廉·斯克廷休斯（Willem Schortinghuis，1700-1750）著有富有影响力但也备受争议的著作《内心的基督教》（*Het innige Christendom*；1740），该著作得到格罗宁根神学教授费尔岑（Van Velzen）、格德斯（Gerdes）、德里森（Driessen）、费布鲁格（Verbrugge）的勉强认可。[145] 但在 1742 年，因书中大量神秘主义的表述，此书遭荷兰改革宗的阿平厄丹（Appingedam）总议会会议的声讨。经验性的知识和相符的真理之乐是必要的，而且只能通过感觉和经验获得。未蒙恩之人只闻其声，而蒙恩之人能解其意。我们微不足道（我无所愿，无所能，一无所知，一无所有，全然不配）。另有人谴责此书，因为它教导并非圣言、而是内在开悟带来知识，并且只有通过直接开悟才有确据。斯克廷休斯在 1745 年的上艾瑟尔（Overijsel）总议会会议上被谴责。格拉德斯·奎珀斯（Gerardus Kuypers）于 1749 年在荷兰的奈凯尔克（Nijkerk）的牧会伴随着奇怪的宗教现象：亲吻、拥抱、跳跃、舞蹈、摇头晃脑、拉伸肩膀、说话结巴、碰撞膝盖等。这些现象在德·拉巴迪的会众里也有。[146]

4. 赫恩胡特的弟兄会[147]

【敬虔主义在赫恩胡特的弟兄会中延续。从历史发展来看，赫恩胡特的弟兄会（herrnhutterisme）隶属历史悠久的波希米亚—摩拉维亚弟兄团体；在 1627 年后，

---

[144] Goebel, *Geschichte des christlichen Lebens*, 3:289-447.
[145] Schortinghuis, *Het innige Christendom*. 英注：对《内心的基督教》现代荷文版及其对斯克廷休斯选集的探讨，见 *de Vrijer, Schortinghuis en zijn analogien*。
[146] Goebel, *Geschichte des christlichen Lebens*, 2:181-435 (II/3); 另见 Ritschl, *Geschichte des Pietismus*, 2:367, 369。
[147] Burkhardt, "Zinzendorf und die Brüdergemeine"; Schulze, "Zinzendorf's christliche Weltanschauung"; Schneckenburger, *Vorlesungen*. 荷注：此处参考了《新教会报》（*Neue Kirchliche Zeitung*）：F. Büttner, 'Zinzendorfs Verdienste um die Theologie', in: *Neue Kirchliche Zeitung* 11/5 (mei 1900), 371-394. 另参考了《教会月刊》（*Kirchliche Monatsschrift*）：Georg Lasson, 'Zinzendorf', in: *Kirchliche Monatsschrift. Organ für die Bestrebungen der positiven Union* 19 (1899-1900), 364-385。

该团体终结，但在一些家庭中延续。亲岑多夫（Nikolaus Ludwig von Zinzendorf，1700-1760）于 1700 年生于德累斯顿（Dresden）。他在上劳西茨（Oberlausitz）的黑内尔斯多夫（Hennersdorf）由其祖母和姑姑抚养长大，因此有女性气质（vrouwelijk）。他年轻时就被救主的爱充满，后前往弗兰克（Francke）的哈勒（Halle）接受严格的教育。1716 年，他来到威登堡（Wittenberg），后在 1719 年来到乌得勒支和巴黎。1722 年，他购置了贝特斯多夫（Berthelsdorff）的房产，又在赫恩胡特（Herrnhut）的劳西茨（Lausitz）购置了一间新房。不久之后，他与罗特（Rothe）牧师等人建立了联系，借着书籍、信件和旅行来传扬耶稣，即有关救主的普世信仰(de Universalreligion des Heilandes)。1727 年 5 月 12 日，亲岑多夫为赫恩胡特颁布了法令，认为公民群体与属灵群体合而为一。该群体由 12 位长老负责管理，亲岑多夫为该地领主与带领者。八月十三日，赫恩胡特的弟兄会开始圣餐礼拜，同时启动小时祷告制（每人要为弟兄会祷告一个小时），此会正式成立。在 1729 年，公民群体和属灵群体之间的分裂开始出现。年轻人分开生活在一个房子里，女性青年也分开居住。孩童也根据性别被分开，他们属于整个群体。】[148]

【最重要的是，赫恩胡特的弟兄会有许多宣教工作，且成为整个群体的工作。1729 年，亲岑多夫认识到他年轻时就已归信，因此敬虔主义式的悔罪的挣扎（Bußkampf）和突破（Durchbruch）并非总是必要。他觉察到基督的死是救恩教义的核心，并且《马太福音》二十 28 所指的赎价（λύτρον）不仅指称义，也指人内心的释放与改变。因此，并非基督的抽象之工，而是祂的位格居首位。】[149] 哈勒和威登堡的敬虔主义中心以及政府反对摩拉维亚弟兄会。1736 年，亲岑多夫被逐出萨克森（Saxony），后来到美因河畔法兰克福的东部的韦特劳（Wetterau）。

【柏林的贾布隆斯基（Jablonsky）按立亲岑多夫为摩拉维亚弟兄会的主教。这样，摩拉维亚弟兄会成了与路德宗教会等教会并存的自治教会。弟兄会最充分地展示（πρόσωπον）了真正的"耶稣的群体"（Gemeine Jesu），这样的群体应在所有教会都可见。[150] 摩拉维亚弟兄会在教理上如此教导：悲痛的感觉先于恩典，而从恩典自然流出信心和爱。1741 年 9 月 16 日，耶稣授予了长老的职分，在亲岑多夫之下设立了十二人。1741 年，亲岑多夫前往美国，奥古斯都·戈特利布·斯潘根贝

---

[148] 中注：有关亲岑多夫的描述，英译本添加了许多额外描述，中译本遵照荷文版所译。此段见荷文版210页。
[149] 中注：见荷文版211页。
[150] G. Burkhardt, 'Zinzendorf und die Brüdergemeine', 544.

格（August Gottlieb Spangenberg，1704-1792）前往英格兰。1743-1750 年为分裂的日子。[151] 有关救主的原始信仰（Originalreligion des Heilandes）在福音上及各教会中有不同理解。亲岑多夫被称为"爸爸"（papa）。他将三位一体视为一个家庭：圣父为父亲，教会是儿媳，圣灵是教会之母。亲岑多夫的讲道主题聚焦于救世主所受的鞭伤与苦痛，尤其是祂肋旁的伤。但事随时移，摩拉维亚弟兄的生活逐渐变得铺张浪费，开始追求奢华舒适，随意想象成了有关耶稣之知识的来源。】[152]

之后该教会进入了狂热派主导的浪漫主义时期，其特征为：以感官化方式表现救主，将救主视为人来爱，以"凭着外貌"方式看待耶稣基督（林后五 16）。[153] 1750 年，摩拉维亚弟兄会转向正确的方向。为偿还债务，摩拉维亚弟兄会采取了财物公用的方式。1760 年亲岑多夫去世。他想象力生动，逻辑清晰，富有行动力与领导力。他对基督有着发自肺腑的爱，唯以福音为目标：为基督而得人。因着对基督的爱，他广纳志同道合的信徒，将他们凝聚为专心侍奉基督的群体。【在这个群体中，包括公民事务在内的一切，都为了服侍耶稣。斯潘根贝格于 1779 年撰写了赫恩胡特弟兄会教理学的著作《基督教教义阐释》（Idea fidei fratrum）。[154] 随后，弟兄会的教理问答也面世了，在 1860 年时已出第三版。[155] 1778 年还出版了赞美诗集。[156] 但是，这本赞美诗集已经被修改，删去了众多诗节和表述。】[157]

赫恩胡特的弟兄会的特点如下。（1）三位一体是一个家庭。对圣父来说，会众是圣子的新娘，是圣父的儿媳；圣灵是教会之母。教会是耶稣之妻。【耶稣是信心和爱的对象；诚然，这是指耶稣抽象性的神性，而非人性。】敬拜耶稣基督的方式是现实性的，如同基督公教中对马利亚的敬奉。（2）耶稣是所有女信徒的丈夫，祂性情柔和（feminine）。爱居于核心地位，而非信心。耶稣基督的位格，即祂的神性，

---

[151] G. Burkhardt, 'Zinzendorf und die Brüdergemeine', 557.
[152] 中注：见荷文版211页。
[153] G. Burkhardt, 'Zinzendorf und die Brüdergemeine', 563.
[154] 荷注：August Gottlieb Spangenberg, *Idea fidei fratrum, oder kurzer Begrif der Christlichen Lehre in den evangelischen Brüdergemeinen*, Barby/Leipzig 1779. 巴文克在这里将出版时间写作了1778年，此乃取自G. Burkhardt, 'Zinzendorf und die Brüdergemeine', 579。
[155] 荷注：巴文克的资料来源是G. Burkhardt, 'Zinzendorf und die Brüdergemeine', 580。此教理问答由撒母耳·李伯昆（Samuel Lieberkühn）所著，书名为《耶稣基督教导的要义，用于教导福音弟兄会中青年者》（*Der Hauptinhalt der Lehre Jesu Christi zum Gebrauch bey dem Unterricht der Jugend in den evangelischen Brüdergemeinen*）。
[156] 中注：巴文克旁注1775年。
[157] 中注：见荷文版211页。

取代了教义与教理。他们否定《圣经》的默示，认为内在感觉才是启示之泉。称义的教义被冷落一旁。在爱中的逐步成长取代了"内心悔罪的挣扎"和之后的属灵"突破"。（3）会众（gemeente）是教会的"面容"（πρόσωπον）。此会众有自己的团契，同时也寻求与其他基督徒的联合。此【会众（gemeente）】是以耶稣居首、男女有别的大家庭。教会团契是社团组织性的，是一个社群而非由认信联结。在此，自然秩序与属灵秩序相混淆；属灵秩序被物质化了。

5. 批判

神秘主义与敬虔主义反对理性主义与僵化的正统，将信心的居所定于理智之中。无论它们如何证成，其自身也是片面性的。对它们批判有以下六方面。（1）神秘主义和敬虔主义将信心的居所定于感觉中，因而未接纳我们人性之丰富，所强调的是那些最易带来影响和激发情感的层面。（2）这导致否定信心的客观性，如上帝的圣言、《圣经》的字句、圣礼、教会、甚至教义（例如满足论）。（3）另一后果是形成了有害的团体（或俱乐部）心态。归信之人离群索居，离开家人与世界，孤自而立。他们不是进入世界的盐，而是与世界没有交集。[158]（4）圣约思想完全遗失。归信者与未归信者各自生活，互不来往。彼此接触只是机械式地发生，缺乏有机互动。[159] 未归信者依然随己意而行。（5）这对归信者也带来危害。宗教只专注与上帝相关之事（如读经与祷告），而日常事务则变为因需用而为之，而非神圣的呼召。主日与一周其他时间毫无关联；信心未在世界中被试炼。基督徒变得被动，成为寂

---

[158] 荷注：参考H. Bavinck, *De katholiciteit van christendom en kerk*, Rede bij de overdracht van het rectoraat aan de Theol. School te Kampen op 18 dec. 1888, Kampen 1888, 44v. 中注：此文英译版为Herman Bavinck, "The Catholicity of Christianity and the Church," trans. John Bolt, *Calvin Theological Journal* 27, no. 2 (1992): 220-251. 中译版见 赫尔曼·巴文克，<基督教与教会的大公性>，载于《赫尔曼·巴文克论荷兰新加尔文主义》，邵大卫译，徐西面编（爱丁堡：贤理·璀雅，2019），10-36。

[159] 英注：我们将geweldadigen（字面意思为"猛烈的"）译为"机械地"，而非"有机地"，以体现巴文克在此似要表达的意图。在巴文克和凯波尔的思想中，"有机"与"机械"相对，因此"有机"概念的重要性在此应着力突显。见Eglinton, *Trinity and Organism*。

静主义。(6)靠着持续致力于默观,人们将他们经验变为他人的规范,于是不健康、不符合《圣经》的元素渗入其中。情绪化代替了信心质朴无华的品质。经验主导解经,甚至在实质上和形式上都成为知识的来源。

【摩拉维亚弟兄会的关键原则总结如下:爱居首位(而非信心);基督是信心的对象,而非上帝;三位一体是家庭的典范;称义是内在的,也同样是法庭式的;总体进路是"感官性 - 神秘性的",并包含感觉与幻想;教会以拯救灵魂为目标;教会群体是真正教会的"面容","耶稣的群体"(Gemeine Jesu)也见于路德宗和改革宗的教会;公民团体和教会团体融合,耶稣应是二者中心,所有人都来侍奉祂;教会是一个社团组织、社群,而非由认信联结的团体。】[160]

6. 循道主义[161]

循道主义尝试对英国国教圣公会所行之事,好比神秘主义为基督公教所行之事,也如敬虔主义对路德宗(与改革宗)教会所行之事,就是将宗教改革拓展至日常生活。在此方面,英国国教呈现出一幅荒凉景象。《宽容法案》(1689 年 5 月 24 日)颁布之后,清教徒陷入闲散的泥淖,很多清教徒变成自然神论者或贵格会信徒。[162] 约翰·卫斯理生于 1703 年 6 月 17 日,他的父母的确是不信奉国教者,但也参加圣公会。卫斯理在牛津求学,阅读托马斯·阿·肯皮斯(Thomas à Kempis)和杰里米·泰勒(Jeremy Taylor, 1613-1667)的著作。他在那时就反对预定论教义,认为预定论对道德生活有害。他与兄弟查尔斯·卫斯理建立了"圣洁会"(Holy Club)。该会的会员生活节制自律,专心诵读新约,常常祷告与禁食,热心探访病人与贫寒之人。

正是那时,具有嘲讽意味的"循道者"首次用作该派名称。【那时,圣洁会逐渐扩大。】乔治·怀特菲尔德(George Whitefield, 1714-1770)是圣洁会的成员,

---

[160] 中注:英译本将这段至于前一个章节尾,中译本遵循荷文版的段落次序。
[161] Schöll, "Methodismus"; de la Saussaye, *De godsdienstige bewegingen*, 109-114; Möhler, *Symbolik*, §§75-76; Schneckenburger, *Vorlesungen*, 103-151; Boehmer, "Pietismus und Methodismus."
[162] 英注:《宽容法案》(*The Act of Toleration*)是议会颁布的同意不信奉国教者敬拜的法案。不信奉国教者是指不认同英国国教之人(浸信会,公理会)。

他的福音布道后来点燃了英国与美国的大觉醒运动。1735 年，约翰·卫斯理和查尔斯·卫斯理去美国乔治亚州当宣教士，了解到摩拉维亚弟兄会。【1738 年，他们返回英格兰。1738 年 5 月 24 日晚上 8 点 45 分，卫斯理·约翰首次归信；在此之先，他一直在行为中寻索。同年，他还拜访了赫恩胡特的亲岑多夫。那段时间，卫斯理与怀特菲尔德常在伦敦的圣公会教会内讲道。但在 1739 年 2 月 17 日，教会拒绝他们进入，于是怀特菲尔德第一次户外讲道。】[163] 同年，他们在布里斯托建立了第一间循道会教会。"循道者"（Methodist）并非为他们所创；该词之前被用来指在科学或实践中严格遵循方法的系统理论家。在 17 世纪，该词用来泛指遵循宗教新思想者。该词首次用于牛津的卫斯理及其追随者，他们将其视为赞誉之词而采用（该词指遵循《圣经》所立之方式生活的人），此称谓从此沿用至今。卫斯理在伦敦向 2 至 3 万会众布道。但循道会内部因反律法主义（antinomian）和寂静主义的影响而出现分歧。

1740 年循道会和摩拉维亚派分道扬镳。1741 年，怀特菲尔德与卫斯理因神圣拣选的教义不欢而散。从 1741-1742 年开始，卫斯理委派助手和平信徒布道者；从 1744 年起，他们都会召开年会。参加循道会教会的信徒应承诺(a)远离形形色色的罪，如诅咒、亵渎安息日、酗酒、饮酒、放高利贷、说长道短和贪享富贵等;（b）行善;（c）使用恩典的渠道（如读经、圣礼和禁食等）。循道会成员被分为四类：（1）觉醒者（符合加入循道会要求）;（2）蒙福者（达到一定层次的群体，对其要求更加严格：他们须说"是"为"是"，禁止吸烟，操练节制，诸如此类）;（3）被开悟者（要求更高）;（4）忏悔者，他们从恩典中跌落，但又转回。此外，所有小组内部还细分（1742 年之后）为 12 人一组，由组长带领。一定数量的小组合为一支团队，1748 年之前已有 9 支团队；每支团队由一位助理（监督者）带领。有管理者处理外部事务。每日严格遵守默想和祷告时间，有时设爱筵（ἀγάπαι），这是沿用摩拉维亚弟兄会的做法。每月有夜间守望祷告。1755 年开始，每年的第一个主日重温与主所立的圣约。自 1762 年起，他们开始有祷告会，也在同年开始在八月、十一月、二月和五月的最后一个星期五禁食。1784 年，卫斯理颁布了被视为循道会章程的大宪章（magna carta）。根据该宪章，最高决定权属于大会。同年，循道会从英国国教分离出来。在《宽容法案》保护下，卫斯理自己按立了一些传道人，建立了数间教堂并分派牧师。因此，卫斯理实际上成为一位宗教异议者。他于 1791 年逝世。

---

[163] 中注：见荷文版213页。此处段落划分也依照荷文版。

卫斯理大体认同圣公会的《三十九条信纲》，但他反对预定论，认为应是有条件的，同时否认坚忍。他对重生与成圣也持不同观点。他相信在重生之前有先临恩典（gratia praeveniens）。先临恩典唤起罪与罪咎之感，感到自己应受审判；此恩典表明公义和平安无法靠善行而得。这种对罪性深刻且突然的感觉，对人领受对称义的感觉是必需的。震撼人心的讲道与赞美诗可有助于此。这一切都必须要予以感觉和经历。能明确说明归信的日期和时间点成为归信的证据。循道会对重生进行详细记录。对罪的意识至此告一段落，但这并非所有归信者的经历。

这种对罪、罪咎、审判的感知紧跟着基督里救赎的供应，这必须靠着信心领受。新生命的力量在重生的一刻就赐下。重生就是**突然的**归信（参 卫斯理的归信）。[164] 归信是有意识的行为，是我们道德生命最强烈的时刻。然而，正如分娩会伴有剧痛，甚至痛得身体剧烈摇摆，归信亦然。卫斯理将这种经验变为一项一般性的规范，因此他讲道时倾尽全力，为要带来这种**突然**归信，尽管他的追随者更注重听众的情感反应。

归信者之后被呼召完成他们的道德职责。其目标是基督徒的**完全**（诉诸以下经文：结三十六 25；太五 48；约十七 20-23；约壹四 19；弗五 25-27；帖前五 23），该目标在此生就可实现。[165] 然而，完全并非意味着绝对无罪的完美，而在于尽心、尽意、尽性、尽力爱上帝，并爱人如己。此爱对罪的思想、言辞和肉体有完全的统辖。因此，完全是纯粹伦理性的（非智性的），是相对的完全。此外，这个完全通常在人行将离世时赐下，但也可能会失去。

卫斯理的成就具有重要价值。他重新制定教会执事制度，重新开始向异教徒宣教，也是国内宣教之父。他探访被忽视的囚犯和孩童，改善罗伯特·雷克斯创建的主日学校。[166] 他关怀贫弱，开始街头布道，分发小册子和《圣经》，反对奴隶贸易。卫斯理在基督新教教会中创立了有关传道人宣教的命令（evangeliserende orde），

---

[164] 信心的本质就由确据构成，尽管此确据与信心的直接行为相一致（Schneckenburger, *Vorlesungen*, 115）。卫斯理也反对预定论。循道会信徒认为藉由圣灵的直接见证，在感觉中接受确据，但只是当下（而非**永远**得救的确据）。归信是要事，导致对归信过度热忱，这反映在他们聚焦于罪与悔罪（boetepredikaties）、旨在唤醒罪人的讲道中。其影响就是削弱了对家庭教养的重要性，不渴望属灵生命的逐渐有机发展，而内在的灵魂生命被外化，福音的自由变成了律法的胁迫；活跃的生命不许可有安静的情感生命；恩典的渠道并未得到应有的重视，违论教会。

[165] 然而，完全**无法**被证明，它有赖于自我见证，而自我见证有赖于圣灵在灵魂中的见证。

[166] 英注：罗伯特·雷克斯（Robert Raikes, 1736-1811）是英国慈善家，圣公会平信徒。1780年，他与牧师托马斯·斯托克（Thomas Stock, 1750-1803）一起开创了主日学运动。至1831

以领人归信、拯救灵魂为目标。1741 年，循道会迅速传至苏格兰，1747 年传至爱尔兰，1770 年传至美国。卫斯理去世后，循道会内部出现分歧。因受循道会的大会等级化影响，后来又产生了新的循道会团体。

循道会对荷兰未产生直接影响。但在 19 世纪初（约 1825 年左右），循道会向日内瓦[167]、法国和瑞士派出宣教士，随行的有卖宗教书籍的小商人。循道会在这些地方举行崇拜，这导致了日内瓦和沃州（Waadt）地区对他们的迫害。后来复兴运动（réveil）[168] 出现，自由教会在沃州成立。这一觉醒运动具有循道主义特征，尽管后来也受到瑞士神学家亚历山大·罗多夫·维内特（Alexandre Rodolphe Vinet, 1797–1847）的影响。复兴运动透过高森（Gaussen）、罗查特（Auguste Rochat）、默尔·奥比涅（Merle d'Aubigne）、贡蒂尔（Gonthier）、博内（Bonnet）以及莫诺（A. Monod）等人的著作，对荷兰产生了影响，在贵族群体中尤然。[169] 复兴运动的循道主义特征在荷兰本地的宣教中亦有体现，如建立了"赫尔德林根基会"（Heldring Foundation）、"基督教阅读素材协会"（Vereeniging voor Christelijke lectuur）、宣教活动、达·科斯塔神学院和孤儿院等。

年前共有125万孩子入学，这些主日学校开启了现代"平民学校"传统。

[167] De la Saussaye, *De godsdienstige bewegingen*, 141.

[168] 英注：法文"réveil"在荷兰改革宗思想中具有重要历史意义，对分离派基督教归正教会（巴文克是该教会成员）、凯波尔的"觉醒"和荷兰新加尔文主义的意义尤甚。复兴运动是一场传及多国的更兴运动，其源起可溯至苏格兰长老会牧师托马斯·查默斯（Thomas Chalmers, 1780-1847）。他是苏格兰自由教会的推动者和领导者。复兴运动从苏格兰传至日内瓦；苏格兰浸信会平信徒罗伯特·霍尔丹（Robert Haldane, 1764–1842）成立了"家庭福音传播差会"。他植堂成果卓著，与他的兄弟詹姆斯一起在苏格兰和爱尔兰共植堂85所。霍尔丹1816年来到日内瓦。在此他开始与其他神学生研读圣经，尤其是与显著的"朋友会"（Société des Amis）成员，主要有凯撒·马兰（César Malan, 1787-1864）、让-亨利·默尔·德·奥比涅（Jean-Henri Merle d'Aubigné, 1794-1872）、弗朗索瓦·塞缪尔·罗伯特·路易斯·高森（François Samuel Robert Louis Gaussen, 1790-1863）以及弗雷德里克·莫诺（Frédéric Monod, 1794-1863）和阿道夫·莫诺（Adolphe Monod, 1802-1856）两兄弟。复兴运动从日内瓦传至法国，后至德国和荷兰。荷兰的复兴运动可追溯至两位葡萄牙犹太人的归信受洗，二人分别名为亚伯拉罕·卡帕多斯（Abraham Capadose, 1795-1874）和以撒·达·科斯塔（Isaac da Costa, 1798-1860）；他们分别在1822年和1821年受洗。他们在莱顿大学师从荷兰诗人威廉·比尔德迪克（Willem Bilderdijk, 1756-1831）。比尔德迪克支持更具保守和福音派特征的基督教观点（包括支持荷兰的君主制），反对法国大革命的"自由"主义。他的"抗革命"的姿态极大影响了莱顿大学另外一名追随者——荷兰历史学家和政治家范普林斯特勒（Guillaume Groen van Prinsterer, 1801-1876），他在属灵和学术上对凯波尔产生了重大影响，见Elisabeth Kluit, "Réveil," *Christ. Encycl.*[2] 5:627-629；复兴运动的最权威研究可参阅Kluit, *Het Protestantse réveil*.

[169] 见de la Saussaye, *La crise religieuse en Hollande*.

循道主义具有侵略性的特征，以领人归信为要务，并在意志中寻找信心的居所（敬虔主义将信心的居所定于感觉中，理性主义将信心的居所定于理智中）。但是循道主义将归信视为突然、瞬间、直接的行为，因此错误理解了教会、洗礼和基督徒的牧养。此外，他们冒有将"成圣"几乎完全纳入领人归信之职责中的危险。因此，他们盲目热情，但缺乏悟性；他们建立多种团体，开展领人悔罪的布道。他们凡事都以宣教为目的。无论男女长幼都须成立差会，传福音，竭力领人归信。他们应带着福音小册子和《圣经》，以狂飙突进之势征服世界。以上行为自然导致救世军的产生。其结果就是，所有俗世领域、科学、艺术、文学与政治都被弃置今世。循道主义认为务必远离烟酒以及其他活动，因为这一切都是属世的。循道主义突出**意志**以反对寂静主义和预定论，但他们缺乏和谐的全人的人论。

第九章

基督徒生命的成形与成熟

本章摘要

基督的生命是我们属灵生命成长的样式与模范。耶稣亲自教导我们这些拥有上帝形像的人，应效法祂的怜悯、恩慈与仁爱。天使、先知和如使徒保罗等模范信徒，也是效法的榜样。最为重要的是，《圣经》教导我们效法基督的言行。我们当跟随祂，与祂有属灵的团契，为祂舍弃一切，信靠并顺服祂。在如此跟随的过程中，我们必须不可忘记，当我们学习、跟从并效法祂时，祂就是我们的师傅、引领者与榜样。我们不只是在此旅程中伴祂左右，与祂同行。不，是耶稣引路，我们跟随祂。效法耶稣就是进入与祂一同受苦、一起走受难之路的团契中。这要求我们当舍己，且背十字架，愿意为得着祂里面的生命而失去自己的生命。耶稣是爱与忍受患难的无与伦比的榜样，因而我们与祂一同受苦的标记就是恒久忍耐。

基督教会历史上对"效法基督"理解与实践方式千差万别。效法基督的最早理念是殉道，但随着对基督徒逼迫的终结，取而代之的是修道理型。修道生活在西方和东方分别由努尔西亚的本笃（Benedict of Nursia）和约翰·卡西安（John Cassian）予以规范。修道主义在中世纪进行了必要的改革，每个修道院与修会相联系并受其管理。13世纪兴起了托钵修会（mendicant orders）。他们借着放弃所有财产，甘贫乐道、追求圣洁与顺服的生活。在14世纪，尤其在黑死病流行期间，鞭笞等肉体惩罚流传开来。

以上历史情境有助于我们理解圣伤（stigmata）产生的原由。圣伤是指基督的手、脚和肋旁所受的伤在信徒身上的显现。据说共约80人身上出现此现象，均为基督公教信徒，也包括14世纪的数位荷兰妇女。最近，19世纪发生了数次被充分证实的圣伤。毫无疑问，圣伤现象存在自我欺骗、想象和夸大之处，但其真实性有确据证实。圣伤现象应在人的灵魂对身体的作用力量的基础上予以解释。出现圣伤的人需有狂热炽烈的想象力，可将耶稣基督的伤内化为自己的伤，如同人们因想象自己患病而真实患病。

此相同的想象力令人们认为效法基督意就是字面地模仿一系列祂的生活情境和言行。我们在圣克莱尔沃的伯纳德、波纳文图拉、约翰内斯·陶勒（Johannes Tauler）的思想中，尤其是在托马斯·阿·肯皮斯及其经典之作《效法基督》中，发现对效法基督更好、更属灵的理解。基督新教信徒从美德方面，如对上帝的顺服、仁爱、谦卑、良善、正直、忍耐受苦和圣洁，对效法基督有更属灵的理解。尽管舍己和背十字架是加尔文对基督徒生活论述的核心，但人们是在十诫律法中，而非在基督的位格中寻求基督徒生活的规范。19世纪的神学颂扬耶稣为榜样，但开始有所偏差，因为耶稣并未充分参与人类的社会活动（如婚姻、政治）而作为普世性的榜样，至多可将祂视为一位卓尔不群的人，拥有和谐的品格，刚与柔并济，思与行兼具，始终富有浓厚的情感，且具有圣洁的感召力。我们在祂的"灵"指引下跟随祂。

我们的观点是：效法基督作为属灵生命的样式，并不在于对耶稣在世生活亦步亦趋的重复，也不是将祂视为榜样性的神秘者，亦非被祂的"灵"激活。确切而言，效法基督包括承认祂是中保和救赎主，透过圣灵与祂联合，进入舍己和背十字架的生命，并按照基督的样式塑造我们的生活。因此，我们在知识、公义与圣洁里，再次复原成为上帝形像的拥有者。这一生命完全由上帝的律法塑造，在律法中我们拥有道德的自由。

属灵生命是一个发展且逐渐成熟的过程。基督徒不能一直是"婴孩"和"小信的人"，而是要在"我们的救主耶稣基督的恩典和知识上长进"，变得成熟且完全。成熟必须既有强度（intensive），又有广度（extensive）。它重新制定我们生命的方向去"成为天国的子民"。这是在知识、爱和盼望上的长进。这一切都是圣灵的恩赐，以在基督里与上帝有个人性的交通为特征。我们应承认属灵成长存在类型和程度的差异，在知识、智慧、圣洁和盼望上也有别；但这不能以"水平"或"阶段"的方式予以看待。在这一切事上，我们应思索使徒保罗的话："我凭着所赐我的恩对你们各人说，不要看自己过于所当看的；要照着上帝所分给各人信心的大小，看得合乎中道。"

§21. 塑造基督徒生命的途径：效法基督

第七章探讨了属灵生命的本质（§17）、起源（§18）及其首要与基本的活动（§19）。第八章警告了神秘主义、敬虔主义以及循道主义的偏颇之处。本章继续逐一讨论。我们属灵生命基本活动之一是信心，即领受基督。但是，基督不但是我们的先知、祭司与君王，也是我们效法的榜样与理型。祂的生命是我们属灵生命的应然的样式和榜样，也是成长的方向。这是新约常论到的要点。

1.《圣经》中的效法

《圣经》也论到效法上帝（弗五1）。[1] 希腊文动词 μιμηταί 意为"模仿、复制"，

---

[1] "效法上帝"（μιμηταὶ τοῦ θεοῦ）来自 μιμέομαι（意为"模仿，效仿，跟从"）。新约中相关核心章节有：《哥林多前书》四16"所以，我求你们效法我（μιμηταί μου）"；《帖撒罗尼迦前书》一6"你们就效法了我们，也效法了主（καὶ ὑμεῖς μιμηταὶ ἡμῶν ἐγενήθητε καὶ τοῦ κυρίου）"；《帖撒罗尼迦前书》二14"弟兄们，你们曾效法犹太中，在基督耶稣里上帝的各教会（ὑμεῖς γὰρ μιμηταὶ ἐγενήθητε, ἀδελφοί, τῶν ἐκκλησιῶν τοῦ θεοῦ）"；《帖撒罗尼

须将该词与动词 ἀκολουθέω（跟从）区分开来。² 旧约中已有效法上帝的思想。《民数记》十四 24 中，上帝对迦勒的评价是："惟独我的仆人迦勒，……，专一跟从我。"（参 三十二 11-12）《申命记》十三 4 命令道："你们要顺从耶和华你们的上帝（יְֽרָ֥אוּ）。……谨守祂的诫命，听从祂的话。"以利亚挑战以色列人说："若耶和华是上帝，你们就当顺服祂（וְלֵ֣כוּ אַחֲרָ֔יו）。"（王上十八 21）在旧约中，效法上帝的基本含义是听从上帝，走主的道。

在新约中，耶稣将上帝活化在我们面前，为我们个人的榜样。《马太福音》五 48 论道："所以你们要完全，像你们的天父完全（τέλειος）一样。"《路加福音》六 36 对此进一步具体解释："你们要慈悲，像你们的父慈悲（οἰκτίρμων）一样。"我们是"蒙慈爱的儿女"，蒙召是要"效法上帝"（μιμηταὶ [τοῦ] θεοῦ；弗五 1）。《以弗所书》四 32 命令道："要以恩慈相待，存怜悯的心，彼此饶恕，正如上帝在基督里饶恕了你们一样。"在旧约中可反复看到如下诫命："所以你们要圣洁，因为我是圣洁的"（利十一 44，45；十九 2；二十 26；二一 8）。彼得在他的书信中说："那召你们的既是圣洁，你们在一切所行的事上也要圣洁。"这是基于《利未记》中的诫命："因为经上记着说，'你们要圣洁，因为我是圣洁的'。"（彼前一 15，16）显然，效法不是发生在形而上的层面（如上帝不可传递的属性），而是发生在伦理领域，在上帝的圣洁、良善和怜恤方面（如我们藉着重生而有份其中的上帝的形象）。我们是蒙爱的儿女，且有祂的形像，所以可以效法祂（弗五 1）。效法上帝如同孩子效法父母，即并非效法他们的权威、治理、威荣以及所有的行为和关系。我们对上帝的效法是真实的，但并非一览无余，因为上帝是不可见的。【此种榜样是不可见且不可触摸，但完全是理型和真实的（ideëel-reëel）。】³

迦后书》三 7，9 "你们自己原知道怎样效法我们（δεῖ μιμεῖσθαι ἡμᾶς）……乃是要给你们做榜样，叫你们效法我们（εἰς τὸ μιμεῖσθαι ἡμᾶς）"；《希伯来书》六 12 "总要效法那些凭信心和忍耐承受应许的人。（μιμηταὶ δὲ τῶν διὰ πίστεως καὶ μακροθυμίας κληρονομούντων τὰς ἐπαγγελίας）"；《希伯来书》十三 7 "从前引导你们、传上帝之道给你们的人，你们要想念他们，效法他们的信心，留心看他们为人的结局（μιμεῖσθε τὴν πίστιν）"；《约翰福音》三 11 "亲爱的弟兄们，不要效法恶，只要效法善（μιμοῦ ... τὸ ἀγαθόν）"。

² 英注：巴文克在此细微的区分很难在翻译中充分传译。巴文克区分了两个荷文 volgen（跟从）和 navolgen（字面意思为"跟在后面"或"模仿，复制"）。在下文讨论中，除了在保留《圣经》用词时，我们将 volgen 都译为 "follow"（跟从、跟随），将 navolgen 译为 "imitate"（效法）。

³ Witsius, *Prakticale godgeleertheid*, 64-68 (chap. 8, "Van de navolging van God"). 中注：见荷文版 217 页。

其次,《圣经》有时论到效法**天使**。耶稣教导我们祷告:"愿祢的旨意行在地上,如同行在天上。"(太六10下半节;参 来十二22)我们也要效法其他人,如先知(雅五10)和坚忍的信徒;这些信徒"凭信心和忍耐承受应许的人"(来六12)。使徒保罗反复对他的读者说要效法他:

> 你们知道我们在你们那里,为你们的缘故是怎样为人;并且你们在大难之中蒙了圣灵所赐的喜乐,领受真道,就效法我们,也效法了主。(帖前一5-6)
> 你们自己原知道应当怎样效法我们。因为我们在你们中间,未尝不按规矩而行,……免得叫你们一天受累。这并不是因我们没有权柄,乃是要给你们作榜样,叫你们效法我们。(帖后三7-9)
> 所以我求你们效法我。(林前四16)
> 你们该效法我,像我效法基督一样。(林前十一1)

《希伯来书》十三7是一条普适建议:"从前引导你们、传上帝之道给你们的人,你们要想念他们,**效法他们的信心**,留心看他们为人的结局。"显然,这一效法不是绝对要求,正如前文要求所阐明的那样。

"你们要把那先前奉主名说话的众先知"(雅五10),"当做能受苦能忍耐的榜样"。还有一些人或是信心的榜样(来十三7),或是"信心和忍耐的榜样"(来六12),或是"昼夜工作"榜样(帖后三 7-9)。效法保罗就是效法保罗与"主"(帖前一6),以他为榜样,因为他以基督为榜样(林前十一1)。在此可看到明确的伦理、基督徒的美德,包括信心、长久忍耐、受苦等;这一切都圈在效法基督之内(林前十一1)。[4] 帕尔默(Palmer)博士认为,"除了《约翰壹书》二6和三3,只有与耶稣相关的一个维度要我们去效法(navolging),就是祂因顺服圣父、对邻舍的爱、以及因此所需的忍耐而受苦。"[5]

《圣经》中常论到效法基督(navolging Christi)(这是耶稣亲自所要求)。不仅祂的话语要跟从,而且祂的行为也要跟从。言与行、启示与【本质(wezen)】、教义与生命与祂合一,不能分离。耶稣**就是**祂之所**言**。耶稣亲身行出上帝的旨意,

---

[4] 见 Bosse, *Prolegomena*.
[5] C. D. F. Palmer, "Das Vorbild Jesu," 678. 英注:巴文克想到的可能是克里斯蒂安•大卫•弗蒂里斯•帕尔默(Christian David Friedrich Palmer,1811-1875)。他是杜宾根福音神学教授。在门诺派中很有影响力。

因此就视凡遵行上帝旨意的人为祂的弟兄、姐妹和母亲（太十二50）。祂"心里柔和谦卑"（太十一29），并反复教导人也要如此效法祂。新约的关键词为 ἀκολουθέω。根据克莱默（Cremer）的观点，ἀκολουθέω"源自 κέλευθος，意为**向前行进、旅程、路径或道路**"（也许与德文 gleiten 相关，该词意为"滑行，向前滑动"，不能与衍生 Begleiter 的合成词 geleiten 混淆）；ἀκόλουθος（连系动词）因而意为"成为一名随从、陪伴、同行或跟从"，如同携手前行的弟兄（Xen. Hell. V.3.26 常常与 σύμμαχος εἶναι 相平行），或如同士兵（与 πολεμαρχεῖν 对照），或如同仆人（Plut. Alc. 3）。"[6] "字面意思为**陪伴、跟随、照着**，该词出现在《马太福音》四20、22和25中……连同间接宾格来解释；μετά τινος 意为陪伴、同行，出现在《路加福音》九49与《启示录》六8、十四13中；ὀπίσω τινος，出现在《马太福音》十38和《马可福音》八34。"[7] 在道德和属灵含义上，该词意为跟从或顺从，在通俗希腊语文中也为此意。该词在新约中也应如此理解。"在四福音书和《启示录》十四4中，该词指学者和基督的门徒，然而这不是因为古代是在行走时教导，正如迄今为止所有词典所解释的，却缺乏明确示例。"[8]

然而，我们在此的确注意到耶稣针对门徒的明确要求。祂向具体的个体发出呼召：对马太说："跟从我"（ἀκολούθει μοι；太九9）；对富有的少年人说："你若愿意做完全人，可去变卖所有的，分给穷人，就必有财宝在天上；你还要来跟从我"（太十九21）；对门徒说："来，跟从我！我要叫你们得人如得鱼一样"（太四19，参约一37-43，44）。耶稣基督也向所有愿意成为门徒的人发出普遍呼召：

> 不背着他的十字架跟从我的，也不配作我的门徒。（太十38）
> 若有人要跟从我，就当舍己，背起他的十字架来跟从我。（太十六24）
> 于是叫众人和门徒来，对他们说："若有人要跟从我，就当舍己，背起他的十字架来跟从我。"（可八34）
> 耶稣又对众人说："若有人要跟从我，就当舍己，天天背起他的十字架来跟从我。"（路九23）
> 我是世界的光。跟从我的，就不在黑暗里走，必要得生命的光。（约八12）

---

[6] Cremer, *Biblico-Theological Lexicon,* 79-80, s.v, "ἀκολουθέω."
[7] Cremer, *Biblico-Theological Lexicon,* 80.
[8] Cremer, *Biblico-Theological Lexicon,* 79-80.

若有人服侍我，就必跟从我。（约十二 26）

有时会有人上前主动提出跟从耶稣，如《马太福音》八 19 中记载："有一个文士来，对祂说'夫子，祢无论往哪里去，我要跟从祢。'"《路加福音》九 57："他们走路的时候有一个人对耶稣说'祢无论往哪里去，我要跟从祢。'"耶稣回答说："狐狸有洞，天空的鸟儿有窝，只是人子没有枕头的地方。"（九 58）另外一人回应耶稣的呼召说："主，容我先回去埋葬我的父亲。"（九 59）耶稣对他说："任凭死人埋葬他们的死人，你只管去传扬上帝国的道。"（九 60）另外一人对耶稣说："主，我要跟从祢，但容我先去辞别我家里的人。"耶稣如此回答："手扶着犁向后看的，不配进上帝的国。"（九 62）

从上述经文可得以下结论：

1. 效法基督明确在于按**字面含义跟随耶稣**，陪伴耶稣走完巴勒斯坦的旅程。这包括了在祂外在生活和命运中的团契（太八 18；九 9；十九 21；路九 57-62）。但这并未穷尽效法的观念，实际上不可能穷尽。作为与耶稣更深内在关系的显明或朝向此关系发展，效法必须依赖于对耶稣的爱。只有为基督愿意舍己的人才会渴望这种舍己、背十字架且对抗世界的生命。

2. 因此，效法基督是与耶稣【属灵生命的团契（geestelijke levensgemeenschap）】。耶稣的话语清晰阐明了这点。当一个富有的少年人问："夫子，我该做什么善事才能得永生？"耶稣基督回答说："你若愿意作完全人，可去变卖你所有的，分给穷人，就必有财宝在天上；你还要来跟从我。"（太十九 16；可十 17-21）因此，跟从耶稣是得永生之道。与此相反，"不背着他的十字架跟从我的，也不配作我的门徒"。（太十 38）换言之，"这样的人我会拒绝，我不认识他。"在《路加福音》九 62 中，耶稣说："手扶着犁向后看的，不配进上帝的国。"因此，跟从耶稣是得永生、进天国，是配得耶稣的条件。

3. 正因效法基督是属灵的交通，所以耶稣要求我们**为祂的缘故舍弃一切**。富有的少年人须变卖一切（太十九 21），马太须离开收税亭（太九 9），门徒须舍弃船只和渔网（路五 11）。当耶稣说"狐狸有洞，天空的鸟儿有窝，只是人子没有枕头的地方"（路九 58），这不是指祂弃绝财物或祂很贫穷，而是指祂舍弃了休息和稳妥。以下例子对此有清晰的表述：对于想要跟随耶稣的人来说，没有时间埋葬自己的亲人或告别家人（路九 59，61）。在消极意义上，舍己意味着舍弃世界；在积极意义上，背十字架意味着为了得着十字架而舍弃世界。这是效法基督的条件。与其说舍己和背十字架是效法基督的两个方面，不如说这是附随的效法基督的情境；舍己和背十字架都不是效法的核心。

4. 效法的核心由**与基督属灵的、信心的团契**（geestelijke, geloofsgemeenschap met Christus）构成，信靠并顺服祂。外在的弃绝世界和背十字架甚至都不是真正的效法。耶稣对祂旅途中的属灵跟随者和身体的同行者予以区分的方式，清晰说明了以上观点。祂呼召多人跟从祂，但这些人并未以耶稣门徒相同的方式跟从祂。这在《约翰福音》八12也有清晰的教导。在这节经文中，耶稣告诉**所有**人，包括法利赛人："我是世界的光。跟从我的，就不在黑暗里走，必要得生命的光。"这也是好牧人比喻的重要教导。耶稣将"祂的羊"——就是"听我的声音，我也认识他们，他们也跟我走"——与那些看见祂"奉父的名所行的事"却不相信的人予以区分（约十25-26）。此属灵团契在《约翰福音》十二26中也有论述："若有人服侍我，就当跟从我；我在哪里，服侍我的人也要在那里；若有人服侍我，我父必尊重他。"与此相似，《马太福音》十38和十六24（平行经文）也指出属灵团契是唯一核心。

5. 同时，属灵团契本身并未完全体现效法基督所包含的层面，而需要**限定说明**，予以更细致的描述。效法不是平等的团契，具体而言，这是如师与生、领导与随从、榜样与效法者的团契。甚至当耶稣描述何为在属灵上跟从祂并为我们如此规范时，祂总是要将自己展示为榜样。与"来跟从"、"和我"、"跟从我"有关的表达公式清晰体现了这点。效法并不仅仅意味着"伴随"或"并肩同行"。不，耶稣引路，而我们跟随。效法耶稣就是进入与祂受苦、受难之路的团契。耶稣对跟从祂的要求清晰表明了这点：

（1）**舍己**。牺牲一切：年轻人舍弃财物，门徒舍弃渔船，一个人要舍弃整个生命（太十六21），舍弃所有的一切（太十九21），包括对父母之爱，甚至自己的生命。《路加福音》十四26："人到我这里来若不爱我胜过爱自己的父母、妻子、儿女、弟兄、姐妹、和自己的性命，就不能作我的门徒。"舍己必须是为了基督的缘故（太十六25；十九29；路二一12；约十五21）。一切是为基督的缘故，这在第二个要求中表达得更为清晰。

（2）**背十字架**（λαμβάνειν τὸν σταυρὸν ἑαυτοῦ）。显然，这一意象借自耶稣自己被钉十字架，而且耶稣无疑也刻意从自己受死的角度选择了这一意象。（太十38；十六24；可八34；十21；路九23；十四27）。此意象表明效法基督伴随着来自世界的极大的诽谤、弃绝和压迫。故此，效法基督也是进入祂的荣耀，"百倍"的奖赏和"永生"等候那些"凡为我的名撇下房屋或是弟兄、姐妹、父亲、母亲、儿女、田地的"（太十九29）；而且"为我丧失生命的，将要得着生命"（太十39；参十六25）。跟从耶稣是要"有生命的光"；跟从耶稣之人将到祂那里去，被父神所尊重（约十二26），他们将去祂所要去之处（约十三36）。

6. 跟从耶稣确有其**字面**的重要意义。这并不意味着我们要在祂的旅途中伴随祂左右，因为这对我们显然是不可能的。效法也不仅是属灵的事，如遵守祂的诫命并顺服祂。效法有着奥秘的意义；透过在信心中的舍己和背十字架，我们就进入与祂受苦和荣耀的团契中。效法基督预设了奥秘的联合（unio mystica），与基督生命的联合。

效法基督正是使徒讲道的内容。对彼得来说，刚重生基督徒的新生命需要基督灵粮的喂养，要由祂的榜样（ὑπογραμμός）来引领（彼前二21）。[9] 彼得书信的受众是那些"已经蒙召"且因"行善"而忍耐受苦的人。彼得教导他们说："你们蒙召原是为此，因基督也为你们受过苦，给你们留下榜样，叫你们跟随祂的脚踪行（ἵνα ἐπακολουθήσητε τοῖς ἴχνεσιν αὐτοῦ）。"彼得如此描述基督的榜样："祂并没有犯罪，口里也没有诡诈。祂被骂不还口，受害不说威吓的话，只将自己交托那按公义审判人的主。"（22-23节）因此，耶稣是圣洁与患难中忍耐的榜样。彼得在下一章重复此点并总结道："上帝的旨意若是叫你们因行善受苦，总强如因行恶受苦。因基督也曾一次为罪受苦，就是义的代替不义的，为要引我们到上帝面前。"（三17-18）他接着说道："基督在肉身受苦，你们也当将这样的心志作为兵器，因为在肉身受过苦的，就已经与罪断绝了。"（四1）最后一个短语意思是，凡在肉身为耶稣、为公义的缘故而受苦（三14，17），就不再作罪的仆人。在基督的受苦团契的信徒被召要**欢喜快乐**（χαίρετε），因为"你们是与上帝一同受苦，使你们在祂荣耀显现的时候，也可以欢喜快乐"（四13）。这里再次说到，效法基督是将祂当作伦理的榜样，有份于祂的受苦，以奥秘的方式与祂联合。透过此受苦并在与基督的团契中，信徒领受上帝的恩惠（二19-20）；而且透过信心的试验（四12），他们就得着"信心的果效，就是灵魂的救恩"（一7-9）。

我们回到使徒保罗。保罗在《帖撒罗尼迦后书》三5中祷告："愿主引导你们的心，叫你们爱上帝，并学基督的忍耐（τὴν ὑπομονὴν τοῦ Χριστοῦ）。"在第一封信中，

---

[9] Weiss, *Biblical Theology*, 1:218-219 (§46c).

他称赞帖撒罗尼迦教会（一6）："你们在大难之中蒙了圣灵所赐的喜乐；领受真道，就效法我们，也效法了我们的主。""保罗与最初的使徒不同，不是观看从使徒曾亲眼所见的耶稣在世的生命，到被高升之主的神圣荣耀的那幅画面。保罗是从耶稣向他显现的此神圣荣耀的亮光中，回视祂在世的生命。"[10] 尽管如此，保罗的确从耶稣在世的生活中提取许多细节：从大卫一脉所生（罗一3；九5；加三16），第三天复活（林前十五；同时也描述了复活后的显现），尤其是祂的死与受难（罗六6；林前一18-二5；二8；林后一5，7；腓三10；西一24；加二20；三13；五11；六12，14），基督亲自设立圣餐（林前十一23-25）。保罗也让人关注基督的无罪和祂的毫无瑕疵（林后五21）、谦卑（πραΰτης）和柔和（ἐπιείκεια）。保罗自己也是基督的效法者（林前十一1）。本是富足的基督在变为贫穷上成为我们的榜样（林后八9）；我们应以耶稣的心为心（腓二5-8）。

基督是我们爱的榜样。保罗教导以弗所的基督徒"要效法上帝，好像蒙慈爱的儿女"之后，告诉他们要"凭爱心行事，正如基督爱我们，为我们舍己，当作馨香的供物和祭物献与上帝"（弗五1-2）。但是，保罗对效法基督的理解比对"温柔"的理解更为深入。我们受洗进入与基督的生命团契中（罗六3；加三27）。我们得享圣灵，祂使我们与基督联合，与基督成为一灵（林前六17），正如基督成形在我们里面（加四19）。我们如今**在基督里**，基督也**在我们里面**（加二20；三28；林后十三5；西三11；弗三17；腓一8，21）。但是在基督里凭信心开始的生命必须成长，那些"在基督里的婴孩"（νήπιος；林前三1）"总要披戴主耶稣基督"（罗十三14），在祂里面日渐成熟（τέλειος ἐν Χριστῷ）。与基督的团契始于与基督同钉十字架、同埋葬（加二19；罗六1-6，8），但必须变成与祂同受苦的团契："既是儿女，便是后嗣。如果我们和祂一同受苦，也必和祂一同得荣耀。"保罗认为他"时时刻刻"所受的生命威胁（林前十五31）就是天天冒死，是"身上常常带着耶稣的死"（林后四10），"是常为耶稣被交于死地"（林后四11）。信徒"在基督里多受苦楚"（林后一5），就有份于基督，为了"使我们认识基督，晓得祂复活的大能，并且晓得和祂一同受苦，效法祂的死"（腓三10）。保罗甚至为歌罗西教会信徒的受苦而喜乐，因为"为基督的身体，就是为教会，要在我肉身上补满基督患难的欠缺"（西一24）。至于他自己所遭受的"麻烦"，保罗对加拉太教会的信徒说："我身上有耶稣的标志（τὰ στίγματα τοῦ Ἰησοῦ）"。

---

[10] Weiss, *Biblical Theology*, 1:403.

与基督同受苦的标记是**耐心的忍耐**（ὑπομονή；罗八 25；十二 12；林后六 4；十二 12）。在信徒身上，**患难**生忍耐，忍耐生老练，老练生盼望（罗五 3-4）。正是通过在基督受苦中的团契，"赐忍耐、安慰的上帝"让我们可以满有喜乐的耐心忍耐（罗十五 5；西一 11）。正因如此，信徒应该在苦难中夸耀（καυχώμεθα ἐν ταῖς θλίψεσιν；罗五 3-5；参 八 18；林后四 17；六 4）。分享基督的受苦是我们有份于祂荣耀的保证（罗五 5；八 17）。因此，甚至我们必死的身体（罗八 11）也有份于祂的复活和生命（罗六 5-11）。我们也分享了祂的升天（弗二 6）和荣耀的显现（西三 4）。综述之："我们众人既然敞着脸得以看见主的荣光，好像从镜子里返照，就变成主的形状，荣上加荣，如同从主的灵变成的。"（林后三 18）

《希伯来书》写道，基督"因所受的苦难学了顺从"（五 8），"并非不能体恤我们的软弱"，因为"祂也曾凡事受过试探，与我们一样，只是没有犯罪"（四 15）。祂"凡事该与祂的弟兄相同，为要在上帝的事上成为慈悲忠信的大祭司，为百姓的罪献上挽回祭"（二 17）。祂像我们一样，为那设立祂的尽忠（三 2），所以祂"自己既然被试探而受苦，就能搭救被试探的人"（二 18）。耶稣为我们的信心创始成终（ἀρχηγός; τελειωτής；十二 2），祂"因受苦难得以完全"（二 10）。在约翰的《启示录》中，信心尤其是通过耐心的忍耐（ὑπομονή）彰显出来（二 3），甚至为上帝的圣言而死（六 9；二十 4）也毫不畏惧（二 10；十二 11）。耶稣的话语就是"忍耐的话语"（三 10），耶稣自己也为此作了榜样（一 9）。最后，约翰告诉我们，"人若说住在主里面，就该自己照主所行的去行"（约壹二 6）。这意味着洁净自己（三 3）并不犯罪（三 6）。

2. 教会历史中的效法基督：殉道者、修道士与神秘主义者

在基督教会历史上，对效法基督的理解和实践方式千差万别。初期基督徒的文献具有昂扬与喜乐之基调、深切的个人情感、无视世界与死亡的特征。[11] 在第 2、3 世纪，与世界的冲突连带着殉道紧随而至。此冲突被视为挣扎（ἀγών；西二 1；腓

---

[11] Gass, *Geschichte der christlichen Ethik,* 1:58.

一 30；帖前二 2；提六 12）或战争（στρατεία；林后十 4）。殉道者是在众人和天使面前，为上帝的事工而战之人，是基督军队的护卫，是"坚不可摧的中流砥柱；在他们面前，敌人的力量与愤怒的攻击徒劳无益。基督徒惨遭杀害，但他们虽死犹生，虽败犹荣；他们被杀之日变成被纪念的生日"。[12] 殉道者被视为基督受苦之路上最真诚的**效法者**。

这是基督教教会史上最早的效法基督的观念。有时强调悲怆之情，殉道者求死的真实渴望变为对殉道荣耀的狂热渴望。殉道者成为至高至真的基督徒，他们的性情来自他们行为本身。由此，基督徒的理型逐渐具有了悲怆特征；基督徒生命的本质就在于受苦与死亡，死亡成为基督徒生命的完满（consummation）。[13] 这观点保持了一段时间。信心与忍耐是至高美德，特土良和居普良，尤其是俄利根，他们极力赞扬殉道。效法基督逐渐变为基督中保性的受苦、受死的延续，并获得功德。信徒的受苦与受死使他们可以有份于从基督牺牲而来的救恩和救赎的福益。因此，这就为善工具有功德性的观念铺就了道路。[14] 忍耐（ὑπομονή）与自守（σωφροσύνη），即在苦难中的坚忍和喜乐，成了至高的美德。耐心和忍耐是善工之因，急躁冲动就是原罪（特土良）。[15]

但时移事易，基督徒的理型也随之有变。基督教教会后来得到政府承认，对基督徒的迫害也告一段落。许多人去教会并无真正的确信，教会失去其纯正。教会要面对由宽容产生的奢华，基督徒理型逐渐坠落沉沦。因此，在康斯坦丁[16] 掌权后便兴起了修道主义，其目的是在小众群体而非所有教会信徒中弘扬基督教理型。这便产生了双重道德要求：面向所有信徒的**诫令**（percepts），和面向修道士的**作完全人的劝谕**（counsels of perfection）。为此相关的一些预备工作包括对禁食的额外要求，特土良拒绝神职人员的再婚，推崇独身，轻视财产[17]，重视公义与怜悯的行为；也就是说，这些可付诸实践的道德以苦修主义告终。[18] 修道士是殉道者的继承者。他

---

[12] 英注：这一段是巴文克手稿中的详细论述，引自他的"De navolging van Christus," 105，译自Bolt, *Theological Analysis*, 376。

[13] Gass, *Geschichte der christlichen Ethik*, 1:64-68。

[14] Gass, *Geschichte der christlichen Ethik*, 1:83-86。

[15] Tertullianus, *De patientia*; Cyprianus, *De bono patientia*. 中注：英译本遗漏了此脚注。

[16] 根据Gass, *Geschichte der christlichen Ethik*, 1:124，这发生在大约公元340年；其他人认为发生在公元360-380年间。

[17] Gass, *Geschichte der christlichen Ethik*, 1:92-100。

[18] Gass, *Geschichte der christlichen Ethik*, 1:104。

们在新情境下效法殉道者，是其代理者。修道主义生活很快被称为最伟大的争战（提后四7；来十二4），是神圣至高的哲学，是爱上帝之人的生活，是如同天使一般，诸如此类。[19] 用屈梭多模（Chrysostom）的话来说，修道士是真正的君王，虽贫穷但富足，虽无子嗣但百子千孙。[20] 修道士试图通过苦修努力实现基督徒完全的理型，弃绝身体从而使灵魂得活，让自己与属世的肉体隔绝从而灵魂可以进入天堂。苦修的实践方式包括**甘贫乐道**（远离财富与享乐），**追求圣洁**（不婚，治死感官欲望）和**完全顺服**。

修道士将马利亚、马大和施洗约翰看作修道主义生活的先行者，他们渴望成为耶稣的**效法者**[21]，以祂为君王投入到争战（στρατεία）之中（林后十4；提前一18）。[22] 他们将效法理解为对耶稣个人生活之旅亦步亦趋的模仿；耶稣是完全的修道士，祂生活贫寒，拒绝婚姻，周游各地，脚不着履，顺服父神。[23] 效法就包括了模仿耶稣的外在生活，后来只是模仿祂的某些外在境况，但这也被夸大了。

中世纪出现效法基督的新观念。努尔西亚的本笃（Benedict of Nursia，约480-约543/547）[24] 和约翰·卡西安（John Cassian）分别在西方和东方系统性规范了修道主义生活，作为实现基督徒完全的独特体系。每间修道院均为自治。但在公元910年，克吕尼修道院（Cluny Abbey）建立后，这一切都发生了改变。修道主义改革运动从克吕尼开始传遍法国和意大利，克吕尼修道院院长的权柄凌驾于所有本笃会新建修道院之上。这些修道院始于众多会众群体，服从本笃会，便迅速遍布整个欧洲，远至巴勒斯坦。【这些本笃会修道院成了一股力量，有同样的原则，有相同的"母"修道院，直接服从于教宗。】[25] 与此同时，骑士团体在宣誓时，除了贫穷和纯洁，还加入了佩剑的使用。中世纪的另一独特发展，尤其在13世纪，就是**托钵修会**（mendicant orders）的出现。[26] 这些修会遵守三个修道主义的誓言：甘守贫寒、追求圣洁、顺服；但这三者因弃绝**一切财产**而得以强化。因为他们依靠馈赠生活，所以在**社会**中彰显出了修道主义的理型。修道主义生活的其中一个维度，即离群索

---

[19] Gass, *Geschichte der christlichen Ethik*, 1:126.
[20] 英注：见 Hunter, *Comparison between a King and a Monk*。
[21] Gass, *Geschichte der christlichen Ethik*, 1:145, 149.
[22] 参 Lucius, "Das mönchische Leben."
[23] Martensen, *Christian Ethics*, 1:296.
[24] Gass, *Geschichte der christlichen Ethik*, 1:145.
[25] 中注：见荷文版223页。
[26] Gass, *Geschichte der christlichen Ethik*, 1:280-283.

居，在这一修会、**在社会中**被弃绝了，从而让人更强烈地意识到修道主义的理型，并使其更加正当合理。他们除了放弃自己的财产，依靠爱心馈赠生活，还增加了消极意义上的钉死肉体（弃绝衣食住行，寡言少语，放弃婚姻），也施行积极意义上的体罚，将此理解为如同运动员的"训练"，认为这是"身上常带着耶稣的死，使耶稣的生也显明在我们身上"（νέκρωσις；林后四 10）。

其他现象例如自伤、流血、阉割、鞭笞（在 11 世纪有自我鞭打）、戴荆棘腰带、（由鞭打者）用链条拖地而行，在稍早就已出现了。但是，这些积极的体罚方式由托钵修会强制推动，以各样形式和不同程度予以系统化。[27] 鞭笞运动在 13 世纪爆发，"有记载可考的第一例于 1259 年发生在意大利的佩鲁贾（Perugia），前一年欧洲庄稼严重歉收，遍布饥荒"。自笞者中既有贵族，也有弱势群体、妇女甚至孩童。他们周游各地，行走于各个城镇，鞭打或抽打自己 33 天（与耶稣基督在地上 33 年相对应）。此运动传至克恩滕州（Carinthia）、施泰尔马克州（Styria）、奥地利、波希米亚和匈牙利，甚至远至波兰。14 世纪，自笞者的朝圣人数日益增多，在黑死病高峰时期（1348-1349）尤甚。至 1349 年 4 月，他们覆盖了整个德国。1349 年 10 月 20 日，教宗革利免六世（Clement VI）正式谴责鞭笞行为。[28] 作为悔罪的鞭笞的实践由隐士彼得•戴米安（Peter Damian，约 1007–1072/1073）与其门徒多米尼克•洛里卡特斯（Dominic Loricatus，995–1060）发起，或至少由他们付诸实践；他们常贴身穿锁子甲作为钢毛衬衣。在诵读《诗篇》时，悔罪者为每篇诗篇接受 100 下鞭打，《诗篇》完整诵读一遍（接受 15000 下鞭打）对应 5 年的悔罪（每年鞭打 3 万次）。[29] 修道主义修会为了模仿基督的受苦，发明了各种各样令人痛苦的体罚。这便是表达"属世肉体生命无甚价值、灵魂胜过肉体、天国之路是窄的、接纳并模仿基督爱的牺牲"的方式。[30] 效仿基督被视作跟随基督的受苦，重复祂的受死与苦难（na-, óver-, weer-lijden van Christus' lijden），以此为对这受苦的纪念和重复。

所谓的圣伤（stigmata）必须置于这一历史情境中来理解。我们首先遇到的是亚西西的圣弗朗西斯（Francis of Assisi，1182-1226）。[31] 1224 年 9 月，弗朗西斯在

---

[27] 参 Zöckler, *Kritische Geschichte der Askese*. 英注：巴文克在旁注中添加了后来出现的"Madame Guyon (1648–77)"和"the Trappists"。

[28] Herzog, "Geißler."

[29] Vogel, "Damianus."

[30] Gass, *Geschichte der christlichen Ethik*, 1:284.

[31] Engelhardt, "Franz (Franziskus) von Assisi"; Sabatier, *Life of St. Francis*, 287-296. Imbert-Gourbeyre, *Les stigmatisées*; Jelgersma, *Het hysterisch stigma*.

弗那山（Verna）上禁食祷告，那天是寻得十字圣架瞻礼（Feast of the the Exaltation of the Cross），他见到了耶稣基督的异象："十字架上有一位六翼天使，天使赐给他基督的五处伤为礼物。"³² 弗朗西斯自己如此说，和他在一起的另一位修道士对此可做见证，其他许多人如克莱尔（Clare），教宗亚历山大四世以及众多亚西西的居民都看到了他的圣伤。教宗格列高利九世的三道教宗诏谕也证实圣伤的真实性。1228 年 7 月 26 日，教宗格列高利封弗朗西斯为圣徒。后来，方济各会（Franciscan order）将他接受圣伤的日子定为纪念日。他与耶稣多达四十处的相似点被引证出来。二人都行神迹，被认为都是旧约所预言的，都说预言，被钉十字架，被天使迎接上天。

圣伤据说也出现在其他人身上，总共约八十人，均为基督公教信徒。³³ 格特鲁德·范德奥斯滕（Gertrude van der Oosten），又名代尔夫特的格特鲁德（Gertrude of Delft，卒于 1358 年），是荷兰贝居安（Beguine）修会女修道士，时有乳汁从这位处女的胸脯流出。她在对救主在十字架上所遭受最惨忍恐怖的折磨深入默观后，领受了全部圣伤。她祷告求主除去圣伤，祷告得蒙垂听：流血停止了，但伤疤留了下来。³⁴ 斯希丹的利德维娜（Lidwina of Schiedam，1380–1433）相貌倾城，12 岁时求婚者就络绎不绝。有一次滑冰时，她右边一根肋骨骨折。³⁵ 此后三十年里剧痛不已，痛时所食甚少。她听从了听告解神父简·坡特（Jan Pot）的建议，开始对基督受苦默想的实践。她根据所继承的或传统的形式（secundum traditam sibi formulam）练习八年后，成为能观异象之人。根据雅各·布鲁格曼（Jacob Brugman）的观点，利德维娜有五处圣伤，祷告后愈合了。但细查布鲁格曼的论述可发现，所有这些圣伤只是**异象性的**而非真实存在。³⁶ 其他据说有圣伤之人是阿维拉的特蕾莎（Teresa of Ávila，1515-1582）和席恩娜的凯瑟琳（Catherine of Sienna，1347-1380）。³⁷ 早期

---

³² Chesterton, *St. Francis*, 131. 英注：该部分描述来自Francis's companion, Brother Leo。

³³ Hamberger, "Stigmatisation." 英注：巴文克在页旁写道："Görres, *Die christliche Mystik*将一些虚假的报告也计入在内，只有60到70个报告是真实的。"巴文克所引用的是Zöckler, "Louise Lateau," 8。后者又引自Görres, *Die christliche Mystik*, 2:410-486。该部分的英译文可见Görres, *Stigmata*。

³⁴ Moll, *Johannes Brugman*, 2:106.

³⁵ 英注：巴文克说她摔断了腿，但大多数其他文献（包括Moll, *Johannes Brugman*, 2:110）表明她摔断的是肋骨。也可见Albers, "St. Lidwina" (http://www.newadvent.org/cathen/09233a.htm)。人们相信利德维娜是第一个多处患硬化症并记录下来的案例；她是滑冰者的主保圣人。

³⁶ Moll, *Johannes Brugman*, 2:140.

³⁷ 见 Zöckler, "Katharina von Siena."

教会有一位与凯瑟琳同名的人，在罗马皇帝马森提乌斯（Maxentius，约公元278-312；公元306-312年在位）统治时期殉道。[38] 凯瑟琳手指上有基督亲自给她戴上作为订婚标记的戒指。"1375年，在比萨……她得此圣伤（当她请求时才可见，只有她自己能看见）。"[39] 在我们时代也有领受圣伤之人。安妮·凯瑟琳·埃默里赫（Anne Catherine Emmerich，1774–1824）出生于明斯特的科斯费尔德（Coesfeld, Münster），在1811年（或是1813年）领受圣伤。后来她的祷告蒙垂听，1818年年末不再流血，伤口愈合[40]，但周五时伤口会变成红色，偶尔会流血。意大利蒂罗尔的卡尔达罗（Kaltern in Tyrol）的玛利亚·凡·莫尔（Maria von Mörl，1812-1868）有相似情形。她在1833年接受圣伤，周四晚上和周五经历了"明显有血从伤口滴落"。[41] 最近的案例是路易斯·拉图（Louise Lateau，1850-1883）。[42] 她在1868年4月21日首次领受圣伤（左肋、双手和双脚处）。后来，她也有了如安妮·凯瑟琳·埃默里赫（Anne Catherine Emmerich）等圣伤者同样的经历，领受了额外肩上的圣伤（基督肩背十字架）和额头环状伤痕（基督头戴荆棘冠）。这些伤痕"在周四晚上到周五会自然而然出现，周六晚上消失。这种情况一直持续到她1883年去世。"其他的现象包括狂喜、对疼痛麻木（甚至对电击也无感觉）、异象、三年无眠且断食（除领圣餐之外），能区分圣饼和非圣饼，能区分牧师和平信徒。

毫无疑问，圣伤现象有欺骗、想象与夸张的成分，但其真实性有确据可考。我们该如何解释这一现象？基督公教认为圣伤是神迹，但是这需要基于人的灵魂对身体的作用力加以解释。灵魂参与了整个身体的形成，这一事实在诸多方面均有表现。

---

[38] 英注：巴文克没有明确说明这位更早时期的凯瑟琳，但很清楚他是指亚历山大的凯瑟琳（Catherine of Alexandria，卒于四世纪初期），"她是家喻户晓的基督教早期殉道者之一，被认为是'十四神圣帮助者'之一。在第9世纪前，她鲜被提及，而她的历史性存疑。根据传说，她生于贵族之家，博学多才，她的家人反抗罗马皇帝马森提乌斯的迫害。但是她带领皇帝的妻子和几个士兵归信，皇帝召来最有名望的学者反驳她，但都落败。在中世纪，她与基督奥秘的婚姻的故事广为流传，她因此成为广为人知的圣徒（http://www.britannica.com/biography/Saint-Catherine-of-Alexandria）。

[39] Noffke, *Catherine of Sienna*, 5. 英注：巴文克给出圣伤的年份是1370年，但是这与当年的另外一个事件相合，凯瑟琳的"神秘之死"："她的身体在守候床边的人看来似乎毫无生命征兆，但是在这临死的四个小时中，她经历与主合一的狂喜。"（Noffke, 4）巴文克也说她的圣伤只是"内在的（在她感受之中）"。

[40] 英注：巴文克给出的年份是1819。

[41] 英注：该引用以及同时出现的几处细节均非巴文克提供，该部分信息源自http://www.mysticsofthechurch.com/2010/07/maria-von-morl-stigmatic-ecstatic.html。

[42] Zöckler, "Louise Lateau."

属灵的压抑会透过身体的不适表现，有些造成终生影响。巨大的惊吓（或惊恐）能让人一夜白头；孕妇若受惊吓，产下的孩子在身体上会留有受到特别惊吓的记号。[43] 圣伤的出现需要狂热、炽烈的想象力（gloeiende verbeeldingskracht）。想象力可将已知事物内化（如十字架上的基督）。同时，这还应伴随着孱弱、极为敏感且纤弱的身体。[44] 想象力是人奇妙的官能，我们可以想象自己真实患病。透过我们神经的运作，想象力将事物作用于感受性的身体。异象、狂喜、幻象和启示、耶稣和马利亚的显现、天使、光以及类似现象，这一切在 13 和 14 世纪尤盛，也应归因于想象的巨大能力。这两个世纪的特征是人们多愁善感、青春洋溢、充满活力、渴望付诸行动。不计其数的"耶稣生平"故事随处可见，[45] 这些故事描写得栩栩如生，其目的是实践性的，旨在引导人们不仅深思耶稣的生活，而且要加以体现并以视觉的方式将其内化；重要的是**看见**耶稣的行走、受苦、挂在十字架上。[46] 人们每天诵读这些"耶稣的生平"，每周重复阅读；如周一阅读逃亡埃及，周二阅读在拿撒勒会堂讲道，周三阅读马利亚和拉撒路的故事，周四至周六阅读祂的受难，周日阅读祂的复活。然后下一周从头开始，如此循环往复。[47]

　　效法基督成为这种神秘主义文学中重大和最具决定性的基本观念[48]，而且是通往圣洁生活的渠道，是使我们脱离属世的生活且进入更超越的世界、朝向默观的渠道，是登至旧约先祖、先知、殉道者之异象，甚至有时是耶稣与上帝自己之异象的渠道。[49] 当时在迪彭芬（Diepenveen）、代芬特尔（Deventer）、温德斯海姆（Windesheim）和兹沃勒（Zwolle）修道院中所有虔敬的男女修道士，都渴慕有基督或上帝的样式。[50] 但是，对许多人而言，效法基督无非只是对耶稣一些单一的行为或境况的重复。有些人对此有较深入的理解[51]，但是大多数人将效法基督理解为亦步亦趋地模仿基督的各样境遇和祂的所言所行。有些人到教堂或礼拜堂，会找一个无人关注的角落，

---

[43] 英注：母亲怀孕时的经历会影响孩子的相貌，这一观点最早由古希腊医生伽林（Galen）提出，直至20世纪人们一直相信此观点。

[44] Hamberger, "Stigmatisation"; 参Perty, *Die Anthropologie*, 2:428-432. 英注：巴文克表明他此处引用的出处是Zöckler, "Louise Lateau," 9n; Moll, *Johannes Brugman*, 2:88-90。

[45] Moll, *Johannes Brugman*, 2:1-97.

[46] Moll, *Johannes Brugman*, 2:56-58.

[47] Bonaventure, 根据 Moll, *Johannes Brugman*, 2:59.

[48] Moll, *Johannes Brugman*, 2:63.

[49] Moll, *Johannes Brugman*, 2:67.

[50] Moll, *Johannes Brugman*, 2:72.

[51] Moll, *Johannes Brugman*, 2:36.

从而可以像出生"在破败房子里"的耶稣。有些人在路上行走时低头垂目，效法耶稣走向十字架的姿势。[52] 当读到耶稣在公会受审的经文时，他们会抽自己耳光，鞭打自己如同祂被鞭打；他们伸出胳膊，如同耶稣被钉在十字架上。这一切自然导致出现圣伤和异象。[53] 人们强大的想象力被唤起后，他们确信听到了耶稣的声音，看到祂"流血，被鞭打"[54]，如同就在他们眼前被鞭打，看见祂在马槽中哭，恰如在他们面前。[55] 显然，这些都是主观异象，因为每个人是借着由自身知识和个性特征所形成的想象，来看见这些事物。[56]

尽管如此，人们偶然会发现一些对效法基督更纯正、更属灵的理解。代表人物有克莱尔沃的伯纳德、波纳文图拉和约翰内斯·陶勒，尤其是《效法基督》的作者托马斯·阿·肯皮斯。[57] 该著作语言柔和、富有情感，用荷文式拉丁文写成。虽然语言有些单调重复，但非常抒情。该书的主题是苦修主义，远离属世生活和一切虚空的事物。书中的每一部分都宣扬十字架，教导十字架的道路。基督是此十字架的彰显，祂的整个生命就是一场殉道。效法基督是遵照和效法祂的受苦，而这透过爱才能发生。但是，肯皮斯也注意到伦理层面，关注效法基督谦卑与温柔的必要性。肯皮斯非常实际，认为具有良善的良知、谨守上帝的诫命才是真正效法基督，这比知道三位一体的定义和理解三位一体更加重要。[58]

3. 基督新教信徒对效法基督的看法[59]

基督新教信徒通常从诸般美德的角度来理解效法基督。这些美德包括顺服上帝、

---

[52] Moll, *Johannes Brugman*, 2:73–74.
[53] Moll, *Johannes Brugman*, 2:79–88.
[54] Moll, *Johannes Brugman*, 2:82.
[55] Moll, *Johannes Brugman*, 2:85–87.
[56] Moll, *Johannes Brugman*, 2:88–97.
[57] Gass, *Geschichte der christlichen Ethik*, 1:426; Bähring, *Thomas von Kempen*, 251–56; Abraham Kuyper, *E Voto Dordraceno*, 1:70–77 (Lord's Day 21, originally published in De Heraut, no. 564 [October 14, 1888]). 英注：巴文克在此名单中包含了"这篇讲章的作者"，并说明引自Moll, 1:34-36。这位作者是约翰·布鲁格曼（Johannes Brugman），Moll, *Johannes Brugman* 1:250-259 (appendix 5)收录了这篇讲章。
[58] Gass, *Geschichte der christlichen Ethik*, 1:427–429.
[59] Witsius, *Prakticale godgeleertheid*, 130 (chap. 17); Pictet, *De christelyke zedekunst*, 333-336

爱、谦卑、良善、正直、忍受苦难与圣洁等。[60] 魏特修区分了效法按人性和中保而言的基督（仅就信徒也是先知、祭司和君王而言）与效法上帝。[61] 然而，有关效法基督的论述不多，因为人们从十诫而非从基督的位格中探寻基督徒生活的规范。大部分内容集中在对背十字架和舍己（加尔文）的讨论，以及对我们与基督的奥秘联合（unio mystica）的论述；在此联合中，我们有份于基督的死和复活。[62] 索西尼派、抗辩宗和理性主义者都认为耶稣仅为榜样，但这不是指祂的位格，而是祂的教导与诫命。19 世纪的格罗宁根神学学派也视耶稣为榜样。[63] 上帝是"伟大的教育家"，祂的教导尤其藉由基督得以成就；基督启示了神圣的真理、人的真正幸福以及道德理型。因此，耶稣是上帝之爱的彰显。肯尼吉特（T. Cannegieter）以更强烈的语气表达了类似的思想："耶稣是一位凡人。"[64]

(IV.xiv); Buddeus, *Institutiones Theologiae Moralis*, 340; Ridderus (d. 1683), *Het leven van onzen Heere Jesus Christus*; Vitringa, *Korte schets*, VII; van Leeuwarden, *De bevestigde Christen*, 211; Voetius and Hoornbeeck, *Disputaty*, IV.130–32; Schneckenburger, *Vergleichende Darstellung*, 1:143-144; 2:242.

[60] Pictet, *De christelyke zedekunst*, 333-336 (IV.xiv).

[61] Witsius, *Prakticale godgeleertheid*, 130 (chap. 17).

[62] Calvin, Institutes, III.vii-viii.

[63] 英注：我们使用"学派"一词旨在捕捉荷文词汇"richting"的常见词义（字面意思为"方向"）。该学派受施莱尔马赫思想的影响，反对神学上的智性主义和理性主义。他们认为宗教的真正居所在感觉中，而非在理性中。该学派口号的字面意思为"不是教义而是主自己"（Niet de leer, maar de Heer）。这个口号在荷文的韵律之美在英语中难以传递。该学派受乌得勒支大学哲学教授凡•赫斯德（Th. W. van Heusde, 1804-1839）的启发。巴文克认为他是"具有领袖魅力的老师，影响了乌得勒支以及格罗宁根的众多学生"。巴文克接着谈道：

> 不久之后，其中许多学生都在格罗宁根市和省内成为非常出色的教授和牧师，他们彼此关系亲近。范奥尔特（J. F. Van Oordt）和霍夫斯泰德•德格罗特（P. Hofstede de Groot）于1829年，帕里奥（Pareau）于1931年，分别在大学担任教席。范赫尔维登（Van Herwerden）和阿索夫（Amshoff）分别于 1831 年和 1832 年先后成为格罗宁根教会的牧师等等。1835 年，这些人中有十二位组成了一个协会，于1837和1872年出版了面向有文化素养基督徒的期刊《爱中之真理》（*Waarheid in Liefde*）。除此之外，他们还在很多手册阐述了自己的想法，其内容涵盖了神学的所有分支。他们于 1845年出版 了《教理及护教纲要》（*Compendium Dogmatices et Apologetices*）。

Bavinck, "Recent Dogmatic Thought," 213；也可见Roessingh, *De moderne theologie*, 26-44; Roessingh, *Het modernisme*, 55-60; ten Zijthoff, *Sources of Secession*, 104–6; Pareau, *Initia Institutionis Christianae Moralis*。中注：上述巴文克的论述可见中译本：赫尔曼•巴文克，<荷兰新近教理思想>，载于《赫尔曼•巴文克论荷兰新加尔文主义》，邵大卫译，徐西面编（爱丁堡：贤理•璀雅，2019），41-42页。

[64] Cannegieter, *De zedelijkheid*, 66-69, 118-120, 160-162, 165-169; Hugenholtz, *Studiën*, 2:32-33.

现代派神学家[65]甚至抛弃耶稣为榜样的观念，因为他们也舍弃了耶稣的无罪性，因而不再视祂里面有道德理型，因为祂不能为所有人具体表现理型。尽管耶稣的确体现了一种理型，即祂作为一个宗教的奠基者，但祂不再是**独特的理型**（the ideal），因而不是普世的榜样。[66] 此外，耶稣并未参与社会与政治事务，一生未婚，因此不能在生活诸多领域作众人的榜样。换言之，祂在品格和职业（beroep）等方面存在局限性和片面性。

相较之下，新近伦理学家已经开始不断论及效法基督，恰恰是因为道德律的规范日趋式微。[67] 一些人特别将基督视为榜样[68]，然而另有人认为耶稣作为巡游教师，只适合在祂的时代而非现今教导。祂与我们现今的职业与职务（牧师，教授等）格格不入。[69] 还有人强调祂的确是一位独特的人物和个体[70]，祂是一位**男子**而非女子，是犹太人。祂朝特定的方向发展，但未充分利用自己所有恩赐。基督作为一个人，的确是伦理的基础，但并非祂的榜样为此基础。祂深入每个人；真理并非一个成为耶稣的复制品的问题，而是要与祂有家人般的相似性（familiegelijkenis）。[71] 我们不可能从祂的榜样获取讲道学、教理问答或宣教的内容。在这些方面，提摩太是更佳的资料来源。

现代人既无道德理型也无道德榜样；他们痴迷朝模糊不清的理型前进。因此，他们焦躁、空虚、目无权威、彼此疏离、鲜有约束。无需救主之人也无需道德榜样。[72] 但是，只有在基督里，我们才知何为人。只有相信基督是救主的人才能效法祂。如果祂仅为榜样，就会使我们畏而却步，并指责我们。作为榜样，基督必定超乎我们之上，却又与我们一样，是真实的人。基督不仅是一位伟人，而且在所有"伟人"中卓尔不群；唯独祂建立了世界性宗教，也唯独祂是赐予者（the Giving One）。祂

---

[65] 参古宁的讲座（Kuenens dictaat）。中注：巴文克在这里所指的是他在莱顿大学的老师亚伯拉罕·古宁（Abraham Kuenen）的讲座。荷注：巴文克在这里所指的，很可能是古宁在莱顿大学1876-1877学年的课堂讲座的第五讲"现代道德生活的概念和耶稣的道德教导"（De Moderne Opvatting van het zedelijk Leven en de Zedeleer van Jezus）。

[66] Thus Strauss, according to Ritschl, *Die christliche Lehre von der Rechtfertigung und Versöhnung*, 3:350, 389.

[67] 见 D. G. Monrad, *World of Prayer*, 37-56; 参 Martensen, *Christian Ethics*, 1:237-241 (§71).

[68] De Wette, *Sittenlehre*, §68.

[69] Palmer, "Das Vorbild Jesu," 690.

[70] Ullmann, *Sinlessness of Jesus*, 62-82; Ullmann, *Sündlosigkeit Jesu*, 62-82; C. F. Schmid, *Biblical Theology*, 71-76. 参 Martensen, *Christian Ethics*, 1:237.

[71] 参 Schleiermacher, *Die christliche Sitte*, 291.

[72] 参 Martensen, *Christian Ethics*, 1:142.

的统管原则独具一格：自由与爱。祂的目标是建立上帝的国。祂达此目标的方式就是祂自己。祂是历史的转折点，在众多反差的事物中提供并呈现了祂的榜样。在祂里面，道德自由的理型实现了；在祂里面没有与律法相背之处；祂无罪。[73] 祂拥有完全和谐的品格[74]：既有普世的大爱，也有特定的爱；刚柔并济；既是狮子，也是羔羊；既有默观的本性，也有实践的本性；既直面冲突、冷静坚定地自由行动，也有着丰沛的情感生活、圣洁的感伤。祂始终自己为主，永远保持信实、平衡的公义与爱，悲伤与喜乐。祂是真实的人，至关重要的个体。祂在普世意义上是人，但又是独特的个体。[75] 但是，就保护性（接纳性）和主动性（给予性）的爱、主动性和包容性的爱而言，爱的道德理型也在祂里面、在与我们的关系中并在祂对父神的顺服中实现了。[76] **个人公义**的理型也在基督里成全了，祂是荣耀的榜样（包括神迹）。[77] 综言之，效法基督是依照祂的榜样且在祂的大能里而活的生命。基督是榜样，而非中保，但是我们必须在凡事中发扬从祂性情而出的爱。[78] 效法基督不只适用于"宗教人士"、传道人、殉道者与修道士。【真正所需的是与基督的旨意相符，因为修道士为自己而活。[79] 效法基督也不只适于性情（理性主义），而否认基督为救赎者。效法基督也不只是与神秘主义一样，认为基督只是与上帝奥秘性联合（unio mystica）的榜样。[80]】[81] 马滕森（Martensen）也认为基督徒的生命就是效法基督，他将效法分为两个主要美德：爱与自由。[82]

【冯·哈勒斯（von Harless）认为，】新生命不仅包括对律法更常态的彰显，而且有高于且外在于我们的客观规范。[83] 由此，上帝将祂自己的旨意在我们心里让我们有更清晰的意识。在基督里，律法就是并仍是信徒的规范（罗十4；加二17）。效法基督就在于基督成形在我们里面；除了对未归信者而言，基督并非律法

---

[73] Martensen, *Christian Ethics*, 1:247-49.
[74] Martensen, *Christian Ethics*, 1:252.
[75] Martensen, *Christian Ethics*, 1:257.
[76] Martensen, *Christian Ethics*, 1:260, 273.
[77] Martensen, *Christian Ethics*, 1:280-283.
[78] Martensen, *Christian Ethics*, 1:293-294.
[79] Martensen, *Christian Ethics*, 1:296-298.
[80] 克尔凯郭尔（Kierkegaard）。英注：论述克尔凯郭尔的部分是在Martensen, *Christian Ethics*, 1:302-307页（§§99–100）
[81] 中注：见荷文版230页。
[82] Martensen, *Christian Ethics*, 1:191-202.
[83] Harless, *System of Christian Ethics*, 299-305 (§32).

意义上的榜样。[84] 根据贝克（Beck）的观点，效法基督是走上祂赎罪道路的入口处。[85] 基督徒的生命之旅是以基督为内容（实质），为基本律法，从而透过我们住在基督里，祂的生命成为我们的生命。这是不断朝向基督成长的生命；基督徒的生命无非就是转变为基督的形像（Umgestaltung in Christus' Bild）。基督作为我们的榜样，这预设了祂与我们相像（"肉体"，σάρξ），但也预设了我们与祂相像（"灵"，πνεῦμα）。基督只是信徒的榜样；圣灵使我们在基督的十字架、死与复活等方面，都与祂相像，先是内在而后外在的相像。[86]

4. 效法基督，以祂为属灵生命样式

效法基督，以祂为属灵生命样式，这并不意味着（1）在自己的生活样式上重复耶稣所行，这是修道士所认为的：生活清寒，独身，顺服。效法耶稣也并非重演祂所遭受的苦难，或者再次经历逼迫，如殉道者所理解的。一言蔽之，效法基督不是复刻、模仿或模拟基督。正如事实所示，以此效法耶稣之人实则与祂相去甚远。[87] 尽管这些人外在表现地像耶稣，但内心离祂甚远。毕竟，耶稣为人来而活，为人受苦而死；而求死的修道士和殉道者是为自己而活，以自己为念。因而，这种观点导致了外在主义、肤浅和外在的顺从，但缺乏内在与基督的关系。效法基督并不限于信徒，即便基督在世的旅途中，此效法常包括明确的舍弃家人与工作，跟随、传讲耶稣，但这并非是对所有人的呼召。基督希望不仅要弃绝世界，也希望保守、拯救世界（约三17）。苦修主义仅为一种美德操练，除了操练本身，并无内容。

效法基督也并不是（2）许多神秘主义者，如埃克哈特（Eckhardt）、陶勒（Tauler）、苏索（Suso）和鲁伊斯布鲁克（Ruysbroeck），所持的主流观点。他们的确视基督为真正的"神-人"，但并不认为祂是救赎者（Verzoener）。实际上，祂仅被视为

---

[84] Vilmar, *Theologische Moral*, 2/3:92-94.
[85] J. T. Beck, *Vorlesungen*, 1:90.
[86] J. T. Beck, *Vorlesungen*, 1:118-122; 参 2:92-96 和58-61；基督在此被称为新生命的律法与规范。
[87] Martensen, *Christian Ethics*, 1:293.

与上帝奥秘联合的榜样，是爱、耐心与祷告方面的榜样。他们对耶稣深感同情，如同陪伴基督上十字架的妇女，为祂哭泣，也与祂同哭（亚西西的弗朗西斯），但并非是在罪咎的意识下屈膝并在祂里面寻求公义。在情感为上的中世纪，目标就是尽可能动情地传讲基督的受苦；最痛哭流涕之人就被认为是最虔诚者。但这并不是效法基督，而是仅与祂同行。

效法基督也不在于（3）以理性主义的方式遵守祂的诫命，亦非靠着祂的"灵"而有生命的现代概念。这完全抛弃了作为个体之人的耶稣（Jesus as a person）的榜样，对耶稣呼召"要撇下一切，为我的名来跟从我"一无所知。正如费希特（J. G. Fichte）所指出，作为个体之人的耶稣完全被忽视了；在此情形中，效法基督消失殆尽。

效法基督包括以下内容：

1. 效法基督意为承认基督是救赎者，也是中保。这是效法基督的前提条件。无需救赎者之人也无需榜样。现代主义者[88]并无救主，亦无理型；他们心无所向，毫无目的，浮躁不安，被外在事物左右，或变得冷淡漠然。如耶稣般圣者从未是一个榜样，除非祂首先是我们的救主。否则祂只会让我们畏而却步，正如祂所成全的律法让我们感到沉重沮丧，而不是振奋昂扬。因此，效法基督只有在信心中才有可能。基督并非是所有人的榜样，只是重生者的榜样。效法祂是属灵生命的唯一样式。因此，只有我们的生命**源自**基督且**内住**于祂，才能**朝向**祂。与基督奥秘的联合是效法基督的根基。

2. 就内在而言，效法基督就在于基督成形在我们里面（维尔玛），我们进入与祂永恒的团契中，尤其是进入与祂一同受苦的团契中。故此，效法有两方面：舍己与背十字架。圣灵使我们在基督的受苦、受死、复活与得荣耀中遵从基督。诚然，我们并不是跟从作为中保的基督；中保性的工作唯独属于祂。将基督的美德抽象地区分为我们应跟随和我们不应跟随的两部分是不可能的。基督始终是中保，但也一直是道德理型。因此我们必须在凡事上效法祂，尽管我们的行事方式、我们自身的个性，地位、社会阶层和呼召彼此有别。此外，我们不能说基督只作为人而非上帝被人效法；这再次是不可能的，是一种抽象的分裂。基督就是作为祂自我所呈现的、同为上帝和人而被人效法，并按着祂完全的存有、生活、行为而被人效法。

3. 最为显著的特征是，效法基督在于按着基督来塑造我们的生命。换言之，我们生命的内容与素材源自基督；但是此时，此生命的样式必须披上基督自己的生命

---

[88] Martensen, *Christian Ethics*, 1:237.

样式。如果我们生命的素材在物理层面与基督的相同，那么我们的样式应与祂的完全相同，即我们也会成为"神-人"、中保、基督，这是神秘主义者和"伦理神学家"所坚信的。如果认为我们生命的素材只是被基督的榜样所唤醒的实际自然生命，那么它的样式会是简单跟随基督的榜样，这是理性主义者所认为的。正如我们生命样式（vorm；forma）或不同于，或对应于基督生命的样式，我们生命的素材也以同样的方式并在同一个层面上，或不同于，或对应于基督的生命。如今，我们生命的素材并非在物理层面与在基督里的生命相同（好像基督自己的生命以泛神论、神秘主义的方式流溢到我们的生命中），但是二者在伦理上相同；二者有不同的实质，但也有相同的品质。也就是说，如同耶稣是上帝的儿子，我们因而也是上帝的儿女，我们与祂儿子的形像一样（罗八29）。上帝按祂自己的形像再造我们，这正是基督为我们赢得并获取的。因此，我们生命的内容无非就是上帝的形像，即知识、公义与圣洁；这些都是伦理品质，与基督里的伦理品质相符。基督是完美的上帝形像。

于是，我们生命的素材内容以同样的方式与基督相一致，因而我们生命的样式亦然。上帝的形像必须以同样的样式彰显在我们里面，也以同样的方式外显，就如基督一样。我们生命的样式不是在物理上、实质上与基督的相像。若然，复刻或重复耶稣的生命之旅就会成为至高至佳的效法，并且修道士和殉道者因此就是最好的基督徒。在另一面，我们的生命不仅是外在地像基督的生命，如理性主义者所假定的，而是透过基督而获得，并只透过信心才在我们里面出现，也就是靠着透过奥秘的联合与基督的位格相连才出现在我们里面。正因如此，我们生命的样式并不是由跟从耶稣的灵、跟从祂的性情（理性主义者、现代主义者）所构成。所以，效法基督不是复刻耶稣的位格，这不是将信徒变得与基督完全一样（Christification）。同时，效法基督也并不是在祂位格之外恪守祂的诫命。真正的效法基督是介于这二者之间。这包括遵照基督的道德榜样，塑造唯有在与祂团契中且源自此团契的生命；效法基督就是在我们里面拥有基督的形状（gestalte），从而他人可以从我们这里并透过我们认识基督。我们生命的样式与基督生命的样式的一致性在各样的美德中彰显出来[89]，在公义与爱中尤甚。公义或圣洁完全与律法一致，即与道德自由完全一致。对我们信徒而言，律法不再抽象地与我们对立，而是存在基督里面；在基督里，律法成为我们的规范（哈勒斯）。基督是道德理型，是活的律法。作为道德理型，祂就是爱，是对上帝和人的爱，因为爱成全了律法。祂是施与性之爱与领受性之爱

---

[89] Vitringa, *Korte schets*, 113-116 (VII §§6-10).

的联合，是主动性之爱和忍耐性之爱的联合，是默观性之爱和实践性之爱的联合。使徒不断指向这些美德，尤其是耐心忍耐与受苦（罗八17；林后四10；加六17；腓三10；帖三5；来十二2；彼前二21-25；三17-18；四1，13）、爱（林后八9；弗五2；腓二5-11）与圣洁（彼前二21-25）。在此意义上，基督确实为我们的榜样，是所有人的榜样。祂有完全和谐的品格，男性的坚定和女性的柔和的结合，能力与温柔并济，深思熟虑与实践行动并举，同有悲伤和喜乐；祂始终是自己的主，且信实。祂既有普世的人性，也有特定的个体特性。[90]

---

[90] Martensen, *Christian Ethics*, 1:316-319.

§22. 属灵生命的成长

1. 灵命的发展

属灵生命有其成长过程。[91]《圣经》对此有教导，但旧约鲜有论及此主题。《诗篇》关于属灵生命阶段的经文不多，但可看到属灵生命的各种境况（见下文第十章）。在这些境况中，大多为刚强的信徒仍旧说话；但他们发现自己身处各种境况，信心有时坚定（诗一百二十一；一百三十八），有时压抑（诗四；七；二十六；六十四），有时疑惑（诗七十七；八十八），诸如此类。旧约中（以牧人的隐喻）有些经文论道："祂必像牧人牧养自己的羊群，用膀臂聚集羊羔抱在怀中，慢慢引导那乳养小羊的。"（赛四十11）在《以西结书》三十四章中，主责备只顾自己的假牧人："我必亲自作我羊的牧人，使他们得以躺卧。失丧的，我必寻找；被逐的，我必领回；受伤的，我必缠裹；有病的，我必医治；只是肥的壮的，我必除灭，也要秉公牧养他们。"（结三十四15-16）先知以赛亚用弥赛亚的盼望安慰受伤痛苦之人："压伤的芦苇祂不会折断，将残的灯火，祂不吹灭。"（赛四十二3）"主耶和华

---

[91] Schneckenburger, *Vergleichende Darstellung*, 2:166-182 (§10: "Das christliche Leben in seiner graduellen Entwicklung und die evangelische Vollkommenheit: Lehre von der Heiligung").

的灵在我身上……差遣我医好伤心的人……赞美衣代替忧伤之灵。使他们称为公义树，是耶和华所栽种的，叫祂得荣耀。"（赛六十一 1，3）

新约中，《约翰壹书》二 12-14 是常被引用的经文。在上文的经文中，约翰已将新生命的主要特征描述为"行在光中"。他接着劝勉会众，称他们为小子（τεκνία，παιδία）、少年人（νεανίσκοι）和父老（πατέρες）。一些人已领会，这些词汇并不是指年龄差异，而是指基督徒生命的不同阶段。[92] 这些称呼当然会涉及年龄差异（加尔文，伊拉斯姆，梅耶，荷文《圣经》Statenvertaling 的注释）[93]；年龄差异会带来属灵生命程度或大或小的差异。但需注意，约翰并非在严格意义上讲述生命的四个阶段（从而 τεκνία 和 παιδία 都可指"小子"），而是三个阶段。在第 12 节经文中，"小子"为泛指，有广泛的意义（加尔文，马丁路德，梅耶）[94]；否则，经文里的顺序应为小子、父老和年轻人，但这不合逻辑。根据一些人的观点，此处"小子"指向三个明显有别的群体：父老、少年人与小子；然而，其他人认为这里只看到两个群体（梅耶）。

反对分为三个群体的观点如下：（1）第 14 节，"少年人哪，我曾写信给你们"，只区分了两类群体，并未提到小子；（2）第 13 节第 3 部分应读作"我曾写（ἔγραψα）信给你们，小子们"，而不是"我在给你们写信，小子们"（γράφω ὑμῖν, παιδία）。如果我们以此方式区分两类群体，该经文则变为"小子们哪（γράφω ὑμῖν, τεκνία, 12 节），我曾写信给你们，更是特意写给你们中的父老与少年人"（13 节第 1-2 部分）；"小子们哪（ἔγραψα ὑμῖν, παιδία, 13 节第 3 部分也是泛指，如同 18 节中的 τεκνία），我曾写信给你们，更是特意写给父老与少年人"（14 节）。令人不解的是，加尔文在 13 节中就 τεκνία 分出三类群体（尽管实际上只有两个），他认为 14 节是冗赘之语，是不熟练的读者和抄写员插入的。[95] 因此，12 节和 13 节 1-2 部分中的"我如今写信（γράφω）"，与"我曾写信"在 13 节第 3 部分和 14 节中为替换使用。但是"我曾写信"（ἔγραψα）并非指之前所写的信，而是指《约翰壹书》

---

[92] Vitringa, *Korte schets*, 128-130 (VIII §3). 英注：巴文克仅提供了名字：Clement, Oecumenius, Cajetan, and Grotius；具体参考文献信息由编者提供。Clement of Alexandria, *Miscellanies* VII.10 (ANF 2:538-540); Oecumenius, *Commentariorum in Novum Testamentum* (PG 119:635-638); Cajetan, *Epistolae Pauli*, 222; Grotius, *Annotationes*, 8:159-161.

[93] Calvin, *Gospel of John and 1 John,* 250; Erasmus, *In Novum Testamentum Annotationes*, 765-766; Huther and Meyer, *General Epistles*, 513-514.

[94] 英注：见之前对加尔文和梅耶的注释。马丁路德在他《约翰壹书》讲座中并未具体讲解12节里τεκνία的含义（Luther's Works, 30:244）。

[95] Calvin, *Gospel of John and 1 John*, 251-253.

这封信的内容。约翰想要表达："我现在正在写信，我正忙于给你们的父老与少年人写信（要你们行在光中），是的，我在这封信的第一章和二 1-11 中已给你们写到这一点。"约翰继续写道："我正在给你们写信，小子们哪（泛指），要行在光中，因为你们的罪藉着主的名得了赦免。"（罪得赦免对基督徒生命的基础），然后他更具体指向："父老（即年长者）啊，因为你们（已经逐渐）认识祂（基督，而非上帝），祂从太初就有（ὁ ἦν ἀπ' ἀρχῆς）。"（参 约壹二 13）年长者是对基督是谁有更多深入洞见的人，定然拥有此知识。约翰写信而且已写信给少年人，要他们行在光中，"因为你们胜了那恶者"（年长者当然早已经得胜，但刚强的年轻人刚刚大战告捷，所以他们需要警醒，持守胜利），而且因为（正如二 14 中所补充的）"你们刚强"，即在圣灵里刚强（而非以己之力），因为"上帝的圣言常存在你们心里"。

于是，结论便是，约翰先根据年龄区分，但同时也有相应的属灵生命程度。然而，他假定只有两类群体而非三类：少年人与父老。其次，他并未将少年人描绘为信心软弱者；相反，他们是刚强的。然而，少年人与父老不同，因为他们与撒旦的争战更为激烈，并且他们必须竭力保守胜利的果实。而早已打下胜仗的父老们更加倚靠基督，并在有关基督的知识上增长。约翰在此没有区分投靠的信心和自信的信心，或具有此本性的任何事物，但他的确区分了争战的（strijdend geloof）信心与静止的信心（rustend geloof）。

在《哥林多前书》三 1-3 中，保罗说哥林多人依然是"属肉体的"（σάρκινος），即"从肉身生的"（约三 6），比"属血气"（σαρκικός；林前三 3）的语气更为强烈。与在基督里"成熟之人"（τέλειος）相比，他们是婴孩，仅仅是"初学者"（νήπιος），依然需要灵奶（γάλα）的喂养（福音启蒙教导），还不能吃干粮（βρῶμα），就是更高阶、更进深的教导与智慧（σοφία），如《哥林多前书》十五 2 所描述的，并在《哥林多前书》二 6-16 的成熟之人（τέλειοι）身上所看见的。他们的属灵生命弱小且一直羸弱，并非因为他们软弱、狭隘的信心等问题，而是因为他们彼此嫉妒纷争，依靠他们人的本性而行，结党纷争，说诸如"我是属亚波罗的"此类的话。正如使徒彼得所言："所以，你们除去一切的恶毒、诡诈并假善、嫉妒和一切毁谤的话，就要爱慕那纯净的灵奶，像才生的婴孩爱慕奶一样，叫你们因此渐长，以至得救。"（ἀρτιγέννητα βρέφη τὸ λογικὸν ἄδολον γάλα；彼前二 1-2）

《希伯来书》五 12-14 中，作者意在阐释基督如何照着麦基洗德的等次为大祭司（10 节），并且说这涉及许多难以解释之事（11 节）。但《希伯来书》作者所痛心的事情是，他的读者学习进展缓慢，他们本应是作师父："看你们学习的工夫，本该作师父，谁知还得有人将上帝圣言小学的开端另教导你们（τὰ στοιχεῖα τῆς ἀρχῆς τῶν λογίων τοῦ θεοῦ）。"也就是说，他们还需回到最初最基本、初级的内容，也就是上帝圣言的最基本的原理。因此，你们成为需要喝灵奶之人（基督教的基础教导，例如教理问答），而非吃干粮的人（就基督教的本质有进深的指导，就是本章下一节所讨论的"成熟"）。这是不足够的，因为"只喝灵奶的人就仍是婴孩，不熟悉仁义的道理"；也就是说，他们在福音中，即在基督教里，缺乏经历（νήπιος ἐστιν; ἄπειρος λόγου δικαιοσύνης）。相较之下，干粮（στερεὰ τροφή）是成熟者（τέλειοι）准备的；"他们的心窍习练得通达，就能够分辨好歹"（διὰ τὴν ἕξιν τὰ αἰσθητήρια γεγυμνασμένα ἐχόντων πρὸς διάκρισιν καλοῦ τε καὶ κακοῦ）。该经文不是指狭隘的信心，而是指知识的缺乏，不熟悉基督教教义，因而缺乏分辨善恶的操练，意即在智性层面上不能区分纯正的教义与有害的教义。

属灵生命有一个成长过程，这在耶稣对小信之人（ὀλιγόπιστοι）的论述中进一步表达出来："你们这小信的人哪！野地里的草今天还在，明天就丢在炉里，上帝还给它这样的装饰，何况你们呢！"（太六30；路十二28）在加利利海上遇到风暴时，耶稣问门徒："你们这小信的人哪！为什么胆怯呢？"（太八26）当彼得在海上行走，祂也说了相似的话："你这小信的人哪，为什么疑惑呢？"（太十四31）当跟随祂的众人饥饿时，祂又对门徒说："你们这小信的人，为什么因为没有饼彼此议论呢？"（太十六8）"小信的人"与耶稣在会堂里遇到的"极大信心"（太八10；路七9）和加利利妇人（太十五28）形成对照。之于耶稣，小信之人并非怀疑自己状态之人，而是对上帝或耶稣的能力与爱缺乏【信靠（vertrouwen）】之人。

婴孩（νήπιοι）与成熟者（τέλειοι）的区别也类似。术语"婴孩"（νήπιος）褒义用法为："父啊，天地的主，我感谢祢！因为祢将这些事向聪明通达人就藏起来，向婴孩就显出来。"（太十一25; 平行经文 路十21）以及《马太福音》二十一16："祢从婴孩和吃奶的口中完全了赞美的话。"因此，该术语含有"质朴"、"纯真"的褒义。然而，该术语多少也有贬义用法："我作孩子的时候，话语像孩子，心思像孩子，意念像孩子；既成了人，就把孩子的事丢弃了。"（林前十三11）"那承受产业的，虽然是全业的主人，但为孩童的时候，却与奴仆毫无分别……我们为孩童的时候，受管于世俗小学之下，也是如此。"（加四1, 3）《罗马书》二20中显然为贬义用法："是蠢笨人（ἄφρονες）的师傅，是小孩子（νήπιοι）的先生。"保罗同样在《哥林多前书》三1说："我……不能把你们当做属灵的，只得把你们当作属肉体的，在基督里为婴孩的。"另有《以弗所书》四14："使我们不再作小孩子，中了诡计和欺骗的法术，被一切异教之风摇动，飘来荡去，就随从各样的异端。"此外，还有我们已讨论的《希伯来书》的章节（来五13），凡靠灵奶而活的都是无历练之人，他们仍是孩童。

2. 在基督里走向属灵的成熟

新约中与"婴孩"（νήπιος）相对的术语是 τέλειος。该词有几层含义：（1）道德上的**完全**，无可指摘（太五48；十九21；罗十二2；西一28；四12；雅一17，25；约壹四18）；（2）**全备**，一无所缺，完全长成，与"片面"（ἐκ μέρους）相对（雅一4；林前十三10）。因此，保罗论道"要在真理上同归于一，认识上帝的儿子，得以长大成人，满有基督长成的身量"（ἄνδρα τέλειον；弗四13）。他告诉哥林多人"在心志上不要作小孩子"（μὴ παιδία γίνεσθε ταῖς φρεσίν；林前十四20），而要做完全人（ὅσοι οὖν τέλειοι, τοῦτο φρονῶμεν；腓三15）。保罗正是给这些人传讲智慧（σοφίαν δὲ λαλοῦμεν ἐν τοῖς τελείοις；林前二6），而难以传讲智慧给那些不"属灵的人"、"属肉体的人"（σαρκίνοι）和"在基督里为婴孩"（νήπιοι ἐν Χριστῷ）之人（林前三1）。因此，成熟者（τέλειοι）是指那些在恶事上作婴孩的人（林前十四20），能够吃干粮、愿意领受基督智慧的人，是心志成熟的人。因此，与其说他们是在道德意义上的成熟者，不如说是在悟性上的成熟者。这是根据成长的身量而言的完全。[96]

最后，根据整本《圣经》的教训，属灵生命的成长是可能，也是必要的。我们要在"我们主救主耶稣基督的恩典和知识上有长进"（彼后三18；参 彼后二2），"藉着祂的灵，叫你们心里的力量刚强起来"（κραταιωθῆναι；弗三16）。上帝会"成全、

---

[96] Kuyper, "Volmaakt in trappen of in deelen?" 英注：凯波尔的默想与《歌罗西书》一28似有关联："我们传扬祂，是用诸般的智慧劝戒各人、教导各人，要把各人在基督里完完全全地引到上帝面前。"

坚固、赐力量"给我们（彼前五10），让我们内心一天新似一天（林后四16），"在知识上渐渐更新"（西三10），"心意更新而变化"（罗十二2），藉着圣灵更新（多三5），就变成主的形状，荣上加荣，"如同从主的灵变成的"（林后三18），"竭力追求，或者可以得着基督耶稣所以得着我的"（腓三12）。

因此，成长预设了属灵生命的首要原则：重生。成长是可能的，因为虽然新人一次就得以完全，但是此新的状态（newness）只是部分实现；可是这并非按阶段发生。基督里的新人一次性就完备；新人在基督里不缺一丝一毫，他们是**完完全全的新人**（并不是部分的新人，西三10）。新人真正的"我"与基督同死同活（加二20）。重生之人里面立时出现新的意识、意志、感觉、灵、魂和身体，尽管这些均为原则性地出现。属灵生命是一个有机体。但新人并非**分阶段**得以完全。我们得以完全，但在地上尚未完全。因此，新生命犹如地上一切有机生命，将自己显明为一个"构成性的动力"（Bildungstrieb）和"塑造性动力"（plastischer Trieb）。[97] 对于改革宗而言，重生之人的有机生命永不止息；这与路德宗相反，他们否定坚忍的教义。[98]

基督在我们里面，新兴的新生命尚未完全完备，并非与基督自己的生命相同。新生命在力量、能力、成长、身量与维度上不断增益。新生命的成长通常包含以下方面：

1. 既**具有强度**，也具有**广度**。就强度而言，新生命的成长就是纯然的成长。成长是一个中性语态的词（vox media），既有褒义也有贬义。在罪人身上，成长意为破碎与克制。但新人需要成长，或更准确地说是成熟。新人是良善、纯洁，按上帝的形像所造（西三10）。新人不犯罪（约壹三9），**因为**（because）他是从上帝生的，而非**只在于**（insofar as）他是从上帝所生的。就广度而言，成长在于：当新的自我成长时，给旧我留下的领地越来越少；旧我从心灵的中心被驱赶至边缘。毕竟，旧我不再是统管原则，因为基督住在心里（弗三）；旧我不再是主人，它一开始就从中心被驱至边缘，如同从城堡被驱逐至壁垒处（约十二31）。然而，旧人比新人有更长期的成长；它更年长，经历更多，更加诡诈，且会攻击新的自我。旧人有时以邪恶的欲望（ἐπιθυμία）攻击新人（雅一15），诱使我们犯罪，有时以苦难和

---

[97] J. T. Beck, *Vorlesungen*, 2:6.
[98] Schneckenburger, *Vergleichende Darstellung*, 1:250 (§13).

困难（θλῖψις, πάθημα；彼前五 9）让我们感到气馁，阻止我们的成长。[99] 新人必须在和它的斗争中成长，抵挡诱惑，竭力（σπουδή）寻求行美善之事（彼后一 5），以耐心（ὑπομονή）忍受苦难（θλῖψις）。

2. 成长是在基督里且透过祂而发生，并在祂里面且透过祂在上帝里面而发生。重生的新生命被称为"基督在我们里面"（林后十三 5；西一 27）。他不再为自己而活，而是因信而活（加二 20）。因而，这种成长就包含基督逐渐成形在我们里面。保罗告诉加拉太人："我为你们再受生产之苦，直等到基督成形在（他们）心里。"（μορφωθῇ Χριστὸς ἐν ὑμῖν；加四 19）实际上，我们是"被（上帝）预先定下效法（συμμόρφους）祂儿子的模样"（罗八 29）。因此，我们"就变成主的形状"（μεταμορφούμεθα；林后三 18）。由此可知，无论是新生命的成长还是重生，都不是我们自己的工作，乃都是上帝恩典的作为。成圣也是上帝之工。因此，属灵的成长是在与基督团契中死亡和被复活的过程（罗六章；弗二章）。

与基督同死并非我们个人自我的毁灭，而仅与自我中的罪、我们灵魂和身体中的罪相关，只在于它们是罪的工具；我们向罪而死（ἀπεθάνομεν τῇ ἁμαρτίᾳ；罗六 2，10）。因此，这种死（dying）是自我与罪并它的团契分离，意即**完全的**死亡（ἀπο-θανεῖν；西二 20；彼前二 24）。尽管这种死有物理的维度，只在于物理层面和身体是罪的道德器官，但是这种死不是物理事件，而是道德事件。[100] 此外，它是向整个世界而死（加六 14），从而"我"与整个罪的有机物（sin-organism）和我们内外一切罪的关联（sin-connection）完全隔绝、分离。向旧人而死，这要求完全的舍己，就是持续将旧我钉在十字架上。钉十字架不是死亡，而是处死的方式。具体而言，这是司法途径。[101] 旧人伏在诅咒之下，因此必须处死（加五 24；罗六 6；加二 19；三 13；六 14）。除了舍己，耶稣的跟随者必须背起自己的十字架（太十六 24）。于是，这种钉十字架再次与弃绝罪、罪行、身体的恶行有关（"若靠着圣灵治死身体的恶性，必要活着"；τὰς πράξεις τοῦ σώματος；罗八 13）。类似经文有："我是攻克己身，叫身服我"（林前九 27）；"所以要治死你们在地上的肢体，就如淫乱、污秽、邪情、恶欲和贪婪，贪婪就与拜偶像一样。"（西三 5）耶稣对门徒说："若是你的右眼叫你跌倒，就剜出来丢掉，宁可失去百体中的一体，

---

[99] J. T. Beck, *Vorlesungen*, 2:9-10.
[100] J. T. Beck, *Vorlesungen*, 2:14-15. 英注：贝克将身体视为"seelisches Organ"，属灵或心思的器官。
[101] J. T. Beck, *Vorlesungen*, 2:17-18.

不叫全身丢在地狱里。"（太五 29）如此，旧人首先与我们分离，与我们相对（被客体化），然后予以拒绝，即制服旧人、将旧人钉上十字架并绑定（并不是处死，因为只有我们肉身死亡时，这才会发生）。最后，旧人在其外部表现上被处死。故此，旧人会遭受苦难、压迫和死亡：我们身上常带着基督的死（林后四 10-12；参 林前四 9-13），"我们的外体毁坏"（林后四 16），"就要脱去从前行为上的旧人"（弗四 22）；我们"已经脱去旧人"（西三 9）。我们由此得救，脱离了我们从前的方式，从所流传给我们的生活方式中释放出来（彼前一 18；弗四 22）。[102]

与此反向却紧密相伴的是我们与基督同复活的过程。[103] 只因为我们已经重生，所以死的过程（dying process）才可能。基督住在我们里面。在我们里面的新人与旧我中脱离，因而使我们的死如同基督的死。与基督一同复活（西二 12）和重生并不完全相同。先有生命才会有复活。生命首先被注入我们里面，于是我们向旧我而死，同时藉由新生命的力量得以复活，随后开始有生命的新样式。上帝"叫我们与基督一同活过来"，与基督一同复活（levendgemaakt，συνήγειρεν；弗二 5-6），从而我们有"新生的样式"（罗六 4-5），"使我认识基督，晓得祂复活的大能"（腓三 10）。因此，我们在重生中首先内在地、在我们灵里、在我们自我里面、在"我"里面，领受了一项新的生命原则。此新的自我在消极意义上让自己藉舍己、钉十字架、治死身体的肢体得以彰显，同样在积极意义上，藉披戴基督、复活、让我们的肢体顺服公义得以彰显。新"我"披戴基督，在与祂的团契中诞生（罗十三 14）；他透过信（弗三 17）扎根于基督里（加二 20），因而此信心并非魔幻性而是道德性的行动。于是，此新我就藉基督的大能和祂一同复活（罗六 5；弗二 5-6）。换言之，我们穿上新我（弗四 24），新生命在生命的各个领域（Lebenssphäre）及言行中显明出来。自此以后，我们将身体的肢体和自我作为义的器具献给上帝[104]（罗六 13），以至于成圣（19 节）。故此，新我开始新的生活方式，脱去谎言，宣讲真理，不发怒，远离淫乱等诸多罪恶，内心满了怜悯与仁爱慈悲（12-14 节）。也就是说，我们的个性（魂、灵、身体等）的整个有机体必须是义的器具，由圣灵统管，不随从肉体（罗八 1，4，12-14），当作活祭献给上帝，是圣洁的，是上帝所喜悦的（罗十二 1）。

---

[102] 荷注：巴文克此处经文引用参考了 J. T. Beck, *Vorlesungen*, 2:14-20。
[103] J. T. Beck, *Vorlesungen*, 2:21。
[104] 英注：巴文克从荷文官方《圣经》直接引用了译文，在此选用了 wapenen（武器）。该词的希腊文为ὅπλα。"古希腊文中，该词是指希腊士兵的武器。保罗将基督徒的肢体视为与罪进行属灵争战时的武器"（Wuest, Word Studies, 1:107）。

其结果便是全新的生活方式，藉此我们是天上的子民（πολίτευμα；腓三 20）。诚然，如果我们已经与基督一同复活，我们就与祂同坐在天上，因为耶稣说，"我在哪里，服侍我的人也在哪里"（约十二 26），"（我）就要吸引万人来归我"（32 节）。我们是从上帝而生，与基督和圣灵有份（弗一 3；二 6），我们不是在理型意义上、而是实际上就是天国子民、上帝的儿女（罗八 16），有着上帝形像（西三 10），是长兄的弟兄（罗八 29）。耶路撒冷是我们的母亲（加四 26）。我们是属天的，正如主是从天而来（林前十五 47-49）。赐给我们新生的基督的灵，使我们成圣，因而借着赐给我们各样属天的福分（弗四 8）、让基督充满我们、将各样的恩赐赏给我们，恩上加恩（约一 16），好预备我们承受属天的世界。故此，信徒的心思意念在天上（西三 1-10；林后四 18），仰望（即渴慕）将来的城（来十三 14）。因此，他们有着截然不同的生活方式，是世上的异类，是客旅（来十一 13；彼前二 11）。尽管他们属于天国，但依然在地上工作，发光作盐（太五 14-16；彼前一 1-2，11）。

3. 圣灵如何做工

3. 在前文论述中，我们根据在我们的榜样（基督）的生命中的主要事件，描述了生命的成长过程。现在的问题是：这种成长是藉何种**能力**得以实现的？[105] 客观而言，此能力由在内心被圣灵坚固而构成（弗三 16）。但是，圣灵在我们里面的运行是多层面的：作为智慧的灵（弗一 17）和圣洁的灵（罗一 4；帖后二 13；彼前一 2）。故此，主观而言，属灵生命的成长是在一切美德、一切人的官能（心思、意志、感情等）上的成长。【因此，信心是所有美德的根基和介导者（Vermittelung）。圣灵与信心在我们里面尤其作用于智性层面：知识和智慧（门 6）；作用于意志层面：圣洁、仁爱（加五 6）；作用于情感层面：平安、喜乐、盼望、忍耐（罗十五 13）。】[106] 因此，成长就是在知识、爱与盼望中得以坚固，被智慧、圣洁和荣耀的圣灵所坚固。[107]

---

[105] J. T. Beck, *Vorlesungen*, 2:33-55.
[106] 中注：见荷文版239页。
[107] 荷注：下文就根据三点阐述：（1）信心和知识；（2）信心和爱；（3）信心和盼望。这

（1）信心成为**知识**。《圣经》指明知识极其重要。[108]《圣经》不仅反对愚妄（可七22），而且拒绝脱离现实和生活的幻想、傲慢、外在且形式化的知识，拒绝以人的标准来判断神圣之事的肉体的智慧（林前一17-31），拒绝虚假的知识（提前六20）和迷惑人的哲学（κενὴ φιλοσοφία；西二8，23）。但是有关上帝在基督里所赐之真理的知识，是以属天的标准判断属地生活的一种智慧；此智慧在《圣经》中有崇高的地位。《圣经》当然反对仅倚靠感觉的潜意识性基督教（subconscious Christianity）。"心灵造就了神学家"（Pectus est quod theologum facit）的说法只对了一半。与心思分离的"心灵性神学"[pectoral theology，参 范奥斯特泽（van Oosterzee）][109] 并不存在。信心与知识并非两不相干，相反，旧约早已对【科学（wetenschap）】和知识极为推崇：人们为它们而祷告（诗一百一十九66）；它们比纯金更为宝贵（箴八10）；若无知识，国家会衰亡（赛五13；何四6）。（只要留意"科学、智慧和知识"即可。）圣灵是智慧和知识的灵（赛十一2）。在新约《腓利门书》6节中，保罗祷告说："愿你与人所同有的信心显出功效（ἐνεργὴς），使人知道你们各样善事都是为基督做的（ἐν ἐπιγνώσει παντὸς ἀγαθοῦ τοῦ ἐν ἡμῖν εἰς Χριστόν）。" 透过知识，信心变得刚强而坚定。所认识（γινώσκω）的真理会让我们从罪中得释放（约八32）。保罗为以弗所人祷告，"求我们主耶稣基督的上帝"，"将那赐人智慧和启示（ἀποκάλυψις）的灵赏给你们，使你们真知道（ἐπίγνωσις）祂。并且照明你们心中的眼睛，使你们知道祂的恩召有何等的指望"（弗一17-18）。与此平行的经文在《腓立比书》一9："我所祷告的，就是要你们的爱心，在知识（ἐπίγνωσις）和各样见识（αἴσθησις）上多而又多，使你们能分别是非。"保罗"以认识基督耶稣为至宝"，与它相比，万事皆为"粪土"（腓三8）。此知识有着明确的道德元素，正如保罗在以下经文所示："我愿意你们在善上聪明，在恶上愚拙（ἀκεραίους）。"（罗十六19）"在心志上不要作小孩子。在恶事上要作婴孩；在心志上总要作大人。"（μὴ παιδία γίνεσθε ταῖς φρεσίν, ἀλλὰ τῇ κακίᾳ νηπιάζετε, ταῖς δὲ φρεσὶν τέλειοι γίνεσθε；林前十四20）《彼得后书》三18："在我们主救主耶稣基督的恩典和知识有长进。"

三点分别参考了J.T. Beck, *Vorlesungen über Christliche Ethik, Zweiter Band*, 36, 43, 49。
[108] W. à Brakel, *Christian's Reasonable Service*, 2:270-274 (chap. 32).
[109] 英注：Van Oosterzee, "Pectoraal-Theologie"; van Oosterzee, *Christian Dogmatics*, 1:82-85; cf. van Oosterzee, *Practical Theology*, 39-48. 芝加哥神学院教授认为范奥斯特泽是"心灵性神学家"（pectoral theologian），他的座右铭是"心灵造就了神学家"；参J. A. W. Neander, *Current Discussions in Theology*, vol. 4 (Chicago and New York: Revell, 1887)。

确是如此,《约翰壹书》五 20:"上帝的儿子已经来到,且将悟性(διάνοια)赐给我们,使我们认识那位真实的。"在耶稣基督里认识上帝就是拥有永生(约十七 4)。

知识的**内容**和对象是在耶稣基督里的上帝自己,是**那位**真实的。因此,此知识既是神学性的,也是救恩性的知识。就其完全意义(本质)和生命的能力(levenskracht)而言,此知识的对象就是真理,因为它存在于上帝位格之中。于是,此知识就是基督徒在上帝里面所盼望的一切:"祂的恩召有何等的指望……基业有何等丰盛的荣耀",且"祂向我们这信的人所显的能力是何等浩大,就是照祂在基督身上所运行的大能大力"(弗一 17-19)。因此,一言蔽之,此知识的对象是基督教的超自然内容。

此知识的**性质**并非是一种徒然的认知(εἰδέναι),亦非与生命无关的知识。它的对象不只是历史事实(ὅτι),还有**对象的身份**(τίς)和**对象的本质**(τί ἐστιν)[110],即对象自身的本性和性质(不只是描述对象的一个词汇)。此知识的对象不是简单地以文字、历史的外在形式自我呈现,【还向认知者显明其自身的灵和本质(wezen),并赐予认知者生命,恰因为此知识的对象本身就是一个永活的客体】。[111] 因此,此知识就是生命(约十七 3),并在我们里面赐予和创造生命。它也是智慧,是如何智慧生活的知识(弗五 15-17),例如智慧人如何"爱惜光阴"(16 节)。"唯独从上头来的智慧,先是清洁,后是和平,温良柔顺,满有怜悯,多结善果,没有偏见,没有假冒。"(雅三 17)黑暗和罪的欺诈网罗,在此知识与开悟之下无处遁形。这知识的光在善行中即刻彰显自己(太五 14-16)。"行事为人就当像光明的子女。光明所结的果子就是一切良善、公义、诚实。总要察验何为主所喜悦的事。"信徒已蒙召"出黑暗、入奇妙光明。"(彼前二 9)《圣经》知识会使信徒有得救的智慧,预备行各样的善事(提后三 15-17;参 彼后一 3)。

我们从圣灵那里**领受**知识,祂教导万事(约十四 26),引导我们进入一切真理(十六 13),从基督那里领受一切,并让信徒明白这一切。约翰警告自己的读者有关敌基督的来到,以及那些"从我们中间出去,却不是属我们的"人,"若是属我们的,就必仍然与我们同在"(约壹二 19)。约翰论道:"但你们从那圣者受了恩膏,你们所有人就有知识。我写信给你们,不是因你们不知道真理,正是因你们知道,并且知道没有虚谎是从真理出来的。"(约壹二 19-21)这恩膏自身就是从基督所接受的圣灵,是那"圣者"(ἀπὸ τοῦ ἁγίου;约十五 26)。约翰写信不

---

[110] 荷注:巴文克的资料来源是 J. T. Beck, *Vorlesungen über Christliche Ethik, Zweiter Band*, 37。
[111] 中注:见荷文版 240 页。

是为了让他们熟悉有关基督的真理，而是恰因他们的确已经知道此真理，所以要让他们在此真理中被坚固。这一思想在 27 节中重复：因为相信的基督徒就有圣灵的膏抹，而圣灵引导他们进入一切真理，他们无需其他人来教导他们。没有新内容能向他们传讲；他们靠着信心已听到并拥有的知识，只需向他们更清晰地加以解释。那些试图将他们引入歧路之人，在这一点上丝毫没有依据。约翰并未将"圣言"与"圣灵"彼此对立，而是说："务要将那从起初所听见的常存在心里。"（24 节）之后，他用另一表达阐述："从主所受的恩膏常存在你们心里。"（27 节）因此，圣灵并未在圣言之外或之上启示，而是仅解释圣言（约十六 13），引导并指明通向所有已存真理的道路（ὁδηγήσει ὑμᾶς ἐν πάντῃ τῇ ἀληθείᾳ）[112]，真理就是耶稣基督。

圣灵教导我们的**活动**被称为开悟（enlightenment, verlichting）。[113] 保罗论道："照明（πεφωτισμένους）你们心中的眼睛，使你们知道祂的恩召有何等的指望，祂在圣徒中得的基业有何等丰盛的荣耀。"（弗一 18）开悟发生在重生之时，但会延续下去。它使人能根据真理的属灵意义和内容理解真理，而不是仅按其形式来认知（认知并理解）。[114] 圣灵向我们的意识开启真理的内容，并因此启示真理；所以，圣灵被称为智慧和启示的灵（πνεῦμα σοφίας καὶ ἀποκαλύψεως 弗一 17）。圣灵开悟我们的眼睛，即将遮蔽挪去、立刻开了我们的眼睛，从而我们看见上帝圣言的永恒实在（律法、福音、罪、耶稣基督、上帝、公义、恩典）。我们藉此达致认知（kennen）并理解（弗一 18），就是救赎的（zaligmakend）知识；神学就是一门就关于救赎的科学。

（2）信心与**爱**。基督被赐下不仅是为了智慧，也是为公义与圣洁（林前一 30）。保罗告诉哥林多人："但你们奉主耶稣基督的名，并藉着我们上帝的灵，已经洗净，成圣、称义了。"（林前六 11）基督自己分别为圣，从而我们可以成圣（约十七 17, 19）。这个成圣是使人成圣的圣灵的果子（罗一 4; 帖后三 13; 彼前一 2）。"圣灵所结的果子，就是仁爱、喜乐、和平、忍耐、恩慈、良善、信实、温柔、节制。"（加五 22）上帝赐给我们的是刚强、仁爱、谨守的心（提后一 7）。在这一切圣灵的果

---

[112] 英注：巴文克此处对希腊文本作了改动，原文为：ὁδηγήσει ὑμᾶς ἐν τῇ ἀληθείᾳ πάσῃ。值得注意的是，πάντῃ 不是基于文本批判的另一解读。巴文克的翻译是一个间接受格的介词短语，因此在意义上并无差别，尽管原文语序的强调点在"所有"："进入真理，所有"。巴文克可能根据记忆重构了文本，但他的语序更自然，表现了他令人惊叹的娴熟运用《圣经》语言的能力，这是他的又一恩赐。在此感谢加尔文神学院我的同事和新约教授迪恩·德普（Dean Deppe）帮助我理解此点。
[113] Vilmar, *Theologische Moral*, 2/3:47-50 (§37); J. T. Beck, *Vorlesungen*, 2:37.
[114] Vilmar, *Theologische Moral*, 2:47-48.

子中，这一切美德中，最大的是爱（林前十三 13）。爱心就是联络全德的（σύνδεσμος τῆς τελειότητος；西三 14），爱完全了律法（πλήρωμα νόμου；罗十三 10）。作为圣灵的果子，爱的原则与基础是上帝对我们的爱（约壹四 10，16，19）。我们爱祂，因祂先爱了我们；"我爱你们，正如父爱我一样，你们要常在我的爱里。"（约十五 9）圣灵将上帝的爱浇灌在我们心里（罗五 5）。因此，爱被引入、并内化于我们里面。上帝的爱不是存留在我们之外，从外面激发并打动我们的感觉。相反，上帝进入我们里面："上帝爱我们的心，我们也知道、也信。上帝就是爱！住在爱里面的，就是住在上帝里面，上帝也住他里面。"（τὴν ἀγάπην ἣν ἔχει ὁ θεὸς ἐν ἡμῖν；约壹四 16）圣灵来住在我们里面，祂是爱的灵（πνεῦμα ἀγάπης；提后一 7）。于是，祂在我们里面做成彼此相爱；这并非是稍纵即逝的情绪或感受，而是作为心灵的恒久原则，从而人会尽心、尽力地爱上帝超过一切。这种爱的成果和表现，就是用欣喜和热忱顺服所有上帝的诫命："我们遵守上帝的诫命，这就是爱祂了，并且祂的诫命不是难守的。"（约壹五 3）诫命不难守是因它们写在心版上（来八 8-10；耶三十一 31-33）。正如智慧使我们理解上帝的旨意，解明律法的属灵意义，所以这个爱赐予我们力量，让我们能够欢喜热切地行出律法（结十一 19；三十六 25-27；耶三十二 39-41）。我们有了肉心，而非石心（结十一 19；三十六 25-27；耶三十二 39-41）。

我们以遵行上帝的诫命来表达对祂的爱（约十四 21）。实际上，《圣经》对此特别强调，以至于我们在爱和各样美德上得以成熟、成长。我们的信心必须在行为上表现出来（雅二），透过爱而表现的行为（δι' ἀγάπης ἐνεργουμένη；加五 6）。当保罗在《以弗所书》四 15 中说"用爱心说诚实话"（ἀληθεύοντες δὲ ἐν ἀγάπῃ），并不是指**实践**（betrachten）真理，而是指**是真实的**（ἀληθής），要述说真理。"在爱中"（ἐν ἀγάπῃ）并不修饰"述说真理（ἀληθεύοντες）"，而是紧跟下文："凡事长进（αὐξήσωμεν εἰς αὐτόν），连于元首基督，全身都靠祂联络得合式，百节各按各职，照着各体的功能彼此相助，便叫身体渐渐增长，在爱中建立自己。"[115] 保罗为腓立比人祷告（一 9），要他们里面的爱心"在知识和各样见识（αἴσθησις）上多而又多"。使徒的所有书信都充斥着对过圣洁生活、在各样美德上长进的劝诫；

---

[115] 英注：巴文克在此指出荷文《圣经》Statenvertaling 之不足，《以弗所书》四 15 "但是在爱中行出真理"的翻译有误。

这些美德就是公义、圣洁、仁爱、温柔和忍耐（罗一 14；弗四至六章；腓三至四章等）。这就是主要构成属灵生命成长的方面。大多数敬畏上帝的人会经历属灵生命的低落和停滞；他们止步不前，未战胜他们的罪，不抗争他们的品格缺陷和他们性情上的罪。最优秀的信徒主要会进行内省、自省、质问自己的状态和境况，但并未殷勤地追求最大的恩赐。始终自我反思会使人心胸狭窄、谨小慎微。但是，如果他们更多地在信心中并透过爱来做工，那么就会借着信心的果实获得他们信心的实底，继而达致信心的确据。

（3）信心与**盼望**。基督徒除了在知识与爱（所有美德）中长进，也必须在盼望中成长。我们透过耶稣基督的复活得以重生，得着活泼的盼望（彼前一 3）。也就是说，透过重生，我们在基督的生命中出生，并被带入基督的生命中，以至于祂的生命也成为我们的生命，祂的复活和升天也在等待我们；于是，我们就生在对永恒生命的活泼、大能的盼望中。在盼望中，我们便依附在基督里赐给我们的全备救赎与救恩。基督是这一盼望的对象（帖前一 3），这盼望在祂末世显现（ἀποκάλυψις）的时候要实现（彼前一 3-6，13）。[116] 这盼望是靠着圣灵在我们心中运行，祂不断证实我们是上帝的儿女（罗八 14-16），因此也是后嗣（17 节）。这便是在我们面前高举盼望的荣耀，不至于让我们羞耻，在我们受苦中并透过我们的受苦尤然（罗五 5）。在我们遭受迫害和患难中，我们因此盼望而喜乐（罗五 2-5），笃定地期待上帝众子的显现（罗八 17-25），并在盼望中蒙拯救（24 节）。圣灵是盼望的灵；因此，祂是我们全备救赎的凭据（弗一 14；四 30；林后五 5）。在我们一切患难中，这盼望转而在我们里面产生**喜乐平安**（罗十五 13），因为我们的荣耀是确定的（彼前五 10）。盼望也产生**持守忍耐**（来六 11-12；十 36-39）。在这一切事上不断长进便是我们属灵生命成长的一部分："但愿使人有盼望的上帝"（盼望的对象与赐予者），"因信将诸般的**喜乐平安**充满你们的心，使你们藉着圣灵的能力大有盼望"（罗十五 13）。基督坚忍的榜样不断引起我们的注意（彼前二 21-25；四 13；帖后三 5 等经文）。我们要以坚忍奔跑前面的路程（来十二 1），以忍耐承受患难（罗五 3；十二 12），并在盼望中喜乐（罗十二 12）。

---

[116] Vilmar, *Theologische Moral*, 2/3:134-136 (§50).

4. 属灵成长的差异与程度

4. 我们在前文已经描述了，按照《圣经》，属灵生命的成长应如何发生，对所有人而言其发展进展方向应如何。然而，虽有普适的理型，但在个体层面的实现有差异。每个人都按照他们自己的身量获取；并非每个人在信心、知识、爱、盼望上同步进展，正如并非每个人的归信方式如出一辙。保罗教导众人说："不要看自己过于所当看的，要照着上帝所分给各人信心的大小（μέτρον πίστεως），看得合乎中道。"（罗十二3）因为"我们各人蒙恩，都是照基督所量给各人的恩赐"（κατὰ τὸ μέτρον τῆς δωρεᾶς τοῦ Χριστοῦ；弗四7）。正如人的重生与归信各有不同，因而属灵生命的成长因人而异，对于朝气蓬勃之人和阴郁之人、更加智性之人和情感丰沛之人、冷漠之人和心地柔软之人各有不同。属灵恩赐也各有不同（林前十二）。

但是属灵成长的本性正是信心、知识和爱等方面的不同程度。属灵成长有不同阶段：有些人只是新手，有些人则已大有进展，而有些人已有更深入的了解、接受了更多的指导、根基更扎实。[117] **知识**和对属灵问题的属灵辨识上存在差异（林前二15）。信心直接涵盖了知识，无论知识何等地少；此知识常常在初始时是朦胧不清，含混不明，缺乏明晰的内容与范围，混杂着偏见与属世的智慧。例如，曾经的门徒就是如此，去以马忤斯路上的二人、归信的犹太人（整个彼得派）也是如此，以至于他们在很长时间内依然是婴孩（νήπιοι；林前三1；来五12- 六3）。相较之下，人在基督里却能**认识**上帝在基督里的本质（wezen Gods in Christus），明白祂在此时代（dispensation）中所启示的祂自己，能**明白**基督所建立的天国的隐秘事，能判断与天国敌对之事（腓一10），能**察验**上帝良善的旨意（罗十二2），能**试验**诸灵（约壹四1），拥有**辨别的恩赐**（林前十二10）。**智慧**方面也有差别：日常生活的实践智慧，为了上帝的荣耀协调整个生活。这是生活经验的果实，应用于生活的知识。**圣洁**方面有别。这首先表现在抵抗外来和内在试探上，也表现在克服我们里面旧人的本性，以及其欲望、激情方面，包括克服嫉妒、骄傲、愤怒、各种品德、性情和心灵方面的罪。其次，圣灵果子的成长（加五22），信心上增添美德（彼后一5），以及胜过恶者（约壹二14），都有差异。

最后，在**盼望**、耐心、长久患难、温柔和恒久忍耐方面也有差别；因为盼望是

---

[117] 见Vitringa, *Korte schets*, 136-137 (VIII §§7-8).

经验（bevinding；δοκιμή）的果子。这并不是指普通意义上的经验（心灵经验；zielservaring），而是指试炼和自省（林前十一 28），是"受大试炼"（林后八 2）。因此，这关乎通过恒久忍耐而予以证明，关乎在试炼中被检验，关乎要被查证、鉴定，关乎证明让人得见被证实之信心的真实性。这试炼（δοκιμή）又成为忍耐（ὑπομονή）的果子，忍耐转而是患难（θλῖψις）的果子。因此，当上帝降下艰难，祂便让我们的信心经受试炼。若我们在此艰难中依旧无怨地持守忍耐（ὑπομονή），【那么所结的果实就是此经验（δοκιμή）】[118]。所以，在信靠、忍耐、温柔、知足等诸般美德上也有差异。但值得注意的是：我们属灵生命的成长、境况与身量不是由任意的人为标准所定，例如我们是否经历、经受某些特定之事，我们是否仍与圣灵同在或已与圣子与圣父同在，或我们的骨头是否断过，而且看到了缝隙。判定属灵生命的标准是在知识、爱（各类美德）与盼望（忍耐）上所表现出来的我们信心的程度。这是属灵生命真实而纯粹的量器、标准与天平。

5. 基于《圣经》此处的教导及之后其他经文，路德宗与改革宗教会内的敬虔主义者已然构建了属灵阶段的完整体系。他们将未归信之人分为无知之人、草率之人、名义上的基督徒、假冒为善者、慕道之人。【在归信之人中，他们区分了：有恩赐之人（begenadigden）、忧虑者（有着渴望未来之事的信心）、挣扎者（带着投靠的信心就近耶稣）、信靠者（带着接受、持久的信心）、笃信者。】[119] 笃信者又包括坚定初学的基督徒、根基坚实的基督徒、资深的基督徒和受印署的基督徒。这些群体中会引用上述所提经文（还有《诗篇》；见下一章），以及《约翰壹书》二 12-14、《哥林多前书》三 1-3、《彼得前书》二 1-2、《希伯来书》五 12-14 等经文，还有对比婴孩（νήπιοι）与成熟者（τέλειοι）的经文（已在本章开首论述）。这些经文都未教导那些敬虔主义群体所设定的连续属灵阶段的体系。

值得注意的是，（1）信心的**行为**不应与阶段相混淆。诚然，信心会饥饿、渴慕、渴望、投靠、信靠等。这些是信心的属性[120]和活动，可见于最老成的信徒身上。将这些活动看为按数列次序排列，甚至连圣灵也不会偏离此次序，这种观点是错误的。对归信过程、宗教经历如此分类，对新信徒有害无益，他们会因之备感受挫。此分

---

[118] 中注：见荷文版244页。
[119] 英注：巴文克在此注释为"Lampe, etc"，见Lampe, *De verborgentheit*, 313-339 (VIII.xxvi-xlviii)。中注：见荷文版244页。
[120] Witsius, *Prakticale godgeleertheid*, 9; F. Turretin, *Institutes of Elenctic Theology*, 2:560-564 (XV.8).

类也会阻碍圣灵，在更老成的信徒中滋生骄傲，使凡事和众人皆受批判。

（2）此处有一注释: 信心成长过程中的阶段、信心的确据和信心的盖印（sealing, verzegeling），因其重要性，会在下章作专题论述。其他信心阶段，如饥饿、投靠、抓住救恩等，实则不是阶段。即便在最初阶段，信心也领会救恩，而在最高阶段，信心仍是投靠的信心、饥饿的信心等。根据《圣经》（林前三章），如果人只有些微知识、爱、善工与盼望，那么即便经历了所有这些阶段的人，可能依然是婴孩（νήπιος）。《圣经》从未抛开或弃置知识、爱、盼望，而单独地论述信心的大小。阶段论的错误在于将一个人信心（归信及其阶段），视为有许多阶段。对基督为中保的信心是纯一的，不可分割的；此信心或微弱或刚强，但若不接受救恩，就不会投靠。因此，相信（geloven）不是一项单独归类、与其他美德无关的美德，它不能孤自发展。相反，信心在其他美德中（in）、透过（door）它们、藉着（met）它们、出自（uit）它们而成长。此外，若"有确据和受印"之人缺乏爱与忍耐，就仍是婴孩。问题是：有多少人实际上是婴孩（νήπιοι），却自认为是成熟者（τέλειοι）呢？

（3）故此，属灵生命中有阶段或步骤，有婴孩、少年人、父老与成熟者（τέλειοι）。但是评估标准不是敬虔经验的武断性判据，而是《圣经》。婴孩是那些仍旧缺乏悟性的人（太十一25）；他们依然活在肉体中，不能消化深刻的真理（如预定论，基督徒的自由和安息），仍需灵奶。少年人不是那些焦虑或无确据之人，而是仍在与撒旦争战、仍面对许多战争的人。【父老是在信心中站立，在基督里安息，并信靠基督的人。】[121] 完全的基督徒也是如此，但他们是理解并活出真理的属灵成人。

---

[121] 中注：见荷文版245页。

第十章

基督徒生命中的坚忍

本章摘要

　　如果我今天相信，能确定明天仍会相信吗？明年呢？在我临终前呢？如果我说上帝保存祂的选民，我可以确信我是选民中的一员吗？另一方面，真正归信的人会背道吗？

　　这些问题从使徒时代开始就困扰着基督徒，并借奥古斯丁与伯拉纠派的冲突在神学上暴露出来。自此以后，信徒们努力寻找自己得救的确据（assurance），常常在过度焦虑和找不到保障（security）与廉价恩典的随意安慰之间摇摆不定。

　　奥古斯丁之后，教会变成了伯拉纠派。基督公教经院神学教导，除了特殊启示，再无确据可能。抗辩派（Remonstrants）和路德宗也未能提供充分的确定性（certainty）。然而，从慈运理开始，特别是在加尔文之后，改革宗传统教导了一种对圣徒坚忍完全、确信的确据。尽管如此，这种确据并不完全排除怀疑和焦虑的经历。这种确据不是来自于超越圣言（Word）或在圣言之外的私密启示，而是来自于对上帝应许的信心，来自于圣灵对我们是上帝儿女的见证（testimony），来自于对无亏的良知和善行的严肃且圣洁的追求。虽然我们的信心从上帝的应许中获得稳定，但是信心还是可以靠着视此"善行"为"上帝住在我们里面的见证"而被坚固。任何对"实践性三段论"（practical syllogism）的有效使用都始于信心。但信徒不可依靠善行，也不可因善行成为信徒。这样的结果只能是不确定性。

　　在宗教改革早期，就是一个在有能力的行为中彰显复兴的、强大的信心的时代，人们确信自己是被拣选的。这就是改革宗认信中所称为"奖赏"（reward）的确据。然而，随着时间的推移，越来越多相信的人仍然缺乏确据，而且信心和信心的确据之间，"投靠的"（refuge-taking）信心和"寻求投靠的"（refuge-seeking）信心之间，有了重大区别。为了安慰焦虑的信徒，属灵作家试图指出，焦虑之人内心所经历的很多事情并非来自自己，也不是未信者所经历的。事实上，他们对不确定性的经验与所有或许多真正的上帝儿女的经验相似——即信心可以很软弱，但仍然存在。一些人不满足于此，开始寻求直接的确据，从上帝那里得到直接的光照（illumination）。这与改革宗神学相悖。改革宗神学教导，虽然圣灵的见证和印署（sealing）是超自然的，但它们与圣言相联：这种见证是在信心中并透过信心，由与我们的灵同作见证的圣灵来做成。

　　确据的问题是一个古老的哲学问题,包括关于我们自身和我们外在事物的确据。我们想知道我们是否能确定我们所知道的。信心对一切人类认知（knowing）都是必不可少的,不只是对我们得救的确据如此。得救的确据依赖并来自对当下恩典的确信。我们被拣选由信心来检验,反之不然。我们凭信心得确据,就是在上帝的应许中、借着圣灵的见证得确据。这种信心是一种心思（mind）中的认同和内心中的信靠：上帝的应许对我而言是真实的；我意识到自己的信心是圣灵所印（sealed）的恩赐,也透过作为信心之果的自身行为而意识到信心。我们可以绝对且完全可靠地肯定自己的救恩。我们过去的蒙拣选和将来的荣耀,都是从对当下恩典的经历中所获得的确据；在此经历中,我们认识到自己被收养成为上帝的后嗣。使我们意识到我们被收养的圣灵,也是我们得将来荣耀的凭据（pledge）和保障,并确认和印署此荣耀,直到末日。这个印署既是客观的,也是主观的；它是我们的成圣,是我们对自己被更新作为上帝形像的承载者的觉知（awareness）。信心的确据是一项基于上帝应许的直接信心行动。对确信的感觉是一种反身性的信心行动,它依赖于基督在我们里面的事实。圣灵收养、引导并印署信徒。

　　与一些敬虔者所想的相反,印署和确据并非一种特殊非凡的启示,而是靠着圣言（文本）、我们的信心和圣灵在行善事上引导所介导（mediated）的圣灵的见证。然而,印署不等同于归信、信心的灌注、重生,而是属灵生命中一个成长时刻（由圣灵做成）,有别于其他时刻。这种情况并不是同时发生在所有人身上；对圣言的无知、不信、缺乏善行都可能成为阻挡。

　　当宗教改革信仰最初的喜悦和自信消退时,人们转而用恩典的"标志"（marks）进行自省。这的确导致易得和虚假之确据的极端。这种确据继而一方面引发冷漠,另一方面产生使焦虑和怀疑加剧的谨小慎微。一个健全的方法提醒信徒不要被"伪冒的基督徒"（almost Christians）的虔诚外表所愚弄,并试图帮助信徒避免因相信只有英雄式的信心才能拯救而变得不知所措和气馁。真信心包括信靠和确据,来自圣灵的内在见证,并来自对无亏的良知和善行认真又圣洁的追求。

§ 23. 保障和印署[1]

1. 基督教历史上的坚忍

---

[1] 英注：本节的文标题使用了verzekering和verzegeling两词；我们试图用"保障"（security）和"印署"（sealing）的谐音词来保留其中的一些内涵。在本章正文中，我们通常将verzekering译为"确据"。需要注意的是，荷文zekerheid既可以译为"确定性"（certainty），也可以译为"确据"（assurance）；在当代的用法中，verzekering也译作"保险"（insurance）。巴文克在讨论的开首就表明，这种概念的复合与坚忍的教义密切相关。正如在下文会显明，巴文克在本章所关注的，正是这个更大的术语基质；这些术语都导向基督信徒在救恩中的"保障"。以下提纲可以帮助读者追溯巴文克的论点。它强调了巴文克所理解的确据的七个关键特征。

基督教历史上的坚忍
改革宗传统
经验的挑战
对确据的检视
 1. 定义
 2. 基础：当下的恩典
 3. 绝对确据的可能性
 4. 圣灵的见证和印署
 5. 圣言
 6. 信心
  焦虑和信心的标志
 7. 善行作为信心的果实

中注：巴文克对信心的确定性有专文论述Herman Bavinck, *De Zekerheid des Geloofs* (Kampen: J. H. Kok, 1901, 1st edition; 1903, 2nd edition; 1918, 3rd edition)。另外，巴文克也有对救赎确据的短文论述Herman Bavinck, "Geloofszekerheid," *De Bazuin* 50, no. 6 (1902)。

在早期基督教会中，人们在信心中生活[2]，并在信心中得着保障。对此的反思只是后来才出现的。关于普遍所接受的自由意志的概念，背道的可能性得到了广泛教导，而绝对的确据则未如此。奥古斯丁教导，预定（praedestinatio）与拣选（electio）相同[3]，蒙拣选者肯定已归信，而其他人肯定被判为未归信。奥古斯丁诉诸《罗马书》八29-30，并总结道："那些被预定的人……没有一人会与魔鬼一同灭亡（Praedestinatorum nemo peribit）。"[4]但奥古斯丁把归信和坚忍（perseverantia）分开。即使是真正的归信者也可能会背道。然而，只有背道的选民才能再次归信，其他人则不能。我们并不清楚奥古斯丁如何调和以下两个观念：信心和归信只源自信心，和未蒙拣选者有份于真正的信心且有可能失去它。奥古斯丁在谈到《罗马书》四19-21中给亚伯拉罕的应许时，写道："他没有说'祂所预知的，祂能应许'；也没有说'祂所预言的，祂能显现'；也没有说'祂所应许的，祂能预知'；而是说'祂所应许的，祂必能成就'。因此，谁使他们在善中坚忍，谁使他们成善。但那些背道和灭亡的人，从来就不在被预定的人数当中。"[5]奥古斯丁认为，上帝已经判定，在圣徒中混入一些不能坚忍的人更佳，因为确据（securitas）在今生的试炼中对圣徒没有益处；借着观望其他背道者，圣徒会想"这也有可能会发生在我们身上"，因而提防犯罪。[6]根据奥古斯丁的观点，未蒙拣选者可以归信，但后来也必会背道。奥古斯丁的这种教导没有任何实际益处，因为蒙拣选者必然得救，而归信的被遗弃者仍会背道。最终结果并没有受到影响，而奥古斯丁却消除了信徒的安慰。因此，上帝只赐给少数人坚忍的恩赐（donum perseverantiae），只赐给蒙拣选者，而不是一般的归信之人。

奥古斯丁之后，教会变成了伯拉纠派。[7]经院主义否定了救恩的绝对确据

---

[2] 英注：巴文克在这里有页边旁注参考 "De Heraut, nos. 567-568, also about anxiousness"。这两个期号分别是1888年11月4日和11月11日。参考文献是亚伯拉罕·凯波尔对《海德堡要理问答》主日20第4-5问答的反思，再版于 Kuyper, *E Voto Dordraceno*, 1:93-107。

[3] 奥古斯丁确实承认，信心一旦存在，就具有内在的确据。参见Heidegger, *Corpus Theologiae Christianae*, 2:420-421 (locus XXIV, §100)。

[4] Augustine, *On the Holy Trinity* XIII.xvi.20 (*NPNF¹* 3:178). 英注：此引用很可能是巴文克取自Schweizer, *Die protestantischen Centraldogmen*, 1:41。

[5] Augustine, *Treatise on Rebuke and Grace*, XXXVI (*NPNF¹* 5:486). 英注：此引用同样很可能取自 Schweizer, *Die protestantischen Centraldogmen*, 1:41。

[6] Vossius, *Historiae de Controversiis*, 581; Schweizer, *Die protestantischen Centraldogmen*, 1:41; Wiggers, *Versuch einer pragmatischen Darstellung*, 1:303-318。

[7] 见Hoornbeeck, *Theologiae Practicae*, 2:70。

（certitudo salutis），但还是承认实践性三段论。⁸ 阿奎那教导⁹，坚忍是一种特殊的美德（specialis virtus），因为"在难事上长期坚忍特别困难。因此，长期坚持善事，直至完成，这也属于一种特殊的美德……坚忍是一种特殊的美德，因为它在于忍耐承受上述或其他美德行为所必要的拖延。"¹⁰ 当被理解为"持续至死的坚忍的行为"时，坚忍"不仅需要气禀性的恩典（habitual grace），而且需上帝恩惠的帮助，扶持人在善中直至生命的尽头。"¹¹ 对阿奎那而言，确据只在于认知（in cognitione）。¹² 按照海德格尔的说法，阿奎那说我们可以"肯定知道基督在我们里面，但他不妥地补充说：'这是根据理智，而非果效而言（secundum intellectum, non effectum）。'"¹³ 同样，贝拉明认为，盼望包括"人坚定持守所盼望的事物"（adhaesio hominis ad rem speratam），虽然人"在理智上"（ex parte intellectus）并不确定所盼望的是否定然实现。事实上，盼望根本不包括这种确定性；若然，它就不再是盼望了。¹⁴ 所有经院学者都认为，除了通过启示和借着天使或在我们里面的上帝的灵所赐的记号，不可能有任何的确据，因为上帝的预定是在上帝里面，所以对我们来说是隐藏的。¹⁵ 确据正是以此方式被保罗和其他几人所知。这项教导是在天特会议上确立的。第六次会议决议的第九章写道："反对异端的虚妄信心。正如任何虔诚之人都不应该怀疑上帝的怜悯、基督的功德、圣礼的益处和功效，那么每个人在思考自己和自身的软弱与不情愿时，都可能对自身所领受的恩典产生恐惧和忧虑 [第

---

⁸ Heidegger, *Corpus Theologiae Christianae*, 2:420-421 (locus XXIV, §100).
⁹ 英注：巴文克所提的阿奎那和下一个脚注中提到的司各特（Duns Scotus），资料来源是 Seeberg, "Melanchthon's Stellong"，134n3。
¹⁰ *ST* IIa IIae q. 137 art. 1.
¹¹ *ST* IIa IIae q. 137 art. 4; cf. Ia IIae q. 112 art. 5. 英注：巴文克在页边写道："邓斯·司各特（Duns Scotus, *Sentences*, IV dist. 14 qu. 4 §3）认为确据是可能的，这是真的吗？[因此，*Neue Kirchliche Zeitschrift*, 8.2, p. 134 (i.e., Seeberg, "Melanchthons Stellung")]"。
¹² *ST* IIa IIae q. 18 art. 4.
¹³ Heidegger, *Corpus Theologiae Christianae*, 2:414 [locus XXIV, §81]; cf. 2:420-421 [locus XXIV, §100]. 英注：巴文克直接从海德格尔那里摘取了对阿奎那的引用，以及后面的对贝拉明（Bellarmine）的引用，而海德格尔没有就这二人提供具体的引证。相应的观点，而非具体措辞，可见 *ST* Ia IIae q. 112 art. 5。
¹⁴ Heidegger, *Corpus Theologiae Christianae*, 2:415 (locus XXIV, §85).
¹⁵ 英注：巴文克引用威廉·珀金斯（William Perkins）在*Alle de Werken*，3:273中对杰罗姆·赞奇（Jerome Zanchi）观点的总结作为其资料来源。珀金斯的概要*A Brief Discourse*附有 *A Case of Conscience, the Greatest That Ever Was*。后者是基于《约翰壹书》而构建的使徒约翰和教会之间的对话。在可能的情况下，下文对*Case of Conscience*的引用都是指向原文英文版，巴文克的荷文引用会加入括号中。

13 条教规］，因为没有人能藉不会犯错之信心的确定性，知道自己已经获得了上帝的恩典。"[16] 该教令的第 16 条教规对此予以着重论述："如果有人说，他以绝对且可靠的确定性肯定自己拥有坚忍到底（perseverantia in finem）的大恩赐，除非他是通过特殊启示得知这一点，否则让他被咒诅吧！"[17] 这被认为是有益的，而不是有损的，因为它在信徒中引起了一种有益的恐惧，并努力保持警惕。基督公教不会教导这种救恩的确定性（certitudo salutis），因为这会令教会的中保角色丧失，而且个人可以在教会外找到确定性。所有的基督公教教理学家，包括贝拉明、西班牙耶稣会士本尼迪克特·佩雷拉（Benedict Pererius, 1536-1610）、荷兰基督公教信徒威廉·赫塞尔斯·凡·埃斯特（Estius, 1542-1613）等人，都持有以下信念：由善行而生的信心的确定性总是推测性的。[18] 对于莫勒（Möhler）而言，甚至思考一个人所拥有的和所行的是否纯洁的这一行动，也常常使此确定性变得不洁净。他写道："我相信，如果有人在任何情况下都确定自己是得救的，我会极受惊吓，而且有可能会无法自抑地想到，邪恶的事情正在发生。"[19]

抗辩派也教导，只有有条件的确定性，并且怀疑将来的我们永远是现在的我们的说法是有益的。[20] 可以肯定的是，基督公教和抗辩派之间有别。基督公教否认，

---

[16] Denzinger, 231 (no. 802).
[17] Denzinger, 259 (no. 826). 英注：巴文克在页边补充道："在天特会议上，卡塔林努斯（Catharinus）、维加（Vega）、马里纳乌斯（Marinarius）这些人，为可能的确据辩护（Heidegger, *Corpus Theologiae Christianae*, 2:421 [locus XXIV, §101]; Hoornbeeck, *Theologiae Practicae*, 2:69）。根据 F. Turretin, *Institutes of Elenctic Theology*, XVII.3，一些基督公教信徒区分信心（fidei）的确定性和盼望（spoi）的确定。"
[18] De Moor, *Commentarius Perpetuus*, 2:92.
[19] Möhler, *Symbolik*, 196-197 (§20): "Ich glaube, daß es mir in der Nähe eines Menschen, der seiner Seligkeit ohne alle Umstände gewiß zu sein erklärte, im höchsten Grade unheimlich würde, und des Gedankens, daß etwas Diabolisches dabei unterlaufe, wüßte ich mich wahrscheinlich nicht zu erwehren."
[20] De Moor, *Commentarius Perpetuus*, 2:93: "Remonstrantes similiter negant, dari ullum sensum Electionis in hac vita nisi conditionatum; & laudabili ac utile esse ducunt dubitare, an ii semper futuri simus, qui nunc sumus, ut est in Collatione Hagiensi pag. 298, 340, 342, 346"; 相同的论述见，van Limborch, *Theologia Christiana*, 1:754-757 (VI.vii); 参 J. H. Scholten, *De leer der Hervormde Kerk*, 2:514-515。
英注：德·摩尔（De Moor）提到的伯蒂乌斯（Bertius）是 Petrus Bertius, *Scripta Adversaria Collationis Hagiensis Habitae Anno MDCXI; inter Quosdam Ecclesiarum Pastores de Divina Praedestinatione & Capitibus ei Adnexis* (Leiden, 1615, 1616)。两个版本的页码完全相同，所给定的页码有问题，第 320 页后重新开始编页码，到第 169 页结束，因此并无第 340、342 和 346 页。然而，下一节有双重编号，从 287 开始的编号也出现在页边空白处。页边编号 298、340、342、346 分别出现在新编号的第 12、57、58、63 页。

无论是现在还是将来，人可以肯定自己已得宽恕。例如，像林伯奇（Limborch）等抗辩者说，我们现在可以确定我们是相信的、已得赦免的等等，但不能确定我们将来是否会继续如此。也有一部分路德宗信徒属于这个群体。马丁路德不能藉由修道院强加给他的工作获得任何确据。[21] 他遭遇这样的现实：教宗以《传道书》九 1 为依据[22]，严禁拥有确定性。与奥古斯丁一样，马丁路德也要求必须考察一个人是否有信心。于是，为了达到这种确定性，马丁路德客观地指向上帝在基督里恩典的丰盛、赦免和祂在基督里（也在圣礼中）所赐的生命——这些都必须唯独借着信心来领受，无需任何行为。他主观地指向我们里面圣灵的见证（加四 6），指向对基督和祂诫命的渴望和爱。但是，虽然他说人们可以确定他们此时的信心，但他否认能确定未来的信心。[23] 人们必须留心自己不要跌倒，他们不知道自己是否会坚忍，即使他们坚信上帝决意为他们提供救恩，但如果他们跌倒了，那只是他们的过错。路德宗的标志与之相符，并教导称义和信心最终（finaliter）可能丧失[24]，因此绝对的确定性是不可能的。按照布迪厄斯（Buddeus）的观点，**只要**人们相信并恰当地利用恩典的媒介（means of grace），就可以确定自己的救恩。[25] 菲利皮（Philippi）反对问一个人是否蒙拣选。人必须存留在世上，坚守上帝所启示的旨意；预定论导致肤浅的确据或痛苦的怀疑。[26] 路德宗指向上帝恩惠的旨意，并指向忠信地使用恩典的媒介，从而迈向重复抓住信心。但是，按照预定论，重生是拣选的证据。那些怀疑自己重生的人再无其他证据，并且因为假的重生与真的重生如此相似，所以人们很难确定他们的重生是真的。因此，路德宗的教导在怀疑和虚假确据的两难之间漂浮。[27]

与此有别的是，慈运理并尤其是加尔文，教导圣徒坚忍（perseverantia sanctorum）的教义，以及在此基础上的救恩的确据（certitudo salutis）。对二人而言，"信心的知识更多是在于确据而非理解"（fidei notitia certitudine magis quam apprehen-

---

[21] Köstlin, *Luthers Theologie*, 1:29-30; 2:469-471.
[22] 英注：巴文克在页边引用了《传道书》九1："义人和智慧人，并他们的作为都在上帝手中；或是爱，或是恨，都在他们的前面，人不能知道。"然后，他又补充了一个解释和对立观点："完全在上帝的手里，他不知道自己会爱还是会恨，不知道自己是发现了上帝的爱还是恨：此表述过于笼统。"
[23] 英注：巴文克在页边补充道："这与墨兰顿完全一样；见 J. A. Möhler, *Symbolik*, §20。"
[24] Hofmann, *Symboliek*, 300–302 (§95).
[25] Buddeus, *Institutiones Theologiae Dogmaticae*, 1175-1177 (V.ii, §10).
[26] Philippi, *Kirchliche Glaubenslehre*, 4/1:81-84.
[27] 这与 Schneckenburger, *Vergleichende Darstellung*, 1:90, 233-287; 2:71-74, 178; Stahl, *Die lutherische Kirche und die Union*, 200-210; 231-233相一致。

sione continetur）。"²⁸ 这种信心是"确定而坚定的"（certa, firma），它是"完全且坚固的确定性"（plena et fixa certitudo）。事实上，"除非人确信对他而言上帝是慈祥仁爱的父，并按祂的良善向他应许万事，否则无人是真正的信徒"（vere fidelis non est nisi qui solida persuasione Deum sibi propitium benevolumque patrem esse persuasus, de ejus benignitate omnia sibi pollicetur）。²⁹ 同样，"未依靠救恩的保障而有信心胜过恶者和死亡的人，就不是一个信徒"（fidelis non est nisi qui suae salutis securitati innixus, diabolo et morti confidenter insultet）。³⁰ 然而，这种信心的确据（certitudo）并不排除一切怀疑（subitatio）和焦虑（sollicitudo）。信徒必须时刻与自己的不信靠（diffidentia）作斗争。³¹ 请思想《诗篇》四十二 5-6："我的心哪，你为何忧闷？为何在我里面烦躁？应当仰望上帝，因祂笑脸帮助我；我还要称赞祂。我的上帝啊。"³² 然而，信心的本性总是再次浮现，而且必须用上帝的圣言装备自己，以抵御怀疑和攻击。因此，信心是不可磨灭的；它总是在灰烬下继续燃烧。³³

因此，加尔文极力反对基督公教的不确定性、道德推测（coniectura moralis）和怀疑（dubitatio），认为这些完全与信心的本性，以及与圣灵在我们里面的见证和我们里面的基督相冲突。³⁴ 诚然，根据《罗马书》八 38，我们对未来也有确据。³⁵ 经院学者的错误在于把信心看成是"源自心思的纯粹简易的认同"（nudum ac simplicem ex notitia assessensum arripiunt）；然而，信心也是"心灵的把握和确信"（cordis fiducia et securitas）。³⁶ 这样，加尔文一再把信心描述为圣灵的恩赐，

---

²⁸ 参见Bavinck, *De ethiek van Ulrich Zwingli*, 50, 53, 54, 56; Calvin, *Institutes*, III.ii.14. 英注：巴文克大量引用1559年《基督教要义》的拉丁文本。下文译文和叙述过渡均来自英译本编辑，并得到了巴特尔（Battles）、艾伦（Allen）和贝弗里奇（Beveridge）的翻译协助。
²⁹ Calvin, *Institutes*, III.ii.15-16.
³⁰ Calvin, *Institutes*, III.ii.16; cf.*Institutes*, I.vii.5, in relation to Scripture.
³¹ Calvin, *Institutes*, III.ii.17.
³² 英注：巴文克这里只是指出《诗篇》四十二，具体的经文是英译本编辑所加。
³³ Calvin, *Institutes*, III.ii.18, 21.
³⁴ 英注：虽然巴文克在此未引用术语coniectura morali，但这一术语出自*Institutes*, III.ii.38。加尔文在那里谈到，该术语是"经院学者的教理"（scholasticum illud dogma）。关于dubitatio，巴文克指向*Institutes*, III.ii.24。在这一点上，巴文克所想的无疑是在加尔文的开场白中所提的"已经在经院学派中流传下来的恶劣的怀疑"（craffam illam dubitationem, quae在 scholis tradita fuit）。
³⁵ Calvin, *Institutes*, III.ii.38-40.
³⁶ Calvin, *Institutes*, III.ii.33-36. 英注：巴文克的主要关切是比较作为单纯的"认同"或"知识"（notitia）的信心，和对信心更有力的理解。这种理解包含了知识，但也肯定"心灵"（cordis）的确定和确据。《海德堡要理问答》对信心的定义很好地抓住了这一点："真信

因而是确定、坚定的[37]，尽管它仍需靠圣礼来坚固。[38] 加尔文在一切所引经文中都在寻求信心的确据，特别是在上帝的应许和恩典中、在基督里、在圣灵里；圣灵在我们里面做成信心，印署我们，与我们同作见证等等。没有道德推测（coniectura moralis）需从行为中推导而出。[39]

这并不是说加尔文想要我们去探究上帝为世界所决定的事情。他在对《帖撒罗尼迦后书》二13的注释中写道："我们没有理由去问上帝在创世之前命定了什么，而知道我们是被祂所拣选的；但如果祂用祂的灵使我们成圣，并开悟我们相信祂的福音，那么我们就能在自己身上找到令人满意的证据。"[40] 凡想探究上帝隐秘意旨的人，"就会陷入无尽的迷宫"；我们必须"满足于福音的信心和圣灵的恩典，而我们就是靠着这恩典重生的。"[41] 至于我们的确据，我们得到了"我们被拣选的标志或标记"（signa electionis），即"圣灵使我们成圣和对真理的相信。"[42] 对加尔文而言，善行是信心的果实，因而也是蒙拣选的果实。从拣选生发并使我们重生的信心是一切善行的根基。[43] 虽然我们的信心的稳定性来自上帝的应许，但它还是可以"借着对行为的慎思"（operum consideratio）而得坚固，因为它们是"上帝住在我们里面的见证"（testimonia Dei in nobis habitantis）。[44] 但信徒不能依靠【生活的圣洁或美德（vitae sanctimonia）】，也不能凭此而成为信徒；这只会导致不确定性。[45] 一棵树借着它的果子被认识，而拣选的目标就是生活的圣洁。[46] 这就是加尔文反对天特会议的论点。[47]

心不仅是一种确定的知识，藉此我认定上帝在《圣经》中向我们所启示的一切皆为真理。真信心也是一种全心的信靠，是由圣灵借着福音在我里面创造而成；它相信上帝已经白白地将赦罪及永远的义与拯救，不仅赐给别人，也赐给了我。这些都是纯粹恩典的恩赐，唯独靠着基督的功德所赐。"（主日7，第21问答）

[37] Calvin, *Institutes*, I.vii.5; II.iii.8; III.i.4; III.xiv.8.
[38] Calvin, *Institutes*, IV.xiv.7-8.
[39] Calvin, *Institutes*, III.ii.38.
[40] Calvin, *Romans and Thessalonians*, 410, translation altered; Lobstein, *Die Ethik Calvins*, 25: "sed in nobis reperiemus legitimam probationem, si nos Spiriti Sancto suo sanctificaverit, si in fidem evangelii sui illuminaverit."
[41] Calvin, *Romans and Thessalonians*, 410.
[42] Calvin, *Romans and Thessalonians*, 409.
[43] Calvin, *Institutes*, II.iii.8; III.ii.9; III.iii.1; III.xi.1; III.xvii.1; III.xxii.10; IV.xiii.20; Lobstein, *Die Ethik Calvins*, 28.
[44] Calvin, *Institutes*, III.xiv.18.
[45] Calvin, *Institutes*, III.xiv.18-20; III.xv.8.
[46] Calvin, *Institutes*, III.xxiii.12.
[47] Schweizer, *Die protestantischen Centraldogmen*, 1:243-249.

2. 改革宗传统

这一教导成了改革宗的教义。根据乔奥尔格·索恩（Georg Sohn）的观点，"信心对自身从来都不是未知的"（fides numquam se ipsam ignorat）；它总是包括确据，甚至包括有关自身的确据；怀疑不是来自信心，而是来自肉体。[48] 杰罗姆·赞奇（Jerome Zanchi）也为确据的教义辩护。[49] 根据《海德堡要理问答》，"基督借着祂圣灵保全我，并使我有永生的确据。"[50] 乌西努斯（Ursinus）解释这些话时告诉我们，"这确据首先是得自圣灵的见证，祂在我们里面作成真实的信心和归信，并与我们的灵同证我们是上帝的儿子……其次，这确据得自真实信心的果效，而我们觉知此信心就在我们里面。"[51] 根据《多特信条》，"蒙拣选者永恒且不变的得救确据会适时赐给他们，虽会有不同的阶段和不同的程度。此确据的临到不是依靠好奇探究上帝隐秘而深奥的事，而是带着属灵的喜乐和圣洁的喜悦，就是上帝圣言中所指出的明确无误的拣选的果实，如对基督真实的信心，对上帝孩童般的敬畏，对自身罪虔诚的忧伤，饥渴慕义等。"[52] 此外，关于"那些蒙拣选得救之人的坚忍，关于真信徒在信心中的坚忍，信徒自己可以而且确实按照他们信心的大小得着确据。"[53] 这如何发生的呢？"因此，这确据不是来自超越圣言或圣言之外的某种私密启示，而是来自于对上帝应许的**信心**，这应许在圣言中为了安慰我们而非常充分地被启示出来；这确据也来自于'圣灵与我们的灵一同见证我们是上帝的儿女和后裔'（罗八16-17）的**见证**；最后，这确据来自于对无亏的良知和善行的认真而圣洁的**追求**。"[54]

---

[48] Sohn, *Methodus Theologiae*, in *Operum*, 2:979-980.
[49] Schweizer, *Die protestantischen Centraldogmen*, 1:448–50；见Perkins, *A Case of Conscience*中对赞奇观点的总结归纳。
[50] 《海德堡要理问答》，主日1，此乃问答21"深深扎根的确据"，问答53"基督亲自赐给我……并永远与我同在"，问答54"上帝的儿子……为自己聚集、保护、保存了一个为得永生而拣选的群体……我是且永远是这个群体的成员"，问答56"上帝……永远不会追究我的任何罪过……在祂的恩典中，上帝赐给我基督的公义，使我永远免于审判"。
[51] Ursinus, *Commentary on the Heidelberg Catechism*, 19.
[52] 《多特信条》第一项教义第12条。参 第一章第7条对以下谬误的拒绝："此会议拒绝这些人的谬误：他们教导，一个人的不改变的蒙拣选直至得荣耀，在今生既没有任何果实，也不会有任何觉知，更不会有确信，除非依赖于一种可变和不确定的事物。"
[53] 《多特信条》第五项教义第9条。
[54] 《多特信条》第五项教义第10条。

然而，"经文证明，信徒并不总是**经历**这种完全的信心的确据和坚忍的确定性。"[55] 还需说明的是，坚忍之确据的教义并不会使"真正的信徒骄傲或带来肉体的自信"，而是"谦卑、孩童般尊重、真正敬虔、每次冲突中的忍耐、热切的祈祷、背十字架和认信真理的坚定、在上帝里有根有基之喜乐的真正根基。"[56] 相比之下，基督公教和抗辩派的教义夺去了信徒的安慰，并把对教宗的怀疑再次引入教会。[57]

我们也在许多教理学家中发现了这种健全、真实改革宗的情感，如凯克曼（Keckermann）、布坎努斯（Bucanus）和沃尔比乌斯（Wollebius）。[58] 虽然只有上帝知道蒙拣选者的数目，但信徒"对自己的拣选……可以有最毫无怀疑的确定性。这当然不是**先验的**，即不是对神圣的恩典定旨（divine counsel of grace）的奥秘进行无用的探究，而是**后验的**，即在他信主并重生的那一刻。"[59] 我们可以以后验的方式，通过拣选的**媒介**（media electionis），知道我们是蒙拣选的；此拣选的媒介"主要是圣言和圣礼……对基督的信心，圣灵的见证和成圣的热忱（藉善行）。"[60] 这也是约翰·柯克尤（Johannes Cocceius）、海德格尔、阿曼杜斯·波拉努斯（Amandus Polanus）和《更纯神学之纲要》（Synopsis purioris theologiae）所持的观点。[61] 波拉努斯提到四种神圣的见证（testimonia divina）：圣言的见证、圣礼的见证、良知的见证、圣灵的见证。[62] 赫普（Heppe）也持这种观点；他引用了卡斯珀·奥列维安（Caspar Olevian）、弗兰斯·伯曼（Frans Burman）、海德格尔和柯克尤。[63]

---

[55] 《多特信条》第五项教义第11条。
[56] 《多特信条》第五项教义第12条。
[57] 《多特信条》第五项教义第5条，拒绝谬误："此会议拒绝这些人的谬误：他们教导，离了特殊启示，无人在此生有将来坚忍的确据。因为这种教导不仅剥夺了真信徒在今生有根有基的安慰，还把基督公教的怀疑再度引入教会。"
[58] Heppe, *Reformed Dogmatics*, 175-178 (VIII.21).
[59] Heppe, *Reformed Dogmatics*, 176.
[60] Heppe, *Reformed Dogmatics*, 176. 英注：此处扩展了巴文克的引文，取自巴塞洛缪·凯克曼（Bartholomew Keckerman）。
[61] Heppe, *Reformed Dogmatics*, 177-178; Heidegger, *Corpus Theologiae Christianae*, 1:149 (V.vii); Polyander et al., *Synopsis Purioris Theologiae*, disp.XXIV.61.
[62] 见Heppe, *Reformed Dogmatics*, 177-178. 英注：波拉努斯区分了"外在"见证与"内在"见证。福音和圣礼的见证属于前者，而良知和圣灵内在的见证属于后者（*Syntagma Theologia Christianae*, IV.9）。
[63] Heppe, *Reformed Dogmatics*, 581-589 (XXIII); Burman, *Synopsis Theologiae*, VI.x.17; Heidegger, *Corpus Theologiae Christianae*, 2:409-414, 419-425 (XXIV.lxix–lxxxi, xcvi-cxii); Cocceius, *Summa Theologiae*, XLIX.15.

马斯特里赫特[64]用三段论方式描述了确据的衍生。大前提通过信心而获得：凡相信之人必得救。[65]小前提通过感觉和经验而获得：我相信。此三段论的结论指向确据的渠道：信心的增加和检验。[66]根据图沦汀（Turretin）的观点，"问题不在于，我们是否可以**先验地**感知拣选，而是拣选只能**后验地**被感知；不是通过升入天堂，使我们可以探究拣选的原因并展开生命册（这是被禁止的），而是通过深入我们自己，从而我们可以查阅良知之书，并在自己身上观察蒙拣选的果实，从效果上升到原因。"[67]我们获得确据最确定的方法，就是通过"实践性三段论，其中大前提是阅读圣言，小前提是阅读内心。"[68]人们"不仅可以确定（不是关于一个连续不断的行动，而是关于永远不会失去的根基和气禀）他现在的状态，而且可以确定他将来的状态。"[69]图沦汀列举了五个理由："（1）信徒可以从信心、圣灵那里知道他们是上帝的儿女;（2）上帝把律法写在他们心里;（3）由圣灵的见证和印署所证实;（4）圣徒（他们对自己的拣选和救恩是确定的）的实践和榜样如此教导，确定性不仅是可能的，而且是必要的;（5）信心的果效需要这种确定性"（effecta fidei），包括"笃信不疑"（πεποίθησις；弗三12）、"完全的确据"（πληροφορία；来十22）、"夸口"（καύχησις；罗五2）、"说不出来的喜乐"（彼前一8）。[70]这种救恩的确定性"并不是立即建立在上帝圣言的基础上（说"我相信并悔改"），然而它并不停止立即被建立在上帝圣言之中，因为上帝的圣言描述了真实信心和真实悔改的本性、属性和果效，由此我们可以轻易获得我们自身信心和悔改的真实性）"。[71]同时，一个缺乏这种确据的人可能仍有真实的信心。[72]

基督公教区分了倚靠上帝话语且绝对可靠的"信心的确据"（certitudo fidei）与不确定的"盼望的确据"（certitudo spei）。[73]相反，改革宗教导，信徒可以通过神圣、绝对可靠的确据（certitudine divina, infallibile）得到保证。此确据有三个维

---

[64] Van Mastricht, *Theoretico-Practica Theologia*, I.ii.1, §55 [1:160]; I.vi.1, §16 [3:179]; I.vi.22 [1:183].
[65] 英注：《马可福音》十六16。
[66] Van Mastricht, *Theoretico-Practica Theologia*, II.i.57 (1:161-162).
[67] F. Turretin, *Institutes of Elenctic Theology*, 1:373-374 (IV.13.iv).
[68] F. Turretin, *Institutes of Elenctic Theology*, 1:374 (IV.13.iv).
[69] F. Turretin, *Institutes of Elenctic Theology*, 1:374 (IV.13.viii).
[70] F. Turretin, *Institutes of Elenctic Theology*, 1:374-377 (IV.13.ix-xv).
[71] F. Turretin, *Institutes of Elenctic Theology*, 1:378 (IV.13.xix).
[72] F. Turretin, *Institutes of Elenctic Theology*, 1:379 (IV.13.xxvii); cf. 2:616-631 (XV.17.i-xxxvii).
[73] F. Turretin, *Institutes of Elenctic Theology*, 2:616-617 (XV.17.i).

度:"我们可能知道自己属于蒙拣选者群体的过去的拣选(electio praeterita),我们可以确信上帝的恩典与我们的信心(即我们真正相信并在上帝的恩典中)的当下的恩典(gratia praesens),我们被劝信会拥有上帝所应许的荣耀和祝福的将来的荣耀(gloria futura)。"[74] 第一和第三维度依赖第二维度;第二维度不是**直接**在上帝的圣言中,而是就人们从自身所观察事物所推导出来的:"圣灵的见证和内心的异象;在对自身的认真自省中和在对恩典的特殊标志和果效的经历(经验)性的感觉中(如对罪的悲哀、对恩典的渴望、悔改和对圣洁的渴望、对自我的憎恶和爱上帝高于一切等)。"[75] 确据来自于(1)"信心的本性",(2)"圣灵的见证和印记",(3)"圣徒的榜样",(4)"圣徒的祈祷",(5)"圣灵和信心的果实",(6)"定我们反对者之观点为谬论"。[76] 霍恩毕克(Hoornbeeck)也从信心的本性和圣灵的见证与印署中推导出确据。[77] 许多基督公教信徒也和我们一起承认确据。[78] 获得确据的渠道有:提防罪并反对怀疑,面对试探时选择与圣灵同在,默想恩典之约,操练美德,自省,圣礼的使用,诸如此类。[79]

3. 经验的挑战

论述实践问题的英国作家,如惠特克(William Whitaker, 1548-1595)、珀金斯、贝利(Lewis Bayly,约 1575-1631)、泰勒(Jeremy Taylor, 1613-1667)等人,特别强调了这种确据。[80] 这种强调与改革宗教义完全一致。确据、得救的确定性,是

---

[74] F. Turretin, *Institutes of Elenctic Theology*, 2:618 (XV.17.vi).
[75] F. Turretin, *Institutes of Elenctic Theology*, 2:618 (XV.17.vi).
[76] F. Turretin, *Institutes of Elenctic Theology*, 2:620-626 (XV.17.xii-xxiii).
[77] Hoornbeeck, *Theologiae Practicae*, 2:64-68.
[78] Hoornbeeck, *Theologiae Practicae*, 2:68-70.
[79] Ames, *Conscience*, IV.ii; E. Erskine, "Assurance of Faith"; R. Erskine, "Believer's Internal Witness."
[80] 英注:Lewis Bayly, *Practice of Piety*; Jeremy Taylor, *The Rule and Exercise of Holy Living* and *The Rule and Exercise of Holy Dying*; Perkins, *Eene Verhandeling*, in *Werken*, 3:265-272. 巴文克在页边补充了一个引用Marshall, *Gospel-Mystery*,并留下了一句引文"关于我们呼召和拣选的确定性"(Chr. Love, Van de verzekering van onze roeping en verkiezing; et alia.)。

最高目标。加尔文将信心定义为"有关上帝对我们的慈爱的坚定且确定的知识，这知识建立在上帝在基督里白白赐给我们之应许的真理上；这知识和应许借着圣灵向我们的心思显明，并印在我们心上。"[81] 我们的《海德堡要理问答》也如此说。[82] 因此，在这些论述实践问题的作家的作品中，人们被敦促不可安息，直到他们知道自己是蒙拣选的。在早期改革宗灵修神学中，作家们总是指出，拣选的确据从来都不是先验的，不是在时间和圣言之外，亦非在历史之外。相反，确据是通过实践性三段论的方式，从信心的本性、圣灵的见证和善行中获得。在宗教改革早期，即在一个复兴的、强大的信心生活的时代，当信心在有能力的行为上体现时，这种方式行之有效，且人们确信自己已蒙拣选。这就是我们的认信《比利时信条》《海德堡要理问答》和《多特信条》所称为"奖赏"的确据。

但是，当那个强健的时期过去，信心及其表现不再那么天真和直接的时候，困难就出现了。越来越多相信且归信却缺乏确据的人相继出现。于是，信心和信心的确据就被彼此区分。【信心的直接行动（actus directus fidei）和信心的反身行动（actus reflexus fidei），投靠的信心（toevluchtnemend geloof）和确定的信心（verzekerd geloof），彼此区分。因而，教会中产生了一群寻求投靠、焦虑的信徒。于是，问题就出现了：如何令这些人有确据？如何使他们宽心（ruimte）？因着以下原因，这对那些论述实践问题的作家是一大难题。】[83]

1. 这个问题必须得问。它并没有在路德宗教会或抗辩派中产生。在那里，人们简单地相信，并满足于此。然而，在改革宗教会中，一切都依赖于拣选；拣选是所有恩益的源泉。因此，相应的问题且主要问题是，一个人是否是蒙拣选的。若一个人确信此事，一切都会井然有序。在改革宗教会中，当人们确信自己现在、此刻相信时，事情还未结束。不，重要的问题不是关于今天，而关于昨天和明天。因此，确据的真正对象是过去的拣选（electio praeterita）——"我是在选民中吗？"——以及向我们所应许的将来荣耀（gloria futura）的确据。

2. 于是，每个人不断地警告不要试图通过猜测上帝的旨意，在圣言和经验之外（即超越历史和现在），获取与过去的拣选和将来荣耀有关的确据。【因此，现在就成了有关过去的**真实记号**（waarmerk）和有关将来的**真实保证**（waarborg）。】[84]

---

[81] Calvin, *Institutes*, III.ii.7.
[82] 见《海德堡要理问答》，主日7，问答21。
[83] 中注：见荷文版252页。
[84] 中注：见荷文版252页。

因此，问题就变成：现在是否足够稳固和牢固，可以为过去和将来承载确据之大厦？

3. 这引起了一个巨大的困难。确据只能由"现在"构成，即由信徒所拥有的信心的经验、重生、称义、成圣和圣灵的见证构成。但是，恰是这些事实令人怀疑！信心、重生及其余的都是拣选的标志，这是极好的说法。但那些不确定自己是否拥有它们的人呢？这便需解释人们如何能辨识他们是否真有信心，是否重生等。这就是人们如何踏上标记的道路，即【一切所领受的事物（gegevens）】，以及信心、归信及重生的基准。这就转移了问题。最初的问题是：我们如何知道自己是蒙拣选的？答案是：从信心、归信和重生得知。新问题变为：我们如何知道我们是否有信心、归信和重生？

4. 这问题的答案继而带来许多难题。因为虽有真信心，亦有暂时的信心；除了真归信，也有假归信。事实上，甚至被遗弃者也可经历许多事情，包括（根据《希伯来书》六章）圣灵的恩赐、光照、觉悟来世权能等！这个问题变成了一个表明在最坏境况下的重生之人和在最好境况下的未重生之人之间具体本质性差异的问题。[85] 未重生之人最丰富和最好的经验，与重生之人的经验之间的本质区别，必需要予以界定。客观上定然如此。然而，这很难论证，而且人们提出了微妙的、复杂的、杰出的且通常鲜明的心理性的区分。[86] 焦虑的人怎能成功？他们怎能在这一切标志的基础上得到确据呢？他们不会远离这条道路吗？假设他们有一个标志，但缺乏其他标志，或者经历了一些标志，但多少异于作者对它们的描述；这样一来，他们就会每况愈下。而最糟糕的是，他们在此过程中令自己完全降服于"古代作家"，失去了《圣经》的思路。众多标志被任意设立，构建在错误解经的基础上，又将一个人的经验设定为另一个人的标准。

5. 但我们暂且不论这些！由此获得的确据并不是绝对的，而是建立在一个人对自身境况不可靠的看法上。实践性三段论的大前提（信者得救）是确定的，但小前提（我相信）是不确定的，因为人可能会犯错。那怎么能得出一个绝对可靠的结论呢？哦，有太多的怀疑者能让这个小前提变得不确定！布雷克列举了各种令信徒怀疑自己救恩的原因。[87]【我不知道自己归信的确切时间，没有意识到从死到生的转变，也未因见自己的罪而被压伤。我没有信心，因为我怀疑。我不能按照其属灵

---

[85] Van der Groe, *Toetsteen der waare*.
[86] 有关记号，见van Aalst, *Geestelijke mengelstoffen*, 1:71; W. à Brakel, *Christian's Reasonable Service*, 2:307-340 (chap. 33); Heppe, *Geschichte des Pietismus und der Mystik*, 58.
[87] W. à Brakel, *Christian's Reasonable Service*, 4:209-233.

意义来理解这些用以区分的标志（kentekenen），再次怀疑自己是否认识这些标志。[88]这个问题对于我这样的罪人太过艰巨。我无法祷告，也未被应允。我担心自己的信仰只在悟性上，是历史性的或暂时的信心。或者我是一个假冒为善者，事实上只为了我自己。我始终如此败坏，满了罪，违背自身更好的认知，或不经意间得罪了圣灵。[89]我干渴已死，未见上帝的面。我无法前进，亦无知识和恩典等。】[90] 为了回答这些问题，灵修作家试图通过作出一些区分来提供安慰。他们指出，焦虑者内心所经历的很多事情并不是来自自己，也不是未信者所经历的。事实上，他们所经验的不确定性与所有或许多真正的上帝儿女的经验相似，即信心可能软弱，但仍存在。这种安慰有时变成了奉承。焦虑者被纵容，常常视自己为被人夸耀的**真实**信徒。无论如何，焦虑变得系统化了。

6. 尽管有这些精确微妙的区别、标志和安慰，许多人仍未达到他们想要的确据的目标。这就解释了为什么敬虔的人们越发要求一个非介导性的确据（onmiddellijke verzekering）。这与真正的改革宗神学相反。毕竟，圣灵的见证和印署是超自然的，而不是非介导性的，不是特殊启示，而与圣言相联；是在信心**中**并**透过**信心的见证，**与**我们的灵同作见证。[91] 人们逐渐按以下意义提出了一种直接的确据[92]：有些人以直接且非凡的方式被影响，耀眼的光照在他们灵魂中，从而他们可以说"我面对面见了上帝"（创三十二 30）[93]；与保罗一样，他们被提到第三重天，被王领进了祂的内室（歌二 4）。在虔诚者中，人们会遇到许多夸耀这种直接确据的人。他们见过耶稣，在半夜被一束光包围；他们心里突然得到了一种喜乐和属天的喜悦，并在那束光中行走几日。其他形式的直接确据[94]还有圣灵用《圣经》经文印署我们，强有力地将这些经文印在我们的灵魂上，就像一个来自天上的声音在呼唤："我以永远的爱来爱你"（耶三十一 3）或"我曾提你的名召你"（参 赛四十三 1）或"我将你铭刻我掌上"（赛四十九 16）或"我是你的盾牌，必大大地

---

[88] Van Aalst, *Geestelijke mengelstoffen*, 384ff.
[89] 这种恐惧特别见于改革宗人士中，见 Schneckenburger, *Vergleichende Darstellung*, 1:260-263。
[90] 中注：见荷文版253页。巴文克在此用第一人称来描述布雷克笔下怀疑者的状态。
[91] 对圣灵的见证和印署的讨论，见本章下文进一步讨论。英注：参阅*RD*, 1:561-600; 3:593-595; 4:270.
[92] Myseras, *Der vromen ondervinding*, 72-75 (§ XI).
[93] 中注：巴文克此处误写成了《创世记》四十二30。
[94] 英注：资料来源为Myseras, *Der vromen ondervinding*, 73。

赏赐你"（参 创十五1）。灵修作家们还提到了其他印署性经文，如《以赛亚书》二十七1："到那日，耶和华必用祂刚硬有力的大刀刑罚鳄鱼——就是那快行的蛇，刑罚鳄鱼——就是那曲行的蛇"[弗拉纳克（Franeker）的一位妇女]。⁹⁵ 米塞拉斯（Myseras）将这两种形式的即刻和直接的确据，与圣灵所赐的作为保证和印记的介导及间接确据予以区分。范阿尔斯特（van Aalst）同样却未如此强有力地论述，当上帝带着祂的光进入灵魂时，就会有直接的确据。⁹⁶ 兰佩也同意，当主突然使祂的荣光在我们心思中出现时，当我们的心被爱唤醒时，如此这般，就会有直接的确据。⁹⁷ 深化宗教改革（Further Reformation）作家伯纳德·士梅特哥特（Bernardus Smytegeldt, 1665-1739）和约翰·维斯丘尔（Johan Verschuir, 1680-1737）也持这样的观点。⁹⁸ 那些沿着这条道路行进的人，也只是迈出从狂热、热情中解脱出来的一步。⁹⁹ 此外还有这样的观点：在人们把自己的心完全献给耶稣之前，他们需要以一种特殊的方式接受教导，即耶稣对他们的邀请不同于对一般被遗弃者的邀请。¹⁰⁰ 人们说的是一种非自然的语言。¹⁰¹

4. 对确据的检视¹⁰²

1. **定义**。什么是确据？首先，一般而言¹⁰³，如何获得确据是哲学中的一个老问

---

⁹⁵ 英注：巴文克很可能采用了自己于1880-1882年在弗里斯兰省弗拉纳克牧会的经历。

⁹⁶ Van Aalst, *Geestelijke mengelstoffen*, 389.

⁹⁷ Heppe, *Reformed Dogmatics*, 587 (XXIII.12); but especially Lampe, *De verborgentheit*, 571-629.

⁹⁸ 英注：伯纳德·士梅特哥特（Bernardus Smytegeldt）是《基督徒唯一的安慰》（*Des Christens eenige troost*）和《压伤的芦苇》（*Het gekrookte riet*）的作者。后一本书的意象取自《以赛亚书》四十二3（压伤的芦苇，祂不折断；将残的灯火，祂不吹灭。祂凭真实将公理传开。）；这本书是17世纪欧洲大陆和英国灵修作家的最爱；见Sibbes, *Bruised Reed*。Johan Verschuir, *Waarheit in het binnenste*。

⁹⁹ 参Buurt, *Beschouwende godgeleerdheid*, 5, §1334.

¹⁰⁰ 参 Buurt, *Beschouwende godgeleerdheid*, 5, §1236.

¹⁰¹ 参 Buurt, *Beschouwende godgeleerdheid*, 5, §1196.

¹⁰² 英注：在本章下文，巴文克从"定义"开始，探讨了确据的七个维度。虽然我们在不同地方插入了额外的小标题，但保留了巴文克的结构，并明确指出了他的七个要点。不过，所有小标题，包括巴文克的七要点中每项要点前的斜体摘要，都是英译本编辑所加。

¹⁰³ Heidegger, *Corpus Theologiae Christianae*, 2:409 (locus XXIV, §70); Burman, *Synopsis Theologiae*, VI.x.17.

题。斯多亚派在直接、显而易见的证据中找到确据，例如 2×2=4。伊比鸠鲁在观察中发现确据：所观察到的是真的，其余的都是假的。笛卡尔在思维中看见确据："我思故我在（cogito ergo sum）。" 而如今的唯物主义者再次将确据定位于观察中。关于确据，我们需要区分关于自己的确据和对自己身外事物的确据。

（1）关于我们自己的确据。[104] 一个人有意识，同时是客体和主体。当主体不经过任何推理，立即、直接、立刻地与客体相符一致，并与之相结合，变得相同时，就有了关于我们自己的确据。当我说我就是那个**我**时，我便认识到主体和客体是合一的，是同一个**我**。这无法证明，亦无法推断的，因为这种相符一致是**立即**发生的。**我**在一切之前、并独立于一切事物假定了**我自己**。**我就是我**，这是信心的问题；**我**存在，亦是如此。**我**不是其他的。凡在这方面怀疑的人，凡怀疑**我**是不是**我**、怀疑**我**是否存在的人，都不能从逻辑上予以反驳，而是有病，必须医治。怀疑是心理或灵魂的疾病。因此，如果我立即把我与自己融合，把我与自己结合，安于自身或相信自己，那么我就有关于自己的确据。自我意识是关于我自己的一种直接认知[105]，从而也是关于我所生活环境、我的行为的认知。在某种意义上，这也是一种关于我的永恒存在，我的不朽性的直接认知。此**我**无法想象它的毁灭，无法假设它的不存在。

（2）关于我们身外事物的确据。[106] 我们不仅意识到我们自己，而且对我们之外的事物也有意识和相关的知识。那些事物落在我们的意识上，就像落在一面镜子上一样；那些在我们之外的事物就是上帝和世界（属灵和物质的事物）。上帝触动我的意识，把祂的形像投射到我的镜子上，把祂的"观念"投射到我的灵魂里，在我里面见证祂的存在。如果我的**我**与我意识中上帝的见证立即吻合，我就有了上帝存在的确据。以同样的方式，我对包括数学在内的科学的本源（principia）也有确据。先天观念（innate idea）[107] 是立即显现的，无需论证，而不受限制地、自动被我接受为是需要存在的。科学对象的确立是基于我自己的（属灵的或感官的）观察——自然、道德、公义等——或基于他人的见证——例如历史。一言以蔽之，只有当我立即把我自己、上帝和其他一切与**我**、我自己的意识、上帝和其他一切结合、联结时，"彼之为彼"（thatness），以及万物、我自己、上帝和世界的存在，

---

[104] 英注：本段内容与Bavinck, *Philosophy of Revelation*, 53-68相互补充。
[105] Doedes, *Inleiding tot de leer van God*, 8.
[106] 英注：参Bavinck, *Philosophy of Revelation*, 68-82.
[107] 英注：参*RD*, 1:223-233.

对我来说才是确定的。¹⁰⁸ 换言之，只有通过信心，接受我的**我**本身、上帝、或感观事物、或属灵世界、或其他人为我的意识所提供的见证，才会有关于万物存在的确据。因此，通过我意识的见证，事物的存在确定的，这就是知识的确定性（certitudo intelligentiae）。

（3）存在有关我们所知事物之真知识（scientia）的确据[（事物的"实然性"（whatness）]。我们如何才能有一种科学性的确定性呢？客观上是通过证据、逻辑论证，但主观上是因着认知总是包括对所要认知事物的直接意识。当我知道时，我也同时知道我是知道的。换句话说，我一旦知道，我就立即把我自己和已知事物结合起来，相信我知道。已知事物是我意识的内容，已成为我的自我的一部分；相信我自己的**我**也相信我意识的内容。归根结底，所有关于我自己和我身外事物的确信，因此都是对我自己的意识、我自己，我的"自我"的内容的一种相信。当我没有与我自己结合、我的**我**作为主体和作为客体之间分裂（δίστασις）时，当我的意识和该意识中上帝与世界的见证之间有事物插入时，怀疑就会出现。

（4）这种只靠相信我们自己（一般意义上的相信）而介导的科学性确定性，与救恩的确据（certitudo salutis）有本质性的区别；后者是一种信心的确定性（certitudo fidei），即救赎性信心（fides salvifica）的确定性。后一个确定性是由救赎性信心产生，只有通过救赎性信心才有可能，且是救赎性信心的果实。若无此特殊的信心，就无救恩的确据；若无此信心，确据只是一种错觉，人因而受骗。这种信心尤其存在于：（i）心思里的认同，同时心里的信靠，据此人接受上帝在祂圣言中的应许，将它们应用于自己身上，坚定地倚靠这些应许；（ii）对自己所信之实在的经验性的知识、感觉、意识；这种意识来自于信心、作为印记的圣灵和善行（见下文）。

因此，救恩的确据是从这两个前提得出的结论，并依赖于实践性三段论。大前提是从《圣经》引申而出，并指出信者都有赦免、生命、救赎等；这完完全全是一个纯粹的、不折不扣之信心的问题。"我相信"这个小前提并非纯粹只是一个信心

---

¹⁰⁸ 英注：巴文克在《启示的哲学》中的解释澄清了这句浓缩表达所要阐述的观点，即人的自我意识是一种揭示，是一种与我们对实在有意识经验密切交织的启示。"**我**不是部分的集合体，不是意识现象的聚合，事后被人组合在一起，冠以一个名称。**我**是一个综合体，在每个人身上都先于一切科学反思，是一个拥有众多成员的有机整体。它是复杂的，但不是复合的。"（Bavinck, *Philosophy of Revelation*, 61）换言之，觉察到我们作为自我的身份，是一个与我们对上帝和世界的日益增加的觉知同时发生的过程。实在是一体的，我们对实在的意识也是如此。

的问题，而是对我们信心之信心（faith in our faith）的问题，是经验、感觉、认知的问题。这就解释了为何此三段论，并由此而来的结论、确据，具有混合的性质和特点，且源自信心和经验。[109] 大前提无法反驳，它是确定的，也是可以确定的，因为上帝自己在《圣经》中说："信而受洗的人必能得救。"（可十六16）我们可以绝对且可靠地确信这一点。在任何情况下，大前提都不会将任何疑惑或不确定性引入结论。难题在于小前提：一个人能否绝对、可靠地知道自己相信并将继续相信？如果《圣经》已经说"上帝要救彼得、保罗、你和他"，那么这个小前提也是绝对可靠的。但《圣经》并没有这么说。因此，这个小前提必须从我们自己的内心，从我们自己的经验中去验证。我不仅现在相信，而且我会坚忍下去。因为正如我们所看到的，根据改革宗的观点，确据有三个维度：(i) 过去的拣选（electio praeterita）：我们知道我们是蒙拣选的；(ii) 当下的恩典（gratia praesens）：我们有信心的恩典；(iii) 将来的荣耀（gloria futura）：我们是救恩的后嗣。[110]

2. 基础：当下的恩典。现在最重要的是，对过去的拣选并将来的荣耀的确据，都依赖且源自对当下的恩典的确据；当下的恩典是前两者之间的纽带：一方面，当下的恩典是拣选的果实；另一方面，它又是得荣耀的媒介和门径。那些相信之人可以从中推导出，并根据上帝的圣言决定，他们会坚忍并得救（perseverantia sanctorum）。因此，我会得救以及我是选民的信念仅来自于当下的恩典，因此总是被介导的；于是结论如下：上帝说，信者都是蒙拣选的，且必坚忍。我相信。因此是这样的（atqui ergo）。若无信心、无当下的恩典，就无关于拣选和得荣耀的直接确据。我是蒙拣选的这个信念是被荣耀的，总是靠相信圣徒坚忍这一教义来介导的。路德宗会与改革宗基督徒一起说"我信"，但因为路德宗不认信坚忍的教义（在《圣经》中找不到小前提），所以他们在没有"如果我一直信"这个限定语的情况下，永远无法得出"我将会得救"的结论。因此，被拣选和被荣耀对非信徒而言从来都是未知的，而通过信心、在信心里和出于信心才让信徒知道。为了获得关于拣选及荣耀的确据，我们必须从当下的恩典攀升到那里（而且是通过知道坚忍是《圣经》教义的合理论点）。改革宗教会已不断警告，不要离开当下的恩典而去努力获得有

---

[109] W. à Brakel, *Christian's Reasonable Service*, 4:215; Burman, *Synopsis Theologiae*, VI.x.19; van Mastricht, *Theoretico-Practica Theologia*, I.ii.1, §55 [1:160]; I.vi.1, §16 [3:179]; I.vi.22 [1:183]; Heidegger, *Corpus Theologiae Christianae*, 2:409 (locus XXIV, §70).
[110] F. Turretin, *Institutes of Elenctic Theology*, 2:618 (XV.17.vi).

关拣选及救恩的确据。信心未必受拣选检验，但拣选受信心检验。[111] 许多虔诚的人首先通过直接、特殊的启示获得关于自己是否蒙拣选的知识，并由此得出结论：无论何等软弱，信心在我里面，因此它一定是真实的，且我是得救的。这很诱人，也会是从拣选到信心、从上帝到我们导出的结论。但《圣经》禁止这样做，除了狂热之外，它绝不会带来任何其他结果。隐秘的事属于主；除了当下的恩典，我们永远不能获得关于谁是蒙拣选者的知识。在这里发挥有效作用的不是演绎法，而是归纳法。对拣选和救恩的直接确据**并不存在**。在信心以外（不是透过信心或出于信心）提供拣选和救恩的特殊启示也不存在；这信心未经过内心便使我们的心思、意识知道它。一种缺乏伦理层面的智性确据（在心里，在意志中），只在头脑里而非在心里的确据，**不会存在**。这里，意识建立在经验之上。因此，所有改革宗人士都警告，不要试图在信心之外获取关于自己蒙拣选的知识。[112] 这种确据只有借着实践三段论的方式才有可能获得。一切最终取决于小前提。问题就变成："我能否绝对、可靠地知道我相信、重生、拥有恩典、并得赦免？

3. **绝对确据的可能性**。这种绝对确据在小前提的基础上是可能的，《圣经》中许多例子都说明了这一点。[113] 亚伯拉罕"在无可指望的时候……仍有指望，就得以作多国的父……他的信心还是不软弱……反倒因信心里得坚固……且满心相信上帝所应许的必能做成"（παρ' ἐλπίδα ἐπ' ἐλπίδι; πληροφορηθείς；罗四 18-21）。【Πληροφορηθείς 字意是"实际上使之充满、满足"（提后四 5，17），在这里是不及物的用法，表示"被某事物充实"，或"被完全说服"上帝所应许的，祂就能成就（罗十四 5；西四 12）。】[114] 雅各说："耶和华啊，我向来等候祢的救恩。"（创四十九 18）大卫写道：

> 我将耶和华常摆在我面前，因祂在我右边，我便不致摇动。因此，我的心欢喜，我的灵荣耀快乐；我的肉身也要安然居住。因为祢必不将我的灵魂撇在阴间，也不叫祢的圣者见朽坏。（诗十六 8–10）

---

[111] W. à Brakel, *Christian's Reasonable Service*, 4:209-210.
[112] Calvin, *Romans and Thessalonians*；《多特信条》第一项教义第12条，第五项教义第9条；Keckermann, Bucanus, and Wollebius, in Heppe, *Reformed Dogmatics*, 176; F. Turretin, *Institutes of Elenctic Theology*, 1:374 (IV.13.xiii).
[113] Heidegger, *Corpus Theologiae Christianae*, 2:418-419 (locus XXIV, §91); F. Turretin, *Institutes of Elenctic Theology*, 1:374 (IV.13.xiii); 2:624-629 (XV.17.xix).
[114] 中注：见荷文版258页。

以及：

> 我虽然行过死荫的幽谷，也不怕遭害，因为祢与我同在；祢的杖，祢的竿，都安慰我……我一生一世必有恩惠慈爱随着我；我且要住在耶和华的殿中，直到永远。（诗二十三4，6）
>
> 耶和华啊，我投靠祢；求祢使我永不羞愧；凭祢的公义搭救我。（诗三十一1）

诗人承认：

> 我的心默默无声，专等候上帝；我的救恩是从祂而来。惟独祂是我的磐石，我的拯救；祂是我的高台，我必不很动摇。（诗六十二1–2）

许多诗篇表达了信徒【信靠的信心（geloofsvertrouwen）】（诗五十六4，9；五十七2-3；六十二5-7；一百二十一1-2；一百二十五1-2）。保罗特别认信他有把握的确据。

> 如今，那些在基督耶稣里的就不定罪了。（罗八1）
>
> 因为我深信无论是死，是生，是天使，是掌权的，是有能的，是现在的事，是将来的事，是高处的，是低处的，是别的受造之物，都不能叫我们与上帝的爱隔绝；这爱是在我们的主基督耶稣里的。（罗八38–39）
>
> 那美好的仗我已经打过了，当跑的路我已经跑尽了，所信的道我已经守住了。从此以后，有公义的冠冕为我存留，就是按着公义审判的主到了那日要赐给我的；不但赐给我，也赐给凡爱慕祂显现的人。（提后四7–8）

这些人都有这种确据，不是通过特殊启示（有些人可能如此认为，却无任何根据）。保罗从拣选（28-29节）得出这个确据（罗八38）。他不仅是说他自己，也是说**我们**（罗五1；八1，28-29，35-36）以及所有信徒。同样的信心赐给所有信徒，不是按同样的程度，但以同样的本质：同样的赦免和救恩。亚伯拉罕和保罗不是通过特殊启示，而是通过信心拥有这种确据；这是一种信心的确据（certitudo fidei），不是特殊启示的确据，是出于对上帝在祂圣言中的应许和我们里面圣灵的见证的信心。[115]

4. 圣灵的见证和印署。"我相信，我已重生，我拥有赦免"这小前提，首先是通过**圣灵的见证和印署**得以确立。正如子受父差遣，为父作见证，并荣耀祂（约一 18；十七 4；启一 5），圣灵继而也受子差遣，为子作见证，且荣耀祂（约十五 26；十六 13-15）。这种见证包括将【基督以及祂位格和工作】应用和转化己用于教会中。为此，圣灵使人重生（约三 5），并赐下信心（林前十二 3；林后四 13；"从同一位圣灵来的信心"；πνεῦμα τῆς πίστεως）。圣灵也教导（约十四 26），并引导我们进入真理（约十六 13）。也就是说，祂将有关上帝的真理、祂的应许、基督和《圣经》的见证放在我们里面，从而我们不能怀疑这些（约十五 26；十六 13-15）。上帝启示耶稣就是基督（太十六 17），并教导我们（约六 45）。圣灵开启眼睛，光照我们的心思（弗一 17-18）；祂赐给我们关于上帝在耶稣基督里之荣耀的知识（林后四 3-6），膏抹我们，使我们不需要任何人来教导我们（约壹二 20，27）。由此，我们清楚看见，圣灵在信徒里面为上帝、祂的圣言、祂的应许、基督等作见证，使一切在他们的意识中成为绝对可靠、不可置疑 [与《圣经》有关的圣灵的见证（testimonium Spiritus Sancti）]。[116]

此见证的对象是上帝和祂的真理。但在这里，我们所处理的是一个稍微不同的见证，即圣灵在信徒里面对祂自己在他们里面所做之工（关于他们的信心、重生和赦免）的见证。于是问题就变为：这种见证存在吗？它存在于哪里？保罗有如下教导。[117] 借着洗礼，人进入教会；这洗礼是奉耶稣的名进行的（林前一 13-16），因此预设了对基督的信心。在洗礼中，信徒领受了因基督的受苦而得着、在信心中所接受和领受的赦罪或称义的象征性保证，因为上帝使信徒称义（罗三 22，28）。在那洗礼中（林前十二 13），我们如今领受了上帝的灵（在罗五 4；林前六 19；林后六 6；十三 13 中被称为"圣灵"；在林前三 16；六 11；七 40；林后三 3；罗八 11，14 中被称为"上帝的灵"；并与"基督的灵"相同；加四 6；林前二 16；林后三 17；腓一 19）。正是这灵使信徒们确信他们被称为义。因为在我们藉信心被收养（adopted）成为儿女后（洗礼是儿女名分的证据和印记），上帝就赐下收养的灵（πνεῦμα υἱοθεσίας；罗八 15；加四 6）。

---

[115] Heidegger, *Corpus Theologiae Christianae*, 2:417-418 (locus XXIV, §91).
[116] Calvin, *Institutes*, I.vii.4-5.
[117] Weiss, *Biblical Theology*, 1:453-461 (§84).

这个收养（adoption）是上帝在我们相信时所行的客观行动，只有通过圣灵才给我们的意识带来意义。圣灵使我们主观地知道，并在我们里面见证，我们被收养了。圣灵的传达不是与上帝的收养这一客观行动同时进行，而是以其为前提，并作为其印记。[118]"收养的灵"（罗八 15）不是做成收养的圣灵（收养乃上帝做成）；圣灵乃施行收养。圣灵在我们里面呼叫（κράζω），"阿爸，父"（ἀββᾶ, ὁ πατήρ；可十四 36；罗八 15），使我们意识到我们被收养。圣灵自己如同透过我们这些器皿呼叫："阿爸，父。"亚兰文和希腊文并置，并不表示犹太人和外邦人所领受的灵是同样的（奥古斯丁、马丁路德、加尔文、本格尔）。相反，呼叫上帝为阿爸（Abba）是如此普遍，以至于外邦人未经翻译就从基督那里接受了此称呼；阿爸这个词随着他们用自己的语言称呼上帝而被深化。同样，我们在《罗马书》八 15-16 中读到："因为你们所领受的不是奴仆的灵（πνεῦμα δουλείας），仍旧害怕。"【这里的灵（πνεῦμα）肯定不是指上帝的灵，毕竟上帝的灵与奴性从不相符，而是指主观上人类的属灵性情的灵，是作为奴仆（δουλεία）在我们里面产生的；所以只有"昏沉的灵"（πνεῦμα κατανύξεως；罗十一 8），"胆怯的"（δειλίας；提后一 7），"信靠的"（πίστεως；林后四 13?），"温柔的"（πραΰτητος；加六 1），"智慧的"（σοφίας；弗一 17）。】[119] 这里的灵乃是"收养的灵"（πνεῦμα υἱοθεσίας），然后是上帝的灵见证所结出的果子。[120] 但将《加拉太书》四 6 并《罗马书》八 15 前两节经文视为必不可少的语境，而且在那里我们明确读到了客观的上帝的灵，所以最好把"奴仆的灵"看成是指上帝的灵，然后等同于一个上帝的灵，就像那支配和属于奴仆身份的灵。保罗只说了上帝的灵不是什么。上帝的灵不是奴仆的灵，而是"收养"的灵，我们**在其中**呼叫（ἐν ᾧ κράζομεν）"阿爸，父"。【在此，"我们"是充满信心地大声呼叫，而不是恐惧或犹豫不决地呼叫。】[121] 在《罗马书》八 16 中，与我们呼叫"阿爸，父"形成对比的是"圣灵自己"，显然是指上帝的灵。【圣灵与我们的灵共同（αὐτὸ τὸ πνεῦμα συμμαρτυρεῖ）并同时做证，我们是上帝的儿女。"】[122] 我们自己的灵借着呼叫"阿爸，父"做了此见证，而圣灵对此予以认同，同时做证。

---

[118] 对立于Ritschl, *Die christliche Lehre von der Rechtfertigung und Versöhnung*, 2:353。
[119] 中注：见荷文版259页。"林后四13"后的问号乃巴文克所加。
[120] Philippi, *Commentary on Romans*, 1:415-416.
[121] Meyer, *Romans*, 315-316. 中注：见荷文版260页。
[122] 中注：见荷文版260页。

圣灵是如何做到的？一些人[123]认为，当我们的灵说"我是上帝的孩子"，那么圣灵就说"你是上帝的孩子"（马丁路德）。也有人说，圣灵借着将一般性的福音应许应用到我们身上而做见证（菲利皮）。还有人说，圣灵借着带领我们而做见证（罗八14），借此在带领的过程中见证我们是儿女这一事实。这乃是透过我们里面新的属灵生命完成；我们在此新生命中意识到自己是上帝的儿女，并做见证（梅耶）。正确的观点很可能是加尔文的观点：上帝的灵的见证首先是（罗八14；加四6）祂见证我们是上帝的儿女，然后在此见证中并透过此见证，引导我们（罗八14），借此有力地激励我们呼喊"阿爸，父"（罗八15；加四6）。祂藉此在我们里面唤醒新生命（罗八10），并以大能将福音的应许应用在我们身上。圣灵的见证给予我们的方式各不相同，但正是通过以其中一种方式或所有方式而在我们里面做见证。借此，祂激发了我们灵里的信靠，从而不仅祂（加四6），而且我们在祂里面（罗八15），确信地呼叫"阿爸，父"。海德格尔[124]正确地论到，我们的灵做见证，因为它呼叫"阿爸"；上帝的灵透过祂的**恩赐**（信心、重生等）和祂的**圣言**（祂在圣言中安慰我们，教导我们，宣告信者蒙福等），与我们的灵一同做见证（或更佳表述：前行吧，我们全然依靠祂）。

但除此之外，圣灵使我们意识到自己被收养，乃因着祂引导我们："因为凡被上帝的灵引导的，都是上帝的儿子"（ὅσοι γὰρ πνεύματι θεοῦ ἄγονται；罗八14）。希腊文动词 ἄγονται（现在时态被动语态指示词）的意思是经常、不断地工作，被引导（参 加五18），有别于《彼得后书》一21中所说的带领、背负，那里的现在时态被动语态分词 φερόμενοι（源自 φέρω，意为"承受、背负、忍受"，而非源自 φορέω，意为"相当长的时间、定期地承受"）表示间歇性的、瞬间的背负。[125]那些被引导之人都是"上帝的儿子"（υἱοὶ θεοῦ εἰσιν），而不是奴仆（δοῦλοι）。也就是说，他们是上帝的儿女，他们拥有圣灵作为他们生命决定性、推动性的原则。其结果就是，凭着圣灵的引导，他们治死了"肉体的恶行"（πράξεις τοῦ σώματος；罗八13），并行在圣灵的新生中（罗七6；加五25）。在此圣灵的引导中，他们是被动的，而现在成为主动的。那么，所有的美德也都是圣灵的果实（加五22-23），上帝的爱由圣灵浇灌在我们心里，成为我们意识的内容（我们知道上

---

[123] Schneckenburger, *Vergleichende Darstellung*, 1:71-74.
[124] Heidegger, *Corpus Theologiae Christianae*, 2:411-412 (locus XXIV, §77).
[125] 英注：这里的重点是，《彼得后书》一21中的"被圣灵感动"是特别为了启示和默示，因此需要与圣灵在信徒身上的救赎行动予以区分；后者是持续的。

帝爱我们；罗五 5）。这一切的结果就是我们有平安，就是上帝的平安（腓四 7，9；帖前五 23），还有在圣灵里的喜乐（罗十四 17；十五 13；帖前一 6）。

（1）确据和印署

但是还需进一步论述。圣灵使我们确信，我们是上帝的儿女就是我们信心的印记和保证。一般而言，印署（verzegelen）的意思是在某处盖上烙印（在古代，最常见的方法是使用一枚有石头的戒指，而石头上有某些字母、数字、图像或谚语，这枚戒指当时被称为签环；创三十八 18；耶二十二 24；该二 23）。印署的目的各不相同[126]：（1）盖在统治者的信件和类似的信件上，以确认内容（斯三 12-13；八 8，10；王上二十一 8；尼九 38；耶三十二 10；约三 33；罗四 11；林前 2）；（2）盖在文件上，防止其内容被公开（赛八 16；二十九 11；但十二 4；启五 5-6：有七印的书；启二十 3；二十二 10）；以及（3）用来保护物品不被亵渎或偷窃（申三十二 34；歌四 12；但六 17；太二十七 66；耶稣的坟墓）。

所以，目的有两方面：要么将某件物品置于他人无法触及的地方（2 或 3），要么将某件物品标记为真品（1）。一个人也可能被印署（结九 1-4），比如城中忠信的人从主那里领受记号，像该隐一样逃脱了被屠杀的命运（创四 15）。同样，在《启示录》七 1-4 中，上帝的仆人有十四万四千人，在他们的额头上有记号，以保护他们不受四位天使的伤害，而这四位天使被赋予了破坏地和海的能力。这显然是上帝在即将到来的大灾难中的一个非凡行动，将信徒置于败坏的范围之外，虽未置于苦难的范围之外；因此，信徒未被置于苦难范围之外，而是被置于背道可能性的范围之外。换句话说，在这非凡的苦难中，人们甚至会设法引诱选民，选民会得到圣灵的非凡恩典，继续站立得稳。[127] 此外，我们还读到了基督的印署（约六 27 下半节）：耶稣喂饱了五千人，那些惊讶的人想封他为王（15 节）。耶稣在夜里过湖，躲过了他们。但第二天众人来找他，问："拉比，是几时到这里来的？"（25 节）耶稣回答说："我实实在在地告诉你们，你们找我，并不是因见了神迹，乃是因吃饼

---

[126] 参 Staringh, *Bijbelsch zakelijk woordenboek*, 11:163–75, s.v. "zeegel"; *De Standaard* 75 (September 5, 1875); H. Zeller, *Bijbelsch woordenboek*, 2:641, s.v. "verzegelen"; P. Braun and P. Zeller, *Calwer Bibellexikon*, 872, s.v. "Siegel"。

[127] 见荷文版圣经 Statenvertaling 注释。

得饱。"（26 节）换句话说，"你是在向我寻求安逸，不劳而获的面包"。事实不应如此："不要为那必坏的食物劳力，要为那存到永生的食物劳力，就是人子要**赐给**你们的。"（27 节）**赐予**这食物的耶稣也告诉祂的听众要**做工**，因为"做工"就是"相信"："信上帝所差来的，这就是做上帝的工。"（29 节）。为什么？"因为人子是父神所印证的。"（τοῦτον γὰρ ὁ πατὴρ ἐσφράγισεν ὁ θεός；27 节）

根据凯波尔的说法[128]，这意味着食物在基督里，但不是供人取用；不，基督是由父所印证的。祂是一个被印署的泉源，只为那些有钥匙的人，即做工之人、相信之人，流出泉水。于是，凯波尔借此理解了"用奴仆的形式和苦难的外衣遮盖耶稣弥赛亚的荣耀"，从而只有信心的眼睛才能看到祂里面的生命之粮。这是完全错误的：基督是一个敞开的泉源，完全不是封署的；食物的确是在祂里面供人取用，即供信者取用。其用意很简单：人子要赐下食物，永恒的食物，因为天父（即上帝）借着这个记号（σημεῖα）认证了祂是弥赛亚，是真正的生命之粮，祂能且会赐下永恒的食物。【这些神迹，包括使人得饱的神迹，更加是记号（σημεῖα）。上帝用这些神迹意指在耶稣身上隐藏着更大的能力、力量；它们是更高事物的指示，这也是那些得饱之人必须明白的。】[129] 据耶稣自己所说，神迹就是上帝的记号和印记，证明祂是赐下真正的粮的弥赛亚。[130] 正如《约翰福音》三 33 所说，凡领受上帝对基督的见证的人，就因此印署、证实，及实际赞同上帝是真实的。

我们现在来谈谈信徒的普通印署（林后一 21-22）。[131] 保罗曾计划到哥林多教会（虽然哥林多人指责他不愿为教会费心），曾坚定地计划要如此行。他的意图不

---

[128] *De Standaard*, October 3, 1875.
[129] 中注：见荷文版262页。
[130] 见Statenvertaling的注解以及戈德（Godet）和梅耶的注释书。荷注：巴文克的资料来源可能是F. Godet, *Kommentaar op het Evangelie van Johannes, uit het Fransch vertaald door P.J. Gouda Quint, Tweede Deel*, Utrecht 1871, 91v. (of het Franse origineel); en Heinr. Aug. Wilh. Meyer, *Kritisch Exegetischer Kommentar über das Neue Testament, Zweite Abtheilung, das Evangelium des Johannes umfassend, Sechste Auflage völlig umgearbeitet von Bernhard Weiss*, Göttingen 1880, 269v. (of een eerdere editie van dit commentaar). In beide gevallen gaat het om het commentaar op Joh. 6:27.
[131] 参Resch, "Was versteht Paulus unter der Versiegelung mit dem Heiligen Geist?"；他以此理解洗礼。洗礼被称为σφραγίς，"印记"（引自罗四11）。艾文派（The Irvingites）将印署作为单独的圣礼。英注：艾文派指爱德华•艾文（The Irvingites，1792-1834）的追随者。爱德华•艾文是一位复兴主义者，也是《圣经》预言的解释者。他在1832年推动并建立了艾文派，又称神圣大公使徒教会。

是同时为"是"和"否";他不是一个首鼠两端之人。[132] 为了明确他的观点,保罗说:"我指着信实的上帝说,我们对你所说的话(即前往哥林多的承诺),并没有是而又非的。"(18节)而保罗也证实了这一点,他说:"因为我们在你们中间所传上帝的儿子(即信实的那位),耶稣基督,总没有是而又非的,在祂只有一是。"(οὐκ ἐγένετο Ναὶ καὶ Οὔ ἀλλὰ Ναὶ ἐν αὐτῷ γέγονεν;19节)。因此,传扬信实的基督(yes-Christ)的保罗,他自己不可能是一个首鼠两端之人。基督是是的,因为上帝的一切应许,在祂里面都是是的,是阿门的。也就是说,这些应许在客观上被证实了,实现了。这是保罗诚实性的客观论据,但他在21-22节还有一个主观论据:上帝是那位"在基督里坚固(βεβαιῶν)我们和你们(以致我们一直忠于祂),并且膏我们的(καὶ χρίσας;即借着圣灵膏我们承接牧者职分)。祂(必不任我们根基不稳,因为祂)又用印印了我们(σφραγισάμενος;当然是借着圣灵),并赐圣灵在我们心里作凭据(τὸν ἀρραβῶνα τοῦ πνεύματος)";也就是说,凭据在圣灵里。在这段经文中,使徒保罗并不是说圣灵是此印鉴、保证、印记。但这确实清晰出现于《哥林多后书》五5中。保罗期望从上帝那里得到房屋,他渴望穿上衣服,然后说(5节):"为此(为要穿上衣服,使生命的必死性被吞没)培植(κατεργασάμενος)我们的就是上帝,祂又赐给我们圣灵作凭据(ὁ δοὺς ἡμῖν τὸν ἀρραβῶνα τοῦ πνεύματος)。"因此,在那灵里,保罗得到了上帝的凭据或保证,在基督再来之时,他里面的必死性将被生命吞没。[133]

保罗在《以弗所书》一13-14中列举了在基督里的诸多恩益和祝福:拣选、藉由基督宝血的救恩、万物在基督里聚集此奥秘的启示。他在第11和12节介绍了这些:"我们也在祂(基督)里面得了基业(即基督再来时的弥赛亚荣耀);这原是那位随己意行做万事的,照着祂旨意所预定的(那基业),叫祂的荣耀,从我们这首先在基督里有盼望的人,可以得着称赞。"保罗继续说(第13节):"你们(外邦基督徒;保罗此处开始缩小范围)既听见(ἀκούσαντες)真理的道(之后)[134],就是那叫你们得救的福音,也信了基督,既然信祂(ἐν ᾧ καὶ πιστεύσαντες)[135],就受

---

[132] 英注:第17节:"我有此意,岂是反复不定吗?我所起的意,岂是从情欲起的,叫我忽是忽非吗?"
[133] 这近似于荷文《圣经》Statenvertaling的注释。但后者补充道,圣灵把上帝赐给我们,"是为了使我们确信(我们的荣耀)"。
[134] 英注:巴文克用的是"在……之后"(after; nadat),而不是"当……时"(when)。
[135] 英注:我们此处同时沿用了两个主要文本(1550 Stephanus New Testament)和现代批判版本(Tischendorf/Nestle-Aland)的πιστεύσαντες;巴文克的文本有ἐπιστεύσαντες。

了所应许的圣灵为印记。"第 13 节中的两个"在祂里面"指的是基督[136]，于是可以紧随"相信"或"受……印记"。甚至可以更好地用以下方式来读："在这当中（即在救恩的福音中），你们已信了（即在你们信了之后），就藉所应许的圣灵被印署（ἐσφραγίσθητε τῷ πνεύματι τῆς ἐπαγγελίας ἁγίῳ）。"因此，顺序如下：听、信、受洗、领受圣灵（罗六 3-4；多三 5；加三 2；四 6；徒二 37；八 12；等）。你们信了以后，就被印署，即被确立为弥赛亚王国的后嗣，不是在别人面前确立的，而是在自己的意识里确立的（罗八 16）[137]，即借着应许的圣灵（the Holy Spirit of promise），也就是所应许的圣灵（the promised Holy Spirit）。这圣灵（弗四 14）是我们在弥赛亚的荣耀里"得基业的凭据（ἀρραβὼν τῆς κληρονομίας ἡμῶν），直等到上帝之民被赎（εἰς ἀπολύτρωσιν τῆς περιποιήσεως）"，直到在基督再来时祂自己的、祂所得回的子民得着最后的救赎。这些人已经被得回[138]（即正在被得回）[139]，并被保守[140]，使"祂的荣耀得称赞"。

保罗在《以弗所书》四 29 告诫说："污秽的言语一句不可出口，只要随事说造就人的好话，叫听见的人得益处。"对此，他又说（30 节）："不要叫上帝的圣灵担忧；你们原是受了祂的印记，等候得赎的日子来到（ἐν ᾧ ἐσφραγίσθητε εἰς ἡμέραν ἀπολυτρώσεως）。"这意思是说：不要使圣灵忧伤，以致你们不再能听到祂对你们是上帝儿女所做的见证（罗八 16），你们透过祂得了这么大的好处，即在祂里面并靠着祂，直到基督再来时救赎的日子，并为了此日子，而被印署（得了救赎的确据）。

我们还必须将这些观点与《罗马书》八 23 进行比较：不仅一切受造物都在叹息，我们信徒自己也是如此，纵使我们已经有了圣灵初熟的果子（ἀπαρχὴν τοῦ

---

[136] 与马丁路德、哈勒斯、奥尔斯豪森（Olshausen）等人的观点一致。英注：字面意思是"在祂里面……听见了真理的道"（ἐν ᾧ καὶ ὑμεῖς ἀκούσαντες τὸν λόγον τῆς ἀληθείας）和"在祂里面信了的，就领受了印记"（ἐν ᾧ καὶ πιστεύσαντες ἐσφραγίσθητε）。

[137] 英注："这印署是未来弥赛亚救恩的不容置疑的保证，而这救恩是通过圣灵而非**在他人面前**的证明，**在自己的意识中所领受的**（罗八16）。" Meyer, *Ephesians*, 331, on Eph. 1:13.

[138] Meyer, *Ephesians*, 332-333.

[139] 见荷文版《圣经》Statenvertaling的注释。

[140] Bengel, *Gnomon*, 4:69, on Eph. 1:14："这将来的**释放**或**救赎**，借着增加了**坚忍**（τῆς περιποιήσεως），（保存**所购买的财产**），有别于靠着基督的宝血所成就的救赎，因此有《帖撒罗尼迦前书》五9，《希伯来书》十39中的περιποίησις σωτηρίας和ψυχῆς——περιποίησις指的是当其他一切事物都灭亡时那仍然存在的事物。《七十士译本》王下十四12（13）。"

πνεύματος），也就是与将来圣灵的完全产业形成对比的最初一部分圣灵的产业。虽然这些初熟的果子印署了我们被上帝收养（υιοθεσία）和基业（κληρονομία），但我们因有圣灵作为（即将来的荣耀状态）最初恩赐而翘首相望，因而圣灵确保我们有许多恩赐要来到。[141] 我们也在内心叹息，因为我们期待我们被收养，也就是我们的身体得赎。也有人将"圣灵初熟的果子"理解为部分属格（partitive genitive），也就是初熟的果子与后来的信徒形成对比。[142] 我们不禁思想：初期信徒是否比我们这些后来者更少领受圣灵？［其他人将此理解为，圣灵是初熟的果子，这里是一个同位或解释性属格（appositive or epexegetical genitive），这是正确的！］

此外，我们注意到《哥林多前书》二 10-16，特别是 12 节。[143] 在 6-16 节中，保罗希望能呈现这个概念：我们在那些完全人中间显出智慧，不是属世的智慧（即对那些认为十字架是愚拙的人），而是更高的智慧，借着圣灵启示给我们，因此只有被上帝的灵充满的人才能明白。我们在第 10 节读到，上帝借着祂的灵将这智慧（眼睛未曾看见等）启示给我们，因为只有圣灵才能做到这一点，因为祂参透万事，甚至是上帝深奥的事也参透了。因为如同我们人的灵寻找我们是什么，除了祂的灵（因此祂是上帝的意识），没有人知道上帝。正如第 12 节所说："我们所领受的并不是世上的灵，乃是从上帝来的灵，叫我们能知道上帝开恩赐给我们的事（ἵνα εἰδῶμεν τὰ ὑπὸ τοῦ θεοῦ χαρισθέντα ἡμῖν）。"另一种表述是，"使我们能知道上帝已赐给我们的弥赛亚国度的恩益，且我们有一天总要继承。"[144] 换言之，以前隐藏的恩益、智慧的内容，现在在十字架上显明，是眼睛未曾看见的等（第 7-9 节）。在第 13 节，保罗继续说："并且我们讲说这些事，不是用人智慧所指教的言语（辩证法等），乃是用圣灵所指教的言语，将属灵的话（πνευματικά）解释属灵的事（πνευματικοῖς）。""属灵的事"指的是物质性的事物、智慧的内容，也是属灵的事物，是用属灵的话教导，与人的智慧或哲学论述无关。这样的推理内容和形式不是"属血气的人"（ψυχικὸς ἄνθρωπος）所能理解的（14 节），而是"属灵的人"（πνευματικός；15 节）在上帝之灵的开悟下，判断或评价发生在他们身上的一切，并按其真实的代价来评估（ἀνακρίνω）；他们能够察验（δοκιμάζω）一切（帖前

---

[141] 英注：Philippi, *Commentar über den Brief Pauli an die Römer*, 2:98-101, on Rom. 8:23；另外一个可能的资料来源是Weiss, *Biblical Theology*, 1:447–53 (§83)。

[142] 根据 Meyer, *Romans*, 327, on Rom. 8:23。

[143] "我们所领受的，并不是世上的灵，乃是从上帝来的灵，叫我们能知道上帝开恩赐给我们的事。"

[144] Meyer, *Epistles to the Corinthians*, 47, on 1 Cor. 2:6.

五 21）。同时，属灵的人（πνευματικός）本身不被任何人理解、看透（ἀνακρίνεται）；后者不是"属灵的人"。然而，这里说的是圣灵，而不是我们自己，使我们有认识上帝的智慧；这属于我们里面的圣灵给基督所做的见证，而不是给我们自己所做的见证。[145]

此外，请思想《以弗所书》三 16-19：保罗为以弗所人祷告，求上帝"藉着祂的灵，叫你们心里的力量刚强起来（κραταιωθῆναι διὰ τοῦ πνεύματος αὐτοῦ εἰς τὸν ἔσω ἄνθρωπον），使基督因你们的信，住在你们心里，叫你们的爱心有根有基（ἐν ἀγάπῃ ἐρριζωμένοι καὶ τεθεμελιωμένοι），能以和众圣徒一同明白基督的爱是何等长阔高深，并知道这爱是过于人所能测度的，便叫上帝一切所充满的，充满了你们。" 又见《以弗所书》四 23："又要将你们的心志改换一新"（ἀνανεοῦσθαι τῷ πνεύματι τοῦ νοὸς ὑμῶν；参 罗十二 2；林后三 18；四 16；弗二 20；多三 5；约壹三 24；四 13）。还有一段经文："那赐诸般恩典的上帝曾在基督里召你们，得享祂永远的荣耀，等你们暂受苦难之后，必要亲自成全你们，坚固你们，赐力量给你们。"（彼前五 10）[146] 也就是说，将你们安置在一个好的地方，带来秩序、恢复，避免缺陷，然后安排、装备、准备、完成。因此，在这种情况下，这段经文的意思是"以这样的方式来恢复，使你们身上不留任何缺陷"。彼得继续用另一个希腊文动词来强调这一点：同一位赐诸般恩典的上帝，"必坚固、保护、确证你们"[147]，也就是坚固、鼓励，使人坚忍，使人坚定。同样，保罗也为帖撒罗尼迦人祷告："但愿我们主耶稣基督和那爱我们、开恩将永远的安慰并美好的盼望赐给我们的父神，安慰你们的心，并且在一切善行善言上**坚固**你们。"（帖后二 16-17）。换句话说，愿上帝找到你，坚固你，使你安全坚固和坚定，就像建在磐石上的房子一样（太七 25；参弗三 17；西一 23）。

（2）对确据的觉知

现在让我们总结释经：圣灵**收养**、**引导**并**印署**。信心是（通过圣灵的预先工作）

---

[145] 英注：见上节第4点"圣灵的见证和印署"。
[146] 英注：这里翻译了巴文克自己对《彼得前书》五10的翻译。巴文克用两个拉丁文动词 restituere（恢复）和 constituere（建立）来定义动词 καταρτίσει（整理有序、恢复）。
[147] 英注：新的希腊文动词是 στηρίξει（建立、确立、确认、加强）。巴文克试图用两个荷文单词，即 vasstellen（固定、确定、基于……决定、命定）和 bevestigen（固定、保全、确认、验证）来捕捉这些意思。

由听道在我们里面生出。由于这个信心，我们被称为义，客观上**被收养**。此后，我们（在作为领受宽恕之保证的洗礼中）领受圣灵，祂是收养（υἱοθεσία）的灵。这圣灵使我们意识到，在信心中，**收养**已经客观存在，因为圣灵自己在我们里面呼叫"阿爸！父！"（加四 6；参罗八 15）。换句话说，"圣灵亲自与我们的灵同证"（罗八 16；参约壹三 24；四 13）。这明确发生在我们的意识**之中**。但在此之外，保罗还教导圣灵会"引导"，因为祂是新生命的原则，能坚固生命（弗三 16；多三 5），在我们里面结出果子（加五 22），并把上帝的爱浇灌在我们心里（罗五 5）。"浇灌在我们心里"的上帝的爱，肯定是指上帝爱我们的这一意识，指唤醒我们内心的平安和喜乐的一种意识（罗十四 17；十五 13；帖前一 6 等）。这也不会发生在我们的意识**之外**。第三，圣灵印署。在信徒相信之后，上帝印署所有信徒（弗一 13），以圣灵为凭据、印记（林后五 5；弗一 14；四 30），着眼于或为了永远的荣耀（林后一 22；五 5）。

圣灵是那荣耀的"凭据"（ἀρραβών；弗一 14）和"初熟的果子"（ἀπαρχή；罗八 23），从而证实我们的信心，使我们在基督里坚忍（林后一 22）。我们就这样得以预备、得以建立、得以坚固、得以扎根（彼前五 10）。这也不是发生在我们的意识之外。意识之外的坚固或印署又会是什么呢？印署恰恰在于此，即在赐给我们信心之后，圣灵（通过圣言、祂的恩赐、祂的引导）在我们里面做工，让我们意识到：我们是上帝的儿女。这样，圣灵就坚固我们，确认我们被收养，着眼于将来的荣耀，从而我们以确信的程度知道我们会得救，并更紧紧地抓住基督（林后一 22），确认我们的呼召和拣选（彼后一 10）。

这样，保罗尽可能清楚地教导，我们可以意识到我们的信心，这种意识是绝对可靠的，因为它是由圣灵在我们里面做成的，而且这种确据不仅与我们现在的状态有关，也与我们将来的永恒状态有关。印署是上帝的行为，借此祂在我们（包括焦虑之人）所领受的圣灵中，（通过圣言、生命、我们里面的恩赐、引导）对我们的意识说，我们是上帝的儿女。我们得以认识将来荣耀的保障、凭据和初熟的果子，从而确信自己必得救。因此，圣灵不是我们的凭据，而是将来荣耀的凭据，是为我们并赐予我们的凭据。我们知道这点，也意识到这一点，因为圣灵透过圣言和恩赐，在我们里面做见证、引导我们，是我们生活的原则。

所有的信徒在相信的那一刻都会立刻领受圣灵，即使他们的信心是如此软弱，即使他们是如此焦虑。那圣灵是并仍是这些信徒将来荣耀的凭据、印记。虽然他们在客观意义上得以确信和印署，但只有当圣灵在信徒身上以大能做工，以至于信徒可靠地知道"我是上帝的孩子，我有圣灵，在圣灵里我有荣耀的凭据"，信徒才真正得以确信和印署。因此，印署和确信透过圣灵，在我们的意识中，是我们得荣耀的凭据。因此，一方面，它不是特殊的、非凡的启示（如基督公教和许多敬虔之人所认为），因为圣灵的见证是靠圣言（文本）、我们的信心和圣灵的引导（善行）被介导的。[148]

另一方面，印署与归信、信心的灌注、重生不等同，而是属灵生命发展（由圣灵做成）的一个时刻，有别于其他时刻。这个印署在一个人身上比在另一个人身上更晚发生的原因，在于这个人并不完全拥有圣灵在我们里面见证我们是上帝儿女的三种途径，也就是对圣言的无知，或不信，或缺乏善行。圣灵对我们是上帝儿女，因而也是对我们未来荣耀的见证，是至高、绝对、可靠的。这是一个人唯一可以绝对确定的。之所以如此，是因为圣灵、上帝自己，住在我们里面，并在我们里面做见证；只因如此，一个人才可能有绝对的确据（certitudo）。本章下文要讨论的其他见证——圣言、信心、善行——都从属于圣灵的见证。正是通过圣灵，这些渠道给我们带来确据，并且在圣灵通过它们对我们说话的意义上，我们依赖这些渠道。[149]

这也是改革宗的观点。加尔文[150]把这印署确切地与我们参与基督的确据联系在一起。荷文版《圣经》Statenvertaling 的注释对《哥林多后书》一22 中的"印署"有类似解释："即藉着祂的印章来印署，即我们与基督相交的印署，因而是我们被收养为上帝的儿女和后嗣的印署。"对《以弗所书》一13 的注释也教导，印署生发于信心之中，并作用于信心："赦罪的应许，我们被收养为儿女，以及我们永恒的奖赏，这些都在福音中赐给我们，并由我们在信心中转化己用。在这些之外还有圣灵的印署，就是在我们里面的上帝形像的重生或更新。"圣灵的印署"在我们相信基督之时就已铭刻（在我们的灵魂上），使我们越来越确信祂应许的实现。"《以弗所书》四 30 的注释则说到"确信将来的救赎"。所以，海德格尔也问道，如果信徒没有意识到圣灵的印署（obsignatio Spiritus Sancti），那么圣灵的印署又

---

[148] 这些问题将在下文第5至7点予以进一步讨论。
[149] 加尔文也如此认为；见本章开头的讨论。
[150] 见 Calvin, *2 Corinthians, Timothy, Titus, Philemon*, 23, on 2 Cor. 1:21-22; Calvin, *Galatians, Ephesians, Philippians and Colossians*, 131-132, on Eph. 1:13-14; similarly, Calvin, *Institutes*, III. ii.17, 18, 24; II.xxxii-xxxvi; 见本章前面的讨论。

是什么呢？[151] "（人）的确不是作为受洗的无理性的羊而被铭刻（在圣约中）的"（non enim ut oves irrationales signantur, sicut baptizati），而是作为那些被赐予内在印记的人而被铭刻，使他们知道"他们是上帝的儿女"（se esse filios Dei）。圣灵"使我们确信我们会得着全部的基业"（certos de tota haereditate；καθ' ἡμᾶς; secundum nos）；祂是将来全部基业的凭据。圣灵通过圣言和祂的恩赐在我们里面做见证。[152] 在后面的章节中[153]，海德格尔处理了反对意见：但是我们怎能知道我们是上帝儿女的这一见证是来自圣灵的呢？有没有可能见证本身（secundum se）是肯定的、可靠的，而对我们而言（καθ' ἡμᾶς secundum nos）却并非如此呢？海德格尔的回答是否定的，见证对我们而言也是肯定的、可靠的。[154] 我们的灵对圣灵在我们里面的见证，可以像对《圣经》的真理一样确定。同样的见证不可能既来自圣灵，又来自魔鬼，否则圣灵的见证——"我是拯救你的"（诗三十五 3）——和魔鬼的诡计——"平安，平安"（参 结十三 10）——就没有区别了。魔鬼永远不会激励人呼叫上帝"阿爸，父"。信心、爱心、平安等都只是圣灵的果子。

我们在马斯特里赫特（van Mastricht）和魏特修（Witsius）那里发现了同样结论：印署在于神圣的圣洁、良善、救赎、喜乐更深的铭印（原则上我们在重生中领受了这些印记），信徒据此确信他们是上帝的儿女。[155] 德奥特莱因（D'Outrein）认为，上帝的应许在重生时写在了我们的心里，并且教会是基督的信件。然而，除此之外，随着信徒借着圣灵通过将应许应用在自己身上而更加确信，印记仍然会印上这应许。确据是从印署中生长出来的一部分，一个分支。[156] 伯曼（Burman）认为，印署透过圣灵在灵魂中运行，特别是透过信心本身而出现。[157] 对法兰肯（Francken）而言，印署是上帝形像更深的印章，信徒据此认出自己是上帝的儿女。[158]

那么，圣灵的印署包括了**两方面**的行为：客观的和主观的。客观上，圣灵的印署是上帝形像在我们里面更深的印章，包括关于上帝在《圣经》中应许的光照，在

---

[151] Heidegger, *Corpus Theologiae Christianae*, 2:411 (locus XXIV, §76).
[152] Heidegger, *Corpus Theologiae Christianae*, 2:411-412 (locus XXIV, §§76-77).
[153] Heidegger, *Corpus Theologiae Christianae*, 2:413 (locus XXIV, §78).
[154] 参F. Turretin, *Institutes of Elenctic Theology*, 2:622–23 (XV.17.xvii-xviii).
[155] Van Mastricht, *Theoretico-Practica Theologia*, I.vi.9, §9 [3:457]; Witsius, *Economy of the Covenants*, 2:73–76 (III.13.xxxiv–xxxvii).
[156] D'Outrein, *Proef-stukken*; see *De Standaard* 80 (October 10, 1875).
[157] Burman, *Synopsis Theologiae*, VI.x.21.
[158] Francken, *Stellige God-geleertheyd*, 2:319-335; chap. 33: "Van de Bewaaring en Verzegeling"（论保守和印署）。

信、望、爱、美德等方面的肯定，也就是在圣言和恩赐中被坚固。主观上，圣灵的印署是关于我们对在我们里面上帝形像的意识得着光照，从而我们认识到那个形像是上帝的形像，承认我们自己是上帝的儿女（这时便等同于确据）。主观意义上的印署不是一种直接、特殊的行动或启示，而是通过客观意义上的印署而介导。客观的印署与成圣相一致，上帝的形像在我们里面逐渐完成。在此客观意义上，每个信徒多少都受了印署。主观的印署（承认我们自己是上帝的儿女）偶尔会渐渐发生，有时会骤然而至，但总是通过渠道（介导性地）发生；直接印署并不存在。从《以弗所书》四 30 来看，圣灵总是通过圣言、信心和爱介导性地见证。[159] 有些人没有获得主观印署的原因，可能在于我们对大前提的无知（假如我们不清楚上帝的一些应许），有时是对小前提（我们自己的状态）的无知。时有的情况是，通过各种事情（一段经文、一首诗篇、一次讲道、一位敬虔之人的一句话），大前提或小前提突然被阐明，且一旦我们清楚了小前提或大前提（或两者兼而有之），就会有把握地得出结论：若是这般，那么我也是归信了。

（3）获得确据的渠道[160]

5. **圣言**。作为印署、确据的创造者，圣灵带我们到了【这一目的地（daartoe）】；祂首先通过圣言向我们显明大前提 —— 上帝的应许是真实的。[161] 圣言以及圣礼（一言概之，上帝的应许）始终是我们确据的客观基础。[162] 信心必须将其确据建基于圣言之中。这些根基数不胜数；请思想我们提到的与圣徒坚忍（perseverantia sanctorum）有关的所有经文：上帝，祂的属性（信实、良善、爱、大能等），用圣礼誓言所确认的恩典之约的永续，上帝对归信的喜悦；基督的爱、恩典、神人二性，祂的位格和工作，祂的职分和状态；同样，圣灵的工作，祂如何存留在我们里面，

---

[159] F. Turretin, *Institutes of Elenctic Theology*, 2:622–23 (XV.17.xvii-xviii).
[160] 英注：巴文克沿用了 17 世纪灵修作家的实践三段论结构。大前提：上帝在基督里应许的客观真理。小前提：借着自省的方式，确定我拥有那些得救者特征的证据。结论：我自己得救的确据。
[161] Calvin, *Institutes*, III.ii.21; III.xiv.18–20; Heidegger, *Corpus Theologiae Christianae*, 2:410 (locus XXIV, §73), 413 (locus XXIV, §79); Polanus von Polansdorf, *Syntagma Theologiae Christianae*, IV.9 (from Heppe, *Reformed Dogmatics*, 130, 423).
[162] Heidegger, *Corpus Theologiae Christianae*, 2:411 (locus XXIV, §76), 417 (locus XXIV, §90); E. Erskine, "Assurance of Faith," 141-187.

施行安慰等。《圣经》中充满了信徒可以仰赖的应许。现在，《圣经》确实概括地论到：信者就必得救。它没有说：你、他、她得救了。但特殊包含在一般之中，普遍中含有特异。然而，无论这些应许何等坚定、如何丰富，我们很可能都会视而不见。对这些应许的怀疑可以借着各种理由进入我们的灵魂，这些理由包括撒旦的耳语，历史批判主义[163]，对《圣经》的误解和无知，以及各种怀疑：上帝，甚至是基督，会希望得着我此等大罪人吗？我是否属于被上帝呼召的人？讲台上的讲道和牧养探访，必须借着强调上帝应许的永续性、丰富性、广泛性、全能性等，反驳这些对大前提的怀疑。这是基础性的，且必须得到确立。这就是圣灵通常把人从这些疑惑中解救出来的途径。借着讲道、探访、读经等方式，圣灵偶尔会降下新的亮光，从而我们突然看到应许的永续，并得着确信。

圣灵偶尔也会通过将某节经文置于我们的灵魂上，而带来新的亮光（常常以预防性的方式！）。人们会说，"那句经文，那首诗篇，进入了我的灵魂"，"我能够认同那节经文"，"我被那节经文说服了"。圣灵应用上帝的圣言。这是很明显的。但我们必须警告，不要让随机的《圣经》经文侵入我们的意识，也不要执着于它们。但是，**所要确定的准则**是：偶遇这样的经文仍不能一锤定音，即使这种偶遇引起了如此澎湃的感情 [试想克伦威尔（Cromwell）]；这就是神秘主义。我们只有在自己的内心找到了那节经文所说的内容，才可以把那节经文应用到自己身上。例如，"主未尝留下一样好处不给那些行动正直的人"（诗八十四 11），这句话只有在我行动正直的情况下才能适用于我。因此，这样的偶遇无济于事；然而，许多敬虔之人恰恰把这种偶遇当作上帝的灵在做工的证据。但这种偶遇本身并不能证明什么。很多进入我们灵魂的事物都是立即出现的（例如，绝妙的洞见，特别是在艺术家中），因为中间事物已经从我们的意识面前消失了。然而，这些进入我们灵魂的事物仍然是被介导的，甚至源自我们有罪的心灵。人们把这样的偶遇当作神圣的直接证据，这是可以理解的，但要予以拒绝。此外，从确立的准则可以知道，与这种随机偶遇的经文相关的重要方面不是方式或形式，而是实质、内容。如果我们真的遇到了这样的经文，那么我们必须先研究那节经文说了什么；如果我们自己的情况和经验似乎可以归入所遇经文，那么我们才可得出结论。一个结论只能从两个前提中得出，一个是大前提，一个是小前提（正确地归入该前提）。虽然凯波尔赞同这是一种"可爱的习俗"（liefelijk gebruik），但我们必须拒绝"在紧急情况或绝望中打开《圣经》，

---

[163] 参 *RD*, 3:36-39, 357。

以求得到从上帝而来的决定"。至少如果这并不意味求教于（raadplegen）《圣经》（这是好的），而只是随机打开《圣经》，然后紧紧抓住第一个打动我们眼睛的合适文字。[164] 这就是穆斯林对《可兰经》的做法，而且这是一种迷信的习俗，在《圣经》中没有确证的例子。

6. 信心。第二，圣灵借着照亮小前提、我们灵魂的状态，在我们里面做成确据。在上一节（5. **圣言**）中，我们就《圣经》、上帝的应许、基督等方面，描述了在我们里面的圣灵的见证。这是一个介导性的见证；圣灵通过信心（重生、称义、收养）和盼望，把这个见证存入我们里面。确据是信心的一个属性。现在，在这一节中，我们要考量圣灵在我们里面所提供的关于我们自己的见证。正如认知（knowing）最终也包括自己所知道的认知，即认知的反身性行为（actus reflexus），信心同样也带来相信，并包括自己所相信的相信（believing），即信心的相互包含的（weeromsluitende）行为。换言之，根据其自身本性，认知包括关于认知的意识，一个人认知的确定性。信心亦然。在其范畴中，信心是一种"直接的行为"（actus directus），从基督那里接受、领受，但之后又反过来，知道它自己就是信心。《圣经》许多例子都明显了这点："我信！但我信不足，求主帮助。"（可九 24）"我们已经信了，又知道。"（约六 69）"祢知道我爱祢。"（约二十一 17）"我知道我所信的是谁。"（οἶδα ᾧ πεπίστευκα；提后一 12）但对信心的本性的描述也显明了这一点。人必定有可能意识到自己的信心（参 哀三 40；番二 1；林前十一 28）；否则，保罗不可能在《哥林多后书》十三 5-6 警告说："你们总要自己省察（δοκιμάζετε）有信心没有，也要自己试验。岂不知（ἐπιγινώσκετε）你们有耶稣基督在你们心里吗？"阿奎那也承认我们可以知道这一点，但是，正如海德格尔所指出的，"他（阿奎那）不恰当的补充，这是根据智性，而非果效而言"。而贝拉明则试图反驳这段话。[165]

耶稣亲自应许："到那日（当我在圣灵里再次来到你们面前），你们就知道（γνώσεσθε）我在父里面，你们在我里面，我也在你们里面。"（约十四 20）公认的相关经文是《约翰壹书》五 6-12：主要思想是耶稣是上帝的儿子，由神圣见证

---

[164] Kuyper, *De hedendaagsche Schriftcritiek*, 15. 奥古斯丁在《忏悔录》第八章12节中也是这样做的，并诉诸《罗马书》十三13。另外，这通常与罗马人有关，de la Saussaye, *Manual of the Science of Religion*, 139："一种特殊的摇签方式包括随意打开一本书……可以肯定的是，罗马诗人（sortes virgilianae），以及后来的《圣经》，经常被用于这一目的。"参 Ritschl, *Geschichte des Pietismus*, 2:16。

[165] Heidegger, *Corpus Theologiae Christianae*, 2:414 (locus XXIV, §81): "Sed ineptè addit: Secundum intellectum, non effectum." 见本章开头的讨论。

所验证的。[166] 耶稣是"藉着水和血来的"（ὁ ἐλθών；6 节）那一位。对此有很多解释。【例如，荷文《圣经》Statenvertaling 的注释认为它是从基督流出来的水和血，象征着圣灵施行洁净的水和赎罪的血。奥古斯丁认为它是基督设立的两个圣礼。卡普佐夫（Carpzov）把它当作施洗约翰为基督所行的洗礼和基督的赎罪之死。特土良认为最后一种的可能性最大。】[167] 最有可能的解释是：当基督就任职份时，不单透过水（即洗礼），也透过血。幻影论派承认洗礼，但否认血，认为耶稣的神性在祂受苦前就已退去。使徒在第 7 节补充道："（住在教会中的）圣灵做见证（耶稣是上帝的儿子的；约十五 26），因为圣灵就是真理。"（圣灵为圣灵做见证，这在上下文中是不相关的概念。）【因为有三个见证者 [天上的是圣父、圣道、圣灵，这三者合一（ἐν εἰσί)]，并且地上也有三个见证者。（这些话并非必然适合上下文。虽然不清楚它们在这里有何贡献，与地上的三个见证者有何关系。此外，天上的见证是什么，对我们有何益处？）地上的三个见证者就是灵、水、血。这三者也合一，指向同一个见证。】[168] 而这个见证非常重要，因为"我们既领受人的见证，上帝的见证更该领受，因上帝的见证是（透过圣灵，水和血）为祂儿子做的"（9 节）。上帝客观的见证的目的是要我们相信耶稣是上帝的儿子。因此，"信上帝儿子的，就有这见证在他心里"（ἔχει τὴν μαρτυρίαν ἐν αὑτῷ；10 节）。对这样的人而言，上帝客观的见证已经变成主观的见证；他们感受到了主观见证的能力。与此相反，"不信上帝（作为见证者）的，就是将上帝当作说谎的，因不信上帝（透过圣灵，水和血）为祂儿子做的见证"（10 节）。而那主观见证的能力就在于："这见证就是上帝赐给我们永生；这永生（与祂的儿子同在，并且）也是在祂儿子里面。"（第 11 节）凭借主观见证的能力，上帝客观的见证也为信徒确立了。所以，"人有了上帝的儿子就有生命，没有上帝的儿子就没有生命"（12 节）。因此，这里所教导的是，与耶稣儿子身份有关的客观见证是圣灵、水、血，而主观见证则与之相对应，客观见证借此在我们里面成为有效的永恒生命。

此外，显而易见的是，确据是信心的标志，因为它被称为"所望之事的实底，是未见之事的确据"（ὑπόστασις ἐλπιζονένων, πραγμάτων ἔλεγχος οὐ βλεπομένων;

---

[166] 参 R. Erskine, "Believer's Internal Witness", on 1 John 5:10；他认为"水"是指重生，"血"指称义。
[167] 中注：见荷文版270页。
[168] 中注：见荷文版270页。

来十一1）。其他经文对信心也有同样说："我们因信耶稣，就在祂里面放胆无惧，笃信不疑地来到上帝面前。"（弗三12）"当存着诚心和充足的信心来到上帝面前。"（προσερχώμεθα μετὰ ἀληθινῆς καρδίας ἐν πληροφορίᾳ πίστεως；来十22；参十一6；帖前一5）。信心的确据也借着圣灵的果子（信心的果子）表现出来。这果子包括我们在苦难中夸口、平安和喜乐（罗五1-5）。[169] 基督徒的盼望也是如此教导[170]：我们得救在乎盼望（罗八24）；"盼望不至于羞耻"（罗五5），而是倚靠上帝的信实（来十23）。盼望不只是一个意见，而是"活泼的盼望"（ἐλπίδα ζῶσαν；彼前一3），充满"胆量"和"夸口"（παρρησία；καύχημα；来三6，14；林后三12），有"完全的确据和确定"（πληροφορία；来六11）。贝拉明反对盼望的确据是徒劳的[171]。根据《圣经》的观点，盼望是对未来救恩一种明确无疑、确定的期盼。

5. 属灵生命中的焦虑和信心标志

这是改革宗早期的信心观。[172] 根据奥勒维安努斯（Olevianus）的观点，"信心的确定性……就像它的本质属性（certitudo fidei essentialis proprietas）"。[173] 这种把信心看成是坚定、确定的信靠的观点[174] 一直占主导地位，直到17世纪上半叶。[175] 那时，怀疑和不确定出现了，绝大多数的信徒是焦虑的，摇摆不定，迟疑不决。特

---

[169] 参Heidegger, *Corpus Theologiae Christianae*, 2:413 (locus XXIV, §80); F. Turretin, *Institutes of Elenctic Theology*, 2:626 (XV.17.xxii).

[170] Heidegger, *Corpus Theologiae Christianae*, 2:415 (locus XXIV, §84).

[171] Heidegger, *Corpus Theologiae Christianae*, 2:415 (locus XXIV, §84).

[172] Calvin, *Institutes*, III.ii.14-16.

[173] Heppe, *Reformed Dogmatics*, 586.

[174] 另见《海德堡要理问答》第21问答："真信心不仅是一种确定的知识，我据此把上帝在《圣经》中启示给我们的一切当作真实；它也是一种全心全意的信靠，是圣灵通过福音在我心中造成的。" *RD*, 4:110-118.

[175] 《旌旗报》（*De Standaard*）周日报。荷注：巴文克很可能是指[A. Kuyper], 'De Verzegeling (Slot)', in: Zondagsblad van De Standaard, n o 83 (31 oktober 1875): 'Van die verzegeling wisten ook onze Hervormers en heel het geslacht dat door hen gekweekt werd, en juist deswege bestreden ze zoo volhardend het Arminianisme, dat deze zekerheid loochenend, de zenuw der vertroosting in onzen Christelijken godsdienst doorsneed. Ze bleef nog nawerken tot in de zeventiende eeuw. Maar sinds ging ze te loor […] Daarop volgde een tijd van geestelijke verslapping'.

别是在实践派作家中，这逐渐产生了无尽的、精致的、时常微妙的基督徒的标志。"如何知道自己是蒙拣选的？"（借着信心）这个问题被另一个问题所取代："一个人怎么知道自己是有信心的？"这是改革宗教会中获得确据的最常见的途径。一方面，人们说必须要获得确据；另一方面，人们极力抵制热烈的情感：这种确据不能通过特殊启示而来。惟一剩下的途径就是检验和自省：我是否拥有那些《圣经》将其与救恩相联并赐予应许的标志？因此，标志的目标就是要回答以下问题：我是否有权将这个小前提（我的救赎）归入大前提（上帝的应许）之下？

有各种各样的标志；最重要的标志能识别恩典的本性，并试图回答我们是否拥有恩典这一问题。其他的标志指出了恩典的阶段：我们是幼年还是成熟者，是青年还是父老，等等。[176] 然后，还有我们的状态或境况（gestalten）[177] 的标志：我们是好或坏，我们在灵性上是患病或康健。此外，还为特定的美德和恩益，如信心、盼望、爱和敬畏上帝，编制了标志清单。布雷克就是如此行；他提供了拣选的标志[178]，信心的标志[179]，称义的标志[180]，被收养的标志[181]，平安的标志[182]，喜乐的标志[183]；这清

---

[176] 英注：见上一章讨论，特别是包括对《约翰壹书》二12-14讨论的部分（§22"属灵生命的成长"）。

[177] 英注：荷文gestalten的字意是"图形、形状、形式"。

[178] W. à Brakel, *Christian's Reasonable Service*, 1:247-250. 英注：布雷克给出了三个标志：经历上帝的呼召、信心、成圣的证据。

[179] W. à Brakel, *Christian's Reasonable Service*, 2:316-337. 英注：布雷克为区分"真信徒"和"暂时性信徒"提供了三个标志：他们对罪的忧伤、他们信心的操练、他们的圣洁实践。

[180] W. à Brakel, *Christian's Reasonable Service*, 2:406-408. 英注：根据布雷克的观点，一个人能够达到称义的"方式"，"同时也是揭示一个人被称义的证据和标志"（406）。他提出了三个方面：对自己的罪的觉知和忧伤，相信基督，以及对成圣的渴望。

[181] W. à Brakel, *Christian's Reasonable Service*, 2:428-433. 英注：布雷克首先提醒他的读者要注意称义的标志（428），然后提供了"儿子身份"的三个标志——信心、具有上帝的形像（在主里喜乐并渴望遵行上帝的旨意）、"内在的行动"（爱），并通过与"自然的儿子身份"（渴望在上帝面前，有谦卑的姿态，愿遵行上帝的旨意）进行类比的方式，进一步阐明了这些标志。

[182] W. à Brakel, *Christian's Reasonable Service*, 2:446-449. 英注：布雷克提供了五个"绝对可靠的标志，就是在反思每个人对自己开诚布公的过程中……他们确实与上帝有真正的和平：在没有经历和平的时候是不安的，在基督里与上帝和好，灵魂的内在和平，'易受损的'灵魂的温柔，以及积极的与罪斗争。"

[183] W. à Brakel, *Christian's Reasonable Service*, 2:456-461. 英注：布雷克认为，"（1）这种喜乐的本性（这喜乐是灵魂的愉悦行为，由圣灵在信徒的心中生成，祂据此使他们相信自己的状态的佳美，使他们享受恩典之约的恩益，并使他们确信未来的美好）；（2）这种喜乐的反面（悲伤）；（3）类似于这种喜乐的事物（假冒的快乐）；以及（4）这种喜乐的参考因素（对上帝的敬畏）。"

单可以应用和扩展到任何事物。最后，还有关于我们行为是善或恶的标志。[184]

我们在此要讲到恩典本质的首要标志。我们需要详述一些关键特征：

（1）一方面，我们必须指出，在多大程度上，未重生者能表现出一种提供虚假确据的充满恩典的生活[185]：未重生的人能领受什么恩赐？他们能经历什么却无恩典呢？一言蔽之，一个"伪冒的基督徒"（almost Christian）能有何等的表现，却仍不是基督徒呢？一个人可以离天国有多近却仍不在其中呢？[186] 为了避免滋生虚假的保障——撒旦和自己的心都是骗人的（耶十七9）——也为了揭穿假冒为善，有必要提醒大家注意这一点（提后三5；林前十一4-5）。人们在《圣经》中也能找到虚假保障的例子：扫罗王、富足的年轻人（太十九16-22）、愚拙的童女（太二十五1）、犹大、亚基帕（徒二十六28）。《以赛亚书》对向上帝祷告却不被上帝接受的百姓有如下描述："他们天天寻求我，乐意明白我的道，好像行义的国民，不离弃他们上帝的典章，向我求问公义的判语，喜悦亲近上帝。"（赛五十八2）

魏特修列举了三个最能描述未重生者的特征。[187] 第一，一个未重生者在公民事

---

[184] 参van Aalst, *Geestelijke mengelstoffen*, 1:75。

[185] 布雷克区分了不同类型的未重生者：缺乏知识且又不渴望知识的人、冷漠的人、那些不认真关心的人、那些恪守敬虔外表的人、那些毫无根据地宣称有确据的人、暂时性的信徒（*Christian's Reasonable Service*，2:310-315）。英注：重要的是，读者不要偏离主要的关注点：救恩的确据。巴文克正在用清教徒敬虔的传统，为使用恩典"标志"帮助基督徒自我反省而提供牧养指导。巴文克对"标志"的处理是要帮助我们避免两个极端：其一是导致冷漠的简单和虚假的确据，其二是导致焦虑和怀疑的谨小慎微。这里的信息是：不要被"伪冒的基督徒"（almost Christians）的虔诚表象所迷惑，也不要因为相信只有英雄式的信心才能拯救而不知所措或气馁。

[186] 见 Perkins, "Hoe verre een verworpene kan gaan in den Christelijken wandel" (How Far a Reprobate Can Go in the Christian Walk); Meade, *Almost Christian Discovered*; Witsius, *Geestelyke printen, van een onwedergeboorne op sijn beste en een wedergeboorne op sijn slechtste* (*Spiritual Portraits of the Unregenerate at His Best and the Regenerate at His Worst*). 英注：巴文克从珀金斯（Perkins）的《作品集（卷三）》（*Werken* 3）的目录中摘取了小册子的标题；正文上方的标题实则为 "Eenige voorstellingen, verklarende hoe verre yemant kan gaan in de belijdenis des euangeliums, en nochtans een godtlooze, en verworpene zijn"（七项命题用以澄清一个人在福音的认信中何等进深，却仍是不敬虔并被遗弃）。马太·米德（Matthew Meade, 1630-1699）是英国清教徒的公理会牧师。

[187] Voetius, "De Simplicitate et Hypocrisi," 2:487. 荷注：巴文克的资料来源是Witsius, *Geestelijcke Printen, van Een Onwedergeboorne op sijn beste, En Een Wedergeboorne op sijn slechtste, in: id., Practijcke des Christendoms, Ofte / Eenvoudige verklaringe van de voornaamste gronden der Godzaligheyt, Voorgestelt in Vragen en Antwoorden [...]*, t'Enchuysen 1665, achtereenvolgens 'Cap. II. Waar in onderzogt wort hoe verre een Onwedergeboorne komen kan in sijn uitterlijcken handel' (pag. 7-22), 'Cap. III. Waar in onderzogt wort hoe verre een Onwedergeboorne komen kan in gaven en verligtinge des verstants' (pag. 22-30), en 'Cap. IIII. Waar in onderzogt wort hoe verre een Onwedergeboorne komen kan in de beweginge van sijn wille en affecten' (pag. 30-41)。

务中的行为有可能比信徒更诚实、更有道德[188]（可十 21；腓三 6）。这样的人可以在友善、道德、忍耐、殉道的勇气、信心的力量、爱祖国、爱父母、爱儿女，甚至爱上帝（偶像）等方面，表现得十分出色。苏格拉底、卡托（Cato）、塞内加、佛陀、穆罕默德等人都表现出宗教气禀。《圣经》证明了这种气禀（结三十三 31-32；可六 20），甚至有一次在邪恶的亚哈王身上也发现了这种气禀（王上二十一 27-28）。它常出现在对宗教、教会和基督教利益的热心中（王下十 15-16；太二十三 15；罗十 2），以至于有人乐意殉道（奥古斯丁的观点）。第二，一个未重生者可以有丰富的知识，可以接受上帝的圣言是真实的（彼后二 21；太七 22），可以奉耶稣的名传道，行大能的事（徒八 13，行邪术的西门；参林前十三 1-2）。一个人可以尝到上帝圣言的滋味（赛五十八 2；太十三 20-21），可以像巴兰一样（民 24:15-16）受圣灵的开悟（来六 4-5），并拥有圣灵的恩赐——例如祷告。第三，在他们的意志和热情中，未重生者可以为自己的罪忧伤，并与之抗争（林后七 10，世俗的忧愁）。《圣经》中的例子包括法老（出九 27）、扫罗王（撒上二十四 17；二十六 21）、腓力斯（徒二十四 25）和犹大（太二十七 4）。这样的人可能喜爱美德，就像巴兰一样（民二十二 18，二十四 13）；再想想西塞罗和塞内加这样的人。他们可以尝到上帝普遍恩典的滋味（来六 4-5；民二十三 10），甚至渴望恩典（耶稣比喻中的愚拙童女渴望油，太二十五 8）。如果他们盼望天堂并期盼基督，那么他们可能会为基督受苦（林前十三 2）。他们可以像巴兰一样拥有上帝的灵（民二十四 2），像扫罗一样说预言（撒上十 11），可以像犹大一样赶鬼。米德（Meade）列举了一个未重生者可能拥有的二十多个事物，而珀金斯则列举了大约三十三样事物。[189]

（2）另一方面，这些灵修作家想要指出，一个人要成为真正的、正直的基督徒所需要的最低限度的恩典。为了安慰那些信心软弱和焦虑的信徒，"最少要有多

---

[188] 英注：下面几段是对巴文克非常隐晦的注解的解释性阐述。
[189] 英注：Meade, *Almost Christian*, 42–138；米德所列出的二十条可显示出巴文克使用它们的程度。一个人**可能**拥有以下任何一条，而只是一个**伪冒的基督徒**：知识；恩赐，甚至是属灵恩赐；外在的职业和行为；竭力反对罪；憎恨罪；坚决反对罪（誓言和承诺）；与罪的内在斗争；活跃的教会会员身份；对天堂的盼望；生活中可见的变化；对宗教的极大热情；积极的祷告生活；为基督受苦；被上帝呼召并接受呼召；上帝的灵（巴兰）；信心；爱圣徒；顺从上帝的诫命；外在的成圣（无真正的内在更新）；履行一切敬拜的义务。Perkins, "Hoe verre een verworpene kan gaan"。

少恩典才能使人得救"的问题是必要的。[190] 一个真正归信之人身上的恩典，不仅在主观上而且在客观上，确实可以非常地少。有压伤的芦苇，将残的灯火（赛四十二 3），新生的婴儿（彼前二 2）。魏特修又从三个方面来辨析。[191] 第一，基督徒可能会非常软弱，以至于屡屡跌入罪中（诗十九 13；雅三 2；来十二 1），甚至像挪亚、罗得、大卫和彼得一样，跌入重罪之中。他们可能长期停留在罪中而不感到（悔恨），比如大卫（撒下十二 13；参 赛六十三 17），有时会犯同样的罪：彼得三次不认（主）[192]，亚伯拉罕两次撒谎（创十二 13，二十 2），罗得喝醉了，与他的两个女儿一同犯罪（创十九 30-38）。[193] 第二，重生者可能只有非常有限的真理的知识。一些人的悟性像小孩子（林前十四 20），像刚出生的婴儿（彼前二 2），在公义的话语上面没有经验（来五 13；参 徒十九 2，人们对圣灵一无所知）；彼得对耶稣的受苦一无所知（太十六 22）。因此，许多人对真理的理解甚少，不仅是因悟性有限，还由于各种偏见，如腓力（约十四 9）和去以马忤斯的两个门徒（路二十四 25）。对《圣经》的真理和信心的真理产生怀疑（诗七十三 2 中的亚萨），这甚至也是有可能的。[194] 第三，恩典对于我们的意志和情感也可能非常有限。有些人对《圣经》、祷告、敬拜没有渴望。他们活在灵性荒漠中（诗七十七；一百一十九 83），对上帝的恩典没有任何感觉，且害怕死亡。[195]

但魏特修接着指出，为什么重生者即使在最糟糕的情况下，也远胜于最优秀的未重生者的原因。[196] 前者的恩典和后者的恩典有本质区别。客观而言，在重生者身上的恩典是使人重生之圣灵的果子（约三 5），这圣灵是基督的灵（罗八 9）；而在未重生者身上，恩典只是作为上帝之灵的灵（the Spirit as the Spirit of God）所

---

[190] Perkins, *Het mostaart-zaatjen of de minste mate der genade die 'er is, of wezen kan, krachtig tot de zaligheyt* (original: Perkins, *A Graine of Musterd-Seede: or, The Least Measure of Grace That Is or Can Be Effectuall unto Salvation, in Perkins, A Golden Chaine*); Saldenus, *Een Christen vallende en opstande*. 英注：由于萨尔登努斯（Saldenus）的出版日期1884年是在手稿的正文中，而不是后来添加的旁注，因此这里就是一条重要的线索让我们知道巴文克是何时撰写手稿的。
[191] 英注：巴文克在这里的资料来源是Witsius, *Geestelyke printen*。其中第2章研究未重生者可以在多大程度上表现出良好的外在行为（第7-22页）。第3章研究未重生者可以在多大程度上表现出恩赐和悟性的光照（第22-30页）。第4章研究未重生者在意志和情绪的动向中能达到何等程度（第30-41页）。
[192] 见下文第十一章〈基督徒属灵生命的病态〉; Saldenus, *Een Christen vallende en opstande*。
[193] Witsius, *Geestelyke printen*, 27-31 (chap. 6).
[194] Witsius, *Geestelyke printen*, 31–37 (chap. 7).
[195] Witsius, *Geestelyke printen*, 37–41 (chap. 8).
[196] Witsius, *Geestelyke printen*, 41–59 (chaps. 9–11).

结的果子。[197] 但主观上也有区别。真恩典的标志尤其可归结于这两点。[198] 第一，重生者的知识无论多么微不足道，都是一种属灵的知识。该知识的对象不是文字，而是实在（realities）。人认知这些实在不是出于听闻，而是出于自身的经验。这就像见过一个国家地图的人和见过这国家的人之间的区别。重生者的知识使基督显得珍贵和尊贵（彼前二 7）；它使人谦卑（太十一 29），是实践的，而不是猜测性的（雅三 15-17）。第二，在他们的意志和倾向上，重生者不再是罪的奴隶（罗六 14），不再视罪为他们的主，而视为他们的残暴君王（罗七 23）。他们因罪恨罪（创三十九 9），因此恨恶的不是一些特殊的罪，而是所有的罪，甚至最小的罪（诗一百一十九 128）。另一方面，他们渴望恩典，渴慕成为基督的产业。他们甚至不会用自己生活的悲惨环境来换取世界上所有的美好。他们内心对基督的渴望是正直的。他们会在上帝面前敞开自己（诗二十六 2），毫无隐藏。

所有这些标志可以分为两种。其一，**消极的**：灵性上的贫乏，为罪忧愁，不信靠一切受造物，把自己的心从世俗事物中抽离出来，不依赖美德、金钱、宗教、道德、上帝一般性的爱、洗礼、认信、祝福、责罚等。在这方面，人们必须始终区分真正的、属灵的贫穷与忧愁，和自然的、虚假的贫穷和忧愁。[199] 其二，**积极的**：信心，归信，爱真理和上帝的子民，喜爱祷告、读《圣经》、教会、信徒团契（gezelschap），爱基督、上帝。在这方面，人们又必须区分真信徒和假信徒，区分救赎的信心和历史的信心或暂时的信心。真信心不断完全地接受基督（不只是作为先知，也是作为祭司和君王），且单单接受祂（而不是部分地或与世界一同接受），渴望祂，并视

---

[197] 英注：巴文克由此指出了圣灵在创造和护理中的一般的宇宙性工作（建立秩序、赐予生命、赐予恩赐），与圣灵在五旬节后的救赎性或拯救、救赎的工作（重生、归信、成圣、坚忍）之间的重要类别差异。

[198] Witsius, *Geestelyke printen*, 41-59 (chaps. 9-11); Perkins, *Het mostaart-zaatjen*; Taffin, *Marks of God's Children*; E. Erskine, *De verzekering des geloofs*, 73-80. 英注：这本荷文单行本专著基本上就是厄斯金（E. Erskine）的〈信心的确据〉的译本。但这位匿名的荷文译者扩充了文本；在巴文克引用的部分，他对文本进行了大幅度的重新排序和重构，将46页的英文内容变成了102页的荷文内容。因此，在重点上有所转变：原版主要是关注要信徒找到确据的迫切性，荷文版更多的是阐述标志。另见 R. Erskine, "Believer's Internal Witness"; Heppe, *Geschichte des Pietismus und der Mystik*, 58; Buddeus, *Institutiones Theologiae Moralis*, 295; van Aalst, *Geestelijke mengelstoffen*, 1:71-83; van den Honert, *De mensch in Christus*, 735-36, talks about judging others; W. à Brakel, *Christian's Reasonable Service*, 2:307-340 (§33); Vilmar, *Theologische Moral*, 2/3:65-118. 下面两段内容是巴文克对 Witsius, *Geestelyke printen*, 43-59（chaps. 10-11）的总结。

[199] W. à Brakel, *Christian's Reasonable Service*, 2:307-340 (chap. 33).

祂为宝贵。针对那些信心软弱的人，两个命题可得辩护：（1）为缺乏恩典而哀叹本身就是恩典[200]；（2）渴望相信当然不符合信心（信心的本性）的完整定义，但在上帝看来，它就是信心；上帝视愿意为行为。[201] 因此，我们尽最大的努力去追寻最少、最微小程度的恩典，就像一个人不断进一步地扩展确据。最初最小的恩典与完全的信心确据之间的距离越来越大，并填充了各种形式的信心、经验和各种焦虑。

我们现在应该如何看待标志的教义呢？第一，自省是必要的，也是有益的。《圣经》一再敦促要这样做（林后十三 5-6；番二 1）。这也涉及我们面向永恒的状态，我们不朽的灵魂。即使在自然界中，自知也是第一课；自省必须按着正直、在上帝的面前并在准备之后才出现，而且必须再三重复。但是，我们必须警告，不可过于频繁重复。人不能总是一直在构筑根基，而必须在根基上建造（来六 1；启三 2）。[202] 总在窥视自己、自己的信心、自己的归信，这是改革宗属灵生命的一个错误。相反，这种信心恰恰在爱和善行中变得更有力量，一个人在信心的基础上继续建造，就会在这个建造的过程中自然体验到根基稳固的证据。自省首先不能在黑暗时期被确立，而要在有光和愉快的时期进行。在黑暗中，我们不能看到属灵生命的嫩株，也不能指望我们总能在每个已确立的标志中识别自己，亦不能指望确据必然从这些标志中流露。

第二，省察需要一个基准（toetssteen）或标志（kentekenen）。这些基准或标志都必须出自《圣经》。确立这些标志是一项最难的工作，需要对《圣经》和自己的内心穷理尽性。[203] 在《圣经》中寻找并识别这些标志，这本身并没有错，《圣经》中充满了标志：信者得救；凡被圣灵引导的人就是上帝的儿女；贫穷的人、哀恸的人、饥饿的人都有福了；诸如此类。这些标志所表达的意思，以及识别这些标志，都是好的；但要把这建立在健全的解经上。从讲台、探访等方面来看，标志的教义产生于约 1650 年这一奇思怪想的部分是错的。标志的教义起源于宗教改革后弱化的信仰生活；这些标志在宗教改革时就已存在，但尚未得到发展。总的来说，那个教义并没有坚固当时的信仰生活，反而削弱、抑制了信仰生活，使信仰生活无法发展。因此，我们的责任是只设定大的、清晰的、透明的、可知的标志；这些标志不

---

[200] Perkins, *Werken*, 3:86.
[201] Perkins, *Werken*, 3:84.
[202] 参van Aalst, *Geestelijke mengelstoffen*, 1:66; van Mastricht, *Theoretico-Practica Theologia*, III. ii.12 (De Examinatione Sui Ipsius, Eiusque Neglectu).
[203] Van Aalst, *Geestelijke mengelstoffen*, 1:73.

会带来消除归信者与未归信者之间本质区别的风险，必须极为严格地避免一切微妙的和个人的发明。标志永远不可能无休止地增加，也不可像在兰佩（Lampe）之后尤甚的现象，就是不断地在讲台上宣讲它们的全部内容。[204] 然而，另一方面，我们也有责任安慰焦虑者，在恩典最开始的时候就帮助他们认识恩典的本性。对人的心灵、心理（自然方面和属灵方面）的了解，对牧者而言是必要的。标志教义的危险和顺势疗法（homeopathy）的危险是一样的。接受顺势疗法的人如果老是想着自己的健康和疾病，通常都会觉得 —— 这就是结果 —— 自己或多或少已患病，亦或他们会使自己生病。那些在属灵领域不断检视自己的人也是如此：他们反复看到自己是有病的、不完美的，然后他们继续停留在那个点上，于是不再看见客观的基础和基督。标志的教义假定了怀疑（διάστασις）和灵的衰弱，并滋养这种怀疑，而非治愈人的怀疑。即使在它带来好处和安慰的地方，它也常常会恶化怀疑和骄傲中的焦虑者，并导致他们屈服于他们的错觉，认为自己是最好的信徒之一。

第三，标志的教义也只是一种得着确据的途径。就其本身而言，大前提（信者得救）和小前提（我信）都不能提供结论。这在理论上可能是可行的，但在实践上却不然。但是，圣灵还是借着使用这种途径，希望巩固和坚立我们。得出结论的自信来自于圣灵[205]，恩典和对恩典的觉知都来自于祂。祂引导我们按着祂在我们里面做成的上帝形像来认出上帝的形像。当圣灵通过小前提对我们说话时，小前提是确定的、固定的。因此，我们可以可靠地确信自己的信心。接受小前提（我相信）是一种信心的行为，而不是一种不同于信心行为的感觉行为。[206] 信心的行为就是相信我得救了，这与对基督的信心具有同样的性质；前者是后者的反身行为（actus reflexus）。我以同样的信心行为拥抱基督，并知道自己是这样做的人。我越是坚定恳切地拥抱基督，这信心就越快带来反身行为。只要我很好地知道，那么我会立即且自动地知道我知道了。确据是从上帝那一方透过圣灵做成，是祂的恩赐，就像所有成圣一样。尽管如此，确据在我们这一方仍有缺失，其原因总是在于没有坚决地抓紧基督。而这一点必须要予以识破和发现。它常常潜伏在罪、骄傲、自满、自怜当中，并暴露出性格的软弱。因此，这个要求、信心的责任，必须要予以宣讲。进而言之，当人们正确地确定了大前提和小前提，那么就可以自信地得出结论。没有

---

[204] Van Aalst, *Geestelijke mengelstoffen*, 1:77.
[205] Van Aalst, *Geestelijke mengelstoffen*, 1:78.
[206] E. Erskine, "Assurance of Faith," 158-160; 见下文第七点"善行作为信心的果实"。

任何事物可以禁止我们如此行。如果我敢于诚实地说"我相信",那么我就可以承认这一点,并可以把上帝的应许归于自己。那么,我就无需等待别的,无需特殊启示,无需用来建立自信的恩典,或者类似的事物。于是,我就不会为自己而将任何不合律法的事物转化己用。

7. 善行作为信心的果实。第三[207],圣灵借着照亮小前提(我信),在我们里面生出确据;这小前提来自作为信心之果实的我们的善行。[208] 善行是果子,是信心的彰显(太二十一 43;路八 15;十三 9),借此可以识别假先知等(太七 16;20),也可以知道好树的品质(太七 17;十二 33)。在《约翰福音》中,与基督相交的结果就是脱离罪恶(约八 32,36),远离罪(五 14;八 11),结出果子(十五 1-2),遵守诫命作为爱祂的表现和证据(十四 15,21)。所有耶稣的诫命都集中在弟兄之爱这一大命令中(十三 34-35;十五 12-13,17)。同样,我们在《约翰壹书》中也看到了这一点:我们在从对耶稣的信心生发的爱中,遵守上帝的诫命,这就是我们的信心、我们在上帝里面的果实和证据(约壹二 3-6,29)。凡行义的就是义人,是从上帝生的(三 6,9),是从上帝来的,而凡犯罪的就不认识上帝(三 10)。行公义尤其包括弟兄之爱(二 7-11;三 10-11)。对上帝的爱和对弟兄姊妹的爱是彼此相关的真爱表现(四 20-21;五 1-2)。后者是上帝住在我们里面的标志(四 16),是我们从上帝而生的标志(四 7)。与上帝相交就是"在光明中行",因为"上帝就是光,在祂毫无黑暗"(一 5;参 一 6)。其含义很清楚:"但我们若在光明中行,如同上帝在光明中,就彼此相交。"(一 7)保罗也热衷于行在圣灵中(罗六)。他强调成圣,并将信心描述为是使人生发仁爱的信心(加五 6,22)。但他从信心转到行为,不像约翰从行为上升到信心。然而,《雅各书》二章说,没有行为的信心是死的。[209]

这也是改革宗传统所教导的。[210] 但人不能靠着善行,绝对的确据不能从善行中推导出来,即使信心和拣选在善行中彰显出来。[211]

---

[207] 英注:巴文克在本节的主要观点是,圣灵以一种有序的三重方式在信徒身上做成确据。祂"首先通过圣言使我们明白大前提——上帝的应许是真实的"(第五点);其次,祂"通过照亮小前提——我们灵魂的状态——在我们里面做成确据"(第五点)。
[208] Schneckenburger, *Vergleichende Darstellung*, 1:38-74 (§3), 265-287 (§14).
[209] 如《彼得后书》一 10:"应当更加殷勤,使你们所蒙的恩召和拣选坚定不移。"
[210] Calvin, *Institutes*, III.xiv.18-20; III.xv.8.
[211] Calvin, *Institutes*, III.ii.38;《海德堡要理问答》第86问答:"我们为何要行善?"除其他原因外,"这样我们就可以通过它的果实来确信我们的信心。"参《多特信条》第五项教

善行确实是不完美的，因此永远无法提供一个可靠的结论。但我们必须记住，正直的态度确实可以是纯洁的，正如保罗所说："因为我所愿意的，我并不做；我所恨恶的，我倒去做。若我所做的，是我所不愿意的，我就应承律法是善的。"（罗七 15–17）这种态度可以安慰我们，即使我们的行为本身并不完美。此外，圣灵也光照我们的善行，让我们看到善行中的善；祂通过这些善行向我们的良知作证。善行是媒介，是祂见证的工具，因为每一个善行都是祂的果子，是一个人行在圣灵中的证据。

信心的确据和感到有确据之间还必须加以区别。[212] 前者是信心的直接行为，后者是一种信心的反身行为，信心在其中转向内心（inkerende），并考量自身。[213] 前者依赖于上帝、基督和盟约，依赖于在我们之外的应许；后者依赖于我们里面的基督。前者是因，后者是果。前者建立在上帝的应许上，后者建立在对应许的享有上。即使在后者缺失之处，前者也常在：甚至耶稣呼喊道"**我的**上帝"。

到此为止，我们已在第七章中思考了属灵生活的本性（§17），它的源头（§18），以及它的首要及基本活动（§19）。我们还考察了教会历史中在圣灵里之生命，特别关注了神秘主义、敬虔主义和循道主义（第八章 §20）。第九章探讨了基督徒生命的样式和成熟，特别是它在效法基督中的样式（§21）和它的发展和成长（§21）。在§23中，我们一直在处理属灵生命中的确据。确据是属灵生命中一个突出的发展时刻，是成长的有力证据。但这种确据并非排除一切怀疑；信心的确据的确会受怀疑（dubitatio）而动摇，并不是完全没有焦虑或忧虑（sollicitudo）。[214] 信徒总是要与自身缺乏自信（diffidentia）斗争，但尽管如此，他们从来没有背离（decidere ac desciscere）[215] 信靠上帝的怜悯。大卫的例子最清楚地表明了这一点。他在《诗篇》四十二 5 说："我的心哪，你为何忧闷？为何在我里面烦躁？"但同时他又说："应

义，第9-13条。见Heppe, *Reformed Dogmatics*, 176-178中的凯克曼（Keckermann）等人的观点。

[212] 见 E. Erskine, "Assurance of Faith," 158-160。

[213] 英注：这也是巴文克从厄斯金那里得到的观点："我认为，**信心**的确据……与**感觉**（sense）的确据有很大的区别，而感觉的确据是在信心之后。信心的确据是一种**直接的确据**，但感觉的确据是一种灵魂的**反身**行为。信心的确据有**来自外面**的对象和基础，而感觉的确据对象和基础来自**里面**。信心的确据的对象是一位**在圣言中启示、应许和提供的基督**。感觉的确据的对象是一位**由圣灵在我们里面塑造的基督**。" E. Erskine, "Assurance of Faith," 158.

[214] 根据Calvin, *Institutes*, III.ii.17-18的观点。

[215] 荷注：巴文克的措辞"decidere ac desciscere"可能来自Calvin, *Institutes*, III.ii.17。

当仰望上帝，因祂笑脸帮助我；我还要称赞祂。我的上帝。"（类似的经文有诗三十一 22；七十七 8-10）。在这里，信心总是浮出表面，藉着应许、祷告而得坚固。怀疑源于与肉体的斗争，源于对痛苦和不配的感觉，源于对死亡的恐惧。信心仍然是不完美的，我们总是遭受从缺乏自信而来的致命的忧伤（morbus diffidentiae）。我们永远不会完全被信心充满。信心的确就是确据（certitudo），但自信的缺乏（diffidentia）来自肉身。完美的信心在今世永远无法获得。[216] 厄斯金[217]坚称，"信心里无疑惑，因为信心和疑惑在《圣经》中通常彼此直接对立；虽然在信心里无疑惑，可是在信徒中有许多疑惑，这是因甚嚣尘上的不信和人内在的罪"。根据厄斯金的观点，确据如在上帝里安息和信靠上帝一样，属于信心的本性。虽然信徒并不总是感到有确信，"并不总是真正地住在主里面并在祂里面安息"，"并不总是信靠"，但这些都不影响信心的本性，就像在一个人暂时闭上双眼而看不见时，眼睛作为一个视觉器官的本性不会改变。只要消除障碍、不信等，信心的确据就会立即回归。正因如此，我们必须坚持认为，怀疑是不信，是罪，与信心的本性完全冲突。因此，我们所有人都必须努力达至完全的信心确据[218]，努力使我们的呼召和拣选坚定不移（彼后一 10），在耶稣基督的恩典和知识中成长（彼后三 18），并在恩典中变得刚强（提后二 1）。

---

[216] 根据Calvin, *Institutes*, IV.xiv.7-8的观点；类似观点Heidegger, *Corpus Theologiae Christianae*, 2:418-419 (locus XXIV, §94), and Cocceius, *Summa Theologiae*, XLIX.15, in Heppe, *Reformed Dogmatics*, 587-588。
[217] E. Erskine, "Assurance of Faith," 155. 英注：为了语意清晰，我们直接且更广泛地引用厄斯金的讲章。
[218] E. Erskine, "Assurance of Faith," 177-187.

第十一章

基督徒属灵生命的病态

本章摘要

与自然有机体一样，属灵生命也可能被搅扰它的疾病所折磨。虽然属灵生命不会湮灭或消亡，但它在成长过程中可能会受到阻碍和抑制。这些疾病是旧本性的外显，与我们在基督里的新生命相争，并且这个争战会伴随基督徒直到离世。因此，在效法耶稣这个意义上，我们才是健康的。祂是我们属灵生命的榜样。

属灵生命内存在合理的多样性，这是我们个体身份特征不可避免的结果。这些多样性造就了一个丰富的人类社会，是好的；此等多样化也出现于十二使徒之中，这并不意味着罪或病态。甚至基督教传统之间的差异也是有建设性的。我们的担忧在于过分的片面性。

我们可以确认三种重大属灵病态：各种形式的智性主义（intellectualism），心理（灵魂）的失调，意志（行动、实践）的紊乱。第一类病态将所有重点都放在圣道（the Word）、教义和知识上，可能导致"正统主义"（orthodoxism）、理性主义（rationalism）和各种形式的诺斯底主义（gnosticism）。第二类病态把宗教生活限制于感受（feelings）和灵魂，结果产生了神秘主义（mysticism）和寂静主义（quietism）。第三类病态强调行动和实践，表现为敬虔主义（Pietism）、循道主义（Methodism）、狂热（fanaticism）或热情（enthusiasm），以及道德主义（moralism）。在更为充实的教会生活中，这三种属灵疾病体现于认信主义（confessionalism）、无差信仰论（indifferentism）、各种形式的教派主义（sectarianism）或多纳徒主义（Donatism）。简而言之，这三大属灵生命的病态令人干旱贫瘠，就是有认信却无生命；令人陷入生病的状态，狭义而言就是虚假的神秘主义（mysticism）和虚假的经验性信仰（experiential faith）；并使人昏沉（lethargy）（或过度热情，或缺乏悟性的狂热），即缺少行动的能力。[1]

造成这些疾病的原因不能简单归结于个性的多样化，而是根植于罪，确切而言就是：（a）肉体和圣灵的争战；（b）与世界的对抗；（c）试探；（d）灵性荒漠（spiritual desertion）。[2] 灵与肉的交战是上帝的儿女一生之中不可避免的现实，这

---

[1] 英注：见本章下文脚注82对昏沉的注释。
[2] 英注：（b）项内容是巴文克之后在行间所加。在后续的讨论中，（a）和（b）两项内容似

一点在旧约和新约的彼得、雅各、约翰以及保罗的著作中皆有教导。虽然《罗马书》第七章向我们描绘了信徒生命中的冲突，但新约清楚教导我们不能"顺从肉体而活着"，乃是理应"靠着圣灵而活"。因此，重生之人的内在挣扎和未重生之人的挣扎全然不同，且恰恰相反。前者是"在基督里新造的人"和我们内在残留的"旧人"的罪之间的斗争。信徒是带着冲突性的意愿而活着的双面人。信徒的罪是"软弱的罪"，或更佳表述为"过失或缺陷"，而非"恶意的罪"。重生之人的属灵生命可能被削弱，但绝不会被毁灭。

《圣经》中的"试探"或"试炼"等词意味着人被试验。在这个意义上，上帝试炼我们，以使我们被炼净，但上帝永不会试探我们。试探试图出于不信任或带着恶意来试炼人。甚至上帝可能被置于此不信中的试炼。《圣经》教导，那些在基督里的人能得胜试探，并且我们当把包括受苦在内的试炼看成喜乐（《雅各书》《彼得前后书》）。上帝会将我们置于试探的景况中（比如受苦），以试炼我们，但与上帝的子民争战的是魔鬼和他的军队。重生之人是试探的客体；试探的目的是让他们远离光明的国度，回到黑暗的世界中。一方面，撒旦用财富、权力和名誉来试探我们，让我们越来越深地陷入世界。另一方面，他的手段是贫穷、耻辱、蔑视和痛苦的环境，将我们带离上帝，带向怀疑和属灵的攻击。

灵修作家也把经历灵性荒漠的过程描述为受试探的时刻。上帝有时会收回保护性、约束性的恩典，许可人跌入罪中，目的是以恶毒治愈罪恶。入罪的信徒可能会被弃置，以此为惩罚。最后，信徒可能会被离弃，以致被试炼。这个最后的荒漠包括了孤寂（desolation）和灵性上的麻木；这也被看成是攻击；此荒漠包括挣扎、良知的痛楚和属灵的绝望。这在旧约里经常有所提及，尤其是《诗篇》的哀歌里，但新约没有相关内容。基督徒确实会经历上帝远离他们的生活，但这是一种惩戒，不是出于祂的忿怒，而是出于祂的恩典。这常常尾随着罪而来，而我们是上帝儿女的平安和确信，让我们容易受撒旦的攻击。这种灵性荒漠与忧郁、绝望和被鬼附是不相同的。

乎是融合的，而巴文克只处理了文本中的三个原始观点。看下文脚注66的注释。

§24. 属灵生命的疾病及其根源

属灵生命和自然生命一样，会遭受各种各样的危害。[3] 从幼时到垂暮之年，我们的自然生命都可能受到不同阶段、不同类型或不同形式的疾病的折磨。这些疾病不仅会侵袭植物、动物（想想兽医科学）和人类的身体，而且还会影响人的智力、道德和情感生活，家庭、社会和政治生活，以及艺术和学术生活。一切活物都要受制于出生、成长和死亡，并且在其一生之中也会受到许多疾病的影响。有生命的有机体总会被疾病破坏，不管它是哪一种生命。健康在于有机体的和谐。因此，健康和疾病预设了有机体和生命。若无生命和有机体，就不可能有疾病。一个有机体真正的正常状态，换言之健康，包含以下几个方面：

（1）一个生命原则（levensbeginsel）从其中心而出激活生命，控制和调节一切。

（2）一个有机体的任何器官、各部分或各肢体都从有机体的中心那里被激活，不会彼此分离。相反，它们彼此合作。每一个肢体各守其分，各司其职，不大包大揽（自大的表现），也不退缩推诿（自我孤立）。如此，手就是手，再没有别的功能，脚就是脚等。

（3）藉着并透过同一生命原则，所有肢体一同朝向相同的目标而努力，并视

---

[3] Campegius Vitringa, *Korte schets van de christelyke zeden-leere*, chap. 9.

自己为实现生命职责的器具。一个有机体生病就意味着要么这个生命原则，要么一个或多个肢体在其正常运作中——在履行职责时——受到损害和阻碍。这个有机体因而不是共同朝着同一目标而努力。[4]

属灵生命亦然，但二者稍有差异。属灵生命在本性上是不能犯罪的（约壹三9），所以不会毁灭、生病或消亡；这是永恒的生命（约三16）。[5] 因此，一个患病的灵命，一种病态的虔诚，实际上是"术语上的矛盾"（contradictio in adjecto）。[6] 然而，随着属灵生命的发展和成熟，它的成长有可能受到阻碍和抑制。借着属灵生命的疾病，我们因此必须了解那些拦阻并压制属灵生命的病态思想流派和精神疾病。病症不存在于新生命里，而是在旧本性中。[7] 新人通过旧人来运作，显出新生命；旧人是新人的遮盖物、器官和衣服。如果旧人不是正常的——没有为新人服务——那么新人就不能显为纯洁，而只能以一种片面的方式显现出来 [例如只通过理性，而不通过内心感受（gemoed）和意志]，或毫无体现。

旧人对所有人来说都不是一个恰当的器官，并且永远不是；新人伴随着一个全新的、复活的身体。这就是为什么没有人的属灵生命可以不遭受破坏而正常生长和发展。所有敬虔之人或多或少都有属灵的病症，直到他们离世那一天。但是，属灵生命的疾病在程度、持续时间和性质上存在差异。越接近理型（ideal），属灵生命就越健康。这种理型——和谐与健康——在于作为供给喂养属灵生命的上帝的道，或者说作为我们生命之粮的基督，通过信心之口进入到我们的意识和心灵，使我们在圣灵里透过基督与上帝相交。最终的目标是让上帝的道透过生活的所有层面，如家庭、社区和社会，在一切善工和善行中，就是在对上帝的爱和对邻舍的爱中得以外显。换句话说，上帝的道通过我们的意识直达我们的心灵（hart）和内心感受

---

[4] 中注：这三点体现了巴文克的有机思想，与他在其他著作中的阐述相符。有关巴文克有机思想的论述，见 恩雅各，《三位一体和有机体：赫尔曼•巴文克的有机主旨新释》，徐西面译（爱丁堡：贤理•璀雅，2020），第三章。

[5] 荷注：巴文克的手稿在此处用删除线划去了"Maar toch k"。

[6] D. Chantepie de la Saussaye, 'Stellingen over ziekelijke vroomheid', in: id. (red.), *Protestantsche Bijdragen tot bevordering van Christelijk leven en Christelijke wetenschap* 1 (1870), 399. 荷注：Chantepie在此处写道："术语'病态的虔诚'并非表示虔诚本身，而是指向虔诚人中的现象。'患病的虔诚'是术语上的矛盾（contradictio in adjecto）。因此，一个人会说虔诚人的'患病的动向'或'属灵的病态'。在讨论这点时，不可忘记的是，所有虔诚之人都是患病的，并且无人有生命原则完全健康的发展。此外不可忘记的是，重生并非一个在世之时的某个时间点已经完成的事实；虔诚之人的整个生命被重生得永生。"

[7] 参照脑震荡引起的精神疾病。

（gemoed）；它们就是我们生命本质（wezen）的宝库，上帝的道再从这里通过我们的手向外行出来。这道自上而来，从我们的意识（我们的人格之门）深入我们的心灵和内心感受；在那里，我们的意志接管这些珍宝，并在上帝和人的眼前，透过言语和行为将它们展现出来。它们被我们的意识所吸收，被我们的内心感受所保管，并由我们的意志再现。只有上帝之道的纯净灵粮在我们的属灵人格中找到方向，在这个过程中没有遇到任何障碍和干扰，并且和我们所有的官能——心思（verstand）、内心感受和意志，连同它们的附属官能，即理性、悟性、良知、感觉、激情、本能和意愿结合起来，我们才是健康的。

只有主耶稣是完全健康的，因为在祂里面全然和谐。祂的所知和所行是合一的；不论是思想、理性、还是意志，都没有占据主导地位。祂并非缺乏理性的能力，而是知道该如何恰当地运用理性，从而就没有屈从于智性主义。[8] 祂既不是一个狂热者，也不是一个循道主义者。[9] 祂不能被归属于任何类别的人，而所有人都能在祂身上找到他们各自最重视的那一面。祂是最佳意义上的"每个人"（omnis homo），如果把我们的标签，如改革宗、路德宗或敬虔主义用在祂身上，就等于无视耶稣的普世性和祂亲自宣称的"自豪"。[10] 这与那些认为耶稣过于"宽广"（ruim）的人一样愚蠢。因此，在效法耶稣这个意义上，我们才是健康的。祂是我们属灵生命的榜样。

1. 合理的多样性和片面性

每一种属灵病症都是偏离了正确的发展道路（如上文所述的主耶稣的路），从合理的起点走向了错误的方向。[11] 那些始于"片面性"（eenzijdigheid）的疾病，在某种程度上来说是不可避免的，因为这是基于我们的个体性和本性。我们自然因性

---

[8] 英注：巴文克的字面说法是"祂没有否定心思的权利"（hij miskent niet de rechten van verstand）。

[9] 英注：巴文克并非审判某一宗派，而是简单地回应他在第八章（§20）对神秘主义、敬虔主义和循道主义的批判。他在第八章和这里所关心的是"片面性"，没有能够活出上帝形像的全部维度。他在第八章的结束语很好地抓住了这一点："借着把**意志**置前来反对寂静主义和宿命论，循道主义缺乏一个全人的和谐人论。"

[10] 中注：英译本将此处荷文trotsheid译作dignity，而该词更准确的意思为"骄傲、傲慢、自豪"。

[11] D. Chantepie de la Saussaye, 'Stellingen over ziekelijke vroomheid', 401.

别而有差异：女人是感性的存有，而男人是理性的存有；女人是情感（心）的被造物，而男人是行为（意志）的被造物。年龄也会产生差异：年轻人无忧无虑、冲动、追求革命，成年男性精于政治和算计，而老年人则更加保守。我们的性格和气禀也各不相同：第一个人乐观，第二个人暴躁，第三个人镇定，第四个人忧郁。我们在构造和官能协调上也有差别：有的人是思考型，有的是意愿型，还有的是感觉型。所有这些差异，以及其他许多差异，都受到属灵生命的影响。它们在一定程度上可以被转变，但不能被消除。

它们是否在属灵之人中存在或保留，这很难说明。但如此差异在耶稣里是不明显的，祂**在根本上**既不是思想型的人，也不是感觉型或者意愿型的人。祂是男性，却拥有女性的温柔；祂不能被分类，在祂里面是完全和谐的。另外，我们在《圣经》上读到，人们在天堂里不会嫁娶，而是像天使一样，所以性别差异将会被消除，并且在基督里不分男人女人，野蛮人或西古提人，而是一种新的创造物（加三 28；六 15；西三 11）。支持在天上的生活中消除这些差异性的原因就是它们总是片面的，以及它们不代表完全的和谐。但是反对消除它们的理由是，即便在天堂，人们也有大有小。正是这些差异造就了丰富的生活，废除它们将使所有人都变成一模一样，然而合一中的多样化无处不在（例如树上的叶子）；美正是建立在这种多样性之上。多样性本身并不意味着罪恶或病症；男女之间的差异在人类堕落前就存在了。同样，使徒们在教导上也有不同，但这并非错误或罪恶。事实上，多样性必须持续下去，这样人类才能成为一个单一的有机体，其中的成员们各不相同又互为补充。

如此多样性也可见于使徒们的性格、所受教育和脾性。保罗[12]和彼得都是有思想的人，都是以教义（特别在《教牧书信》和《彼得后书》中）和知识为基础的思想家。然而，他们也有不同之处，因为保罗是信心之人，而彼得是盼望之人。保罗更像新约时期的人，彼得则更像旧约时代的人：保罗看见"新约"隐藏在"旧约"里（Novum Testamentum in Vetere latet），并将其提取出来（例如亚伯拉罕的信心），彼得却看见"旧约"显明在"新约"里（Vetus Testamentum in Novo patet）。因此，保罗从十字架的角度看待一切，并立足于十字架；彼得则站在"旧约"里盼望十字架。保罗在他所处的环境、外邦人和以色列中看到过去和未来；他是十字架的哲学家，世界历史的作家，"旧约"的先知和"新约"的先见。彼得的视野则要有限得多。尽管他在"旧约"中望向十字架，但他不能超越"旧约"放眼未来，也没有汲

---

[12] 保罗的人物素描，见 Wernle, *Paulus als Heidenmissionar*.

取十字架的重要成果（必须要特意向他表明律法已经被废除了）。彼得是一个有才干之人，保罗是哲学天才；但他们都是思想家。

相比之下，约翰是一个有内心感受和内心情感之人。他是爱和生命的使徒。约翰不是思考，而是深思；不是进行哲学探讨，而是苦思冥想；不是讲论，而是教人得喜乐。[13] 他天生个性暴躁；因此被叫做半尼其，就是"雷子"的意思（可三17）。事实上，他这样的性格在他的书信中仍有体现："若有人到你们那里，不是传这教训，不要接他到家里，也不要问他的安；"（约贰10）"因为世上有许多迷惑人的出来，他们不认耶稣基督是成了肉身来的，这就是那迷惑人、敌基督的。"（约贰7）约翰对陌生人来说很难相处，甚至会令人厌烦，但这是源于他对耶稣和弟兄姊妹亲密的爱。他不能容忍有人说耶稣的坏话，因为他已经紧挨耶稣的胸怀，他知道祂的爱和良善。保罗的思绪运转飞速，他的话跟不上他的想法；他不能迅速地记下闪现在脑子里的观点。[14] 这就是为什么我们看见保罗的思路是中断的，他在第一个观点论述完结之前，就已经抓住了另一个。所以，这种破格文体[15] 不同于《希伯来书》所体现的沉着冷静的写作风格。后者虽然使用了很长的插入句，但其作者一直坚持他的思路，详细阐释他的思想，没有笔锋突转的情况。[16]

因此，保罗能够将最深刻的思想与最平常的事物联系起来，透过细节窥见整体。这体现在《腓立比书》二5："你们当以基督耶稣的心为心"（参 林后一 17-20；加六 6-7）。但是约翰会动摇，陶醉于思绪。他一旦有一个想法，不会轻易作罢，而是再次提及，所以他的写作会呈现出明显的重复和单调。约翰不按逻辑思考，不做推断，也不会照着单一思路去深究，而是允许自己被引导，在沉思默想中徘徊。对保罗来说，思想是如此之多，如此丰富，如此深邃，以至于言语无法表达。他写的句子包含爆炸性的信息，而约翰的语言甜蜜柔软，所以不厌其烦地予以重复。最

---

[13] 英注：巴文克旁注："约翰和保罗在重生、称义和收养得儿子名分（υἱοθεσία）的教义上有多大的区别啊！"

[14] "保罗说话、写作和行为都很成熟，他的雄辩来自最痛苦的悲伤和最幸福的喜悦（林前十三），父亲的训诫和尖锐的表述。他对每一种情况都有建议，他对教义和实践一视同仁。" J.L. Jacobi, 'Zur Missionsthätigkeit der Kirche bis zur Reformationszeit', *Allgemeine Missions-Zeitschrift. Monatshefte für geschichtliche und theoretische Missionskunde* 8 (1881), 297-299.

[15] 英注：anacolouthon（ἀνακόλουθον）的复数，指句子中突然发生语法或概念上的变化。

[16] 英注：巴文克在此处的对比值得注意，因为这表明了他接受现代圣经鉴别研究，即不认为保罗是《希伯来书》的作者。巴文克的荷文 Statenvertaling《圣经》明确指出，这封信是"保罗致希伯来人的书信"（De Zendbrief van den Apostel Paulus an de Hebreën），《比利时信条》第四条款亦然。事实上，接下来的整个文学分析都有一种明显的"现代"感。

后，雅各是一个意志、行动、实践之人。他既不是思想家，也不是神秘主义者，而是一个"义者"，真正的以色列人。在上帝和父面前，纯粹的宗教是这样的：拒绝为富人提供特权，去看望孤儿寡妇，用行为彰显信心，践行上帝的道。因此，有思想的保罗写了很多书信。约翰写了一卷福音书和三封书信，其中《约翰贰书》写给一位妇人（尽管她可能代表一群会众）。雅各留给我们一封书信，其中充满了道德教导。雅各不能再写更多的内容了：道德教导归根结底是相同的。这些是使徒们的个性使然。

使徒们之间的这些差异并没有导致彼此排斥的立场。他们在圣灵的指引下避免了这样的情况。他们相互配合，互为补充。以牺牲约翰和雅各为代价来拔高保罗就是犯错，是没有充分公正地对待基督。但是如果过分强调这三种重点中的任何一个，你得到的就会是病态虔诚和属灵疾病的症状。如此强调已然导致了亚历山太学派重的片面性（eenzijdig），即努力寻求"知识"或 gnōsis（γνῶσις）；小亚细亚学派的片面性，即将约翰的热忱放在重要位置；跟随实践者雅各的非洲学派的片面性，即最先发展了教会学。基督公教教会也存在一种片面的失衡。她更像是彼得和"旧约"时代的教会。改革宗教会则更多地跟随保罗。另外，路德宗倾向于仿效约翰和保罗，而加尔文派倾向雅各和保罗（马丁路德称雅各书信为"稻草之书"）。更具体而言，以下几种疾病也可能出现。[17]

2. 三种重大的属灵病态

（1）在智性方面

这种情况下，所有的重点都放在圣道（the Word）、教义和知识上，而忽略了

---

[17] [A. Kuyper,] 'Intellectualisme V-VI', *De Heraut*, nr. 1163-1664 (8-15 april 1900). 另见Hugenholtz, *Studiën op godsdienst-en zedekundig gebied, Tweede Deel* (Amsterdam, 1884), 2:15；Karl Heinrich Sack为属灵病态写了简介，见 Hagenbach, *Encyklopädie und Methodologie*, 331n8；Rauwenhoff, *Wijsbegeerte van den godsdienst*; Hartmann, *Die Religion des Geistes*; Niemeijer, "Intellectualisme, mysticisme en moralisme." Niemeijer 采用了Rauwenhoff 和Hartmann的观点。英注：亚伯拉罕·凯波尔在 *De Heraut*, nos. 1159-99（1900年3月11日-12月3日）写了一系列文章，关于三种威胁教会的属灵病态：智性主义、神秘主义和实用主义。这些被再版为*Drie kleine vossen*（三只小狐狸）；参Kuipers, *Abraham Kuyper*, 331关于智性主义的部分。

情感生活和实践生活的权利。它可以在两个方面产生影响。[18] 人们可能希望保持教会教导的纯正，或者希望改变和改进这些教导。这种病一般被称作智性主义（intellectualism）。换言之，该学派在客观上将教义与经验和生活隔离，主观上将心思官能与情感（心灵）和意志的生活隔离；将客体等同于教义，将主体（人）等同于心思。[19] 在那些希望维护教会教义的人中间，这种智性主义体现为正统主义（orthodoxism）和经院主义（scholasticism）。

正统主义来自于两个希腊单词 ὀρθός（意为"正确、恰当、真实"）和 δόξα（意为"观点、判断"）。[20] 这一学派不仅推崇思想的正确性和纯洁性（如正统性一样），而且认为那是最高、唯一的标准。正统性（Orthodoxy）这个词的本意是指赞同教会教义的学派。因此这是一个绝对概念：要么是正统的，要么不是正统的；例如：无论谁否认《比利时信条》第 36 条的就不再有真正的正统信仰。[21] 正统主义者（就如所有以 ist 或 ism 为词缀的术语来表明身份的人一样）就是那些认为正统是真理和敬虔的最终决定性标准，视教会的教导是不可变的（正统者不会这么做，至少在理论上不会如此），因此就认为自己可以不再诉诸《圣经》。基督正教就是一个好例子。他们在经历了巨大的教义争论后，陷入了正统主义之中，尤其受到大马士革约翰（John of Damascus）的影响。大马士革约翰的教理学著作的书名《正统信仰阐详》（Ἔκδοσις ἀκριβὴς τῆς ὀρθοδόξου πίστεως）就说明了基督正教自诩**唯一**正统教会的傲慢。这也是自公元 842 年 2 月 19 日以来，每年都庆祝正统节（ἡ κυριακὴ τῆς ὀρθοδοξίας）的教会。[22] 尽管在理论上认为认信是可以修改的，但类似的正统主义特别盛行于 17 世纪的基督新教教会。在实践中，这会导致教义上的自义，比行为上的自义更加糟糕。它认为得救的信心是对教会教义在智性上的认可（而非全心信靠基督的位格）；它把教义变成了僵死的公式，变成了僵化的事物。正统主义无非就是法利赛性的：嘴唇上有美妙的认信，但内心装满了死人的枯骨。这是基督新

---

[18] Pelt, *Theologische Encyklopädie*, 453-468 (§69, "Übersicht der confessionellen Prinzipienlehre"); de la Saussaye, "Stellingen over ziekelijke vroomheid," 398.
[19] 中注：最后两个片语译自荷文版，予以纠正此处英译文。荷文："het objectieve in leer, het subject, de mens, in het verstand laat opgaan"。
[20] 《圣经》论到了"善道"（τῆς καλῆς διδασκαλίας；提前四6），"合乎敬虔的道理"（τῇ κατ' εὐσέβειαν διδασκαλίᾳ；提前六3），"纯正话语"（ὑγιαίνοντες λόγοι；提后一13），"真理的道"（τὸν λόγον τῆς ἀληθείας；提后二15）和"纯正的道理"（ὑγιαίνουσα διδασκαλίᾳ；提后四3；多一9）。
[21] 参：一种将特定的认信等同于**唯一**真理，并认为其不可改变的认信主义。
[22] 参Karl Burger, 'Orthodoxie', in: *PRE²*, *Elfter Band*, 117.

教中最常见和最危险的疾病之一（远胜于基督公教）。

在科学的（wetenschappelijk）领域，这一维护教义的智性主义表现为经院主义。[23] 经院学者是指任何与教育、学者或研究人员有关的人，因此是受过教育、博学、科学的（wetenschappelijk）"生活在书信中的人"（qui in literis vivunt）——即便他们思辨的场所是自己的家。[24] 中世纪经院哲学家们将实证神学（theologia positiva）和经院神学（theologia scholastica）予以区分。前者是对《圣经》和教父们的教导加以阐述（sententiae scripturae et partum），后者则是把各种教理变成科学操作的对象，希望给信仰内容加上一个有条不紊的形式。因此，实证神学和经院哲学不是在内容和实质上不同，而是在形式和方法上不同。经院神学的兴起是不可避免的；毕竟教会的教义是现成的，披戴着神圣的权威，但她的教条却是松散而又缺乏关联。[25] 寻求合一（unity）的人类精神，需要看到这些教理之间的相互联系，才能援用这些教理，并按照一种固定的方法来排列它们。这么做本身是没有问题的。但他们采纳的是何种方法，哪种逻辑和辩证法呢？答案是亚里士多德的哲学。经院神学恰恰在于对教理辩证性和系统性的再现，即努力创造教会教义"彼此区分的组成部分"（disjecta membra）的一个合一体，以达成教会会议决议和《圣经》与教父教导内容（sententiae）之间的和谐。借此，经院神学试图以更精确的定义改进那些已被定义的概念，为有争议的教理提供更多的证据，并填补教会教义尚未论述的教理之间的空白。因此，经院主义试图将我们可获取的教会教义的一部分吸收到我们的意识中。就其本身而言，这并没有错。[26] 所有有思想的基督徒都会这么做。信仰的理性内容必须在我们的意识中有一个接触点，否则我们永远不会拥有它（就像我们不可能理解 2×2=5）。寻求教理之间的联系、合一和系统也没有错。每个人都如此行，包括圣经学者，他们不是随意讨论各种教导，而是遵循一定的规则，因而假定了一个系统，一个教理的合一性。然而，在中世纪和 17 世纪，经院主义在很多方面都

---

[23] 参Friedrich Nitzsch, 'Scholastische Theologie', in: *PRE²*, *Dreizehnter Band*, 650-675.
[24] 中注：荷文wetenschap/wetenschappelijk分别为名词和形容词，可以译作"科学/科学的"、"学术/学术的"。英译本在不同的地方分别采用academic和science来翻译wetenschap。中译本统一采用"科学/科学的"。
[25] 英注：巴文克并不是将教会教义（de leer der Kerk）和教会教理进行对比，而是指出要揭示这些松散排列的教条/教理的内在一致性和统一性，就需要反思性的和科学性的著作。更多关于巴文克对教义/教理之合一性的思考，请参阅他的Herman Bavinck, "The Pros and Cons of a Dogmatic System," trans. Nelson D. Kloosterman, *The Bavinck Review* 5 (2014): 90-103.
[26] 在经院主义中有很多好的、清楚的和有洞见的方面。教宗利奥十三世（Leo XIII）显然明白这一点，他推荐对托马斯•阿奎那的研究。

发生了问题。²⁷

1. 虽然经院主义在理论上把《圣经》归入神学的来源，称其为至高无上的来源，但事实上教会会议决议（或许亚里士多德？）和教父著作才是它主要的内容来源，而且只选择了为数不多的几位教父，甚至不是初代的教父。²⁸

2. 因为经院主义不认为《圣经》是规范（norma）。一旦实质内容被知晓（即使与《圣经》有关），《圣经》就会彻底被抛弃，而不是被视为反思教理的规范。无论如何，《圣经》不过是一个本源（principium）。²⁹

3. 因为它使用了一种基于亚里士多德逻辑学的教理思维流程，对每一个教义提

---

²⁷ 参Schweizer, *Die Glaubenslehre*, 1:102; Marckius, *Het merch der christelijke Godtsgeleertheit*, 12 (I.xxvi); de Moor, *Commentarius Perpetuus*; [荷注：巴文克此处所指的de Moor非常宽泛，但很可能是指Bernhardinus de Moor, *Commentarius Perpetuus in Johannis Marckii Compendium Theologiæ Christianæ Didactico-Elencticum, Pars Prima*, Lugduni-Batavorum 1761, Caput Primum, §26 (pag. 79ff.)] Gisbertus Voetius, 'De theologia scholastica', in: id., *Selectarum Disputationum Theologicarum, Pars Prima*, Ultrajecti 1648, 12-29; Iohan-Henricus Alstedius, *Præcognitorvm Theologicorvm, Libri Duo: Naturam Theologiæ explicantes, & rationem studii illius plenissime monstrantes*, Francofurt 1614, 1:135–44 (chap. 18).

经院主义有三个时期。**早期**（Vetus），1000-1220：兰弗朗克（Lanfranc；意大利教授，为反对Berengar的变体说辩论）。教父极受尊崇；普救论兴起；罗马法律研究，1050年从（Irnerius）开始。安瑟伦（Anselm）、圣维克多的休（Hugh of St. Victor）、伦巴德（Lombard）和格拉蒂安（Gratian）继续奠定基础。

中期（Media），1220-1330：艾尔伯图斯·麦格努斯（Albertus Magnus），托马斯·阿奎那（Thomas Aquinas），邓斯·司各特（Duns Scotus），奥卡姆的威廉（William of Occam），波纳文图拉（Bonaventura），杜兰德斯（Durandus of Saint-Pourçain）。亚里士多德哲学的发现；亚里士多德哲学被用来捍卫教理论述；关于什么是"实在的"（de realitatibus）以及什么构成某一特定事物（de haecceitalibus）的唯一性或本色性（this-ness）的微妙问题和论点（quodlibets）。

后期（Nova），1330-1517：皮埃尔·德艾利（Pierre d'Ailly），让·格尔森（Jean Gerson），加布里埃尔·比尔（Gabriel Biel）。许多先前遗留的开放性问题在此阶段都有了明确答案。

经院主义的成因：对希腊文和希伯来文的无知，对历史和古代的无知；对语文学（philology）的无知；对哲学的无知。

在17世纪的基督新教教会：阿尔斯特（Johann Alsted）[吉斯伯特·沃舍斯（Gisbert Voetius）]；约翰·格哈德（Johann Gerhard）[奎恩施特（Johann Andreas Quenstedt）]。参F. Nitzsch, "Scholastische Theologie"; Voigt, *Fundamentaldogmatik. Eine zusammenhangende historisch kritische Untersuchung und apologetische Erörterung der Fundamentalfragen christlicher Dogmatik*, Gotha 1874.

²⁸ 引发了许多关于自由意志、恩典、称义、善行的错误论点，以及对天使、魔鬼、天堂、地狱和创造的错误观点；参阅F. Nitzsch, "Scholastische Theologie," 653-654.

²⁹ 中注：英译本将此处principium译作"出发点"（point of departure），这并不准确。巴文克主张《圣经》为神学的本源（principium）和规范（norma），尽管他更多使用前者。巴文克此处批判经院主义忽略了《圣经》同时作为神学本源和规范的事实。

出能想到的所有问题：为什么？（quia）在哪里？（ubi）从哪里来？（unde）什么时候？（quando）经院主义因而使用了最吹毛求疵的分析（spitsvondigste ontledingen）（用粗俗的语言，不雅的拉丁文）得出最荒谬的结论（ongerijmdste beweringen）。这些结论完全脱离现实生活，与教会分离，只对学校教育有价值[例如辩论（disputations）]。

4. 因为经院主义以理性的方式试图证明取自《圣经》和传统的具有自证性的教义，所以它将信心提升至知识——这是一项不可能的任务。[30] 神学的开始、中间和结尾都是信心；它是信心的科学（wetenschap）。而经院主义以信心开始，却想用知识结尾。这是对"信心寻求理解"（fides quaerit intellectum）的一种扭曲。[31] 经院主义试图理性地对待教义，这是它的目标。但它把教义带离了教会，迁移到学院（academy）中。

另一方面，经院主义强烈表现为智性主义。它试图改变信心的教义；若无改变，就不再持守这教义。所有形式[32]的理性主义在本质上都是将基督教及其启示理解为教义，视作知识的神圣交流。此外，它还认为人是有智能、有领悟力，或更确切地说，有理性的存有。理性主义是人与上帝关系的断裂。人类自给自足，不需要启示，不需要恩典，也不需要在基督里与上帝和好。每个人自己的思想、意志和美德都是足够的。[33] 因此，问题就变成了"教义和我的心思之间有何关系？"于是，理性主义按其原则回答道，理性不仅能得到启示，而且还会产生启示；除非有理性，否则

---

[30] 非常重要的事情被遗忘了，例如敬虔的操练、祷告、反抗试探、属灵争战（aanvechtingen）。同时，经院学者渴望决定最细微的事情，做出毫无意义的区分，并且常常不是以论点阐述的方式（thetically），而是以辩驳和争论的方式，按问题的形式处理教义。英注：巴文克在这里用"Pierson on Calvin"补充了他的注释；他可能指的是阿拉德·皮尔森（Allard Pierson）的三部作品中的一部：*Studiën over Johannes Kalvijn* (1527-1536); *Nieuwe Studiën over Johannes Kalvijn* (1536-1541), esp. 228–29；或*Studiën over Johannes Kalvijn, derde reeks* (1527-1542)。

[31] 荷注："信心寻求理解"也是坎彭神学院（Theologische School te Kampen）1863年成立的学生会的名称。

[32] 这包括它的超自然主义形式。此形式已经出现在索西尼派（Socinians）和抗辩派（Remonstrants），并由笛卡尔、斯宾诺莎、赫尔曼·卢尔（Herman Roëll）、巴尔塔萨·贝克（Balthasar Bekker）、路德维克·梅耶（Lodewyk Meyer）、克里斯蒂安·沃尔夫（Christian Wolf）等人创立。理性主义的代表作：Wegscheider, *Institutiones Theologiae Christianae Dogmaticae*。超自然主义的代表者：弗兰兹·沃尔克马尔·雷因哈德（Franz Volkmar Reinhard）、芬克（Vinke）、伯曼（Bouman）、海林格（Heringa）、范奥斯特泽（Johannes Jacobus Van Oosterzee）。英注：更多关于理性主义的信息，参巴文克的*RD*, 1:161-163, 183-189；论理性主义和超自然主义的关系，参巴文克的*RD*, 1:355-365。

[33] Friedrich Julius Stahl, *Wat is de revolutie?*, eene voorlezing, gehouden den 8 maart 1852 in de Evangelische Vereeniging te Berlijn, Utrecht 1852, 18.

任何启示都没有真正被启示。超自然主义会按原则说，启示不是理性的产物，但启示也不能被理性吸收；信心和知识是两个完全不同的领域。"自然神学"（theologia naturalis）是科学，启示则是信心的问题。因此，理性主义蒸发了整个启示，而超自然主义尽可能限制并缩小它（就像白人在美国侵蚀美洲土著人的领地一样）。[34]

本质上来看，思辨理性主义和诺斯底主义是一样的。[35] 异教已经耗尽精力，不再有任何新的观点了。它只能提出折衷哲学（新柏拉图主义、毕达哥拉斯主义等）。随后，基督教和犹太教带着大量新思想登上舞台。这些思想现如今被各种异教哲学和神谱（柏拉图主义、新柏拉图主义、斯多葛学派，以及诡辩家、毕达哥拉斯学说、叙利亚腓尼基神话、迦勒底占星术、拜火教和摩尼教二元论、埃及和佛教哲学等）采纳合并。诺斯底主义是一个庞大的概念。它将哲学问题与来自启示的观念结合起来，并将一切构思为与神性内进程相符的进程。这就是诺斯底主义的内容；它并没有藏于希腊哲学概念中，而是采用东方形式披上神话图像的外衣。其目的是通过思辨性的知识来拯救人类。[36] 基督教的本质客观上在于观念，主观上在于知识，因此诺斯底派说见上帝之人必是内心纯洁的。异教哲学家认为信心的立足点太低劣，认为它只是一种律法主义的立场，一种奴役的形式，只适用于普罗大众。[37] 诺斯底主义在基督论上持幻影说，在道德上是禁欲的或是反律法主义的（antinomian），把自由等同于从肉体解放出来。[38] 诺斯底主义者将基督教思想与泛神论（与异教相同）或佛教相混合，而诺斯底主义仍然是当下一种现象，特别是在如今的谢林和黑格尔。[39]

---

[34] David Friedrich Strauss, *Old Faith and the New: A Confession*, trans. Mathilde Blind, 2 vols. (London: Asher, 1893), 1:161. David Friedrich Strauß, *Der Alte und der Neue Glaube. Ein Bekenntniß* (Leipzig: S. Hirzel, 1872), 138.

[35] [J.L.] Jacobi, 'Gnosis, Gnostizismus, Gnostiker', in: *PRE²*, *Fünfter Band*, 204-247. "理性被用作官能和衡量标准，而非常识（gezond verstand）。理性是我们领会超自然观念——善、恶、上帝、属灵世界——的能力。透过理性向我们显明的理型，它是我们要去测试我们内在世界（思想、感觉、意愿、行动等）和外在世界的冲动。对于理性主义者而言，终极不是平淡低微的现实，而是永恒的、道德的、精神的世界；理性不是经验的，而是思辨的。"中注：此处直译自荷文。

[36] [J.L.] Jacobi, 'Gnosis, Gnostizismus, Gnostiker', 207.

[37] [J.L.] Jacobi, 'Gnosis, Gnostizismus, Gnostiker', 208.

[38] 俄利根（Origen），斯科妥斯·埃里乌吉纳（Scotus Eriugena），皮埃尔·阿伯拉尔（Pierre Abelard）。

[39] 关于思辨神学，见 J. A. Dorner, "Theologie, speculative", in: *PRE¹*, *Sechzehnter Band*, 1-13; Martin von Nathusius, *Das Wesen der Wissenschaft und ihre Anwendung auf die Religion. Empirische Grundlegung für die theologische Methodologie* (Leipzig: J. C. Hinrichs, 1885), 265-266, 300, 380; Julius Ferdinand Räbiger, *Theologik oder Encyklopädie der Theologie* (Leipzig: Reisland,

这否定了基督教的独特性，是异类（基督教和异端）观念和元素之间的联系。它总是导致绝对的观念论。[40] 这也就是一个体系，它在基督教中将观念与事实分开，摒弃事实，突出观念，分离二者却又假定能保留二者。历史变为寓言：亚当的堕落意味着我们每个人的堕落；正直的状态成为将来我们的理型；基督的道成肉身成为我们与上帝的合一；赎罪成为我们的主观救赎；三位一体成为三个观念；这是康德、谢林和斯霍尔滕（J. H. Scholten）等人的方法。[41] 他们想要的是观念而非历史事实。同样，伦理神学家也越来越通过将信心（πίστις）和科学（ἱστορία）分离的进路来处理观念论；宗教被降为道德，被定义为价值判断。[42]

（2）在内心感受（心灵）方面[43]

在这一边，我们有许多形式的神秘主义。[44] 一般来说，神秘主义，如以伪丢尼修（Pseudo-Dionysius）为创始者的神秘主义，把宗教生活限制于感觉和内心感受（gemoed），强调主体。[45] 这即是说，如果你想要了解上帝，与祂相交，那么你必须放弃想要了解祂的愿望。因为当我们试图了解某事物时，我们会将其转变为一个对象，从而置于我们之外或我们的对立面。但知识只能将有限的东西放在我们的对面，而上帝是无限的，因此不能像一个客体置于我们的对面，让我们去了解。所以，

1880), 150-151. 主体和客体不是对立的，而是完全等同；两者总是相互交织在一起。理性和启示不是对立的。只有**一个灵魂**、**一个理性**、**一个真理**。理性是人类内在的神圣之物；它寻求理解教义，论证它们与理性的一致性，并在其中看到绝对真理，尽管它们可能是被象征性地表达出来。哲学与神学有着相同的内容，但以概念表达此内容。神智学（theosophy）在这方面也是一样。

[40] 康德和费希特（Fichte）的主观观念论（subjective idealism）。

[41] 卡尔·道布（Karl Daub），菲利普·马海内克（Philip Marheinecke），布鲁诺·鲍尔（Bruno Baur），理查德·罗特（Richard Rothe），克里斯蒂安·魏塞（Christian Hermann Weisse）。

[42] 中注：此处希腊文ἱστορία又可译作"信息"和"知识"。有关荷兰伦理神学的介绍，见赫尔曼·巴文克，〈荷兰新近教理思想〉，载于《赫尔曼·巴文克论荷兰新加尔文主义》，邵大卫译，徐西面编（爱丁堡：贤理·璀雅，2019），49-51。

[43] 有各式各样：神秘主义，寂静主义，敬虔主义，摩拉维亚弟兄会，施莱尔马赫。

[44] [A. Kuyper,] 'Mysticisme I-VI', in: *De Heraut*, nr. 1169-1174 (27 mei, 3, 10, 17 en 24 juni, en 1 juli 1900). 荷注：巴文克用铅笔旁注"*Heraut* 1169v"。他无疑是指脚注中所提的一系列关于"神秘主义"的文章。在*Heraut*上，这些文章的作者是谁并不清楚。后来在Kuyper, *Drie kleine vosse*, 1901中加上了亚伯拉罕·凯波尔的名字。

[45] F. Nitzsch, "Scholastische Theologie," 655；参 Kuyper, *Drie kleine vosse*, 45-74；更多关于神秘主义的内容，见上文§20。

只有当我们走出自身，闭上灵魂之眼，使自己完全被动的时候，才能进入上帝里面。我们必须被动地面对神性，因为我们不能知道祂；要去认知祂就意味着要主动将自己置于其对立面。相反，我们必须接受祂，让祂在我们里面作工，让自己通过我们的情感沉入其中，由此便产生对上帝的默观（aanschouwen），对上帝的认知（kennen），且是对上帝唯一真正的知识。因此，神秘主义是一种感觉的神学（源于感觉），内心感受（gemoed）的神学，作为透过感觉对上帝的即刻默观的结果。它希望即刻与上帝相交，而不需要通过我们的意识来调解从而只让上帝是主动的，而我们的自我（Ik/ego）是完全被动的相交。事实上，我们的自我消失了，取而代之的是上帝在行动、看见和听到；灵魂变成了一种"神圣的感觉"（Affektion Gottes）。

神秘主义现在以各种形式出现。它可以完全放弃通过一个人的意识来认识上帝，而唯独强调生活在上帝里面，灵修（Andacht）和默观。或者它可能并不完全拒绝对上帝有意识的认知，而仅仅把它看作是一个较低的程度——初步的阶段（Vor-stuf）——的真实知识。又或者一个人可能真正欣赏思辨，但试图通过抽象概念以外的其他方式来实现，即刻获得思辨，把观念和知识建立在对愿景和图景的直觉把握上。[46] 因此，神秘主义有时以"光照"（Erleuchtung/illumination）的形式出现，有时以"觉醒"（Erweckung/awakening）的形式出现。换言之，在一段时间里，神秘主义更多的是以图景和愿景的形式出现；一个人可以内在地看见并默观这些，上帝在其中如光一样。在另一些时候，神秘主义作为一种内在的聆听，上帝通过内在的话语对我们的灵魂说话。[47] 但无论神秘主义是哪种形式，它总停留在以下几种错误之上。

1. 在本质上，神秘主义是泛神论。人类的自我意识，我们的思想，也就是我们真正的自我（Ik）被抹去了。所有真正、真实的神秘主义，即与一人共同生活，预设、要求和肯定了人类的人格、自我意识和自我。爱是奉献自己，同时也维护自己。我们在爱中成为一体，但同时也保持自我。若能奉献他自己，一个人必须要**拥有**他自己。当一个人不再拥有**自我**，就不再可能奉献他自己。在道德上，我们是一体，在肉身和实质上，我们是两个。但神秘主义是怎么做的呢？它抹除了实质的界限，我们的自我，主体与客体的界限，我们的个性，我们的自我意识，以及我们的自我决断（zelfbepaling）。神秘主义对人类的意识和意志一无所知。它试图抹去人格特

---

[46] F. Nitzsch, "Scholastische Theologie," 655.
[47] 见上文§20，Erbkam, *Geschichte der protestantischen Sekten*.

征，杀死它，使它沉入绝对的平静中，剥夺它的一切活动。这就是它对主体所做的。但它也对客体（上帝）做了同样的事。上帝也不是有自我意识，自我启示的神。相反，祂是一个整齐划一、抽象的**存有**，没有思想和意愿。[48] 祂不允许自己为人所知，也不愿被人的意志所左右，祂只能被人感觉。但祂不是透过我们的意识进入我们里面，而是好像从我们存有的中心深处进入我们里面。在被剥去意识和意志，在我们里面深入二者之下，沉入我们存有的黑暗中时，我们就发现、感觉到上帝。[49] 在那里，上帝和自我真正合一。的确，分离只有经过我们的意识和意志才会发生。这完全就是最纯粹的泛神论，混合了上帝的实质和我们的实质。

2. 神秘主义误解了自我意识及与其相关的内容，即圣道和信心，将信心等同于一个人意识中的圣道。"基督和启示充其量不过是就近上帝的临时途径。但当人与上帝同在时，这些途径就不再必要了。"[50] 神秘主义落入了错误（也发生在费希特和施莱尔马赫中），即意识只能将有限的客体置于对面，而上帝是无限的，因而不可能是知识的客体。诚然，我们不能像对待自然那样，把上帝变成认知的对象。然而，如果我们要了解其他人，他们必须敞开让我们去认知。如果他们与我们隔绝，那么我们就不会认知他们。因此，上帝必须主动、自由、自愿地启示祂自己。这正是上帝透过祂的圣道在我们的意识中所做的。神秘主义则否认这一点，认为这样就意味着上帝是有限的；这个观点是不正确的。神秘主义混淆了无限（infinite/oneindig）和无穷无尽（endless/eindeloos）这两个概念。被造的世界的确是存在于上帝存有之外，不同于上帝的存有，尽管它只透过上帝并在祂里面才得以存在。因此，上帝仍然是无限和无所不在的。借着将上帝和世界等同，神秘主义被迫放弃了一切中介（Vermittelungen）手段。圣道、圣礼和意识被搁置一旁，为了即刻默观，并在我们的存有中感觉上帝。在我们的存有中，上帝和我们自己在意识和意志中分开[51] 之前，二者仍为一。因此，上帝不在我们外面，凌驾我们之上，而是住在我们里面，在我

---

[48] 参斯宾诺莎（Spinoza）：上帝必须被看作本质（essentia），视为"我就是我"（I am who I am）。中注：中文《圣经》将"I am who I am"译作"我是自有永有"。按照巴文克自处所论，斯宾诺莎的意思着重于"整齐划一"。

[49] 见J.H. Gunning Jr., *Jezus Christus de Middelaar Gods en der menschen*. 英注：胡宁是一位"伦理神学家"，正如他这本书的副标题Naar aanleiding van Dr. H. Bavinck,"De theologie van Prof. Dr. Daniel Chantepie de la Saussaye, Amsterdam s.a. [1884]"所表明的，他写此书的目的是回应巴文克对荷兰伦理神学之父著作的回应。

[50] J.J. Herzog, 'Quietismus', in: *PRE¹, Zwölfter Band*, 427-428.

[51] 英注：巴文克创造了一个荷文diremptie，很可能演变自拉丁文diremptus（separation）。

们身后：这个运动是从下至上的。上帝来自于我们存有的最深处。

3. 因此，神秘主义完全是主观的。我们自己就是有关上帝的知识的源头，而非外在的圣道。这种知识从深处升起：我们起初在我们的灵魂中与上帝合一，后渐渐地在我们的意识和意志中与上帝成为一体。于是，上帝或基督是我们存有中的主体，也是我们意识和意志中的主体。上帝通过我们以及在我们里面认知和决意。我们什么都不是，而上帝是一切。上帝是我们所有行为——我们的认知、决意和行动——的主体。所以，我们所有的行为都是上帝的责任。如此，神秘主义就产生了可怕后果。

a. 一些事物只是我们意识反射之物，却终成了神圣事物，基督的榜样等。一切客观事物都消失了，一切事物都失去了它的客观意义。对神秘主义者而言，整个客观世界都变成了一个内在世界。神秘主义所蕴含的真理如下：在我们意识、感觉和情感生活之下和之后，确实存在一个影响因素，存在上帝和我们的灵魂的相交，但所有的意识和知识都是由上帝的道介导而来。于是，标准是圣道，而不是我们的感觉。例如，立敕尔拒绝一切神秘主义的做法就是错的。重生、成圣、气禀对我们的影响，都是在无意识的情况下，在我们的意识、自我、能力的幕后发生的。但是有关这方面的知识单单从圣道而来。

b. 出于维持这种感觉的生命（gevoelsleven）、这种在情感欣喜中狂欢的渴望，出于维持属灵上陶醉（geistliche Trunkenheit）的渴望，人类使用了各种办法和技巧。这些或是消极的，例如沉没在寂静主义中，或是积极的，例如采用禁欲主义、默想、苦修等。寂静主义是灵魂的绝对静止和被动，借此等待上帝的影响，无需基督、圣道、圣礼或教会的任何介导（mediation），也无需祷告等任何自身努力。[52] 它是一个起源于新柏拉图主义的学派；它出现于伪丢尼修、中世纪神秘主义者、日内瓦主教塞尔斯的弗兰西斯（Francis de Sales, 1567-1622）、坎布里（Cambrai）主教费奈隆（François de Salignac de la Mothe-Fénelon, 1651–1715）、拉莫特夫人（Madame de la Motte-Guyon, 1648–1717），以及所有视无私的爱为最高美德和称义的人中。无私的爱以上帝为对象，因为祂本身是纯粹的、绝对良善的和美好的，无关乎祂是否如此待我们。换句话说，上帝独立于祂爱的启示。费奈隆并没有从《圣经》，而是从神秘主义者，甚至从苏格拉底和柏拉图等人那里引出此种寂静主义。[53] 这种神

---

[52] J.J. Herzog, 'Quietismus', 425-455.
[53] J.J. Herzog, 'Quietismus', 447-448,（一篇美文）; Heinrich Heppe, *Geschichte der quietistischen Mystik in der römischen Kirche*, Berlin 1875.

秘主义继续出现在特斯蒂根（Tersteegen）中。[54]

c. 人不再负有任何责任，我们的行为都是上帝的行为。既然圣道不再指引我们，那么从人心深处涌上来的就被看为神圣。这样，神秘主义就产生了反律法主义（antinomianism）和感观（sensualism）。灵性之爱和肉体之爱相混淆。精神方面和感观方面在人的心里极为接近。感觉总是被区分为低等的感觉和高等的感觉。那些不雅的、从心里涌出的，被看作圣洁；从意识之下、黑暗处所升起的，因而被爱和得称赞。

（3）在意志（行动、实践）方面

在这一边，我们尤其发现敬虔主义、循道主义、狂热（fanaticism）。[55] 罗特（Rothe）认为，敬虔主义预设了一种死的正统性；它希望通过培养敬虔，将宗教改革扩展到实践、生活（pietatis）中。[56] 这是一种在道德上空洞的敬虔（sittlich leere Frommigkeit）。唯有敬虔才有价值，唯有敬虔才是其唯一关切。敬虔主义者不是对道德要素漠不关心，而是对道德本身漠不关心。但只有因着并基于道德是在宗教信仰上被命定并由上帝决意，只有当道德有利于和支持敬虔时，他们才会赞同它。[57] 因此，他们并不会培育道德生活，但是无论他们在哪里发现了道德生活，都尽可能地净化它，并拒绝他们不能净化的部分。结果就是，他们竭尽所能地限制生活，轻视自然、历史、艺术和科学。敬虔主义者带着他们的家人退缩到家中，远离世界的喧嚣；他

---

[54] W. Krafft, 'Tersteegen', in: *PRE¹*, *Fünfzehnter Band*, 537-553.; Max Goebel, *Geschichte des christlichen Lebens in der rheinisch-westphälischen evangelischen Kirche, Dritter Band. Die niederrheinische reformirte Kirche und der Separatismus in Wittgenstein und am Niederrhein im achtzehnten Jahrhundert*, aus den hinterlassenen Papieren des Verfassers herausgegeben von Theodor Link, Coblenz 1860.

[55] J. van Andel, 'Piëtisme', in: *De avondster* 1 (1876), 153-154; A. Pierson, *Eene levensbeschouwing*, 1:9-10; Emil Wilhelm Krummacher, *Expectorationen über das Studium der Theologie. Vademecum für meinen Herrmann und für Theologie Studirende überhaupt*, Essen 1847, 187-188; 见上文 §20.

[56] Rothe, *Theologische Ethik*, 4:171–80 (§987); Paul Grünberg, *Philipp Jakob Spener, Erster Teilband. Die Zeit Speners, das Leben Speners, die Theologie Speners*, Göttingen 1893, 10.

[57] [A. Kuyper,] 'Practicisme I-XIV', in: *De Heraut*, nr. 1185-1190 en 1192-1199 (16, 23 en 30 september, 7, 14 en 21 oktober, 4, 11, 18 en 25 november, en 2, 9, 16 en 23 december 1900). Zondagschool, ziekenverzorging, zending. 荷注：巴文克用铅笔旁注了"主日学、病患关怀、宣教"（Zondagschool, ziekenverzorging, zending）。他无疑就是指上述凯波尔的文章。*De Heraut*并为说明文章作者，后在凯波尔著作中加入了作者名：Kuyper, *Drie kleine vossen*, 75-152。

们严格地养育孩子，从大教会退到小集会。敬虔主义者总是分离主义者。外面的一切都是"世界"。由此可知，这样一个人对整体、历史、甚至基督教历史都不会在意。敬虔主义者完全否定且不欣赏基督教教理历史。他们甚至对教会都不感兴趣，看不到教会的价值。敬虔主义会助长对教义的无差信仰论（indifferentism）和对教会的主观主义。继而，他们无视整体，于是寄希望于通过直接接触来改变单一个体。因此，敬虔主义不是真正的神秘主义（根据以上意义来看），因为神秘主义把所有重点都放在在我们里面的上帝，而我们对神是被动的，被抹除的。相比之下，敬虔主义把所有重点放在主体上面：**我们**必须积极主动，藉着各种途径让自己敬虔。神秘主义根本不会冒险脱离自我；客观世界变得完全主观。但是敬虔主义者试图通过教育、宣教和慈善事业，从邪恶世界中拯救些许几人，将他们引入自己的圈子中。神秘主义不想要任何教义或心思活动；敬虔主义想要《圣经》，但不要认信，想要圣经神学，但不要教理学。敬虔主义只是反对经院主义。神秘主义不寻求理解，而敬虔主义只想要简单、清楚、清醒和务实的健全头脑。神秘主义扼杀了意志，而敬虔主义将圣道融入了意志中。敬虔主义者是积极主动的，想要让自己和他人变得敬虔。

循道主义与敬虔主义有着密切的联系，但它出自英国人，就像敬虔主义出自德国人、改革宗人士和路德宗人士一样。循道主义比敬虔主义更加倾向实践，强调失效的教会，盟约连续的打破，完全专注于归信；他们认为归信是伴随着巨大悲伤和颤栗的瞬间事件，与卫斯理本人的模式一样。我自己已经归信了，我可以（必须）通过带领他人归信来证明这一点。因此，循道主义具有侵略性。它不仅要争取少数人，而且要争取民众、国家、世界，通过聚会和令人悔罪的讲道来赢得这一切。它充斥着对归信的过度激情，使一切都服从于归信：主日学、俱乐部、布道短文、《圣经》。它动员所有力量，其特点是飘扬的旗帜和振聋发聩的鼓声。难怪救世军是完全以军事方式组织起来的。敬虔主义是更内在的，循道主义则是更外在的。敬虔主义想要忏悔时的挣扎（Bußkampf），以及紧跟着印证（Versiegelung）的突破（Durchbrechung），所以认识到一个渐进的顺序。循道主义希望在没有任何准备的情况下立即归信，然后就不管这些归信者，并让他们开始做工。在归信之后，敬虔主义寻求培养敬虔，而循道主义希望促进传福音的热情。敬虔主义从世界上夺走一些人，把他们带到敬畏上帝的圈子里；循道主义向世界挑战并进入世界。敬虔主义建立秘密聚会，循道主义建立宣教教区和差会。敬虔主义对救赎世界失去信心并从世界中退回，在这片土地上变成无话可说的寂静主义者；循道主义则有很大的信心，持续前进，并有可能迷失在好奇和焦躁冒进（πολυπραγμοσύνη）中。敬虔主义内在是丰富的，但它不分享，只把一切留给自己。循道主义在灵性上有时是贫穷的，但它给予的远远超过它所拥有的。敬虔主义是焦虑的、自鸣得意的、思想狭隘的，循道主义则是大胆的、充满激情的、过度狂热的。

此方面极端的实践便是狂热（fanaticism）。[58] 这个词来自于 fanaticus（frenzied），指的是 fanum（temple），因为德尔福（Delphi）的神谕（毕提亚）是在一种狂热神迷的（ecstatic）状态下发出的。因此，狂热者是受神圣启发的人。狂热包括各种因素。

a. 它避开理智的清晰，却将各种观念囊括在想象（imagination）中。如果到此为止，那么结果是热情[59]，就是屈服于更高的事物和一个理型（不是一个抽象的观念，而是具体的理型），让自己受其控制，沉迷其中。例如，让自己沉迷艺术、国家、自由、歌德（Goethe）、席勒（Schiller）等。现在，当热情（可能是非常感性的）通过幻想和情感模糊了那个理型时，它就变成了**狂热**，一种活在雾中的狂喜状态。[60] 这产生了一种完全主观性的狂热行为（dweperij），好像如重洗派等宗教改革时期的狂热者，靠感觉和"内在话语"（innere Wort）而活，用它来判断整个外部世界。狂热的行为被描绘成在小说之中，想象为可以扭转乾坤，所以注定昙花一现，无法持久。

b. 狂热的第二个因素是，它把这个观念，这个理型，变成一个固定的观念。它排斥所有其他观念和真理，不考虑它们，完全不承认它们。[61] 因此，狂热是排他

---

[58] Carl Beck, 'Fanatismus', in: *PRE¹*, *Vierter Band*, 323.
[59] Carl Beck, 'Enthusiasmus', in: *PRE¹*, *Vierter Band*, 72-75. 英注：巴文克本段整个论点取决于对两个德语术语的区分：Enthusiasmus 和 Schwärmerei。这两个词经常被翻译为英文的"enthusiasm"（我们将 Schwärmerei 翻译为狂热）。前者是一个相对中性的词，表示对善的情感反应；后者意指道德上不受欢迎的狂热。Schwärmerei 是马丁路德对激进的重洗派的称呼（参 Brecht, *Martin Luther*, 137-95）。康德认为 Enthusiasmus 是人类审美经验中的一个积极且重要的部分，但 Schwärmerei 是疯子的妄想。康德在他的 <头脑的疾病>（Maladies of the Head）一文中写道："在本身是好的道德情感中，幻想（Phantasterei）的模棱两可的表现就是热情（Enthusiasmus）；没有它，世界上就不会完成伟大的事情。但是，狂热者（visionary, Schwärmer）的情况就截然不同。后者实际上是个疯子，认为有一种即刻的灵感，并与天上的力量紧密联系。人类的本性所知的没有比这更危险的妄想了。"（载于 Toscano, "Raving with Reason"）。更多关于康德和热情（enthusiasm）的内容，参 Clewis, *Kantian Sublime*, 1-9；我感谢克卢维斯（Clewis）对在引述布雷荷特（Brecht）论马丁路德一书上的帮助。
[60] Carl Beck, 'Schwärmerei', in: *PRE¹*, *Vierzehnter Band*, 41.
[61] 荷注：本句并不通顺，但根据语境便清楚可知巴文克所表达的意思。

性的，认为它所拥有的那一束真理之光就是全部真理。

c. 狂热的第三要素是它以极大的热情去寻求实现这一观念。因此，它敌视、辱骂、不容忍任何与它不完全一样的事物或人。这可能导致盲目的愤怒，对所有理由充耳不闻，用一切手段在黑暗中盲目追求单一的目标；它固守立场，毫不让步。这种狂热出现在每个领域，就是对进步、保守主义、反动、自由、启蒙的狂热；在宗教领域就是对正统、宣教、分离主义等的狂热。狂热紧抓一个（轻率和模糊）观念，并把一切意志力投入其中。

除此之外，还有道德主义（moralism），它同样也涉及意志。[62] 道德主义在道德领域所做的与敬虔主义在敬虔领域所做的如出一辙。道德主义专注于道德本身，视道德为全部和最终目的，把敬虔视作虚无。最主要的是行为，并制定了道德戒律。这是 18 世纪的动向，【导致陷入道德的泥淖（leidde tot morale indip）】。[63] 伦理主义更深入，不仅注重行为的道德，而且**作为**道德的**存有**，不仅注重数量，而且更注重质量。在我们的时代，伦理主义正在采用神秘主义的元素。道德主义的极端对立面是反律法主义。后者来自源于诺斯底主义的神秘主义，完全否定道德。

最后，我们必须补充，在教会领域，这些属灵疾病呈现出以下几种形式：

1. 智性派被称作认信主义（confessionalism）。它用认信起誓，把认信变为法脉准绳和成规惯例。这反过来又表现为分离主义和"教会主义"。

2. 教会中的情感派是无差信仰论（indifferentism）。它摒弃教会，认为教会一无是处，而且很容易带有末世的特征。

3. 意志派拒绝教会[64]，想要一个不同的、更好的教会，这导致了多纳徒主义（Donatism）。

在社会和政治领域，智性派反对变革和保守的，情感派则对此漠不关心，而意志派有时是革命的，有时是反革命的。然而，由于人的无常性，环境亦有变化，所以相应的关系有时也会改变。

因此，我们的属灵生命主要有三种病态：**干旱贫瘠**（dorheid/aridity），就是有认信却无生命；**患病**（ziekelijkheid/morbidity），狭义来说就是虚假的神秘主义和

---

[62] Rothe, *Theologische Ethik*, 4:171-80 (§987).
[63] 中注：正如荷文版编辑所言，荷文"leidde tot morale indip"的意思不明，因而英译本并未翻译此片语。尽管荷文"indip"意思不明，但可拆析为in+dip。荷文"dip"的意思为"不好的时期"，所以中译本此处将"indip"译作"泥淖"。见荷文版292页。
[64] 荷注：巴文克写道："意志派拒绝教会。"他是否是说"意志派也拒绝教会"？

虚假的经验性信仰；以及**昏沉**（traagheid/lethargy），又可称为过度热情或缺乏悟性的热情，由此缺少行动的能力。[65]

3. 属灵病态的根源

但造成这些疾病的原因是什么呢？这些疾病与个人性格的多样性有联系，但不能完全以此来解释。使徒们的性格和脾性也各不相同，但没有一个是病态的。保罗并非灵里干旱贫瘠，约翰没有患病，雅各也不是循道主义者，所以肯定还有别的原因。总而言之，造成属灵疾病的原因就是罪，更确切地说是（a）肉体和圣灵相争；（b）与世界抗争；（c）试探；（d）灵性荒漠。[66]

（1）肉体与圣灵相争[67]

罪仍然在信徒中。我们看到所有信徒都有弱点，亚伯拉罕、雅各、大卫、彼得等。他们自己承认了自己的罪（伯九2，20）。这在《诗篇》中常常出现（诗二十五；三十二5；三十八；五十一；一百三十；一百四十三）。诗人们祈求生命的圣洁，祈求赦免，祈求主的帮助。同样，先知们说："我们都像不洁净的人，所有的义都像污秽的衣服。"（赛六十四6）"我们犯罪作孽，行恶叛逆，偏离祢的诫命典章。"（但九5）

我们在"新约"中也发现了同样的情况。彼得教导基督徒："你们既作顺命的儿女，就不要效法从前蒙昧无知的时候那样放纵私欲的样子（μὴ συσχηματιζόμενοι

---

[65] 英注：将过度热情和积极行动主义（activism）与昏沉或懒散联系在一起似乎有违直觉，但对懒惰罪的典型治疗意识到，灵里的懒惰和懦弱以及最终的绝望，往往伴随着游荡、不安的倾向。这里的关键点是，巴文克在此探讨意志的病态，这些病态可能是过度的，也可能是缺乏的。更多关于懒惰或倦怠的讨论，见 *ST*, IIa IIae q. 35, esp. IIa IIae q. 35 art. 4 ad 2.
[66] 英注：在下文中，（1）和（2）似乎是融合的。第二点"（2）与世界的对抗"是后来巴文克添加上的。原来的（2）试探变成了第三点，原本的第三点"灵性荒漠"则变成了第四点。但在下文中，只讨论了最初的三点。
[67] Vitringa, *Doctrina Christianae Religionis*, 3:413.

ταῖς πρότερον ἐν τῇ ἀγνοίᾳ ὑμῶν ἐπιθυμίαις）。"（彼前一 14）他早些时候把那样的生活描述为"行邪淫、恶欲、醉酒、荒宴、群饮，并可恶拜偶像的事"（彼前四 3）。信徒们被敦促"禁戒肉体的私欲，这私欲是与灵魂争战的"（στρατεύονται κατὰ τῆς ψυχῆς）（彼前二 11）。基督徒因"顺从真理"（ὑπακοῇ τῆς ἀληθείας）而得自由，因此便说"洁净了（他们）的心"（τὰς ψυχὰς ὑμῶν ἡγνικότες）（彼前一 22）。尽管如此，他们还是要在一切所行的事上更多地实现圣洁（ἁγιότης）（彼前一 14-15），因为他们仍然是"才生的婴孩"（βρέφη ἀρτιγέννητα）（彼前二 2）。因此，他们被告知必须要维护和保持在洗礼时所领受的"无亏的良知"（彼前三 16, 21），禁戒"与灵魂争战的肉体私欲"（ἐπιθυμίαι）（彼前二 11），"就当存敬畏的心，度在世寄居的日子"（彼前一 17），并且"要谨慎自守，警醒祷告"（彼前四 7），尤其是因为"魔鬼如同吼叫的狮子，遍地游行，寻找可吞吃的人"（彼前五 8）。他们还被告知要以圣道为食（彼前二 3），耐心地（彼前二 21–23）走在"基督里"（三 16），因为受苦可以让人得洁净（四 1-2, 12）。

在《彼得后书》[68]，对基督的认识必须在信心中加上德行，在德行上加上知识，在知识上加上节制，诸如此类（彼后一 5）。因为通过这样的认识，信徒们得以脱离"世上的污秽"（μιάσματα τοῦ κόσμου）（彼后二 20）和"世上从情欲来的败坏"（ἡ ἐν κόσμῳ ἐν ἐπιθυμίᾳ φθορά）（彼后一 4）。[69] 由此，那些逃离这个世界的人要使他们"所蒙的恩召（κλῆσις）和拣选（ἐκλογή）坚定不移（βέβαιος）"（彼后一 10），"就得以与上帝的性情有份"（彼后一 4），过"圣洁和敬虔的生活"，"就当殷勤，使自己没有玷污，无可指摘，安然见主"（彼后三 11, 14）。《犹大书》则对滥用恩典和自由的自由主义提出警告（比较：彼后二 17-19）。

生于真道的人（雅一 18）必须爱上帝；爱上帝就排除了爱世界，因为"与世俗为友就是与上帝为敌"（雅四 4）。这个世界有污秽的影响，因此"在上帝我们的父面前，那清洁没有玷污的虔诚，就是看顾在患难中的孤儿寡妇，并且保守自己不沾染世俗"（ἄσπιλον ἑαυτὸν τηρεῖν ἀπὸ τοῦ κόσμου）（一 27）。这就是为什么"上帝拣选了世上的贫穷人（因此世界对他们的诱惑不那么大），叫他们在信上富足"

---

[68] Weiss, *Biblical Theology*, 2:243; Bernhard Weiß, *Lehrbuch der Biblischen Theologie des Neuen Testaments*, 540-541. 荷注：本书540页的标题为"《彼得后书》与《犹大书》"；尤其是在544页，段落"§128 基督徒所追求的美德"是巴文克论点的资料来源。
[69] 荷注：巴文克此处引述来自Bernhard Weiß, *Lehrbuch der Biblischen Theologie des Neuen Testaments*, 545.

（雅二5），而富人却带着他们的财宝灭亡（雅一10-11；五1-2）。因此，人必须选择上帝，而与世界为敌；"心怀二意"（διψυχία）（雅一8）使人没有定见，使他们的心不洁净（雅四8）；我们必须要抵挡魔鬼（雅四7）。信心就像爱一样，不能在上帝和世界之间被分配；必须禁止怀疑（雅一6）；信心必须经过试验（雅一3）。即使外面的世界引诱我们犯罪，上帝不试探我们（雅一13），但我们自己的私欲会试探我们（雅一14）。这些欲望试图将我们从上帝那里所领受的，浪费在我们的欲望中（δαπανᾶν ἐν ἡδοναῖς）（雅四3；比较五5）；因此在《雅各书》中说尤其是我们的私欲导致了我们之间的争战（四1）。对宴乐和财富的渴望反过来又助长了纷争（雅四1-2），并使富人欺压穷人（雅二6）。正是由于内在诸多欲望，我们常常在许多方面都有过失，所以控制（χαλιναγωγῆσαι）自己的身体是重要的（雅三2）；这必须由反对那些欲望的意志来实现。要勒住舌头尤其困难（雅三5），"它是不止息的恶物"（ἀκατάστατον κακόν）（雅三8），能做大恶，像火和毒气。雅各进一步警告不可起誓（雅五12），不要作师傅（雅三1），不要动怒（雅一19），并劝导要智慧（雅三17）和温顺（雅三13）。[70]

那些从上帝生的（约壹五1-2）、已经是上帝儿女的人（约壹三2），现在有上帝的诫命。他们显明他们是住在基督里（约八51），通过遵守祂的诫命来爱祂（约十四15，21；约壹二3-6；三22-24）；这也同样显明了他们怎么爱上帝的儿女（约壹五2-3；比较三23）。[71] 可以肯定的是，信徒有永恒的生命，必不犯罪，也不能犯罪（约壹叁6，9；五18）。但事实上，信徒会犯罪，并且从不会无罪（约壹一8，10；二1）。他们需要被洗净和赦免（约壹一7-9），与父和好（约壹二1-2），为弟兄代祷（约壹五16）。他们必须洁净自己（约壹三3），住在主里面，住在上帝里面（约壹二28），抵御对世界的爱（约壹二15）和试探（约壹三7）。因为世界用它的诱惑来试探信徒（约壹二26；三7；约贰7）。这个世界与他们是根本对立的。世界被魔鬼统治（约十二31；十四3；十六11）；牠在世界上做工（约壹四4），世界卧在牠的能力之下（约壹五19）。诚然，基督已经胜了世界（约十六33），不属于这世界（约八23；十七14，16），除灭了世界的作为（约壹三8）；藉着基督，教会已经兴起，不再受世界权势的支配（约十五19；十七14）。尽管

---

[70] 荷注：巴文克此段的资料来源很可能是Bernhard Weiß, *Lehrbuch der Biblischen Theologie des Neuen Testaments*, 188-189。

[71] 荷注：由于手稿损坏，此处缺少了一些字。
中注：中译本此处采用了英译本根据《圣经》经文所重构的内容。

如此，世界仍继续反对信徒（约十四 17-19；约壹二 15-17；三 1，13；四 5）。它试图摧毁他们（约十七 15）；它不可能爱他们（约十四 19），而是恨他们（约壹三 13）。世界用它的敌意，特别是它的诱惑来欺骗他们（约壹二 26；三 7；约贰 7）。因此，信徒必须要被警告不要爱这个世界（约壹二 15），使自己远离偶像（约壹五 21），不要爱世界上的事，即眼目的情欲等（约壹二 16），以逃离虚假的灵（约壹四 1-2；约贰 7）和不认基督之人（约壹二 22）。然而，信徒受到保守，不受世界影响（约十七 15），并且战胜了魔鬼（约壹二 13-14）和世界（约壹四 4；五 4-5）。[72]

在保罗书信中记载[73]，作为对他们未来荣耀的一个凭据（onderpand），信徒领受了得儿子名分（υἱοθεσία）的圣灵（加四 6）。这成为他们生活的动力，他们被上帝的灵所引导（罗八 14；加五 18）。他们就是这样成为"属灵的人"（πνευματικοί），整个生命都受圣灵管辖（林前二 15；三 21）。他们无论做什么事，都是被圣灵感动而做（加六 1）。他们说话（林前十二 3），祷告（罗八 15），并在圣灵的引导下，一切按圣灵而行。他们的心思意念都放在圣灵的事上（罗八 4-5）。尽管每一个信徒**事实上**（virtualiter）都与基督一同死（罗五 8；加二 20；西二 12），旧人已经被钉死（罗六 6），从罪中解脱出来（罗六 2，11，18，22），新人已经同基督一起复活（罗六 4，8），现在是属上帝的了（罗六 11，13），基督就住在他们里面（罗六 11；加二 20），然而肉身（旧人）**实际上**（actualiter）继续存在，使人受到罪的辖制。因此，一场关乎原则的争战（principiële strijd）在基督徒内心爆发，因为"情欲和圣灵相争"（ἡ γὰρ σὰρξ ἐπιθυμεῖ κατὰ τοῦ πνεύματος）（加五 17）。在这节中，出于几个原因，"灵"（πνεῦμα）可能指的是圣灵（这里不同于加尔文、伯撒、戈马鲁斯（Gomarus）的观点，并与荷文版《圣经》Statenvertaling 中的注释相反，尽管意思不是很清楚）。（a）在前一节中，"顺着圣灵而行"（πνεύματι περιπατεῖτε）与《罗马书》八 4 类似，当然是指"随从圣灵"。（b）在紧跟的经文中，"但你们若被圣灵引导"（εἰ δὲ πνεύματι ἄγεσθε）和"就不在律法以下"（οὐκ ἐστὲ ὑπὸ νόμον）也是明确指向圣灵（比较 罗八 14）。（c）一旦保罗列举了"肉体的情欲"（加五 19-21），他就提到"圣灵所结的果子，就是仁爱、喜乐、和平、忍耐"等等，所以他定然又指向圣灵。（d）保罗在这里的意象涉及"肉体"和"圣灵/灵"（S/

---

[72] 中注：巴文克本段的资料来源很可能是：Bernhard Weiß, *Lehrbuch der Biblischen Theologie des Neuen Testaments*, 652-653。

[73] Weiss, *Biblical Theology*, 1:481–89; Bernhard Weiß, *Lehrbuch der Biblischen Theologie des Neuen Testaments*, 343-344.

spirit）之间的冲突。[74] 他们各自的"欲望"（ἐπιθυμίαι）是互不相容的，互相争战；可以说，他们各自有彼此对立的意志。

《加拉太书》五17告诉我们为什么他们是互相对立的："这两个是彼此相敌（ταῦτα δὲ/γάρ ἀλλήλοις ἀντίκειται）[75]，使你们不能（根据重生之人内在彼此争战之原则的倾向）作所愿意作的（ἵνα μὴ ἃ ἐὰν θέλητε ταῦτα ποιῆτε）。"梅耶对这节经文解释如下：这两个原则阻止重生之人做他们想做的事。"他若行善，肉体就与圣灵争竞，反对这事；如果他行恶，圣灵就与肉体争战，与它相敌。"[76] 因此，重生之人的意志大概站在肉体和圣灵中间：有时它受肉体支配，有时受圣灵支配。但是，这是完全错误的。《罗马书》七15-20清楚教导我们，意志渴望善，但肉体，住在我们里面的罪，作我所恨恶的事。根据梅耶的说法，《罗马书》七章是指着未重生之人说的。[77]【若然，《罗马书》七章的未重生之人比《加拉太书》五17的重生之人的情况更好。】[78] 与马丁路德、加尔文和伊拉斯姆一致[79]，我们从一个侧面来解释这一点："你不做你本想做的事。"也就是说，由于内在这两种力量的根本战争的倾向并与此倾向一致，你不能做你想做的好事。《罗马书》七章将行善的意愿（即属灵律法）归因于意志，所教导的是同样的事。如果心思、内在的人（罗七22）在未重生之人中已经向善，唯独受到肉体的阻挡，那么保罗就会是一个彻底的理性主

---

[74] 英注：希腊文πνεῦμα意思含糊，有可能指圣灵，也可能指人的灵魂。此时，使用"S/spirit"便很恰当。从神学上讲，圣灵在我们身上工作的方式确实模糊了这条界限，有点像保罗在《哥林多前书》十五10所说的："然而我今日成了何等人，是蒙上帝的恩才成的；并且祂所赐我的恩不是徒然的。我比众使徒格外劳苦，这原不是我，乃是上帝的恩与我同在。""S/spirit"的术语借用自Fee, *God's Empowering Presence*。中注：中译本此处采用了英译本的翻译，但在荷文版中，此处只有一个荷文"Geest"。

[75] 英注：这里，巴文克插入了一个关于17节经文的文本鉴别性的评注："ταῦτα δέ (according to A, C, D, Tischendorf, Vulgate) or γάρ (according to B, D*, E, F, G, Meyer)"。

[76] Meyer, *Galatians*, 236. 中注：巴文克在手稿中只是概述了这句话，无直接引用。英译本则参考了梅耶的著作，并予以整句引述。中译本采用了英译本的补充陈述，并加上了荷文版列出此句德文版出处。Heinr. Aug. Wilh. Meyer, *Kritisch Exegetischer Kommentar über das Neue Testament*, Siebente Abtheilung, des Paulus Brief an die Galater umfassend, Sechste Auflage neu bearbeitet von Friedr. Sieffert, Göttingen 1880, 306v.: 'Will er das Gute thun, so ist das Fleisch, gegen den Geist streitend, darwider; will er das Böse thun, so ist der Geist, wider das Fleisch streitend dagegen.'

[77] 荷注：巴文克此处的资料来源很可能是：Heinr. Aug. Wilh. Meyer, *Kritisch Exegetischer Kommentar über das Neue Testament*, Vierte Abtheilung, des Paulus Briefes an die Römer umfassend, Sechste Auflage umgearbeitet von Bernhard Weiss, Göttingen 1881, 351。

[78] 中注：见荷文版295页。

[79] 荷文版《圣经》Statenvertaling及其注释采用简单的方式将ἵνα翻译为"因此"（alzo）。

义者。若然，我们就无需重生，只需要一些道德上的改进和对肉体的约束。这样，"从肉身生的，就是肉身"（约三 6）就不是真的，而保罗说"属血气的……不能领会……圣灵的事"（林前二 14；比较 犹 19 节）就是自相矛盾。

根据《罗马书》七章，有两个原则彼此争战。其中一个原则有各式描述：**肉体**(νοῦς ; "我是属乎肉体的"，14 节），**行为**（"我所愿意的，我并不作"，15 节；"是住在我里头的罪作的"（ ἡ οἰκοῦσα ἐν ἐμοὶ ἁμαρτία ），17 节），**无法行善**（18 节），"我所不愿意的恶，我倒去做"（19 节），"我的肢体中另有个律"（ ἕτερος νόμος ἐν τοῖς μελεσίν ，23 节）。这与"明白"（ γιγνωσκεῖν ）是相反的："我所作的和我所愿意的，我不明白"（15，18-21 节），"我里面的人"（ ὁ ἔσω ἄνθρωπος ，22 节），"我心中的律"（ en νόμος τοῦ νοός μου ，23 节），和"内心"（ νόος ，25 节）。与一个人的"身体和肉体"（ σῶμα, σάρξ ）相反，"里面的人"只是指一个人的"灵"（ geest ），即无形的人，而不是有形的，乃是有身体的人（林后四 16；弗三 16）。但《哥林多后书》四 16 和《以弗所书》三 16 告诉我们，更新恰恰就发生在"里面的人"的范围，因此如果语境需要，"里面的人"也可以指新人（ καινός ἄνθρωπος ）。这就是此处所指，即我们的"自我"（ Ik ），我们里面的人，只因我们重生了。同样，"心思"（ νοῦς ）是人（理论上和实践上）的灵魂。因此，在《罗马书》七章，肉体和灵魂之间的冲突[80]更多地被描绘为局部的冲突，因为《加拉太书》五 17 的两个原则在特定的地方和范围相互争战。这意味着圣灵在我们里面的人，在心思中，在意志中，在我们存有的深处居住和工作，但罪住我们的肉体中，在我们的肢体中，在我们的行动中生存。因此，《罗马书》七章和《加拉太书》五 17 有相同的对比，但《罗马书》七章更详尽地描述了由《加拉太书》五 17 的两个原则各占主导的两个领域。重生之人仍然"属乎肉体（ σαρκικός ），是已经卖给罪了"（罗七 14）。然而，信徒决不能"顺从肉体活着"（ κατὰ σάρκα, 罗八 12），放纵肉体的情欲（加五 16），顺着情欲撒种（加六 8），或把肢体献给罪（罗六 12-13）。我们在"新人"（ ὁ καινός ἄνθρωπος, 弗二 15）和"旧人"（ παλαιός；弗四 22；西三 9）上也发现了同样的反差。对那个新人来说，理型就是上帝的形像（弗四 10，24），我们必须穿上新人，同时脱掉旧人。

与约翰一样，保罗也教导关于世界的事。这个世界服侍罪，已经在上帝的审判之下（林前四 13；六 2；十一 32；罗三 6，19），需要与上帝和好（罗十一 12，

---

[80] 英注：手稿在这里被损坏，导致文字丢失；我们的重建是从之后的句子导出的。

15；林后五 19）。它的灵和上帝的灵是背道而驰的（林前二 12），它的智慧是愚拙的（林前一 20，21，27-28；三 19），它的忧愁是叫人死（林后七 10）。它在撒旦的统治下（林后四 4），并受牠鼓动（林前二 12；参 西二 8，20；弗二 12；腓二 15）。

《希伯来书》[81] 概述了"新约"里的肢体的罪会被宽恕（八 12；十 17）。但他们也领受圣灵（六 4），并且律法将写在他们心上（八 10；十 16）。因此，他们要追求圣洁（十二 14），远离罪恶（十三 4-5），抵挡到流血的地步（十二 4）。因为上帝使他们坚固（十三 9），引导他们（十三 25），用管教来试验他们（十二 5-10）。上帝自己在牠所喜悦的事上做工（十三 21）。[82] 现在让我们来思考一下谁经历这场争战，争战的本质和结局。

1. 内心有此争战之人只能是重生之人。[83] 未重生之人内心也会发生冲突，但它的性质完全不同。对他们而言，斗争不是属灵上的，而是道德上的，也就是理性（良知）和内心、意志和爱好倾向之间的斗争。因着良知和理性，人们确实对上帝有一些认识，对善和恶也有一些认识，并且这种认识抵挡他们的恶行和欲望。[84] 理性和良知使想要犯罪的人望而却步，以免那人彻底沉沦，但它们不会改变那个人的意志，只会束缚他的意志。这种斗争对所有人都相同，即便那些已经堕落到深渊的人亦然。它抵抗一些罪，而不是一切罪。它所抵抗的往往只是可憎的公开的罪，而非事实上被人珍爱的私人的罪；有些罪则完全不受此斗争的抵挡。这场斗争并不是针对罪本身，也不是因为它令上帝不悦。因此，它并不总是随时随地反对任何一种罪，而只是针对一些罪；这乃是出于害怕惩罚，当众被羞辱，或舆论，而不是出于对上帝的爱。这样的斗争并非持久存在，只是偶尔存在；不是经常的，而是在某些情况下，

---

[81] 荷注：巴文克此处资料来源很可能是：Bernhard Weiß, *Lehrbuch der Biblischen Theologie des Neuen Testaments*, 527-528.

[82] Cf. Driessen, *Oude en nieuwe mensch*, 106-11 (chap. 7); Ames, *Conscience*, II.11 ("Of the Combat of the Spirit against the Flesh"); Voetius, *De praktijk der godzaligheid*, 446; Buddeus, *Institutiones Theologiae Moralis*, 248; Love, *Combate between the Flesh and Spirit*; Perkins, *Combat of the Flesh and the Spirit*; Harless, *Christian Ethics*, 224–34 (§25); Vilmar, *Theologische Moral*, 2:76–84 (§42).

[83] Love, *Combate between the Flesh and Spirit*, 121; Christophorus Love, 'Strydt Tusschen Vleesch en Geest, als mede de droevige onttreckinge van Gods Geest; met de oorsaken van dien: Ende het Zaligh wandelen door den Geest', derde traktaat in: id., *Theologia practica, Dat is: Alle de Theologische Werken. Vervattende een grondige verklaaringhe van vele uitnemende plaatsen der H. Schrifture [...]*, t' Amstel-dam 1659, 65.

[84] Cf. *RD*, 1:301-322 论普遍启示。

就是当罪会导致伤害的时候才存在。在这场争战中，人们可以胜利，选择他们本性中更好的那面，倾听他们的心思（νοῦς），约束他们的意志。然而，在这种情况下，他们不过是有道德的人，本性中最好的部分（不是圣灵）支配下的自然人。他们的意志和爱好倾向没有改变，只是被限制、控制和压制了。我们在巴兰身上见过这样的斗争，他的理性使他渴望义人的命运；在彼拉多身上见过这样的斗争，他的心思使他宣告耶稣无罪；在犹大、腓力斯（Felix）身上都见过这样的斗争。

重生之人的**属灵**争战完全不同，且与此相反。[85] 在重生之人中，一场战争一直要持续到最后；它是一场对抗肉体、旧人和我们内在罪的灵的战争——属灵的生命原则、人内在的种子、心思、意志、里面的人（ἔσω ἄνθρωπος）、新人。[86] 在重生之人中，这两股力量并没有在空间上分离，仿佛它们其中一部分是重生的，另一部分是未重生的（例如：意志说是，心思说否）。[87] 相反，肉体和灵魂是在一起的，两者都在每个灵魂官能中，渗透和覆盖整个人。整个意志一方面是属肉体的，另一方面是属灵的；心思、理性、爱好倾向、身体、耳朵、眼睛和其他方面皆然。[88] 因此，一个完全人要对抗一个完全人；新的人（καινὸς ἄνθρωπος）要与旧人（παλαιὸς ἄνθρωπος）抗争。因而，重生之人中有两个人；信徒是双面人。这与《罗马书》七章所描写的"里面的人"（ἔσω ἄνθρωπος）与肉体（σάρξ）的争战并没有冲突。"里面的人"不只是指内在层面，而"肉体"也不只是指外在层面。在保罗看来，"肉体"指里面的人是有罪的，而且可以肯定的是，里面的人只要顺从圣灵（κατὰ πνεῦμα）而行，就可以被公开显明出来。然而，"里面的人"可能被说成是更加内在的。它不如我们的肉体那么清楚可见，因为我们的生命与基督一同隐藏，不被这世界所见。

2. 这场争战的**性质**藉着欲望得以表现（加五17）。[89] 也就是说，圣灵试图在我们里面，在我们心思、意志和情感唤起好的思想、冲动、爱好倾向和欲望，并抑制罪恶。另一方面，肉体渴望的却是截然相反的事物。例如，在心思中，对上帝圣道的知识，和对它的无知或歪曲之间，存在着斗争。我们都只知部分，所以也生活在信和不信之间。在意志内部的争战是行善的意志和行恶的意志之间的斗争。在这样

---

[85] 基督里面的争战完全不同（路二十二44）。此争战是为了实现父的旨意，是想活下去的自然（而不是罪恶）欲望。

[86] Hoornbeeck, *Theologiae Practicae*, 2:89-106 (VIII.7).

[87] [A. Kuyper], 'Van de gemeene Gratie. Derde reeks. XLII', in: *De Heraut*, nr. 1057 (27 maart 1898).

[88] Perkins, *Combat of the Flesh and the Spirit*.

[89] Perkins, *Combat of the Flesh and the Spirit*, 470.

的倾向中，爱和惧怕之间也有一场争战。因此，重生之人就像有一条好腿和一条瘸腿的人，结果便是他的行走既非完全不得当，也非完全得当。人里面所混合的，就像温水一样，有冷的有热的，又像黄昏一样，有光明也有黑暗。[90] 保罗回答了两个相反的品质如何能存在于一个单一主体中的问题。他说这是可能的，因为这两种品质都不完美；完全的爱就会驱除恐惧，但这里并非如此。在心思、意志、爱好倾向的同一行动中，两个人（新人和旧人）总是或多或少地结合在一起。可以肯定的是，二者在程度上存在差异：一种行为可能更多表现出旧人，另一种则更多表现出新人。前者在某方面主张自己，后者在另一方面主张自己；但所有的行为都有一些旧人的层面和一些新人的层面。因此《罗马书》七 16-17 "我所 —— 不愿意的恶，我倒去做" —— 不能过于按字面意思来理解（cum grano salis）。这并不意味着保罗从来没有做过任何好事，而是他并没有完全按照他里面的新人的意愿去做，因而他的一切行为都不是完美的。因此，这些行为有好的一面，但仍是罪恶的，需要透过基督的宝血与上帝和好。所以，我们要防备诺斯底主义、摩尼教和反律法主义，它们把旧人和新人并列一处（如灵和物质），然后让旧人对所有行为负责。一个重生之人绝非此意义上的双面人，有双重行为；重生之人只有一个实质，而不是两个实质，只有一个自我，一个意志，一个意识和情感；他身上有两种品质在相互斗争。

3.【这场斗争的**结果**是：从特定意义，圣灵更有能力，因为祂就是使我们有能力的上帝。】[91] 在归信之中，我们的肉体会受到致命的伤害，它永远都只是一个负伤的士兵。所以，圣灵在人生命的过程中得胜，因为那些从上帝生的就不犯罪（约壹三 8）；重生之人顺着圣灵前行，即大步向前、持续前行（罗八 1）。到了生命的尽头，信徒就完全得胜了；信心胜过了世界（约壹五 5；罗八 37）。但这并不能抹灭肉体在某些时刻暂时更强大这一事实。上帝可以藉着圣灵使我们所有人立时成圣，但属灵生命是有机生命，不是机械式的；因此它（在某种程度和某些意义上）如同自然生命，经受出生、成长和疾病。有时肉体因世界和撒旦的力量在恶劣的罪中得胜，如同大卫和彼得的例子。上帝许可这事发生，为的是使我们谦卑，并教导我们虚己。[92]

然而，这所带来的问题是：在像这样的罪的情况下，重生之人和未重生之人是

---

[90] Perkins, *Combat of the Flesh and the Spirit*, 471.
[91] Perkins, *Combat of the Flesh and the Spirit*, 472. 中注：见荷文版298页。
[92] Perkins, *Combat of the Flesh and the Spirit*, 472.

否有区别。改革宗区分了"恶意之罪"（peccata malitiae）和"软弱之罪"（peccata infirmitatis）。前者总是未重生之人所犯的罪；尽管他们的罪也分不同等级，但都是恶意的罪。只有重生之人才会因软弱犯罪，因为未重生的人不是软弱的，而是死的，没有一点生命。[93]（但是在这个意义上而言，难道未重生之人就不会有软弱的罪吗？不是按罪之为罪而言，未重生的人是否会不愿去犯某些特定的罪，但无论如何还是犯了罪呢？）另一不同的问题是：信徒是否只能犯软弱的罪，还是也能犯恶意的罪？

威廉·珀金斯（William Perkins）论道，信徒也可以因为胆大而违背知识（wetenschap）和良知；但他也说，信徒从不会全心全意，如同未重生之人一样全然定意去犯罪；跌倒之后，他们又会站起来。[94] 软弱之罪总是属灵的生命原则多少参与对抗之后所犯的罪，就像保罗那样（罗七 14-15），然而肉体得胜了。例如，由于恐惧和试探的严重性（路二十二 31；约十二 42；十九 38）[95]，这种情况可能会发生；其结果就是，这个人在知识上依然很柔弱（来五 12）。《圣经》中这样的例子包括门徒不接受耶稣即将到来的死亡（太十六 22-23），哥林多人向偶像献祭物的行为（林前十 18-十一 1），和那些需要在信心中成长的基督徒（弗四 14；彼后三 19）。[96] 然而，珀金斯不敢说，只有当一个人尽"自己最大的力量"（ad extremum virium）斗争过，软弱的罪才能被认定，因为即使人们全力奋斗到极致，他们的意志仍是软弱的（若严格来说，软弱之罪就不再存在了）。重生之人不能再犯真正的恶意之罪。[97] 从广义上讲，重生之人所犯的罪都可以被称为软弱之罪，因为这些人的更好部分总是"或多或少地，不论是默然地还是明示地，不管是在犯罪行为的当下还是在不久之后被唤起"去抵挡罪。[98] 但在更为严格的意义上，当罪不是软弱之罪时，它们可以归入"过犯"（delicta）的范畴，这些要优于软弱之罪。[霍恩毕克（Johannes Hoornbeek）也提出了此类问题：重生之人是否能故意犯罪？

---

[93] Perkins, *Combat of the Flesh and the Spirit*, 473; also Buddeus, *Institutiones Theologiae Moralis*, 252-253.

[94] Perkins, *Combat of the Flesh and the Spirit*, 473; Hoornbeeck, *Theologiae Practicae*, 2:148-170 (VIII.12).

[95] Hoornbeeck, *Theologiae Practicae*, 2:153.

[96] Hoornbeeck, *Theologiae Practicae*, 2:150.

[97] Hoornbeeck, *Theologiae Practicae*, 2:154.

[98] Hoornbeeck, *Theologiae Practicae*, 2:155. 英注：巴文克写道："plus vel minus, magis tacite vel aperte et vel in peccato vel more ad istud,"但Hoornbeeck写的是"mox"而不是"more"；我们的译文包括了巴文克手稿中缺失的句子："ad illud expergefacti"。

他们是否会不止一次地陷入**同样的**罪这样的问题？）]⁹⁹

改革宗人士必然会这么说，因为他们否认圣徒会背道，因此他们认为重生的新生命可能会软弱，但永远不会被消灭；因而，重生之人必须总是多少在抵挡罪。然而，路德宗否认重生之人的罪都是软弱之罪¹⁰⁰；他们说信心可能会完全丧失，就像大卫的情况（撒下十二5；比较 结十八24-26；太十三20-22；来六4；十26-31；罗八12-13；彼后二18）。布迪厄斯（Buddeus）责备霍恩比克设计了第三类罪，一种介于恶意之罪和软弱之罪之间的罪。他还否认了"重大之罪或蓄意选择之罪"（peccata graviora et proairetica）可以伴随着信仰。¹⁰¹

（2）试探

希伯来语的术语如下：

• בחן 意思是"仔细观察、试验或证明"，等同分析测定金属，所以它被试炼我们如熬炼金银的上帝使用（伯二十三10；耶九6；亚十三9；诗六十六10）。它也有非隐喻性的用法，指上帝熬炼我们的心肠肺腑（诗七9），心（诗十七3），肺腑（耶十一20；十七10）。但它也用来修饰试验上帝的人，与试验（נסה）相似（诗九十五9），指那些试验上帝的人，看祂是否会敞开天上的窗户（玛三10）。

• נסה，piel，意思是"证明、测试、试验"：示巴女王来到所罗门面前，用难解的话试问他（王上十1）。"求你试试仆人们十天，给我们素菜吃，白水喝"（但一12）。该词特别适用于（主要通过受苦）试炼人的上帝。上帝试验亚伯拉罕，要求他用以撒献祭（创二十二1）。上帝降下吗哪的时候试炼以色列人："看哪，我要将粮食从天将给你们。百姓可以出去，每天收每天的分，我好试验他们遵不遵我的法度。"（出十六4）上帝在以色列人攻占应许之地后留下几族："所以约书亚死的时候所剩下的各族，我必不再从他们面前赶出。为要藉此试验以色列人，看他们肯照他们列祖谨守遵行我的道不肯。"（士二21-22）这个动词也常用于人们对上帝的试探，怀疑祂的帮助，不相信祂，不信靠祂（出十七2；申六16；诗七十八

---

⁹⁹ Hoornbeeck, *Theologiae Practicae*, 2:156.
¹⁰⁰ Buddeus, *Institutiones Theologiae Moralis*, 254-255.
¹⁰¹ 对属灵生命死亡的论述，参 Richard Löber, *Das innere Leben: Beitrag*, 293-373 (chap. 6)。
英注：proairetica是一个亚里士多德主义术语，来自于προαίρεσις，指蓄意选择或预谋。

18，41，56），如以色列人在旷野的例子。

• צרף 意思是"熔化"，从而炼净金属（耶六 29；赛一 25），以及隐喻性指净化人（例如透过受苦，但十一 35）。在《诗篇》十七 3 和二十六 2 中，该词也指"证明、试验"。

因此，这三者都可以意味着"试炼"、"试验"，而且通常都是以上帝为主体。前两个词的意思也可以是"试探、怀疑"等，以人为主体，上帝为客体。但在这个意义上，נסה 比 בחן 用得更多。第三个术语同样也有"净化"的含义。

新约中有两个术语：δοκιμάζω 和 πειράζω。【Δοκιμάζω 的意思就是"**为了得到认可**（字意是"被认可"）而识别、查验、试验"。[102] 在新约中，这个词的含义是"检验、试验"。】[103] "假冒为善的人，你们知道分辨天地的气色，怎么不知道分辨这时候呢？"（路十二 56）。"人应当自己省察，然后吃这饼、喝这杯。"（林前十一 28）在《哥林多前书》十一 28 中，δοκιμαζέτω 与《哥林多后书》十三 5 的 ἑαυτοὺς πειράζετε 类似："你们总要自己省察有信心没有，也要自己试验。岂不知，你们若不是可弃绝的，就有耶稣基督在你们心里吗？" Δοκιμάζω 也用于预言："不要藐视先知的讲论，但要凡事察验；善美的要持守"（帖前五 21）。上帝亲自试验人心："但上帝既然验中了我们，把福音托付我们，我们就照样讲，不是要讨人喜欢，乃是要讨那察验我们心的上帝喜欢。"（帖前二 4）第二，δοκιμάζω 也有"（借着试验）**认可、允准**"的意思"。[104] 有人被证明了热心，证明了自己（林后八 22；罗一 28），如提炼黄金："叫你们的信心既被试验，就比那被火试验仍然能坏的金子更显宝贵，可以在耶稣基督显现的时候，得着称赞、荣耀、尊贵。"（彼前一 7）

Πειράζω 在世俗的希腊语中与【δοκιμάζειν 不同之处首先是：δοκιμάζω 指的是"用心去检验和查寻"（罗二 18），πειράζω 是用意志、付出努力和精力去检验和查寻。】[105] 此外，δοκιμάζω 指的是一项通常会有好结果的调查，因此 δοκιμάζω 就意味着"欣赏、承认、认可"。另一方面，πειράζω 有时完全是"中立的声音"（vox media）（林后十三 5），而且通常有让对手跌倒的感觉，因此一般指向负面的结果。在《七十士译本》中，בחן 被翻译为 δοκιμάζω，但 נסה 译为 πειράζω。对于有敌意、偏见的试验，

---

[102] Cremer, *Biblico-Theological Lexicon*, 699, s.v. "δοκιμάζω." 英注：巴文克解释克里莫定义的括号部分："Δοκιμὸν ποιεῖν 实际上等同于被识别、被接受、被试验"。
[103] 中注：见荷文版300页。
[104] Cremer, *Biblico-Theological Lexicon*, 701, s.v. "δοκιμάζω."
[105] 英注：Cremer, *Biblico-Theological Lexicon*, 494, s.v. "πειράζω." 中注：见荷文版300页。

只用 πειράζω。在新约中，它有两个不同的意思：

1. 从正面意义上说，它意味着"尝试"、"试验"、"探寻"。耶稣在使五千人吃饱的神迹中"试验"祂的门徒："耶稣举目看见许多人来，就对腓力说，'我们从哪里买饼叫这些人吃呢？'祂说这话是要试验腓力，祂自己原知道要怎样行"（约六 6）。就在接到"马其顿的呼声"之前，保罗和他的同伴"经过弗吕家、加拉太一带，因为圣灵禁止他们在亚细亚讲道。当到了每西亚的边界，他们想要往庇推尼去，耶稣的灵却不许"（徒十六 6-7）。很明显，他们在查证、努力、试验。另有例子："你们总要自己省察有信心没有。"（林后十三 5；比较 来十一 17）"你也曾试验那自称为使徒却不是使徒的，看出他们是假的来。"（启二 2）

2. 但 πειράζω 的第二层意思是出于不信任并带着恶意"试验某人"。换句话说，这就是"试探某人"。

    a. 该词用于人试探上帝。彼得对亚拿尼亚的妻子撒非喇说："你们为什么同心试探主的灵（πειράσαι τὸ πνεῦμα κυρίου）呢？"（徒五 9）彼得在耶路撒冷会议上问："现在为什么试探上帝（τί πειράζετε τὸν θεόν），要把我们祖宗和我们所不能负的轭放在门徒的颈项上呢？"（徒十五 10）保罗警戒哥林多人："也不要试探（ἐκπειράζωμεν）主，像他们有人试探（ἐπείρασαν）的，就被蛇所灭。"（林前十 9）我们的主在旷野中对魔鬼的回答是："经上又记着说，'不可试探主你的上帝'（οὐκ ἐκπειράσεις κύριον）。"（太四 7；路四 12）

    b. 该词也用来指那些试图试探基督的人，例如法利赛人（太十六 1；十九 3；二十二 18，35；可八 11；十 2；十二 15；路十一 16；约八 6 等）。所以这指的是试探耶稣，使祂陷在罪里。

    c. 该词被用于各种试验信徒的事上——苦难、逆境、世界、撒旦。耶稣受魔鬼试探，魔鬼被称作"那试探人的"（ὁ πειράζων；太四 3；可一 13；路四 2）。保罗建议已婚夫妇不要分开太久，"免得撒旦趁着你们情不自禁（ἀκρασία）引诱你们"（林前七 5）。保罗打发提摩太去帖撒罗尼迦，"要晓得[他们]的信心如何，恐怕那诱惑人的到底诱惑了[他们]，叫[保罗]的劳苦归于徒然"（帖前三 5）。基督向非拉铁非教会保证："你既遵守我忍耐的道，我必在普天下人受试炼的时候，保守你免去你的试炼。"（启三 10）人们是被自己的私欲诱惑，而不是被上帝试探（雅一 13-14）。新约并不总是具体说明试探有哪些："若有人偶然被过犯所胜，你们属灵的人就当用温柔的心把他挽回过来，又当自己小心，恐怕也被引诱。"（加六 1）。因为基督"自己既然被试探而受苦,就能搭救被试探的人"(来二 18;比较四 15;十一 37)。

名词 πειρασμός 也是如此,意为"试探"(verzoeking,aanvechting)。耶稣在客西马尼园对祂的门徒说:"总要警醒祷告,免得入了迷惑,你们心灵固然愿意,肉体却软弱了。"(太二十六 41)彼得警告我们不要对试验感到惊讶,尤其是感官的试探:"亲爱的弟兄啊,有火的试验临到你们,不要以为奇怪(似乎是遭遇非常的事)。"(彼前四 12)他也从罗得的故事中给信徒提供安慰:"只搭救了那常为恶人淫行忧伤的义人罗得……主知道搭救敬虔的人脱离试探,把不义的人留在刑罚之下,等候审判的日子。"(彼后二 9)各种形式的苦难也是如此描述。耶稣在撒种的比喻中说,种子"在磐石上的,就是人听道,欢喜领受,但心中没有根,不过暂时相信,及至遇见试炼就退后了"(路八 13)。保罗写给加拉太人的书信中说:"你们为我身体的缘故受试炼,没有轻看我,也没有厌弃我,反倒接待我,如同上帝的使者,如同基督耶稣。"(加四 14)保罗安慰哥林多人和我们:"你们所遇见的试探(πειρασμός),无非是人所能受的。上帝是信实的,必不叫你们受试探过于所能受的。在受试探的时候,总要给你们开一条出路,叫你们能忍受得住。"(林前十 13)雅各告诉我们:"我的弟兄们,你们落在百般的试炼中,都要以为大喜乐。"(雅一 2)他又宣告这一祝福:"忍受试探(πειρασμοῖς)的人是有福的,因为他经过试验以后,必得生命的冠冕,这是主应许给那些爱祂之人的。"(雅一 12)彼得也有同样的喜乐:"因此,你们是大有喜乐。但如今在百般的试炼中(ἐν ποικίλοις πειρασμοῖς)暂时忧愁。"(彼前一 6)我们的主再次勉励非拉铁非教会:"你既遵守我忍耐的道,我必在普天下人受试炼的时候,保守你免去你的试炼。"(启三 10;参加四 14;路八 13)。

在这些经文中,πειρασμός 并非特定的错事。雅各(雅一 2)和彼得(彼前一 6)都叫我们在遇见各样试探时要喜乐感恩。然而,向第二层意义的过渡在这里已经形成了——即严格字义上的试探。保罗警告说:"那些想要发财的人,就陷在迷惑(ἐμπίπτουσιν εἰς πειρασμόν)、落在网罗和许多无知有害的私欲里,叫人沉在败坏和灭亡中。"(提前六 9)当人们被罪试探时,他们也会去试探上帝:"就不可硬着心,像在旷野惹祂发怒,试探祂的时候一样。在那里,你们的祖宗试我探我,并且观看我的作为有四十年之久。"(来三 7 下 -8)我们的主教祂的门徒祷告:"不叫我们遇见试探(μὴ εἰσενέγκῃς ἡμᾶς εἰς τὸν πειρασμόν),救我们脱离凶恶。"(太六 13）[106] 主祷文"不叫我们遇见试探"是否和《雅各书》一 13-14 相冲突？[107] 雅各告诫："人被试探，不可说'我是被上帝试探'；因为上帝不能被恶试探，祂也不试探人。但各人被试探，乃是被自己的私欲牵引、诱惑的。"不，上帝不试探人，但祂会把我们带入试探中，利用试探来试验我们。保罗说："上帝是信实的，必不叫你们受试探过于所能承受的。在受试探的时候，总要给你们开一条出路，叫你们能忍受得住。"（林前十 13）保罗此处指的是上帝的行为。极其相似的经文是《马太福音》二十六 41："总要警醒祷告，免得入了迷惑，你们心灵固然愿意，肉体却软弱了。"上帝也会保守我们免受试炼（启三 10）。然而在主祷文的祈求中，试探是真实的、充满敌意的；这一点从下面的平行经文中可以清楚看见："救我们脱离那恶者"。这里的恶者就是撒旦。《圣经》明确说撒旦是诱惑人的，对耶稣尤然（路四 13）。福音书笼统地提及耶稣遭受的试验和试探（路二十二 28），没有具体说明来源。到底是来自撒旦，还是来自法利赛人？在耶稣的例子中，我们是否应该也说"试验"，还是只说"试探"？[108]

与德文一样，荷文有三个词来表达这一概念的范围：试验（beproeving）、试探（verzoeking）、攻击（aanvechting）。试验（δοκιμασία）实际是上帝的恩典，是为了检验和增强对上帝的顺服；它并不是意在让我们败落，而是对我们的验证。上帝就是这样试验亚伯拉罕（创二十二 1；来十一 17）；祂用祂的律法（出十五 15）和吗哪（出十六 4；申八 16）试验以色列人。因此，试验的目的是为了从仍残留于肉体中的罪中带出信心和希望（诗七 9-10；林前三 13；林后八 8；帖前二 4）。[109]

在客观上和实质上，试验和试探（verzoeking）相符，因为上帝可以借着受苦的方式和舍己的要求等来试验我们。试验总是善意的，它只是想揭示真相（一个人的本质），而试探是为了让某人更艰难。然而，撒旦采用了同样的手段。因此，试验和试探以同样的方式发生，但它们的发起者和意图不同。在更严格的意义上，试探永远是诱惑，是企图使人堕落，引诱人犯罪，远离上帝而靠近撒旦；"试探"实际上是说服（通过"探寻"[110]；比较 渴望、希望、欲求），改变，强迫服从。接着，

---

[106] 英注：希腊语的冠词τόν没有出现在《马太福音》六13或《路加福音》十一4；巴文克有可能根据记忆来引用。

[107] 荷注：巴文克此处的资料来源为Hermann Cremer, *Biblisches-Theologisches Wörterbuch der Neutestamentlichen Gräcität*, Gotha 1883³, 658。

[108] 英注：巴文克在这里是在玩beproevingen和verzoekingen两个荷文单词的文字游戏。

[109] Vilmar, *Theologische Moral*, 1:177–78.

[110] 荷注：巴文克在这里用荷文单词zoeken（探寻）和verzoeken（试探）玩了一个文字游

这里还有第三个术语，aanvechting[等同于"攻击/袭击"（Anfechtung/Anfeindung）]。¹¹¹ 这与试探不同之处在于，后者依附在重生之后残余的罪上，唤醒它们，从而使人跌倒。但是，攻击瞄准的正是我们里面的重生元素，使我们开始怀疑（我们是否真得赦免，是否真正重生；这一切是否是一个骗局、想象或虚伪；我们是否犯了违背圣灵的罪等）。因此，所有攻击都是忧虑、怀疑、焦虑。试探试图击退我们重生的要素，并在我们身上激起邪恶和罪恶的欲望。攻击试图引起不安、怀疑，以及对我们在上帝面前的状态和状况的焦虑。诚然，试探常常变成攻击，因为重生之人仍然不断受到试探。当他们跌倒时，他们会变得焦虑，开始怀疑在上帝面前的状态。因此，**攻击**往往以试探为前提，但它也能导致试探；这是因为**攻击**常常是通过苦难发生的（例如，"如果你是上帝的孩子，你就不必如此受苦"），从而引起人们对上帝恩典的怀疑和焦虑。¹¹²

1. 根据《雅各书》一 13-14，**试探的主体**不是上帝，祂毕竟是圣者，永远不会引诱人犯罪。然而，人们倾向于责怪上帝。正如歌德所说："你让穷人变得有罪，然后将他们弃置于痛苦之中。"¹¹³《圣经》似乎也为上帝被称为试探的主体提供了一些理由。虽然它没有直接把试探（πειρασμοί）归咎于上帝，但上帝允许人们被试探（ἐὰν πειρασθῆναι，林前十 13）。此外，还有一处更强烈的经文——"遇见试探"（εἰσφερεῖν εἰς πειρασμόν，太六 13）。换句话说，这意味着上帝可以引导和安排我们生活的条件和环境，使之成为对我们的试探。

我们此时需要注意的是，想要在今生摆脱所有的试探是不可能的。每当好事与我们的意愿吻合或邪恶与我们所厌恶的一致时，这些都可能会变成一种试探。《马太福音》六 13 说我们并不是祈求一切试探的终结。第六条祈求只是指：不要将我们引入一连串景况中，就是我们的属灵力量与试探的力量不成比例、无法匹敌的景况中。¹¹⁴ 在这个祈求中，我们要求的不是免于试验（tentationes）——因为试验是

戏。
¹¹¹ 关于这种类型的攻击，参Martensen, *Christian Ethics*, 2/1:317–21 (§137)。《圣经》里的例子包括约伯（参Driessen, *Oude en nieuwe mensch*, 665-676）、施洗约翰和多马。英注：我们将使用"攻击"一词来捕捉荷文aanvechting和德文Anfechtung的意思；后者已经成为一个描述这种属灵争战的现象标准的术语（特别与马丁路德有关）。
¹¹² Vilmar, *Theologische Moral*, 1:160–61; Chr. D. F. Palmer, 'Versuchung', in: *PRE¹*, *Siebzehnter Band*, 143-146.
¹¹³ 英注：这几句是记在歌德的小说*Wilhelm Meister's Apprenticeship*里的歌谣"少女"（Der Sänger）in *Goethe: Selected Verse*, 85。
¹¹⁴ Calvin, *Institutes*, III.xx.46.

一件好事（创二十二 1；申八 2；诗二十六 2）——而是我们不被试验打败；上帝在试验中赐我们力量，使我们能坚定地抵挡撒旦。与奥古斯丁一样，加尔文把《马太福音》六 13 和第六条祈求如此联系在一起："为了使我们不至被试探，求祢救我们脱离凶恶"（Ne in tentatione feramur, nos a malo redime）。[115] 然后，他说虽然在今生我们不可能感受不到（撒旦的）试验，因为我们的一生都是与肉体抗争，但是"我们祷告上帝不要让试探将我们打倒，或让我们不知所措"（ne tentationibus non subjiciat vel obrui patiatur）。[116]

上帝的确引导我们进入试探，并且会使用各种渠道达此目的；撒旦也使用这些渠道。事实上，上帝利用撒旦本身作为试探我们的工具。因此，人不能把试探和试验一分为二，仿佛前者是实质的、客观的、具体的，与试验完全不同。但是，根据始做者、倾向和目的而言，它们在形式上是不同的。无论上帝放到我们面前的试验是什么，撒旦都会将其变成试探。撒旦是试探（有别于试验）的始做者。牠是引诱夏娃（约八 44）、试探耶稣的（太四章；路四 13）的那一位。牠在悖逆之子心中运行（弗二 2），在外邦人中工作（林前八 5；十 20；徒十六 16；启九 20）。牠仍然在行动，尽管牠已经被耶稣击败（约十四 30；十二 31；十六 11；西二 15；来二 14），教会也不再在牠的权势之下（徒二十六 18；约壹二 13；四 4）。撒旦从外面攻击信徒，像筛麦子一样筛他们（路二十二 31），企图胜过他们（林后二 11）。牠遍地游行，如吼叫的狮子（彼前五 8），试图引诱他们远离信仰的纯一（林后十一 3），传播错误的教导，培养虚假的教师（林后十一 13-14），以牠国和权力与教会争战（弗六 12；彼前五 9）。因此，《圣经》非常清楚地教导，撒旦连同牠的鬼魔对教会发动战争，发起游击战，以各种方式和各种手段，攻击对单个信徒和会众（路二十二 31），造成他们的衰落。撒旦是所有试探的始做者。试探的"原因"或"始做者"并不是三个（我们的肉体、世界、撒旦），而只有一个，就是撒旦。另外两种方式并不是和撒旦互相配合，而是从属于牠。[117]

2. 试探的客体只能是有自由意志的、因此**能**犯罪的被造者。[118] 上帝事实上不可

---

[115] 英注：Calvin, *Harmony*, 1:212.
[116] 英注：Calvin, *Harmony*, 1:213. 荷注：巴文克此处并未标明资料来源，但应与先前的相同。
[117] Vilmar, *Theologische Moral*, 1:162. 英注：巴文克的三重"肉体，世界和撒旦"直接引自《海德堡要理问答》主日52，第127问的答案，不过顺序相反！
[118] 参C. D. F. Palmer, "Versuchung," 144-146.

能成为被试探的对象。《圣经》一再说人试探上帝，但这意指由于不信、怀疑上帝的力量、信实和爱而去激祂、挑战祂，试图让祂做些什么。例如：借着说"我是该死的"来咒诅自己就是试探上帝。但上帝不能犯罪，所以不能被引诱或试探；祂不受恶的试探（ἀπείραστος κακῶν，雅一13）。在另一个极端，撒旦也不能被试探。牠不再需要更多的劝说去做恶，而是自愿地（sua sponte）并乐意（lubenter）作恶。牠是试探的始做者和主体，但绝不是被试探的客体，就像牠还能被冒犯一样。因此，试探的客体是人，他既不像上帝那样有不变的善良，也不似撒旦那样永远邪恶。

但是进一步询问：谁是试探的客体？首先是亚当，他毕竟被撒旦引诱而且能够被引诱，因为他并非不可改变地善（immutabiliter bonus）。（被祝福的离世者在善中得到确证，所以就不再受制于试探）。基督也可以被试探（太四章；来二18；四15；路二十二28）。虽然祂是绝对地善，但祂与我们一样也有软弱。然后是罪人和未重生之人，但他们并不是试探的真正客体。《圣经》从来没有说他们是受试探的，这和他们内心没有属灵争战出于同样的理由。他们当中没有与撒旦完全对立的原则；他们是按照自己的意愿和欲望，自动跟随撒旦。他们只是与某些罪斗争，只是发起道德战争而不是属灵战争。他们充其量能够被欺骗[119]，而不是被试探。因此，试探的客体是重生之人，只有他们才能被试探。一方面，"肉体"（σάρξ）依然留在他们身上；另一方面，圣灵在他们心中植入了一个与撒旦截然对立的原则。他们所承受的试探的目的，是为了把那些已经进入光明国度的人拉回黑暗当中，重新征服他们，从而毁灭上帝的国。

3. **试探的方式**在某种程度上可以予以描述，因为《圣经》讲述了夏娃和耶稣所受的试探。[120] 试探之前是灵性荒漠，圣灵被收回（代下三十二31；诗二十七9；三十八22；四十二；一百零二3）。基督的情况也是这样。祂曾独自一人在旷野中，与野兽同在一处（可一12-13）；直到祂胜过试探后，天使才来服侍祂。祂也独自在客西马尼园，直到后来才有一个天使显现。每种试探中都有这种孤独和离弃。人曾经与上帝的同在有多么亲密，这种孤独和离弃感就有多深。这是一种非常接近死亡和地狱的感觉（见下文关于灵性荒漠的部分）。

撒旦会乘虚而入，首先试图在我们的内心激起对上帝话语的怀疑，剥夺这话语

---

[119] 越发变得盲目（林后四4；提后二26）。
[120] Vilmar, *Theologische Moral*, 1:163.

对我们的支持，以及在我们里面的根基和确定性。夏娃的情况就是如此。但在耶稣的例子中，它没有达成这样的效果；祂立刻回答说："经上记着，人活着不是单靠食物。" 撒旦试图扼杀我们心中天国的道理（太十三 19）。其次，撒旦自己使用上帝的话语，但颠倒（"你们不一定死"）或篡改上帝的话（"你若是上帝的儿子，可以从这里跳下去，因为经上记着说：主要为你吩咐祂的使者保护你"）。再者，牠唤醒了犯罪的欲望（"你们吃的日子眼睛就明亮了，你们便如上帝能知道善恶"）或者用那个欲望引诱人（撒旦将世上的万国与万国的荣华都指给耶稣看）。

起初，撒旦的试探是消极的，牠试图使我们脱离上帝，把我们从上帝和祂的话语中抽离出来。然后，牠试图劝服我们去行罪恶之事。换言之，牠首先让新人失去力量，然后用诱惑唤醒我们的旧人。牠从我们眼中夺走我们真正的理型，召唤出另一个，并试图让我们去实现它。当然，在我们的情况下，试探比夏娃和耶稣遭受的要轻得多，因为我们心中有私欲（雅一 14-15），因为我们健忘，对上帝的话语冷淡，内在对世界有渴望，诸如此类。另一方面，耶稣已经胜了撒旦，牠的能力受到限制，但试探的性质是一样的。我们只能用上帝的话语打败撒旦（太四章；弗六 16-17）。撒旦不是那个武器的对手；神人二性的基督已经战胜了牠。

4. 试探的手段。一个重要的问题是：除了肉体和世界，撒旦还能立即引诱我们（就像牠对夏娃和基督做的那样）吗？从早期基督教时代开始，众人对此就意见不一。在注释《马太福音》五 19 节时，耶柔米（Jerome）论道，撒旦总是借助肉体和世界来试探；牠是邪恶思想的"帮手和煽动者"，但不是"始做者"（adjutor et incensor malarum cogitationum）。[121] 然而，奥古斯丁在他的《约翰福音文集》（*Tractates on John*）第 62 篇对十三 26-31 的注释中持相反观点，并援引了犹大的例子。[122] 奥

---

[121] 引自 Buddeus, *Institutiones Theologiae Moralis*, 262. 英注：Buddeus错误地指向《马太福音》五19。耶柔米写道："魔鬼是邪恶思想的帮助者和煽动者，但不是始做者。然而，牠总是等待着用牠的火药点燃我们思想中的小火花。我们不应该想象牠在寻找我们心中的秘密，而是牠从我们身体的姿态和举止来猜测我们内心发生了什么。例如，如果牠观察到我们反复在看着一个可爱的女人，牠就明白我们的心已中爱的飞镖。"（*Commentary on Matthew*, 181-182 [*PL* 26:109]）.

[122] 荷注：巴文克此处资料来源是 Buddeus, *Institutiones Theologiae Moralis*, 262。中注：奥古斯丁《约翰福音文集》英译本可见 Augustine of Hippo. *Tractates on the Gospel of John 55-111*, ed. Thomas P. Halton, trans. John W. Rettig, The Fathers of the Church, vol. 90 (Washington, DC: The Catholic University of America Press, 1994).

古斯丁的观点受到路德宗和改革宗的青睐，但在荷兰改革宗教会中，巴尔塔萨·贝克（Balthasar Bekker）和他的同伴却反对奥古斯丁。今天，它也遭到许多人的反对，其中包括弗里德里希·施莱尔马赫。他否认撒旦能够在人的里面做工。[123]

然而，通常的假设是，撒旦立即对人施加影响，牠直接转向我们，（牠或是一个可见可听的灵，或是隐藏无形的灵，或直接通过被附者）对我们的意识说话。[124] 除了夏娃和耶稣，在《约翰福音》十三 2 还有犹大的例子："吃晚饭的时候，魔鬼已将卖耶稣的意思放在西门的儿子加略人犹大心里。"【梅耶认为，"入了他的心"（βεβληκότος εἰς τὴν καρδίαν）指向撒旦。但是这种说法是毫无意义的，因为那恶者没有心。此外，这也与许多早期手抄本相左。在这些手抄本中，犹大（Ἰούδας）是属格；我们所接受的文本也是如此。】[125]

首先，撒旦把邪恶的思想放进犹大的心里。约翰在这一章后面写道："他吃了以后，撒旦就入了他的心（εἰσῆλθεν εἰς ἐκεῖνον ὁ Σατανᾶς）"（十三 27；比较 路二十二 3）。然而，我们不能忘了，对金钱的欲望（约十二 6；太二十六 15；可十四 11；路二十二 5-6）对撒旦来说绝对是一个机会。此处可参考《撒母耳记下》二十四 1，撒旦煽动大卫数点百姓；《马太福音》十二 44，耶稣告诉我们撒旦回到牠所出来的屋子，发现里面空闲，打扫干净，修饰好了，便去另带了七个鬼来，都进去住在那里。耶稣当然说的是已经受到福音开悟的人（不是重生的人），拒绝了福音，变得比以前更加糟糕。我们也可以想到在《路加福音》二十二 31-32，耶稣对彼得说的话："西门，西门！撒旦想要得着你们，好筛你们像筛麦子一样。但我已经为你祈求，叫你不至于失了信心。" 然而，布迪厄斯（Johann Franciscus Buddeus）正确地评论道，这证明了撒旦在做工，但并不是说牠直接在做工。[126]

撒旦直接做工的可能性不能被排除，就像那些在耶稣时代，甚至今天被鬼所附之人所表现的那样。例如，在最神圣的活动、最诚恳的祈祷中，最邪恶的思想可能会突然浮现，违背我们意愿的亵渎也就随即出现 [我们可以想到慕尼克（J.D.v.d.M.）

---

[123] Schleiermacher, *Christian Faith*, 385-389 (§94).
[124] Hoornbeeck, *Theologiae Practicae*, 1:346.
[125] 中注：见荷文版305-306页。荷注：巴文克此处的资料来源可能是：F. Godet, *Kommentaar op het Evangelie van Johannes*, uit het Fransch vertaald door P.J. Gouda Quint, *Tweede Deel*, Utrecht 1871, 399 (noot 2)。
[126] Buddeus, *Institutiones Theologiae Moralis*, 260.

的母亲]¹²⁷，只能通过极大的努力加以遏制。¹²⁸【因此，大多数的直接试探被认为是可能的。】¹²⁹

问题是：来自撒旦的直接试探如何能被认定为撒旦的试探？¹³⁰ 埃姆斯（Ames）制定了两条规则：如果试探与自然之光和我们的自然倾向冲突，如果它不是缓慢而是突然产生，并具有一定的强烈度。罗伯特·博尔顿（Robert Bolton）、克里斯托弗·拉夫（Christopher Love）和约翰·阿洛-史密斯（John Arrow-Smith）推进了这两条规则。¹³¹ 埃姆斯和霍恩毕克（Hoornbeeck）断言，如果我们拒绝这些试探的"建议"，我们就不会招致罪责。¹³²

然而，我们必须承认，与布迪厄斯（Buddeus）和博纳（Bona）一样，我们不能绝对区分来自撒旦和来自我们内心的事物。¹³³ 这是因为很难确定是否某件事与理性、自然和我们的倾向冲突（洛夫提到了自杀）。自发的想法本身证明不了什么，

---

¹²⁷ 荷注：根据J. van Gelderen and F. Rozemond, *Gegevens betreffende de Theologische Universiteit Kampen 1854-1994*, Kampen, 1994 巴文克在坎彭神学院工作期间，并没有学生名叫J.D.v.d.M.。但是此书中有出现J.D. van der Munnik (1852-1934)这一名字。他先后在Monster (1881), Assen (1883), Groningen (1888), Zaandam (1893), Barendrecht (1897) 和Leeuwarden (1900-1921)牧会。在1906-1922年间，他是坎彭神学院的校监。但是，相关资料太有限，所以我们不能说巴文克这里所说的就是J.D. van der Munnik。

¹²⁸ C. D. F. Palmer, *Pastoraal-theologie*, 392, 404-405.

¹²⁹ Chemnitz, *Dissertatio Theologica*; Buddeus, *Institutiones Theologiae Moralis*, 260, 262; Hoornbeeck, *Theologiae Practicae*, 1:346; Voetius, *Τα Ασκητικα*, 451-523 (chap. 19)；在464页，沃舍斯（Voetius）进一步区分了魔鬼的试探，包括外在的试探（当撒旦能被看见或听见）和内在的试探。后者被称为"唆使、建议"（injectiones）；在癫狂等情况下的"妄想"（phantasticae）；或者它们被指"与心思有关"（mentales）：亵渎的思想等。这些思想可以直达意识，无需想象（imagination）的媒介（473页）。参 Ames, *Conscience*, II.xviii; Perkins, *Whole Treatise*, 39-48 (1.10-12); Perkins, *Combat between Christ and the Devil*; Perkins, "Dialogue"; Driessen, *Oude en nieuwe mensch*, 701-717 (chap. 27 §4); Lampe, *Schets der dadelyke Godt-geleertheid*, 545-564 (II.10); van Mastricht, *Theoretico-Practica Theologia*, III. iv.9 [4:813–22]; W. à Brakel, *Christian's Reasonable Service*, 4:235–50 (chap. 95, "The Assaults of Satan")。有关现代思想家，见Vilmar, *Theologische Moral*, 1:169; Martensen, *Christian Ethics*, 2/1:321-324 (§138)。然而，马滕森（Martensen）补充道，我们无法确定间接试探和直接试探的绝对边界。另见有关试探的文献，列于Voetius, *Τα Ασκητικα*, 523-524; Köster, *Die biblische Lehre von der Versuchung*; Harless, *System of Christian Ethics*, 248-273 (§28). 中注：见荷文版306页。

¹³⁰ Buddeus, *Institutiones Theologiae Moralis*, 263; Hoornbeeck, *Theologiae Practicae*, 1:352; Ames, *Conscience*, II.xviii.xlv.

¹³¹ Bolton, *Saints Selfe-Enriching Examination*, 206; Love, *Het mergh van de werkige godt-geleerdtheidt*,6; Hoornbeeck, *Theologiae Practicae*, 1:352. 6. 英注：拉夫另外撰写了一篇基督徒与撒旦攻击争战的论文，题为"争战的基督徒"（The Christians Combat）。

¹³² Hoornbeeck, *Theologiae Practicae*, 1:353.

¹³³ Buddeus, *Institutiones Theologiae Moralis*, 263.

因为思想会从我们内心黑暗又神秘的土壤中突然长出，这与绝妙的思想出现在那里的方式一样。只有在无罪的被造物——夏娃、耶稣——的例子中，试探才会从外面、从撒旦而来。所以，主要问题不是试探是直接的还是间接的。绝大多数情况下，撒旦从我们内心已有的罪开始——例如，犹大的贪婪，麦克白（Macbeth）的野心。[134] 当然，我们不一定会"亲眼看到魔鬼在下面咬牙切齿"。[135] 雅各把试探归咎于各人的私欲（雅一 14-15）。我们不应该把所有的试探都归咎于撒旦，以此为自己找借口（奥古斯丁）。[136]

在主观上，撒旦试探我们的手段是我们内在的肉体（所有罪恶的欲望、思想等）。在客观上，与此相对应的是这个世界上眼目和肉体的情欲，以及生命的荣华。[137] 加尔文将试探的手段分为两类：右边是财富、权力、荣誉等；左边是贫穷、耻辱、蔑视和痛苦。[138] 前者将我们更深地拉入世界，后者则将我们带离上帝，带向怀疑和属灵的攻击。[139]

（3）灵性荒漠

在以前的时代，这个话题很少被人讨论，至少不会被单独讨论。它只是在试探的主题予以讨论，或在如《雅歌》注释等内容中有所谈及。[140] 改革宗教会的实践神学家们喜欢处理这个素材，包括珀金斯、沃舍斯（Voetius）、拉夫（Love）、约瑟夫·西蒙兹（Joseph Symonds）、德里森（Driessen）、布雷克和马斯特里赫特。[141]

尽管上帝无所不在，但祂会有离弃的行为，向人隐藏祂的脸。从物理意义上说，

---

[134] Martensen, *Christian Ethics*, 2/1:321 (§138); C. D. F. Palmer, "Versuchung," 148.
[135] Vilmar, *Die Theologie der Tatsachen*, 41.
[136] Hoornbeeck, *Theologiae Practicae*, 1:353.
[137] Voetius, *Τα Ασκητικα*, 486-490; Hoornbeeck, *Theologiae Practicae*, 1:365-375; Buddeus, *Institutiones Theologiae Moralis*, 264; Vilmar, *Theologische Moral*, 1:160-178.
[138] Calvin, *Institutes*, III.xx.46.
[139] 英注：在手稿上，巴文克在这段后添加了标题"[e.]试探的目的（Doel der verzoeking）"，但没有后续内容，只有一个参考书目Vilmar, *Theologische Moral*, 1:171-172。
[140] Voetius and Hoornbeeck, *Spiritual Desertion*, 62-78.
[141] Perkins, *Declaration of Certaine Spirituall Desertions*, III.415-420; Voetius, *Τα Ασκητικα*, 524-560 (chap. 20); Voetius and Hoornbeeck, *Spiritual Desertion*; Love, "The With-Drawing of the Spirit," 1-11（灵与肉的争战）; Symonds, *Case and Cure*; Driessen, *Oude en nieuwe mensch*, 633; T. à Brakel, *De trappen*, 25; W. à Brakel, *Christian's Reasonable Service*, 4:171-191; van Mastricht, *Theoretico-Practica Theologia*, III. iv.13 [4:830].

上帝的本质和实质是无所不在的，但在道德和属灵上，祂可以向后退。这些是可以并存的。我可以和一个人在一起，但拒绝给予我的恩惠、爱和恩典，甚至对那人怀有怒气。例如，被上帝抛弃的魔鬼，虽然只有通过上帝才能在实体上存在，但在道德层面完全在上帝之外，在上帝的对立面。同样，不义之人虽然也得许多好处（太五 45），在身体和属灵上有很多祝福和恩赐，有外在的恩典等，然而没有平安（赛五十七 21）。耶和华的灵，虽然出于某个目的而赐给他一段时间，但又离开了他（撒上十六 14；来六 4）。在他们归信之前，被拣选的人被抛弃了，即使在当时他们被保守、被预备和装备，并且蒙拯救免于亵渎圣灵的行为。但在他们重生后，这样的离弃只会是局部的（渐进的）和暂时的（非永恒的）。可以肯定的是，在被拣选的人中有几种被离弃的方式。

　　a. 在罪中被离弃：上帝收回保护性、约束性的恩典。如大卫、希西家（代下三十二 31-31）、彼得、挪亚（醉酒时）。上帝许可人跌入罪中，目的是要完全治愈罪恶，如同以毒攻毒。[142]

　　b. 作为惩罚的离弃：尤其是面临上帝忿怒的耶稣的例子中；还有许多信徒陷入罪中的案例，他们必须在没有上帝恩典和恩惠的情况下行事（诗五十一 12）。

　　c. 为了试验而被离弃：这包括灵性荒凉，灵魂的麻烦，也被称作**攻击**（Anfechtung）：挣扎、良知的痛楚和属灵的绝望等。这些是我们需要在这里讨论的。它们在于缺少对上帝和服侍上帝的由衷喜悦；在于收回了在上帝里面的确信和平安，并非本质上收回，而是在体验和实践上收回；在于属灵的死寂和悲伤。流亡中的以色列和耶稣离开后的门徒就处于这样的情况中（赛五十四 7；约十六 20-21）。在客观上，根据《圣经》而言，上帝确实会有离弃的行为。诚然，祂的慈爱永远不会离开他们（赛五十四 10）；祂永远不会离开他们或抛弃他们（赛四十九 15；来十三 5；耶一 5；申四 31）；祂在他们里面保留了信心、圣灵和生命的原则（levensbeginsel）；但祂的确会收回祂的恩惠和慈爱，让他们感受不到祂的亲近与恩典。《圣经》说这是上帝的离开和回来（何五 15）；上帝掩面忘记他们（诗三十 1, 7；弥三 4），拒绝他们，不再发慈爱（诗七十七 8-10；与"回来"相对，约十四 23），舍弃（诗二十二 2）。旧约里有许多信徒对此表示哀叹（诗十 1）。尤其是在《诗篇》二十二篇中，被抛弃包括两件事：上帝不听诗人的祷告，以及上帝不从痛苦中解救他（1-2 节）。因此，他没有平安（2 节），如水被倒出来，心如蜡熔化，精力枯干（14-15 节），

---

[142] Perkins, *Declaration of Certaine Spirituall Desertions*, III.419.

像虫一样被百姓藐视（6-8 节）。然而，他持定倚靠他的神（1-2 节），以祂为喜乐（8 节），信靠和赞美祂（3，25 节），不住地祷告，甚至在极大的痛苦中更加迫切地祷告（11-18 节）。他恳求自己的呼求被上帝听到，他提到父辈的信心（4-5 节），提到自己的生命是在上帝的照管之下（9-10 节），并许下誓言（25 节）。最终，他的呼求被上帝听见，有拯救（24 节），有感恩（22，25 节），并呼吁他人来赞美上帝（23，26 节）。同样，在《诗篇》三十八篇全文，尤其是 21-22 节："耶和华啊，求祢不要撇弃我；我的上帝啊，求祢不要远离我；拯救我的主啊，求祢快快帮助我！"（比较 诗四十二篇；五十五篇；六十九篇；七十一 11；七十七篇；八十八篇；歌二 1，9；耶十七 17；十八 17）。

奇怪的是，新约中没有出现这样的离弃。[143] 被上帝离弃往往不是惩罚而是惩戒，不是上帝的忿怒而是祂的恩典。然而，从人这边来看，它常常伴随着罪，因为上帝离弃人可能是由罪引起的（代下十五 2；拉八 22）。曾为人忧愁的圣灵会转变为敌人（赛五十七 17-18，六十三；弗四 30）。结果就是，祂不再在我们里面见证我们是上帝的儿女，不再赐我们平安、喜乐和快乐。这常常与我们内心的怀疑和不信靠连在一起，这会让我们指责上帝（诗七十三 11-13），被众人鄙视（诗二十二 6-8），受到撒旦的攻击，就像约伯的朋友们。然后，我们会经历靠近地狱、死亡、黑暗和恐惧的感觉（诗二十二篇），哀叹呻吟（伯三 24；六 5；七 12 及其他各处经文），渴慕上帝（诗二十二篇）。这种灵性荒漠不同于忧郁、绝望和被鬼附。[144]

---

[143] 英注：巴文克提供了以下参考资料："Cf. Gisbertus Voetius, *Disputaty van geestelicke verlatingen,* 70v." 但这个说法在这里或英译本中都找不到。

[144] Driessen, *Oude en nieuwe mensch,* 634-636.

第十二章

信徒生命的恢复和完满

本章摘要

在上一章考察了基督徒属灵生命的病态后，我们将讨论治疗这些病态以及帮助防止进一步心灵失调的属灵操练，作为第一卷的总结。这个领域通常被教会的属灵教师称为苦修；这导致了早期和中世纪教会的修道士禁欲主义，与世界分离、禁绝某些活动的姿态。宗教改革拒绝了大多数这些内容，包括苦修行为有功德的观念，但意识到属灵操练的必要性，并创作了自己的著作，强调以自省、默想《圣经》、祷告、禁食和敬拜为特点的基督徒生活；所有这些都导向在效法基督中舍己和背十字架。

本章探讨个人更新的八种方法：祷告、灵修、阅读上帝的圣言（lectio verbi divina）、唱诗、独处、禁食、守夜祷告（vigil）和起誓立志。祷告吸引了我们大部分的注意力。我们会思考祷告作为一个责任和善工的本质，《圣经》关于祷告的教导，祷告的主体和客体（人和三一上帝），祷告的内容，祷告的方式，以及祷告的应允。无论是信徒还是非信徒，所有人都受命要祷告。父母应教导孩子祷告，而不是要等到他们看到了重生的迹象才如此行。真正的祷告是根据上帝的旨意，奉耶稣基督的名，向三位一体的上帝，父、子、圣灵祷告。我们要祈求"身体和灵魂的一切需要，正如我们主基督自己在教训我们的祷文中所包含的"。我们的祷告要予以操练，要有预备，不能轻视祷告。我们应该随时祷告，不停祷告，相信上帝知道什么给我们是好的。默想是一种与上帝进行热切的内在交通的属灵练习，谦卑地使我们的意志服从上帝的旨意，以便辨别敬虔的事，包括如何顺服祂。有规律的读经引导人默想上帝和祂的律法，是成圣的一个重要资源，唱赞美诗（加上《诗篇》）亦然。在独处中自省有助于我们认识到自己的罪，并为之忧伤痛悔，为他人受苦而悲伤，渴望恩典，表达爱、喜悦和献身。禁食是在上帝面前谦卑的一个记号；它能平息我们的激情和欲望，帮助我们抵挡试探，表达哀伤。《圣经》建议我们守望和守夜祷告，但不应将此定为准则。尽管被滥用，但宗教改革仍然坚持认为起誓立志是信徒的一种自由行为，他们想把一些事物奉献给上帝，以感谢祂应允祷告。

属灵生命首先在死亡中得以完全，然后再走向永恒的生命。我们必须为自己的死亡做好准备,以此为一种谦卑的行为,抛弃对长寿的想象,剥夺死亡对我们的权势。敬虔之人不应该在没有喜乐的情况下,恐惧和绝望地死去。

§25. 修复的方法

我们在这里要讨论的 —— 如智性主义（正统主义）、神秘主义、道德主义等属灵疾病 —— 通常被称作"苦修"，在对禁欲主义的教导中加以探讨。[1] 希腊文 ἀσκεῖν 的意思是"精心塑造或形成[2]，练习"。后来，这个词被特别运用于运动员的锻炼。在新约中，该词只出现于《使徒行传》二十四 16。[3] 然而，基督教会（如亚历山太的革利免）不久后就称那些离群索居、禁绝许多事情的人为"苦修者"。【后来，修道士群体就出现了：ἀσκητής（修道士），ἀσκήτρια（修女），ἀσκητικὴ καλύβη（casula monestica/ 修道士长袍），ἀσκητήριον 和 μοναστήριον（修道院）。】[4]

当教会变得越来越世俗化，有关完全的戒律（praecepta）和忠告（consilia）之间的差别被接受时，达到更高层次的完全是必要的。在这些方法中，我们特别提到

---

[1] Zöckler, *Askese und Mönchtum*, 1:3, 24. 一般来说，禁欲主义可以是**集体的**，也可以是**个人的**，既可以是**消极的**（戒除食物、婚姻、财富），也可以是**积极的**。积极的禁欲主义可以是**身体上的**（鞭笞），或**精神上的**（祷告、沉思、默想、阅读、保持清醒、操练谦卑、顺服）。

[2] 但在道德意义上也是如此；亚里士多德谈到"道德锻炼"（ἄσκησις ἀρετῆς）。

[3] 英注："我因此自己勉励，对神、对人，常常操练无亏的良知（ἐν τούτῳ καὶ αὐτὸς ἀσκῶ ἀπρόσκοπον）"。

[4] Kögel, "Asketik"; Gass, *Geschichte der christlichen Ethik*, 1:104; Voetius, *Τα Ἀσκητικα*, 12-20. 英注：巴文克用 ἀσκητήριος 指修道士，LSJ并无此词。中注：见荷文版310页。

以下几点：不吃、不喝、不穿衣服、不积累财富、不结婚；离开社会，进入小房间或修道院，花时间在那里读经、祷告、禁食、警醒和苦役。随后，他们又增加了自责和鞭笞。这一问题也得到了科学性的讨论。苦修神学（ascetic theology）是一门探讨那些帮助引导意志去行善，加强属灵生活的科学。它处于关于善的本质之教导的伦理（和道德），和将道德应用于生活殊案的决疑论（casuistry）之间。我们发现教父们，尤其是特土良（Tertullian）、巴西流（Basil）、埃及的马卡里乌斯（Macarius of Egypt）和奥古斯丁，对此科学早有预备。[5] 然而，苦修神学这门学科主要是在中世纪，由圣维克多的休（Hugh of St. Victor）和理查德（Richard of St. Victor）、简·鲁伊斯布（Jan Ruysbroek）、托马斯·肯皮斯（Thomas à Kempis）、约翰内斯·陶勒（Johannes Tauler）藉着一些祷告文，以及克鲁尼的伯纳德（Bernard of Cluny）所著的《蔑视世界》（Contempt of the World）发展起来的。[6] 其他著作包括波纳文图拉（Bonaventure）的《论属灵生活的成长》（Tractate on the Growth of the Spiritual Life）和巴达乌斯·弗洛伦蒂（Batavus Florentius）的《基督徒生活的要义》（Institutes of the Christian Life）等。[7] 这些关于苦修的作品基本上描述的是修士般的操练。

宗教改革拒绝这种禁欲主义。马丁路德不认为苦修操练是有功德的（verdienend），只把它们理解为对于对抗肉体而言是必要的。[8] 对马丁路德而言，以下

---

[5] Walch, *Bibliotheca Theologica Selecta*, 2:1074-1078. 英注：沃尔奇还提到了尼撒的格列高利（Gregory of Nyssa）、叙利亚人以法莲（Ephraim the Syrian）、阿罗帕吉人伪丢尼修（Pseudo-Dionysius the Areopagite）、屈梭多模（Chrysostom）、安波罗修（Ambrose）和耶柔米（Jerome）。

[6] Walch, *Bibliotheca Theologica Selecta*, 2:1080. 英注：巴文克列出了著作的名称但没有说作者的名字。克鲁尼的伯纳德是本笃会的一名修士，他的 *De Contemptu Mundi* 是对他那个时代（12世纪）社会和教会失败的讽刺。19世纪，约翰·梅森·尼尔（John Mason Neale）将这首诗的开头部分翻译为英文，并作为一首赞美诗 Jerusalem the Golden 出版。

[7] Bonaventure, *Tractatus de profectu religiosorum*. 英注：巴文克也提到了另一部作品 *Dieta salutius*，它被波纳文图拉的 *Opera Omnia* 的编辑列为"伪造的"（1:xvi）；Florentius, Surius, and Poin, *Institutiones Vitae Christianae*；另见其他著作 Voetius, *De praktijk der godzaligheid*, 19-20; Voetius, Exercitia, 496-497; 以及 Walch, *Bibliotheca Theologica Selecta*, 2:1177。

[8] Cf. Luthardt, *Die Ethik Luthers*, 63-66. 荷注：巴文克旁注"Denk aan zijn Oratio, Meditatio, Tentatio (v. Oost)"；他可能是想到 J.J. van Oosterzee, *Sieben Vorträge. Ein Beitrag zur Charakteristik der gegenwärtigen Bewegungen auf theologischem und kirchlichem Gebiete*, übersetzt und herausgegeben von F. Meyeringh, Gotha 1875. 第五讲（159-161页），标题为"Oratio, meditatio, tentation"（这里也是拉丁文）；巴文克也有可能想到的是荷文版：'Oratie, Meditatie, Tentatie', in: J.J. van Oosterzee, *Voor kerk en theologie. Mededeelingen en bijdragen, Tweede Deel*, Utrecht 1875, 81-106.

苦修尤为重要：祷告、禁食、警醒和做工。[9] 但这些不应该被视作律法或在特定的时间实践，而是只在必要的时候，根据自己的立场、性格等，予以操练。每个人在这件事上都是自由的。基于这一理解，苦修神学在 17 世纪被引入路德宗教会。列举几个名字：《真基督教》（*True Christianity*）的作者约翰·亚恩特（Johann Arndt，1565-1621），他更偏向神秘主义；史蒂芬·佩托流斯（Stephan Praetorius，1536-1603）；瓦莱留斯·赫博格（Valerius Herberger，1562-1627）；赫尔曼·拉特曼（Herman Rahtmann，1585-1628）；约翰·瓦伦丁·安德烈（Johann Valentin Andreä，1586-1654）。[10] 但是，像耶拿的约翰·格哈德（Johann Gerhard）这样的教理学家（卒于 1637），在他的《神圣的冥想》（*Sacred Meditations*）、《敬虔的教导》（*The Teaching of Devotion*）以及许多其他著作中也谈到了苦修神学。[11] 路德宗人士在这一方面从英国和荷兰作家那里获益良多，因为他们的著作大部分都被译成了德文。[12]

加尔文把整个基督徒生活理解为一种持续的舍己和背十字架的生活，基督徒借此将自己奉献给上帝。[13] 加尔文一次又一次明确回到背十字架这个主题。他在十字

---

[9] 试想一下马丁路德关于祷告（oratio），默想（meditatio），试验/试炼/试探（tentatio）的三元组。英注：马丁路德在他的德文威登堡版本的序言中发展了这一模式（Weimarer Ausgabe 50:657-666; *Luther's Works*, 34:283-288）；参阅 Kleinig, "Oratio, Meditatio, Tentatio." 巴文克还注意到了威廉·埃姆斯的同样的三重模式（参阅前面§20）。

[10] Cf. Otto Zöckler, 'Die historische Theologie', in: id. (Hg.), *Handbuch der theologischen Wissenschaften in encyklopädischer Darstellung, Zweiter Band. Historische Theologie und Dogmatik*, Nördlingen 1884, 178. 英注：对史蒂芬·佩托流斯身份的鉴定是一个有根据的猜测，巴文克的手稿中只有 "Praetorius †1610"。史蒂芬·佩托流斯是诺伊施塔特（Neustadt）的一位德国路德教会的牧师，生平年日为 1536-1603 年。他强调生命的纯洁性，他是约翰·亚恩特和史宾纳（P. Spener）的先驱，但不是狭义的敬虔主义者。（P. Wolff, "Praetorius, Stephan"）；参 Zöckler, *Handbuch der theologischen Wissenschaften*, 2:178. 瓦莱留斯·赫博格是 "弗劳施塔特（Fraustadt，在坡森西南偏南 50 米）的一名路德宗教会牧师。在遭受基督公教迫害和瘟疫的艰难困境中，他忠信地牧养（1613）"（Cohrs, "Herberger"）。赫尔曼·拉特曼是一位路德宗神学家，受卡斯帕·施文克菲尔德（Caspar Schwenkfeldt）的影响。对他来说，《圣经》只是 "恩典的索引和见证……在拉特曼的神学中，圣灵的见证成为圣灵的一种独立、直接的行为"（Grützmacher, "Rahtmann"）。巴文克在这里引用了佐克勒（Zöckler）作为路德宗神学家完整名单的资料来源。约翰·瓦伦丁·安德烈是一位神学家和讽刺诗作家；他主张结束教派冲突，并提倡基督教教会的统一（Hölscher, "Andreä"）。

[11] Gerhard, *Meditationes Sacrae*; Gerhard, *Scholae Pietatis*; Walch, *Bibliotheca Theologica Selecta*, 2:1172.

[12] Walch, *Bibliotheca Theologica Selecta*, 2:1176n. 另参 Hermann Beck, *Die Erbauungsliteratur der evangelischen Kirche Deutschlands, Erster Teil. Von Dr. M. Luther bis Martin Moller*, Erlangen: Deichert 1883 (5 m[ark]).

[13] Calvin, *Institutes*, III.vii-viii; cf. Lobstein, *Die Ethik Calvins*, 79-94.

架上特别看见上帝对我们慈父般的抚育，祂藉此平息我们的欲望（zinlijkheid），锻炼我们的耐心，使我们投靠祂。在试验和试探中[14]，基督徒应该在基督的榜样中得力量，持守上帝的应许，穿上上帝所赐的军装（弗六章），特别要使用祷告。[15] 祷告是学习谦卑、忍耐和顺服的最好学校，是基督徒生命的持续表达和表现，教导我们舍己。[16]

真正的苦修主义是通过剑桥大学的教授威廉•惠特克（William Whitaker, 1548-1595）、剑桥的威廉•珀金斯（William Perkins, 1558-1602）、路易斯•贝利（Lewis Bayly, 卒于1631）[17] 以及其他许多人在英国产生。经塔芬（Taffin）和乌德曼（Udemans）事先所预备后，通过威廉•提林克（Willem Teellinck, 1579-1629）、威廉•埃姆斯（William Ames, 1576-1633）、吉斯伯特•沃舍斯（Gisbert Voetius, 1589-1676）、约翰•霍恩毕克（Johannes Hoornbeeck, 1617-1666）、埃沃特•提林克（Ewout Teellinck, 1573-1629）等人，苦修主义在荷兰被人接受。然后，通过吸收约翰•特林克（Johannes Teellinck, 卒于1674），西奥多•布雷克（Theodorus G. à Brakel, 卒于1660）, 乔杜卡斯•凡•劳登斯坦（Jodocus van Lodenstein, 卒于1677）等人著作中的神秘主义和敬虔主义的元素，它就变得不那么健康了。[18]

一般而言，改革宗作家将以下内容囊括在苦修操练中：

对**路易斯•贝利**来说，整个操练包括默想和反思(a)"上帝的本质和属性"[28-44]，(b)"没有在基督里与上帝和好之人的苦难"[45-55]，以及(c)"基督徒在基督里与上帝和好的状态"[56-77]。在这之后，他谈到了敬虔的操练或荣耀上帝，并首先提到"对阻碍罪人操练敬虔的障碍的沉思"[78-93]。然后，他描述了"一个人必须如何以虔诚开启一天的清晨"（读经和祷告），并为清晨灵修提供了许多实用指南[94-107]。接着便是"指导一个基督徒如何像以诺一样每日与上帝同行的默想"[108-118]，然后就是"晚间默想"[119–25]。在这之后，他遵循了"家庭敬虔"的模式，有"家庭晨祷"、"用餐时操练敬虔"（饭前饭后祷告、唱诗篇）、"用

---

[14] Calvin, *Institutes*, III.xx.46.
[15] Calvin, *Institutes*, III.xx.
[16] 加尔文对禁食的讨论，见*Institutes*, IV.xii.14-21.
[17] 英注：路易斯•贝利是英国圣公会的主教，他最著名的著作是《敬虔的操练》，写于1611年。我们将从http:// www.ccel.org/ccel/bayly/piety.pdf引用现有的电子版。下一段中对此著作的页数参考将置于文中的方括号内。
[18] 参§20中对改革宗教会敬虔主义的讨论；Walch, *Bibliotheca Theologica Selecta*, 2:1175.

餐方式"[126-140]。接下来的一组冥想有关"在安息日操练敬虔的真正方式"[其中包括祷告和"聚会的责任",141-173]。他继续讲到"在禁食中操练敬虔"[174-182],"圣餐"[主的晚餐,183-211],"在病痛中荣耀上帝"[212-224, 238-243],死亡[225-237, 244-250],和殉道[256-269]。

吉斯伯特·沃舍斯首先探讨了灵修和一些术语("忏悔"、"兴奋"等)[19],冥想,以及祷告(对《诗篇》的使用)。然后,他更具体地写了关于归信(眼泪)、阅读、圣礼、安息日、禁食、警醒、独处、起誓立志、试探、属灵过失、死亡、殉道的操练。他继续讲到与他人有关的操练,包括劝勉、安慰、教导他人等。[20]

坎皮厄斯·维林加(Campegius Vitringa)提到了以下补救措施和"帮助方法":祷告、避免犯罪、读经、警惕各种形式的罪(无节制、懒惰等)、唱诗、公共敬拜、团体、自省、独处和禁食。[21] 然而,他拒绝独身、贫穷和顺服(gehoorzaamheid)这样的"帮助方法"。

约翰·弗朗茨·布迪厄斯(Johann Franz Buddeus)列出了以下操练:每日忏悔、阅读和聆听上帝的话语 [310],尤其是在安息日 [313],阅读其他作者的著作 [313],冥想 [314],圣礼 [315],祷告 [319],禁食 [337],警醒/警惕 [339],效法基督,诸如此类 [340]。[22]

我们在这里的出发点是不断的自省,持续交通,避免犯罪和引起犯罪的原因。我们将在本书下一卷讨论群体性的操练[23],包括早晨和晚上的敬拜,饭前饭后的祷告,在教会聆听上帝的话语,使用圣礼,团体(gezelschappen),守安息日等。这里我们只讨论可用来恢复或鼓励个人属灵生活的方式,这取决于一个人的需要。这些包括祷告、默想(上帝和自己)、读经、禁食、警醒、独处、唱诗和起誓立志。

---

[19] 英注:"忏悔"(compunction)指的是"信念对感情的强烈影响"。如约翰·弗拉维(John Flavel)等清教徒作家将此词用于讨论一些人归信的步骤(连同"光照"),参阅 Boone, *Puritan Evangelism*, chaps. 5-6. 任何形式的强烈宗教"热情"或者甚至是狂喜(就如在重洗派和敬虔主义传统中所出现的)的批判者会使用"兴奋"(excitation)一词,参 Ritschl, "Prolegomena," in *Three Essays*, 75.

[20] 英注:这是巴文克对沃舍斯 *Τα Ασκητικα* 篇章分配的总结。

[21] Vitringa, *Korte schets*, chaps. 10–14.

[22] Buddeus, *Institutiones Theologiae Moralis*, 303-342 (I.v). 英注:这段的页码引用的是布迪厄斯的著作。Cf. T. à Brakel, *Het geestelijke leven*; Rothe, *Theologische Ethik*, 3:464-526 (§§870-886, on ascetics).

[23] 英注:巴文克的手稿指的是第三卷"归信后的人性",这将是我们第二卷的内容。

1. 祷告[24]

【我们将首先思想祷告是**什么**，包括旧约和新约教导我们何为祷告（1和2），祷告的**主体是谁**（3），祷告的**对象是谁**（4），祷告的**内容**（5），祷告的**方式**（6），以及关于祷告的**聆听**（7）。】[25]

（1）祷告是一种责任

根据旧约和新约中经常重复的上帝的命令，祷告是一种**责任**，也是最重要的**善工**。[26] 我们在摩西五经中找不到任何关于祷告的特别规定；因此，索西尼派[27] 称律法不是完美的，要由基督来补充完整（aangevuld），其中包括完美的祷告。然而，当我们考虑到内容时，这种祷告并不新鲜。[28] 这点在摩西五经中的祷告勇士的例子中更为明显：亚伯拉罕为所多玛祈求（创十八章），雅各与上帝使者摔跤（创三十二章），摩西祈求上帝保守与亚玛力人争战的以色列人（出十七章）。同样，

---

[24] De Moor, *Commentarius Perpetuus*, 5:1-120 (XXVI §§1–21). 英注：巴文克为 F. Kramer, *Het Gebed* (Kampen: Kok, 1905)这本关于祷告的书作序，开头是："像克莱默牧师在下文所呈现的祷告方式，在我们这个时代，值得衷心的赞许。"序言的其余部分总结了巴文克在本章中探讨的一些关键主题。

[25] 中注：巴文克手稿中并无此段内容，乃英译本对以下内容先做总结陈述。以下七个小标题皆为英译本所加。

[26] 参《诗篇》五十15；《马太福音》七7；《罗马书》十二12；《以弗所书》六18；《腓立比书》四6；《歌罗西书》四2；《帖撒罗尼迦前书》五17；比较Paul Christ, *Die Lehre vom Gebet nach dem Neuen Testament. Ein Beitrag zur Kenntnis und Würdigung des ursprünglichen Christenthums*, Leiden (Brill) 1886, F. 1.80., 以及*Theologisches Literaturblatt* 7 (1886): 247-248 的基督研究综述；[A.] Kuyper, 'Van den Heiligen Geest en het gebed I-V', in: *De Heraut*, nr. 578-580 (20 en 27 januari, en 3, 10 en 17 februari 1889).（凯波尔认为祷告预设了信心，因此不能以重生、信仰、归信为内容，而是它们的增加等为内容）；M.J. Monrad, 'Ueber das Gebet. Ein religionsphilosophisches Fragment. Sendschreiben an Herrn E. Renan in Paris', in: *Philosophische Monatshefte* 28 (1892), 25-37; Franz Hettinger, *Apologie des Christenthums, Erster Band: Der Beweis des Christenthums. Erste Abtheilung*, Freiburg im Breisgau 1899[8], 504-516, 534-549.

[27] 英注：索西尼派是福斯托•索西尼（Faustus Socinus, 1539-1604）的追随者，他们反对三位一体教义，反对耶稣基督的先存性，反对原罪和替代赎罪论的教义。该派教导的大部分内容现在根植于上帝一位论主义（Unitarianism）。参阅Zöckler, "Socinus."

[28] De Moor, *Commentarius Perpetuus*, 2:712-714.

我们在《诗篇》和先知书中找到了关于祷告的例子和规定："呼求我"等。在新约中，耶稣自己也祷告。祷告可以说是根植于上帝自己的本质（wezen），因为耶稣不仅作为一个人，而且作为一位中保[29]祷告，并教导祂的门徒祷告（太六章）。祷告对我们是恰当的，因着上帝是上帝，因着上帝的一切属性：信实、恩典、全能、良善等。此外，我们在一切事上都依靠祂[30]，没有什么源自我们自己，我们要从上帝那里领受一切。因此，祷告深植于人性，是人类本质（wezen）所必需，存在于万民和所有人当中，甚至那些诅咒之人。只有伊比鸠鲁派（Epicureans），裸体主义者（Adamites）和自然神论者（Deists）认为这是多余的，以及像威廉·杜霍夫（Willem Deurhoff, 1650-1717）和（可能包括）庞蒂亚恩·凡·哈特姆（Pontiaan van Hattem, 1645-1706）这样的人。[31] 唯物主义泛神论者在狗的爬行摆尾姿势中看到了祷告的相似之处。[32] 于是，祷告被认为是多余的，因为上帝不存在或者不关心人的事。又或者，根据泛神论的看法，上帝已然知道一切（参 太六 8, 32），因为祂的法令永远不变，那么我们常常去烦扰祂就与祂的威严冲突。[33] 祷告与其说是一种义务，不如说是一种特权（参 约十六 26-27）。这是上帝赋予人的权利。这就是《圣经》一直认为的祷告方式。这就解释了为什么祷告没有包含在摩西五经和十诫中。祷告不是命令，而是应许、祝福、益处。[34]

---

[29] 参Richard Löber, *Die Lehre vom Gebet aus der immanenten und ökonomische Trinität*, Erlangen 1860², cap. 2："祈祷者在三一上帝内有其永恒的复型"（Der betende Mensch hat sein ewiges Urbild in Gott dem Dreieinigen）。

[30]《诗篇》一百零四27-30；一百四十五15-21。

[31] 英注：巴文克在这里到底指谁并不完全清楚；根据布拉克尼（Brackney, *Historical Dictionary*, s.v. "Adamites"），"这个称呼["Adamites" 或 前5世纪所用的"Adamiani"] 适用于各种在自我表达和敬拜中实施裸体生活的宗派。他们受亚当的启发……亚当生活在纯真的状态中"。除了表示不需要任何神圣指导的反律法倾向外，这些做法和避免祷告的需要之间似乎没有任何明显的联系。威廉·杜霍夫是一位颇有争议的自学成功之人，他质疑神迹，并认为基督是上帝创造的首个行动（*BLGNP* 4:115, s.v. "Deurhoff, Willem"）。庞蒂亚恩·凡·哈特姆在17世纪的荷兰改革宗教会制造了巨大的动荡。他的基督中心主义神学强调基督的死是全备的神圣之爱的典范，而不是替代性赎罪，并导致了寂静主义的敬虔（van der Linde, "Hattem"）。巴文克在范·哈特姆的名字后面打了一个问号。

[32] 根据康德的观点，"**祷告**被认为是一种服侍上帝的**内在形式**，因此被看作是一种恩典的工具，是一种迷信的幻想（一种偶像制造）。因为它只不过是一个**明确表达的愿望**，面向一个无需关于祈愿者内在性情的信息的存有。因此，它不能成就什么"。Kant, *Religion within the Limits of Reason Alone*, 182-183；比较Willmann, *Geschichte des Idealismus*, 3:492；资料来源自Nostitz Rieneck, "Die 'sociale Decomposition,'" 21; Strauss, *Der alte und der neue Glaube*, 110.

[33] De Moor, Commentarius Perpetuus, 5:14-15.

[34] Eduard von der Goltz, 'Das Gebet in der ältesten Christenheit. Eine geschichtliche Untersu-

(2) 祷告的本质：圣经术语

旧约表示祷告的希伯来文[35]包括以下几个。

对于祈求干预、调解的祷告，有以下术语：

- 【הַעְגִּיעַ一词本身不出现在旧约中，但是旧约中有פָּגַע】。פָּגַע意思是"遇见，相遇，接近"；加上בְּ人时（伯二十一15；耶七16），意思是"遇到请求，请求"（"拜访某人"）；【加上לְ人（创二十三8；赛五十三12）时，意思是"代表某人恳求"。】[36]

哀求的祷告：

- תְּחִנָּה来自חָנַן。后者意思是"施恩，赐恩"。前者作为名词，意思是"恩惠、恩典"（见 书十一20）；该词也出现在《诗篇》（六10；五十五2）。这是完全谦卑之人发出的祷告（参 赛三十七20；四十二2）。

呼求拯救的祷告：

- צָעַק意思是"大声呼喊，求救"。例如：以色列人哀求上帝救他们出埃及（出三9）；受苦待的寡妇和孤儿的呼求（出二十二22）；受苦之人的呼求（诗九13）。

- הַעֲנֵשׁ源自עָנָה（piel），意为"呼喊求救"。以色列人在埃及的呼求（出二23；诗十八7；三十九13；一百零二2）。

祈求保护的祷告：

- תְּפִלָּה源自פָּלַל，意为"干预，介入"。字干piel时，意思是"仲裁，审判"和"为人呼求，祷告"；字干hithpael时，意思是"将自己置于……的中间"（上帝和人；撒下二25）；向אֶל求告。这个名词并不包括哀歌或痛哭，而是受欺压的人凭着无亏良知的见证，坦然地来到上帝面前，祈求祂施行公义（诗四2）。这常常用于诗篇的标题——《诗篇》十七1；八十六1；九十1；一百零二1；一百四十二1——和先知哈巴谷的祈祷诗（哈三1；参 诗七十二20"大卫的祈祷完毕"）。拉比称其为φυλακτήρια，

---

chung,' Leipzig 1901 ([bespreking door Johannes Kunze in:] *Theologisches Literaturblatt* 23 (1902), 389-392).

[35] De Moor, *Commentarius Perpetuus*, 5:14-15. 英注：巴文克对每个希伯来术语的讨论的重构，都使用了Brown, Driver, and Briggs, *Hebrew and English Lexicon*. 从巴文克的主要观点和他引用《圣经》例子的明确性，我们可以清楚地看出他使用了Gesenius, *Lexicon*，我们重建的内容实际上和他的原作相同。

[36] 中注：本段首尾两句根据荷文版所译，删除了英译本补充和错译的内容；见荷文版314页。

意思是保护（护身符）（参出十三9，16；申六8中的טוֹטָפֹת；民十五38-39中的צִיצִת）。

另外，还有来自迦勒底的祷告（但六8，14）בְּעָא。该词源于בְּעָה，意思是"寻找，祈祷"。

新约中表示祷告的希腊文包含如下：[37]

- αἴτημα意思是"一个请求"，源自αἰτέω；后者意思是"渴望，祷告，要求"（由意志的渴望决定）。Αἴτημα应该被理解为"在一个被动的意义上，这是我必须请求的；这与αἴτησις（新约中无此字；《七十士译本》士八24；王上二16，20；伯六8）没有不同。"[38] 但是，"如同αἴτησις，αἴτημα从未仅仅表示请求的行动，而总是请求的主题。"这帮助我们解释了《腓立比书》四6中在其他方面难以联系的δέησις和αἴτημα："应当一无挂虑，只要凡事藉着祷告（τῇ προσευχῇ）、祈求（τῇ δεήσει）和感谢（μετὰ εὐχαριστίας），将你们所要的（τὰ αἰτήματα）告诉上帝。""这并不是说αἰτήματα将以δέησις的形式在上帝面前呈现为祷告和请求，而是它们将被呈现为μετὰ εὐχαριστίας。因为重点在μετὰ εὐχ，δέησ和αἴτ在形式和主题上各不相同。这也同见于在《路加福音》二十三24，《约翰壹书》五15——《七十士译本》的《诗篇》二十6；三十七4中的מִשְׁאֲלוֹת；《撒母耳记上》一17，27；《以斯帖记》五7；《诗篇》一百零六16中的מַאֲלָה。"总之，"藉着感谢"说明了提出请求的方式，并附属在动词性短语"被告知"上。

- ἐρωτάω的意思是"请求、乞求、祷告"。最后一个字意"显然是出于将该字用于翻译希伯来文שָׁאַל而对该字的应用，这使它成为祷告或请求最微妙和最温柔的表达方式"。[39] 例如：《约翰福音》十四16："我要求（ἐρωτήσω）父，父就另外赐给你们一位保惠师，叫祂永远与你们同在"；《约翰福音》十七9："我为他们祈求（ἐρωτῶ）"；参15节和20节。[40]

---

[37] 英注：巴文克下文考查的希腊文主要资料来源（不总是明确指出）是Cremer, *Biblico-Theological Lexicon*。每一段，包括开头定义的格式，都予以补充和重构（某些地方比其余地方补充得更详细）。这些资料直接取自Cremer's *Lexicon*，试图反映巴文克自己想表达的语言和思想。注释将明确说明确切的资料来源；可以有把握地认定，段落的单个引用涵盖了引号内的所有资料；一个段落中的多个资料来源将会予以明确说明。

[38] Cremer, *Biblico-Theological Lexicon*, 73, s.v. "αἴτημα."

[39] Cremer, *Biblico-Theological Lexicon*, 716, s.v. "ἐρωτάω."

[40] 英注：巴文克的手稿这里添加了一句："然而很少有人向上帝提出问题（约壹五16）"（Overigens zelden van vragen aan God, 1 Joh. 5:16）。他的意思不完全清楚。这节经文之所以有趣，是因为使徒使用了两个不同的词表示祷告：αἰτέω指为弟兄犯了"不至于死"的罪祷告，ἐρωτάω指不当为"有至于死的罪"祈求。后一个词通常是"最微妙和最温柔的祈祷方式"，这可能为了解巴文克的目的提供了线索。

- ἐπιθυμέω意为"渴求、渴望",就是"把感情面向任何事物"。在《罗马书》七7和十三9等经文中,"它用来表达一种不道德或不正当的渴望和垂涎"。[41] "在古希腊文中,作为中间声音(vox media)的欲望的道德品质,是根据被命名的对象来决定的……在新约中,我们可以说它是根据主体来决定的,参《约翰福音》八44,《罗马书》一24。"[42] 名词ἐπιθυμία涵盖了我们欲望的内容,以及来自我们的心、我们的肉体和我们眼睛的爱好倾向;因此,这些大部分都是有罪的。

- δέομαι意为"渴求、祷告";也就是"丧失、需要"。[43] Δεῖ(意思是"必需的、应该的或必须的"),是主动动词"δέω(丧失、想要、需要)"的非人称形式。Δεῖ引出了一个观点,即δέομαι"更准确地说要被认为是关身语态(为了自己想要、需要)",而不是"被动语态(沦为缺乏而需求)"。必要性地为了自己的需求是祷告的起点;出于需要而祷告是有别于感恩的一种特定祷告。这就是为什么名词δέησις有时与προσευχή(祷告,弗六18)联合使用,[44] 有时与ἱκετηρία联合使用。后一个术语来源于ἱκετεύω(恳求、乞求)。这是一个贫困、寻求保护和帮助之人的祈求。在《希伯来书》五7中,ἱκετηρία与"祈求和恳求"的δέομαι同步使用[δεήσεις τε καὶ ἱκετηρίας]。这是我们的主在世侍奉时,向"能救祂脱离死亡的那一位"所做的祷告和祈求。使徒保罗在《提摩太前书》二1中说到了祷告的迫切性,并汇集了许多关键术语:"我劝(παρακαλῶ)你要为万人恳求(δεήσεις)、祷告(προσευχάς)、代求(ἐντεύξεις)、祝谢(εὐχαριστίας)。"Δέησις是出于需要而祷告,是贫困之人的祷告。

- προσευχή意思是"祷告"。这个词"似乎没有出现在一般的希腊文中……这仅仅是希腊化发展时期的词,是以色列从异教世界分离出来的一个特征标志。在《七十士译本》中,它是תפלה的标准翻译"。[45] 正因如此,它意味着祷告是面向上帝的,并包含某些形式的敬意。

- ἔντευξις意为"恳求,请求,祷告",来源于ἐντυγχάνω(遇见、相遇、就近)。由此,当与περί或ὑπέρ τινος结合时,该字是为了某人的缘故而对某人说话,如《希伯来书》七25:"凡靠着祂进到上帝面前的人,祂都能拯救到底,因为祂

---

[41] Cremer, *Biblico-Theological Lexicon*, 287, s.v. "ἐπιθυμέω."
[42] Cremer, *Biblico-Theological Lexicon*, 288, s.v. "ἐπιθυμία."
[43] Cremer, *Biblico-Theological Lexicon*, 173, s.v. "δέομαι."
[44] Cremer, *Biblico-Theological Lexicon*, 720, s.v. "προσεύχομαι."
[45] Cremer, *Biblico-Theological Lexicon*, 720, s.v. "προσεύχομαι."

是长远活着，替他们祈求（πάντοτε ζῶν εἰς τὸ ἐντυγχάνειν ὑπὲρ αὐτῶν）"。在《罗马书》十一2中，该字有"牺牲"或"控告"的意思："上帝并没有弃绝祂预先所知道的百姓。你们岂不晓得经上论到以利亚是怎么说的呢？他在上帝面前怎样控告以色列人（ὡς ἐντυγχάνει τῷ θεῷ κατὰ τοῦ Ἰσραήλ）？"因此，ἔντευξις指的是一种干预，是第三方代表两人之中的一人而来到两人的中间。于是，ἔντευξις是一次相遇，一个会面，提出了一个要求；它是代求和祈求，说明了更深的熟悉。

• εὐχαριστία意为"感谢、感恩，将荣耀和赞美归给上帝"（弗五4）。在《提摩太前书》二1中，我们看到了（？）[46]关于避免罪恶（δέησις）的祷告，对良善（προσευχή）的祈求，为他人代祷（ἔντευξις），感谢（εὐχαριστία）。加尔文也认为[47]这篇经文指的是不同类别的祷告。

一般来说，祷告的人知道并感觉到他们对真实上帝的依赖——因着基督（奉基督的名）相信祂的应许——呼求祂帮助自己度过身体或灵性上的困境，或者是为所得的益处献上感谢。[48] 这些可以通过几种方式予以划分。[49] 例如，根据**形式**来区分恰当正式的祷告和快速的祷告。[50] 后者是在没有任何预备的情况下表达出来，突然之间因着某件事、意外、灾难等而做的祷告。例如，一些敬虔的人常常说："主啊！""哦，我的上帝！"或者"可怜我！"这些突然脱口而出的祷告通常很短，由一两个短语或句子组成。在这些时刻，基督公教的信徒可以使用主祷文，或者只作十字架的手势，从而表达信心的一切美德。我们可以区分心里的祷告（orationes mentalis）和口头的祷告（orationes vocales）。不同**时刻**（平常时期和特殊时期）有不同的祷告。祷告根据内容也有不同：有祈愿的祷告和感谢的祷告。祈愿的祷告又可以进一步划分为祈求好事发生的祷告，和祈求避开罪恶的祷告。这些祷告适用于属灵和身体上的益处。最后，祷告**主体**可以是在私人或公共场合中的个人，也可

---

[46] 英注：这个问号是巴文克自己添加的，显然他对由改革宗正统为代表的传统de Moor, *Commentarius Perpetuus*, 5:23对《提摩太前书》二1中的术语所适用的教理分类并不完全信服：δέησις = ad malorum Deprecationem; προσευχή = bonororum Petitionem; ἔντευξις = pro aliis Intercessionem; and εὐχαριστία = denique Gratiarum Actionem. 我们在这里有确凿的证据证明，巴文克对基督新教正统传统有谨慎的赞同。赞同，因为他毕竟把正统的传统分类传授给他在坎彭的学生；同时，他表现出的犹豫无疑反映了他在莱顿大学所接触的更加现代的圣经学术研究。他自己的解经实践更为复杂，而不太教理性。

[47] Calvin, *Institutes*, III.xx.28.

[48] 参Calvin, *Institutes*, III.xx.2; Ursinus, *Commentary on the Heidelberg Catechism*, Lord's Day 45。

[49] Voetius, *Τα Ασκητικα*, 115.

[50] Voetius, *Τα Ασκητικα*, 125-134

以是在家里或教堂里以集体或群体的方式祷告的人。一个人可以为自己祷告，也可以为他人代祷。

（3）祷告的人类主体

只有人类才会祷告，动物不祷告，因为它们不能知道上帝的威严，也无法知道和承认它们对上帝的依赖【（尽管它们确实依赖上帝）】[51]。当《圣经》说鸟和动物向上帝呼求时（诗一百四十七9；参 一百零四27；珥一18；拿三7-8），这是一种比喻的说法。祷告更多是在意志中，还是在心思中，这是一个无聊的问题。[52] 如同信心，祷告是一个全人的行动。它是一种渴求、希望、叹息、哀叹（在意志中），也是请求、说话、认知等（在心思中）。[53] 祷告是一个意识的行动，将我们的心灵提升到上帝那里（mentis elevatio ad Deum），而我们是被意志的行动驱使去祷告（我们渴望某事或想为某事而感谢）。此外，真正祷告的主体是重生之人。[54] 只有他们才有"施恩叫人恳求的灵"（亚十二10），只有他们才能用"在灵和真理中拜祂"（ἐν πνεύματι καὶ ἀληθείᾳ，约四23）。"在灵中"指的是灵魂上的、内在的，没有任何因场合所要求的仪式和外在表现。"在真理中"是指与上帝的本质、与真神一致。事实上，因为软弱和缺乏，即使是基督徒也不晓得当怎样祷告（罗八26），也不知道祷告什么或如何祷告。【于是，圣灵亲自用说不出来的叹息（无法用言语表达意义和内涵的话），替我们（向上帝）祷告（ὑπερεντυγχάνει）。】[55]

祷告就如所有的善工，也是非信徒的义务，即便他们不能正确或真实地祷告。[56] 此外，规定他们有义务祷告的同一律法，也要求他们在灵和真理中正确地祷告。如果他们不能做到这一点，那是他们自己的过错。因此，若说这样会将不信之人限定为做有罪的祷告，他们在祷告中犯罪，所以干脆别强求他们祷告，这便是不正确的。此外，虽然非信徒可能缺乏灵性觉知，但他们有自己需要依赖上帝的伟大和良

---

[51] 中注：见荷文版316页。
[52] 埃姆斯持前一种观点，*Marrow of Theology*, 258 (II.ix)："祷告是在上帝面前虔诚地表达我们的意愿，这样祂才有可能受感。"沃舍斯持后一种观点，*Τα Ασκητικα*, 94。
[53] Buddeus, *Institutiones Theologiae Moralis*, 319.
[54] De Moor, *Commentarius Perpetuus*, 5:27; Buddeus, *Institutiones Theologiae Moralis*, 321–22.
[55] 中注：见荷文版316页。
[56] 参Kuyper, *Work of the Holy Spirit*, 662-668 (III.41, "Prayer of the Unconverted")。英注：巴文克的原始资料来源是*De Heraut*, no. 580, February 3, 1889.

善的理性自然觉知。"⁵⁷ "当然，未经更新之人因着对自身缺乏的自然信念并对上帝的伟大和良善的承认，以某种方式向上帝祷告，这远比他们根本不祷告要好得多。就他们祈祷这一纯粹事实而言，他们的祷告并不会使上帝不悦，尽管黏在其上的罪会受到公义的审判。"⁵⁸ 即使有人祷告的方式是错的，这点也是真实的，正如我们从亚哈的例子——他的自卑令上帝喜悦（王上二十一 27-29）——和尼尼微人的例子中所看到的（拿三 8-10）。"以一种有缺陷的方式去做一件善工的罪，比完全忽视善工的罪要小得多（minus malum est bonum facere cum defectu quam prorsus omittere）。"【因此，父母必须要教导他们的孩子祷告，而非等到在孩子身上发现重生的痕迹时才如此行。无人能察觉重生，无人能知晓圣灵的工作。】⁵⁹

非信徒的祷告会蒙应允吗？⁶⁰ 旧约智慧书提供了一个否定的答案："转耳不听律法的，他的祈祷也为可憎。"（箴二十八 9）在《约翰福音》九 31 中，那个生来瞎眼的人对犹太人说："我们知道上帝不听罪人，惟有敬奉上帝（θεοσεβής）、遵行祂旨意的，上帝才听他。" 这个表述在此语境（关于求神迹之人）中是正确的。然而，《圣经》中其他经文更在一般意义上证实了这句话：

> 我若心里注重罪孽，主必不听。（诗六十六 8）
> 耶和华远离恶人，却听义人的祷告。（箴十五 29）
> 你们举手祷告，我必遮眼不看；就是你们多多地祈祷，我也不听。你们的手都满了杀人的血。（赛一 15）
> 义人祈祷所发的力量是大有功效的（πολὺ ἰσχύει δέησις δικαίου ἐνεργουμένη）。⁶¹（雅五 16；参 四 3："你们求也得不着，是因为你们妄求，要浪费在你们的宴乐中。"）
> 凡求告耶和华的，就是诚心求告的，耶和华便与他们相近。敬畏祂的，祂必成就他们的心愿，也必听他们的呼求，拯救他们。（诗一百四十五 18-19）

---

⁵⁷ 英注：参 *RD*, 1:241-243, 350.
⁵⁸ Witsius, *Sacred Dissertations*, 56 (dissertation no. 2).
⁵⁹ De Moor, *Commentarius Perpetuus*, 5:27. 中注：见荷文版 316-317 页。
⁶⁰ 英注：我们把巴文克原作中那段很长的文字拆开了，这可能会给人一个错误的印象，以为他在这里开始了一个完全不同的话题。他现在继续讨论的经文直接来自魏特修的第三篇论文 "On the Preparation of the Mind for Right Prayer"（Witsius, *Sacred Dissertations*, 57）的开首。因此，其内容与魏特修的第二篇论文（Witsius, 56）中关于非信徒的祷告的问题密切相关。
⁶¹ Buddeus, *Institutiones Theologiae Moralis*, 321.

> 然而人未曾信祂，怎能求祂呢？（罗十14）
>
> 只要凭着信心求，一点不疑惑；因为那疑惑的人，就像海中的波浪，被风吹到翻腾。这样的人不要想从主那里得什么。心怀二意的人，在他一切所行的路上都没有定见。（雅一6-8）

因此，上帝有时确实会给恶人他们所求的事物，但实际上并非应允他们的祷告，而是在实施祂的忠告，彰显祂的仁慈。[62] "真正让上帝喜悦、让祂倾听的"祷告是这样的[63]：我们必须真正知道我们的需要和痛苦，这样我们才能在上帝的威严面前谦卑自己。"上帝阻挡骄傲的人，赐恩给谦卑的人"（彼前五5；引自 箴三34）。上帝不回应那个骄傲的法利赛人（路十八9-14）。恶人不向真神祷告，也不为正确的事祷告。他们或假装祷告，或只是出于习惯，或不信上帝的应许，或远离中保基督，或带着重复所犯的罪，或带着不信和怀疑，没有信心。[64]

（4）上帝是祷告的对象

"你们要以感谢为祭献于上帝，又要向至高者还你的愿，并要在患难之日求告我，我必搭救你，你也要荣耀我。"（诗五十14-15）"听祷告的主啊，凡有血气的都要来就祢……祢必以威严秉公义应允我们。"（诗六十五2，5）"到那时候，凡求告耶和华名的就必得救。"（珥二32）"当拜主你的上帝，单要侍奉祂。"（太四10）只有上帝才有威严，只有祂才是全知的（王上八39；太六8，32），全能的（弗三20），以及"善良与众善之源"（雅一17）。[65] 相反，当祝福降临在那些相信上帝之人身上时，《圣经》也宣布，咒诅会临到那些倚靠自己力量的人身上。正如《耶利米书》作的比较指出："倚靠人血肉的膀臂，心中离弃耶和华的，那人有祸了。"（耶十七5）但另一方面，"倚靠耶和华、以耶和华为可靠的，那人有福了"（耶十七7）。

---

[62] Buddeus, *Institutiones Theologiae Moralis*, 322.
[63] 《海德堡要理问答》第117问答。
[64] Ursinus, *Commentary on the Heidelberg Catechism*, Q&A 117 (*Schat-boek*, 2:513).
[65] 英注：引号内的话不是出自《雅各书》一17，而是对《比利时信条》第一条的总结。巴文克在这里并没有标明出处，这是改革宗认信的语言如何自然地流入他的话语的另一个体现。《雅各书》一17是巴文克最喜欢和引用最多的经文。

更确切地说,真神,也就是三位一体的上帝,父、子、圣灵,是我们祷告的正当对象。[66] 我们向作为中保的圣子,而不是向天使和其他人等祷告(太四 10;申十 20;六 13)。因为三位一体中有一个经世(economy),所以我们在祷告中应该向恩赐的主要创立者祈求恩赐。例如,我们应该向父神祈求任何属于创造秩序的事物,诸如此类。因此,我们也会向圣子和圣灵祈求某些恩赐。然而,更确切地说,天父是被求告的对象,正如我们礼拜仪式的祷告那样;祂是神格的源头(fons deitatis),是所有益处的来源。我们奉圣子基督的名向父祷告,圣灵亲自透过我们并在我们里面祷告。《比利时信条》(第 26 条)辞丰意雄地讲述了奉基督之名的祷告:

> 我们相信,除了透过唯一的中保和代求者,就是降世为人、联合神人二性于一身的义者耶稣基督,我们就不能亲近上帝,从而我们就近神圣威严。否则,我们并无其他途径。但是父所安排的祂和我们之间的这位中保,绝不因其崇高而令我们恐惧,以至于我们不得不根据我们的幻想寻求其他中保。因为在天地之间,无人比耶稣基督更爱我们。

【因此,我们不求告圣徒,而仅仅是在耶稣基督的卓越和尊贵的基础上祷告,因为基督是通往父的道路(约十四 6),也是在祷告中通往父的路。】[67] "因我们的大祭司并非不能体恤我们的软弱,祂也曾凡事受过试探,与我们一样,只是祂没有犯罪。所以我们只管坦然无惧地来到施恩的宝座前,为要得怜恤,蒙恩惠,作随时的帮助"(来四 15-16)。《希伯来书》作者也提醒我们,"我们既因耶稣的血得以坦然进入至圣所,是藉着祂给我们开了一条又新、又活的路从幔子经过,这幔子就是祂的身体。又有一位大祭司治理上帝的家。并我们心中天良的亏欠已经洒去,身体用清水洗净了,就当存着诚心和充足的信心来到上帝面前。"(来十 19-22)。这里特别需要提到《约翰福音》中主耶稣的话:"你们奉我的名无论求什么,我必成就,叫父因儿子得荣耀。你们若奉我的名求什么,我必成就。"(约十四 13-14)"到那日,你们什么也就不问我了。我实实在在地告诉你们:你们若向父求什么,祂必因我的名赐给你们($\alpha\iota\tau\acute{\eta}\sigma\eta\tau\epsilon\ \acute{\epsilon}\nu\ \tau\tilde{\wp}\ \acute{o}\nu\acute{o}\mu\alpha\tau\acute{\iota}\ \mu o\upsilon$)。向来你们没有奉我的名求什么,如今你们求就必得着,叫你们的喜乐可以满足……到那日,你们要奉我的名祈求;

---

[66] 《海德堡要理问答》第 117 问的回答认为,"我们必须从内心向唯一的真神祷告"是真正祷告的标志。
[67] 中注:见荷文版 318 页。

我并不对你们说，我要为你们求父。父自己爱你们，因为你们已经爱我，又信我是从父出来的。"（约十六 23-24，26-27）。【梅耶、韦斯和其他人把 ἐν τῷ ὀνόματί μου 理解为"奉我的名，奉我的使命（opdracht）"[68]，但这是不可能的。】[69] 当耶稣说无论门徒"奉我的名向父求什么"，父都会给他们（约十六 23）时，祂的意思是"按照我的命令"。同样的理由，这不可能指"照我的旨意"，如《约翰壹书》五 14 那样。【根据信心的类比（analogie des geloofs），这应被理解为"为了我的名"，基于我的名，基于我的应许和功德（verdiensten）。】[70] "奉耶稣的名"意味着：（a）照耶稣的命令和吩咐；（b）代替耶稣；意思是耶稣已经支取了我们呈递给父的祷告的支票（wissel），父会接受和尊重我们的祷告。耶稣给我们一张祂签好名字的白纸，我们填好后，交给父。因此，"奉我的名"指"基于耶稣的功德"，就好像基督亲自在我们里面向父请求。"奉耶稣的名"还指（c）照祂的旨意，因此这是一种限制；用耶稣的名提出源于各种愚蠢和罪恶渴望的祈求是错误的。

当耶稣说"向来你们没有奉我的名求什么"，祂说的并不是旧约时代的信徒，并非暗示他们一直在应许的弥赛亚之外亲近上帝。祂指的是祂的门徒；他们就在耶稣在世的这段时间，亲自求问耶稣。这段关系即将结束。在复活后，他们将不再求问耶稣，而是求问父，尽管是奉耶稣的名去求。他们一定会蒙应允。耶稣不需要劝说祂的父这样做，祂也不需要为他们求父。只是因门徒爱耶稣，奉祂的名祷告，父的心就倾向他们。当然，这并不排除耶稣的代祷，或祂的中保角色[71]，因为奉祂的名祷告就显然体现了这一点。但是因为门徒是奉耶稣的名祷告，基督本身的另一个

---

[68] 英注：最有可能的资料来源是 Weiss, *Biblical Theology*, 2:403。巴文克在字里行间加入了荷文 opdracht（任务、命令、工作）。该词的德文是 Auftrage（委托、职责、命令、使命）。英译者很好地抓住了 Auftrage 的圣经神学意义，将其翻译为"使命"。这里所提到的梅耶毫无疑问是引用了 Heinr. Aug. Wilh. Meyer, *Kritisch Exegetischer Kommentar über das Neue Testament, Zweite Abtheilung, das Evangelium des Johannes umfassend*, Sechste Auflage völlig umgearbeitet von Bernhard Weiss, Göttingen 1880, 587。《约翰福音》在第二卷被仔细检查，这是贝恩哈德•韦斯在梅耶1873年去世后准备出版的。

[69] 中注：见荷文版318页。

[70] Cf. Ebrard, "Gebet im Namen Jesu"; 参荷文版《圣经》Statenvertaling 对《约翰福音》十六章注释，no. 43. 中注：见荷文版318页。

[71] 根据韦斯的说法，这只是一个理型，但在现实中，我们仍需代祷："通过信徒与耶稣完美的内在交通，似乎不需要祂恩典的同在和帮助的应许了。"（*Biblical Theology*, 2:403, n9）。荷注：巴文克的资料来源可能是：Heinr. Aug. Wilh. Meyer, *Kritisch Exegetischer Kommentar über das Neue Testament, Zweite Abtheilung, das Evangelium des Johannes umfassend*, Sechste Auflage völlig umgearbeitet von Bernhard Weiss, Göttingen 1880, 586v. (of een eerdere editie van dit commentaar); vgl. ook Bernhard Weiß, *Lehrbuch der Biblischen Theologie des Neuen Testaments*, 674v.

明显的介入是不需要的；这已然包含在其中了。

（5）祷告的内容

《海德堡要理问答》第118问："上帝吩咐我们要向祂祈求什么呢？"答案是非常全面的："向祂祈求身体和灵魂所需要的一切，就是我们的主基督在祂亲自教导我们的主祷文中所包含的。"有时人们会祈求他们所不知的事物，就像西庇太儿子的母亲那样（太二十20-21）。属灵的需要——对救恩不可缺对益处（赦免、信心、圣洁）——可以而且必须无条件地为我们自己向上帝祈求。例如，不要加上这些条件："如果这是祢的旨意、符合祢的定旨"、"如果这使祢喜悦，为了祢的荣耀"、"如果是为了拯救我们"，诸如此类。在这种情况下，增加条件表示怀疑，而非在信心中的祷告。然而，祈求属灵的祝福、特别程度的恩典等，对于救恩并非绝对必要，因而不应具有如此绝对的特征。[72]

当涉及其他人时，我们被允许以条件的方式为救恩所绝对需要的益处恳求，因为我们不应该认为每个人都是被拣选的。因为肉身需要——除了生存的条件（ex hypothesi vitae）——对我们而言并非绝对必要，所以它们应该总是伴随着条件。祈祷寿数延长只能在有条件的情况下进行，因为主祷文里的请求是"我们日用的饮食，今日赐给我们"。[73] 赖斯·博耶（Rice Boye）呼吁主祷文的绝对性，认为"绝对有必要为世俗事务祈祷；这是合理的，不要怀疑或动摇，上帝的圣徒可以、也应该因他们日用的饮食绝对倚靠上帝，就像他们求上帝赦免他们的罪一样"。[74] 然而，通常情况下，若无进一步说明，我们可以绝对地为灵性所需祷告，并有条件地为肉身所需祷告。[75] 为死者代祷可能不需要[76]，因为《圣经》中无此命令，亦无先例。基

---

[72] Voetius, *Τα Ασκητικα*, 97.
[73] Voetius, *Τα Ασκητικα*, 97.
[74] Boye, *Importunate Begger*. 英注：引号中的资料摘自这本著作的扩展标题。参Voetius, *Τα Ασκητικα*, 98.
[75] Ursinus, *Schat-boek*, 2:515; de Moor, *Commentarius Perpetuus*, 5:34.
[76] Stirm, "Darf man für die Verstorbenen beten?" 除了斯迪姆本人，以下人员也赞成为死者祷告：Pfaff, *Institutiones Theologia*, 547; Rothe, *Theologische Ethik*, 3:150-156 (§887); Kling, "Fegfeuer," *PRE¹* 4:345; Thiersch, *Vorlesungen über Katholicismus und Protestantismus*, 2:326-344, esp. 339-342 (no. 34). 托马斯·克利夫斯（Thomas Kliefoth）持反对意见。英注：巴文克所有的这些参考文献来源于Stirm, "Darf man für die Verstorbenen beten?," 278, 292-293；斯迪姆是克利夫斯的资料来源：Kliefoth, "Liturgische Abhandlungen, vol. 1"以及Das Begräbnis（"The

督公教诉诸一处次经经文：《马加比二书》十二 43-46。一个人的结局在死亡时就已经被决定了，因此祷告对此也不能有任何影响。[77] 然而，为死者代祷在很早就被引入教会，成为产生迷信的契机。[78] 我们可以、也应该为所有活着的人祷告，尤其是为在位的（提前二 2）、为教师（弗六 19）、为彼此（我们的父赐给我们，太六 9；参 弗六 18；西一 2-3）祷告。[79]

（6）祷告的方式[80]

正当的祷告方式不包括神秘性地陷入被动，而在于了解我们的需要，用我们的悟性祷告（林前十四 15），反思和思考上帝的威严，以增强我们的敬畏和信靠，与我们的罪决裂，并且在纯洁和内心谦卑中培养我们的信心。除了这个需要经常进行的一般性准备，有时还需更具体的准备。[81]【这种特殊的渴求包括苏醒对自身渺小和无足轻重的意识，事先思考祷告的内容和形式，通过先祈求祷告的圣灵来复苏上帝同在的印象。】[82] 这样的祷告包括一个开头语（不用太过复杂，不要总是一样，但与我们的请求相呼应），有秩序展开的祷告本身，一个简短重复祷告的结尾，然

Funeral"）in a "manuscript prepared for the Dresden Liturgical Conference."
[77] 基督公教教导炼狱的教义。
[78] De Moor, *Commentarius Perpetuus*, 5:30-32. 早期教会的例子包括特土良和奥古斯丁。路德宗人士说，"我们既没有领受命令，也没有指示"，因此"为死者祷告不会禁止"（*Apology of the Augsburg Confession*, art. 24; Smalcald Articles, art. 2; Kolb and Wengert, *Book of Concord*, 274.94; 276.96; 303.12）。
[79] 英荷注：巴文克在文字中间加入了"Gerhard VII, p. 94"，但他没有给出标题。他引用了[C.H.] Stirm, 'Darf man für die Verstorbenen beten?', in: *Jahrbücher für Deutsche Theologie* 6 (1861), 290："J. Gerhard (loci theol. T. VII, p. 94) fragt, ob man bei der kirchlichen Danksagung für die Verstorbenen den Wunsch beifügen dürfe: Deus det ei pacatam quietem et beatam ad vitam resurrectionem, und answer, daß Calvin es leugne, die Apologie aber zugebe. Indeß soll dadurch kein Zweifel, ob die Seele des Frommen in its ewige Leben versetzt sei oder nicht, keine Voraussetzung eines Fegfeuers, nor die Meinung, daß dadurch dem Verstorbenen Vergebung der Sünden werafft, ausgedrückt were sondern eüßlückt, sondern eswlckt, sondern eswlckt in Betreff der seligen Ruhe des gläubig Verstorbenen, es diene zum Trost der Trauernden und zum Ausdruck frommer Liebe gegen den Hingeschiedenen."
[80] De Moor, *Commentarius Perpetuus*, 5:36; Witsius, *Exercitationes*, III; Witsius, *De practijk des Christendoms*, 202-222.
[81] Voetius, *Τα Ασκητικα*, 117.
[82] 中注：见荷文版320页。

后结束。[83]"喋喋不休"（βαττολογία）和说"很多话"（πολυλογία）是异教徒的祷告，而不是跟随耶稣之人祷告的特征（太六 7）。[84]

【出于这个原因，预备好的礼拜仪式祷告（formuliergebeden）是可行的。】[85] 英国教会中的独立信徒和来自这个国家的雅各布·科尔曼（Jacob Koelman）对此却极力反对。[86] 那些为这一做法辩护的人诉诸亚伦为以色列民的祝福（民六 22-27），利未人在礼拜中的领导地位（代下二十九 30），诗篇标题中的敬拜指示（例如：诗九十二篇；一百零二篇），以及我们的主和祂的门徒在祂被卖的那个晚上所唱的赞美诗（太二十六 30）。在最早的基督教教会中没有规定好的祷告；这种做法最初是在老底嘉会议（公元 364 年）上提出的。随后，教会会议决定，只允许用礼拜仪式的祷告（formulieren），加尔文和沃舍斯都表示赞同。[87]

对祷告时的**姿势**没有规定[88]，犹太人遵守以下几种：站立（创十八 22），坐下（王上十九 4），双膝跪地（但六 10），俯伏在地（申九 18），男人不蒙头 [特土良：我们不蒙头祷告，因为我们不要蒙羞（capito nudo oramus quia non erubescimus）；林前十一 4-5）][89]，举目望天或垂首闭眼（诗一百二十三 1-2；路十八 13），向天举手（诗一百四十一 2；王上八 22；提前二 8；最早的基督徒画十字架手势）。[90]

---

[83] Voetius, *Τα Ασκητικα*, 118.
[84] De Moor, *Commentarius Perpetuus*, 5:51.
[85] 'Onze eeredienst VIII', in: *De Heraut*, nr. 1038 (14 november 1897); 'Onze Eeredienst IX', in: De Heraut, nr. 1042 (12 december 1897)："真正的祷告是自由的祷告，但恰当的心境却常常缺少；公共的集体祷告可能缺乏代祷，没有为他人的需要祈求，没有适当的语言，而且常常走神。因此，预备好的祷告和仪文化的祷告有助于真正的祷告，就像我们教孩子唱赞美诗和用主祷文祷告一样。"荷注：在*De Heraut*中的这两篇文章并无作者署名。作者实则亚伯拉罕·凯波尔；A. Kuyper, *Onze Eeredienst*, Kampen 1911, 40-49.
[86] 英注："独立"一词指那些主张由本地会众控制教会的人；他们还抵制圣公会的标准礼拜仪式。雅各布·科尔曼是（1633-1695）荷兰改革宗的一位重要的牧师。
[87] De Moor, *Commentarius Perpetuus*, 5:56. Gisbertus Voetius, *Politicæ Ecclesiasticæ, Partis Primæ. Libri duo Priores*, Amstelodami 1663, 484-490. 英注：巴文克并没有指出支持加尔文立场的资料来源，只是提到了De Moor，而De Moor反过来又指向了加尔文于1548年10月22日的信件"To the Protector Somerset", in Jules Bonnet, ed., *Letters of John Calvin*, 2:182-198 (no. 229)。
[88] De Moor, *Commentarius Perpetuus*, 5:41; [W.] Pressel, 'Gebet bei den alten und bei den heutigen Hebräern', in: *PRE¹*, Vierter Band, 679-686 (*PRE¹⁼²*).
[89] 中注：特土良这句话取自Tertullian, "The Apology," in *Latin Christianity: Its Founder, Tertullian*, edit. Alexander Roberts, James Donaldson, and A. Cleveland Coxe, trans. S. Thelwall, Vol. 3. The Ante-Nicene Fathers (Buffalo: Christian Literature Company, 1885), XXX.
[90] De Moor, *Commentarius Perpetuus*, 5:47

我们不能赞同在我们教会中坐着祷告。[91]

　　帐幕和圣殿是旧约时代人们祷告的**地方**（赛五十六 7；诗五 8；王上八 29-30；约四 20），是以色列人转脸祈求的地方（王上八 44, 48；但六 11），是上帝的脚凳所在之处（诗九十九 5；一百三十二 7；赛六十 13；六十六 13；徒七 49）。在新约时期，已经不再有一个特别的祷告场所（约四 19）。祷告应在我们的内室（太六 6）和教会的聚会中进行（徒十六 13, 16）。基督公教不断开放教堂，组织朝圣活动。[92]

　　祷告的**时间**[93]：使徒保罗教导我们"随时多方"祷告（弗六 18），"不住地祷告"（帖前五 17）。这不应该被理解为第 4 世纪的尤基派（Euchites）马西里亚人（Massilians）或跟风学样的修道士所做的那样。[94] 永远需要去适应祷告的乃是我们的心灵，无人例外。我们不应该只在逆境时才向上帝祷告，而是在繁华中，在白天晚上都应向上帝祷告。[95] 具体来说，我们应该在一天的开始和结束时、下班后（诗九十 14-17）、吃喝时（提前四 3-5）都祷告。这是改革宗群体中早就存在的一种习惯做法，并且改革宗领袖，特别是霍夫曼在其《借着祷告和感恩献上的食物》（*Food Sanctified by Prayer and Thanksgiving*）中，对此进行了有力辩护。[96] 我们的主祝福了祂以神迹的方式喂饱众人的饼和鱼（太十四 19-20；十五 36-37），祝福了最后的晚餐（路二十四 30）。使徒保罗也如此行（徒二十七 35），并教导众人（提前四 3-5）。此外，犹太人规定了祷告的时间（诗五十五 18；但六 11）。这样的固定时间是好的，但基督公教的"法定时辰"（horae canonicae）要予以拒绝。[97]

---

[91] De Moor, *Commentarius Perpetuus*, 5:48.

[92] De Moor, *Commentarius Perpetuus*, 5:59.

[93] De Moor, *Commentarius Perpetuus*, 5:63.

[94] 英注：巴文克称他们为尤基派。这个群体的信息如下："美索不达米亚、叙利亚和亚美尼亚在4和5世纪见证了马西里亚人的神秘运动。他们为了不断的祷告，甚至放弃自给自立。这种以不断的祷告作为圣灵内住和完全的方式，赋予了神圣事务和未来的完备知识。他们也被希腊人称为尤基派。""马西里亚"这个名字有地理上的渊源，指的是一群抵制奥古斯丁式神学人论的西希腊半伯拉纠派："来自马西里亚，是西方领导人的总部，他们通常被称作马西里亚人，马萨利安派（Massalians），麦塞良派（Messalians）"(Whitely, "Sects [Christian]," 319-320).

[95] Voetius, *Τα Ασκητικα*, 95-96; de Moor, *Commentarius Perpetuus*, 5:64.

[96] Hofman, *De spys door het gebed*; de Moor, *Commentarius Perpetuus*, 5:66.

[97] De Moor, *Commentarius Perpetuus*, 5:70-71; 见 M. Herold, 'Brevier', in: *PRE*[2], *Zweiter Band*, 623-627. 英注：法定时辰是教会规定的每日祈祷时刻：晨时经（黎明日出时），午前经（第三时辰，早上9点），午时经（第六时辰，正午），午后经（第九时辰，下午3点），申正经（晚祷），夜祷（一天的结束），赞美经（早上）。

（7）祷告蒙应允

基督徒相信并坚信上帝会回应他们的祷告（雅一 5-7；罗十 12-14；约壹五 14）。这是加尔文非常强调的，他在这里发现了基督徒的祷告和异教徒的祷告之间的区别。[98] 根据《海德堡要理问答》，蒙上帝悦纳垂听的祷告的三个特征之一，是"我们确实肯定，我们虽然不配，祂却必因着主基督的缘故，听允我们的祈祷"。[99] 这种信任总的来说是依赖于上帝的良善（太七 11）和大能（弗三 20）。但更具体地来说，这是因为基督的缘故，我们的祷告才会蒙应允："你们奉我的名无论求什么，我必成就，叫父因儿子得荣耀。你们若奉我的名求什么，我必成就。"（约十四 13-14）"到那日，你们什么也就不问我了。我实实在在地告诉你们：你们若向父求什么，祂必因我的名赐给你们。向来你们没有奉我的名求什么，如今你们求就必得着，叫你们的喜乐可以满足。"（约十六 23-24）[100] 因此，我们不应该怀疑我们的祷告将蒙应允。在这种情况下，怀疑是一种罪，也是我们祷告没有蒙应允的原因（雅一 5-8）。祷告结束时，我们的"阿们"表达了同样的信念。[101] 那么，所有的祷告都蒙应允了吗？沃舍斯认为，如果祷告是按照上帝的旨意，就会被应允。[102] 另外，一个好的祷告是圣灵在我们里面的祷告，因此必定蒙应允。我们的祷告不会撤销上帝的谕旨，也不会改变上帝的谕旨，而恰恰是包含在该谕旨中的途径之一，借此上帝的谕旨得

---

[98] Calvin, *Institutes*, III.xx.12; cf. Lobstein, *Das Ethik Calvins*, 91; Zöckler, *Otto Zöckler, Theologia Naturalis. Entwurf einer systematischen Naturtheologie vom offenbarungsgläubigen Standpunkte aus, Erster Band. Die Prolegomena und die specielle Theologie enthaltend*, Frankfurt a.M./Erlangen 1860, 117-118; Ditlev Gothard Monrad, *Aus der Welt des Gebets*, Gotha s.a. [1876].
[99] 《海德堡要理问答》第 117 问答。
[100] 布里斯托的乔治·穆勒（Georg Müller）报告了许多关于祷告蒙应允的事例；O. Zöckler, 'Ein A.H. Francke des 19. Jahrhunderts', in: *Der Beweis des Glaubens. Monatsschrift zur Begründung und Verteidigung der christlichen Wahrheit für Gebildete* 34 (1898), 385v.; [E.F.]Karl Müller, *Zur christlichen Erkenntnis. Vorträge und Aufsätze für denkende Christen*, Leipzig: Deichter 1898, 2.40；包括一篇祷告蒙应允的论文，这篇文章非常美。另参 Walther Wolff, 'Zur Frage der Gebetserhörung', in: *Theologische Studien und Kritiken. Eine Zeitschrift für das gesamte Gebiet der Theologie* 72 (1899), 610-617 (over Ritschl vooral); Justus Köberle, 'Die Motive des Glaubens an die Gebetserhörung im Alten Testament', in: *Festschrift seiner Königlichen Hoheit dem Prinzregenten Luitpold von Bayern zum 80. Geburtstag dargebracht von der Universität Erlangen*, Leipz[ig] Deichter 1901, 251-278, 1 M[ar]k (Th. Sch.).
[101] "阿们意即：真正确实如此。因为上帝必定愿意听允我的祈求，由于我心里感到我向祂所祈求的这些事会如何成就。"《海德堡要理问答》第 129 问答。
[102] Voetius, *Τα Ασκητικα*, 129.

以执行。[103] 因此，我们的祷告并没有渗透到上帝的定旨中[104]，而是上帝亲自催促我们祷告。另外，祷告[105] 是我们属灵生命的测验和温度计，是其脉搏和最好的药物（太二十六41；路二十二43；弗六16-18）。这对我们外在肉身生活亦然。

2. 属灵默想[106]

默想（meditation/ overdenking）[107] 一词在《诗篇》里多次出现：

> 耶和华啊，求祢留心听我的言语，顾念我的心思。（诗五1）
> 耶和华我的磐石，我的救赎主啊，愿我口中的言语，心里的意念，在祢面前蒙悦纳。（诗十九14）
> 我默想的时候，我就烧起，我便用舌头说话。（诗三十九3）
> 我口要说智慧的言语，我心要想通达的道理。（诗四十九3）
> 愿祂以我的默念为甘甜，我要因耶和华欢喜。（诗一百零四34）

这种默想常常指向上帝的律法："惟喜爱耶和华的律法，昼夜思想，这人便为有福。"（诗一2）"我要默想祢的训词，看重祢的道路"（诗一百一十九15）。"这些事你要殷勤去作，并要在此专心，使众人看出你的长进来。"（提前四15）在神学中，这种活动有许多不同的名称：思想（cogitatio）、思考（consideratio）、默祷（oratio mentalis）、独语（soliloquium）、内心话语（endologia）、奉献己身（devotio）、内省（introversio）、默观（contemplatio）。对神秘主义者来说，这伴随着狂热神迷、狂喜、醉酒等。[108] 那些写过属灵默想的人包括圣维克多的理查德（Richard of St. Victor）、让·格尔森（Jean Gerson）、大阿尔伯特（Albert the Great）、托马斯·阿奎

---

[103] De Moor, *Commentarius Perpetuus*, 5:39.
[104] 与康德相反。
[105] C. Beck, "Gebet."
[106] Voetius, *Τα Ασκητικα*, 42-92.
[107] 中注：该词又可译作"默念、思考、沉思、反思"。
[108] 荷注：巴文克此处引自Voetius, *Τα Ασκητικα*, 44："ecstasis, raptus, liquefactio, unio, penetratio, transformatio, exultatio, jubilus; Dei aut Spir. S. tactus, gustus, amplexus, osculum; in divinam caliginem ingressus, introductio in Dei cellaria, ebrietas, mentis excessus; animae deliquium, excoecatio, soporatio, mors, deificatio &c."

那。这个文学作品领域中的改革宗作家有约瑟夫·霍尔（Joseph Hall），约翰·唐纳（John Downame）[109]和路易斯·贝利（Lewis Bayly）。沃舍斯将默想描述为一种宗教行为和属灵操练，我们通过它，带着强烈的经验性和令人感动的情感知识（in-gespannend ondervindelijke en aandoenlijke affectuosa kennis），可以觉察上帝和敬虔之事。我们将这种知识应用于自身。[110] 属灵默想能增强我们与上帝的交通，击退魔鬼等。[111] 属灵默想的对象是上帝，敬虔的品质，基督的位格和工作，祂的生平，信心和重生，死亡等。[112] 这有别于我们和上帝交谈的默祷（oratio mentalis），以及自我默想。[113] 它也可以有别于奉献己身[114]；根据沃舍斯的说法，敬拜更具体而言是意志的情感或行为，我们藉此将自己完全交托给上帝。因此，敬拜的宗旨是愿意顺服上帝（诗五十七 7；腓二 12）。然而，沃舍斯拒绝了一种神秘的默观。在这种默观中，默观的生命和活跃的生命是分离开的。[115] 除非藉着信心（per fidem），否则世界上没有上帝的异象（visio dei）。[116] "阅读寻找（Lectio quaerit），默想发现（meditatio invenit），祷告祈求（oratio postulat），默观品味（contemplatio degustat）。"[117]

3. 阅读上帝的圣言[118]

阅读上帝的圣言（Lectio Verbi Divini）是帮助我们成圣的另一个强有力的资源。

---

[109] 英注：这是巴文克首次提到的名字，他拼写为"Downam"。因为巴文克没有提供标题，所以我们不能确定他是否指的是George Downame (ca. 1563-1634), *A Treatise of Justification and The Doctrine of Christian Liberty*，还是他的兄弟John Downame（卒于1652），*The Christian Warfare against Satan* (1609-1618), *A Guide to Godliness* (1622)和*The Sum of Sacred Divinity* (1630)等著作的作者。仅仅两句话之后，巴文克又说"与魔鬼作战"。于是，我们从中提到提示，并有理由相信他所想的是John Downame的*Christian Warfare against Satan*.

[110] Voetius, Τα Ασκητικα, 48.
[111] Voetius, Τα Ασκητικα, 52.
[112] Voetius, Τα Ασκητικα, 51.
[113] 英注：巴文克此处旁注了"daad, gezindheid, zachte stille"（行动、态度、平静）。
[114] Voetius, Τα Ασκητικα, 20-30.
[115] Voetius, Τα Ασκητικα, 68.
[116] Voetius, Τα Ασκητικα, 72.
[117] Hugh of St. Victor, according to Voetius, Τα Ασκητικα, 62.
[118] Voetius, Τα Ασκητικα, 300-306; Vitringa, *Korte schets*, 242–47 (XII §§11–13).

> 你们要查考宣读耶和华的书。这都无一缺少，无一没有伴偶；因为我的口已经吩咐，祂的灵将他们聚集。（赛三十四16）
>
> 耶和华说："至于我与他们所立的约乃是这样：我加给你的灵，传给你的话，必不离你的口，也不离你后裔与你后裔之后裔的口，从今直到永远。这是耶和华说的。"（赛五十九21）
>
> 我得着祢的言语，就当食物吃了，祢的言语是我心中的欢喜快乐。（耶十五16）

耶稣告诉那些抵挡祂的人："你们查考《圣经》，因你们以为内中有永生，给我作见证的就是这经。然而你们不肯到我这里来得生命。"（约五39-40）《圣经》这样描绘庇哩亚的犹太人："这地方的人贤于帖撒罗尼迦的人，甘心领受这道，天天考查《圣经》，要晓得这道是与不是。"（徒十七11）上帝的话语是"圣灵的宝剑"（弗六17），"能使你因信基督耶稣有得救的智慧"（提后三15）。彼得将"先知的语言"描述为"如同灯照在暗处，直等到天发亮，晨星在你们心里出现的时候"（彼后一19）。

《圣经》里的敬虔包括默想主的律法，正如我们在《诗篇》第一、十九和一百一十九篇所看到的，因为"耶和华的言语是纯净的言语，如同银子在泥炉中炼过七次"（诗十二6）。上帝的话语和律法提供了可靠的指导："祢的话是我脚前的灯，是我路上的光。"（诗一百一十九105）"因为诫命是灯，法则是光，训诲的责备是生命的道。"（箴六23）使徒保罗教导歌罗西人："当用各样的智慧，把基督的道理丰丰富富地存在心里，用诗章、颂词、灵歌，彼此教导，互相劝诫，心被恩感，歌颂上帝。"（西三16）这是基督新教强调的一个重点。从基督新教初期开始，在家阅读《圣经》就成了一种习俗。读经表帮助人们在一年内读完《圣经》。据说一位路德宗教授读完全本《圣经》80遍。[119] 加尔文主义者和路德宗人士都扎根于《圣经》（Bijbelvast）。此外，带着敬虔之心的人常常独自阅读《圣经》，以获得个人的教诲。"但我所看顾的，就是虚心痛悔、因我话而战兢的人。"（赛六十六2）"好学习敬畏耶和华他的神，谨守遵行这律法书上的一切言语和这些律例。"（申十七

---

[119] 英注：巴文克在页边空白处写了"陶乐"这个名字，很有可能指的是Friedrich August Gottreu Tholuck（1799-1877）。他是19世纪一位受人爱戴的学者、《圣经》注释家和福音布道家。见Schaff, "Tholuck."

19）。"《圣经》都是上帝所默示的，于教训、督责、使人归正、教导人学义都是有益的，叫属上帝的人得以完全，预备行各样的善事。"（提后三16-17）这些《圣经》读者也阅读忠信敬虔作者的著作。[120]

4. 唱诗[121]

我们在《圣经》中反复读到唱诗（gezang）；《诗篇》不断地激励信徒唱赞美之歌。以下只是几个例子：

> 我的灵啊，你当醒起！琴瑟啊，你们当醒起！我自己要极早醒起。主啊，我要在万民中称谢祢，在列邦中歌颂祢。（诗五十七8-9）
> 要向祂唱诗歌颂，谈论祂一切奇妙的作为！（诗一百零五2）
> 你们要以感谢向耶和华歌唱，用琴向我们的上帝歌颂！（诗一百四十七7）

《马太福音》告诉我们，耶稣在羞辱中唱了一首赞美诗："他们唱了诗，就出来往橄榄山去。"（太二十六30）使徒保罗在几个地方教导我们要唱歌："不要醉酒，酒能使人放荡，乃要被圣灵充满。当用诗章、颂词、灵歌彼此对说（λαλοῦντες ἑαυτοῖς ψαλμοῖς καὶ ὕμνοις καὶ ᾠδαῖς πνευματικαῖς），口唱心和地赞美主。"（弗五18-19）保罗也讲到了要带着悟性唱歌："我要用灵祷告，也要用悟性祷告；我要用灵歌唱，也要用悟性歌唱（ψαλῶ δὲ καὶ τῷ νοΐ）。"（林前十四15）这样的歌唱以上帝的话语为基础、指导和引导："当用各样的智慧，把基督的道理丰丰富富地存在心里，用诗章、颂词灵歌，彼此教导，互相劝诫，心被恩感，歌颂上帝（ψαλμοῖς ὕμνοις ᾠδαῖς πνευματικαῖς ἐν τῇ χάριτι ᾄδοντες ἐν τῇ καρδίᾳ τῷ θεῷ）。"（西三16）祈祷和唱诗可以涵盖人类所有的景况和情感："你们中间有受苦的呢，他就该祷告；

---

[120] 英注：巴文克没有提到具体的作家，但毫无疑问他的脑海里想到的是那些进深宗教改革（Further Reformation）的敬虔的作家，他们被敬虔的改革派民间亲切地称为"古代作家"（oude schrijvers）。

[121] Vitringa, *Korte schets*, 248-265 (XIII §§1–8); Voetius, *Politicae Ecclesiasticae, Partis Primae*, 520–44.

有喜乐的呢，他就该歌颂。"（雅五13）我们的歌唱不会随着我们尘世生活的结束而终止："他们在宝座前，并在四活物和众长老前唱歌，仿佛是新歌，除了从地上买来的那十四万四千人以外，没有人能学这歌。"（启十四3）唱诗很快就成了基督教会的一项惯例。[122] 然而，只唱《诗篇》是不够的。[123]

5. 独处[124]

旧约的智慧告诫我们不要独处："与众寡合的，独自寻求心愿，并恼恨一切真智慧。"（箴十八1）然而，以利亚、以利沙和施洗约翰都住在旷野，并且耶稣也常常寻求独处："次日早晨，天未亮的时候，耶稣起来，到旷野地方去，在那里祷告。"（可一35）"散了众人以后，祂就独自上山去祷告。到了晚上，只有祂一人在那里。"（太十四23）"耶稣却退到旷野去祷告。"（路五16；参 徒十9中的彼得）。这符合主耶稣自己的教导："你祷告的时候，要进你的内屋，关上门，祷告你在暗中的父。你父在暗中察看，必然报答你。"（太六6）托马斯·肯皮斯说："我到处寻找宁静，却找不到，除了在一个角落里拿着一本书。"说给上帝听的内心独白、与自己对话、祷告、默想、自省，都可以在独自一人时进行。然而，与世隔绝永远是短暂的，不应该像修道士那样，延续一生。我们被召不是去过孤独的生活，只要我们活在肉身中，就要过充满仁爱和爱邻舍的生活（创二18；传四10）。修道士们，包括肯皮

---

[122] Lauxmann, "Kirchenlied"; Krüger, "Kirchenmusik"; also Voetius, *Politicae Ecclesiasticae, Partis Primae*, 520-544.
[123] 英注：巴文克推荐了范·马尼克斯（van Marnix）、劳登斯坦（Jodocus Lodenstein）、胡洛尼维衡（Groenewegen）等人的歌曲。马尼克斯的菲利普是圣阿尔德冈德的领主（1540-1598），是一位荷兰政治家、诗人、散文家。他写了一本荷兰格律诗篇和"圣经赞美诗"（G. Kuiper, "Marnix"）。罗丹斯坦（1620-1677）是一位荷兰改革宗牧师和进深宗教改革神学家，他写了一本广受欢迎的诗集（*Uytspanningen*；1676）（van der Linde, "Lodenstein"）。胡洛尼维衡究竟指谁不那么明确。巴文克所想到的人最有可能是雅各布·胡洛尼维衡（生于1710年）。他出版了两卷题为 *De lofzangen Israels*（以色列的赞美之歌）的著作（van der Linde, "Groenewegen"）。
[124] Vitringa, *Korte schets*, 279-286 (XIII §16); Voetius, *Τα Ασκητικα*, 431.

斯和其他人，强烈劝告我们保持沉默（stilzwijgen）。[125] 这是好的，并与《雅各书》一 26 描绘的人不同，反映出了谦逊（伯四十 4-5，紧随上帝在第三十八和三十九两章的提问之后；利十 3）和忍耐（诗三十九 10-12；六十二 1；哀三 28）。除了谦卑和耐心地等候上帝之外，沉默是不予建议的，为神秘经验保持沉默是错误的。属灵作者们也劝告我们哭泣（wenen）和流下属灵的眼泪（geestelijke tranen）。[126] 现在信徒们确实常常因为他们那时代行"可憎之事"（结九 4）和他们的受苦而叹息（罗八 23，26；林后五 4-5）。他们为自己的罪而哀哭，或者因为在上帝里的喜乐而流泪："我们的武器是祷告和眼泪（arma nostra sunt preces et lacrimae）。"[127] 沃舍斯把这些眼泪分为六种类型：[128]

- 为我们的罪流泪：约书亚统治下的以色列（士二章）；《路加福音》七36-38 描绘的那个女人；《路加福音》二十二62中的彼得；哥林多教会（林后七9-12）。信徒们被告诫要为他们的罪哭泣（赛二十二12；珥二12-13；雅四9）。

- 苦难中的眼泪：大卫在《诗篇》六和四十二篇，以及一百零二篇；希西家（赛三十八3，5）；耶利米（哀二和三章）；怜悯邻舍，尤其是当上帝的子民中有不顺服和背道的时候（诗八十篇；一百一十九136-37；结八章；路十九41；约十一35；徒八2；林前五2；林后十二21）。

- 渴望恩典和永恒救恩的泪水：《诗篇》六篇；四十二1-3；七十七3；《罗马书》七24；《哥林多后书》五4；《腓立比书》一23。

- 爱上帝和耶稣而流的眼泪：《使徒行传》二十19，31；《哥林多后书》二4；《腓立比书》三18。

- 喜乐的泪水：《创世记》二十九11（参 四十五14）；《以斯帖记》八17；九22；《哥林多后书》六10；《哥林多前书》七30。

- 奉献己身的眼泪：《诗篇》六7；《以赛亚书》三十七2，5.

所有这些都与在一些基督公教信徒中发现的世俗的、邪恶的、虚伪的、迷信的、甚至是如地狱般的（太八12）泪水形成鲜明对比。

---

[125] Voetius, *Τα Ασκητικα*, 441; cf. Maeterlinck, *De schat des harten*, 1-17.
[126] Voetius, *Τα Ασκητικα*, 223-235; Joseph von Görres, *Die christliche Mystik*, Regensburg 1879-1880².
[127] Voetius, *Τα Ασκητικα*, 232.
[128] Voetius, *Τα Ασκητικα*, 236–86.

6. 禁食[129]

旧约希伯来文中最常用于禁食的词是 צוֹם（尼九1）。作为禁食同义词的相似表达源于字根 ענה，意思是"使痛苦"。【在旧约中，禁食是温顺的象征，是在上帝面前谦卑的表现（ענה נפשׁו 意为"刻苦己心"；《七十士译本》使用了 ταπεινοῦν τὴν ψυχὴν（谦卑你心）。】[130] 律法规定的唯一的禁食是在赎罪日，从晚上一直到第二天晚上（利十六29，31；二十三27，32；民二十九7）。[131] 旧约中有很多关于禁食的例子：《士师记》二十26；《撒母耳记上》七6；三十一13；《撒母耳记下》一2；十二16-23；《历代志下》二十3；《以斯帖记》四3；《以斯拉记》八21；《但以理书》九3；《约珥书》一14；《撒迦利亚书》七3，5；八19。很多时候，先知们认为这样的禁食只不过是伪善，并呼吁属灵的禁食——即远离邪恶的禁食（赛五十八4；耶十四12；珥二12-13；亚七5-10；八19）。犹太人禁食次数多，尤其是法利赛人，他们认为禁食是值得赞赏的，特别是每周禁食两次（路十八13）。《路加福音》描写女先知亚拿"并不离开圣殿，禁食祈求，昼夜侍奉上帝"（路二37）。耶稣自己在旷野禁食四十天（太四2）。然而，施洗约翰的门徒和法利赛人虽然禁食，但耶稣并没有把这事加在自己的门徒身上（太九14-17；可二18-22；路五33-39）。祂认为禁食是好的；只有祷告禁食才能将鬼赶出去（太十七21；可九29）。当施洗约翰的门徒质疑耶稣的门徒没有禁食时，耶稣回答道："新郎和陪伴之人同在的时候，陪伴之人岂能哀恸呢？但日子将到，新郎要离开他们，那时候他们就要禁食。"（太九15）

---

[129] Voetius, *Τα Ασκητικα*, 417; Vitringa, *Korte schets*, 282–84 (XIII §17); de Moor, *Commentarius Perpetuus*, 5:120-121 (§ XXIII); Anton Linsenmayr, *Entwicklung der Kirchlichen Fastendisciplin bis zum Konzil von Nicäa*, München 1877.

[130] Calvin, *Institutes*, IV.xii.14-21; H.F. Jacobson, 'Fasten', in: *PRE²*, Vierter Band, 505-509. 荷注：巴文克此处的资料来源是 W. Pressel, 'Fasten bei den Juden', in: *PRE²*, Vierter Band, 503；他也有可能用了以下字典：*Lexicon Hebraicum et Chaldaicum in Libros Veteris Testamenti [...]*, ediderit M. Ernestus Fridericus Leopold, Lipsiae 1832, 244. 中注：见荷文版324页。

[131] 英注：那些未认识到"刻苦己心"和"舍己"可以指向禁食的读者，可能会忽略这些经文中所提到的禁食，正如巴文克在本段前面所指出的。巴文克手稿中的下一个句子指向了《民数记》三十11-16，这里将禁食当作应许。这里的意思并不完全清楚。

我们在新约里发现了更多禁食的例子：哥尼流（徒十30），保罗与巴拿巴并安提阿教会（徒十三2-3），以及选立长老（徒十四23）。保罗教导丈夫和妻子（林前七5）给予配偶夫妻权利，"除非两相情愿，暂时分房，为要专心祷告（禁食）方可。"[132] 他也说到自己警醒和禁食（林后六5；十一27）。禁食在基督公教中得到大力推广，特别是通过修道士，也是因为禁食有值得赞扬的本质。特别知名的是复活节前的大斋期（Quadragesima）[133]，每周三和周五（耶稣被卖和钉十字架的日子），一年中的三月、六月、九月和十二月的四个星期（参 亚八19）。然后，也有特殊的禁食。

改革宗并不反对禁食，但他们确实反对强制禁食和认为禁食有功德的观念。毕竟，使徒保罗曾说过："其实食物不能叫上帝看中我们，因为我们不吃也无损，吃也无益。"（林前八8）他强调："我凭着主耶稣确知深信，凡物本来没有不洁净的；惟独人以为不洁净的，在他就不洁净了。因为上帝的国不在乎吃喝，只在乎公义、和平并圣灵中的喜乐。"（罗十四14，17）因此，任何东西都是允许吃的（林前十25-26），因为"凡上帝所造的物都是好的，若感谢着领受，就没有一样可弃的，都因上帝的道和人的祈求成为圣洁了"（提前四4-5）。总之，"不可让人在饮食上论断你们"，因为"你们若是与基督同死，脱离了世上的小学，为什么仍像在世俗中活着，服从那'不可拿、不可尝、不可摸'等类的规条呢？这都是照人所吩咐、所教导的。说到这一切，正用的时候就都败坏了"（西二16，20-22）。禁食是好的，可以平息我们心中的激情和欲望，在悲伤哀叹的时候，在教会衰败恶化的时候，在瘟疫和战争的时候，抵挡试探。这也是加尔文的观点，被1559年法国教会会议所采纳。[134]

---

[132] 英注：荷文版《圣经》Statenvertaling和钦定版《圣经》中有"禁食"一词，当代的译本中并无该词。

[133] 英注：拉丁文"Quadragesima"是"第四十"的意思，指的是效仿基督（太四章）祷告禁食的时期，最具特色的是四旬斋的时期，参Mershman, "Quadragesima."

[134] 英注：1559年，法国的改革宗教会召开了他们的第一次全国会议，产生了一部教会宪法和一份认信（Gallican Confession of Faith）。巴文克引用了以下参考资料：The Gallican Confession, art. 24 (Dennison, *Reformed Confessions*, 2:148-149); the Second Helvetic Confession (1566), art. 24 (Dennison, 2:872-874); and the Bohemian Confession (1535), art. 18 (Dennison, 1:333-334); Jacobson, "Fasten," 509。

7. 守夜祈祷[135]

守夜祷告也是新约所劝告的内容，愚拙童女的比喻就是一个负面的例子（太二十五章）。耶稣称赞守夜祷告："所以，你们要警醒，因为那日子、那时辰，你们不知道。"（太二十五 13；参 可十三 13；路二十一 34）在客西马尼园，祂忧伤地问睡着的门徒："怎么样？你们不能同我警醒片时吗？总要警醒祷告，免得入了迷惑，你们心灵固然愿意，肉体却软弱了。"（太二十六 40-41）

保罗也有类似的指示：

你这睡着的人当醒过来，从死里复活，基督就要光照你了。（弗五14）
所以，我们不要睡觉，像别人一样，总要警醒谨守。（帖前五6）
你们务要警醒，在真道上站立得稳，要作大丈夫，要刚强。（林前十六13）
靠着圣灵，随时多方祷告祈求，并要在此警醒不倦，为众圣徒祈求。（弗六18）
你们要恒切祷告，在此警醒感恩。（西四2）

同样，使徒彼得说："万物的结局近了，所以你们要谨慎自守，警醒祷告。"（彼前四 7）"务要谨守、警醒，因为你们的仇敌魔鬼，如同吼叫的狮子，遍地游行，寻找可吞吃的人。"（彼前五 8）随着时间的推移，教会开始举行特别的守夜，为教会的主要圣日而准备。头天晚上唱赞美诗、祷告、宗教游行。重要的守夜活动发生在复活节、五旬节和圣诞节之前。从 12 世纪开始，马利亚、耶稣升天节、施洗约翰圣日、诸圣节、马提亚圣日、彼得圣日等，也都有守夜。在此方面，宗教改革也同样拒绝这些守夜的强制性（法定性）。

8. 起誓立志[136]

起誓立志（geloften）是一种真挚的委身，出于对蒙应允的祷告的感恩，而将

---
[135] Voetius, *Τα Ασκητικα*, 429; de Moor, *Commentarius Perpetuus*, 5:135-136 (§ XXVIII); [Chr.G.] Neudecker, 'Vigilien', in: *PRE¹*, Siebzehnter Band, 194-195.
[136] J. Köstlin, 'Gelübde', in: *PRE²*, Fünfter Band, 43-52.

某些事物献给上帝。[137] 这就是雅各在伯特利梦醒后所做的事："雅各许愿说，'上帝若与我同在，在我所行的路上保佑我，又给我食物吃、衣服穿，使我平平安安地回到我父亲的家，我就必以耶和华为我的上帝，我所立为柱子的石头也必作上帝的殿，凡祢所赐给我的，我必将十分之一献给祢'。"（创二十八 20-22）。许愿的条例由律法规定（利二十七章），但是是自愿的："你向耶和华你的神许愿，偿还不可迟延，因为耶和华你的神必定向你追讨，你不偿还就有罪；你若不许愿，倒无罪。"（申二十三 21-22）"你嘴里所出的，就是你口中应许甘心所献的，要照你向耶和华你神所许的愿谨守遵行。"（申二十三 23）换句话说，起誓立志必须遵守："耶和华所吩咐的乃是这样：人若向耶和华许愿或起誓，要约束自己，就不可食言，必要按口中所出的一切话行。"（民三十 1-2）。[138]《圣经》警告我们不可轻率地起誓："人冒失说，这是圣物，许愿之后才查问，就是自陷网罗。"（箴二十 25）。"你在上帝面前不可冒失开口，也不可心急发言，因为上帝在天上，你在地下，所以你的言语要寡少……你向上帝许愿，偿还不可迟延，因祂不喜悦愚昧人，所以你许的愿应当偿还。你许愿不还，不如不许。不可任你的口使肉体犯罪。"（传五 2，4-6 上）女儿许愿受父亲管束，妻子许愿受丈夫管束（民三十 3-14）。当人许愿时，态度是最重要的（诗六十六 13-15；七十六 12；一百一十六 17-19；玛一 14）。耶稣批评祂那个时代的法利赛人和文士，因为他们通过挪用各耳板（献给上帝），巧妙地破坏了他们自己的誓言（太十五 3-7；可七 11-13）。新约也说到了起誓立志：保罗信守自己的誓言（徒十八 18），并一同遵守他人许的愿（徒二十一 23-26）。禁食和拿细耳人的起誓立志在旧约中是很重要的。基督公教教会有三个重要的起誓立志：独身/贞洁、贫穷、顺服。[139] 另外也有朝圣的誓言，诸如此类。基督公教之所以能轻率地起誓立志，因为她坚持超越所要求戒律（praecepta）的非义务性的完美劝诫（consilia），而不是必要的戒律（praecepta）。[140] 然而，基督新教认为，我们的一切都是上帝的。[141] 那我们怎么能向祂发誓呢？我们怎么能强制自己去做一件本

---

[137] 中注：Geloften可以简单地译作"誓言"，正如英译本译作"vows"。
[138] 荷注：由于手稿破损，此处及随后的句子有文字丢失；相关内容乃重构所得。
[139] Campegius Vitringa, *Korte schets van de christelyke zeden-leere*, cap. 14.
[140] 英注：Consilia更完整的表达是consilia evangelica，指"律法上没有要求的更高的顺服"；遵守它们的人会得到嘉奖。整个概念"直接与中世纪对修道士生活的尊崇联系在一起"（Muller, *Dictionary*, 79, s.v. consilia evangelica）。
[141] Calvin, *Institutes*, IV.xiii.6.

已经是我们的义务的事呢？此外，起誓立志是有约束力的，我们如何知道自己明天的生活光景呢？我们如何保证未来的行为（不结婚、不喝酒等）？尽管如此，宗教改革继续肯定起誓。[142]

---

[142] Calvin, *Institutes*, IV.xiii.4–5; de Moor, *Commentarius Perpetuus*, 5:144–45.

§26. 属灵生命的完满，默想死亡[143]

属灵生活首先在死亡中臻至完满，然后再进入永恒的生命。[144] 我们需要为死亡做好准备，让自己熟悉它，并数算自己的日子（诗三十九5；九十篇）。基督用祂的死败坏了死亡和撒旦的权势，"并要释放那些一生因惧怕死亡而为奴的人"（来二14-15）。一个听了基督的话并相信祂的基督徒"就有永生，不至于定罪，是已经出死入生了"（约五24）。我们必须轻看此生，默想永生，尽管我们不能否认生命是一种恩赐和祝福。[145] 对忠信之人，"人死的日子胜过人生的日子"（传七1）。[146] 默想死亡能帮助我们谦卑自己（创十八章），搁置对长寿的幻想（赛二十八15；路十二13-21），除掉死亡的能力和对它的恐惧等。我们"天天冒死"（林前十五31）；"十字架之后，死亡就微不足道了"（mors post crucem minor est）。在患病时，我们尤其需要默想死亡。[147] 在那之后，我们必须在信心中离世（创四十九18；代下二十三2-3；二十四22）。想想耶稣在十字架上的临终遗言吧，祂在顺服中而死。我们的死亡："我们没有一个人是为自己活，也没有一个人为自己死。我们若活着，

---

[143] LO: meditatio mortis.
[144] Vitringa, *Korte schets*, XVII.
[145] Calvin, *Institutes*, III.ix.
[146] Perkins, *Salve for a Sick Man*. 英注: 巴文克的资料来源是 Perkins, *Werken*, 32: 237-264.
[147] Perkins, *Werken*, 32:249.

是为主而活;若死了,是为主而死。所以我们或活或死,总是主的人。"(罗十四7-8)那么,为什么许多敬虔之人没有喜乐,恐惧而绝望地死去呢? [148]

---

[148] Voetius, *Τα Ασκητικα*, 569-588论述了"安详离世"(euthanasia)。另参Hoornbeeck, *Oratio Funebris*;布尔达鲁(Bourdaloue)《思考死亡》的精彩证道。英注:法国耶稣会会士路易斯·布尔达鲁(Louis Bourdaloue)的"精彩证道"是"Sermon pour le Mercredi des cendres sur la pensée de la mort"。巴文克在手稿这一页(438页)的反面写道:"责任总是有约束力的吗?比如对天才等?一个天才能不能在特殊情况下不越界犯罪呢?奥金斯(Ockins)回答'能',并诉诸《路加福音》十七14。"此备注很可能是为了把这一节和第三卷开头的§27联系起来;巴文克在那里开始讨论"责任"。中注:英译本这里错误地将手稿438页写成了425页,中译本予以纠正。荷注:巴文克可能是在*Oeuvres de Bourdaloue, Tome Premier*, Besançon/Lille/Paris 1856, 265-289读到了布尔达鲁的讲章。根据GE-Lindeboom笔记255页推断出,巴文克在一次讲课中很可能提到了Franz Splittgerber, *Schlaf und Tod. Eine psychologisch-apologetische Erörterung*, Halle 1881²。

参考书目

书籍

Aalst, Gerardus van. *Geestelijke mengelstoffen*. 2 vols. in 1. Amsterdam: Hendrik Vieroot, 1754.

———. *Proeve des geloofs*. Amsterdam: Hendrik Vieroot, 1755.

Acquoy, Johannes Gerhardus Rijk. *Het klooster te Windesheim en zijn invloed*. 3 vols. Utrecht: Gebr. Van der Post, 1875–80.

Acta Synodi Nationalis, in Nomine Domini Nostri Iesu Christi. Leiden: Isaac Elzevier and Isaac Jansz Canin, 1620.

Alcuin. *De virtutibus et vittis liber ad Widonem Comitem*. In *PL* 101:613–38.

Allestree, Richard. *The Whole Duty of Man*. London: R. Norton for Robert Pawlett, 1673.

Almanak van het studentencorps, "Fides Quaerit Intellectum," voor het jaar 1902. Kampen: Ph. Zalsman, 1902.

Almanak van het studentencorps, "Fides Quaerit Intellectum," voor het jaar 1903. Kampen: Ph. Zalsman, 1903.

Alsted, Johann Heinrich. *Praecognitorum Theologicorum, Libri Duo*. Frankfurt: Hummius, 1614.

———. *Theologia Casuum, Exhibens Anatomen Conscientiae et Scholam Tentationum*. Hanover: Konrad Eifried, 1630.

Alting, Heinrich. *Theologiae Problematica Nova*. Amsterdam: J. Jansson, 1662.

Altmann, Johann Georg. *Delineatio Oratoriae Sacrae Brevibus Praeceptis Exhibita*. Bern: Typographical Society of Bern, 1753.

Ames, William. *Conscience with the Power and Cases Thereof*. Leyden and London: W. Christiaens, E. Griffin, J. Dawson, 1639. Reprint, Amsterdam: Theatrum Orbis Terrarum; Norwood, NJ: Walter J. Johnson, 1975.

———. *De Conscientia et Eius Iure vel Casibus*. 5 books. Amsterdam, 1630.

———. *The Marrow of Theology*. Edited and translated by John Dykstra Eusden. Boston: Pilgrim, 1968. Reprint, Grand Rapids: Baker, 1997.

Ammon, Christoph Friedrich von. *Handbuch der christlichen Sittenlehre*. 3 vols. in 8. Leipzig: Georg Joachim Goschen, 1823–29.

Amyraut, Moses. *La morale chrestienne*. 6 vols. Saumur: Isaac Desbordes, 1652–60.

Andel, J. van. *Jezus' leer*. Heusden: H. Wuijster, 1883.

Anthony of Florence. *Summa Moralis*. 4 vols. Venice: Nicolas Jenson, 1477–90.

Appel, Heinrich. *Die Lehre der Scholastiker von der Synteresis*. Rostock: Universitäts-Buchdruckerei, 1891.

Aquinas, Thomas. *Summa Theologica*. Translated by the Fathers of the English Dominican Province. Allen, TX: Christian Classics, 1981.

Aristotle. *Rhetoric*. Translated by W. Rhys Roberts and Ingram Bywater. New York: Modern Library, 1954. Online at http://rhetoric.eserver.org/aristotle/index.html.

Arnold, Gottfried. *Historie und Beschreibung der mystischen Theologie*. Frankfurt: Thomas Fritschen, 1703.

Augustine. *Against Julian*. Translated by Matthew A. Schumacher. FC 35. Washington, DC: Catholic University of America Press, 1957.

———. *City of God*. $NPNF^1$ 2:1–511.

———. *City of God*. Translated by John Healey. 2 vols. Edinburgh: John Grant, 1909.

———. *Concerning the Nature of Good, Against the Manichaeans*. $NPNF^1$ 4:346–65.

———. *The Enchiridion*. $NPNF^1$ 3:229–76.

———. *On the Holy Trinity*. $NPNF^1$ 3:1–199.

———. *On the Morals of the Catholic Church*. $NPNF^1$ 4:37–63.

———. *On the Morals of the Manichaeans*. $NPNF^1$ 4:65–89.

———. *A Treatise on Rebuke and Grace*. $NPNF^1$ 5:467–91.

Bahrdt, Carl Friedrich. *Christliches Sittenbuch fürs Gesinde*. Berlin: Vieweg, 1786.

———. *System der moralischen Religion ... für Zweifler und Denker*. Vols. 1–2. 3rd ed. Berlin: F. Vieweg, 1791. Vol. 3. Riga: Johann Friedrich Hartknoch, 1792.

Bähring, Bernhard. *Thomas von Kempen, der Prediger der Nachfolge Christi*. Berlin: H. Schultze, 1849.

Baier, Johann Wilhelm. *Compendium Theologiae Moralis*. Jena: Bailliard, 1697.

Bain, Alexander. *Mental and Moral Science: A Compendium of Psychology and Ethics*. London: Longmans, Green and Co., 1868.

Balduin, Friedrich. *Tractatus Luculentus Posthumus, ... Casibus nimirum Conscientiae*. Wittenberg: Paul Helwig, 1628.

Bartholomew of San Concordio. *Summa de Casibus Conscientiae*. Augsburg: Günther Zainer, 1475.

Baumgarten, Siegmund Jakob. *Unterricht von rechtmäßigen Verhalten eines Christen, oder Theologische Moral*. 5th ed. Halle: Johann Andreas Bauer, 1756.

Baur, Ferdinand Christian. *Paul the Apostle of Jesus Christ: His Life and Works, His Epistles and Teachings*. 2 vols. in 1. London: Williams and Norgate, 1873–75.

Bavinck, Herman. *Beginselen der psychologie*. Revised by V. Hepp. 2nd rev. ed. Kampen: Kok, 1923.

———. *De ethiek van Ulrich Zwingli*. Kampen: G. Ph. Zalsman, 1880.

———. *De navolging van Christus en het moderne leven*. Kampen: Kok, n.d. [1918]. Also published in *Kennis en leven*, 115–44. ET: Appendix B in Bolt, *Theological Analysis*, 402–40.

———. *De theologie van Prof. Dr. Daniel Chantepie de la Saussaye: Bijdrage tot de kennis der ethische theologie*. Leiden: D. Donner, 1884. 2nd rev. ed. Leiden: Donner, 1903.

———. *De wetenschap der heilige godgeleerdheid*. Kampen: Zalsman, 1883.

———. *Essays on Religion, Science, and Society*. Edited by John Bolt. Translated by Harry Boonstra and Gerrit Sheeres. Grand Rapids: Baker Academic, 2008.

———. *Gereformeerde Dogmatiek*. Kampen: Bos, 1895–1901. 2nd ed. Kampen: Kok, 1906–11. ET: *Reformed Dogmatics*. Edited by John Bolt. Translated by John Vriend. Grand Rapids: Baker Academic, 2003–8.

———. "Gereformeerde Ethiek." Bavinck Archives, no. 56. Historical Documentation Centre, Free University, Amsterdam.

———. *Hedendaagsche moraal*. Kampen: Kok, 1902.

———. *Kennis en leven: Opstellen en artikelen uit vroegere jaren*. Kampen: Kok, n.d. [1922].

———. *The Philosophy of Revelation*. Grand Rapids: Eerdmans, 1953.

———. *Saved by Grace: The Holy Spirit's Work in Calling and Regeneration*. Edited by J. Mark Beach. Translated by Nelson D. Kloosterman. Grand Rapids: Reformation Heritage, 2013.

Baxter, Richard. *A Call to the Unconverted to Turn and Live*. London, 1658.

———. *A Christian Directory, or, A Summ of Practical Theology, and Cases of Conscience*. London, 1673. Reprint, 5 vols. London: Richard Edwards, 1825.

———. *The Saints Everlasting Rest: or, A Treatise of the Blessed State of the Saints in Their Enjoyment of God in Glory [...]*. London, 1650.

Bayly, Lewis. *The Practice of Piety, Directing a Christian How to Walk That He May Please

God. London: Philip Chetwinde, 1672. Reprint, London: Hamilton, Adams, and Co., 1842. Dutch translation: *De practycke ofte oeffeninge der godsaligheydt*. Edited by Gisbertus Voetius. Utrecht: Esdras Willemsz. Snellaert, 1642. German translation: *Praxis pietatis: Das ist Uebung der Gottseligkeit*. Bern: Daniel Tschiffeli, 1703.

Beard, Charles. *The Reformation of the Sixteenth Century in Its Relation to Modern Thought and Knowledge*. London and Edinburgh: Williams and Norgate, 1883.

Beck, Herman G. J. *Die Erbauungsliteratur der evangelischen Kirche Deutschlands*. Erlangen: Deichert, 1883.

Beck, Jakob Christoph. *Synopsis Institutionum Universae Theologiae Naturalis et Revelatae, Dogmaticae, Polemicae et Practicae*. Basel: J. H. Inhofium, 1765.

Beck, Johann Tobias. *Die christliche Lehr-Wissenschaft nach den biblischen Urkunden*. Stuttgart: C. Belser, 1841.

———. *Outlines of Biblical Psychology*. 3rd rev. ed. Edinburgh: T&T Clark, 1877.

———. *Vorlesungen über christliche Ethik*. 3 vols. Gütersloh: C. Bertelsmann, 1882–83.

Beeke, Joel R. *Assurance of Faith: Calvin, English Puritanism, and the Dutch Second Reformation*. New York: Peter Lang, 1991.

———. *Gisbertus Voetius: Toward a Reformed Marriage of Knowledge and Piety*. Grand Rapids: Reformation Heritage, 1999.

Beeke, Joel R., and Randall J. Pederson. *Meet the Puritans: With a Guide to Modern Reprints*. Grand Rapids: Reformation Heritage, 2006.

Bellarmine, Robert. *Disputationes de Controversiis Christianae Fidei adversus Hujus Temporis Haereticos*. 3 vols. Ingolstadt: David Sartorius, 1581, 1582, 1593. ET: *Controversies of the Christian Faith*, trans. Kenneth Baker. Saddle River, NJ: Keep the Faith, Inc., 2016.

———. *Opera Omnia*. Cambridge, MA: Andover-Harvard Theological Library, 1910.

Belt, Henk van den. *The Authority of Scripture in Reformed Theology: Truth and Trust*. Leiden and Boston: Brill, 2008.

Bengel, John Albert. *Gnomon of the New Testament*. 5 vols. Edited and translated by James Bryce. Philadelphia: Smith, English, and Co.; New York: Sheldon and Co., 1860.

Bernard of Clairvaux. *On Loving God*. PL 182:973–1000.

Bertius, Peter. *Scripta Adversaria Collationis Hagiensis*. Leiden, 1615.

Bestmann, Hugo Johannes. *Geschichte der christlichen Sitte*. 2 vols. Nörlingen: C. H. Beck, 1880–83.

Betz, H. J. *Ervaringswijsbegeerte*. The Hague: Nijhoff, 1881.

Blei, Karel. *The Netherlands Reformed Church, 1571–2005*. Translated by Allan J. Janssen. Grand Rapids: Eerdmans, 2006.

Bolt, John. *A Theological Analysis of Herman Bavinck's Two Essays on the Imitatio Christi*. Lewiston, NY: Edwin Mellen, 2013.

Bolton, Robert. *The Saints Selfe-Enriching Examination*. London: A. Griffin, 1634.

Bonaventure. *Opera Omnia*. 10 vols. Ad Claras Aquas (Quarrachi): College of St. Bonaventure, 1882–1901.

Boone, Clifford B. *Puritan Evangelism: Preaching for Conversion in Late-Sevententh Century English Puritanism*. Crownhill, UK: Paternoster, 2013.

Borst, Jacob. *Geestelicke geness-konst*. Dordrecht: Jacob Braat, 1651.

Bosse, Friedrich. *Prolegomena zu einer Geschichte des Begriffes "Nachfolge Christ."* Berlin: Reimer, 1895.

Boye, Rice. *The Importunate Begger for Things Necessary*. Amsterdam: J. F. Stam, 1635.

Brackney, William H. *Historical Dictionary of Radical Christianity*. Lanham, MD: Scarecrow, 2012.

Brakel, Theodorus Gerardus à. *De trappen des geestelyken levens*. Groningen: L. Groenewout, 1739.

———. *Het geestelijke leven*. Amsterdam: Gijsbert de Groot, 1686.

Brakel, Wilhelmus à. *The Christian's Reasonable Service*. Translated by Bartel Elshout. 4 vols. Vols. 1–3, Pittsburgh: Soli De Gloria, 1992–94. Vol. 4, Grand Rapids: Reformation Heritage, 1995.

Braun, Johannes. *Doctrina Foederum*. Amsterdam: Abraham van Someren, 1691.

Braun, P., and Paul Zeller, eds. *Calwer Bibellexikon: Biblisches Handwörterbuch*. Cologne and Stuttgart: Vereinsbuchhandlung, 1885.

Brecht, Martin. *Martin Luther: Shaping and Defining the Reformation, 1521–1532*. Translated by James Schaaf. Minneapolis: Fortress, 1990.

Brederveld, J. *Hoofdlijnen der paedagogiek van Dr. Herman Bavinck, met critische beschouwing*. Amsterdam: De Standaard, 1927.

Bremmer, R. H. *Herman Bavinck als Dogmaticus*. Kampen: Kok, 1961.

Brown, Francis, S. R. Driver, and Charles A. Briggs. *Hebrew and English Lexicon of the Old Testament Based on the Lexicon of William Gesenius*. London: Oxford University Press, 1907. Reprint, 1968.

Bruch, J. F. *Theorie des Bewußtseins: Ein psychologischer Versuch*. Strasbourg: Treuttel and Wurtz, 1864.

Bruijn, Jan de. *Abraham Kuyper: A Pictorial Biography*. Translated by Dagmare Houniet. Grand Rapids: Eerdmans, 2014.

Buddeus, Johann Franciscus. *Institutiones Theologiae Dogmaticae*. Frankfurt and Leipzig, 1741.

———. *Institutiones Theologiae Moralis*. Leipzig: Thomas Fritsch, 1721.

Burger, Hans. *Being in Christ: A Biblical and Systematic Investigation in a Reformed Perspective*. Eugene, OR: Wipf and Stock, 2009.

Burman, Francis. *Synopsis Theologiae*. Amsterdam, 1699.

Buurt, Adriaan. *Beschouwende godgeleerdheid*. 6 vols. Amsterdam: Jacobus Loveringh & Petrus Schouten, 1763–75.

Cajetan, Thomas de Vio. *Epistolae Pauli et aliorum Apostolorum*. 5th ed. Paris: Iacobus Keruer, 1536.

Calixt, George. *Epitome Theologiae Moralis*. Helmstedt: Henning Müller, 1634.

Calvin, John. *The Epistles of Paul the Apostle to the Galatians, Ephesians, Philippians, and Colossians*. Translated by T. H. L. Parker. Calvin's New Testament Commentaries. Grand Rapids: Eerdmans, 1965.

———. *The Epistles of Paul the Apostle to the Romans and to the Thessalonians*. Translated by Ross MacKenzie. Calvin's New Testament Commentaries. Grand Rapids: Eerdmans, 1960.

———. *The Gospel according to St. John 11–21 and the First Epistle of John*. Translated by T. H. L. Parker. Calvin's New Testament Commentaries. Grand Rapids: Eerdmans, 1959.

———. *A Harmony of the Gospels Matthew, Mark, and Luke*. Translated by A. W. Morrison. 3 vols. Calvin's New Testament Commentaries. Grand Rapids: Eerdmans, 1972.

———. *Institutes of the Christian Religion*. Edited by John T. McNeill. Translated by F. L. Battles. 2 vols. Philadelphia: Westminster, 1960.

———. *Joannis Calvini Opera Quae Supersunt Omnia*. Edited by Edouard Cunitz, Johann-Wilhelm Baum, and Eduard Wilhelm Eugen Reuss. 59 vols. Braunschweig: C. A. Schwetschke, 1863.

———. *Letters of John Calvin, Compiled from the Original Manuscripts and Edited with Historical Notes*. Edited by Jules Bonnet. 2 vols. Philadelphia: Presbyterian Board of Publication, 1858.

———. *The Second Epistle of Paul the Apostle to the Corinthians and the Epistles to Timothy, Titus, and Philemon*. Translated by T. A. Smail. Calvin's New Testament Commentaries. Grand Rapids: Eerdmans, 1964.

———. *Treatise against the Anabaptists and the Libertines*. Translated by Benjamin Wirt Farley. Grand Rapids: Baker, 1982.

Calvin, John, and Jacopo Sadoleto. *A Reformation Debate*. Edited by John C. Olin. New York: Harper and Row, 1966. Reprint, Grand Rapids: Baker, 1976.

Cannegieter, T. *De zedelijkheid: Haar wezen, grondslag en doel*. Groningen: J. B. Wolters, 1879.

Catholic Church. *Canons and Decrees of the Sacred and Oecumenical Council of Trent*. Translated by J. Waterworth. London: Burns and Oates; New York: Catholic Publication Society Company, n.d.

Charles-Edwards, Thomas, and Michael Lapidge, eds. *The Penitential of Theodore and the Iudiccia Theodori*. Cambridge Studies in Anglo-Saxon England 11. Cambridge: Cambridge University Press, 1995.

Chauvin, Pierre. *De Naturali Religione Liber, in Tres Partes Divisus*. Rotterdam: apud P. vander Slaart, sumptibus Samuel Oliver, 1693.

Chemnitz, Christian. *Dissertatio Theologica: De Tentationibus Spiritualibus*. Jena, 1652.

Chesterton, Gilbert K. *St. Francis of Assisi*. 14th ed. Garden City, NY: Image, 1924.

Christ, Paul. *Die Lehre vom Gebet nach dem Neuen Testament*. Leiden: Brill, 1886.

———. *Die sittliche Weltordnung*. Leiden: Brill, 1894.

Cicero, Marcus Tullius. *"De republica," "De legibus."* Translated by Clinton Walker Keyes. London: Heinemann; Cambridge, MA: Harvard University Press, 1928.

———. *De natura deorum*. Translated by Francis Brooks. London: Methuen, 1896.

———. *"De natura deorum" and "Academica."* Translated by H. Rackham. Vol. 19 of *Cicero in 28 Volumes*. LCL. Cambridge, MA: Harvard University Press; London: Heinemann, 1933. Reprint, 1967.

———. *For Milo*. Translated by Charles Duke Yonge. London: George Bell, 1891.

———. *Tusculan Disputations*. Translated by C. D. Yonge. New York: Harper and Brothers, 1888.

———. *Tusculan Disputations*. Translated by J. E. King. London: Heinemann; New York: Putnam's Sons, 1927.

Clement of Alexandria. *The Stromata or Miscellanies*. ANF 2:299–568.

Clewis, Robert R. *The Kantian Sublime and the Revelation of Freedom*. Cambridge and New York: Cambridge University Press, 2009.

Cloppenburg, J. *Disputationes Theologicae XI: De Foedere Dei & Testamento Veteri & Novo*. Hardervici: Nicolai à Wieringen, 1643.

———. *Exercitationes super Locos Communes Theologicos*. Franeker: Idzardus Balck, 1653.

Cocceius, J. *Summa Doctrinae de Foedere et Testamento Dei*. 2nd rev. ed. Leiden: Elsevir, 1654.

———. *Summa Theologiae ex Scripturis Repetita*. Geneva, 1665.

Comrie, Alexander. *The ABC of Faith*. Translated by J. M. Banfield. Ossett, UK: Zoar, 1978.

———. *Stellige en praktikale verklaring van den Heidelbergschen Catechismus volgens de leer en gronden der Reformatie*. Leiden: Johannes Hasebroek; Amsterdam: Nicholas Byl, 1753.

Cooper, John W. *Panentheism: The Other God of the Philosophers; From Plato to the Present*. Grand Rapids: Baker Academic, 2006.

Cramer, J. *Christendom en humaniteit*. Amsterdam: W. H. Kirchener, 1871.

Cremer, Hermann. *Biblico-Theological Lexicon of New Testament Greek*. Translated by D. W. Simon and William Urwick. Edinburgh: T&T Clark; New York: Scribner's Sons, 1895.

Crookshank, William. *The History of the State and Sufferings of the Church of Scotland: From the Restoration to the Revolution*. 2 vols. Edinburgh, 1751.

Crusius, Christian August. *Kurzer Begriff der Moraltheologie*. 2 vols. Leipzig: Ulrich Christian Saalbach, 1772–73.

Culmann, Ph. Theodor. *Die christliche Ethik*. 2 vols. Stuttgart: J. F. Steinkopf, 1864–66.

Daneau, Lambert. *Ethices Christianae*. 3 vols. Geneva: Eustache Vignon, 1579.

Dannhauer, Johann Conrad. *Collegium Exercitationum Ethico-Politicarum*. Marburg: Kaspar Chemlin, 1626.

Dedekenn, Georg. *Trewhertzige Warnung*. Hamburg, 1611.

de Jong, Jelle Michiels. "Gereformeerde ethiek van Profess. Dr. H. Bavinck." Bavinck Archives, no. 197 (HB Diktaten).

Dennison, James T., Jr. *Reformed Confessions of the 16th and 17th Centuries in English Translation*. 4 vols. Grand Rapids: Reformation Heritage, 2008–10.

Doedes, J. I. *De leer van God*. Utrecht: Kemink and Zoon, 1871.

———. *Encyclopedie der christelijke theologie*. Utrecht: Kemink and Zoon, 1876.

———. *Inleiding tot de leer van God*. 2nd ed. Utrecht: Kemink and Zoon, 1880.

d'Outrein, Johannes. *Proef-stukken van heilige sinne-beelden*. 2 vols. Amsterdam: Gerardus Borstius, 1700.

Downame, John. *The Christian Warfare against Satan*. Pelham, AL: Solid Ground Christian Books, 2009.

Driessen, Antonius. *Evangelische zedekunde*. Utrecht: Willem Broedelet, 1716.

———. *Oude en nieuwe mensch gebragt tot een zaamstel der praktikale godgeleertheid.* Groningen: L. Groenewout and H. Spoormaker, 1738.

Drummond, Henry. *The Changed Life.* Philadelphia: H. Altemus, 1898.

———. *Eternal Life.* Philadelphia: H. Altemus, 1896.

———. *The Ideal Life.* New York: Dodd, Mead, 1898.

———. *Natural Law in the Spiritual World.* New York: J. Pott, 1885.

Dürr, Johann Conrad. *Enchiridion Theologiae Moralis.* Altorf: Johannes Göbel, 1662.

Ebrard, Johann Heinrich August. *Christliche Dogmatik.* 2 vols. Königsberg: A. W. Unzer, 1851–52.

Eco, Umberto. *The Name of the Rose.* Translated by Richard Dixon. New York: Houghton Mifflin Harcourt, 2014 (1983).

Eenhoorn, W. van. *Eusooia, ofte: Wel-leven.* 2 vols. Amsterdam: Adriaan Wor, 1746, 1747.

Eglinton, James P. *Trinity and Organism: Towards a New Reading of Herman Bavinck's Organic Motif.* Edinburgh: T&T Clark, 2012.

Elsenhaus, Theodor. *Wesen und Entstehung des Gewissens: Eine Psychologie der Ethik.* Leipzig: Engelmann, 1894.

Endemann, Samuel. *Institutiones Theologiae Moralis.* 2 vols. Frankfurt am Main: Johann Gottlieb Garbe, 1780.

Epiphanius. *The Panarion of Epiphanius of Salamis, Books II and III; De Fide.* Translated by Frank Williams. 2nd rev. ed. Nag Hammadi and Manichaean Studies 79. Edited by Johannes van Oort and Einar Thomassen. Leiden and Boston: Brill, 2013.

Episcopius, Simon. *The Arminian Confession of 1621.* Edited and translated by Mark A. Ellis. Eugene, OR: Pickwick, 2005.

Erasmus, Desiderius. *In Novum Testamentum Annotationes.* Basel: Froben, 1540.

Erbkam, Wilhelm Heinrich. *Geschichte der protestantischen Sekten im Zeitalter der Reformation.* Hamburg: F. and A. Perthes, 1848.

Ernesti, H. Fr. Th. L. *Die Ethik des Apostels Paulus in ihren Grundzügen.* 3rd rev. ed. Göttingen: Vandenhoeck and Ruprecht, 1880.

Erskine, Ebenezer. *De verzekering des geloofs.* Amsterdam: H. Höveker, 1855.

Evangelische Gezangen, om nevens het Boek der Psalmen bij den openbare godsdienst in de Nederlandsche Gemeenten gebruikt te worden. Amsterdam: Johannes Allart, 1802.

Fabius, D. P. D. *De Fransche revolutie: Eene studie.* Amsterdam: Kruyt, 1888.

Fee, Gordon D. *God's Empowering Presence: The Holy Spirit in the Letters of Paul.* Grand Rapids: Baker Academic, 2011.

Fichte, Johann Gottlieb. *System der Sittenlehre*. In *Johann Gottlieb Fichte's Nachgelassene Werke*. Vol. 3. Edited by J. H. Fichte. Bonn: Adolph Marcus, 1835. Also in *Johann Gottlieb Fichte's sämmtliche Werke*. Vol. 4. Edited by J. H. Fichte. Berlin: von Veit and Co., 1845.

Fleck, Ferdinand Florens. *System der christlichen Dogmatiek*. Leipzig: Friedrich Fleischer, 1846.

Florentius, Batavus, Laurentius Surius, and Bartholomew Poin. *Institutiones vitae Christianae*. Cologne: Ionnis Quentel, 1562.

Flottemanville, Samuel Basnage de. *Morale theologique et politique*. 2 vols. Amsterdam: Pierre Mortier, 1703.

Flügel. Otto. *Das Ich und die sittlichen Ideen im Leven der Völker*. 4th ed. Sangensalza: Herman Beyer, 1904.

Forbes, John. *Opera Omnia*. 2 vols. Amsterdam: Henricus Wetstein, 1702–3.

Fox, James J. *Religion and Morality: Their Nature and Mutual Relations, Historically and Doctrinally Considered*. 2 vols. New York: Young, 1899.

Francken, Aegidius. *Stellige God-geleertheyd*. 6th ed. 2 vols. Rotterdam: P. H. Losel et al., 1757.

Frank, Fr. H. R. *System der christlichen Wahrheit*. 2nd rev. ed. Erlangen: A. Deichert, 1885–86.

Fritzsche, Carl Friedrich August. *Über Mysticismus und Pietismus: Zwei Vorlesungen*. Halle: Gebauer, 1832.

Gass, W. *Die Lehre vom Gewissen: Ein Beitrag zur Ethik*. Berlin: G. Reimer, 1869.

———. *Geschichte der christlichen Ethik*. 2 vols. in 3. Berlin: G. Reimer, 1881–87.

Geesink, Wilhelm. *De ethiek in de gereformeerde theologie: Rede bij de overdracht van het rectoraat der Vrije Universiteit te Amsterdam op 20 october 1897*. Amsterdam: Kirchner, 1897.

———. *Gereformeerde ethiek, voor den druk gereed gemaakt en voorzien van een levensbeschrijving door Prof. Dr. V. Hepp*. 2 vols. Kampen: Kok, 1931.

Gelderen, J. van, and F. Rozemond. *Gegevens betreffende de Theologische Universiteit Kampen, 1854–1994*. Kampen: Kok, 1994.

Gemeenten en predikanten van de Gereformeerde Kerken in Nederland. N.p.: Algemeen secretariaat van de Gereformeerde Kerken in Nederland, 1992.

Gerhard, Johann. *Meditationes Sacrae*. Leiden: Elzivir, 1629. ET: *Sacred Meditations*. Edited by Gaylin R. Schmeling. Translated by Wade R. Johnston. New Delhi: Magdeburg

Press, 2008.

———. *Scholae Pietatis*. Jena: Steinmann, 1622–25. ET: *Schola Pietatis*. Edited by Rachel K. Melvin. Translated by Elmer Hohle. 3 vols. Malone, TX: Repristination Press, 2013–15.

Gerstner, Jonathan Neil. *The Thousand Generation Covenant: Dutch Reformed Covenant Theology and Group Identity in Colonial South Africa, 1652–1814*. Leiden: Brill, 1991.

Gesenius, Friedrich Wilhelm. *Hebrew and Chaldee Lexicon to the Old Testament Scriptures*. Translated by Samuel Prideaux Tragelles. London: Samuel Bagster and Sons, 1857.

Gibbon, Edward. *The History of the Decline and Fall of the Roman Empire*. Edited by J. B. Bury. 12 vols. New York: Fred de Fau and Company, 1906.

Glasius, B. *Godgeleerd Nederland: Biographisch woordenboek van Nederlandsche godgeleerden*. 3 vols. 's-Hertogenbosch: Muller, 1851–56.

Gleason, Ronald N. "The Centrality of the *unio mystica* in the Theology of Herman Bavinck." PhD diss., Westminster Theological Seminary, Philadelphia, 2001.

———. *Herman Bavinck: Pastor, Churchman, Statesman, and Theologian*. Phillipsburg, NJ: P&R, 2010.

Gleiss, Otto. *Christliche Sittenlehre*. Bremen: Heinsius, 1892.

Godet, Frédéric Louis. *Commentary on the Gospel of John: With an Historical and Critical Introduction*. Translated by Timothy Dwight. 2 vols. New York: Funk and Wagnalls, 1886.

Goebel, Max. *Geschichte des christlichen Lebens in der rheinisch-westphälischen evangelischen Kirche*. 3 vols. Coblenz: Bädeker, 1860.

Goethe, Johann Wolfgang von. *Goethe's "Hermann and Dorothea."* Translated by Marmaduke J. Teesdale. 2nd ed. London: Frederic Norgate, 1875.

———. *Hermann und Dorothea*. Edited by C. A. and Emma S. Buchheim. Oxford: Clarendon, 1901.

———. *Wilhelm Meister's Apprenticeship*. In *Goethe: Selected Verse*, introduced and edited by David Luke. London and New York: Penguin, 1964.

Goltz, Eduard von der. *Das Gebet in der ältesten Christenheit: Eine geschichtliche Untersuchung*. Leipzig: J. C. Hinrichs, 1901.

Görres, Joseph von. *Die christliche Mystik*. 4 vols. in 5. Regensburg and Landshut: G. J. Manz, 1836–42. 2nd ed., 5 vols. Regensburg: G. J. Manz, 1879–80.

———. *The Stigmata: A History of Various Cases*. Translated and edited by Rev. H. Austin. London: Thomas Richardson and Son, 1883.

Gorski, Philip S. *The Disciplinary Revolution: Calvinism and the Rise of the State in Modern Europe*. Chicago: University of Chicago Press, 2003.

Gregory the Great. *Morals on the Book of Job.* PL 75:509–1162 (continued in *PL* 76).

Groe, Theodorus van der. *Toetsteen der waare en valsche genade.* 2 vols. Rotterdam: Hendrik Van Pelt and Adrianus Douci, 1752–53.

Groen van Prinsterer, Guillaume. *Ongeloof en Revolutie: Eene reeks van historische voorlezingen.* 2nd ed. Amsterdam: H. Höveker, 1868. ET: *Groen van Prinsterer's Lectures on Unbelief and Revolution.* Translated and edited by Harry Van Dyke. Jordan Station, ON: Wedge, 1989.

———. *Proeve over de middelen waardoor de waarheid wordt gekend en gestaafd.* 2nd ed. Amsterdam: H. Höveker, 1858.

Grotius, Hugo. *Annotationes in Novum Testamentum.* Groningen: Zuidema, 1830.

Grünberg, Paul. *Philipp Jakob Spener.* 3 vols. Göttingen: Vandenhoeck and Ruprecht, 1893.

Gunning, J. H., Jr. *Jezus Christus de middelaar Gods en der menschen; naar aanleiding van Dr. H. Bavinck "De Theologie van Prof. Dr. Daniel Chantepie de la Saussaye."* Amsterdam: Höveker, 1884.

———. *Overlevering en wetenschap met betrekking tot de evangelische geschiedenis: Inzonderheid van de eerste levensdagen des Heeren.* The Hague: W. A. Beschoor, 1879.

———. *Verzameld Werk, Deel 2, 1879–1905.* Prepared by L. Mietus. Zoetermeer: Boekencentrum, 2014.

Guyau, M. *A Sketch of Morality Independent of Obligation or Sanction.* Translated by Gertrude Kapteyn. London: Watts, 1898.

Hagenbach, K. R., ed. *Encyklopädie und Methodologie der Theologischen Wissenschaften.* Revised by E. Kautzsch. 10th ed. Leipzig: S. Hirzel, 1880.

———. *Lehrbuch der Dogmengeschichte.* 5th ed. Leipzig: S. Hirzel, 1867. ET: *A History of Christian Doctrines.* Translated by E. H. Plumptre. 3 vols. Edinburgh: T&T Clark, 1883–85.

Hahn, August. *Lehrbuch des christlichen Glaubens.* 2nd rev. ed. 2 vols. Leipzig: Friedrich Christian Wilhelm Vogel, 1857–58.

Hall, Joseph. *Gewissens Rath.* Frankfurt an den Oder: Fincelius, 1677.

———. *Resolutions and Decisions of Divers Practical Cases of Conscience.* In vol. 7 of *The Works of the Right Reverend Joseph Hall, D.D.*, revised by Philip Wynter, 268–414. Oxford: Oxford University Press, 1863.

Hammond, Henry. *A Practicall Catechisme.* Oxford, 1645.

Handelingen der een-en-zestigste vergadering van de Curatoren der Theologische School van "De Gereformeerde Kerken in Nederland," gehouden 3–5 juli 1902 te Kampen. Kampen: Kok, 1901.

Handelingen der twee-en-zestigste vergadering van de Curatoren der Theologische School van "De Gereformeerde Kerken in Nederland," gehouden 1–3 juli 1902 te Kampen. Kampen: Kok, 1902.

Harinck, George, and Gerrit Neven, eds. *Ontmoetingen met Bavinck.* Barneveld: De Vuurbank, 2006.

Harinck, George, C. van der Kooi, and J. Vree, eds. *"Als Bavinck nu maar eens kleur bekende": Aantekeningen van H. Bavinck over de zaak-Netelenbos, het Schriftgezag en de situatie van de Gereformeerde Kerken (november 1919).* Amsterdam: VU Uitgeverij, 1994.

Harless, Gottlieb Christoph Adolph von. *Christliche Ethik.* Stuttgart: Sam. Gottl. Liesching, 1842. 6th rev. ed., 1864. ET: *System of Christian Ethics.* Translated by William Findlay. Clark's Foreign Theological Library, 4/19. Edinburgh: T&T Clark, 1868.

Hartmann, Eduard von. *Die Religion des Geistes.* Berlin: Carl Duncker, 1882.

———. *Phänomenologie des sittlichen Bewusstseins: Prolegomena zu jeder künftigen Ethik.* Berlin, 1879.

Hase, Karl August von. *Evangelische Dogmatik.* Leipzig: Breitkopf and Härtel, 1891.

Hausrath, Adolf. *Der Apostel Paulus.* Heidelberg: Bassermann, 1865.

Heidegger, Johann Heinrich (Johannes Henricus). *Corpus Theologiae Christianae.* 2 vols. Zurich: Johann Heinrich Bodmer, 1700.

———. *Ethicae Christianae Prima Elementa.* Edited by Johannes Curicke. Frankfurt and Leipzig, 1711.

———. *Medulla Theologiae Christianae.* Zürich: David Gessner, 1697.

Heideman, Eugene P. *The Relation of Revelation and Reason in E. Brunner and H. Bavinck.* Assen: Van Gorcum, 1959.

Heinze, Reiner. *Bengel und Oetinger as Vorläufer des deutschen Idealismus.* Inaugural Dissertation, Münster, 1969. https://dds.crl.edu/crldelivery/14439.

Heppe, Heinrich. *Christliche Sittenlehre.* Edited by Albert Kuhnert. Elberfeld: R. L. Friederichs, 1882.

———. *Die Dogmatik der evangelisch-reformirten Kirche.* Elberfeld: K. L. Friderichs, 1861.

———. *Geschichte der quietistischen Mystik in der katholischen Kirche.* Berlin: Hertz, 1875.

———. *Geschichte des Pietismus und der Mystik in der reformirten Kirche, namentlich der Niederland.* Leiden: Brill, 1879.

———. *Reformed Dogmatics: Set Out and Illustrated from the Sources.* Revised and edited by Ernst Bizer. Translated by G. T. Thomson. London: Allen and Unwin, 1950. Reprint, Grand Rapids: Baker, 1978.

Herbart, Johann Friedrich. *Johann Friedrich Herbart's Sämmtliche Werke in chronologischer Reihenfolge*. Edited by K. Kehrbach and O. Flügel. 19 vols. Langensalza: H. Beyer, 1887–1912.

Hettinger, Franz. *Apologie des Christenthums*. 8th ed. 5 vols. Freiburg im Breisgau: Herder, 1899–1900.

Hielema, Syd. "Herman Bavinck's Eschatological Understanding of Redemption." ThD diss., Wycliffe College, Toronto School of Theology, 1998.

Hilary of Poitiers. *Tractatus super Psalmos I*. Edited by Anthony Zingerle. CSEL 20. Prague and Leipzig: F. Tempsky, 1891.

Hoedemaker, Ph. J. *De verhouding der ethiek tot de dogmatiek en de practijk der godzaligheid*. Amsterdam: Höveker & Zoon, 1881.

Hoekema, Anthony A. "Herman Bavinck's Doctrine of the Covenant." ThD diss., Princeton Theological Seminary, 1953.

Hoekstra, S. *De ontwikkeling van de zedelijke idee in de geschiedenis: Een hoofdstuk uit de zedeleer*. Amsterdam: Van Kampen, 1862.

Hoeven, Abraham des Amorie van der, Jr. *Catalogus der zeer belangrijk Bibliotheken over Theologie en Oostersche Letterkunde*. Amsterdam: Frederick Muller, 1862.

———. *De godsdienst het wezen van den mensch: Brief aan Dr. J. J. van Oosterzee*. Leeuwarden: G. N. T. Suringar, 1848.

Hofman, Johan Martin. *De spys door het gebed en de dankzegging geheiligt*. The Hague, 1765.

Hofmann, Rudolph. *Die Lehre von dem Gewissen*. Leipzig: J. C. Hinrichs, 1866.

———. *Symboliek*. Translated by P. J. de Roode. Abridged by M. A. Adrianni. Utrecht: Kemink and Zoon, 1892.

Hollaz, David. *Examen Theologicum Acroamaticum Universam Theologiam Thetico-Polemicam Complectens*. Leipzig: Breitkopf and Son, 1763.

Honert, Johannes van den. *De mensch in Christus: Soo als hy al en niet bestaat, naar den eisch van den redeliken en evangelischen godsdienst*. Leiden: Samuel Luchtmans and Son, 1749. 3rd ed. Leiden: Samuel and Johannes Luchtmans, 1761.

Honidus, J. *Zwart en wit register van duysent sonden en vertrostingen*. 2 vols. Utrecht, 1724.

Hoornbeeck, Johannes. *Oratio Funebris, in Obitum reverendi et clarissimi viri, D. Jacobi Revii*. Utrecht, 1651.

———. *Summa Controversianum Religionis*. Utrecht: Johannes à Waesberge, 1653.

———. *Theologia Practica*. 2 vols. Utrecht: Henry Versteeg, 1663–66.

———. *Theologiae Practicae*. 2nd ed. 2 vols. Utrecht: van de Water, 1689.

———. *Theologiae Practicae, Pars prior*. Utrecht: Hendrik Versteeg, 1661.

Hottinger, Johann Heinrich. *Typus Vitae Christianae*. Zürich: Conrad Orell and Co., 1748.

Huet, Conrad Busken. *Het land van Rembrand: Studien over de noordnederlandsche beschaving in de zeventiende eeuw*. 2 vols. Haarlem: H. D. Tjeenk Willink, 1882–84.

Hugenholtz, Philip Reinhold. *Studiën op godsdienst-en zedekundig gebied*. 3 vols. Amsterdam: Van Holkema, 1884–89.

Hunter, D. G. *A Comparison between a King and a Monk / Against the Opponents of the Monastic Life: Two Treatises by John Chrysostom*. Studies in the Bible and Early Christianity 13. Lewiston, NY: Edwin Mellen, 1988.

Huther, J. E., and Heinrich A. W. Meyer. *Critical and Exegetical Handbook to the General Epistles James, Peter, John, and Jude*. Translated by Paton J. Gloag and Clarke H. Irwin. New York: Funk and Wagnalls, 1887.

Huttinga, Wolter. *Participation and Communicability: Herman Bavinck and John Milbank on the Relation between God and the World*. Amsterdam: Buijten and Schipperheijn, 2014.

Imbert-Gourbeyre, A. *Les stigmatisées*. 2 vols. 2nd ed. Paris: Palmé, 1873.

Jaarsma, Cornelius J. *The Educational Philosophy of Herman Bavinck*. Grand Rapids: Eerdmans, 1936.

Jäger, C. F. *Die Grundbegriffe der Christlichen Sittenlehre nach dem Grundsatzen der evangelischen Kirche*. Stuttgart: Rudolf Besser, 1856.

Janet, Paul. *La morale*. Paris: C. Delagrave, 1874.

Jansen, Cornelius. *Augustinus, seu sancti Augustini de humanae naturae sanitate, aegritudine, medicina adversos Pelagianos & Massilienses*. 3 vols. Paris: Soly and Guillemot, 1641.

Jelgersma, Gerbrandus. *Het hysterisch stigma: Een psycho-pathologisch onderzoek*. Amsterdam: Scheltema and Holkema, 1903.

Jerome. *Commentary on Matthew*. Translated by Thomas P. Scheck. FC 117. Washington, DC: Catholic University of America Press, 2008.

Jhering, Rudolph von. *Der Zweck im Recht, Zweiter Band*. Leipzig: Breitkopf and Härtel, 1883.

John Chrysostom. *Homilies of S. John Chrysostom, Archbishop of Constantinople on the Gospel of St. Matthew*. London: Oxford, 1843.

———. *Homilies on Genesis, 46–67*. Translated by Robert C. Hill. FC 87. Washington, DC: Catholic University of America Press, 2012.

———. *Homilies on Romans*. *NPNF¹* 11:329–504.

———. *Homilies on 2 Corinthians*. *NPNF¹* 12:271–420.

Junius, Franciscus. *Ecclesiastici sive de natura et administrationibus Ecclesiae Dei*. 3 vols. Frankfurt: Andreas Wechel, 1581.

Justin Martyr. *First Apology*. *ANF* 1:163–86.

Juvenal. *Satires: Juvenal and Persius*. Translated by George Gilbert Ramsay. London: William Heinemann; New York: Putnam's Sons, 1920.

Kähler, Martin. *Das Gewissen: Die Entwickelung seiner Namen und seines Begriffes; Geschichtliche Untersuchung zur Lehre von der Begründung der sittlichen Erkenntniss*. Halle: Julius Fricke, 1878.

Kant, Immanuel. *Religion within the Limits of Reason Alone*. Translated by Theodore M. Greene and Hoyt H. Hudson. New York: Harper and Row, 1960.

Kapp, W. *Religion und Moral im Christenthum Luthers*. Tübingen: Mohr, 1902.

Keckermann, Bartholomaeus. *Systema Ethicae Tribus Libris*. In vol. 2 of *Operum Omnium*, cols. 249–376. Geneva: Pierre Aubert, 1614.

Kempis, Thomas à. *The Imitation of Christ*. Milwaukee: Bruce, 1940.

———. *St. Lydwine of Schiedam, Virgin*. Translated by Dom Vincent Scully. London: Burns and Oates, 1912.

Keulen, Dirk van. *Bijbel en dogmatiek: Scriftbeschouwing en schriftgebruik in het dogmatisch weerk van A. Kuyper, H. Bavinck, en G. C. Berkouwer*. Kampen: Kok, 2003.

Kingdon, Robert M. *Adultery and Divorce in Calvin's Geneva*. Cambridge, MA: Harvard University Press, 1995.

Kist, Ewaldus. *Beöeffeningsleer of de kennis der middelen, om als een waar leerling van Jesus Christus getroost en heilig te leven*. 4 vols. in 2. Dordrecht: A. Blusse & Zoon, 1804–9. ET: *True Practice of Religion*. Translated by V. 2 vols. in 1. New Orleans: John Ball, 1852.

Klinken, L. van. *Bavinck's paedagogische beginselen*. Meppel: Boom, 1937.

Kluit, M. Elisabeth. *Het Protestantse réveil in Nederland en daarbuiten, 1815–1865*. Amsterdam: H. J. Paris, 1970.

Koch, Anton. *A Handbook of Moral Theology*. Vol. 1. Edited by Arthur Preuss. St. Louis and London: B. Herder, 1918.

Kolb, Robert, and Timothy Wengert, eds. *The Book of Concord: The Confessions of the Evangelical Lutheran Church*. Minneapolis: Fortress, 2000.

König, Georg. *Casus Conscientiae*. Nuremburg: Endteri, 1654.

König, Joseph. *Die Theologie der Psalmen*. Freiburg im Breisgau: Herder, 1857.

König, Reinhard. *Collegii Politici Disputatio Duodecima*. Rinteln: Peter Lucius, 1648.

———. *Disputatio, de Bono et Malo Principe*. Rinteln: Peter Lucius, 1651.

———. *Dissertatio Politica de Oeconomia Principis*. Jena: Johann Beithmann, 1618.

Köster, Friedrich. *Die biblische Lehre von der Versuchung*. Gotha: F. A. Perthes, 1859.

Köstlin, Julius. *Luthers Theologie in ihrer geschichtlichen Entwicklung und ihrem inneren Zusammenhange dargestellt*. 2 vols. Stuttgart: J. F. Steinkopf, 1863.

Krummacher, Emil Wilhelm. *Expectorationen über das Studium der Theologie: Vade mecum für meinen Herrmann und für Theologie Studirende überhaupt*. Essen: Bädeker, 1847.

Kuipers, Tjitze. *Abraham Kuyper: An Annotated Bibliography, 1857–2010*. Leiden: Brill, 2011.

Kuyper, Abraham. *Concise Works of the Holy Spirit*. Chattanooga, TN: AMG, 1995, 2001.

———. *De gemeene gratie*. Vol. 2. 3rd ed. Kampen: Kok, 1932.

———. *De hedendaagsche Schriftcritiek in haar bedenkelijke strekking voor de gemeente des levenden Gods*. Amsterdam: J. H. Kruyt, 1881.

———. *De verflauwing der grenzen*. Amsterdam: J. A. Wormser, 1892.

———. *De vleeschwording des Woords*. Amsterdam: J. A. Wormser, 1887.

———. *Drie kleine vossen*. Kampen: Kok, 1901.

———. *Encyclopaedie der heilige godgeleerdheid*. 2nd ed. 3 vols. Kampen: Kok, 1908–9.

———. *E Voto Dordraceno: Toelichting op den Heidelbergsche Catechismus*. 4 vols. Amsterdam: J. A. Wormser, 1892–95.

———. *Lectures on Calvinism*. Grand Rapids: Eerdmans, 1931.

———. *Ons Program*. Amsterdam: J. H. Kruyt, 1879. ET: *Our Program: A Christian Political Manifesto*. Edited and translated by Harry Van Dyke. Bellingham, WA: Lexham, 2015.

———. *Our Worship*. Edited by Harry Boonstra. Translated by Harry Boonstra, Henry Baron, Gerrit Sheeres, and Leonard Sweetman. Grand Rapids: Eerdmans, 2009.

———. *Principles of Sacred Theology*. Translated by J. Hendrik de Vries. Grand Rapids: Eerdmans, 1954.

———. *The Work of the Holy Spirit*. Translated by Henri De Vries. New York and London: Funk and Wagnalls, 1900. Reprint, Grand Rapids: Eerdmans, 1941.

Lactantius. *Divine Institutes*. ANF 7:9–223.

Laertius, Diogenes. *Lives and Opinions of Eminent Philosophers*. Translated by R. D. Hicks. 2 vols. LCL. London: Heinemann; New York: Putnam's Sons, 1835.

———. *Lives and Opinions of Eminent Philosophers*. Translated by C. D. Yonge. London:

Henry G. Bohn, 1853.

Laird, Raymond. *Mindset, Moral Choice, and Sin in the Anthropology of John Chrysostom*. Early Christian Studies 15. Strathfield, NSW, Australia: St. Paul's Publications, 2012.

Lamers, G. H. *Godsdienst en zedelijkheid beschouwd in onderling verband*. Amsterdam: W. H. Kirberger, 1882.

Lampe, Frederik Adolph. *Geheimnis des Gnaden-bunds*. 4 vols. Bremen: Philip Gottfr. Saumans, 1716–19. Dutch translation: *De verborgentheit van het genaadeverbondt*. 3rd ed. Amsterdam: Antony Schoonenburg, 1725.

———. *Schets der dadelyke Godt-geleertheid*. Translated by Bernhardus Keppel. Rotterdam: Losel, 1739.

Lange, Johann Peter. *Christliche Dogmatik*. 3 vols. Heidelberg: Karl Winter, 1849–52.

Lapide, Cornelius à. *The Great Commentary of Cornelius à Lapide*. Translated by Thomas W. Mossman. 8 vols. 4th ed. London: John Hodges, 1890.

La Placette, Jean. *The Christian Casuist: or, A Treatise of Conscience*. Translated by B. Kennett. London: A. & J. Churchill and R. Sare, 1705.

———. *La morale chrétienne*. Amsterdam: George Gallet, 1701.

Lasco, John à. *Opera*. Edited by Abraham Kuyper. Amsterdam: F. Muller, 1866.

Laurillard, E. *De zeven hoofdzonden: Zeven voordrachten*. 3rd ed. Amsterdam: Centen, 1881.

Lecky, William Edward Hartpole. *History of European Morals from Augustus to Charlemagne*. 2 vols. 3rd ed. New York: D. Appleton, 1877.

Leeuwarden, N. S. van. *De bevestigde Christen*. Amsterdam: Jacobus Borstius, 1725.

Lichtenfels, Johann. *Lehrbuch zur Einleitung in die Philosophie: Allgemeine Einleitung, Psychologie, Logik*. 5th rev. ed. Vienna: W. Braumüller, 1863.

Liddell, Henry George. *An Intermediate Greek-English Lexicon: Founded upon the Seventh Edition of Liddell and Scott's Greek-English Lexicon*. London: Clarendon, 1888.

Limborch, Philip van. *Theologia Christiana*. 4 vols. Amsterdam: Henricus Wetstenius, 1686.

Lindeboom, C., and W. F. M. Lindeboom. *In uwe voorhoven: Ter herinnering aan het leven en den arbeid van Ds. C. Lindeboom*. Amsterdam: S. J. P. Bakker, 1938.

Lindner, Gustaph Adolph. *Lehrbuch der empirischen Psychologie, als inductiver Wissenschaft*. 8th ed. Vienna: C. Gerold's Sohn, 1885.

Linsenmayer, Anton. *Entwicklung der kirchlichen Fastendisciplin bis zum Konzil von Nicäa*. Munich: Stahl, 1877.

Livy. *The History of Rome*. Translated by D. Spillan. London: Henry G. Bohn, 1853.

Löber, Richard. *Das innere Leben: Ein Beitrag zur theologischen Ethik und zur Verständigung mit der münigen Gemeinde*. Gotha: Gustav Schloessmann, 1867.

———. *Das innere Leben, oder der Verkehr des Christen mit Gott und Menschen*. 3rd ed. Gotha: Schloessmann, 1900.

———. *Die Lehre vom Gebet aus der immanenten und ökonomische Trinität*. 2nd rev. ed. Erlangen: Andreas Deichert, 1860.

Lobstein, Paul. *Die Ethik Calvins in Ihren Grundzügen Entworfen*. Strasbourg: C. F. Schmidt (F. Bull), 1877.

Lodensteyn, Jodocus van. *De weegschaal van de onvolmaaktheden der heyligen*. Utrecht: Henricus Versteegh, 1664.

Love, Christopher. *The Christians Combat: or, His True Spiritual Warfare*. London: Charles Tyus, 1664.

———. *The Combate between the Flesh and Spirit*. London, 1654. Dutch translation: *De Stryd tusschen vleesch en geest*. In *Theologia Practica*, 1–95.

———. *The Sum or Substance of Practical Divinity*. London, 1654. Dutch translation: *Het mergh van de werkige godt-geleerdtheidt*, etc. Translated by Jacobus Coelman. Utrecht: Henricus Versteegh, 1657.

———. *Theologia Practica, dat is: Alle de theologische wercken*. Amsterdam: Jacob Benjamin et al., 1664.

Luthardt, Christoph Ernst. *Die Ethik Luthers in ihren Grundzügen dargestellt*. Leipzig: 1867. 2nd rev. ed. Leipzig: Dörffling and Franke, 1875.

———. *Geschichte der christlichen Ethik*. 3 vols. Leipzig: Dörffling and Franke, 1888–93.

———. *Kompendium der theologischen Ethik*. Leipzig: Dörffling and Franke, 1896.

Luther, Martin. *Lectures on the First Epistle of St. John*. In *Luther's Works*, vol. 30, *The Catholic Epistles*. Edited by Jaroslav Pelikan and Walter A. Hansen. St. Louis: Concordia, 1967.

———. *The Theologia Germanica of Martin Luther*. Edited and translated by Bengt Hoffman. Classics of Western Spirituality. Mahwah, NJ: Paulist Press, 1980.

Maccovius, Johannes. *Casus Conscientiae*. In *Johannes Maccovius Redivivus: Seu manuscripta ejus typis exscripta*. Edited by Nicolaus Arnoldi. Franeker: Idzard Albert, 1654.

Maeterlinck, Maurice. *De schat des harten*. Translated by G. M. v. d. Wissel-Herderschee. Amsterdam: S. L. Van Looy, 1897.

Marckius, Johannes. *Compendium Theologiae Christianae Didactico-Elencticum*. 3rd ed. Amsterdam: R. & G. Westenios, 1722.

———. *Het merch der christelijke Godts-geleertheit*, etc. Amsterdam: Borstius, 1705.

———. *Historia Paradis Illustrata, Libris Quatuor*. Amsterdam: Gerardus Borstius, 1705.

Maresius, Samuel. *Collegium Theologicum: Sive Breve Systema Universae Theologiae*. Groningen: J. Nicholaus, 1649.

———. *Collegium Theologicum*. Geneva: Johann Antonius and Samuel de Tournes, 1662.

———. *Sylloge Disputationum aliquot Selectiorum*. Groningae Frisiorum: Cöllenius, 1660, 1662.

———. *Systema Theologicum*. Groningen: Aemilium Spinneker, 1673.

Marshall, Walter. *The Gospel-Mystery of Sanctification Opened in Sundry Practical Directions … to Which Is Added a Sermon of Justification*. London: T. Parkhurst, 1692.

Martensen, Hans Lassen. *Den christelige Ethik*. 3 vols. Copenhagen: Gyldendal, 1871–78. ET: *Christian Ethics*. Translated by C. Spence, William Affleck, and Sophia Taylor. 3 vols. Edinburgh: T&T Clark, 1871–89. German translation of vol. 1: *Die christliche Ethik*. Gotha: R. Besser, 1871; of vol. 2: *Die individuelle Ethik*. Gotha: R. Besser, 1878; of vol. 3: *Die sociale Ethik*. Gotha: R. Besser, 1878.

Martensen, H., and Gottlieb Christoph Adolf von Harless. *Christian Ethics: A System based on Martensen and Harless*. Prepared by Reverend Franklin Weidner. 2nd ed. New York: Fleming H. Revell, 1897.

Mastricht, Petrus van. *Beschouwende en praktikale godgeleerdheit*. 4 vols. Rotterdam: Hendrik van Pelt, et al.; Utrecht: Jan Jacob van Poolsum, 1749–53.

———. *Theoretico-Practica Theologia*. Amsterdam: Boom and Vidua, 1682. 3rd ed. Utrecht: W. van de Water, 1724.

Mattson, Brian G. *Restored to Our Destiny: Eschatology and the Image of God in Herman Bavinck's Reformed Dogmatics*. Leiden: Brill, 2011.

Meade, Matthew. *The Almost Christian Discovered; or, The False Professor Tried and Cast*. New York: Sheldon, Blakeman, and Co., 1856.

Meier, Gebhardt Theodor, and Johann Holste. *Disputationes Theologicae … Moralis Exhibentes*. Helmstedt: Heinrich David Müller, 1679.

Melanchthon, Philip. *Enarratio Aliquot Librorum Ethicorum Aristotelis*. Wittenberg, 1529.

———. *Philosophiae Moralis*. Leiden: Sébastien Gryphius, 1538.

Meyer, Heinrich August Wilhelm. *Critical and Exegetical Handbook to the Epistle to the Ephesians*. Translated by Maurice J. Evans. Revised and edited by William P. Dickson. New York: Funk and Wagnalls, 1892.

———. *Critical and Exegetical Handbook to the Epistle to the Galatians*. Translated by G. H. Venables. New York: Funk and Wagnalls, 1884.

———. *Critical and Exegetical Handbook to the Epistle to the Romans*. Edited by William P. Dickson. Translated by John C. Moore and Edwin Johnson. New York: Funk and Wagnalls, 1884.

———. *Critical and Exegetical Handbook to the Epistles to the Corinthians*. Translated by D. Douglas Bannerman. Revised and edited by William P. Dickson. New York: Funk and Wagnalls, 1884.

———. *Kritisch exegetischer Kommentar über das Neue Testament*. 3 vols. Göttingen: Vandenhoeck and Ruprecht, 1886–88.

———. *Kritisch exegetisches Handbuch über die drei Briefe des Johannes*. Göttingen: Vandenhoeck and Ruprecht, 1855.

———. *Romans–Colossians*. Translated by George H. Schodde and Epiphanius Wilson. Vol. 3 of *A Commentary on the New Testament*. New York: Funk and Wagnalls, 1906.

Michaelis, Daniel. *De Primo Hominis Primi Peccato Exercitatio*. Rostock: Kilius, 1651.

Möhler, Johann Adam. *Symbolik oder Darstellung der dogmatischen Gegensatze der Katholischen und Protestanten nach ihren öffentlichen Bekenntnißschriften*. Mainz: Florian Kupferberg, 1838.

Moll, Willem. *Johannes Brugman en het godsdienstig leven onzer vaderen in de vijftiende eeuw*. 2 vols. in 1. Amsterdam: G. Portielje & Zoon, 1854.

Momma, Wilhelm. *De Varia Conditione et Statu Ecclesiae Dei sub Triplici Oeconomia: Patriarcharum, ac Testamenti Veteris, et Denique Novi*. 2nd ed. Amsterdam: Joannis à Sommeren, 1683.

Monrad, Ditlev Gothard. *Aus der Welt des Gebet*. 10th ed. Gotha: F. A. Perthes, 1890. Dutch translation: *Het Leven des Gebeds*. Translated by A. Michelsen. Amsterdam: Höveker, 1881. ET: *The World of Prayer; or, Prayer in Relation to Personal Religion*. Translated by J. S. Banks. Edinburgh: T&T Clark, 1879.

Moor, Bernardinus de. *Commentarius Perpetuus in Joh. Marckii Compendium Theologiae Christianae Didactico-Elencticum*. 7 vols. Leiden: J. Hasebroek, 1761–71.

Mosheim, Johann Lorenz. *Kern uit de zedeleer der Heilige Schrift*. 2 vols. Utrecht: Gisbert and Timon van Paddenburg, 1865.

———. *Sitten-Lehre der Heiligen Schrift*. 9 vols. Helmstädt: Christian Friedrich Weygand, 1735–70.

———. *Sitten-Lehre der Heiligen Schrift*. 3rd ed. Heimstadt: Christian Friedrich Weygand, 1764.

Müller, E. F. Karl. *Zur christlichen Erkenntnis: Vorträge und Aufsätze für denkende Christen*.

Leipzig: Deichtert, 1898.

Müller, Julius. *Die christliche Lehre von der Sünde*. 2 vols. 5th ed. Breslau: J. Max, 1867. ET: *The Christian Doctrine of Sin*. Translated by William Pulsford. 2 vols. Clark's Foreign Theological Library 27, 29. Edinburgh: T&T Clark, 1852–53.

Muller, Richard. *Dictionary of Latin and Greek Theological Terms—Drawn Principally from Protestant Scholastic Theology*. Grand Rapids: Baker, 1985.

Murisier, Ernest. *Les maladies du sentiment religieux*. Paris: Alcan, 1901.

Musculus, Wolfgang. *Common Places of Christian Religion*. London: Henry Bynneman, 1578.

Myseras, Lambrecht. *Der vromen ondervinding op den weg naar den hemel*. The Hague: Gerardus Winterswyk, 1725. 9th ed., 1739.

Nathusius, Martin von. *Das Wesen der Wissenschaft und ihre Anwendung auf die Religion: Empirische Grundlegung für die theologische Methodologie*. Leipzig: Hinrichs, 1885.

Neal, Daniel. *History of the Puritans or Protestant Nonconformists from the Reformation in 1517 to the Revolution in 1688*. New York: Harper & Brothers, 1843–44.

Neander, A. *Vorlesungen über geschichte der christlichen ethic*. Prepared by Christian Friedrich David Erdmann. Berlin: Wiegandt and Grieben, 1864.

Neele, Adriaan C. *Petrus van Mastricht (1630–1706)—Reformed Orthodoxy: Method and Piety*. Brill Series in Church History 35. Leiden: Brill, 2009.

Nicholls, Angus. *Goethe's Concept of the Daemonic, after the Ancients*. Rochester, NY: Camden House, 2006.

Nitzsch, Carl Immanuel. *System of Christian Doctrine*. Translated by Robert Montgomery and John Hennen. Edinburgh: T&T Clark, 1849.

Noffke, Suzanne. *Catherine of Sienna: The Dialogue*. Mahwah, NJ: Paulist Press, 1980.

Oehler, Gustav Friedrich. *Theology of the Old Testament*. Translated by George E. Day. 2nd ed. New York: Funk and Wagnalls, 1884.

Olearius, Johannes. *Doctrina Theologiae Moralis*. Leipzig: Johann Christian Wohlfart, 1703.

Oomius, Simon. *Dissertatie van de onderwijsingen in de practycke der godgeleerdheid*. Bolsward: Samuel van Haringhouk, 1672.

———. *Institutiones Theologiae Practicae*. Bolsward: Samuel Harinhouk, 1676.

Oosterzee, Johannes Jacob van. *Christelijke dogmatiek*. 2 vols. Utrecht: Kemink and Zoon, 1876. ET: *Christian Dogmatics: A Text-Book for Academical Instruction and Private Study*. Translated by John W. Watson and Maurice J. Evans. 2 vols. New York: Scribner, Armstrong and Co., 1874.

———. *Practical Theology: A Manual for Theological Students*. Translated and adapted by

Maurice J. Evans. London: Hodder and Stoughton, 1878.

———. *Sieben Vorträge: Ein Beitrag zur Charakteristik der gegenwärtigen Bewegungen auf theologischem und kirchlichem Gebiete.* Translated and edited by F. Meyeringh. Gotha: F. A. Perthes, 1875.

———. *Voor kerk en theologie: Mededeelingen en bijdragen.* 2 vols. Utrecht: Kemink and Zoon, 1872–75.

Oppenheim, L. *Das Bewissen.* Basel: B. Schwabe, 1898.

Osiander, Johannes Adam. *Theologia Moralis.* Tübingen: Johann Georg Cotta, 1678.

Ostervald, Jean-Frédéric. *Ethicae Christianae Compendium.* London: William Mears, 1727.

Owen, John. *The Doctrine of Justification by Faith.* Reprint, Grand Rapids: Reformation Heritage, 2006.

Palmer, Christian D. F. *Evangelische Pastoraltheologie.* 2nd rev. ed. Stuttgart: J. F. Steinkopf, 1863.

———. *Pastoraal-theologie.* Freely adapted by J. J. Van Hille. Utrecht: Kemink and Zoon, 1866.

Palmer, Heinrich Julius E. *Der christliche Glaube und das christliche Leben.* Darmstadt: Jonghaus, 1847.

Pareau, L. G. *Initia Institutionis Christianae Moralis.* Groningen: Jan Oomkens, 1842.

Pascal, Blaise. *Pensées.* Translated by W. F. Trotter and Thomas M'Crie. New York: Modern Library, 1941.

Pelt, A. F. L. *Theologische Encyklopädie als System im Zusammenhange mit der Geschichte der theologischen Wissenschaft und ihrer einzelnen Zweige.* Hamburg and Gotha: Perthes, 1843.

Perkins, William. *Alle de Werken van Mr. William Perkins.* 3 vols. Amsterdam: Johannes van Zomeren, 1659–63.

———. *Anatomia Sacrae Humanae Conscientiae.* In *Opera Omnia Theologica, in duos tomos tribute*, 1:1179–268. 2 vols. Geneva: P. & J. Chouet, 1618–24.

———. *Aureae Casuum Conscientiae Decisiones.* Basel: Conrad Walkirch, 1609.

———. *A Case of Conscience, the Greatest That Ever Was*, with *A Brief Discourse, Taken out of the Writings of Hier. Zanchius, wherein the Aforesaid Case of Conscience Is Disputed and Resolved.* Edinburgh: Robert Waldegrave, 1592. Dutch translations: *Eene Verhandeling van de Gevallen der Conscientie.* Amsterdam: J. van Zomeren, 1662. Reprint, *Alle de Werken*, 3:115–265; and *Van de zekerheyt der zaligheyt, uyt H. Zanchius.* Reprint, *Alle de Werken*, 3:273–85.

———. *The Combat between Christ and the Devil*. In *Workes*, 3:371–41. Dutch translation: *Strijdt tusschen Christus, en deb Duyvel*. Reprint, *Alle de Werken*, 3²:3–44. The superscripted 2 indicates pages after the page numbering was restarted at 1, after p. 328.

———. *The Combat of the Flesh and Spirit*. In *Workes*, 1:469–74. Dutch translation: *Van den strijdt tusschen vleesch en Geest*. Reprint, *Alle de Werken*, 3:301–9.

———. *A Declaration of Certaine Spirituall Desertions, Serving to Terrifie All Drowsie Protestants, and to Comfort Them Which Mourne for Their Sinnes*. In *Whole Works*, vol. 3. Dutch translation: *Een verklaringe van de Geestelijke verlaatingen*. Reprint, *Alle de Werken*, 3²:165–73. The superscripted 2 indicates pages after the page numbering was restarted at 1, after p. 328.

———. *A Dialogue Containing the Conflicts betweene Sathan and a Christian*. In *A Treatise Tending unto a Declaration, Whether a Man Be in the Estate of Damnation, or in the Estate of Grace*, etc. London: R. Robinson, for T. Gubbin & I. Porter, [1590]. In *The Whole Works of ... M. William Perkins*, vol. 1. London: John Legatt, 1631. Dutch translation: *Strijdt tusschen den Duyvel en een Christen*. Reprint, *Alle de Werken*, 3²:152–58. The superscripted 2 indicates pages after the page numbering was restarted at 1, after p. 328.

———. *A Golden Chaine: or, The Description of Theologie, Containing the Order of the Cases of Salvation and Damnation, according to God's Word*. Cambridge: John Legat, 1600.

———. *A Graine of Mystard-Seed*. Reprinted in *Workes*, 1:637–46. Dutch translation: *Het mostaart-zaatjen of de minste mate der genade die 'er is, of wezen kan, krachtig tot de zaligheyt*. Reprint, *Alle de Werken*, 3²:81–92. The superscripted 2 indicates pages after the page numbering was restarted at 1, after p. 328.

———. *Hoe verre een verworpene kan gaan in den Christelijken wandel*. Reprint, *Alle de Werken*, 3²:93–101. The superscripted 2 indicates pages after the page numbering was restarted at 1, after p. 328.

———. *A Salve for a Sick Man, or A Treatise ... the Right Manner of Dying Well*. London: John Legatt, 1616. In *Workes*, 1:487–516. Dutch translation: *Salve voor een sieck mensche ('t Rechte middle om wel te sterven)*. Amsterdam: Jan Evertsz. Cloppenburch, 1604. Reprint, *Alle de Werken*, 3²:237–64. The superscripted 2 indicates pages after the page numbering was restarted at 1, after p. 328.

———. *The Whole Treatise of the Cases of Conscience, Distinguished into Three Bookes*. Cambridge: John Legatt, 1606. Reprinted in *Workes*, 2:1–152.

———. *The Whole Works of ... M. William Perkins*. 3 vols. London: John Legatt, 1631.

———. *The Workes of ... M. William Perkins*. 3 vols. London: John Legatt, 1626–31.

Perty, Maximillian. *Die Anthropologie als die Wissenschaft von dem körperlichen und geistigen Wesen des Menschen*. 2 vols. 2nd ed. Leipzig, 1874.

Pfaff, Christoph Matthaeus. *Institutiones Theologia Dogmaticae et Moralis*. Frankfurt am Main: J. G. Cotta, 1721.

Pfanner, Tobias. *Systema Theologiae Gentilis Purioris*. Basel: Joh. H. Widerhold, 1679.

Pfleiderer, Otto. *Moral und Religion nach ihrem gegenseitigen Verhältniss*. Leipzig: Fues (R. Reisland), 1872.

———. *Paulinism: A Contribution to the History of Primitive Christian Theology*. Translated by Edward Peters. 2 vols. London: Williams and Norgate, 1877.

Philippi, Friedrich Adolph. *Commentar über den Brief Pauli an die Römer*. 3 vols. Erlangen: von Heyder and Zimmer, 1848–52. ET: *Commentary on St. Paul's Epistle to the Romans*. Translated by J. S. Banks. 2 vols. Clark's Foreign Theological Library, new series, 60–61. Edinburgh: T&T Clark, 1878.

———. *Kirchliche Glaubenslehre*. 6 vols. in 8. 2nd ed. Stuttgart: S. G. Leisching, 1864–82.

Pictet, Bénédict. *De christelyke zedekunst, of schriftuurlyke en natuurkundige grondtregels om godvruchtig le leeven, en zalig te sterven*. Translated by François Halma. 2nd ed. The Hague: Pieter van Thol, 1731.

Pierson, Allard. *Eene Levensbeschouwing*. 2 vols. Haarlem: Kruseman and Tjeenk Willink, 1875.

———. *Nieuwe Studiën over Johannes Kalvijn (1536–1541)*. Amsterdam: Van Kampen, 1883.

———. *Studiën over Johannes Kalvijn (1527–1536)*. Amsterdam: Van Kampen, 1881.

———. *Studiën over Johannes Kalvijn, derde reeks (1527–1542)*. Amsterdam: Van Kampen, 1891.

Plato. *Euthyphro, Crito, Apology, Symposium*. Translated by Benjamin Jowett. Washington, DC: Regnery Gateway, 1953.

———. *Greater Hippias*. Translated by H. N. Fowler. LCL 167. Cambridge, MA: Harvard University Press, 1926.

Polanus von Polansdorf, Amandus. *Syntagma Theologiae Christianae*. Hanover: Johann Aubry, 1615.

Polyander, Johann, et al. *Synopsis Purioris Theologiae: Disputationes Quinquaginta Duabus Comprehensa ac Conscripta per Johannem Polyandrum, Andream Rivetum, Antonium Walaeum, Antonium Thysium*. Leiden: Elzevier, 1625. 6th ed. Edited by Herman Bavinck. Leiden: Brill, 1881. ET: *Synopsis Purioris Theologiae / Synopsis of a Purer*

Theology: Latin Text and English Translation. 2 vols. Edited by Willem J. van Asselt et al. Brill Studies in Medieval and Reformation Traditions 187. Leiden: Brill, 2014–16.

Preger, Wilhelm. *Geschichte der deutschen Mystik im Mittelalter nach den Quellen untersucht und dargestellt*. 3 vols. Leipzig: Dörffling and Franke, 1874–93.

———. *Ongeloof en revolutie: Eene reeks van historische voorlezingen*. 2nd ed. Amsterdam: H. Höveker, 1868.

———. *Proeve over de middelen waardoor de waarheid wordt gekend en gestaafd*. 2nd ed. Amsterdam: H. Höveker, 1858.

Proost, Pieter J. *Jodocus van Lodenstein: Eene kerkhistorische studie*. Amsterdam: Brandt, 1880.

Prosper of Aquitaine. *The Call of All Nations*. ACW 14. Edited by Johannes Quasten and Joseph C. Plumpe. Translated by P. De Letter. Westminster, MD: Newman Press; London: Longmans, Green and Co., 1952.

Proudhon, Pierre-Joseph. *No Gods, No Masters: An Anthology of Anarchism*. Edited by Daniel Guerin. Translated by Paul Sharkey. Oakland, CA: AK Press, 2005.

Puerari, Daniel. *Theses Logicae atque Ethicae*. Geneva: Gamonet, 1660.

Qualben, Lars P. *A History of the Christian Church*. Rev. and exp. ed. Eugene, OR: Wipf and Stock, 2008 (1933).

Quasten, Johannes. *Patrologia*. Vol. 3. Allen, TX: Christian Classics, n.d.

Räbiger, Julius Ferdinand. *Theologik oder Encyklopädie der Theologie*. Leipzig: Fues, 1880.

Rauwenhoff, L. W. E. *Wijsbegeerte van den godsdienst*. Leiden: E. J. Brill and S. C. Van Doesburgh, 1887.

Reinhard, Franz Volkmar. *System der Christlichen Moral*. 5 vols. Wittenberg: Samuel Gottfried Zimmermann, 1788–1815.

Reuver, Arie de. *Sweet Communion: Trajectories of Spirituality from the Middle Ages through the Further Reformation*. Translated by James A. De Jong. Grand Rapids: Baker Academic, 2007.

Ridderus (de Ridder), Franciscus. *De mensche Godts: Uyt de geschriften en tractaten van Willem Teellingh*. Hoorn: Gerbrandt and Ian Martensz, 1658. Cf. W. Teellinck, *De mensche Godts*, below.

———. *Het leven van onzen Heere Jesus Christus, tot een voorbeeld van navolging aen allen Christenen voorgesteld*. The Hague: Daniel Langeweg, 1737.

Ritschl, Albrecht. *Die christliche Lehre von der Rechtfertigung und Versöhnung*. 3 vols. Bonn: Adolphus Marcus, 1882–83.

———. *Geschichte des Pietismus*. 3 vols. Bonn: Adolphus Marcus, 1880–86.

———. " 'Prolegomena' to *The History of Pietism*." In *Three Essays*, translated by Philip Hefner, 51–148. Philadelphia: Fortress, 1972. Reprint, Eugene, OR: Wipf and Stock, 2005.

Rivetus, Andreas. *Praelectiones in Caput XX Exodi*. Leiden: Frans de Heger, 1637.

Roessingh, K. H. *De moderne theologie in Nederland: Hare voorbereiding en eerste periode*. Groningen: B. van der Kamp, 1914.

———. *Het modernisme in Nederland*. Haarlem: F. Bohn, 1922.

Rombouts, S. *Prof. Dr. H. Bavinck, gids bij de studie van zijn paedagogische werken*. 's-Hertogenbosch-Antwerpen: Malmberg, 1922.

Roques, Pierre. *Le vray pietisme ou traité*. Basel: Jean Brandmuller, 1731.

Rothe, Richard. *Theologische Ethik*. 3 vols. in 4. Wittenberg: Zimmerman, 1845–48. 2nd rev. ed. 5 vols. Wittenberg: H. Koelling, 1869–71.

Runze, G. *Ethik: Encyklopädische Skizzen und Literaturangaben zur Sittenlehre*. 3 vols. Berlin: Carl Duncker, 1891.

Sabatier, Paul. *Life of St. Francis of Assisi*. Translated by Louise Seymour Houghton. London: Hodder and Stoughton, 1901.

Sack, Karl Heinrich. *Christliche Polemik*. Hamburg: F. Perthes, 1838.

Saldenus, Wilhelmus. *Een Christen vallende en opstande*. Leiden: Donner, 1884.

Sanderson, Robert. *De Obligatione Conscientiae*. London: R. Littlebury, R. Scott, T. Sawbridge, and G. Wells, 1686.

Saurin, Jaques. *Abregé de la théologie et de la morale chrétienne en forme de catechisme*. Amsterdam: Henri du Sauzet, 1722.

Saussaye, Daniel Chantepie de la. *De godsdienstige bewegingen van dezen tijd in haren oorsprong geschetst: Vier voorlezingen*. Rotterdam: E. H. Tassemeijer, 1863.

———. *La crise religieuse en Hollande*. Leiden: De Breuk and Smits, 1860.

———. *Manual of the Science of Religion*. Translated by Beatrice S. Colyer-Fergusson (née Max Müller). London: Longmans, Green, 1891.

Scharling, Carl Henrik. *Christliche Sittenlehre nach evangelisch-lutherischer Auffassung*. Translated by Otto Gleiss. Bremen: M. Heinsius, 1892.

Schenkel, Daniel. *Die christliche Dogmatik vom Standpunkte des Gewissens aus dargestellt*. 2 vols. in 1. Wiesbaden: Kreidel und Niedner, 1858–59.

Scherr, Johannes. *Menschliche Tragikomödie: Gesammelte Studien und Bilder, Erster Band*. Leipzig: Otto Wigand, 1874.

Schleiermacher, Friedrich. *The Christian Faith*. Edited by H. R. Mackintosh and J. S. Stewart.

Edinburgh: T&T Clark, 1928. Reprint, London: T&T Clark, 1999.

———. *Die christliche Sitte nach den Grundsätzen der evangelischen Kirche im Zusammenhange dargestellt*. In *Sämmtliche Werke, 1. Abtheilung zur Theologie*, edited by Ludwig Jonas. Berlin: G. Reimer, 1843. ET of selections: *Selections from Friedrich Schleiermacher's "Christian Ethics."* Edited and translated by James M. Brandt. Louisville: Westminster John Knox, 2011.

———. *Entwurf eines Systems der Sittenlehre*. Prepared by Alexander Schweizer. Berlin: Reimer, 1835.

———. *Grundlinien einer Kritik der bisherigen Sittenlehre*. Berlin: Verlag der Realschulbuchhandlung, 1803.

———. *Grundriß der philosophischen Ethik*. Berlin: G. Reimer, 1841.

———. *Lectures on Philosophical Ethics*. Edited by Robert B. Louden. Cambridge: Cambridge University Press, 2002.

———. *Selections from Friedrich Schleiermacher's "Christian Ethics."* Edited and translated by James M. Brandt. Louisville: Westminster John Knox, 2011.

Schmid, Christian Friedrich. *Biblical Theology of the New Testament*. Translated by G. H. Venables. 2nd ed. Edinburgh: T&T Clark, 1877.

———. *Christliche Sittenlehre*. Produced by A. Heller. Stuttgart: S. G. Liesching, 1861.

Schmid, H. F. F. *The Doctrinal Theology of the Evangelical Lutheran Church*. Translated by Charles A. Hay and Henry E. Jacobs. 3rd rev. ed. Minneapolis: Augsburg, 1899.

Schneckenburger, Matthias. *Vergleichende Darstellung des lutherischen und reformirten Lehrbegriffs*. Edited by Eduard Güder. 2 vols. in 1. Stuttgart: J. B. Metzler, 1855.

———. *Vorlesungen über die Lehrbegriffe der kleineren protestantischen Kirchenparteien*. Frankfurt am Main: H. L. Brönner, 1863.

Scholten, Johannes Henricus. *De leer der Hervormde Kerk*. 5 vols. in 1. Leiden: P. Engels, 1848–52. 4th rev. ed., 1861–62.

———. *De vrije will: Kritisch onderzoek*. Leiden: P. Engels, 1859.

Schopenhauer, A. *Die beiden Grundprobleme der Ethik*. Berlin: Deutsche Buch Gemeinschaft, 1860. 3rd ed. Leipzig: F. A. Brockhaus, 1881.

Schortinghuis, Wilhelmus. *Het innige Christendom*. Groningen: Jurjen Spandaw, 1740.

Schweizer, Alexander. *Die Glaubenslehre der evangelisch-reformirten Kirche*. 2 vols. Zurich: Orell, Füssli, and Co., 1844–47.

———. *Die protestantischen Centraldogmen in ihrer Entwicklung innerhalb der reformirten Kirche*. 2 vols. Zurich: Orell, Füssli, and Co., 1854–56.

Seneca. *Moral Letters to Lucilius*. Translated by Richard Mott Gummere. LCL 75–77. Cambridge, MA: Harvard University Press, 1917–25.

Shedd, William G. T. *Dogmatic Theology*. 3 vols. New York: Charles Scribner's Sons, 1888.

Sibbes, Richard. *The Bruised Reed*. Carlisle, PA: Banner of Truth, 1998 (1630).

Smeding, Hendrik. *Paulinische Gewetensleer*. Utrecht: Kemink and Zoon, 1873.

Sohn, Georg. *Operum Georgii Sohnii Sacrae Theologiae Doctoris*. Herborn: Christoph Rab, 1591.

Souter, Daniel. *Troost-basuyn op alle klaegh-lieden der Christenen in allerley verdriet*. Nimwegen: C. A. Hervelt, 1634. Reprint, 1994.

Spangenberg, August Gottlieb. *Idea Fidei Fratrum oder kürzer Begriff der Christlichen Lehre in den evangelischen Brüdergemeinen*. Barby: Bey C. F. Laux, 1782. ET: *Exposition of Christian Doctrine, as Taught in the Protestant Church of the United Brethren or Unitas Fratrum of the United Brethren*. London: W. and A. Strahan, 1784.

Spiess, G. A. *Physiologie der Nervensystems*. Braunschweig: Vieweg, 1844.

Stahl, Friedrich Julius. *Die lutherische Kirche und die Union: Eine wissenschaftliche Erörterung der Zeitfrage*. Berlin: W. Hertz, 1859.

———. *Fundamente einer christlichen Philosophie*. 2nd ed. Heidelberg: Mohr, 1846.

———. *Wat is de revolutie?* Utrecht: Kemink and Zoon, 1852.

Stapfer, Johann Friedrich. *Sittenlehre*. 6 vols. Zurich: Heidegger, 1757–66. Dutch translation: *De zeden-leer*. 6 vols. The Hague: Pieter van Cleef, 1760–70.

Staringh, J. G. *Bijbelsch zakelijk woordenboek*. 11 vols. Amsterdam: J. De Groot, 1793–97.

Steketee, A. *Babel: Eene bijbellezing over Gen. XI. 1–10*. Kampen: Zalsman, 1883.

Stendel, Adolph. *Kritik der Religion, insbesondere der christlichen*. 2 vols. in 1. Stuttgart: A. Bonz and Co., 1881.

Stoeffler, Fred Ernest. *The Rise of Evangelical Pietism*. Leiden: Brill, 1965.

Strauss, David Friedrich. *Der alte und der neue Glaube: Ein Bekenntniß*. 10th ed. Bonn: E. Strauss, 1879. ET: *The Old Faith and the New: A Confession*. Translated by Mathilde Blind. 2 vols. 2nd ed. London: Asher, 1873.

Suicerus (Schweizer), Johann Casper. *Thesaurus Ecclesiasticus, e Patribus Graecis Ordine Alphabetico Exhibens Quaecunque Phrases, Ritus, Dogmata, Haereses, and Hujusmodi Alia Spectan*. 2 vols. Amsterdam: J. H. Wetstein, 1681–82.

Symonds, Joseph. *The Case and Cure of a Deserted Soul*, etc. Edinburgh: R. Bryson, 1642.

Taffin, Jean. *The Amendment of Life*. 4 vols. London: G. Bishop, 1595.

———. *The Marks of God's Children*. Translated by Peter Y. De Jong. Edited by James A. De

Jong. Grand Rapids: Baker Academic, 2003.

Taylor, Jeremy. *Ductor Dubitantium, or, the Rule of Conscience in Four Books*. London: James Flesher, 1660.

———. *The Rule and Exercise of Holy Dying*. London: J. Brown, 1727. Reprint, London, 1901.

———. *The Rule and Exercise of Holy Living*. London: Francis Ash, 1650. Reprint, New York: Little, Brown & Co., 1864. German translation: *Die Richtschnur und Ubung eines Heiligen Wandels*. Translated by Christian Klein. Frankfurt, 1678.

Teellinck, Ewout (Ewoud). *Christelicke clachte van eenige godsalige luyden over hare onvruchtbaerheydt in het ware christelicke leven*. Middelburgh: Hans vander Hellen, 1618.

——— [Philalethius, Ireneus, pseud.]. *Vyer ende wolck-calomne* (*Vuur- en wolkkolom*). Amsterdam: Marten Jansz. Brant, 1622.

Teellinck, Willem. *De mensche Godts*. Prepared by Franciscus Ridderus. Hoorn, 1658. Cf. Ridderus, *De mensche Godts*, above.

———. *The Path of True Godliness*. Translated by Annemie Godgebeere. Edited by Joel R. Beeke. Grand Rapids: Reformation Heritage, 2006.

Tertullian. *An Answer to the Jews*. ANF 3:151–73.

———. *Apology*. ANF 3:17–55.

———. *Of Patience*. ANF 3:707–14.

———. *On Exhortation to Chastity*. ANF 4:50–58.

———. *On Monogamy*. ANF 4:59–73.

———. *On Prayer*. ANF 3:681–92.

———. *On Repentance*. ANF 3:657–79.

Thiersch, Heinrich W. J. *Vorlesungen über Katholicismus und Protestantismus*. 2 vols. 2nd rev. ed. Erlangen: C. Heyder, 1848.

Tholuck, August (Friedrich August Gottreu). *Ausführliche Auslegung der Bergpredigt Christi nach Matthäus*. 3rd rev. ed. Hamburg: F. Perthes, 1845.

———. *Die Lehre von der Sünde*. 8th ed. Gotha: F. A. Perthes, 1862.

Trigland, Jacobus. *Antapologia*. Utrecht: P. van den Houte, 1664; also Amsterdam: Joannem Jassonium, 1664.

Turretin, Francis. *Institutio Theologiae Elencticae*. Geneva: Samuel de Tornes, 1682. ET: *Institutes of Elenctic Theology*. Translated by George Musgrave Giger. Edited by James T. Dennison Jr. 3 vols. Phillipsburg, NJ: P&R, 1992–97.

Turretin, Jean-Alphonse. *Dilucidationes Philosophico-Theologico-Dogmatico-Morales*. 3 vols.

Leiden: Gottlieb Friedrich Jäger, 1748.

Twesten, August. *Vorlesungen über die Dogmatik*. 2 vols. 2nd ed. Hamburg: F. Perthes, 1829–37.

Udemans, Godefridus. *The Practice of Faith, Hope, and Love*. Translated by Annemie Godgebeere. Edited by Joel R. Beeke. Grand Rapids: Reformation Heritage, 2012.

Ulfers, S. *De loge en de school*. Doetinchem: H. Nijman, 1886.

Ullmann, Carl. *Die Sündlosigkeit Jesu*. 5th ed. Hamburg: F. Perthes, 1846. ET: *The Sinlessness of Jesus: An Evidence for Christianity*. Translated by Sophia Taylor. Edinburgh: T&T Clark, 1882.

Ursinus, Zacharias. *The Commentary of Dr. Zacharias Ursinus on the Heidelberg Catechism*. Translated by G. W. Williard. 3rd ed. Cincinnati: T. P. Bucher, 1861.

———. *Schat-boek der verklaringen over den Nederlandschen Catechismus*. Translated by Festus Hommes. Edited by David Pareus. 2 vols. Gorinchem: Nicolaas Coetzee, 1736.

Van Dyke, Harry. *Groen van Prinsterer*'s *Lectures on Unbelief and Revolution*. Jordan Station, ON: Wedge, 1989.

Vedelius, Nicolas. *De Prudentia Veteris Ecclesiae, Libri Tres: Ex Antiquitate Ecclesiastica Secundum Scripturas Sacras*. Amsterdam: Jan Jansson, 1633.

Veenhof, Jan. *Revelatie en inspiratie: De openbarings- en schriftbeschouwing van Herman Bavinck in vergelijking met die der ethische theologie*. Amsterdam: Buijten en Schipperheijn, 1968.

Vermigli, Peter Martyr. *Loci Communes*. 2nd ed. Zurich: Christophorus Froschouerus, 1580.

Verschuir, Johan. *Waarheit in het binnenste, of bevindelyke godtgeleertheit*. Groningen, 1724.

Vilmar, A. F. C. *Die Theologie der Tatsachen wider die Theologie der Rhetorik: Erkenntnis und Abwehr*. 3rd ed. Marburg, 1857.

———. *Dogmatik: Akademische Vorlesungen, Erster Theil*. Gütersloh, 1874.

———. *Theologische Moral: Akademische Vorlesungen*. Prepared by C. Chr. Israel. 3 vols. in 1. Gütersloh: Bertelsmann, 1871.

Vitringa, Campegius. *Doctrinae Christianae Religionis*. Franeker: Halma, 1702.

———. *Doctrina Christianae Religionis*. 8 vols. 6th ed. Leiden: Joannis le Mair, 1761–86.

———. *Typus Theologiae Practicae*. Franeker, 1716. Dutch translation: *Korte schets van de christelyke zeden-leere, ofte van het geestelyke leven*. Translated by Johannes d'Outrein. Amsterdam: Hendrik Stik, 1717.

Voetius, Gisbert. *Exercitia et Bibliotheca Studiosi Theologiae*. 2nd rev. ed. Utrecht: Johannes à Waesberge, 1651.

———. *Politicae Ecclesiasticae, Partis Primae*. Amsterdam: Johannes à Waesberge, 1663.

———. Τα Ασκητικα *sive Exercitia Pietatis*. Gorinchem: Paul Vink, 1679. Dutch translation: *De praktijk der godzaligheid*. Gorinchem: Paul Vink, 1664. See also the more recent translation of the 1664 edition, with introduction and annotation by Cornelis A. de Niet: *Gisbertus Voetius: De praktijk der godzaligheid*. 2nd rev. ed. Utrecht: De Banier, 2002.

Voetius, Gisbert, and Johannes Hoornbeeck. *Disputaty van geestelicke verlatingen*. 3rd ed. Dordrecht: A. Andriesz, 1659.

———. *Spiritual Desertion*. Translated by John Vriend and Harry Boonstra. Edited by Eugene M. Osterhaven. Grand Rapids: Reformation Heritage, 2012.

Voigt, Heinrich. *Fundamentaldogmatik*. Gotha: Perthes, 1874.

Vos, Arvin. *Aquinas, Calvin, and Contemporary Protestant Thought: A Critique of Protestant Views on the Thought of Thomas Aquinas*. Grand Rapids: Eerdmans, 1985.

Vos Az., Gerrit Jan. *Geschiedenis der vaderlandsche kerk, Tweede deel: Van 1651 tot 1842*. Dordrecht, 1882.

Vossius, Gerhard Johann. *Historiae de Controversiis, quae Pelagius eisque reliquiae moverunt*. Amsterdam: L. & D. Elzevir, 1655.

———. *Opera Omnia*. 6 vols. Amsterdam: P. & J. Blaeu, 1695–1701.

Vrijer, M. J. A. de. *Schortinghuis en zijn analogien*. Amsterdam: H. J. Spruyt, 1942.

Wael, Franciscus de. *Revk-offer ofte Practijcke des gebeds*. Rotterdam: I. van Waesberghe, 1637.

Wake, Staniland C. *The Evolution of Morality: Being a History of the Development of Moral Culture*. 2 vols. London: Trübner and Co., 1878.

Walaeus, Antonius. *Compendium ethicae Aristotelicae ad normam veritatis Christianae revocatum*. Leiden: Elhardt, 1625.

Walch, Johann Georg. *Bibliotheca Theologica Selecta*. 4 vols. Jena: Witwe Cröcker, 1757–65.

Ware Beschrijvinghe der Conscientien enz. N.p., 1617.

Warner, Charles Dudley, et al., eds. *The Library of the World's Best Literature, Ancient and Modern*. 31 vols. New York: J. A. Hill and Company, 1896.

Wegscheider, Julius August Ludwig. *Institutiones Theologiae Christiane Dogmaticae*. Halle: Gebauer, 1819. 5th ed. Halle: Gebauer, 1826.

Weingarten, Hermann. *Die Revolutionskirchen Englands: Ein Beitrag zur inneren Geschichte der englischen Kirche und der Reformation*. Leipzig, 1868.

Weiss, Bernhard. *A Commentary on the New Testament*. 4 vols. Translated by George H. Schodde and Epiphanius Wilson. New York and London: Funk and Wagnalls, 1906.

———. *Lehrbuch der biblischen theologie des Neuen Testaments*. 2nd ed. Berlin: W. Hertz, 1873. ET: *Biblical Theology of the New Testament*. 2 vols. Clark's Foreign Theological Library, new ser., 12–13. Translated by David Eaton and James E. Duguid. Edinburgh: T&T Clark, 1882–83.

Wendelin, Marcus Friedrich. *Philosophia Moralis*. Harderwijk: Johannes Toll, 1654.

Wendt, H. H. *Die Begriffe Fleisch und Geist und Geist im biblischen Sprachgebrauch untersucht*. Gotha, 1878.

Werenfels, Peter. *Dissertationis Theologicae de Velamine Iudaeorum Cordibus Impendente, cum Legitur Moses*. 10 vols. Basel: Werenfelsius, 1692–99.

———. *Dissertatio Theologica de Sabbathi Moralitate*. 3 vols. Basel: Werenfels, 1692–93.

Werenfels, Samuel. *Philosophiae Moralis*. Wittenberg: Johann Christoph Tzschiderich, 1745.

Wernle, P. *Paulus als Heidenmissionar: Ein Vortrag*. Freiburg, Leipzig, and Tübingen: Mohr Siebeck, 1899.

Wesley, John. *The Journal of John Wesley*. Edited by Percy Livingstone Parker. Chicago: Moody Press, 1951.

Westerink, Herman. *Melancholie en predestinatie in de vroege moderniteit*. Zoetermeer: Sjibbolet, 2014.

Wette, Wilhelm Martin Leberecht de. *Lehrbuch der christlichen Sittenlehre und der Geschichte derselben*. Berlin: G. Reimer, 1833.

Weygoldt, G. P. *Darwinismus, Religion, Sittlichkeit*. Leiden: Brill, 1878.

Whately, William. *Corte verhandelinge van de voornaemste christelicke oeffeninghen*. Translated by Willem Teellinck. Middelburgh: Adriaen vanden Vivre, 1609.

Whitby, Daniel. *Ethices Compendium*. London: William Innys, 1713.

Wichelhous, Johannes. *Die Lehre der Heiligen Schrift*. Prepared by Theodore Zahn. 3rd rev. ed. Stuttgart: J. F. Steinkopf, 1892.

Wiggers, Gustav Friedrich. *Versuch einer pragmatischen Darstellung des Augustinismus und Pelagianismus*. 2 vols. Hamburg: F. Perthes, 1833.

Willmann, Otto. *Geschichte des Idealismus*. 3 vols. Braunschweig: F. Vieweg, 1894–97.

Winter, F. J. *Die Ethik des Clemens von Alexandrien*. Leipzig, 1882.

Wit, Willem-Jan de. *On the Way to the Loving God*. Amsterdam: VU University Press, 2011.

Witsius, Herman. *De practijk des Christendoms*. Utrecht: Juriän van Poolsum, 1680.

———. *The Economy of the Covenants between God and Man: A Complete Body of Divinity*. Translated by William Crookshank. 2 vols. London: R. Baynes, J. Maitland, T. Lochhead, and T. Nelson, 1822. Reprint, Phillipsburg, NJ: The den Dulk Christian Foundation, 1990. Distributed by P&R.

———. *Exercitationes in Orationem Dominicam*, in *Exercitationes in Symbolum quod Apostolorum dicitur: Et in Orationem Dominicam*. 2nd ed. Franeker: Johannes Gyselaar, 1689. ET: *Sacred Dissertations on the Lord's Prayer*. Translated by William Pringle. Edinburgh: Thomas Clark, 1839. Reprint, Escondido, CA: Den Dulk Foundation, 1994. Distributed by P&R.

———. *Geestelyke printen, van een onwedergeboorne op sijn beste en een wedergeboorne op sijn slechtste*. Utrecht, 1748.

———. *Miscellaneorum Sacrorum*. 2 vols. Herborn: J. N. Andreae, 1712.

———. *Miscellaneorum Sacrorum, Tomus Alter*. Leiden: Conrad Meyer, 1736.

———. *Prakticale godgeleertheid*. 2nd ed. Rotterdam: Henr. Carolinus van Byler, 1732.

———. *Twist des Heeren met zijn wijngaard*. 6th printing. Utrecht: Jacob van Poolsum, 1736.

Wittewrongel, Petrus. *Oeconomia Christiana ofte Christelicke Huys-Houdinghe: Vervat in Twee Boecken; Tot bevoorderinge van de oeffeninge der ware Godtsaligheydt in de bysondere Huysghesinnen; Naer den Regel van het suyvere Woort Godts te samengestelt*. 2 vols. Amsterdam: The widow of Marten Jansz. Brant and Abraham van den Burgh, 1661.

Wolff, Christian. *Vernünftige Gedanken von der Menschen Thun und Lassen zur Beförderung ihrer Glückseligkeit*. Halle: Renger, 1720. Reprint of 4th ed., Hildesheim and New York: Olms, 1976.

Wollebius, Johannes. *Theologiae Epitomen: The Abridgment of Christian Divinitie*. 3rd ed. London: T. Mabb for Joseph Neville, 1660.

Wuest, Kenneth S. *Wuest's Word Studies from the Greek New Testament*. 4 vols. Grand Rapids: Eerdmans, 1966.

Wuttke, Adolf. *Handbuch der Christlichen Sittenlehre*. 2 vols. Berlin: Wiegandt and Grieben, 1861–62.

Wyttenbach, Daniel. *Compendium Theologiae Dogmaticae et Moralis*. Frankfurt am Main: Andreae, 1754.

———. *Tentamen Theologiae Dogmatica Methodo Scientifica Pertractate*. Vol. 1. Frankfurt am Main: Andreae and Hort, 1747.

Ypey, A. *Geschiedenis van de kristelijke kerk in de achtiende eeuw*. 12 vols. Utrecht: W. van IJzerworst, 1797–1815.

Zahn, Detlev. *Die Natürliche Moral christlich beurteilt*. Gotha: G. Schloeszmann, 1861.

———. *Glaubensgewißheit und Theologie: Ein Beitrag zur christlichen Lehre*. Gotha:

Schloeßmann, 1883.

Zeller, Eduard. *Über Begriff und Begründung der sittlichen Gesetze*. Berlin: Königl. Akademie der wissenschaften, 1883.

———. *Vorträge und Abhandlungen von Eduard Zeller*. Leipzig: Fues, 1884.

Zeller, H. *Bijbelsch woordenboek voor het Christelijke volk*. 2 vols. Dutch edition prepared by J. A. Schuurman and J. P. G. Westhoff. The Hague: M. J. Visser, 1867, 1872.

Zijthoff, Gerrit J. ten. *Sources of Secession: The Netherlands Hervormde Kerk before the Eve of Dutch Immigration to the Midwest*. Historical Series of the Reformed Church in America 17. Grand Rapids: Eerdmans, 1987.

Zöckler, Otto. *Askese und Mönchtum*. 2 vols. in 1. Frankfurt am Main: Heyder and Zimmer, 1897.

———. *Das Lehrstück von den sieben Hauptsünden*. Munich: Beck, 1893.

———. *Die Lehre vom Urstand des Menschen*. Gütersloh: C. Bertelsmann, 1879.

———. *Handbuch der theologischen Wissenschaften in enzyklopädischer Darstellung*. 3 vols. Nördlingen: C. H. Beck, 1883–84. 3rd rev. ed. 4 vols. Nördlingen: C. H. Beck, 1889–90.

———. *Kritische Geschichte der Askese: Ein Beitrag zur Geschichte christlicher Sitte und Cultur*. Frankfurt am Main: Heyder and Zimmer, 1863.

———. *Theologia Naturalis*. Frankfurt am Main: Erlangen 1860.

Zweep, L. van der. *De paedagogiek van Bavinck*. Kampen: Kok, 1935.

Zwingli, Huldreich. *Commentary on True and False Religion*. Edited by Samuel Macauley and Clarence Nevin Heller. N.p.: American Society of Church History, 1929. Reprint, Durham, NC: Labyrinth, 1981.

文章

Albers, Petrus Henricus. "St. Lidwina." In *The Catholic Encyclopedia*, 9:233. New York: Robert Appleton Company, 1910. http://www.newadvent.org/cathen/09233a.htm.

Andel, J. van. "Piëtisme." *De Avondster* 1 (1876).

Bavinck, Herman. "Christianity and Natural Science." In *Essays on Religion, Science, and Society*, edited by John Bolt, translated by Harry Boonstra and Gerrit Sheeres, 81–104. Grand Rapids: Baker Academic, 2008.

———. "Common Grace." Translated by Raymond C. Van Leeuwen. *CTJ* 24 (1989): 25–65.

———. "Conscience." Translated by Nelson D. Kloosterman. *TBR* 6 (2015): 113–26.

———. "De navolging van Christus." *De Vrije Kerk* 11 (1885): 101–13, 203–13; 12 (1886): 321–33. ET: Appendix A in Bolt, *Theological Analysis*, 372–401.

———. "Evolution." In *Essays on Religion, Science, and Society*, edited by John Bolt, 105–18. Grand Rapids: Baker Academic, 2008.

———. "Het geweten." *De Vrije Kerk* 7 (1881): 27–37, 49–58. Also in *Kennis en leven: Opstellen en artikelen uit vroegere jaren*, 13–27. Kampen: Kok, n.d. [1922].

———. "The Pros and Cons of a Dogmatic System." Translated by Nelson D. Kloosterman. *TBR* 5 (2014): 90–103.

———. "Recent Dogmatic Thought in the Netherlands." *Presbyterian and Reformed Review* 3 (1892): 209–28.

———. "Religion and Politics." In *Essays on Religion, Science, and Society*, edited by John Bolt, 261–78. Grand Rapids: Baker Academic, 2008.

———. "The World-Conquering Power of Faith." In *Herman Bavinck on the Christian Life: Following Jesus in Faithful Service*, 235–51. Translated by John Bolt. Wheaton, IL: Crossway, 2015.

Beck, Carl. "Enthusiasmus." *PRE*[1] 4:72–75.

———. "Fanatismus." *PRE*[1] 4:323–25.

———. "Gebet." *PRE*[2] 4:762.

———. "Schwärmerei." *PRE*[1] 14:41.

Berg, William J. "Émile Zola." In *Encyclopaedia Britannica*. https://www.britannica.com/biography/Emile-Zola.

Boehmer, "Pastor." "Pietismus und Methodismus: Eine kirchengeschichtliche Studie zum Vergleich beider Richtungen in der Gegenwart." *Neue Kirchliche Zeitschrift* 6 (1895): 659–711.

Bolt, John. "Bavinck Speaks English: A Bibliographic Essay." *Mid-America Journal of Theology* 19 (2008): 117–26.

———. "Christ and the Law in the Ethics of Herman Bavinck." *CTJ* 28, no. 1 (1993): 45–73.

Bourdaloue, Louis. "Sermon pour le Mercredi des cendres sur la pensée de la mort." In *Oeuvres de Bourdaloue*, 1:265–89. 6 vols. Paris: Gaume, 1856.

Burger, Karl. "Orthodoxie." *PRE*[2] 11:117.

Burkhardt, G. "Zinzendorf und die Brüdergemeine." *PRE*[1] 18:508–92.

Chapman, John. "Novatian and Novatianism." In *The Catholic Encyclopedia*, 11:138. New

York: Robert Appleton Company, 1911. http://www.newadvent.org/cathen/11138a.htm.

Cohrs, Ferdinand. "Herberger, Valerius." *Schaff-Herzog* 5:232–33.

Cremer, Hermann. "Fleisch." *PRE*² 4:573.

———. "Geist des Menschen." *PRE*² 5:8.

Devine, Arthur. "State or Way (Purgative, Illuminative, Unitive)." In *The Catholic Encyclopedia*, 14:254. New York: Robert Appleton Company, 1912. http://www.newadvent.org/cathen/14254a.htm.

Dorner, Isaak A. "Ethik." *PRE*¹ 4:185–205.

Dorner, J. A. "Theologie, spekulative." *PRE*² 16:1–13.

Ebrard, Johann Heinrich August. "Gebet im Namen Jesu." *PRE*¹ 4:692–94.

Ehrich-Haefeli, Verena. "Die Kreativität de 'Genies' (Goethes 'Wandrer'): Zur psychohistorischen Archäologie der modernen Individualität." In *Von Rousseau zum Hypertext: Subjectivität in Theolorie und Literatur der Moderne*, edited by Paul Geyer and Claudia Jünke, 151–77. Würzburg: Königshausen and Neumann, 2001.

Elsenhaus, Theodor. "Beitrage zur Lehre vom Gewissen." *Studien und Kritiken* 73 (1900): 228–67.

Engelhardt, Johann Georg Veit (Zöckler). "Franz (Franziskus) von Assisi." *PRE*² 4:652–66.

Erskine, Ebenezer. "The Assurance of Faith: Sermon VII on Heb. 10:19–22." In *The Select Writings of the Rev. Ebenezer Erskine*, vol. 1, *Doctrinal Sermons*, edited by the Rev. David Smith, 141–87. Edinburgh: A. Fullarton, 1851.

Erskine, Ralph. "The Believer's Internal Witness; or, The Certain Evidences of True Faith." Sermons cxliii–cxliv on 1 John 5:10. In *The Sermons and Other Practical Works of the Reverend and Learned Ralph Erskine*, 9:191–240. 10 vols. London: R. Baynes, 1821.

Evans, Hubert. "Descartes, René." *Schaff-Herzog* 3:408–10.

Frank, G. "Pufendorf, Samuel, Baron." *Schaff-Herzog* 9:360–61.

Frantzen, Allen J. "The Englishness of Bede, from Then to Now." In *The Cambridge Companion to Bede*, edited by Scott De Gregorio, 239–40. New York: Cambridge University Press, 2010.

Freybe, A. "Die Bedeutung der Sitte in ihre Behandlung bei R. von Jhering in seine Werke *Der Zweck im Recht*." *Neue Kirchliche Zeitschrift* 9 (May 1898): 376–417.

Green, William Brenton, Jr. Review of *Religion and Morality: Their Nature and Mutual Relations, Historically and Doctrinally Considered*, by James J. Fox. *Presbyterian and Reformed Review* 13, no. 49 (1902): 121–26.

Grützmacher, R. H. "Rahtmann, Hermann." *Schaff-Herzog* 9:382–83.

Gutberlet, Constantine. Review of *Ethik: Eine Untersuchung der Thatachen un Gesetze des sittlchen Lebens*, by W. Wundt. *Philosophisches Jahrbuch* 1 (1888): 346–54, 452–63.

Hamberger, J. "Stigmatisation." *PRE^1* 15:118–24 (= *PRE^2* 14:728–34).

Harinck, George. "Eén uur lang is het hier brandend en licht geweest." In *Ontmoetingen met Bavinck*, edited by George Harinck and Gerrit Neven, 107–17. Barneveld: De Vuurbaak, 2006.

Haupt, Herman. "David of Dinant or Dinan." *Schaff-Herzog* 3:363.

Healy, Patrick. "Jovinianus." In *The Catholic Encyclopedia*, 8:530. New York: Robert Appleton Company, 1910. http://www.newadvent.org/cathen/08530a.htm.

Heman, Friedr. Carl. "Schleiermachers Idee des höchsten Gutes und der sittlichen Aufgabe." *Jahrbücher für deutsche Theologie* 17 (1872): 442–85.

Herold, M. "Brevier." *PRE^2* 2:623–27.

Herzog, J. J. "Geißler." *PRE^2* 4:798–802.

———. "Quietismus." *PRE^1* 12:425–55.

Highfield, Roger, Richard Wiseman, and Rob Jenkins. "How Your Looks Betray Your Personality." *New Scientist* 2695 (February 11, 2009).

Hoekstra, S. "Godsdienst en Zedelijkheid: Beoordeeling van de grondstellingen der zoogenaamde Morale Indépendante." *Theologisch tijdschrift* 2 (1868): 117–55.

Hölscher, H. "Andreä, Johann Valentin." *Schaff-Herzog* 1:170–71.

Hoyt, Sarah F. "The Etymology of Religion." *Journal of the American Oriental Society* 32, no. 2 (1912): 126–29.

Irwin, T. H. "Splendid Vices? Augustine for and against Pagan Virtues." *Medieval Philosophy and Theology* 8 (1999): 105–27.

Jacobi, J. L. "Gnosis, Gnostizismus, Gnostiker." *PRE* 5:204–47.

———. "Zur Missionsthätigkeit der Kirche bis zur Reformationszeit." *Allgemeine Missions-Zeitschrift: Monatshefte für geschichtliche und theoretische Missionskunde* 8 (1881): 289–309.

Jacobson, H. F. "Fasten." *PRE* 4:505–9.

Kähler, Martin. "Gewissen." *PRE* 5:150–59.

Kähler, Martin, and Victor Schultze. "Gewissen." *Schaff-Herzog* 3:242–44.

Keulen, Dirk van. "Herman Bavinck and the War Question." In *Christian Faith and Violence*, edited by Dirk van Keulen and Martien E. Brinkman, 1:122–40. Zoetermeer: Meinema, 2005.

———. "Herman Bavinck's Reformed Ethics: Some Remarks about Unpublished Manuscripts in the Libraries of Amsterdam and Kampen." *TBR* 1 (2010): 25–56.

Kim, Alan. "Johann Friedrich Herbart." In *The Stanford Encyclopedia of Philosophy*, edited by Edward N. Zalta. Winter 2015 Edition. https://plato.stanford.edu/archives/win2015/entries/johann-herbart/.

Kleinig, John W. "Oratio, Meditatio, Tentatio: What Makes a Theologian." *Concordia Theological Quarterly* 66, no. 3 (2002): 255–67.

Kling, Chr. Friedr. "Fegfeuer." *PRE*² 4:345.

Köberle, Justus. "Die Motive des Glaubens an die Gebetserhörung im Alten Testament." In *Festschrift seiner Königlichen Hoheit dem Prinzregenten Luitpold von Bayern zum 80 Geburtstage*. Erlangen: Deichtert, 1901.

Kögel, Rudolf. "Asketik." *PRE*² 1:710–11.

Köstlin, Julius. "Gelübde." *PRE*² 5:43–52.

———. "Religion." *PRE*¹ 12:641–92.

Krafft, W. "Tersteegen." *PRE*¹ 15:537–53.

Kries, Douglas. "Origen, Plato, and Conscience (*Synderesis*) in Jerome's Ezekiel Commentary." *Traditio* 57 (2002): 67–83.

Krüger, C. "Kirchenmusik." *PRE*² 7:783–95.

Kübel, Robert. "Sitte, Sittlichkeit." *PRE*² 14:313.

Kuenen, Abraham. "Ideaalvorming." *Theologisch Tijdschrift* 10 (1876): 316–61.

Kuiper, G. "Marnix." *Christ. Encycl.* 4:590–92.

Kunze, Johannes. Review of *Das Gebet in der ältesten Christenheit: Eine geschichtliche Untersuchung*, by Eduard von der Goltz. *Theologisches Literaturblatt* 23, no. 33 (August 15, 1902): cols. 389–92.

Kuyper, Abraham. "The Blurring of the Boundaries." In *Abraham Kuyper: A Centennial Reader*, edited by James D. Bratt, 363–402. Grand Rapids: Eerdmans, 1998.

———. "Geldgierigheid is een wortel van alle kwaad." *De Heraut*, no. 289 (July 8, 1883).

———. "God is meerder dan ons hart." *De Heraut*, no. 576 (January 6, 1889).

———. "Mysticisme." *De Heraut*, nos. 1169–73 (May 27–June 24, 1900).

———. "The Natural Knowledge of God." Translated by Harry Van Dyke. *TBR* 6 (2015): 73–112.

———. "Natuurlijke Godskennis." In *Uit het Woord*, 3:165–225. Amsterdam: J. H. Kruyt, 1875. ET: "The Natural Knowledge of God." Translated by Harry Van Dyke. *TBR* 6 (2015): 73–112.

———. "Practicisme." *De Heraut*, nos. 1185–89 (September 16–December 16, 1900).

———. "Van de gemeene Gratie: Deerde Reeks. XLII." *De Heraut*, no. 1057 (March 27, 1889).

———. "Van den Heilige Geest en het gebed, I–V." *De Heraut*, nos. 578–82 (January 20–February 17, 1889). ET in Kuyper, *Work of the Holy Spirit*, 3:39–43.

———. "Van de Wet des Heeren." *De Heraut*, no. 740 (February 28, 1892). Reprint in Kuyper, *E Voto Dordraceno*, 3:501–5 (Lord's Day 34a).

———. "Volmaakt in trappen of in deelen?" In *Uit het Woord*, 3:101–7. 2nd ed. Amsterdam: Höveker and Wormser, [1879] 1896.

Laguna, Gabriel. "The Expression 'Après moi le déluge' and Its Classical Antecedents." *Tradición Clásica*. January 13, 2006. http://tradicionclasica.blogspot.com/2006/01/expression-aprs-moi-le-dluge-and-its.html.

Laistner, M. L. W. "Was Bede the Author of a Penitential?" *Harvard Theological Review* 31, no. 4 (October 1938): 263–74.

Lange, Johann Peter. "Mystik." *PRE*[1] 10:152–64.

———. "Selbstsucht." *PRE*[1] 14:217–18.

Lauxmann, Richard. "Kirchenlied." *PRE*[2] 7:767–83.

"The Life of Antonius Geta." In *Historia Augusta*, 2:32–47. Translated by David Magie. LCL 140. Cambridge, MA: Harvard University Press, 1931.

Linde, S. van der. "Groenewegen, Jacob." *Christ. Encycl.* 3:311.

———. "Hattem, Pontiaan van." *Christ. Encycl.* 3:378–79.

———. "Lodenstein, Jodocus van." *Christ. Encycl.* 4:474.

Lobstein, P. Review of *Les maladies du sentiment religieux*. In *Theologische Literaturzeitung* 26 (1901): 648–49.

———. "Zum evangelischen Lebensideal in seiner lutherischen und reformierten Ausprägung." In *Theologische Abhandlungen: Eine Festgabe zum 17. Mai 1902 für Heinrich Julius Holtzmann*, edited by W. Nowack et al., 159–81. Tübingen: Mohr [Paul Siebeck], 1902.

Lucius, E. "Das mönchische Leben des vierten und fünften Jahrhunderts in der Beleuchtung seiner Vertreter und Gönner." In *Theologische Abhandlungen: Eine Festgabe zum 17. Mai 1902 für Heinrich Julius Holtzmann*, edited by W. Nowack et al., 121–56. Tübingen: Mohr, 1902.

Luthardt, Christoph Ernst. "Das 'mystische Element' in der Religion und Theologie." *Theologisches Literaturblatt* 17, no. 45 (1886): 417–21.

———. "Die christliche Ethik." In *Handbuch der theologischen Wissenschaften in encyklopä-

discher Darstellung, edited by Otto Zöckler, 5–36. Nördlingen: C. H. Beck, 1883.

Martens, J. G. D. "Israëlietische leerwijze bij Paulus." Review of *Die Begriffe Fleisch und Geist und Geist im biblischen Sprachgebrauch untersucht*, by H. H. Wendt. *Studien: Theologisch Tijdschrift* 4 (1878): 361–419.

Mershman, Francis. "Quadragesima." In *The Catholic Encyclopedia*, 12:589. New York: Robert Appleton Company, 1911. http://www.newadvent.org/cathen/12589a.htm.

Meulen, D. van der. "Ds J. M. de Jong." In *Jaarboek ten dienste van de Gereformeerde Kerken in Nederland*, edited by G. Doekes and J. C. Rullmann, 12:355–57. Goes: Oosterbaan and Le Cointre, 1928.

Monrad, M. J. "Über das Gebet: Ein religionsphilosophisches Fragment; Sendschreiben an Herrn E. Renan in Paris." *Philosophische Monatshefte* 28 (1892): 25–37.

Mulder, H. "Lindeboom, Cornelis." In *Biografisch Lexicon voor de Geschiedenis van het Nederlandse Protestantisme*, edited by Doede Nauta et al., 3:249–50. Kampen: Kok, 1988.

Müller, J. G. "Über Bildung und Gebrauch des Wortes Religio." *Theologische Studien und Kritiken* 8 (1835): 121–48.

Muller, Richard A. Preface to *Systematic Theology*, by Louis Berkhof, v–viii. New combined ed. Grand Rapids: Eerdmans, 1996.

Neudecker, Chr. G. "Vigilien." *PRE*[1] 17:194–95.

Niemeijer, C. J. "Intellectualisme, mysticisme en moralisme in den godsdienst." *Bijblad van de Hervorming* 8 (August 5, 1893): 113–22.

Nitzsch, Friedrich. Review of *Die Lehre der Scholastiker von der Synderesis*, by Heinrich Appel. *Theologische Literaturzeitung* 16 (1891): 100–101.

———. "Scholastische Theologie." *PRE*[2] 13:650–75.

———. "Über die Entstehung der scholastischen Lehre von der Synteresis, ein historischer Beitrag zur Lehre vom Gewissen." *Jahrbücher für protestantische Theologie* 5, no. 3 (1879): 492–507.

Nostitz-Rieneck, R. V. "Die 'sociale Decomposition' und die 'culturelle Überlegenheit' des Protestantismus." *Stimmen aus Maria-Laach* 57 (1899): 17–31, 139–49.

Oecumenius. *Commentariorum in Novum Testamentum*. PG 119:635–38.

Oosterzee, Johannes Jacobus van. "Pectoraal-Theologie." In *Voor kerk en theologie: Mededeelingen en bijdragen*, 1:291–321. 2 vols. Utrecht: Kemink and Zoon, 1872–75.

Palmer, Christian D. F. "Das Vorbild Jesu." *Jahrbücher für deutsche Theologie* 4 (1858): 661–713.

———. "Die christliche Lehre vom höchsten Gut und die Stellung der Güterlehre in der theologischen Ethik." *Jahrbücher für deutsche Theologie* 5 (1860): 436–85.

———. "Versuchung." *PRE*¹ 17:143–46.

Pierson, Allard. "Kantteekeningen op Prof. Kuenen's 'Ideealvorming.' " *Theologisch Tijdschrift* 10 (1876): 404–68.

Preger, Wilhelm. "Theologie, mystische." *PRE*² 15:487–504.

Pressel, Wilhelm. "Gebet bei den alten und bei den heutigen Hebräern." *PRE*² 4:679–86.

Raalte, Theodore G. Van. "Unleavened Morality: Herman Bavinck on Natural Law." In *Five Studies in the Thought of Herman Bavinck*, edited by John Bolt, 57–99. Lewiston, Queenston, and Lampeter: Edwin Mellen, 2011.

Rabus, Leonhard. "Eine Moralphilosophie aus dem Kreise der neuen Scholastik, I & II." *Theologisches Literaturblatt* 13, no. 20 (1892): 233–37; 13, no. 21 (1892): 241–44.

———. Review of *Die Lehre der Scholastiker von der Synteresis*, by Heinrich Appel. *Theologisches Literaturblatt* 12, no. 1 (1891): 5–6.

Redaction, Die (editorial staff). "Zur Synteresis-Frage (eine bestätigte Konjektur)." *Theologische Literaturzeitung* 21 (1896): col. 637.

Resch, G. "Was versteht Paulus unter der Versiegelung mit dem Heiligen Geist?" *Neue Kirchliche Zeitschrift* 6 (1895): 991–1003.

Riggenbach, Bernhard. "Pietismus." *PRE* 11:672–85.

Ritschl, Otto. "Religion und Sittlichkeit: Ein Vortrag." *Zeitschrift für Theologie und Kirche* 11, nos. 2/3 (1901): 250–67.

Rüegg, Arnold. "Vinet, Alexandre Rodolfe." *Schaff-Herzog* 12:197–99.

Saussaye, Daniel Chantepie de la. "Stellingen over ziekelijke vroomheid." In *Protestantsche Bijdragen tot bevordering van Christelijk leven en Christelijke wetenschap* 1 (1870): 399–401.

Schaff, D. S. "Tholuck, Friedrich August Gottreu." *Schaff-Herzog* 11:420–21.

Schenkel, Daniel. "Gewissen." *PRE* 5:125–42.

Schöll, C. "Methodismus." *PRE* 9:450–93; *PRE* 9:681–719.

Schultz, Hermann. "Religion und Sittlichkeit in ihrem Verhältnis zu einander. Religionsgeschichtlich untersucht." *Theologische Studien und Kritiken* 56, no. 1 (1883): 60–130.

Schulze, L. "Zinzendorf's christliche Weltanschauung." *Theologisches Literaturblatt* 7, no. 20 (1886): 193–96.

———. "Zur Geschichte der christlichen Ethik, I, II." *Theologisches Literaturblatt* 14, no. 23 (June 9, 1893): 263–66; 14, no. 24 (June 16, 1893): 279–81.

Schwarz, E. "Casuistik." *PRE* 2:608–19.

Schweizer, Alexander. "Die Entwicklung des Moralsystems in der reformirten Kirche." *Theologische Studien und Kritiken* 23 (1850): 1–78, 288–327, 554–80.

Seeberg, Reinhold. "Melanchthons Stellung in der Geschichte des Dogmas und der Dogmatik." *Neue Kirchliche Zeitschrift* 8 (1897): 126–64.

———. "Occam (Ockham), William of." *Schaff-Herzog* 8:215–20.

Sinnema, Donald. "The Discipline of Ethics in Early Reformed Orthodoxy." *CTJ* 28, no. 1 (April 1993): 10–44.

Stellingwerff, J. "Over de bibliotheek en de boeken van dr. A. Kuyper en over enkele publicaties, die zijn ijdelheid zouden hebben gestreeld of zijn verweer opgeroepen indien ze tijdens zijn leven waren verschene." In *Geboekt in eigen huis: Bevattende een opsomming van de werken van Abraham Kuyper zoals vermeld in de catalogus van de bibliotheek van de Vrije Universiteit*. Amsterdam: VU Uitgeverij, 1987.

Stirm, C. H. "Darf man für die Verstorbenen beten?" *Jahrbücher für deutsche Theologie* 6 (1861): 278–308.

Sullivan, Erin. "Doctrinal Doubleness and the Meaning of Despair in William Perkins's 'Table' and Nathaniel Woodes's *The Conflict of Conscience*." In *Studies in Philology* 110, no. 3 (Summer 2013): 533.

Sytsma, David. "Herman Bavinck's Thomistic Epistemology: The Argument and Sources of his *Principia* of Science." In *Five Studies in the Thought of Herman Bavinck, a Creator of Modern Dutch Theology*, edited by John Bolt, 1–56. Lewiston, NY: Edwin Mellen, 2011.

Thelemann, O. "Lampe, Friedrich Adolf." *PRE²* 8:382–84.

Tholuck, A. "Pietismus." *PRE¹* 11:646–62.

Toscano, Alberto. "Raving with Reason: Immanence and Fanaticism in Kant." www.politics.qmul.ac.uk/news/Alberto%20Toscano.doc.

Tschackert, Paul. "Ailly, Pierre D'." *Schaff-Herzog* 1:99.

———. "Biel, Gabriel." *Schaff-Herzog* 2:188.

———. "Jansen, Cornelius, Jansenism." *Schaff-Herzog* 6:95–98.

———. "Tradition." *PRE²* 15:727–32.

Veenhof, Jan. "De God van de filosofen en de God van de bijbel: Herman Bavinck en de wijsbegeerte." In *Ontmoetingen met Bavinck*, edited by George Harinck and Gerrit Neven, 219–33. Barneveld: De Vuurbaak, 2006.

———. "Discussie over het zelfonderzoek—Sleutel tot verstaan van het schisma van 1944: Terreinverkenning ten dienst van verder onderzoek." In *Vrij gereformeerd: Verzamelde artikelen*, edited by Dirk van Keulen et al., 183–90. Kampen: Kok, 2005.

———. "A History of Theology and Spirituality in the Dutch Reformed Churches (*Gereformeerde Kerken*), 1892–1992." Translated by Harry Boonstra. *Calvin Theological Journal* 28, no. 2 (1993): 268–71.

———. "Nature and Grace in Bavinck." Translated by A. M. Wolters. *Pro Rege* 34, no. 4 (June 2006): 10–31.

Voetius, Gisbertus. "De Simplicitate et Hypocrisi (14 Propositions)." In *Selectarum Disputationum Theologicarum*, 2:468–95. 4 vols. Utrecht: Johannes à Waesberge, 1648–67.

———. "De Theologia Scholastica." In *Selectarum Disputationum Theologicarum*, 1:12–28. 4 vols. Utrecht: Johannes à Waesberge, 1648–67.

Vogel, Albrecht. "Damianus." *PRE*^{2} 3:466–68.

Wendt, H. H. Review of *Wesen und Entstehung des Gewissens, eine Psychologie der Ethik*, by Theodor Elsenhaus. *Theologische Literaturzeitung* 20, no. 13 (1895): 341–42.

Westhoff, J. P. G. "Francesco Spiera: Een levensbeeld uit den tijd der hervorming in Italië." In *Stemmen voor Waarheid en Vrede* 24 (1887): 453–502.

Whitely, W. T. "Sects (Christian)." In *Encyclopaedia of Religion and Ethics*, edited by James Hastings, 1:315–529. New York: Scribner's Sons; Edinburgh: T&T Clark, 1921.

Wielenga, B. "Ds. C. Lindeboom." In *Jaarboek ten dienste van de Gereformeerde Kerken in Nederland* 23 (1939), edited by F. C. Meijster and K. Schilder, 430–34. Goes: Oosterbaan and Le Cointre, 1939.

Wit, Willem-Jan de. "Beeld van gorilla en chimpansee of beeld van God? De eerste pagina's van Herman Bavincks manuscript 'De mensch, Gods Evenbeeld' (1884). Inleiding, tekst en commentaar." In *Ontmoetingen met Bavinck*, edited by George Harinck and Gerrit Neven, 165–82. Barneveld: De Vuurbaak, 2006.

Wolff, P. "Praetorious, Stephan." *Schaff-Herzog* 9:151.

Wolff, Walther. "Zur Frage der Gebetserhörung." *Studien und Kritiken* 72, no. 4 (1899): 610–18.

Wolman, B. B. "The Historical Role of Johann Friedrich Herbart." In *Historical Roots of Contemporary Psychology*, 29–46. New York: Harper and Row, 1968.

Wood, Allen W. "Fichte: From Nature to Freedom (*System of Ethics* §§9–13)." In *Fichte: System der Sittlichkeit*. Edited by O. Höffe. Klassiker Auslegen. Berlin: Akademie Verlag, 2005. http://philpapers.org/rec/WOOFFN.

Wybrands, W. "Marinus Adriaansz. Booms: Eene bladzijde uit de geschiedenis der spinozisterij in Nederland." *Archief voor de Nederlandsche Kerkgeschiedenis* 1 (1885): 51–128.

Wyck, B. H. C. K. van der. " 'Fais ce que voudras': Esquisse d'une morale sans obligation, par M. Guyau; Paris 1885." *De Gids* 49, no. 3 (1885): 1–54.

———. "Twee pleitbezorgers van den godsdienst: Martineau en Rauwenhoff, Tweede stuk." *De Tijdspiegel* 45 (1888): 357–58.

Zöckler, Otto. "Katharina von Siena." *PRE*[2] 7:626–28.

———. "Louise Lateau, die belgische Stigmatisirte." *Beweis des Glaubens* 11 (1875): 5–16.

———. "Socinus, Faustus, Socinianism." *Schaff-Herzog* 10:486–92.

Zwaanstra, Henry. "Louis Berkhof." In *Reformed Theology in America*, edited by David F. Wells, 153–71. Grand Rapids: Eerdmans, 1985.

索 引

神学名词

Accidental Sin；偶然之罪 130
Act of Toleration；《宽容法案》 362-363
Actual Sin；本罪 130, 132, 157-158, 317
Adam；亚当 32, 40, 56, 71, 85, 91-92, 94-95, 98, 105, 132-133, 137-138, 148, 154, 160-161, 202-204, 214-215, 221-222, 232, 238, 248, 250, 254-256, 267-268, 275, 303, 341, 345, 347, 478, 503, 521
Anabaptist；重洗派 80, 123, 177, 253, 327, 331, 340, 341, 342, 484, 519
Anglican；圣公会 63, 328, 344, 346, 362-364, 518, 533
Antinomian；反律法主义 285, 320, 363, 477, 482, 485, 494
Ascetic；苦修 49, 52-53, 55, 58, 61, 63-65, 81, 98, 115-116, 124, 135, 142, 164, 205, 285, 296, 327, 330, 333, 335, 337-338, 342-343, 347, 350, 380-381, 386, 390, 481, 513, 515-518
Altruism；利他主义 24, 93
Awareness；觉知 11, 220, 235, 414, 422, 431, 443, 452, 458, 526-527

Bavinck Archives：巴文克档案集 13-14, 24, 37-38, 44-45, 88, 156, 261
Belgic Confession：《比利时信条》 78, 426, 471, 473, 528-529
Calvinist；加尔文主义 5-7, 11, 19, 69, 129, 177, 344, 361, 365, 387, 478, 538,
Casuistry；决疑论 49, 54, 56-57, 61-63, 165, 258, 516
Christelijke Gereformeerde Kerk；基督教归正教会 23, 34-35, 80, 342, 365
Collegiants；学院派 341
Concupiscentia | Concupiscence；私欲 95, 133, 140, 142, 147-148, 161, 170, 178, 186, 294, 302, 486-488, 498-500, 504, 507
Confessionalism；认信主义 465, 473, 485
Conscientia Antecedens；先行良知 229, 238, 240, 252-253
Conscientia Consequens；后续良知 229, 239, 252
Consciousness；意识 9, 32, 37-38, 41, 43, 66, 77, 85, 91, 96-100, 106-107, 110-111, 118, 124, 129, 132-133, 137, 141, 150, 153, 161, 163, 169, 173, 186, 194, 220-221, 223-224, 226,

228, 234, 237, 241-244, 250-261, 267, 269, 272, 277, 279-282, 290, 293, 295-299, 301-304, 316, 319-321, 327, 334, 336-338, 364, 382, 389, 391, 399, 403, 405, 414, 427, 430-431, 433, 435-438, 441-442, 444-445, 447-449, 468-469, 474, 479-482, 486, 494, 505-506, 513, 526, 532

Consummation；完满 12, 33, 34, 37, 104, 155, 296, 333, 380, 511, 547

Contemplation；默观 49, 51, 55, 327-328, 330, 334-339, 348, 351-353, 357, 362, 383, 385, 389, 393, 479-480, 536-537, 594

Council Of Trent；天特会议 209, 335, 417-418, 421

Darwinism：达尔文主义 88, 154, 248

Decalogue；十诫 25, 27, 36, 42, 49, 56, 58-60, 74, 78, 109, 111, 130, 152, 157, 181, 184, 210, 247, 265, 269-270, 272-273, 278, 285, 370, 387, 521

Deists｜Deism；自然神论者｜自然神论 123, 362, 521

Donatism；多纳徒主义 465, 485

Eastern Orthodox：基督正教 11, 341, 473

Egoism；以自我为中心 30-31, 130, 158, 160-164, 166, 169, 171, 175, 180-181, 190, 196

Epicureanism｜Epicureans｜Epicurus；伊比鸠鲁主义｜伊壁鸠鲁派｜伊比鸠鲁 40, 51, 102-103, 158, 212, 224, 430, 521

Excellencies｜Virtues｜Deugden；圆德 104

Evolution｜Evolutionism；进化｜进化论 40-41, 44, 88, 91, 219, 265, 272

Free University in Amsterdam；阿姆斯特丹自由大学 10, 13, 37-39, 45, 157, 201

Further Reformation；深化宗教改革 328, 429

Gemeenschap Met God｜Communion/Fellowship With God；与上帝相交 50, 86, 107, 109, 111-112, 117-118, 338, 459, 468, 479

Gnosticism；诺斯底主义 327, 333, 338, 465, 477, 485, 494

Gratia Praeparans｜Preparatory Grace；预备性恩典 307

Gratia Praeveniens；先临恩典 284, 328, 364

Habitus｜Habit｜Disposition；气禀 11-12, 51, 68, 104, 195, 210, 233, 238-240, 246-247, 260, 265, 275, 277, 279-281, 417, 424, 454, 470, 481

Heidelberg Catechism；海德堡要理问答 69, 78, 81, 93, 95, 106, 114, 122, 142, 152, 187, 193-194, 206, 214, 318, 320, 416, 420, 422, 426, 451, 459, 502, 528-529, 531, 535

Hypocrisy｜Hypocrite；假冒为善｜假冒为善者 170, 186-187, 192, 196, 312, 355, 409, 428, 453, 497

Innate Idea；先天观念 103, 242, 430,

Intellectualism；智性主义 51, 224, 387, 465, 469, 472-474, 476, 515

Intellectus Practicus；实践性理智 231-233, 235-236, 245-246

Intellectus Theoreticus；理论性理智 231, 235, 245

Jansenism；詹森主义 340

Life-Principle | Levensbeginsel；生命原则 130, 138, 155, 221, 289, 296-298, 313-314, 401, 467-468, 493, 495

Lutheran：路德宗 26, 56-57, 61, 63, 66, 79-80, 89, 92, 106, 109, 157, 161, 307, 327-328, 331, 340-342, 359, 362, 399, 409, 413, 419, 426, 432, 469, 472, 483, 496, 505, 517, 532, 538

Mendicant Orders；托钵修会 330, 369, 381-382

Monasticism；修道主义 49, 53, 64, 327, 329-331, 338, 369, 380-382

Moravian；摩拉维亚 80, 328, 331, 359-360, 362-363, 478

Methodism；循道主义 | 循道会 10, 33, 80, 280, 283, 328-329, 362-366, 371, 460, 465, 469, 482-484, 486

Occasionalism；偶因论 97

Orthodoxism；正统主义 26, 107, 327, 333, 340, 465, 473, 515

Pantheism；泛神论 85, 87-88, 91-92, 94, 97, 116, 124-126, 156, 177, 276, 296-297, 334, 336, 339-340, 357, 392, 477, 479-480, 521

Peccata Infirmitatis；软弱之罪 495-496

Peccata Malitiae；恶意之罪 495-496

Peccata Mortifera/Mortalia | Mortal Sin；致死之罪 164

Peccata Venialia | Venial Sin；可赦之罪 164

Pelagianism | Pelagian；伯拉纠主义 | 伯拉纠 72-73, 117, 133-134, 141, 156, 208, 274, 307, 413, 416, 534

Perfections；圆性 130, 155, 352

Practical Syllogism；实践性三段论 253, 413, 417, 424, 426-427, 431

Predestination；预定 98, 209, 328, 347, 362, 364, 366, 410, 416-417, 419, 440

Presbyterian：长老会 344, 351, 365

Principium；本源 78, 235-236, 245, 247, 249, 254, 298, 430, 475

Puritan；清教徒 6, 219, 222, 327-328, 344, 346, 349-351, 362, 453, 519

Quietism；寂静主义 72, 283, 327, 333-334, 342, 348, 358, 362-363, 366, 465, 469, 478, 481, 483, 521

Rationalism；理性主义 34, 49, 65, 93, 106, 125, 155-156, 192, 241, 271, 331, 333, 361, 366, 387, 389, 391-392, 465, 476-477, 491

Remonstrants；抗辩派 60, 73, 235, 307, 349, 413, 418, 423, 426, 476

Réveil；复兴运动 328, 365

Roman Catholic；基督公教 11, 34, 36, 54, 57, 79-80, 89, 95, 112, 115, 133, 144, 148, 157-158, 161, 164, 170, 195, 209, 222, 260, 274, 320, 327-330, 335, 340-342, 344, 357, 360, 362, 369, 383-384, 413, 418-420, 423-425, 445, 472, 474, 517, 525, 531-532, 534, 541, 543, 545

Scholasticism | Scholastic：经院主义 | 经院学派 9, 40, 54, 55, 62, 209, 230-231, 233-234, 239, 339, 343, 355, 413, 416-417, 420, 473-476, 483

Sensual Sins；感官的罪 130, 162-163, 165, 171

Sin of Commission；干犯的罪 130

Sin of Omission；疏忽的罪 130

Socinians；索西尼派 208, 274, 387, 476, 520

Synod of Dort；多特会议 5, 7, 307, 341, 345

Synopsis Purioris Theologiae；《更纯神学之纲要》 58-59, 214, 277, 423, 573,

Thirty-Nine Articles；《三十九条信纲》 328, 364

Unitarianism；上帝一位论 520

人名

À Brakel, Wilhelm；威尔海姆•布雷克 59, 328, 337, 344, 349, 351, 354, 403, 427-428, 432-433, 452-453, 456, 507, 518-519

À Kempis, Thomas；托马斯•肯皮斯 49, 55, 350, 357, 362, 369, 386, 516, 540

Albert the Great；大阿尔伯特 49, 55, 536

Ambrose；安波罗修 104, 164, 516

Ames, William；威廉•埃姆斯 58-59, 62, 219, 239-240, 246-247, 249, 251, 256-259, 307, 310, 316, 318, 328, 349-350, 425, 492, 506, 517-518, 526, 549

Aquinas, Thomas；托马斯•阿奎那 3, 49, 55, 61, 89, 104, 157, 187, 209, 219, 233-234, 245-246, 280, 417, 449, 474-475, 537, 550, 580

Augustine；奥古斯丁 6-7, 53, 61, 92, 104, 121-122, 147, 157, 160, 164, 199, 209-210, 231-232, 283, 329, 413, 416, 419, 436, 449-450, 454, 502, 504-505, 507, 516, 532, 534, 550, 586

Basil；巴西流 53, 64, 351, 516

Bekker, Balthasar；巴尔塔萨•贝克 16-18, 60, 80, 107, 390, 400, 476, 505

Bellarmine, Robert；罗伯特•贝拉明 133, 164, 209, 417-418, 449, 451, 552

Bengel, Johann Albrecht；约安•阿尔布雷希特•本格尔 161, 343-344, 436, 441, 552, 561

Bernard, of Clairvaux；克莱尔沃的伯纳德 55, 121-122, 339, 351, 369, 386, 429, 516, 552, 569

Bonaventure；波纳文图拉 49, 55, 239, 246, 339, 369, 385-386, 475, 516, 553

Buddeus, Johann Franciscus；布迪厄斯 31, 56, 132, 157, 238-239, 246, 251-254, 256-257, 387, 419, 456, 492, 495-496, 504-507, 519, 526-528, 554

Calvin, John；约翰•加尔文 6, 10, 49, 56-58, 104, 106, 112, 122, 152, 164, 199, 210-213, 215, 235-236, 247, 270, 311, 313, 327, 331-332, 335, 370, 387, 395, 405, 413, 419-422, 426, 436-437, 445, 472, 489-490, 502, 507, 517-518, 525, 533, 535, 544

Chrysostom, John；约翰•屈梭多模 231, 381, 516, 563, 566

Cocceius, John；约翰•柯克尤 202, 233, 257, 351-352, 423, 461, 556

Comte, Auguste；奥古斯特•孔德 40, 154, 193

Cremer, Hermann；赫尔曼·克雷默 107, 135, 139, 145-146, 228, 243-244, 301-302, 374, 497, 500, 523-524, 556, 585

De La Saussaye, Daniel C.；丹尼尔·索萨耶 67, 125, 274

De Labadie, Jean；让·德·拉巴迪 328, 340, 343, 350, 352-353, 355, 358

Doedes, J. I.；多德斯 80, 243, 252-255, 430, 556

Driessen, Antonius；安东尼·德里森 15, 28, 59, 63, 71, 75, 132, 139-140, 152, 303, 358, 492, 501, 506-507, 509, 556

Erasmus；伊拉斯姆 395, 490, 557

Fichte, J. G.；费希特 30, 44, 90, 92-93, 106, 116, 124, 241, 257, 391, 478, 480, 558, 592

Francis, of Assisi；亚西西的弗兰西斯 40, 57, 64-65, 75, 133, 238, 260, 329-330, 344, 349-351, 382-383, 481, 505, 553-555, 564, 574-575, 578, 580-589

Gerhard, Johann；约翰·格哈德 343, 351, 358, 475, 517, 532, 549, 558, 580

Gregory, of Nyssa；尼撒的格列高利 53, 516

Gregory, the Great；大格列高利 121-122, 560

Gunning, J. H.；胡宁 67, 125, 222, 275-276, 480, 560

Hall, Joseph；约瑟夫·霍尔 62-63, 223, 247, 250, 341, 345, 359, 365, 478, 537, 548, 551, 558, 560, 564, 580, 582

Heppe, Heinrich；海因里希·赫普 28, 38, 75, 158, 202, 214, 308, 334, 341, 344, 346-349, 351-355, 357, 423, 427, 429, 433, 447, 451, 456, 460-461, 481, 561

Hoornbeek, Johannes；霍恩毕克 58, 63, 257, 350, 425, 495, 506, 518

Jerome；耶柔米 104, 164, 219, 232-233, 417, 422, 504, 516, 563, 587,

Kuenen, Abraham；亚伯拉罕·古宁 242, 261, 388, 587, 590

Kuyper, Abraham；亚伯拉罕·凯波尔 6-7, 18-19, 34-35, 38, 41, 69, 81, 87, 91, 118, 123, 125, 132, 139, 162, 174, 177, 179, 244, 246, 307-308, 313, 328-329, 332, 358, 361, 365, 386, 398, 416, 439, 448-449, 451, 472, 478, 482, 493, 520, 526, 533, 554, 564-566, 587-588, 591

Lampe, Friedrich August；弗里德里克·奥古斯都·兰佩 31, 63, 71, 132, 279, 291-292, 328, 354-355, 409, 429, 458, 506, 566, 590-591

Lombard, Peter；彼得·伦巴德 49, 54, 475

Luther, Martin；马丁路德 5, 55-56, 62, 95, 115, 122, 138, 161, 210, 227, 234, 395, 419, 436-437, 441, 472, 484, 490, 501, 516-517, 553, 564-565, 567, 576

Martensen, Hans Lassen；汉斯·拉森·马滕森 28, 67, 75, 91, 93-94, 117, 125, 316, 381, 388-391, 393, 501, 506-507, 568

Melanchthon, Philipp；墨兰顿 56, 157, 253, 417, 419, 568, 591

Mill, John Stuart；约翰·斯图尔特·米尔

39-40, 180, 219, 242
Oehler, Gustav Fr.；古斯塔夫•厄勒 225-226, 570
Origen；俄利根 52, 232, 380, 477, 587
Perkins, William；威廉•珀金斯 62, 219, 236-239, 244, 246-247, 249-250, 252-254, 256, 260, 307, 310-311, 327-328, 344-345, 349-350, 417, 422, 425, 453-457, 492-495, 506-508, 518, 547, 571-573, 591
Philippi, Friedrich Adolph；菲利皮 107-110, 146, 154, 156, 163, 203, 243, 246, 248, 253, 256, 278, 419, 436-437, 442, 445, 554, 573
Plato；柏拉图 51, 98, 148, 184, 199, 205, 210-212, 222-224, 232, 253, 280, 283, 481, 556, 573, 587
Polanus, Amandus；阿曼杜斯•波拉努斯 58, 105, 110, 235-236, 245-246, 423, 447, 573
Prosper, of Aquitaine；阿基坦的普罗斯珀 209, 574
Ritschl, Albrecht；阿尔布雷希特•立敕尔 78, 115, 122, 156, 330-331, 341-342, 351-352, 358, 388, 436, 449, 481, 519, 535, 574, 590
Schleiermacher；施莱尔马赫 44, 52, 65-66, 74, 78, 90-93, 106, 109-111, 124-125, 156, 242, 274-276, 304, 333, 387-388, 478, 480, 505, 575-576, 586
Schmid, Christian Friedrich；克里斯蒂安•弗里德里希•施密德 66, 278, 388, 567, 576
Schopenhauer, Arthur；亚瑟•叔本华 40, 241-242, 296, 576
Schweizer, Alexander；亚历山大•史怀哲 57, 60, 65, 105-106, 416, 421-422, 475, 576-577, 591
Shedd, William；威廉•谢德 20, 106, 309, 577
Scotus, John Duns；约翰•邓斯•司各特 154, 239, 246, 339, 417, 475, 477
Sibbes, Richard；理查德•西比斯 345, 429, 577
Socrates；苏格拉底 51, 148, 156, 184, 211-212, 223-224, 239, 253, 454, 481
Sohn, Georg；乔奥尔格•索恩 58, 105-106, 422, 566, 577
Spencer, Herbert；赫伯特•斯宾塞 40, 219, 242, 272, 296
Spener, Philipp Jakob；菲利普•雅科博•史宾纳 327, 341-343, 482, 517, 560
Spinoza；斯宾诺莎 5, 7, 40, 44, 97-98, 124, 297, 338, 357, 476, 480
Tauler, Johannes；约翰•塔勒 49, 55, 331, 340, 357, 369, 390, 516
Tertullian；特土良 53, 61, 208-209, 219, 230, 380, 450, 516, 532-533, 578
Tholuck, Friedrich August Gottreu；弗里德里希•奥古斯特•戈特鲁•托鲁克 125, 156, 227, 341-343, 538, 578, 590-591
Turretin, Francis；弗兰西斯•图沦汀 60, 164, 208-209, 211, 273-274, 409, 418, 424-425, 432-433, 446-447, 451, 578
Van Mastricht, Petrus；马斯特里赫特 28, 58, 64, 73, 75, 88-89, 164, 172, 184,

191-192, 214, 240-241, 251, 284, 347, 424, 446, 507
Van Oosterzee, J. J.；范奥斯特泽 350, 403, 476
Van Prinsterer, Guillaume Groen；范普林斯特勒 102, 328, 365
Vilmar, August Friedrich Christian；奥古斯特•弗里德里希•克里斯蒂安•维尔玛 28, 31, 67-69, 75, 77-78, 91, 94, 103, 131, 133, 139, 146-148, 151-152, 156, 158-161, 165, 171-174, 176, 181, 186, 188-190, 192-194, 228, 243, 246-248, 253-255, 271-274, 276, 313, 390-391, 405, 407, 456, 492, 500-503, 506-507, 579
Vitringa, Campegius；坎皮厄斯•维林加 28, 63, 75-76, 139, 148, 208, 291, 296-297, 301, 303, 305, 307, 310-314, 316, 350, 354-355, 387, 392, 395, 408, 467, 486, 519, 537, 539-540, 542, 545, 547, 579
Voetius, Gisbert；吉斯伯特•沃舍斯 64, 73, 328, 347, 350-353, 357, 387, 453, 475, 492, 506-507, 509, 515-516, 518-519, 525-526, 531-537, 539-542, 544, 548, 552, 579-580, 592
Von Harless, Adolf；阿道夫•冯•哈勒斯 271-272, 277-278, 389, 392, 441, 492, 506, 561, 568
Von Hartman, Robert Eduard；罗伯特•爱德华•冯•哈特曼 40, 52, 296, 472, 561
Whitefield, George；乔治•怀特菲尔德 363

Witsius, Herman；赫尔曼•魏特修 63, 71, 208-209, 211-213, 241, 244, 246, 251-252, 257, 307-309, 313, 350-351, 372, 386-387, 409, 446, 453, 455-456, 527, 532, 581
Zanchi, Jerome；杰罗姆•赞奇 417, 422, 571
Zwingli, Ulrich；慈运理 9, 24, 43, 56-57, 104-106, 122, 210, 215, 234, 247, 327, 331, 413, 419-420, 551, 583